반사경

: 타자인 여성에 대하여

뤼스 이리가레 지음
심하은·황주영 옮김

반사경
: 타자인 여성에 대하여

Speculum. De l'autre femme

꿈꾼문고

차례

대칭이라는 오래된 꿈의 맹점
—

반사경

—

플라톤의 **휘스테라**

—

대칭이라는
오래된 꿈의 맹점

과학에 알려지지 않은 것

"신사 숙녀 여러분, (⋯) 여성성이라는 문제에 여러분은 몰두해 있다. 어러분은 남성들이기 때문이다. 여러분 가운데 있는 여성들에게 이 문제는 제기되지 않는다. 그들 자신이 바로 **우리가** 말하는 그 수수께끼이기 때문이다."[1][2]

1 Cf. S. 프로이트 S. Freud, 「여성성 La féminité」, 『새로운 정신분석 강의 Nouvelles conférences sur la psychanalyse』, Gallimard, Idées. 이 텍스트—허구의 강의—를 선택한 것은 프로이트가 말년에 집필한 글이라는 점에서 정당화된다. 따라서 이 텍스트는 이 텍스트와 관련될 여러 다른 글에서 전개된 다수의 언표들 énoncés 을 통합하고 있다. 명시적인 표시가 없다면, 프로이트의 언표들을 이런저런 방식으로 강조 표기한 것은 나다. 또한 프랑스어판 번역을 약간 수정하기도 하고, 몇몇 문장이나 구절이 생략됐을 경우 채워 넣기도 했다. 그러나 세세한 번역이 "여성성"에 관한 이 담론 discours 의 의미를 크게 바꾸진 않았을 것이다.

2 1부는 프로이트의 「여성성」을 거의 대부분 인용하고 있다. 대체로 글의 흐름을 따라가고 있지만 반드시 순서대로 인용하지는 않는다. 또한 프로이트의 다른 글도 인용하는데, 마찬가지로 인용구마다 쪽수를 표시하지는 않았기 때문에 프로이트의 글과 정신분석학 논의에 어느 정도 익숙하지 않은 독자가 읽기에는 상당히 곤란할 것이다. 특히 이리가레는 프로이트가 독일어로 쓴 글을 프랑스어로 번역한 판본을 인용하고 있으며, 역자들은 이를 국역본과 대조하면서 번역했기 때문에, 두 번역본 사이의 차이로 인해 어려움이 배가되었디. 국역본을 그대로 사용하지 않은 이유는, 이리가레가 프랑스어판을 기반으로 하여 프

그러므로 그것은 여러분 남성들에게는 여러분 남성들끼리 여성에 대해 말하는 문제가 될 것이다. 이때 여성은, 여러분에게 여성이 표상하는 것, 즉 **수수께끼**, 불가해와 관련된 담론을 듣거나 생산하는 데 관련될 수 없다. 따라서 여성**이라는** 신비는 남성의 담론, 남성들 간 토론의 **목표, 대상, 쟁점**이 될 것이다. 그것은 여성에게 문제 되지 않을 것이고, 여성과 관계되지 않을 것이다. 여성은 결국 그것에 대해 아무것도 알 수 없을 것이다.

| 너무 즉각적인 인식 |

먼저, 그가 말하길, 그들이 말하길, "어떤 사람을 만나면 여러분은 즉각 그가 남성인지 여성인지 **본다**. 이는 심지어 여러분의 눈길을 제일 처음 사로잡는 것이며, 여러분은 극도의 확신을 가지고 이런 구별distinction을 하는 데에 익숙해져 있다". 어떻게? 이런 구별은 암묵적인 것이며, 굳이 언급되어야 할 것 같지 않다. 따라서 우연히 마주칠 수 있는 사람의 성sexe을 **첫눈에 보고** 착각하지 않게 해주는 이 극도의 확신에 대해선 침묵한다. 중요한 건 여러분이 본인들은 실수를 저지를 리가 없다고, 거기엔 어떤 모호함도 없다고 주저 없이 굳게 확신한다는 점인 것 같다. 문화(?)가 확실한 식별

로이트의 문장을 재배치하거나 미묘하게 수정하거나 언어유희를 구사하기 때문이다. 이는 2부와 3부에서 인용하는 남성 철학자들의 텍스트에 대해서도 마찬가지다. 그렇다고 해도 짧은 강연 형식의 글인 「여성성」을 먼저 꼼꼼하게 읽은 후 1부를 읽으면 확실히 도움이 될 것이다.(옮긴이)

discrimination을 보장한다고, 재보장한다고 — 혹은 보장할 거라고? 재보장할 거라고?—말이다.

| 해부학적 모델 |

"그런데 해부학은 단 한 가지 점에 대해서만 여러분과 같이 확신을 드러낼 뿐이다. 해부학이 우리에게 가르쳐주는 것은, 남성이라는 것은 성적으로 남성적 요소인 정자와 그것의 담지체contenant이며, 여성이라는 것은 난자와 그것을 수용하는 유기체organisme라는 점이다. 오로지 성적 기능에만 쓰이는 어떤 기관들이 두 성 각각에 형성되어 있으며, 이 기관들은 아마도 단 한 가지 구조disposition의 두 가지 다른 양태를 표상할 것이다." 어떤 구조? 지금까지 각 성에 특수한 구조**이자** 두 성에 공통된 구조로 정의된 것은 **재생산-생산 과정**만을 수반한다고 결론 내려야 한다. 또한 이 경제에의 참여 양식에 따라 누가 남성이고 누가 여성인지 확실하게 규정될 것이라고 결론지어야 한다. 이 문제에 대해서 이른바 과학적 객관성은 성세포 간 차이를 현미경으로 관찰하고 나서야 표명된다. 성교의 **산물**produit이라는 (해부생리학적) 증거évidence 또한 인지되지 않으면 안 된다. 나머지는 사실상 판결을, 판별된 평결을 — 여러분이 그러듯이 — 감히 내리기엔 너무나 결정 불가능한 것으로 보인다.

왜냐하면 물론 "다른 기관들, 신체의 형태와 조직들도 성sexe에 따른 영향을 받지만, 이른바 이차성징들은 불안정하고 가변적이기"때문이다. 여러분이 이차성징들을 다소 가볍게 믿게 된다면, 그것—과학—은 여러분에게 경고할 의무가 있다. 한편, 과학은 "결국 여러분의—그리고 그것[과학]의?—느낌에 혼란을 일으키기에 적절한, 예기치 못한 사실을 알려준다. 즉 남성의 성적 기관의 어떤 부분들은, 비록 퇴화된 상태이기는 하지만, 여성에게서도 발견된다는 것, 그리고 그 역도 마찬가지라는 것을". 그러므로 과학은 이 객관적인 사실에서 "**마치** 한 개인이 남성인지 여성인지 명료하지 않고 동시에 두 성인 것 **같은** 이중 섹슈얼리티, **양성성**[3]의 증거"를 관찰하게 한다. 그러니 여러분은 남성이자 여성이다. 남성 또는 여성인가? 그러나—이에 대해 확신하라, 재확신하라—어느 한 성징이 언제나 또 다른 성징보다 우세하게 나타난다. 그럼에도 "남성성과 여성성의 **비율**proportion이 각 개인에 따라 현저하게 가변적이라는 점도 확신하라". 그러므로 어느 쪽 성에 속하는지 주장하기 전에 신중하게 증명하는 게 좋겠다. 그럼에도 불구하고 진지해지자. 그리고 과학적 확실성으로 돌아가자. "한 사람에게는 단 한 종류의 성적 **산물**, 즉 난자 아니면 정자만이 있을 뿐이다." 아아! "극단적으로 희귀한 몇몇 경우"를 제외하면 말이다…

"확실히, 이 모든 사실은 꽤 당혹스럽다. 그리고 여러분은 남성성**이라는 것**과 여성성**이라는 것**은 해부학이 미처 파악하지 못한 **알려지지 않은** 특징에 기인한 것이라는 결론에 이를 것이다." 그러므로 성

---

3 프로이트가 강조한 것.(양성성은 bisexualité를 번역한 것이다. 이는 성적 지향으로서 양성애가 아니라 한 사람의 양성적 소질을 일컫는다—옮긴이)

들의 차이la différence des sexes에 대한 과학적 담론, 최소한 해부학적 담론의 객관성을 방해하고 난관에 부딪히게 하는 것은 바로 그 알려지지 않은 것을 발견하리라는 기대이다.

| 그러나 결론 내리지 못하는 과학 |

"그렇다면 심리학이 이 문제를 해결할 수 있을까?" 알려지지 않은 것(들)에 어떤 가치를 부여해줄 수 있을까? 여러분은 "양성성을 심리적 영역으로 **전이시키는**transférer 데 익숙한" 것 같다. 그리고 그 결과, 여러분은 동일한 한 사람의 "행동들"에 대해 더 남성적이라거나 더 여성적이라고 말하게 되는 섯으로 보인다. 그러나 그렇게 함으로써 여러분의 소위 심리학적 담론은 "여러분이 해부학과 관습을 따르고 있음을 증명한다". 달리 말하면, 이러한 구별은 심리학적 차원의 것이 아니다. 게다가 일반적으로 여러분은 남성적masculin이라는 용어로 능동적actif이라는 의미를, 여성적féminin이라는 용어로 수동적passif이라는 의미를 내포하는데, "근거가 없진 않다". 왜냐하면 "남성 성세포는 능동적이고 움직이며 여성 성세포 앞에 다가가지만, 난자는 움직이지 않고 수동적이기" 때문이다. 또한 나, 프로이트, 내가 여러분에게 말하듯이, "성관계 시 남성과 여성 개인들의 행동은 [이러한] 기초적인 유기체들의 행동을 **모방한다**". 그러므로 사물들, 이 "사물들"을 고찰하는 나의 방식은 "심리학적 행동들"에 자기 모델의 진리를 부과하는 해부학이 **미메시스**mimésis

의 질서에 따라 심리적인 것을 규정하는 바에 따를 것이다. 성교 시에 남성과 여성은 정자와 난자 사이의 관계 유형을 모방한다. "남성은 갈망하는 여성을 뒤쫓아, 그녀를 붙잡아서 그녀 안으로 뚫고 들어간다." 그러나 "이런 식으로 여러분은 심리학적 관점에서 남성성의 특징을 공격성이라는 단 하나의 요소로 환원하고 있다". 여성성의 특징에 대해서는, 나는, 여러분은, 우리는… 그것에 대해선 말하지 말자! 반대로 여러분은 이 논증 또는 증명에서 난자를 향해 경주하는 정자에 "욕망désir"을 부여했다.

그러나 남성성의 심리적 특징에 있어서 약간 불리한 이 경향 détermination으로 돌아오자. 동물-학zoo-logie은 — 현재 — 공격성을 수컷에게만 일방적으로 부여하는 것에는 신중하기를 권한다. 실제로 동물-학은 "어떤 동물들은 암컷이 수컷보다 더 강하고 공격적"임을 상기시킨다. 예를 들어, 거미의 성적 행동을 떠올려보라!

게다가 동물학zoologie은 "새끼들을 품고 돌보는 일"이 특수하게 여성적인 기능이라는 사실을 문제 삼는다. "어떤 고등동물들의 수컷과 암컷은 새끼들을 돌보는 일을 분담하거나, 때로는 수컷이 그 일에 전적으로 매달리기도 한다." 이 동물들이 여러분보다, 우리보다 성차la différence sexuelle⁴의 문제와 양육 기능의 문제를 더 잘 분리한다고 결론 내려야만 할까? 그리고 특히 이 동물들이 여성적인 것과 모성적인 것 사이의 구별, 여성적 섹슈얼리티와 모성적 보살핌

4 영어로는 한동안 sexual difference로 번역되다가 sexuate difference가 번역어로 통용되고 있다. 이것을 '성차'로 번역한다. 성의 차이, 성적 차이, 성들 사이의 차이 등 비슷해 보이는 표현이더라도 '성차'로 번역한 것만이 개념어의 번역이다.(옮긴이)

사이의 구별, "문화"가 지워버렸을지 모를 구별을 알아차리고 있다
고?

| 방법론의 문제 |

그러나 이 점에 관해 이렇게 동물–논리학le zoo-logique에 의존하
거나 그것을 본보기로 드는 것은 잘못 이해되거나 오해를 지속시
키기만 할 것이다. 왜냐하면 남성적/여성적, 능동적/수동적이라
는 쌍들의 관계를 다루는 논의에서 이제 여성적인 것의 **패러다임**
paradigme으로 쓰일 것은 "인간의 성생활에 관한 한" 어머니이기 때
문이다. 사실, 그는 이어서 다음과 같이 말한다. "남성적 행동을 능
동성으로, 여성적 행동을 수동성으로 특징짓는 것은 불충분하다.
어머니는 모든 관점에서 아이에 비해 **능동적**이니까." 곧바로 그 증거로
제시된 **수유**의 예는 물론 문제적이다. 왜냐하면 어떻게 "수유하다
allaiter"라는 동사가 단순히 능동성으로 환원될 수 있는지 잘 이해
되지 않기 때문이다. 언어학적 표지(타동사, 능동태 등)에 근거하
지 않는다면, 또한 "젖을 빨다téter"라는 동사에 의해 즉각 문제 제
기가 된다면(이번에는 어머니가 유아의 "능동성"의 대상이 된다.
유아가 어머니의 젖을 빨거나 어머니가 유아에게 젖이 빨리는 것이
다) 말이다. 수유―이 문제로 돌아와서……―를 **하나의 산물**에 대한
공동(?) 제작과 동일시하지 않는다면? **모유**는 여성―어머니―에
속한 것임을 부인할 수 없는 유일한 생산물이며, 게다가 그녀가 홀

로 구현할 유일한 생산물일 것이다.

수유의 쾌락에 대한 모든 고찰이 여기에서는 배제되고 무시되고 금지된 것으로 나타난다. 그것은 확실히 이런 언표들에 미묘한 차이들을 가져올 것이기 때문이다. 그러나 관건은 생산 **"활동**activité**"의 독점, "남근적" 권력**의 분배départage인 것으로 보인다. 이것이 수유에 관해 예측되는 방식은 확실히 문제적이지만, 여성적인 것과 모성적인 것의 동일시는 그 영향과 난관과 규정들에 대한 평가를 마치지 못했기에 아마도 훨씬 더 문제적일 것이다. 그러나 프로이트의 담론은 여기서 멈추지 않고 기이한 부인과학婦人科學을 계속해나간다. (여성인) 어머니가 **능동적으로** 아이에게 수유한다는 어떤 **그림**을 중단한 채.

이는 말하기 좋아하는 이들이 성차의 표지에 관해서는 당황하게 한다. 그렇지만 텍스트는 계속된다… 겉보기에는 어떤 문제도, 단절도 없이. 그러나 텍스트는 다른 많은 때—무엇보다도 여성이 문제가 될 때—와 마찬가지로 이번에도 추론의, 논리의 흐름을 은밀하게 중단했을 것이다. 텍스트는 틀림없이 선행 관점과 교차하는 어떤 다른 관점을 끌어와서 어떤 방식으로든 흐름을 이어갈 것이다. 그러나 선형적 담론 속에서의 재개에 저항하고, 배중률에 따라 평가되는 엄격한 모든 형식에 도전하는 뒤얽힌 방식에 따라 그렇게 할 것이다. 바로 여기에서 무의식이 말을 한다. 무의식이 어떻게 다른 상태일 수 있겠는가? 특히 그것이 성차에 대해 말하는 경우에 말이다.

이렇게 "엄밀한 의미에서의 성적인 영역에서 멀어질수록" — 따라서 국지적이고 세분화되고 특수화된 활동으로 구성될 수 있다는 것인가? 하지만 어떤 일반성, 총체성, 중심부의 관점에서 그러한가? — "유비 추론의 오류를 더 잘 이해할 것"(그러나 이러한 오류를 비난하고, 사용하지 말아야 한다고 스스로를 설득하고자 애쓰면서도 거의 끊임없이 사용하게 됐고 사용하게 될 것)이라는 말을 이제 듣게 될 것이다. "왜냐하면 수동적으로 유순한 태도를 보일 수 있는 남성들과만 잘 지낼(?) 수 있는 어떤 여성들은 그러므로 여러 영역에서 엄청난 능동성을 펼쳐 보일 수 있기 때문이다." 여기에서 중요한 것은, 이제 이 여성들에게는 남성 쪽의 순종적인 유순함 덕분에 행사되는 능동주의activisme만이 문제가 될 수 있다고 시사함으로써 어떤 용어들이 언표에 변화를 가져오는 방식에 있다. 양성성의 사례에 대한 기이한 선택⋯ 어쨌든 "능동성"은 결국 남성에게 맡겨질 것이다 — 성교하는 동안 말이다. 이는 어떤 동물들에게도 마찬가지라는 사실이 기억날 것이다. "암컷이 수컷보다 더 강하고 공격적인데, 수컷은 **성적 교합이라는 유일한 행위** 동안에만 **능동적이**다." 그럼에도 불구하고 수동성이 여성성과, 능동성이 남성성과 일치한다고 여전히 확신한다면 "여러분은 틀렸다". 그리고 "이러한 견해는 잘못됐으며 무용하다". 그렇다면?

│ (재)생산의 목적 및 남근적 질서의 공모 │

다시 계속하자. 아니, 계속 들어보자. 조급해하지 말고. "아마도 여성성은 심리학적 의미에서 **수동적 목표들**에 대한 성향으로 특징지어진다고 할 수 있을 것인데, 이것은 말 그대로의 수동성을 뜻하는 것은 아니다. 그리고 여성에게는 **성적 기능**에서의 역할 때문에 수동적 행동들과 수동적 목표들에 대한 경향이 더 뚜렷이 존재한다고도 할 수 있다. 이러한 경향은 성생활의 이 **전형적인**exemplaire 특징이 각각의 경우에 다소 확장되느냐 혹은 제한되느냐에 따라 강화되거나 또는 약화된다." 그러므로 남성적/여성적의 차이를 특징짓기 위해 능동적/수동적이라고 대립시키는 것이 적절하지 않다고 비난한 뒤에 "수동적 목표들"이라는 해석하기 어려운 개념을 개입시켜 문제를 해결하려고 시도하고 있다. 이 개념이 흥미롭지 않다는 것도 아니고, 더 긴 주석을 붙일 필요가 없다는 것도 아니다. 하지만 여기에서 이 개념이란 능동성/수동성을 남성적/여성적이라는 양극 각각에서 기능하게 하되, 차별화되고 어떤 면에서는 상보적인 "시기들temps" 내에서 기능하게 함으로써 능동성/수동성 관계들의 경제를 복잡하게 만드는 게 아니라면 무엇이겠는가? "역할들"의 분담은 이렇게 이루어진다. 즉, 다시 어쨌든 성적 기능에서의 효용성 때문에 성교 시 여성에게 수동성이 필요하며, 성적 기능을 위해 준비된 능동성에의 경향이 여성에게서 발견된다면 그것은 예의 성생활의 **전형적인** 특징에 대한 관련도에 따라 엄격하게 조정된 능동성일 것이다.

재생산 기능이 명시적으로 명명되지는 않으나, 다른 텍스트들[5]을 참조하고 앞뒤 단락을 보면 **성적 기능**이라는 총칭과 그것의 **전형적인 특징**이란 재생산 기능만을 가리키고 있다. 그러므로 남성이 바로 **생식력 있는 자**이며, **성적 생산-재생산**은 남성 단독의 "활동", 남성 단독의 "기투pro-jet"[6]를 가리킬 수 있다는 점, 비록 여성이 자신에게 투자placement할 것을—수동적 목표들에 대한 충동의 실현에 의해—때때로 요청하고 조장하고, 더 나아가 요구했다 하더라도, 여성은 남성의 **산물**을 수동적으로 받아들이는 용기réceptacle에 불과하다는 점을 기억해두어야 할 것이다. 자궁—대지, 공장, 은행—에 정자-자본이 맡겨져 싹트고 제작되고 이익을 남길 것이나, "수동적으로" 재생산에 종속되어 있을 뿐인 여성은 소유권propriété도, 심지어 용익권用益權/usufruit도 주장할 수 없다. 여성 자신이 (재)생산 수단으로서 소유돼 있는 것이다.[7]

우리는 성적 재생산의 경제에서 무엇이 능동성이고 무엇이 수동성인지 판별하기 어렵다는 것을 알고 있다. 그렇다고 해서, 그런 점이 (이렇게 말해도 좋다면) 다른 경제에 대한 의존을 정확하게 해석하고자 하는 바람을 배제하지는 않는다. 즉 그것은 1) 그러한 문제가 야기하는 불분명함을 제거하기 위해서 혹은 **결정 불능 상태**를

---

5 Cf. 『성생활Lavie sexuelle』, Bibliothèque de psychanalyse, P.U.F.(한국어판 『성욕에 관한 세 편의 에세이』(열린책들, 2004)에 수록된 논문들 참조—옮긴이)

6 프랑스어 projet에는 '계획, 기획, 초안, 설계, 투기' 등의 뜻이 있다.(옮긴이)

7 이는 오랜 쟁점인바, 이에 대해 철학의 전 역사에 걸쳐 그 변형들을 다시 읽을 수 있을 것이다.

중단하기 위해서이며 2) 생식 과정에 있어서 남성에게 "능동성"을 부여함으로써 그 문제를 해결하기 위해서, 달리 말하자면 능동적/수동적이라는 대립적 용어로 그 문제에 종지부를 찍기 위해서다.

게다가 "다른" 질서에 대한 의존은 프로이트의 언표의 이 순간에 예측 불가능하면서 별로 명시적이지 않은 방식으로 개입한다. 예컨대 여담인 것처럼 기이한 명령형으로. "그렇지만 우리는 사회구조의 영향을 과소평가하지 않도록 조심하자. **그것 역시** 여성을 수동적인 상황들에 위치시키는 경향이 있다." "수동적인 상황들"에 여성을 고정할 수 있는 어떤 사회구조의 권력을 경시하지 않도록 경계해야 하는가? 그것 **역시**란 무슨 뜻인가? 경쟁 요인들을 열거한 것인가? 그러나 "다른 질서"를 그렇게 결정짓는 담론과 이데올로기를 특히 적법화함으로써, 더 나아가 생산함으로써 한쪽 질서가 "다른 질서"를 규정할 가능성을 검토하지 않을 수 있을까? 너무나 보편적이고 너무나 편파적이지 않은 나머지 그 효과 전체를 잃도록 "사회구조"가 불명확하게 환기되지 않았다면, 틀림없이 고려해야 할 질문이었을 것이다. 그의 유일한 타당성은 그가 거의 강박적으로 소환하는 어떤 문제 속에서 발견되는 것처럼 보인다. 그 문제는 필수 불가결하고 끈기 있게 지속되며 되돌아오지만, "강연자"는 그 자료들을 그냥 지나치는 것처럼 보이며, 그는 "이 모든 것이 아직 매우 **불명확한** 상태"임을 인정한다. 아마도 이 문제는 여성성이라는 **검은** 대륙만큼 어두운 것일까?

그럼에도 불구하고 그는 계속한다. "여성성과 본능적 삶 사이에 존재하는 특별히 항상적인 관계를 간과하지 말자. 사회법칙들—어떤?—과 여성의 고유한 구조constitution—다시 말해서?—는 여성에게 공격적 본능들을 억압—억압 또는 검열?—하도록 강요한다." 말하자면 어떤 양태의 공격성도 여성에게는 허락되지 않을 것이다. 그러나 다시 "사회법칙들"과 "여성의 고유한 구조" 같은 이질적인 논점들을 동원함으로써 "사회법칙들"이 "여성의 고유한 구조"의 재현을 규정하는 문제와 여성의 "구조"에 대한 평가의 지지자, 공모자들의 역할을 하면서 얻는 이익 문제가 제기된다. 소위 사회법칙들과 또한 거기에서 어떤 지지를 발견하는 프로이트의 텍스트가 **남성동성애**에서 작용하는 공격성에 따라 공격성 전체를 평가한다는 증거를 여기에서 보아야 하는가? 거래, 특히 성적 거래에서의 경합과 경쟁은 남성들 사이에서만 실행될 수 있으니 말이다. 그로부터 여성의 공격성에 대한 이중의 금기가 기인하는 것인가? 그리고 결과적으로 여성에게는, "사회법칙들"과 그녀의 "구조"를 위반하지 않는 한, 강력하게 마조히즘적인 경향이 형성되어, "내부"로 향하는 파괴적인 경향들에 성적인 성질을 부여하기에 이른다. 왜냐하면 내부/외부 쌍—능동적/수동적의 대립을 어떤 의미에서는 다시 가로지르고 지지하기 위해 나타나는—의 기능에서 어떤 "역할"을 여성에게 할당해주는 일이 또한 필요하기 때문이다. 그러므로 "내부"—물론 여성 자신의—에 관한 한, 여성은 파괴적이게 될 수 있을 것이다. 다른 내부 혹은 외부를 향한 공격도, 능동성도 허락되지 않기 때문이다(수유의 "능동성"을 가지고 반박할 순 있겠으나 이것은 어딘가에서 중단됐다). 만약 여성에게 능동성이나 공격성이 있다면, "남성적"이라거나 "파괴적"이라는 뜻이 내포될 것이다. 그러므로 "마조히즘은 **사람들이** 말했듯이 본질적으로 여성적이다". 그리고 내가(나, 프로이트가) 여러분에게 되풀이해 말하듯이. "그러나 마조히스트 남성들을 만나게 되면(종종 벌어지는 일인데), 여러분은 그들이 분명히 여성적인 성향의 특징을 보인다고 말할 **수밖에** 없지 않을까?" 이는 꽤 난처한 문제여서 더 이상 전개하지 못하고 줄을 바꿔 다음과 같이 결론 내린다.

"이제 여러분은 심리학 자체도 여성성이라는 **신비를 여는 열쇠**를 우리에게 제공해주지 못한다는 것을 받아들일 준비가 되었다." 쾌락이라는 보너스를 얻는 이가 아니라면 누가 이 연속된 과정을 이해했겠는가? 쉽게 그 대가를 지불할 수 없을 힘을 부여하는 쾌락 말이다. 실제로 양성성이 인정되자마자, 특별히 남성 마조히즘과 관련한 함의들은 왜 돌연 중단되는 것인가? 미스터리mystère — 히스테리hystère? — 는, 여성성이라는 쟁점에 관한 이 강연을 포함해서, 아마도 여성성에만 관련 있는 것은 아닐 것이다. 그런데 왜 신비의 배타성을 여성성에 부여하고자 하는 것인가? 마치 논증이 가능하기 위해서는 "남성 섹슈얼리티"가 최소한 명확하게 정의되는 것, 정의할 수 있는 것, 더 나아가 실행할 수 있는 것으로 부과되어야만 할 것처럼 말이다.

그러므로 심리학은 암실, 금고, 대지-심연, 즉 심리학의 탐구에서 벗어난 여성성이라는 신비를 여는 열쇠를 우리에게 제공하지 않는다. "아마도 빛lumière은 다른 곳에서 우리에게 올 것이다."
(이 지점에서/이 지점에 대해 광학光學/le photologique에 지배되는 은
유성métaphoricité에 투자한 이상, 우리는 그렇게 일찍 포기하지 않
는다.) 그러나 그 빛은 "생명체들이 어떻게 두 개의 성으로 분화
différenciation되는지, 우리가 전혀 알지 못하는 그 과정을 알게 된 후
에야" 발할 것이다. 그러므로 쉽게 이뤄질 일이 아님을 명심하길.`
그러나 그럼에도 불구하고 "여성성이라는 신비"를 알기 위해 여러
분은 다시 과학에 회부되었음을 이해하길.

　두 성으로의 분화를 통해 차이의 항들 중 하나를 명확히 알게 되
리라는 의미로서 여러분이 이 언표를 해석하지 않는다면. 이때 분
화는 단지 혹은 결국, 그 고유한 과정에 의한 섹슈얼리티―그런데
어떤 섹슈얼리티인가?―를 재표시re-marque하는 변수로서 고려돼
야 할 것이다. 달리 말해서, 빛이 (소위) 여성 섹슈얼리티 위에 비춰
지기 위해서는 혹은 여성 섹슈얼리티에 대해 말해지기 위해서는,
우리가 고려하지 않을―표상하기 어려운 특징 때문에?―차이가
언제나 이미 기능했을 것이라는 뜻이다. 이 차이로부터 두 항 중 하
나―그런데 무엇과 관련해 규정된 것인가?―즉 "기원origine"을 이
루는 항이 추출될 것이다. 이때 분화는 또 다른 항을 낳고, 그것을
빛으로 이끌 것이다. 스스로를―더하게en plus 혹은 덜하게en moins―
재표시하는 동일자는 이렇게 타자를 생산할 것이다. 성적 분화에서
이 타자가 하는 기능은 무시되고 망각될 것이다. 혹은 어느 정도의
외삽extrapolation을 통해 어떤 대문자―대문자 섹슈얼리티, 대문자
자아, 내문지 남근Phallus 등등―의 무한까지 연기될 것이다. 그러

므로 여기까지는 대문자 섹슈얼리티에 대해 "남성 섹슈얼리티"의 실천인(실천의) 역사만이 명확히 말해질 수 있을 것이다.

| 고려하지 않을 차이 |

"그럼에도 불구하고 성들의 이원성은 유기체적 생명의 놀랍도록 강한 특징으로서, 이는 유기체적 생명과 무생물의 자연을 분명히 구별해주는 특징이다." 이 차이는 논증에 필요하여 그렇게 명확히 구분된 게 아닐까? 성행위에서는 이질성이 축소되어 나타나는 반면, 최소한 예술이나 변증법의 과학에서는 쾌락의 지속을 위해 또는 무차이indifférence의 불안으로 인해 차이들의 증식을, 차별화하고자 하는 강박을 목도하지 않겠는가?

그러나 "여성 **성기들**이 있기 때문에 여성성으로 특징지어지는 개인들은 이미 **우리에게**─우리 (분석가) 남성들에게─**거대한 연구의 장**을 제공한다. (그러므로) 정신분석에 속한 일은 여성이란 무엇인가를 묘사하는 것─실현할 수 없는 과업─이 아니라 양성적 경향을 가진 아이가 어떻게 여성이 **되는가**를 연구하는 것이다." 우리는 여성이 무엇일 수 있는지 철저하게 (자신을) 표상하기가 불가능하다는 데에 동의하고 넘어갈 수밖에 없다. 어쨌든 정신분석이 말하는 "과학적 담론" 속에서 정신분석이 충분히 추측하지 못한 어떤 표상의 경제가 기능할 수 있는 것은 여성에게 결코 지불되지 않으며 게다가 산정되지도 않는 대가에 의해서이기 때문이다. 그 부채負債 덕분에 대문자 존재Être의 문제 설정la problématique이 고안된다. 그러므로 여성의 **존재를 묘사하기**란 아주 엄밀히 말해서 실현 불가능한 일이다. "양성적 경향을 가진 아이가 어떻게 여성이 되는가를 연구하는 것"과 관련해, 우리는 여성 ─ 게다가 "정상적인" ─ 이 **되어야** 한다는 것과, 남성이 되는 것보다 그 "발달이 더 고통스럽고 더 복잡하다"라는 것에 놀라거나 그것을 의심해볼 수 있을 것이다. 역시 표상의 경제에 똑같이 종속된 문제다. 프로이트는 비판이나 충분한 검토 없이 이 경제에 의존하며, 그 의미는 남성 주체가 결정한 패러다임들, 가치 단위들에 따라 체계화된다. 그 결과 여성적인 것은 사이에서 말하기inter-dit[8]로서 독해되어야 한다. 기호들signes 속에서 혹은 기호들 사이에서, 실현된 의미들 사이에서, 행간에서… 그리고 남근적 의미의 화폐 (재)생산의 필요들에 따라서 말이다. 그로부터 우리는 이 경제가 다른 남성 또는 여성 타자의 협력 없이 **자기자신의** 타자─일종의 전도된 타아他我/alter ego 또는 일종의 부정négative(따라서 사진술에서는 "음화")─를 필요로 할 것이라고 즉시 추론할 수 있다. 남성적 주체의 사변(화)spécula(risa)tion[9] 과정이

8 프랑스어 interdit에는 '금기, 금지'라는 뜻이 있다. 자크 라캉의 『에크리』에 등장하는 용어이기도 하다.(옮긴이)

9 프랑스어 spécularisation은 라캉의 용어로 '거울작용', '거울반사' 등으로 번역된다. 이리가레는 괄호를 추가함으로써 '거울반사spécularisation'와 '사변spéculation'을 연결한다. 즉 대상이나 세계에 자신을 비춰보고 그 반사 이미지를 통해 주체성을 획득할 뿐 아니라, 세계에 대한 사유의 틀 역시 그로부터 획득한다는 의미를 덧붙인다. 여기서 거울반사는 남성적 주체의 이미지를 반사하여 그의 동일성을 유지해주는 역할을 한다. 사변은 남성 주체의 기원으로서의 어머니의 육체, 성차와 여성의 제거와 은폐를 통해 남성적인 초월적 사유체계의 구축을 의미한다고 할 수 있다. 사변은 거울반사의 도움으로 가능하다. 이 연결 관계가 강조되는 맥락에서는 '반사/사변화'로 번역하고 나머지 경우에는 '사변(화)'나 '반사(화)'로 번역한다. 괄호가 없는 spécularisation은 '거울반사'나 '기울김용'으로 번역한

재활성화relance되고 계승relève되기 위해 요구되는 역envers, 반대 contraire, 심지어는 모순contradictoire인 것을. 여성적인 것에 대한 검열, 즉 재출현이 허용될 것, 예를 들어 존재하기/**되기**, 성의 소유/**비소유**, 남근적/**비남근적**—음경/음핵뿐만 아니라 음경/질도—, 플러스/**마이너스**, 명확히 표상될 수 있는 것/**검은대륙**, 로고스/**침묵** 혹은 일관성 없는 수다, 어머니를 향한 욕망/**어머니로존재하기의욕망** 등등으로 규정될 것에 대한 검열의 결과이자 검열 이후에 작동할 수 있는 부정의 **이러한** 효과들로부터 개입intervention이 요구된다. 여성의 역할에 대한 해석의 모든 양태들은 특정한 한 부분의 추구에 의해 엄밀하게 가정되는바, 그 특정 부분을 여성은 누리기 시작한 적도 없는 채로 항상 이미 거기에 기입되어 있을 것이다. 두 명—적어도—의 남자들 혹은 두 반쪽 남자들 사이에 놓여 있을 것이다. 남자들의 교환에 따라 접히는 경첩charnière으로. 일부분 허구적인 진보, 권력의 지배, 지식의 지배를 향한 진보를 향해 내딛는 **발걸음**의 장치를 지탱하는 **부정성인(부정성의)** 저장고réserve일 뿐. 거기에서 여성은 어떤 역할도 없을 것이다. 무대 바깥, 표상 바깥, 게임jeu 바깥, 자아je 바깥에 있기에. 다가올 변증법적 작용들을 위해 비축된 힘이기에. 나중에 이 이야기로 다시 돌아오겠다.

그러나 이 "여성 되기"—대부분 자신의 남근의 왜소함을 인식하고 수용하는 것으로 이루어지는—에 관한 한, 남성의 양성적 경향들의 축소가 분석 이론의 구상에서 별로 문제가 되지 않을 것임을

다.(옮긴이)

강조하고 지나갈 수 있겠다. 이른바 여성 섹슈얼리티보다 틀림없이 더 미묘한 문제일 것이다. 사실 어떤 남성 "기관"을 음핵처럼 조롱거리로 삼겠는가? 음핵은 너무나도 작은 음경에 불과하기에 그 **비교**는 전적인 평가절하, 완벽한 리비도 투자 중단을 이끌어낼 뿐이다. 물론 유방이 있다. 하지만 이것은 **이차적인**, 즉 부차적인 성적 특징들로 분류해야만 한다. 이는 남성 유방 퇴화의 효과들에 대해서는 거의 자문하지 않는다는 사실을 분명히 정당화할 것이다. 확실히 잘못됐다. 수유 문제로 야기된, 성차의 표지에 대한 당혹감을 떠올려보라. 그러나 어쨌든 자궁이 없다는 사실은 남성에게 가장 참을 수 없는 박탈로 해석할 수 있을 것 같다. 그 때문에 임신에 대한 남성의 기여—재생산의 기원에 관련된 남성의 기능—가 덜 명백해지고 의심받을 수 있기 때문이다. 성교 시 남성의 "능동적" 역할과 성교의 산물에 **자신의 고유명**을 표시하리라는 사실이 이 불명확함을 완화해줄 것이다. 자식을 낳는 일에 개입한 것을 의심할 수 없는 여성은 완성된 산물에 검인을 찍을 주인-소유자를 위해 일하는 익명의 노동자이자 기계가 된다. 게다가 수많은 산물들, 특히 문화적인 산물들을 모성에 있어서 여성의 기능에 대한 대응물 혹은 등가물의 추구로 이해하는 것이 지나친 것 같지는 않다. 그리고 남성이 거기에 전시하는 욕망, 즉 "기원"에 관한 것을 직접 결정하고 끊임없이 그 자신이 (그 자신으로서) (재)생산되고자 하는 욕망은 무시할 수 없는 지표들이다.

그러므로 남성에게는 양성적 경향들을 실현하게 해주는 대체물이 금지되지 않을 것이다. 그 대체물들이 역사적으로 더 높은 가치를 부여받은 것이라는 조건하에서지만 말이다(마조히즘의 경우는 그렇지 않음을 상기할 수 있다. 수동적 동성애의 경우도 마찬가지로 그렇지 않다고 덧붙여 말할 수 있겠다. 성교 시 여성에게 요구되는 기능의 표상과 틀림없이 너무 가까울 테니까). 반면에 남근적이라고 불리는 욕망들의 억압 때문에 여성은 상징적인 것le symbolique을 가공élaboration하는 데 참여할 수 없을 것이다. 그것은 정신분석가들의 의혹과 조롱을 여전히 불러일으키기 때문이다. 이를테면 다음과 같다.

"최근 몇 년간, 우리의 뛰어난(?) '여성 동료들'이 분석 작업 중에 이러한 (여성 섹슈얼리티의 변화devenir에 관한) 문제를 연구하고자 시도한 덕분에, 우리는 몇 가지 지점들을 밝혀냈다." **그들의 임상**pratique이 **우리의 이론**의 어떤 지점들을 밝혀주는 몇 가지 정보들을 우리에게 가져다주었던 것이다. "성들의 차이 덕분에 여성성에 대한 우리의 논의는 아주 흥미로워졌다. 왜냐하면 비교가 그들의 성에 불리해 보일 때마다, 이 여성들은 우리 남성 분석가들이 뿌리 깊은 편견으로 가득 차 있으며, 이로 인해 우리가 그들의 성을 분명하게 이해하지 못하고 여성성에 관련된 것을 공평하게(?!) 보지 못한다고 의심했기 때문이다. 그와는 반대로, 우리는 양성성의 영역에 머물면서 이러한 무례함(!)을 쉽게 피할 수 있었다. 우리는 이렇게 말하기만 하면 되었던 것이다. '보세요! 이것은 당신과 전혀 관계가 없습니다. 이런 관점에서 당신은 예외인 것을, **여성적이기보다는 남성적이라는 것**을 잘 아시겠지요!'" 그러므로 우리 이론의 단편적인 양상들에 대해 몇몇 설명을 제공해줄 수 있는 우리의 뛰어난 "여성 동료들"에 대해 무례를 피하기 위해서는 명백히 **남성 동료들**로서 그들을 대하는 것으로 충분하다(충분했다). 그들의 성에 불리해 보이는 대등 관계parallélisme를 미리 방지한 것이다. 원문을 그대로 인용하자면…

| "여성 되기"의 과업 |

"우리는 섹슈얼리티에 관한 연구를 하면서 두 가지 사실을 확인할 것을 기대했다. 첫 번째는, 여기에서도 역시, 구조constitution가 기능fonction에 매끄럽게 순응하지는 않는다는 것을 관찰하게 되리라는 것이다." 이 문장은 약간 수수께끼 같다. 조금 전에 "여성에게 고유한 구조"가 공격성의 발현을 억제하기를 요하며, 이러한 억제는 "사회법칙들"에 의해 그리고 확실히 우리가 여성에게 존재한다고 (재)인식하고 있는 "성적 기능"에 의해 뒷받침된다고 서술됐기 때문이다. 그렇다면 이 명제를 어떻게 이해해야 하는가? 이어지는 내용으로부터? 즉, 예를 들어, 여자아이에게서 관찰되는 어떤 조숙함 ―배변 기능들을 더 빨리 제어하고, 지능이 더 높고 활발하며, 외부 세계와 관련해 대처를 더 잘한다는 등―이 여자아이가 맡게 될 성적 기능을 순순히 따르지 않을 것이라는 점으로부터? 이렇게 주장하기에는 주저되지만, 가능한 독법이다. 어쨌든 어린 여자아이에게 인정되는 우위는 곧 "더 큰 의존성", "유순함", "애정에의 욕망"으로 해석되거나, 혹은 "동시에 더 강한 대상 리비도 투자를 겪는다"는 사실로써 균형을 이룬다고도 이야기된다. 그러므로 배변, 언어, 사회관계—물론 이것들로부터 여러분은 틀림없이 생산과 화폐 유통 관계를 알게 됐을 것이다—의 통제된 생산에 있어서 여자아이의 조숙함은 스스로 "상품"으로서 기능하고자 하는 욕망의 결과에 불과한 것으로 고찰될 것이다. 유아기 때의 우위는 여자아이를 가장 매력적인 사용가치 및 교환가치로서 보이게 하려는 동기만을 가질 것이다.

그러나 여자아이의 우위와 관련된 앞서의 관찰들이 "정밀한 측정에 의해서 확인된" 것 같지 않다 해도, 어찌 됐든 여자아이가 "지적인 면에서 **뒤처진다**고 간주될 수는 없다"! 그러나—그가 계속 말하기를—"이러한 차이들은 그렇게 중요한 것은 아니며, 개인적인 편차에 따라 해소될 수 있다. 그리고 우리가 추구하는 당장의 목표와 관련해 이 차이들을 잠시 무시하도록 하겠다". 그러니 여자아이의 부차적인 우위들이 제기할 수 있는 난처한 질문과 그 우위들의 **미래**devenir 문제는 잊고, 본질, 즉 자본의 문제에 집중하자.

섹슈얼리티에 관한 우리의 연구에서 확인된 두 번째 사실은 "(섹슈얼리티의 역사의) 결정적인 전환점은 사춘기 이전에 준비되거나 통과된다"라는 것이다. 이 두 번째 관찰과 주장이 첫 번째 것보다 더 잘 논증된 것은 아니다. 여하간 그가 설명하는 동안에는 그렇다. 나머지 텍스트 모두—프로이트의 텍스트 전체—를 이 두 번째 주장의 적절성을 증명하는 것으로 간주할 수 있다. 즉 "여성 되기

(여성의 생성)"에서 거세 콤플렉스의 역할이 사춘기 이전에 개입한다는 사실을 말이다. 그런데 재생산—우리는 섹슈얼리티에 대한 이 이론에서, 암묵적이든 명시적이든, 재생산에 우선권이 있음을 어렴풋이 보았다—이 실제로 가능해지기 전에, 물리적으로 실현 가능해지기 전에, 역할이 수행되거나 최소한 정해진다는 데 놀라는 것이 아마 헛된 일은 아닐 것이다. 그러므로 다시 한번 이 우위의 합리성은 다른 곳에서 혹은 다른 식으로 발견된다고 결론 내려야 한다. 더구나 문화적으로, 사회적으로, 경제적으로 더 큰 가치를 부여받은 여성적인 특징들은 모성과 모성적 보살핌, 즉 아이 젖 먹이기, 남성의 원기 회복시키기 등에 관련된다. 그러니 사춘기 이전 여자아이는 어떤 지배적인 이데올로기의 관점에서 볼 때 **아무런 가치가 없다**. 게다가 프로이트의 주장에 따르면, 어린 여자아이에게 거세 콤플렉스가 요구되는 나이에 "본질적으로 여성적인 질vagin은 발견되지 않는다". 따라서 심지어 성적 경제에 여성이 개입하는 데 있어서 사회적으로 인정된 특수성spécificité이 실행될 수 있기도 전에, 그리고 독특한singulière, "본질적으로 여성적인" 주이상스에 도달하기 전에, 모든 것은 여성에게 주어진 역할과 관련해, 그리고 특히 여성에게 제시되고 부여되는 표상들과 관련해 결정될 것이라는 말이다. 그렇다면 사람들은 여성이 "결여한", "빼앗긴", "선망하는", "질투하는" 자로서만 나타난다는 것을 알게 된다… 그런데 대체 무엇을 말인가?

어린 여자아이는
(단지) 어린 남자아이(일 뿐)이다

| 열등한 어린 남성 |

양성의 각 개인들은 리비도의 초기 단계들을 **같은 방식으로** 거치는 것처럼 보인다… 예상과 달리, 항문기의 어린 여자아이는 어린 남자아이**보다 더 약한 공격성**을 보이지는 않는다… 여자아이의 공격적 충동들은 (어린 남자아이의 공격적 충동들**보다**) 덜 **활발하지도, 덜 빈번하지도** 않다… 남근기의 초기부터 **차이보다 유사성이 훨씬 더 눈에 띈다**… 그러므로 **어린 여자아이는 어린 남성이다**… 여자아이는 (어린 남자아이와) **같은** 목적으로 **더 작은** 음핵을 사용한다… 음경의 **등가물**을… (여성보다) 더 운이 좋은 남성… 여성은 어떻게 남성적 단계에서 여성적 단계를 향해 나아가는가… 이 (전前 오이디푸스적, "남성적") 단계 동안, 오이디푸스 상황에서 나중에 재발견될 **모든 것이 이미 존재하며**, 그다음에 아버지 같은 인물(?!)에게 **전이된 것일**

뿐이다… 나중에 일어나는 성들의 **분화**… 여자아이가 자신의 **불리함**을 발견할 때… 그때까지 **어린 남자아이로서** 살아왔던 어린 여자아이… 남자아이와의 **비교**… 남성의 **것과 더 유사한** 능동성… 예전의 **남성성 콤플렉스**로의 퇴화… **원초적인 남성성**의 잔존하는 발현들… 리비도 는 **더 큰** 억압을 겪는다… 자연은 남성성의 경우**보다** 그 욕구들을 **덜** 고려한다… 더 발달된 자기애… 더 질투하는… 여성들은 남성들**보 다** 사회적 관심이 **덜하고**, 여성들에게 본능을 승화시키는 능력은 여 전히 **더 약하다**… 사회적 관심에 관한 한, (남성과 비교했을 때) 여성 의 **열등성**… 남자아이와 여자아이의 발달을 **병렬**시킴으로써 우리 는 여자아이가 정상적인(?) **여성이 되기** 위해서는 더 고통스럽고 **더** 복잡한 발달을 겪어야 하며, 남자아이에게서 그 **등가물**을 찾을 수 없는 두 가지 난점들을 극복해야 한다는 사실을 발견한다…**10**

그러니 우리는 **그러므로 어린 여자아이는 어린 남성이다**라는 것 을 인정해야 한다. 정상적인 여성이 되기 위해 남자아이보다 더 고 통스럽고 더 복잡한 발달을 겪을 어린 남성…! 더 작은 음경을 가진 어린 남성. 불리한 어린 남성. 리비도가 더 큰 억압을 겪을 것이나 본능을 승화시키는 능력은 여전히 더 약할 어린 남성. 자연은 그의 요구들을 덜 고려할 것이지만, 그렇다고 문화에 참여하지는 않을 어린 남성. 보잘것없는 생식기관 때문에 더 자기애적인(?). 이 불리 한 비교 때문에 부끄러워 더 수줍은. 덜 갖추었기에 더 선망하고 질 투하는. 남성들이 공유하는 사회적 관심에 이끌리지 않는. 남성으

---

10 이 모든 서술들은 "여성성"에 관한 프로이트의 이 텍스트에서 찾아볼 수 있다.

로 존재하기 혹은 존속하기 외의 다른 욕망이 없을 어린 남성.

| 카드들의 뒷면 |

이렇게 프로이트는―억압된 것의 여전히 맹목적인 일종의 귀환에서―어떤 카드들을 발견한다. 게임의, 모든 게임들의 목적enjeu, 가치들, 가치 위계의 기저에 있는 카드들을, 다양하게 가려져masquées 항아리나 동굴에 간직된 카드들을. 즉 동일자, 자기 동일적인 것, 자기 자신(동일자로서 자기), 그리고 또한 동류, 타아他我에 대한 욕망이, 요컨대 남성의 자기auto…[11] 그리고 동성homo…[12]의 욕망이 표상의 경제를 지배하고 있다. "성차"는 동일자의 문제에 종속돼 있다. 성차는 끊임없이 동일자의 기획projet, 투사projection, 표상 영역의 내부에서 결정된다. 양성으로의 "분화"는 동일자의 아프리오리에서 나온다. 즉 여자아이인 어린 남성은 동일자의 재생산-거울작용reproduction-spécularisation을 결정하고 보증할 수 있는 어떤 속성들―그 패러다임은 형태학적이다―을 결여한 남성이 되어야

[11] auto는 정신분석학의 자기성애auto-érotisme에서 차용한 것으로 보인다. 여기서 '자기'는 성적 흥분이 외부 자극 없이 자발적으로 일어난다는 의미와 그때의 충동이 다른 대상을 향하지 않고 자기 육체에 만족한다는 의미를 갖는다. 이리가레는 이 두 의미를 가져와 정신분석학과 철학 전통이 남성 주체의 자기 동일성의 욕망에 사로잡혀 있는 반면, 여성에게는 그것이 전혀 허용되지 않았음을 지적한다고 할 수 있다.(옮긴이)
[12] homo-는 동질성을 의미하는 접두사이다. 따라서 이를 '동성'이라고 번역할 때 그 의미는 성적 욕망이나 성적 지향에 한정되지 않는다. 그보다는 폭넓게, 동일성을 추구하는 질서의 성격을 의미한다고 볼 수 있다.(옮긴이)

한다는 것이다. 자신을 남성으로 표현할(재현할)(re)présenter 가능성이 없는 남성＝정상적인 여성. 동일자를 증식하려는 이러한 욕망에서 죽음은 외부, 이질성, 타자의 유일한 전형일 것이다. 즉 여성은 (성의) 죽음, 거세됨châtrage을 표상하는 기능을 담당할 것이고, 남성은 가능한 한 그것의 지배, 정복을 확인할 것이다. 성교 시에 (죽음의) 불안을 극복함으로써, 여성이 환기하는 성기의 부재, 성의 시련에의 근접에 대한 공포에도 불구하고 혹은 그 공포 덕분에 주이상스를 지속시킴으로써 말이다. 게다가 성교의 시험이 목적론적 지평으로 삼는 것은 **동일자**의 무한한 재생과 재생산의 담보일 것인바, 이는 아버지 창조주와 동일한 자인 **아들**의 출산을 통하여 죽음에 도전한다. 이는 자기를 위한 그리고 타자들을 위한 불멸성의 증명이자, 남성 생식세포의 자기 동일성 계승의 보증인 셈이다.

│ 꿈 해석자들, 그들 자신들… │

우리는 "동일자"에 대한 이 오래된 꿈이 차용할 수 있는 얼굴들, 형상들, 형태학들을 아직 다 헤아리지도 못했고, 물론 해석하지도 못했다. 가장 통찰력 있는 예언가들도 이 "동일자"의 꿈을 다 설명하지는 못했다. 그들의 **방법론**은 언제나 이미 이 "동일자"의 꿈에게 보낸 믿음crédit에 의문을 품지 않았기 때문이다. 꿈 해석자들, 그들 자신들에게는 동일자를 재발견하는 것 외의 다른 욕망이 없었다. 어디에서나 그리고 확실히 그 욕망은 끈질겼다. 그러나 그 결과, 다소 **적절한**, 즉 다소 **훌륭한 해석**이라도 역시 동일성identité, 등가성, 유추, 상동, 대칭, 비교, 모방 등의 꿈에 사로잡혀 있지 않았는가? 가장 능숙한 해석자들이란 결국 가장 재능 있고 가장 창의적이며, 동일자의 욕망을 영속시킬 수 있는, 더 나아가 다시 활력을 줄 수 있는 것에 가장 고취된 몽상가들이기 때문이지 않을까?

그러나 동일자의 욕망이 성들 사이의 관계, 즉 성차의 바로 그 이름으로, 바로 그 장소에서 스스로를 말하고 이론화하고 규정하려 할 때, 이러한 증명, 이러한 전시의 정점에 이르게 되면 그 가정이 재검토되고 있음을 알리는 것 같다. 존재론의 모든 특징들에 의해 요구된 동일자의 아프리오리는 신학적인[신-논리학적인]théo-logique 방식으로 국외추방expatriation, 외삽extrapolation, 수용收容/expropriation을 대가로 치르고서야 유지될 수 있었다. 남성에 의해 연출되나 남성에게서 직접적으로 기인하지 않으며, 그 작업의 이익을 자본화한다고 가정되는 어떤 초월성에 회부되는 아프리오리. 그러나 남성이 동일자의 척도로서 명시적으로 표현될 때, 가려진 채 항상 기저에 있는 것이 이렇게 동일자의 욕망─(남성적) "주체"의 자기논리적autologiques 혹은 상동적 표상들로서 다소 상이한, 분화된 자기성애─으로 해석될 때, 재현의 기획은 우회와 관념적인idéales 정당화 속에 뒤섞인다. 여기서 남성이 취할 수 있는 쾌락이 나타난다. 그리고 동시에 다음과 같은 질문이 제기된다. 왜 이 쾌락은 남성만을 위한 것이어야 하는가?

이렇게 프로이트는 표상의 장면에 최소한 **두 번의 타격**을 가할 것이다. 한 번은 말하자면 직접적인 타격으로, 그가 현재, 현전에 대한 어떤 개념을 곤혹스럽게 할 때, 사후작용[13], 중층결정, 반복의 자동성, 죽음충동 등을 강조할 때, 또는 그가 임상에 있어서 무의식이라고 부르는 기제들이 "주체"의 담론에 미치는 영향을 보여줄 때이다. 다른 한 번은 좀 더 맹목적이고 간접적인 타격으로, 그— 자신이 로고스의 어떤 경제, 어떤 논리, 특히 "욕망"의 논리의 포로이면서 이 논리와 전통 철학의 관계를 알지 못하는—가 자신의 증명을 뒷받침하기 위해 언제나 변함없는 절차들, 즉 유추, 비교, 대칭, 이항대립 등에 의존하여 동일자의 아프리오리에 따라 성차를 정의할 때, 그가 "이데올로기"의 이해당사자로서 그것을 문제 삼지 않으면서, 남성적이라고 주장되는 주이상스가 모든 주이상스의 패러다임이며, 쾌락의 모든 재현은 남성적 주이상스를 참조하고, 그것을 표준으로 삼아 측정되고, 그것에 복종할 뿐이라고 단언할 때이다. 이는, 확실히, 효과적인 것으로 남으려면 적어도 계속 숨겨진 채여야 한다! 이 "징후", 즉 일관성과 "폐쇄성closure"을 보장할 성적 "무차이"가 드러나게 된 형이상학적 위기의 이 지점을 전시하면서 프로이트는 그것을 분석하기를 제안한다. 결코 해석된 적 없는 꿈, 자기auto…에 대한 오래된 꿈의 틀림없이 가장 적절한 주석re-marque으로서 이해하고 읽도록 제시된 그의 텍스트를.

---

13 정신분석학의 개념으로, '사후작용'의 의미는 다음과 같다. "경험, 인상, 기억 흔적은 사후에 새로운 경험과 관련을 맺으면서 수정되어 다른 차원으로 발달한다. 그리하여 그 것은 새로운 의미와 동시에 심리적 효과를 부여받는다." 장 라플랑슈, 장 베르트랑 퐁탈리스 지음, 임진수 옮김, 『정신분석 사전』, 열린책들, 2005, 185쪽.(옮긴이)

| 음경 자위: 필연적으로 남근적인 자기성애 |

그러므로 프로이트에게 양성의 각 개인들은 **같은방식으로** 리비도의 초기 단계들을 거치는 것처럼 보인다. 가학-항문기의 여자아이도 똑같은 공격성을 보인다(아직 "구조constitution"에 의해 금지되지 않은 것일까?). 그리고 남근기 초기부터 어린 여자아이는 어린 남성이다. 어떻게 달리 존재할 수 있겠는가? 남근기로의 접근은 남근— 기표에서의 지배력을 포함해 "남성 성기"를 가리키는—이 제공하는 쾌락으로의 접근을 의미하기 때문이다. 따라서 남근기의 여자아이는 남자아이라고 말한다면 프로이트는 옳다. 그렇지만 왜 그는 이 "단계"가 "정상적인 여성 되기"에 필요한 시기라고 설명하는 것일까? 게다가 단계들이 있다면, 왜 그는 여성 섹슈얼리티와 관련해 예를 들어 음문기, 질기, 자궁기에 대해 결코 말하지 않는 것일까?

그러므로 남근기의 여자아이는 "관능적인 감각들을 가져다줄" 수 있는, 음경의 등가물을 찾아다닌다. 여자아이는 어린 남자아이의 작은 음경보다 더 작은 음경인 음핵에서 그것을 발견한다. 그리고 여자아이의 **모든** 자위행위는 아주 작은 음경에 비견할 만한 이 기관과 관련 있을 것이다. 반면에 "본질적으로 여성적인 질은 양성 누구에게서도 아직 발견되지 않는다".[14] 또한 쉽게 접근할 수 있고 여자아이가 그 감각을 발견하지 않을 수 없었을 음순들도, 음순들

---

14 어린 여자아이의 섹슈얼리티와 음핵의 배타적인 역할의 "근본적으로 남성적인" 특징은 프로이트, 『성욕에 관한 세 편의 에세이Trois essais sur la sexualité』(Gallimard, Idées), 특히 「사춘기의 변화들Les transformations de la puberté」에서 더 전개된다.

중 어떤 것도, 음문도 마찬가지로 발견되지 않는다. 어머니의 보살 핌에 의해서도, 기저귀나 팬티의 마찰에 의해서도, "작은 음경"을 찾는 손에 의해서도. 만짐, 어루만짐, 음순, 음문의 갈라진 틈에 의해 얻는 쾌락은 프로이트에게는 그저 존재하지 않는 것일 뿐이다. 프로이트는 그것을 무시한다. 혹은 그것에 대해 알고 싶어 하지 않는다. 이 "단계"에도, 더 나중에도. 그리고 그는 질 후벽, 유방, 자궁 경부의 민감성에 연결된 단계도 떠올리지 않을 것이다··· 아마도 남성적 특질이 없는 모든 기관들에 대해서도 그렇지 않을까?

어쨌든 그는 주장한다. "우리는 남근기 동안 지배적인 성감대는 음핵이라는 것을 **확신할 수 있다**"고. 그리고 만약 "어떤 사람들"[15]이 이른 시기의 질의 감각들에 대해서 이야기한다면, 1) 항문 혹은 질 입구의 감각을 구별하기가 상당히 어려워서인 것 같고, 그것은 우리가 관심을 가질 만한 가치가 없어 보이며··· 2) 질의 감각들은 **어떤 경우에도** 큰 역할을 하지 못할 것이라고. 그 단호한 어조, 결단성은 거부dénégation, 배척conjuration을 야기할 수 있을 단언이다. 왜 프로이트는 음핵만이 여자아이의 자위와 관련되기를 원할까? 개연성이 전혀 없는데도? 왜 남근기의 여자아이에게 음핵만이 성감대로 인식되었어야 할까? 왜 어린 여자아이가 발견하는 성적 감각이 그렇게 부분적이고 그렇게 빈약한, 혹은 빈약할 것 같은 순간을 "남근"기라고 부르는 걸까? 왜 여성 생식기관들에서 성적 자극이

---

15 이에 대해서는 카렌 호나이Karen Horney, 멜라니 클라인Mélanie Klein, 어니스트 존스 Ernest Jones, 프로이트 사이에 벌어진 여성의 성적 발달과 관련한 토론을 참조해야 할 것이다.

꼭 가장 적은 것도 아닌 모종의 부분들을 잘라내는 걸까? 그리고 왜 남성 성기에서 그 보증물répondant, 그 존재 이유를 갖는 혹은 가질 부분들만을 간직하는 것일까? 혹은 왜 성적 욕망에 대해 남성이 가질 수 있는 표상에 대응하는 부분들만을 간직하는 것일까?

그리하여 남근기의 어린 남자아이는 자위에 몰두한다. 마찬가지로 어린 여자아이도 음경으로 가정되는 등가물인 음핵을 "같은 목적으로 사용한다". 둘 다 같은 일을 어느 정도 잘해낸다. "그러나 이 상태로 정체돼 있는 것은 아니다. 여성성이 **형성됨**se forme(?)에 따라 음핵은 그 민감성과, 따라서 그 중요성을 전부 혹은 부분적으로 질에 넘겨주어야만 한다. 이것은 바로 여성이 발달하는 동안 극복해야만 할 두 가지 난점 중 하나다. 반면에 더 운이 좋은 남성은 성적 성숙이 이루어지는 동안에 그가 초기 성적 발현의 시기에 했던 것을 계속하기만 하면 된다." 말하자면, 어린 여자아이는 자기 식으로 자위를 할 것이고, 그러는 동안 남자아이에게는 자위가 금지되지 않을 것이며, 이러한 행위를 끈질기게 계속하더라도 거세 불안을 겪지 않으리라는 것을 이해하길 바란다. 이제 질이 남성의 쾌락에 필수적인 도구가 되면서 여성성이 "형성되어야" 할 순간이 올 것이다. 이것은 가능한 해석이다. 왜냐하면, 어쨌든, 여자아이가 자위를 하면서 음핵에만 관심을 갖는 이유를—논증이 필요할 때를 제외하고—잘못 이해한다면, 음핵이 그 "민감성"과, 따라서 그 "중요성"을 질에 넘겨주어야만 한다는 사실 역시 별로 명백하지 않기 때문이다. 이 두 기관은 서로를 대신하지 않으나, 다른 기관들 가운데서도 특수한 민감성으로써 여성의 주이상스에 참여한다.[16] 어린 여자아이는 "자신을" 수음하지 않을 것이나 음경의 등가물을 수음할 것이라는 사실[17]과 마찬가지로, 여성은 여성적 쾌락, 즉 **자신의** 성적 기관들에 따라 차별화되는 쾌락에 이르지 못할 것이지만, 적절한 시기에 질이 어린 남자아이의 금지된 손을 대체할 것이라고 결론 내릴 수 있겠다. 여자아이에게는 성감대의 변화가 음경 자위의 변형들에 의해 결정되는 반면에, 더 운이 좋은 남성은 성적 성숙이 이루어지는 동안에 그가 초기 성적 발현의 시기에 했던 것을 계속하기만 하면 된다.

| "대상"의 변화 혹은 가치 저하의 위기 |

여성이 되기 위해 여자아이가 극복해야 할 두 번째 난점은 프로이트가 **대상의 변화**라고 부르는 것이다. "남자아이의 최초의 사랑의 대상은 어머니다. 오이디푸스 콤플렉스가 형성되는 동안에도 그런 상태로 고착돼 있으며, 결국 **전 생애 동안** 그러하다. 여자아이에게도 역시 최초의 대상은 어머니다. 또는 어머니를 대체하는

---

16 프로이트가 성인 여성 섹슈얼리티에서 음핵의 역할로 가리키는 "**더단단한** 장작을 태우기 위해 쓰이는 장작"의 역할은 남성이 여성의 욕망에 대해 갖는 표상에 **들어맞는** 것처럼 보인다. 확실히 남성의 욕망에 일치하는 것일까? Cf. 「사춘기의 변화들」, 『성욕에 관한 세 편의 에세이』, Gallimard, Idées, pp. 130-131.

17 프로이트의 다음 문장만큼 모호하다. "…양성의 해부학적 차이의 인식은 여자아이를 남성성과 **냄싱딕지위**로부터 떨어뜨려놓는다."(「성의 해부학적 차이Différence anatomique entre les sexes」, 『성생활』, p. 130.)

사람들, 즉 유모, 보모 등이다. 초기의 대상 리비도 투자들은 기본적인 생명 유지에 필요한 것들의 만족, 즉 양성의 아이들에게 **동일한** 보살핌들에서 유래한다. 그러나 오이디푸스 상황에서 여자아이는 자신의 사랑을 아버지에게로 옮기며, 발달이 **정상적으로** 이루어지면 아버지라는 대상에서 최종적인définitif 대상 선택으로 이동해야 한다. 여자아이는 이렇게 성감대와 대상을 바꾸지 않으면 안 된다." 그 결과 — 여전히 남성들끼리 — 자문하게 된다. "이러한 변화transformation가 어떻게 일어나는지, 원래 어머니에게 애착을 보였던 여자아이가 그다음에는 왜 아버지에게 애착을 갖는지, 다른 말로 표현하자면 어떻게 여자아이가 **남성적** 단계에서 **생물학적으로 운명 지어져 있는** 여성적 단계로 변화하는지"를.

이러한 명령적, 규범적, 교훈적인 부분들을 포함한 서술들(여자아이는⋯ [이렇게] **해야 한다**, 발달이 **정상적으로** 이루어지면, 여자아이는 이렇게⋯ **하지 않으면 안 된다**, 생물학적으로 운명 지어져 있는 여성적 단계) 앞에서 어떤 당혹감을 되풀이해서 말하는 것은 소용없는 일이다. 몇 가지 질문만을 대담하게 던져보자. 이 역시 준엄하게 결정된 운명 앞에서 부적절하고 무익하게 보이기 때문에 언제든 곧바로 억압되겠지만. 1) 만약 남성이 최초의 사랑의 대상인 자신의 **어머니**에게 전 생애 동안 고착돼 있다면, 그의 성적 경제에서 **여성**의 기능은 무엇이 될까? 성들 사이에 관계랄 것이 존재하기는 할까? 혹은 욕망이 무조건적인 반복의 자동운동에서 벗어나게 될까?[18] 2) 만

---

18 이런 식으로 기원 문제의 끈질긴 반복이 설명될까? "죽음을 향한 진로에서 생명이

약 여성이 남성의 욕망에 부응하기 위해 남성의 어머니의 역할을 맡아야 한다면, 남성의 어머니와 자신을 동일시해야 한다면, 남성은 어떤 면에서는 **자신의 아이들의 형제**가 될 것이다. 동일한 (유형의) 사랑의 대상, 즉 어머니라는 대상을 갖기 때문이다. 그렇다면 프로이트에게 성차 구조화의 중심축인 **오이디푸스 콤플렉스 문제**는 어떻게 제기되고 해결될 것인가?[19] 3) 섹슈얼리티의 변화의 **과업**은 어째서 여성에게 부과되는가?[20] 그리고 결국 이 과업의 목적은 무엇인가? 여성이 **자신의 시어머니**가 된다는 것?[21] (너무 빨리 웃지 마시길.) 이 과업은 누구에게 도움이 되는가? 4) 그러므로 여성에게는 남성의 사랑의 대상과 일치되기 위해 자신의 최초의 사랑의 대상을 포기하는 것, **남성 욕망의 영원한 대상과 가능한 한 유사한** 사람이 되는 것을 유일한 욕망으로 갖는 것만이 문제가 될 것이다. 그녀의 쾌락은 이 작업의 성공과 상관관계가 있기 때문이다. 그러므로 **두** 욕망 사이의 관계, 놀이가 아닌 **하나의** 향성向性/tropisme만이, 그리고 문제의

택한"—cf. 「쾌락 원칙을 넘어서Au-delà du principe de plaisir」, 『정신분석론Essais de psychanalyse』, Petite bibliothèque Payot, p. 49(한국어판 『정신분석학의 근본 개념』(열린책들, 2004)에 수록된 논문 참조—옮긴이)—가장 미묘한 "우회로"는 생명의 시작의 물질성으로부터 생명을 점진적으로 풀어줌으로써 수태conception의 원래 장소와의 관계를 반복하는 것이며, 대타자인(대타자의) 관념성idéalité의 무한한 사랑 속에 탄생을 말소하는 것이리라.

19 달리 말하자면, 오이디푸스 콤플렉스는 성들 사이의 차이를 분명히 하는 데 쓰이는 것이 아니라 아버지의—사회-상징적—법을 통과시키는 데 쓰일 것이다. 아버지는 영원히 최초의 대상을 사랑하지만, 언어는 아버지와 (성적 관계를 실행 불가능하게 만드는 로고스의 기능의 법을 (재)봉인하는 존엄한 이상idéal으로 고양되었기 때문에) 불가능한 "대상" 사이에 개입된다.

20 "여성 되기"라는 이 기원genèse의 과업의 말소에서 오는, 남근—대문자 남근—이 누리는 가치의 추가surcroît에 대해 어떻게 생각하는가?

21 이 말에서, 전통적으로 여성의 어머니가 미움받고 경멸되고 풍자되는 인물임을 상기해야 하는가? 남성이 자신의 어머니에 내해 갖는 향수를 가장 위험하는 인물임을?

욕망 혹은 쾌락의 **하나의** 대상만이 존재할 것이다. 한편, 이는 프로이트가 욕망의 "대상에 대해" 말할 수 있는 이유를 설명해준다. 5) 왜 프로이트는 여자아이가 어머니를 사랑하고 욕망하는 단계를 **남성적** 단계라고 부르는가? 이런 식으로 그는 여자아이와 어머니 및 모성의 관계의 독특성을 회피하고 있는 게 아닌가? 여성들 사이의 욕망의 독창성originalité[22]을 암소화暗所化[23]하는 것과 동일하면서 다르게? 리비도의 이 모든 특수한 양태들을 아내-어머니를 향한 남성의 욕망으로, 혹은 (여기에서는 "남근적" 어머니로 표상되는) 남근을 향한 남성 ― "남성적 단계"에 있는 어린 여자아이, 여자아이 =어린 남자아이 등― 의 욕망으로 환원시키는 것이다. 남성을 향한 남성의 욕망인가? 더 정확히는 남근을 향한 남근의 욕망이다. 6) "여성적 단계"로의 발달에서 프로이트는 그것을 "생물학적 운명"으로 부른다. 우리는 그가 남성적인 섹슈얼리티에 대해서 이야기할 때는 이 표현의 힘을 빌리는 일이 거의 없으면서, 이 표현으로 여성의 모성적 "운명"을 거듭 가리킨다는 것을 알 수 있다.[24] 그런데 출산을 내세우는 것보다 더, 남성과 여성 관계의 자기성애적, 동성애적 혹은 페티시적fétichiste 성격을 명백히 거부하고 명시적으로 배척하는 것이 있는가? 생물학적 자연주의에의 의존, 생리학적 객관

---

22 여성의 동성애 문제는 나중에 전개될 것이다.

23 정신분석에서 자아와 상충되는 모든 것의 존재를 부정하려고 하는 정신적 맹점의 발달을 말한다.(옮긴이)

24 또한 여성의 거세됨을 정당화하기 위해 "생물학적 운명"이 언급될 것이다. "여기에서 우리가 무엇을 할 수 있는가?" 프로이트는 나폴레옹의 말을 바꿔서 이렇게 쓴다… "해부학, 그것은 운명이다."(Cf. 「오이디푸스 콤플렉스의 해소La disparition du complexe d'Œdipe」, 『성생활』, p. 121.)

성에의 의존은 여기서 커플의 성적 경제를 지배하는 환상을 은폐하게couvrir 되지 않는가? 모성적 전능의 운명이 어떤 환원을 의미하지 않는 경우를 제외하고. 이 두 가지 상상적 징후들은 알다시피 서로를 전혀 배제하지 않는다.

법 자체(동일자의 법)

"특정한 나이에 이르면서부터 반대되는 성〔이성異性〕을 향한 끌림이 발현되어 어린 여자아이를 **남성**에게 향하도록 몰아가고, **동일한 법칙 아래** 어린 남자아이를 **그의 어머니**에게 향하도록 몰아간다고 우리가 인정할 수 있기만 하면 이 모두가 얼마나 간단해 보이겠는가!" 만일 동일한 법칙이 여자아이와 남성의 관계와 남자아이와 그의 어머니의 관계만큼 상이한 관계들을 승인한다면, 사실 얼마나 간단하겠는가… 그러나 이 법칙을 어떻게 공식화할 것인가? 이는 확실히 "특정한 나이에, 반대되는 성을 향한 끌림"의 법칙인 것은 아니다. 이쪽 용어로 말하자면 "여성이 된" 여자아이는 아마도 제외될 것이다. 여성이 되기 위해서, 여자아이는 기원에 대한 자신의 관계에 관한 질문을—따라서 근원적인(근원적인 것에 대한) 자신의 욕망에 관한 혹은 자신의 기원적(기원에 대한) 욕망에 관한 질문을—해결해야만 했고, 또한 자기성애적이고 동성애적인 자신의 쾌락을 전위-극복하고, 자신의 부분 충동들을 "승화"하는 등의 일을 해야 했다. 남성이라면 기원과의 관계에 의해 극단적으로 치우쳐져 있을 것이다. 재현의 장면에서, 즉 이 원칙적인 문제가 오랫동안 강조돼왔으며 그것을 "탈은폐하기dévoiler"를 계속 반복적으로 시도해온 재현의 장면에서, 그리고 그의 가장 폭력적이고 반복적인 욕망이 바로 여성-자기 어머니의 처녀성을 빼앗는 것인 그의 성행위에서(이 두 장면 사이의 관계는 명백하지만, 해석을 위해서는 이상idéal을 통한 우회가 요구된다. 나중에 다시 살펴보겠다). 이렇게 처녀막에 의해 표상되는 처녀성은 **불가능한것**의 형상화 속에서, 거의 **부정**否定의 역할을 맡아 근친상간을 가능케 하는 것이 되리라(그녀는 내 어머니가 아니다. 왜냐하면… 아직 어머니가 아니니까).[25]

　그러나 물론 두 성들에게 제시된 이 길은 프로이트의 바람과 달리 **동일한것**이 아니며, **동일한 법칙**을 따를 수 없다. 기껏해야 여자아이가 복종하는 것은 법 자체, 동일자의 법인바, 그 법은 여자아이가 기원에 대해 맺는 자신의 관계를, 그녀의 근원적인 (것에 대한) 환상을 포기하여, 그때부터 그녀에게 있어 자기 욕망의 "기원"이 되는 남성의 기원과의 관계에, 남성의 근원적인 (것에 대한) 환상에 기입될 것을 요구한다. 여성은 남성의 기원에 의해 지배되는 것 이외에는 기원에 대한 관계를 갖지 않는 것이다. 이 **첫 번째** 남성적 욕망에 **소속되지**s'affilier 않는다면, 여성은 미치고 타락하고 실성할 것이다. 이것은 특히 남성 가계에 등록되기 위해 자기 조상의 표지를 포기해야 한다는 사실에 의해 표출된다. 자기 가족, 자기 "집", 자기

25　이는 「처녀성의 금기Taboudelavirginité」─cf.『성생활』참조─의 또 다른 가능한 해석일 것이다. 처녀성은 어머니의 전유轉有/appropriation의 신비를 가리는 베일이기 때문이다. 이것이 성적 능력/무능력의 시험을 미룸으로써 페티시의 증식 같은 것을 초래할 수 있음을 알고 있다.

성—물론 이미 부계이지만—, 자기 가계도를 떠나 남편의 것들을 취한다. 그리고 아마도 "남근"과 그 권력의 문제를 이 용어들로 제기한다면 아주 흥미로울 것이다. **기원과의 관계의 전유, 기원적(기원에 대한) 욕망의 전유**로서 해석하지 않는다면, 그것은 음경의 특권적 기표도 아닐 뿐만 아니라, 능력 혹은 주이상스의 기표도 아닐 것이다. 향성과 경쟁은 남성과 (그의) 어머니 사이에서 실제로 일어난다. 그런 경제의 관점에서 여성은 정말로 거세됐다.

그러나 역시 성차는 환원되어 있다. 그리고 프로이트가 아이들이 부모와 일치하는 성적 선호의 방향을 일방적으로 따르지 않는다는 사실 앞에서 실망을 고백한다 해도—이는 프로이트로 하여금 "시인들이 그토록 말하는, 이 신비하고 **분석적으로 분해될 수 없는** 형상을 의심하게" 한다!—, 우리는 그에게 남자아이가 어머니를, 여자아이가 남성을, 그리고 심지어 아버지를 선호하는 것이 단순히 한 성의—그가 말하는—"반대되는" 성을 향한 끌림으로 귀착하지 않는다고 반론을 제기할 수 있다. 왜냐하면 "반대되는" 성을 향한 끌림—여전히 프로이트에 따르면—은 남자아이를 최초의 사랑들에 그대로 남겨두지만, 여자아이에게는 방향을 바꿀 것을 요구하기 때문이다. 이후 어떻게, 왜… 여자아이가 어머니에 대한 사랑에서 증오로 옮겨 갈 것인지 증명해야 하는 의무감에 젖은 프로이트의 긴 추론이 이어진다!

여성의 역사는 시초에서 멈출 것이다

| 예상 밖의 사랑 |

"많은 수의 여성들이 아주 오랫동안 아버지 같은 대상, 심지어 아버지 자체에 감정적으로 고착되어 있음을 여러분은 확실히 알고 있다." 그런데 이러한 강렬하고 지속적인 고착에 대해 질문하면서 "몹시 놀라운 사실들", 즉 우리가 의문을 품지 않았던, 여자아이의 어머니에 대한 고착 단계의 중요성, 지속 기간, 결과들 등을 확인하게 된다. 우리가, 프로이트가. 이 "단계"는 네 살 넘어서까지 지속될 수 있고 "오이디푸스 상황에서 나중에 재발견될 모든 것이 이미 존재하며, 그다음에 아버지 같은 인물에게 전이된 것일 뿐이다." 그러므로 아버지에 대한 사랑, 욕망은 전이transfert, 전위déplacement를 가능케 했을 어떤 것이라기보다는 어머니에게 느꼈던 사랑과 욕망을 반복하고 재현하는re-présenteraient 것이었을까? 사랑의, 욕망의 기원은 사실은

암묵적으로 어머니에게 연결된 채일 것이다. 프로이트에 따르면 욕망에 대한 최초의 은유화는 "어머니 같은 대상"이라고 부르는 것과 상관관계가 있는 것 같다. 그리고 아버지 같은 대상과는 상관없는 것 같다. 그는 리비도 전위의 매체일 뿐이기 때문이다. 아버지와 어머니 **사이**, 남성과 여성 **사이**의 관계와도, 따라서 성차와도 역시 상관없는 듯하다.

| 어머니와의 아이를 갖고 싶다는 욕망 |

만약 지금 어머니에 대한 딸의 리비도적 감정들에 대해 자문해본다면, "그 감정들이 다양하고, 유아 섹슈얼리티의 세 '단계들' 동안 지속하며, 구순적 욕망, 가학-항문적 욕망, 남근적 욕망으로 표현됨으로써 각 단계들의 특징들을 취한다"는 사실을 확인하게 된다. "이 욕망들은 능동적이거나 수동적인 감정들을 표현하며, 이 욕망들을 **나중에 일어나는 성의 분화**(?)와 연관시키게 되면(**되도록 피하는 것이 좋겠지만**), 남성적이라거나 여성적이라고 정당하게 규정할 수 있게 된다. 이러한 성적 욕망들이 무엇으로 구성되어 있는지 말하기란 언제나 쉬운 것은 아니다. 이들 욕망 가운데 가장 분명하게 지각할 수 있는 것은 어머니에게 아이를 만들어주고 싶다는 욕망과 어머니와의 아이를 갖고 싶다는 욕망이다. 이 두 가지 욕망은 남근기에 시작되며, 몹시 놀랍기는 하지만 그 존재는 분석적 관찰에 의해 우리에게 형식적으로 증명된 것이다."

두 욕망 중 하나는, 이 남근기의 어린 여자아이는 어린 남자아이이므로 자신의 작은 음경을 가지고 어머니에게 아이를 만들어주기를 소원할 수 있다는 사실로 해석될 수 있다(이는 또한 발기, 어머니에의 삽입, 어머니의 수태라는 동일한 남근 숭배로 합쳐진다는 것을 내포하고 있다). 이른바 어머니의 아이를 임신하는 것은 프로이트가 설명한 대로의 이 "단계"의 상상적 형태configuration에서 더욱 문제적이다. 왜냐하면 이것은 어린 여자아이가 단순히 어린 남자아이만이 아니며, 여자아이의 리비도적 경제에는 양성성이 이미 작용하고 있고, 딸로서 남근적 어머니의 아이를 욕망하는 동시에 작은 음경을 지닌 자로서 어머니에게 아이를 만들어줄 수 있는 능력을 확인하고자 소망한다고 가정하는 것이기 때문이다. 어쨌든 이것은 여자아이가 **구심적인** 동시에 **원심적인** 향성을 이미 알고 있고, **준거가 되는 성기는 단순히 음핵만이 아님**을 증명하고 있다.

한편, 프로이트가 다른 데에서 그런 것과는 달리("이러한 유아의 욕망—아버지의 아이를 갖고자 하는—이 나중에 실현될 때, 특히 태어난 아기가 그렇게 갈망했던 음경을 가지고 있는 **남자아이**라면 얼마나 행복하겠는가!")[26] 어머니와 딸 사이의 관건인 아이의 성을 시사하지 않은 점은 아쉬울 수 있다. 만약 여자아이가 여성성에 있어서 조금이라도 더 높은 가치를 갖는다면 어머니와의 관계에서 바랐던 아이는 오히려 딸이라고 가정해볼 수 있다. 어머니와 함께 수태한 이 딸에 대한 열망은 여자아이에게는 어머니에게서 자기 자신이 탄생하는 욕망, 어머니의 몸과 자신의 "육체"의 분리를 **반복**-

---

26 Cf. 「여성성」, p. 169.

54

재현하는 욕망을 의미할 것이다. 딸의 육체를 낳는 것, 제3의 여성의 육체를 끌어들이는 것은 여자아이에게는 자신을 여성으로(여성의) 성별화된sexués 육체들로 동일시하는 것이며, 어머니를 여성으로(여성의) 성차화된 몸으로 동일시하는 것이다. 즉 둘 모두가 "여성"이길 바랐던 제3의 "육체" 덕분에 유사하고 상이하다고 서로를 정의할 수 있는 **두** 여성들로 말이다.[27] 이런 식으로, (기원적(기원에 대한) 욕망이 남성과 **여성**의 관계와 관련되지 않는다면 피할 수 없는) 딸과 어머니의 미분화 상태 그리고 딸과 모성적 기능의 미분화 상태를 일시적으로 완화한다. 여자아이의 여성 되기가 기입될 수 있을 여성성 ─ 모성뿐만이 아니라 ─ 에 더 높은 가치가 부여된 표상을 함축하면서. 달리 말하자면, 어머니와 딸에 의해 수태된 이 여성-딸에 대한 환상은 자신을 욕망된, 욕망할 만한[바람직한] 여성의 육체로서 표상할 수 있는 힘에 대한 여자아이의 욕망, 더 나아가 어머니의 욕망을 의미할 것이다. 그렇다고 해서 이 욕망이 "남근적"이라는 뜻은 아닐 것이다. 그러나 이는 남성에 의해 투자된 그대로의 모성적 기능을 반복-전위하기를 요구할 것이다.

만약 여자아이가 바란 아이가 남자아이라면, 여자아이가 남자아이로서 자신을 생산-표상하기를 소망한다고 가정해볼 수 있다. 혹은 어머니와 함께 ─ 어머니로서? ─ , 출산에 있어서 아버지의 역

---

27 제3인간 논변과 "다른" 버전이다…(제3인간 논변은 플라톤, 『파르메니데스』, 132a-133a, 특히 132a-b와 아리스토텔레스, 『형이상학』, 990b, 1039a, 1079a 참조. 제3인간의 '인간'은 그리스어로는 άνθρωπος(anthrōpos), 프랑스어로는 homme으로서 '인간'과 '남성' 모두를 의미한다. 제3인간 논변은 인간의 이데아와 개별적인 사람 사이의 관계에 관한 논변이다─옮긴이)

할 역시 전유하고자 소망한다고 가정해볼 수 있다. 즉 두 여성만으로 자식을 낳고 아버지의 대리인을 낳기에 충분하다고 말이다. 아버지의 힘은 이렇게 상상적으로 지배될 것이다.

어머니와 함께 수태한 아이에 대한 환상 이야기를 마치기 전에, 왜 프로이트는 구순기도, 항문기도 아닌, 오직 남근기에만 이 환상을 개입시키는지 자문할 수 있다. 반면에 다른 곳에서는 유아적 상상에 있어서 출산과 대변 생산의 동일시에 대해 주장하면서 말이다. "어떤 것을 먹으면 그것은 아이를 가질 수 있게 한다."[28] 모유를 마시면 어머니에게 아이를 만들어주거나 어머니가 당신에게 아이를 만들어준다.

어머니에 대한 전오이디푸스적 관계의 또 다른 변이가 있다. "차후에 편집증적 질환의 씨앗이 될, 살해당하거나 독살되거나 할지 모른다는 두려움." 여기에서 우리는 사용된 은유가 특히 "육체"와 관계있음—"살해당하거나", "독살되거나"—을 알 수 있다. 그리고 프로이트는 특히 아이와 어머니의 오래된 관계에서뿐만 아니라 어떤 성애주의가 "성차화된sexué 육체"의 물질성[29]을 지워가는 듯 보이는 그의 전체 "이론"에서 육체/성의 결합articulation을 슬쩍 전개하는 것 같다. 또한 성 혹은 어쨌든 성적 기능의 관념—이데아Idée—이 프로이트의 "담론"을 어느 정도 결정하는 듯 보인다. 분명 그의 담론은 이데아의 경제를 수정하지 않는 건 아니지만, 그래도 여전

---

28 「어린아이의 성 이론에 관하여Les théories sexuelles infantilles」, 『성생활』.

29 이것은 부분 충동의 단계들에만 존재할까? 정액의 "불멸의" 성질—프로이트에게는 "성적 기능"에서 결정적인—은 생식 섹슈얼리티의 이상화를 가져왔을까?

히 에이도스^{edios}와 그 변형들에 종속된 하나의 로고스 속에, 하나의 논리 속에 성을 포획해놓는다. 그리고 이러한 고찰이 편집증 혹은 어머니에 의해 살해당하거나 독살되거나 할지 모른다는 두려움과 관련해 이루어진다면 그것은 확실히 우연이 아니다. 편집증의 ─이론의?─ 체계성은 기표들로 조직된 일체로 그것을 둘러싸고 에워싸고 잘라내고 전환-우회시킴으로써 위험한 어머니(와)의 육체(적 조우)를 지배하고자 하는 방책으로 나타난다. 언어 안에서/언어에 의해서 거듭 통과됐고 통과하는 육체를. 구순의^{oral} 언어 안에서/언어에 의해서. 그러므로 언어는 어머니의 가슴, 모유와 동일하지만 다르게, 아이의 성차화된^{sexué} 육체에 양분을 줄 수 있지만, 죽일 수도 강간할 수도 독살시킬 수도 있다.

어머니에 대한 전오이디푸스적 관계에서 어머니에게 아이를 만들어주고 싶다거나 어머니로부터 아이를 얻고 싶다는 여자아이의 욕망 혹은 살해당하거나 독살될지 모른다는 여자아이의 두려움은 "**놀라운**" 발견들로서, 이것들은 분석적 연구들과 임상의 "**매력**"이다.

| 아버지의 유혹: 성이 아니라 법 |

프로이트에게 "**수많은 고통스러운 시간**을 보내게 했던" 또 다른 새로운 발견을 여기에 덧붙이자.
"무엇보다도 유년기의 성적 트라우마를 발견해내는 데 몰두해

있던 시기에, 나의 거의 모든 여성 환자들은 자신들의 아버지에게 유혹받은 적이 있다고 내게 진술했다. 나는 마침내 이러한 주장들이 거짓이라는 결론에 이르게 되었는데, 따라서 히스테리 증상들은 실재하는 사실들로부터가 아니라 환상들로부터 생겨난다는 것을 알게 되었다."

이른바 중년 남성 X가 다음과 같은 말을 당신에게 한다고 상상해보자. 당신은 어떻게 해석할 것인가. "그것은 내게 수많은 **고통스러운** 시간을 보내게 했다", "**나의** 거의 모든 여성 환자들은 자신들의 **아버지**에게 유혹받은 적이 있다고 **내게** 진술했다", "나는 마침내 이러한 주장들이 **거짓**이라는 결론에 이르게 되었다", "**따라서** 히스테리 증상들은 **실재하는** 사실들로부터가 아니라 **환상들**로부터 생겨난다는 것을 알게 되었다". 그리고 즉흥적인 상황일지라도 모든 분석가에게 재량껏 해석하도록 맡겨보자. 즉흥적인 편이 나을 것이다. 그렇지 않으면 그 분석가의 섹스sexe나 젠더genre[30]가 어떻든 정신분석의 **아버지**에게 이미 유혹받았을 위험이 있을 것이니 말이다.

이 유혹은 물론 임상 혹은 이론에서 그 유혹을 부인하는 규범적 서술, **법**에 의해 은폐된다. 그래서 "나중에 가서야 비로소 나는 아버지에 의한 유혹이라는 이 환상은 여성들에게 있어서 **오이디푸스 콤플렉스의 표현**이었음을 알아차렸다". 아버지가 유혹자일 수 있다

---

30 이리가레의 텍스트에서 genre를 '젠더'로 번역하는 것이 늘 적절한 것은 아니다. 특히 후기 저작(가령 『성들과 계보들Sexes et parentés』)에서는 genre의 의미를 영어권 페미니즘에서의 gender와 매우 다른 의미로 사용한다는 것이 잘 드러난다. 여기에서는 이 의미의 차이에 관해 특별한 언급이 없고 그 차이가 중요한 대목이 아니므로 '젠더'로 번역하지만, 그렇다고 이리가레가 '생물학적 성'과 '구성된 젠더'의 이원적 구분에 동의한다는 의미는 결코 아니다. 이 텍스트에서는 genre를 맥락에 따라 '성, 젠더, 성별' 등으로 번역한다.(옮긴이)

고, 경우에 따라서는 심지어 딸을 유혹하기 **위해** 딸을 갖기를 욕망한다고 가정하는 것은 너무 위험해 보였을 것 같다. 그가 성적 경제를 다루는, 즉 배제되고 금지된 성적 표상들을 다루는 최면, 암시, 전이, 해석을 통해 **히스테리 환자에 대한 지속적인 유혹**[31]을 행사하기 위해 분석자가 되고자 소망한다고 가정하는 것도 매우 위험해 보였을 것이다. 그 작용을 정당화하는 법을 통과시켜야만 한다. 그러나 물론 법으로 가장하여 이제 유혹이 마음껏 실행될 수 있다면, **법자체의 유혹의 기능**에 대해 질문하는 것 역시 매우 시급해 보이게 된다. 환상의 생산에 있어서 법의 역할에 대해 질문하는 것도. 법은 유혹된 욕망의 실현을 유보해놓고, 법이 환상적 세계를 금지하고 해석하고 상징화하는 만큼 그 세계를 조직하고 정리한다.

그러므로 여자아이가 아버지에 의해 유혹받는 환상을 품는다고 주장하는 것은 단순히 사실도 아니고, 전적으로 거짓도 아니다. 왜냐하면 **아버지는 딸을 유혹하지만** 자신의 욕망을 인식하고 실현하기를 거부하면서—언제나 진실인 것은 아니다—, **그것을 스스로 금하려고 법을 제정한다**고 가정하는 것 역시 옳기 때문이다. 그렇긴 해도 아버지의 욕망은 어쨌든, 유혹당하고 거부당한 욕망을 여자아이의 "환상"의 상태로 환원시키는 법, 그가 제정하거나 혹은 전달하는 법의 힘, 형식, 양태 등을 규정할 것이다. 즉 아버지의 담론, 아버지의 법으로 "유혹하기"가 문제일 때, 여자아이의 욕망은 말로는 겨우겨우 발음할 수 있을 뿐이고, 아마도 침묵의 언어, 몸짓 언어, 육체적 언

---

31 처녀성을 빼앗는 것에 대해 계속해서 지속되는 암시와 정복의 효과들을 연결시킬 수 있을 것이다. Cf. 「처녀성의 금기」, 『성생활』.

어로 더듬거릴 것이다. **따라서 아버지의 성차화된**sexué **몸을 향한 욕망** — 언어화해야 하고 해석에 맡겨야 하는, "유혹의 환상"으로 규정된 욕망 — **대신에, 아버지의 법이,** 즉 제도화하며 이미 제도화된 담론이 **제시되고 부과된다.** 어느 정도는 방어적으로 말이다("고통스러운 시간"을 생각해보라…).

이후 딸은 자신이 욕망을 지니고 있음을, 특히 아버지를 향한 욕망이 있음을 어떻게 인식할 수 있을까? 그리고 어떻게 기표(들)에서 파생되고 일탈하는 욕구들 속에서 자신의 욕망을 유예하지 않을 수 있을까? 이 욕구들은 은폐되고 부인되는 욕망을 대신하기에, 강력한 권위autorité를 가지는 동시에 무의미하고 하찮다. 이는 아버지가 딸과 성행위를 **해야 한다**는 말이 아니라 — 가끔 사안을 명확하게 하는 편이 낫다 —, 아버지가 자신의 욕망과 자신의 성에 늘어뜨려 걸쳐 입히는 법이라는 외투를 문제 삼는 것이 좋겠다는 뜻이다. 그리고 만약 법이 그에게 쾌락의, 권력의 잉여가치plus-value를 보장해준다면, 우리는 그의 욕망에 대해서 — **그는 성행위를 할 때보다 법을 만들 때 더 많은 쾌락을 느낄 것이다** —, 그리고 아버지의 기능, 부성 기능의 이 더 큰 주이상스가 후에 히스테리 환자가 될 어린 여자아이의 "리비도"에 행하는, 끝없이 무산시키고 환원시키고 탈선시키는 그 작업에 대해서 법이 함의하는 바를 밝혀야 한다. 여자아이의 성차화된sexué 욕망은 실제로 환상으로 규정되며, 그때부터 아버지의 성적 부정dénégation, 성적 공모conjuration, 더 나아가 성적 무능력의 담론을 욕망하는 것은 비非환상이 된다. 따라서 여자아이는 자신

60

의 욕망으로써, 특히 딸에 대한 아버지의 비非욕망을 공포하는 입법적 담론의 속임수를, 법의 텍스트의 속임수를 옹호해야 마땅할 것이다.

좀 더 세속적인 현실들 때문에 여자아이는 유혹하는 어머니에게 되돌아갈 것이다. 사실, 어머니의 유혹에 관한 한, "환상은"—프로이트에 따르면—"현실에 가깝다". "왜냐하면 아이들에게 **필수적인** 육체적 보살핌을 제공하면서 최초로 성기의 관능적 감각들을 야기하고, 심지어는 아마도 그 감각들을 불러일으키는 사람은 사실상 어머니였기 때문이다."[32] 그러므로 우리의 여자아이는 어머니에게 실제로 유혹당했지만, 위생과 관련된 필수적인 보살핌들을 요구한 것 이상은 아니며, 자기 아버지에게는 법의 이름으로 거절당한다. 여자아이의 여성 되기는 확실히 힘들어 보인다. 최소한 여성 섹슈얼리티에 대한 남성—여기서는 프로이트—의 환상, 공포증, 금기에 종속된 이 장면에서는.[33]

---

32 이 **유일한유혹들**의 결과를 여성이 언제나 청결하고 "적절한" 옷차림이어야 한다고 신경 쓰는 것에서 봐야 할까? 혹은 여성의 항문 소유를 부정하는 남성의 욕망에 따르는 것으로 해석해야 할까? 예를 들어 여성의 청결에 대해 루소가 쓴 글을 읽을 수 있을 것이다.

33 일종의 악순환으로서, 이 환상들은 여성 섹슈얼리티에 이렇게 할당된 조건에 따라 더욱 강력하게 증식된다.

│ 여자아이가 어머니를 증오하고
남자아이가 어머니를 지속적으로 사랑하는 "이유들" │

"여러분은 분명히 내가 과장한다고 비난할 것이다… 내가 주장하는 만큼 어린 여자아이와 그 어머니를 연결하는 관계들이 그렇게 강력하지도 않고 그렇게 풍부하지도 않다고 생각할 것이다…" 그렇게 명백한 사안들 앞에서 우리(여성인 우리)가 놀라기를 여러분이 바라는 것과는 반대로, 자명해 보이는 사실을 입증하고 논증하려고 여러분이 고집부리는 것과 반대로, 우리가 놀라지 않는다면 말이다. 우리가 놀란 것은 어린 여자아이와 어머니의 관계들이 그렇게 풍부하고 그렇게 강력하다는 것 때문이 아니라, 오히려 그 관계들이 "사라져야" 한다는 것과 "어머니에 대한 애착이 증오로 변해야 한다"는 것 때문이다. 이 증오는 그 힘뿐만 아니라 그 지속기간을 특징으로 할 것이다. "그것〔증오〕은 전 생애 동안 지속될 수 있다." 마찬가지로 "대체로 적의의 일부는 지속되는 반면, 다른 일부는 극복된다"는 것과 어떤 여성들에게 증오는 "철저하게 과잉보상될" 수 있다는 사실 역시 강조해야 한다.

여기에서, **전 생애 동안 지속될**, 어머니에 대한 여자아이의 적의와 어머니에 대한 남자아이의 사랑 사이에 존재하는 암묵적인 **대응관계**에 대한 질문이 제기될 것이다. 이런 교차된 제약은 무엇을 의미하는가? 그리고 아버지에게로 향하는 발달이 이루어지기 위해 어머니에 대한 애착이 증오로 돌변해야 할 필요성에 대해서도 자문해야 한다. 아버지를 욕망하는 것은 어머니를 증오하는 것을 내포한다. "반대되는" 성의 대표자를 욕망하는 것은 어쨌든 여자아이에게는 자신의 성의 대표자를, 더 나아가, 나중에 보겠지만, 자신의 성의 표상을 거부하는 것을 상정한다. 그러므로 성들 **사이의** 관계의 어떠한 리비도 투자도 가능하지 않을 것인가? 만약 한 성을 사랑하고 욕망한다면, 필연적으로 다른 성을 비방하고 미워하게 된다. 게다가 단 하나의 성만이 욕망할 만한 것이기 때문에, 어떻게 여자아이가 어머니(의 성)의 가치를 저하시킴으로써 자신의 성의 가치를 저하시키는 데 이르는가를 증명하는 것이 문제가 된다.

이 점에 관해서 우리는 히스테리 환자들이 정신분석의 아버지에게 털어놓은 어머니에 대한 불평, 푸념, 비난, 고발을 내세울 것이다. 그러나 이러한 불만들의 전이적 결정인자들과 역전이적 결정인자들은 해석되지 않을 것이다.

"비난의 대상이 되는 어머니의 악행 중에 시기상 가장 오래된 것은 아이에게 젖을 너무 적게 주었고, 이것이 아이를 충분히 사랑하지 않았다는 증거라는 것이다." 프로이트가 밝히기를 우리 사회에 종종 확립되어 있는 이 불만은, 그러나 너무도 끈질기게 반복되므로, 그 실제 근거를 의심하기에 이르렀다고 한다. 오히려 아이가 "어머니의 가슴을 잃게 됨으로써 결코 달랠 수 없는, 만족시킬 수 없는 허기를 간직한", 최초의 먹거리에 대한 향수를 이해해야 할 것이다. 두 살까지 젖을 먹는 원시 부족들의 아이도 동일한 비난을 표현할 것이다. 이 가설을 받아들여보자. 그러나 확실히 이유離乳를 받아들일 수 없다는 이 표시들은 **어머니 육체 내부에 대한 물리적 인접성**

contiguïté**으로부터의 최후의 단절**이 야기하는 트라우마 증상들로 이해
할 수 있을 것이다. 태아를 둘러싸고 있는 "피막enveloppes"과의 단
절, 탯줄과의 단절, 수유와의 단절. 아이의 육체의 물질적 원인들
로서 표상될 것과의 단절들. 아이의 "만족시킬 수 없는 허기"는 어
쩌면 물질적 원인을 자기 안에 흡수하려는 허기가 아니었을까? 그
원인을 자기 것으로 전유하려는, 자기 고유의 것으로 만들려는? 그
것은 어머니를 삼키려는, 차마 고백할 수 없는 허기일 것이다. 그로
부터 떨어져 나오고 분리되기를 끊임없이 되풀이해야 하지만 거기
로 끊임없이 되돌아가고 의존해야 하는 이 기원적 육체-자연을 제
거하려는 허기일 것이다. 그러나 만약 어머니를 먹는다면, 어머니
는 더 이상 요구-욕망을 충족해줄 수도 없고, 기원적 장소와 기원
적 관계에 대한 어떤 표상을 보장해줄 수도 없을 것이다. 따라서 이
"허기"는 달랠 수 없으며, 어떤 먹거리로도 결코 채울 수 없을 것이
다. 더구나 먹거리로 허기를 채우는 것은 문제가 되지 않는다. 먹거
리는 아프게 할 수도, 독살시킬 수도 있다. 그것이 어머니와의 인접
성을 반복-재현하는 기능을 잃기에 이른다면 ― 프로이트가 말하
듯이 ―, 아니 그 기능이 없다면 말이다. 기원적(기원에 대한) 욕망
이 "다른" 경제를 발견하기 전까지는.

이를테면 아이를 만드는 것이 있다. 그러나 아이-대변, 즉 "만들"
수 있는 최초의 것들 역시 어머니-물질을 흡수한 결과이다. 그리고
이것들이 소화digestion의 승리를 의미한다면[34], 그것들은 또한 소

---

34 Cf. "십이지장에서 완성되는 승리", 헤겔, 『철학적 학문의 백과사전 강요 Encyclopédie
des sciences philosophiques』, §371, 보충.

화의 **부분적인** 성격을 나타내는 것이며, 게다가 그것들은 생산되는 즉시 아이로부터 **단절될** 것이다. 즉, 이것은 아이가 그 지배력을 확보하고자 노력할 모성적 인접성으로부터의 또 다른 단절이다. 그러나 아이는 이러한 "어머니의 아이들"을 결코 간단히 전유할 수 없을 것이다. 만들어지는 즉시 사회가 청결이라는 이름으로 빼앗을 것이니.[35]

그러므로 문제는 해결되지 않는다. 따라서 남자아이라면, 남근기가 되자마자 기원으로 돌아가기를, 기원을 향해 돌아서기를 욕망할 것이다. 즉, 거기서 일어나는 일과의 연속성을 회복하고, 그 일을 보고 알기 위해서, 그뿐만 아니라 거기서 재생산되기 위해서 어머니를 소유하고, 기원의 장소인 어머니 안으로 들어가기를 욕망할 것이다. 여자아이로 태어나면, 문제는 달라진다. 기원의 장소로, 기원의 장소를 향해, 기원의 장소 안으로 돌아가는 것은 음경이 없는 자에게는 가능하지 않다. 여자아이, 여성이 기원적(기원에 대한) 욕망의 경제를 찾는 것은 아주 다를 것이다. 그녀가 바로 기원의 반복의 장소, 자신의 재생산re-production의 장소, 복제reproduction의 장소일 것이다. "그녀의" 기원적 토포스topos, "그녀의" 기원을 반복하는 것이 아니라. 반대로 그녀는 그녀의 기원적 토포스, 그녀의 기원과의 인접성을 단절시켜야 하며, 일종의 **추가**de plus 선회 — 계보에 열거하는 — 로써 추가 회전을 하여 **스스로를 셈함**

---

35 프로이트에 따르면 구순기와 항문기, 남근기 각 시기의 성적 요소들과 충동들이 성기기에 이르러 한데 모이게 되면, 무의식 속에서 대체물의 등식이 형성된다. 그것은 '배설물=남근=아기'라는 등식이다. 프로이트, 「항문 성애의 예로 본 본능의 변형」, 『성욕에 관한 세 편의 에세이』를 참조하라.(옮긴이)

으로써 기원이 반복될 수 있는 장소에 이르러야 한다.

그러나 이 추가 회전, 이 추가 비틀기—숫자를 표시하기 때문에 바로 그 자리에서 바뀌는—는, 그녀에게는, 기원의 **표상의**, 또한 기원의 재현의 **맞은편**en face**으로** 항상 **환원시킬 수 없는 것이다.**[36] 그리고 회귀와 방향전환의 모든 기획으로도 환원시킬 수 없다. 그것은 계산됨으로써 헤아려지고 재생산된다. 반면에 그녀는 진짜로vraiment (자신을) 설명할 수 없고, 기호를 (자신에게) 부여할 수 없다. 어쨌든 프로이트가 충분히 의심하지 않은 이 경제, 여전히 지배적인, 이 표상의 경제 안에서는 말이다. 어떤 로고스, 그러니까 "현전"의 어떤 경제, "현전"의 어떤 재현의 한 이해당사자로서 프로이트는 여자아이의 여성 되기를 **결여, 부재, 결핍** 등의 용어로만 생각할 수밖에 없을 것이다. 예를 들어 혹은 패러다임식으로, 기원의 장소와의 관계의 "변화devenir"란 것에 대해 프로이트는 어머니에게 주어진 휴식, 휴가로서만, 즉 어머니에 대한 거부, 증오로서만 설명할 수 있을 것이다. 따라서 기원의 재현에서의 빈틈으로서만 말이다. 프로이트는 **맞은편**을 음경으로 대체하거나, 보다 정확히 말해 유일하게 욕망할 만한 맞은편으로서 음경을 내세운다. 더 좋은 건 남근이다! 즉 **기원에 대한 남성의 전유 관계의 상징** 말이다. 반면 **여성**은 물론 **맞은편**에 대해 특권적 관계를 갖지 않으며, 가질 수도 없다. 그리고 다른 측면에서 그녀는 단지 자기 어머니를 사랑하지도 미워하지도 않고, 기원적인 것들originels로 상정된 그녀의 장소lieu와 그녀의 관계lien인 어머니에 대해 기원의 열거의 계산이나 공제에 관한 **추가** 회

---

36 3부 '플라톤의 휘스테라' 참조.(옮긴이)

전을 수행했을 때에만 뭐가 됐든 욕망할 수가 있다.

│ 기원적 욕망의 재현할 수 없는 경제 │

따라서 이유離乳로 돌아오면, 여자아이는 남자아이보다 더 큰 트라우마를 입으면서 그것을 경험한다고 말하는 것이 적절할 것 같다. 여자아이는 어머니와의 물질적 인접성의 마지막 단절을 교체하거나, 대신하거나, 혹은 연기할 어떤 것도—어쨌든 현재 상태에서는—가지지 못할 것이기 때문이다. 즉, 여자아이는 어머니를 향해 돌아갈(돌아설) 수도, 기원적 장소라는 것을 본다고 주장할 수도, 그것을 알 수도 없다. "자신의" 기원에 대한 "자신의" 관계를 (스스로) 재현하지 않을 것이고, 결코 어머니 안으로 다시 들어가지 않을 것이다. 자신의 성기로는, 잃어버린 가슴과 모유[37]의 역전-대체물로서 정액을 마시도록 어머니에게 줄 수 없을 것이다. 결코 어머니에게 아이를 만들어줄 수도 없을 것이고, 심지어 (자신의) 어머니 안에서와 마찬가지로 자신을 재생산할 수 없을 것이다, 등등. 여자아이는 **빈공간**vide에 던져져 있다. 자신의 기원적(기원에 대한) 욕망의 모든 표상, 재현, 엄밀히 말해 미메시스[38]의 **결핍**manque

---

37 "…그러나 이 기관이 야기하는 관심은 항문 성애보다 어쩌면 더 강한 구순 성애라는 뿌리를 갖고 있다. 사실, 수유가 일단 끝나면, 음경은 어머니의 젖꼭지에서 기인한 감정들 역시 이어받는다." 프로이트, 「본능적 삶La vie instinctuelle」, 『새로운 정신분석 강의』, p. 133.
38 만약 여자아이가 인형 놀이를 할 때 단지 어머니와의 관계를 모방하기를 즐길 뿐, 인형을 아버지로부터 얻고자 하는 아이로 여기는 게 아니라면, 인형 놀이가 "부적절하다"는, 즉 남성적인 것이라는 사실을 어떻게 달리 해석하셨는가? 혹은 어성은 무엇보다 낟

에 던져져 있다. 여자아이의 기원적(기원에 대한) 욕망은 이후 남성 욕망의 욕망-담론-법을 통과할 것이다. 말하자면, 너는 내 아내-어머니가 될 것이다. 즉 네가 내 어머니가(어머니처럼) 되기를 원한다면, 네가 내 어머니가(어머니처럼) 될 수 있다면, 내 아내가 될 것이다[39]=너는 내게 기원에 대한 (나의) 관계를 반복-표상-재생산-전유할 가능성이 될 것이다. 그런데 이러한 작용은, 프로이트의 용어들을 프로이트와는 반대로 원용하자면, 여자아이의, 여성의 욕망-기원의 **전위**를 결코 이루지 않으며, 오히려 이러한 (자신의) 욕망하는 경제 바깥으로의 유배, 추방, 망명을 이루는 것이다. 게다가 이에 대한 책임은 여자아이에게 돌려진다. 어머니를 증오한다는 것 말이다. 그러니까 리비도적 경제의 시기의 여성에게는 오히려 표상과 기표의 금지proscription가 문제가 되며, 그 시기 자체는 조금도 문제가 되지 않는다. 왜냐하면 그 시기에 여성은 재표시re-marque를 통해 **최초의** 시기의 특징을 잃을 것이기 때문이다.[40] 그러나 다른 역사에 의해 규정되기 위해 **여성의 역사는 시초에서 멈출 것이다**[41].

자아이를 낳는 것을 욕망하리라는 사실은? 이 "부적절한" 미메시스의 금지를 지적하는 다른 질문들 중에서도 이 질문들은 차후에 전개될 것이다.

39 "결혼의 행복은 여성이 자신의 남편을 자신의 아이로 만들어서 그에게 어머니로서 성공적으로 행동하지 않는 한 불안정한 상태로 남아 있다." 「여성성」, pp. 175-176.

40 이 금지는 틀림없이, 라캉 용어로 여성의 욕망의 경제를 위한 기표-열쇠의 "폐제 forclusion"로 해석될 수 있겠다. 그러나 "폐제"는 그것이 아버지의 이름에 대해 갖는 특권화된 관계와 관련하여 그 자체가 의문에 부쳐져야 한다. 아버지의 이름은, 여성과 관련해 말하자면, "상징화"에 없어서는 안 될 표상에 대한 관계의 그와 같은 금지를 법으로 규정한 당사자이기 때문이다.

41 프로이트가 다른 데에서 자신은 여성 섹슈얼리티의 "전사前史"에 대해서만 말했을 것 (「여성성」, p. 172)이라고 하면서, 혹은 여자아이의 전오이디푸스적 단계는 피할 수 없는 망각에 빠져 있어서 이 역사의 모든 표시들을 "그대로" 다시 가로질러 가 뒤에 있는 더 고

즉 남성-아버지의 역사에 의해.

그러므로 여성에게는 가능한 표상, **자신의 리비도 경제의 역사**란 없을 것이다. 남성에게 여성적 리비도의 의미가 가능하지 않듯이 말이다. 리비도는 남성적이거나, 잘해야 중성적이다⋯ "어쨌든 '여성적 리비도'라는 이 단어들의 연결accolement은 정당화될 수 없다."[42] 이것은 분명 다음과 같이 해석돼야 할 것이다. 즉 어떤 의미하기의 경제─우리는 이 경제와 동일자의 욕망과의 관계, 동일자의 반복-표상-재생산과의 관계를 알고 있다─안에서, "여성적 리비도"는 아무것도 의미하지 않으며, 어떤 것도 의미할 수 없는데, 왜냐하면 어떤 것을 의미할 수 있든지 그 가능성은 정확히 이 의미하기의 기획과 투사들을 다시 문제 삼기 때문이라고 말이다. "여성적 리비도"라는 이 말의 "정당화될 수 없는", 참을 수 없는 성격은 역사의 (남성적) "주체"를 위한 동일자를 가장 정확하게 의미하기vouloir dire 혹은 활용하기vouloir faire의 말들, 기호들, 의미, 통사, 표상 체계들에 위협을 가하는 외부 징후들 중 하나일 것이다.

그러나 "여성적 리비도"라는 표현이 정당화될 수 없음은 또한 동시에 성생활의 충동적 힘에 관한 한 여성이 약해지리라는 사실을 가리킨다. 이것은 프로이트가 대부분의 책임을 자연[본성]에 전가하면서 증명하고자 애쓴 것이다.[43] 그런데 **동일자의** 아프리오리와 욕망은 **단하나의**unseul 욕망의 지배로만 유지될 뿐이다.

대의 문명의 환영들을 재발견해야 할 것(「여성의 성욕Sur la sexualité féminine」, 『성생활』, p. 140)이라고 하면서 인정한 것이다.

42 「여성성」, p. 173.

43 같은 곳.

그 결과, 정신분석 임상의들 중에 여성을 분석하는 것이 불가능하다는 사실에 대해 불평하거나 비꼬는 이들이 생긴다.[44] 이는 프로이트의 담론에 머무른다면, 프로이트가 수인으로 갇혀 있는 표상의 울타리 안에 머무른다면, 매우 정확한 이야기다. "여성적 리비도"는, 그리고 엄밀히 말해서 성차―여성의 "거세됨"이 성차의 가장 두려운 실질적 표지이다―는 사실, 프로이트의 담론으로부터 배제돼 있다. 정반대로 남근은 너무도 자주 의미의 보증garant, 의미들의 의미, "상figure", "형상forme", 궁극적 "기표"로 기능하며, 이 기표 속에서 존재-신학의 아주 오래된 형태들이 세속화될 것이다. 가면을 벗어던지는 것이다. 그때부터 소위 대문자 남근이 지배하면서 조직하는 의미작용signification의 이 "새로운" 경제에 대해서 대문자 동일자가 상정된다는 의심이 제기된다.

| 또 다른 아이 |

"또 다른 아이의 탄생"은 여자아이가―그리고 남자아이도―어머니에게 할 수 있는 "비난의 또 다른 동기"가 된다. "그런데 이 동기는 구순적 박탈의 동기와 종종 혼동된다. 어머니는 첫째에게 더는

---

44 이 주제에 대한 칸트의 진술들과 비교할 수 있다. 게다가 프로이트 및 정신분석 이론적 담론과 칸트의 관계는 여러 질문을 제기한다. 이를테면 "선험적 상상력"에 관련하여 양쪽에서 어떤 긴장이 해석되지 않은 채 남았을까? 같은. 그런 다음 "도덕morale"에 의해 지시되는 "실천pratique"의 엄정성에 굴복할 수밖에 없지만.

모유를 주지 않으려 하거나 더는 줄 수 없었다. 새로 태어난 아이에게 줄 모유가 필요했기 때문이다. 새로운 임신으로 모유 분비가 어려워지는 경우, 두 아이들의 터울이 아주 적을 때, 이 불만은 근거가 있는 것으로 밝혀진다. 그리고 주목할 만한 것은, 새로 태어난 아이와 11개월밖에 차이가 나지 않더라도 아이는 그런 사실을 이해 못 할 만큼 어리지는 않다는 점이다. 아이는 찬탈자, 경쟁자에게 질투 섞인 증오를 품는다. 새로 태어난 아이는 첫째를 왕좌에서 내쫓고 그에게서 도둑질하고 권리를 빼앗지 않았는가? 그리고 모유와 가슴을 두 아이에게 나눠주는 불충실한 어머니에 대한 이 원한은 매우 완강하다. 이 모든 감정들은 유감스러운 행동 변화로 자주 표출된다. 아이는 '심술궂고' 까다롭고 고분고분하지 않게 되며, 더는 배변 기능을 통제할 수 없도록 퇴행한다. 이 모든 것은 알려진 사실들이며, 이미 오래전부터 인정받은 사실들이다. 그러나 우리는 이러한 질투 어린 감정들의 강도에 대해서, 그리고 이 감정들이 이후의 발달에서 수행하는 엄청난 역할에 대해서 제대로 생각하지 않는다. 그리고 또 다른 아이들이 태어나면, 질투심은 되살아나고 감정은 매번 동일한 강도로 되풀이된다. 그 아이가 어머니가 가장 사랑하는 아이라고 할지라도 그 사실은 거의 변하지 않는다. 왜냐하면 어린아이의 사랑은 한계가 없는 것이고, 배타성을 **요구하며**[45], 공유를 조금도 허용하지 않기 때문이다."

어머니가 가장 사랑하는 아이라 할지라도 아이의 반응이 **동일하며**, 새로 태어난 아이가 첫째와 **동일한 성**이든 **다른 성**이든, 남자아이

---

45 프로이트가 강조한 것.

다음에 여자아이가 태어나든, 여자아이 다음에 남자아이가 태어나든 동일하다는 사실에 대해 의심을 표할 수 있다… 게다가 배변 기능을 통제하지 못하는 것은 단순히 퇴행으로 해석되어야 하는가, 혹은 어머니처럼 아이를 낳으려는 시도로 해석되어야 하는가? 아이가 놓여 있는 "단계"를 고려할 때, 아이는 여성의 성기에 대한 무지로 인해 배변의 양상으로만 출산을 흉내 낼 수 있다. 따라서 이것은 징후로서, 우리가 그 아이에게 말해주지 않는 것을 해소하고 abréagir 그것에 맞서 항의하는 그 아이의 방식일 것이다. 수태, 임신, 출산과 관련된 표상들의 결여를 신체화하는somatiser 방식인 것이다.

그렇긴 해도, 동생의 탄생이 아이에게 상당한 충격을 주는 것은 확실하다. 구순적 좌절을 강조하는 프로이트의 설명에, 우리는 아마도 구순적 좌절은 또 다른 충격, 또 다른 "위기"의 재활성화, 아마도 더 잘 지각할 수 있는 재표시일 뿐이라는 사실을 반증으로 제시할 수 있을 것이다. 새로운 "두 번째" ─ 그리고 "세 번째" 등등 ─ 탄생은, 수태와 탄생에 대해 아이가 가질 수 있고 의미할 수 있었던 지표들과 관련해, 아이가 완전히 방향을 잃게 만들 것이다. 기원, **하나의** 기원과의 관계에 대한 아이의 욕망은 심각하게 저지되고 말 것이다. 그리고 여자아이건 남자아이건 한 번 더 **기원적인 것의산정** chiffrage 문제에 직면하게 될 것이다. 그것을 가지고 계속 계산해야만 할 문제에. 그리고 바로 이 계산의 용어들로써 "거세"의 개념화와 실제pratique를 생각해야 할 것이고, 생각해야 했을 것이다. 거세에 집착하고(거세를 고수하고), 그것을 효과적으로 유지하기를 원한다면 말이다. 기원origine과의 배타적이고 단일한 관계가, 기원적인 것originel의 단순성에 대한 환상이 산정되어야 할 때마다, 거세가 관건이 된다. 예를 들어 수태의, 탄생의 — 순수하고 단순하지 않고, 그 작용의 결과로 **추가되는**en plus — 반복이 일어날 때, 그러니까 형제자매가 늘어날 때처럼 말이다. 아이가 수태에 있어서 작용하는 성차를 아직 모르거나 무시한다 해도, 추가되는 탄생, **추가되는 하나**는 아이에게 거세의 기능을 소환하거나 상기시킨다. 그리고 이런 경우에 어린아이의 퇴행적 행동들은 확실히 (거세) 불안의 기호들로서 이해될 수 있다. 그러나 또한 아마도 아이에게 기원의 독점과 관련해 속임수를, 더 나아가 공모를 유지하기를 원하여 그것을 강요하고자 하는 어머니, 때로는 부모의 전능함에 대한 환상에 공격적 반응을 보이는 것으로서 이해해야 한다. 이러한 관점에서 아이뿐만 아니라 가족 제도로서 어머니나 아버지 혹은 부모는 "배타성을 요구하며 공유를 조금도 허용하지 않는다". 모든 아이는 (단지) 어머니, 아버지, 부모와의 **유일한**unique 관계에 대한 권리가(권리만) 있을 것이다. 원하는 만큼 여러 개의 하나, 하나, 하나……—그리고 마찬가지로 하나+하나+하나+하나+……— 는 동일한 어머니, 동일한 아버지, 동일한 부모의 아이들 사이에 관건이 되는 관계를 결코 열거하지 않을 것이다. 결코 셈하지 않을 것이다. 그리고 사실 정신분석가들은 이제 아이들, 그리고 더 어린 아이들의 계산 불가능은 그들이 형제자매를 계산하는 데 어려움에 처하기 때문임을 알고 있다. 수학에 대한 두려움 혹은 공포는 차치하고 말이다…

또 다른 "원인": 거세

│ 그가 예상할 수 있었던 대로 │

어머니에 대한 여자아이의 적대감에는 다른 구실들이 있다. 이를테면 아이의 성적 욕망을 만족시킬 수 없다는 것, 아이의 자위를 유발한 당사자인 어머니가 자위를 금지하는 것, 어머니와의 관계가 그 원초적primitif 성격 때문에 결국 사라지게 되어 있다는 것, 너무 이른 대상 리비도 투자는 언제나 극단적으로 양가적이라는 것, "어머니-아이 관계의 특별한 성격, 즉 아무리 너그러운 교육이라고 할지라도 강제를 가하고 제한을 부과하게 되며" 또한 "아이의 자유에 대한 모든 침해는 아이에게 반항과 공격성의 성향으로 발현되는 반응을 불러일으킨다"는 것. 그러나 "이 모든 것은 남자아이와 어머니의 관계에서도 발견된다. 그렇다고 해도 어머니 같은 대상의 포기가 뒤따르지는 않는다". 그러므로 틀림없이 어떤 특수한 요인,

즉 어째서 그리고 어떻게 "여자아이가 어머니에게서 멀어지게 되는지"를 설명해주는 요인이 어머니-딸의 관계에, 이 관계의 "변화devenir"에 개입해야만 한다.

"그런데 약간 놀라운 형태이긴 하지만 **우리가 예상했던 바로 그곳에서** 이러한 특수한 요인을 발견했다고 **나는 생각한다. 예상했던 그 자리에서**란, 다시 말해서 거세 콤플렉스에서라는 말이다. **해부학적** 차이가 **심리적** 영향들을 가져온다는 것은 **전혀 놀랍지 않다. 우리에게 기이해 보인 것은** 여자아이는 자신에게 음경을 주지 않은 **어머니를 원망하고** 어머니에게 책임을 돌린다는 사실을 확인한 것이다."

프로이트를, 어쨌든 「여성의 성욕」의 프로이트를 길게 인용하거나, 심지어 암송도 할 수 있을 것이다. "나는 생각한다", "우리가 예상했던 바로 그곳에서", "예상했던 그 자리에서", "거세 콤플렉스에서"라는 말들로부터. 또한 "해부학적 차이"의 "심리적 영향들"에 대해 별로 놀라지 않았던 사실로부터, 또는 심리적 경제를 설명하기 위해 해부학에 좀 더 의존했던 사실로부터 —심리적 경제는 이렇게 이해된 "자연nature"의 모방 외의 다른 모방을 모르는 것일까?—. 그리고 "우리에게 기이해 보인 것"이었지만 아마도 훨씬 더 불안하고 맹목적인 **두려운 낯섦**unheimliche의 출현을 숨기는 것으로부터…

따라서 "여자아이는 자신에게 음경을 주지 않은 어머니를 원망한다". "다른 성의 성기를 **봄**vue으로써… (성적?) **차이를 즉시 발견하고**, 그 모든 중요성 역시 ─이는 인정해야 하는데─ 이해하게 된다. 자신이 **입은피해**를 강하게 느끼면서 여자아이는 자신도 역시 '그와 같은 **어떤것**machin**을 가지고**' 싶어 할 것이다." 그때부터 "**음경선망**[46]이 여자아이를 사로잡는다. 여자아이의 발달, 성격 형성에 지울 수 없는 흔적을 남길 선망이."

이런 극화劇化는 나쁘지 않다. 그리고 우리는 정신분석가 프로이트의 진찰실에서 일어나는 이러한 종류의 인식reconnaissance 장면들을 상상하거나 혹은 꿈꿀 수 있을 것이다. 그럼에도 불구하고 시선에 대한, 시선들에 대한, 성차에 대한 각자의 관계들의 문제가 제기되어야 했을 것이다. 왜냐하면 그가 우리에게 말하듯 그것을 믿기 위해서는 보아야만 하기 때문이다. 그렇다면 다시 보기 위해서 보지 말아야 하는가? 아마도 그럴 것이다… 그렇지만 결국은… 모든 힘과 차이(?)가 시선(들) 속으로 전위되지 않는다고 한다면? 그렇다면 프로이트는 볼 것인가, 자신은 보이지 않는 채로? 보고 있는 것이 보이지 않는 채로? 자신의 시선의 힘에 관해 질문도 받지 않고? 그리하여 성에 대한 이 시선, 이 지식의 전능함에 대한 선망이 일어나는 것인가? 눈─음경에 대한, 남근적 시선에 대한 선망, 질투가? 그는 내가 그것을 가지고 있지 않다는 것을 볼 수 있을 것이

---

46 프로이트가 강조한 것.

다. 눈 한 번 깜빡임으로 결정할 수 있을 것이다. 나는 그가 그것을 가지고 있는지 보지 못할 것이다. 나보다 더 가지고 있을까? 그런데 그는 내게 알려주어야 할 것이다. 전위된 거세를? **관건은, 단번에, 시선이 될 것이다.** 사실, "거세", 거세의/거세에 대한 지식은 프로이트에게 어쨌든 시선 덕분이라는 것을 잊지 말기를. 시선, 언제나 관건인…

그런데 여자아이, 여성은 보여줄 것이 **아무것도** 없을 것이다. 여자 아이, 여성은 **볼 것이 아무것도 없음**이라는 가능성을 진열하고 전시할 것이다. 어쨌든 음경-형상의 어떤 것도, 혹은 음경을 대체할 수 있는 어떤 것도 보여줄 수 없다. 이것이 바로 기이함, 이상한 것이며, 이 까마득한 무無에 대해서, 눈의 과잉투자, 시선에 의한 전유의 과잉투자, 그리고 안심시켜주는 공모자로서 **남근형상적인** 성적 은유성의 과잉투자는 되풀이해 공포에 사로잡히는 것이다.[47]

눈 한 번 깜빡임으로 올바로 제어되지 않을 이 무無는 오랜 시각

47 프로이트가 정립한 거세 불안, 시력 상실에 대한 불안, 아버지의 죽음 사이의 관계를 비교하라(「두려운 낯섦 Das Unheimliche」, 『응용정신분석론 Essais de psychanalyse appliquée』, Gallimard, Idées, p. 181). 그리고 다음 부분을 참조하라. "신경증 남성 환자들 — 하지만 누가 그렇지 않겠는가? — 은 여성 성기가 그들에게는 두려운 낯섦을 표상한다고 말하는 일이 종종 있다. 그런데 이 두려운 낯섦은 누구나 언젠가 처음에 머물렀어야 하는 곳, 인간 아이들의 옛 고향의 경계다… 따라서 이 경우에 unheimliche〔두려운 낯섦〕는 예전에 항상 익숙한 heimisch〔고향〕였던 것이다. 그러나 이 단어 앞에 붙은 접두사 'un'은 억압의 표시이다"(같은 책, pp. 199-200). 당장은 여성의 성적 기관들이 "표상"하는 것이 두려운 낯섦의 성격을 갖는다는 것, 프로이트가 다른 "세계"의 "주변부"를 이미 알려지고서 억압된 모성적인 것으로 다소 재빨리 귀착시킨다는 것만을 기억해두자. 왜냐하면 어머니의 배가 예전에 heimisch〔고향〕였다면, 여성의 성기는 사정이 다르기 때문이다. unheimliche〔두려운 낯섦〕는 여성-어머니일 것이다. 모성적인 것과의 옛 관계에 대한 억압과 관련해서뿐만 아니라 여성-어머니의 성기가 낯설지만 가까운 것이기 때문이다. 또한 여성은 어머니로서는 'heimisch〔고향〕'로, 여성으로서는 항상 'un〔억압〕'으로 남을 것이다. 여성 섹슈얼리티는 아마도 가장 환원 불가능한 **두려운 낯섦**일 것이다.

중심주의에 대한 거세 작용으로 유인하는 것으로서, 약간 지나치게 시선에 지배되는 상상적인 것의 기능에 의문을 품는 차이, 갈등의 개입으로서 역할을 하거나 해석될 수 있었으리라. 혹은 **다른 리비도** 경제의 가능성, 리비도(라는 것)의 실제에서 그리고 리비도(라는 것)와 연관된 담론에서 알려지지 않은 이질성의 가능성의 "징후", "기표"로서 말이다. 그런데 "여성 되기"에서 "거세 콤플렉스"는 그 가능성을 다시 폐쇄하고 억압하기만 할까? 혹은 검열하기만 할까? 여성에게 "거세"는 보여줄 것이 아무것도 없는 것, **아무것도 가지고 있지 않은 것**이다. 음경 같은 것은 아무것도 가지지 않은 것, 무를 가지고 있음(아무것도 가지고 있지 않음)을 보는 것이다. 남성과 **동일한** 것이 아무것도 없는 것이다. 그러므로 실재réalité를 세울 수 있는, 진리를 재생산할 수 있는 **형상**으로 나타나는 **성/성기가 없다. 볼 것이 아무것도 없다는 것은 아무것도 가지고 있지 않다는 것과 마찬가지다. 존재도, 진리도.**[48] 그러므로 **하나의** 성과 시선에 의한 지배 우위 사이의 계약, 공모는 여성을 성의 무無, 실제로 실현된 "현실화된 거세"에 남겨둔다. 다시 말해서 "무차이의indifférent" 리비도에 남겨둔다. 여성이 "음경 선망"으로 스스로를 지탱하지 않는다면 말이다.

---

48 이것은 다음과 같은 질문 "어째서 아무것도 없지 않고 무언가가 있는가?"(라이프니츠, 『자연과 은총의 원리Principe de la nature et de la grâce』, §7)와 "진실로 **하나의** 존재가 아니라는 것은 진실로 **존재**가 아니라는 것이다"(라이프니츠가 아르노에게 쓴 편지, 1687.4.30.)의 반향이다. 그런데 여성도 "교합"도 **하나**가 아니다. 그러므로 **존재**도 아니다.

| 해부학, 그것은 "운명"이다 |

프로이트에게 이러한 "무차이성"은 성들의 차이에 관한 그의 이론에서 설명하기 어려운 것이다. 이것은, 여성 섹슈얼리티에 관한 모든 것이 아직 매우 "모호하다obscur"고 프로이트가 반복적으로 인정하는 말들로써 표현된다. 섹슈얼리티에 관해 그가 말하는 것, 그에게 이미 "명백해진apparaître" 것에 대해서, 우리는 (소위) 남성적인 섹슈얼리티의 가시적인 변수들에다 그 기준점을 찍을 수 있다. 그런 증명이 성립되기 위해 어린 여자아이는 우선 어린 남자아이일 것이다. 시초commencement에… 어린 여자아이는 (단지) 어린 남자아이였(을 뿐이)다. 달리 말하자면 **어린 여자아이는 결코 없었(을 것이)다.** 문제는, 음경이 없는, 최소한 가치 있다고 인정되는 음경이 없는 이 "어린 남자아이"에게 성적 기능을 부여하는 것이다. 따라서 "거세"의 시험이 부과된다. 성들 사이의 (이른바) 차이에 대해 매우 순진하고 무지한 가운데 **남근적**이었던 이 "어린 남자아이"는 자신의 성의 하찮은 성격을 알아차린다. 그는 자신의 **해부학적 운명**이 마련해준 불리함을 **본다.** 즉, 자신은 성기와 같은 것이 없거나, 아주 작은 성기, 거의 보이지 않는 성기만을 가지고 있을 뿐임을 본다. 거의 지각되지 않는 음핵 말이다. 유일한 성기인 음경과 **비교**했을 때 그렇게 제대로 갖춰지지 못했다는, 그렇게 보잘것없는 형상으로 만들어졌다는 모욕은 프로이트에 따르면 "정상적인 여성 되기"를 뒷받침할, "그와 같은 어떤 것을 가지고 싶다는 선망"을 초래할 수 있을 뿐이다. 이러한 여정에서 거세 발견 이후를 지배하는 것은 바로 선망, 질투, 음경을 가지고 있지 않고 음경을 줄 수 없는 어머니에 대한—그리고 더 나아가 모든 여성에 대한—증오, 남성이 되고자 하는 욕망, 아니면 현실적으로 남성이 될 힘을 결여하고 있기 때문에 남성"처럼comme"이라도 되고 싶은 욕망이다[49]. 여기에 여자아이는 "쉽게 굴복하지 않는다". 계속 "그것이 자라기"를 기대하면서, "어느 날엔가 음경을 갖게 되기를 오랫동안 희망하면서" 말이다. 이것은 볼 것이 "아무것도 없음"이라는 것을 상징화하려는, 그 문제를 방어하려는, 대가를 요구하려는 어떠한 시도도 여자아이에 의해서—어머니에 의해서도? 여성에 의해서도?—행해지지 않을 것을 의미한다. **여전히 여성을 위한/여성에 의한 성적 현실의 재현의 경제는 가능하지 않을 것이다.** 여성은 결여, 결핍, 부재, 선망 등의 피투성 被投性/déréliction에 머물러 있다. 이는 여성을 남성의 성적 욕망, 담론, 법에 의해 일방적으로 종속되고 규정되도록 이끈다. 처음에는 아버지의 성적 욕망, 담론, 법에 의해.

│ 아버지의 담론이 은폐하는 것 │

이제, 프로이트의 용어로, 프로이트에게 질문하자. 무엇보다도

---

49 달리 말하자면, 여성의 "실현된 거세"는 여성에게 해결책으로서 여성성인(여성성의) 시뮬라크르, 속임수만을 남긴다. 이는 언제나 이미 남성적인 것에 의해/남성적인 것을 위해 인정된 가치"처럼 행하기"였을 것이다. 어떤 남성들이 여성"처럼" 되고자 한다는 것은 다음과 같은 질문을 제기한다. 즉 "여성성"은 기원에 대한 남성들의 관계보다 못한 복사본 copie으로서 여성에게 할당된 것인바, 남성들이 이 "여성성"을 고려하는 것 외에 다른 것을 하고 있는지 하는 질문이 제기된다.

부성적 기능과 그의 관계에 대해서. 그리하여 거세의—특히 정신분석적인—법의 행사와 그의 관계에 대해서. 볼 것이 아무것도 없음, 보아야 할 것이 아무것도 없음에 대해 왜 두려움, 공포, 포비아… 등이 느껴지는가? 왜 그것은 **그의** 리비도 경제를 위협하는가? 그리고 이에 대해서는, 프로이트가 막 설명한 거세 시나리오에서, 공포에 찬 어린 남자아이의 시선이 어린 여자아이의 시선보다 선행하며, 여자아이는 남자아이가 봤었을 것을 혹은 보지 못했을 것을 반복réduplication에 의해 중복시키고 확인시키기만 한다는 사실을 떠올려야만 한다. "남자아이의 거세 콤플렉스는 **여성의 성기들을 보고서** 자신에게는 그렇게도 소중해 보이는 남성 성기가 신체에 꼭 필요한 부분이 아니라는 사실을 확인하는 시기에 나타난다. 이제 그는 누군가가 **자위행위를 하는 그를 보고서** 가하는 협박들을 상기하고, **거세 공포**[50]를 느끼면서 이 협박의 실행을 두려워하기 시작한다. 그때부터 그것은 그의 이후 발달에 가장 강력한 동인이 된다." 그런 다음 "여자아이의 거세 콤플렉스 **역시** 다른 성의 성기를 **봄**으로써 생긴다" 등등.

여기에서 다시, 어린 여자아이는 어린 남자아이**처럼** 행동해야 하고, 보고자 하는 동일한 욕구들, 동일한 시선들을 가져야 할 것이며, 성기를 가지지 못했다는 여자아이의 원한은, 동일하지 않음non identique, 확인할 수 없음non identifiable이라는 기이함 앞에 선 남자아이의 공포에 찬 놀라움을 뒤따라 이에 협조해야 할 것이다. 요컨대 여자아이에게 자신의 거세라는 "현실réalité"은 다음을 의미할 것

50 프로이트가 강조한 것.

이다. 여러분, 남성들은 아무것도 보지 못하고, 그에 대해 아무것도 알지 못하며, 거기에서 스스로를 재발견하지도 못하고, 거기에서 스스로를 알아보지도 못한다. 여러분에게는 참을 수 없는 일이다. 그러므로 그것은 단지 존재하지 않는 것이다. 내게는, 그녀(들)에게는 이 사실을 받아들이는 것만이 문제다. 생물학적인 이 사실을! 따라서 여자아이는, 남자아이와 동일한 방식으로 남자아이처럼, 거세 콤플렉스로 "들어간다". 승인할 의무가 있는 것으로, 볼 것이 아무것도 없다는 결론에 따라, 여자아이는 거세 콤플렉스로부터 여성화되어 "다시 나온다". 볼 것이 아무것도 없음이, 시선, 반사/사변화로 지배할 수 없는 것이 어떤 실재성을 가질지도 모른다는 가능성은 사실 남성에게는 참을 수 없는 것이다. 왜냐하면 그것은 표상의 이론과 실제를 위협하는데, 남성은 이 표상을 통해 자위를 승화시키거나, 자위의 금지를 피하기 때문이다. 자기성애가 허용되고 허가되고 장려되는 것은 더 고양된relevés 장면들spectacles로 연기되기 때문이다. 그리고—동일한 것이, 똑같은 것이, 확인할 수 있는 것이…—**아무것도 없음**이 위험을 초래할 수 있기 때문이다. "행위를 하는 그를 보고서"? 남성의 표상들의 체계, 남성의 자기표상들의 체계의 결점, 결핍, 결여, 부재, 외부로서의 행위를. 표상들의 의미 경제의 **구멍**으로서의 행위를. 이 아무것도 없음은 "현전"의 체계, "재현"과 "표상"의 체계의 일관성을 무너뜨리고, 와해시키고, 영원히 표류시킬 위험이 있다. 이 아무것도 없음은 남근에 의해 지배되는 의미의 생산, 재생산, 지배, 자본화의 과정에 위협적이다. 남근, 즉 **주인-기표**signifiant-maître의 기능 법칙은 그의 권위의 원리를 재편할remanier 수 있는 **이질성**의 출현, 재출현, 환기를 지우고 거부하고 부인한다. 그 권위란 "거세"의 현재 개념과 실제를 여전히 규정하는 개념들, 표상들, 언어의 형식들로 주조된 것이며, 이것들은 너무 취약하거나 너무 공모하는 도구들이다. 그 권력을 더 공고히 하기 위해 남근중심주의에 의문을 품는 척하지만 남근중심주의에 의해 결정되니 말이다.

| 남근중심적 변증법에서의 부정否定 |

따라서 우리를 사로잡고 있는 문제에 대해 우리는 자문해볼 수 있고 그들에게 질문할 수 있다.

1. 여자아이, 여성에게 프로이트가 이 표현에 부여한 의미로서의 "음경 선망", 즉 "그와 같은 어떤 것을 가지고 싶다는 선망"이 있는가? 이 전제는 사실 "여성 섹슈얼리티"에 대해 말해지는 것과 말해질 것 모두를 지배한다. 왜냐하면 이 "선망"은, 그녀가 단지 남자아이일 뿐이고 자신이 남자아이이기를 바랄 뿐인 거세 발견 **이전에** "자신도 모르게 그런 것"을 포함해 여성의 충동적 경제 전체를 기획하기 때문이다.

2. 이 "선망"과 남성의 "욕망"의 관계는 무엇인가? 달리 말하면, 볼 것이 아무것도 없음이라는 두려운 낯섦에 대한 남성의 공포증,

특히 프로이트의 공포증이 **여성**에게 이 "선망"이 없는 것을 용인할 수 있겠는가? 즉 **여성**에게, **남성**이 성적인 것에 대해 갖는 **표상**과 **이질적인**, 성적 욕망에 대한 **남성의** 표상들과 **이질적인** 다른 욕망들이 있는 것을 용인할 수 있겠는가? 말하자면 남성의 투사된, 반영된… **자기표상들**과는 이질적인 다른 욕망들 말이다. 만약 여성이 "음경 선망"과는 다른 욕망들을 갖는다면, 남성에게 그의 이미지—비록 역전된 이미지이긴 하지만—를 되돌려주어야 하는 거울은 그 단일성, 유일성, 단순성에 대해, 그 평평함에 대해 의문시될 것이다. 그의 욕망—**바로 그** 욕망—의 관건인 거울반사spécularisation, 사변 spéculation은 더 이상 계획적으로 조직될 수 없을 것이다. 혹은 또한, 여성에게 부여된 그대로의 "음경 선망"은 자기애적 체계édifice의 일관성과 관련된 남성의, 프로이트의 불안을 일시적으로 가라앉히고, 거세 공포라 부르는 것에 대해 안심하게 해준다. 왜냐하면 만약 남성의 욕망을 "음경 선망"으로서만 의미화할 수 있다면, 남성이 음경을 가지고 있다는 것은 좋은 일이기 때문이다. 그리고 그가 가지고 있는 것이 성적 거래에 가능한 유일한 재화를 표상한다는 것도.

3. 프로이트가 떠올린 것은 왜 "선망"이라는 말일까? 왜 프로이트는 이 용어를 선택하는가? 결여, 결핍, 부재와 관련된 선망, 질투, 갈망… 이 모든 용어들은 여성 섹슈얼리티를 남성 섹슈얼리티의 단순한 **역**envers 그리고 심지어는 **실패**revers로 기술한다. 여자아이, 여성이 음경을 성적 쾌락의 도구로서 특권화하고, 음경에 대한 원심적-구심적 향성을 드러낸다고 인정할 수도 있겠다… 그러나

프로이트적 의미에서, 또한 정신분석적 의미에서 "음경 선망"은 남성의 거세 불안을 막는 치료제remède—아마도 양가적인—를 보장하기 위해 여자아이, 여성이 **자신의** 쾌락에 보내는 경멸만을 의미한다. 음경을 잃을 가능성, 누군가 그것을 잘라낼 가능성은 여성의 거세됨이라는 **생물학적** 사실에서 실제 근거를 발견할 것이다. 음경을 갖고 있지 않다는, 더는 갖고 있지 않다는 공포는 여성의 해부학적 절단, 성기가 결여돼 있다는 원한, 그것을 전유하고 싶다는 관계적 "선망"에서 재현될 것이다. 그러므로 거세 불안이라는, 음경을 갖고 **있지 않음**, 더는 갖고 **있지 않음**은 여성 성기의 표상에 의해 뒷받침될 것이다. 반면에 **음경을 갖고자 하는 선망**은 언제나 음경을 가지고 있다는 남성의 확신을 공고히 할 것이다. 동시에 여성이 그에게서 음경을 가져갈지 모른다는 위험—게임의 영속에 필수적인 조항—을 상기시킬 것이다. 항상 "음경 선망"은 무엇보다도 동일자의 욕망의 함축prégnance의 징후적 표지—여성 섹슈얼리티 경제의 법칙으로 제정된—로서 해석되어야 한다. 동일자의 욕망의 보증이자 초월적 기표 혹은 기의는 남근이다. 대문자 남근. 그렇지 않다면 어째서 질 "선망" **역시** 분석하지 않는가? 자궁 선망은? 음문 선망 등등은? 성차의 양쪽이 느끼게 되는 것으로서, "그와 같은 어떤 것을 갖고 싶다"고 하는 "선망"은? 이질적인 것과 관련하여, 즉 타자와 관련하여 부족하고 결여되어 있다는 데 대한 원한은 왜 분석하지 않는가? 자연이, 어머니가 여러분에게 **하나의** 성기만을 마련해줌으로써 여러분이 보게 되는 "손해"는? 성적 쾌락이 가능하기 위해서 하나의 성은, 또 다른 성, 상이한 성—다르면서도 동일자의 성질을 띠는 성[51]—을 요구하고 필요로 하며 이끌어낸다. 그러나 마침내 성차는 프로이트에게서 **하나의** 성기, 즉 음경을 더하거나 **빼는** 것으로 귀결된다. 그리고 성적 "타자"는 "그것을 가지고 있지 않음"으로 환원된다. 따라서 여성의 음경 결핍과 음경 선망은 이른바 **하나의**une **남근중심적** 변증법[52], 남근비유적 변증법에서 **부정의 기능을 맡고**, 부정의 표상들로 쓰인다. 그리고 남자아이가 자기의—실제—어머니에게서 등을 돌릴 것을 "성적 기능"이 요구한다고 할 때(어머니에게 아이를 갖도록 하는 것은 바람직하지가 않기에), 거세 콤플렉스라는 이름으로 남자아이가 자기 어머니를 향한 충동들을 "승화"시키도록 강제한다고 할 때, 이와 관련해 남성은 **아무것도 잃을 것이 없을 것**이라고, 상실은 상실의 위험, 공포, "환상"으로 그칠 것이라고 말할 수 있겠다. 또한 성의 **아무것도 없음**, 성/성기를, 성적인 것을 **갖고 있지 않음**은 여성이 감내하게 될 것이다.

그러나 이 사실 때문에, "거세"는 두 성들 사이의 관계를 실행하도록 해주는 것이 아니며, **두 성들 사이의** 관계의 반복과 "전위"의 가능성을 보장해주지 않을 것이다. 거세는 부정의 환기로서 기능할 것이다. 여성에게, 여성적 성에게 부정의 성격을 부여하는 것은— **실재성**의 측면에서도 더 진실처럼 보이도록—, 음경의 승화(?)에 있어서 남성 섹슈얼리티에 의한/남성 섹슈얼리티를 위한 "그것〔여

---

51 물론 먼저 양성성을 참조할 것이나, 여기에서는 오히려 각 성에 따라 동일하면서 다른 성적 주이상스에서 폭발하는 거울의 "반짝임"을 환기하는 것이다.

52 **하나**une를 지적하지 않는다면 동어반복으로 이해될 수 있다. 달리 말하자면, 만약 변증법이 일자leun, 즉 동일자를 자기 운동의 지평으로 삼는다면, 변증법은 필연적으로 남근중심적이다.

성적 성]의 지양止揚/relève"[53]을 보장하는 것이 되겠다. 성, 성적인 것이 대문자 남근에 의해 지배되는 표상들, 관념들, 법들로 지양되는 것이다. **남성에게 부정적인 것과의 관계는 항상 상상적인 것 ― 상상된 것, 상상할 수 있는 것 ― 이었을 것이다.** 그로부터 남성은 허구적, 신화적, 관념적 산물들, 이차적으로 그러한 체계의 영속성과 순환성을 보장해주는 법으로 정의되는 산물들에 충동을 부여하게 된다. 그러므로 거세 콤플렉스가, 특히 여성의 거세 콤플렉스가 이러한 법체계에서 재발견된다. 다른 법들 가운데에서도 이것[거세 콤플렉스]은 남성의 성적 실천에 관련된 우화들을 역사적인 기획으로 변형시키는 데 쓰일 것이다.

4. 여성에 관한 한, 남성 자신의 욕망에 관련된 역공포증[54]적인 기획, 투사, 생산에 대해서, 어째서 여성은 그렇게 쉽게 굴복하는지, 어째서 여성은 자신이 "가장하고comme si" 있다는 사실을 잊을 정도로 그렇게 완벽하게 "모방하는지mime" 자문할 수 있다. 그리고 특히, 남성의 욕망이 "음경 선망"으로 환원될 것이라는 사실에 대해서도. 여성 섹슈얼리티의 표상들의 어떤 결핍, 부족, 강도(강간) vi)이, 거부, 억압, 검열이 여성의 성에 관한 남성의 욕망-담론-법에의 그런 예속을 야기하는 것일까? 무엇이 여성의 리비도의 그런 위축을 초래하는 것인가? 여성의 리비도는 그것이 남성적인 욕망을 떠받치는 경우를 제외하고는 결코 허용되지 않을 것이고, 결코 생

---

53 독일어 'aufhebung'의 번역.
54 공포증을 겪는 대상을 일부러 자꾸 접촉해서 공포증을 극복하려는 시도.(옮긴이)

각될 수 없을 것이다. 왜냐하면 여성에게 반증으로 제시된 "음경 선망", "질투"―반복해서 말하자―는 그것이 결여될까 봐 두려워하는 남성의 불안을 막는 치료제이기 때문이다. **여성**이 선망하기 때문에, **남성**이 가지고 있다. **남성**이 가진 것을 **여성**이 "선망"하기 때문에, 따라서 그것은 가치 있는 것이다. 그것이 선망할 가치가 있는 유일한 것인가? 말하자면 그것은 가치의 척도 자체이다. 여성에 의한 남성 기관의 페티시화는 성적 거래에 있어서 그 가치의 영속화에 필수적일 것이다.

죽음충동의 가공élaboration은 남성에게만 주어진 것인가?

사정이 이렇다면, 정신분석적 사변의 용어로 말해서, **죽음충동의 가공은 남성에게만 주어진 것**[55]이라고, 여성에게는 불가능하고 금지된 것이라고 말할 수 있겠다. 여성은 **남성**의 죽음충동의 작업에 "도움이 될 뿐"이다.

따라서 여성은 자신의 충동들의 억압―진정, 수동화―에 의한 "긴장의 전적인 완화"의 보증으로서, 성교 시 "에너지의 자유로운 배출"에 의한 리비도의 점진적 소멸의 전조로서 기능할 것이다. 또

---

55 다음을 참조하라. 「쾌락 원칙을 넘어서」, 『정신분석론』; 「본능과 그 변화Les pulsions et leurs destins」, 『메타심리학Métapsychologie』; 「마조히즘의 경제적 문제Le problème économique du masochisme」, 『신경증, 정신병, 성적 도착Névrose, psychose et perversion』, Bibliothèque de psychanalyse, P.U.F.(열린책들에서 출간된 한국어판 프로이트 전집에는 세 글 모두 『정신분석학의 근본개념』에 실렸다―옮긴이)

한 "아내"로서 호메오스타시스, 즉 "항상성"을 유지하도록 위임받을 것이다. 결혼 안에서/결혼에 의해서 충동들의 "결합liaison"을 보증하는 것이다. 게다가 그녀는 모성적인 것으로 상정된 장소가 될 것이다. 거기에서 반복의 자동성이, 예전 경제의 복원이, 쾌락의 무한함으로의 퇴행이 작용할 것이다. 치명적인 잠, 혼수상태에 이를 때까지 말이다. 특히 성별화된sexuée 재생산에 의해서, 동시에 그녀는 유기체를 보존하고 쇄신하고 새롭게 해야만 했다. 그러므로 여성은 생명을 주는 운명을 전적으로 부여받았다. 삶의 원천이자 원천-자원. 또한 재건자이자 양육자인 어머니로 존재하면서 죽음의 작업에 양분을 공급함으로써 그것을 연장시킨다. 요컨대 생기를 불어넣어주는 여성적인 것-모성적인 것에 의해 죽음을 우회하고 있는 것이다.

우리는 또한 "성적 기능"이 남성 쪽의 공격적인 능동성을 요구한다는 것, 이는 [죽음충동을] "대상"에게 작용하여 [그로부터] "주체"를 자유롭게 해주고 보호해주면서 충동들의 경제를 정당화한다는 것을 알아냈다. 그리고 성행위의 "대상"이라는 이 극을 영속화함으로써 여성은 남성에게 "심리적인 것"뿐만 아니라 "유기체"에도 위험한, "생명"에 위험한 그의 "일차적 마조히즘"의 우회dérivation를 보장해줄 것이다. 그런데 프로이트는 "일차적" 혹은 "성감발생적" 마조히즘은 여성에게 마련되어 있다고 주장하면서, 여성의 "구조constitution"와 "사회법칙들"이, "역전renversement"과 "방향전환retournement"을 제외하면, 여성에게는 마조히즘적 죽음충동의 모든 사디즘적 가공을 금할 것이라고 확증한다. 사디즘 — 가학-항문"기"의 ─ 은 이차적으로, 능동성이 수동성으로 "역전"됨으로써 마조히즘으로 변형되고, "대상"에서 "주체"에게로 "전환"된다. 일차적 마조히즘에 부가된 이차적 마조히즘은 여성에게는 죽음충동의 "운명"일 것이다. 죽음충동은 그런 충동들의 언제나 성별화된sexué 성질에 의해서만, 이 "마조히즘"의 성애화에 의해서만 살아남게 될 것이다.

그런데 더 나아가, 그의 죽음충동뿐만 아니라 충동의 이원론을 변형하기 위해서, 죽음을 스스로 선택할 시간까지 죽음을 연기하는 데 그의 생명을 쓰기 위해서, 남성은 자신의 자아를 구축édification하는 일을 해야 할 것이다. 원한다면 자신의 무덤을 건설하는 일까지 해야 하리라. 자기애적인 기념물들의 건립에 의한/건립을 위한, 죽음을 기다리는 이 새로운 우회는 대상 리비도를 회수하여 자아로 향하는 일을 요구하고, 리비도가 가장 승화된 활동들로 실행되도록 대상 리비도의 탈성애화를 요구한다. 그런데 이 자아가 가치 있으려면, "거울"[56]이 그 타당성에 대해 자아를 안심시키고, 그것을 다시 보장해주어야 한다. 여성은 남성에게 "그의" 이미지를 되돌려 보내주고 "동일한" 것처럼 반복함으로써 이 거울반사의spéculaire 배가를 뒷받침할 것이다. "다른" 이미지의, "다른" 거울의 개입은 항상 치명적인 위기의 위험을 의미한다. 그러므로 여성은 동일자─반전inversion 이미지이지만─일 것이다. 어머니로서 성차를 무시하고 동일자의 반복을 허용하듯이 말이다. 게다가 여성

56 어떤 평면 거울은 이렇게 "주체"의 자아의 죽음의 기념물들을 구축하기 위해 충동의 탈성애화에 쓰일 것이다.

은 이 반사/사변화에서 부족한 것을 "음경 선망"으로 보완할 것이다. 거울들glaces 속에 녹아 있는 이 **잉여**reste를, 죽음의 작업의 가공에 필수적인 이 성적 에너지를 끊임없이 상기하면서.

그러므로 "여성"은 죽음의 작업을 승화하기 위한, 그리고 가능하다면 그것을 지배하기 위한 장소—점점 사라지는 다른 곳, 열개裂開의 발생지—와 시간—영원 회귀, 일시 우회—의 역할을 할 것이다. 또한 여성은 대표-표상Vorstellung-Repräsentanz일 것이다. 달리 말하자면 여성은 우리가 공포감 없이는 알아차리지 못하는(못할), 의식적인(의식의) 눈이 인식하기를 거부하는 죽음충동의 대표-표상일 것이다. 이 방어적인 몰이해는 어떤 시선을 상실하지 않고서는 제거할 수 없을 것이다. 이것이 거세의 관건이다. 그동안 **정신분석의 주요 개념들, 그 이론은 여성의 욕망을 설명하지 않았을 것**이며, "여성의" 거세에 대해서도 마찬가지다. 왜냐하면 정신분석학의 양태들이 너무나 배타적으로 (소위) 남성적인 섹슈얼리티의 역사와 역사화에 의존하기 때문이다. 이것이 의식의 발전 과정이며, 이것에 의해 여성은 억압을 기입하는 장소로 남게 된다. 이것은 여성이 자기도 모르는 사이에 자신의 성/성기, 자신의 신체의(이 성, 이 신체의 "해부학"은 현실을 보증해줄 것이다)—특히 그중에서도—절단이라는 환상들을 뒷받침할 것을 요구한다. 자연스럽기에… 부인할 수 없는 증거, 죽음충동의 말 없는 작용이 문제가 될 수 없는 증거다. 그러므로 여성은 아무 방책도 없이, 자신의 성, 자신의 육체의 타당한, 가치 있는 이미지를 빼앗겼을 것이다. 여성은 자신의 "최초의" 욕망과 자신의 성의 가치 있는 기표의 결핍―검열? 폐제? 억압?―으로 인해 "정신병"에, 최선의 경우 "히스테리"에 걸릴 운명인 것이다.

이는 거세의 문제가 여성에게 제기되지 않는다는 말이 아니라, 그 문제가 무엇보다도 정신분석의 아버지를 포함한 아버지의 거세를, 그리고 **다른** 성에 대한 아버지의 공포, 거부, 거절을 가리키는 것 같다는 말이다. 사실상 여성을 거세하는 것이 **동일한** 욕망의, **동일자의 욕망의** 법에 여성을 기입하는 것이라면, 이 "거세"란 도대체 무엇인가? 그리고 거세의 개념 및 실제와 거세의 행위자agent의 관계란 무엇인가?

"음경 선망"

| 어긋난 기대 |

따라서 다른 성의 생식기를 본 여자아이는, 자신의 생식기가 이미 제공할 수 있었던 쾌락 전부를 무시하고, 언젠가 음경을 갖게 되기를 바라는 선망 외에 다른 것은 없게 된다. 그리고 "자신의 불리함에 쉽게 굴복하지 않는다". 그녀는 때때로 아주 늦은 시기까지 남성 성기를 소유하기를 "소망한다". 그리고 심지어 "현실을 인식하고 자신의 욕망이 성취되는 것을 볼 희망을 전부 잃게 될 때에도 여전히 그 욕망이 무의식 속에 생생히 남아 있음을 정신분석은 보여준다." 게다가 "성인 여성이 분석 치료에 참여하도록 유도하는 동기들 가운데, 음경을 결국 소유하고자 하는 욕망을 고려해야 한다".

물론 히스테리 환자인 여성은 특히 타자의 담론-욕망과 관련해 물복, 암시, 허구하의 경향까지 있다는 것을 무시하지 말자. 여성이 분석 치료 시에 와서 말하는 것은 거기에서 말하리라 기대되는 것과 무관하지 않으리라는 사실도. 만약 여성이 그것을 말하지 않는다면, 무엇 하러 거기에 온 것이겠는가? 역시 "음경 선망"에 의해/"음경 선망"을 위해 조직된 이 장면에 말이다. 또한 분석자는 그의 선망―음경에 대한―에 부합하지 않는 그녀의 욕망을 무엇으로 이해할 수 있겠는가? 프로이트는 아주 "속수무책"일 것이라고 토로한다. 그러므로 여성은 남성 성기에 대한 갈망을 말하고, 또 말할 것이다. 그리고 아마도 이러한 "선망"의 분석 치료로부터 "어떤 지적인 직업에 종사할 가능성", "이 억압된 욕망의 승화된 형태"를 이끌어낼 것이다.

| 간접적인 수단에 의한 승화 |

이 분석 장면이 여성에게 "음경 선망"을 해결해주지 않으리라는 것, 프롤레타리아화된 성적 조건으로부터 여성을 벗어나게 해주지 않으리라는 것, 남성(아버지)의 "성"에 부여된 신용·crédit의 과잉을 해석하는 데 아무런 기여를 하지 않으리라는 것, 그러나 이러한 "선망"의 "언어적" 치료에 의해 여성이 하나의 담론 체계에―아마도―들어갈 수 있게 하리라는 것을 이해하길. 그 담론 체계에서 "의미", "의미하는 바"가 남근적 표준에만 근거한다 해도. "음경 선망"은 "주체"로서 상징적 교환에 접근하고, 단순한 "상품"[57]으로서의 조건으

---

57 그리고 분석 장면은 여성의 경제·사회적 조건 문제를 묻지 않을 것이므로. 여기에서

로부터 벗어나려는 여성의 욕망을 유일하게 효과적으로 대표할 것이며, 그것을 표상할 것이다. 그러므로 이러한 "선망"을 승화시키려면 치료를 거쳐야 할 것이다. 이는 여기에서 다음을 의미한다. 즉 여성에게 교환 시장에 참여할 모든 권리를 부인하는 담론에 접근하려면 성적 능력에 대한 욕구를 억압하는 대가를 치러야 한다는 것이다. "어떤 지적인 직업에 종사할 가능성"은 간접적인 수단으로만 여성에게 실현된다. 즉 분석 치료를 통해서만 말이다.

왜냐하면 이러한 "선망"으로부터 벗어나지 못하기 때문이다. 그리고 누구보다도 여성은 벗어나지 못한다. "음경 선망은 부인할 수 없는 중요성을 지닌다." 그리고 만약 "남성의 불공정성의 예로서 여성에게 가해지는 어떤 비난을 꼽아보자면, 그것은 선망과 질투가 남성의 정신적 생활에서보다 여성의 정신적 생활에서 더 큰 역할을 한다는 것이다. (…) 우리는 그 더 큰 역할이 음경 선망의 영향력에서 기인한다고 보는 게 적절하다고 믿는다." 이것은 "불공정성"의 문제를 전혀 해결하지 않는다. 그것은 당연히 사회적 불공정성을 가리킨다. 왜냐하면, 다시, 그 자체로서의 여성은 그녀의 가공, "상징화", 교환의 당사자가 아니기에 소위 "정신적(?)" 생활에 참여할 수단이 전혀 없기 때문이다. 그 결과, 남근중심적 장면의 "주체"로서 배제되어 있다는 데 대한 원한이 생긴다. 사람들은 그가 "여성성"이라 부르는 것에 대한 조롱, 죄의식, 상실 없이는 여기에 이르지 못하기 때문이다. 어쨌든 여성 스스로가 교환가치로서 촉진시킬 수 있는 것을 부인하거나 억압하지 않으면(?), 아니, 더 정확히 말

히스테리 환자의 언어는 정신분석가들 사이의 (이론식) 교환에 쓰이는 "징표"이 될 것이다.

해 그것의 억압을 영속화하지 않으면. 자신의 여성적 조건을 무시하는 "정신적" 여성.

| 음경 "선망"인가, 음경 "욕망"인가 |

사실, "어떤 분석가들은 남근기에 음경 선망이 처음 돌발할 때의 중요성을 축소하고자 한다. 그들 생각에, 여자들에게 남은 이러한 태도는 주로 이차적 형성의 결과이며, 이차적 형성은 차후에 나타나는 몇몇 갈등에 의해 유발되는 것으로서, 초기 충동들로의 퇴행 때문이라는 것이다. 이것이 바로 **심층**심리학이 제공하는 일반적인 문제다. 모든 **병리학적인**—혹은 단지 **특이한**insolites—충동적 태도에서, 가령 모든 **성적 도착**에서 어떤 역할들이 각각, 한편으로는 초기 유아적 고착의 힘에, 또 한편으로는 이후의 사건과 발달의 영향에 기인하는지 자문할 필요가 있다." "어쨌든" 우리가 몰두하고 있는 것에 대해—그리고 이러한 "선망"이 "정상적인 여성 되기"에 필수 불가결하다고 입증됐다 해도, 이렇게 "병리학적인 충동적 태도" 혹은 "성적 도착"과 같은 단지 "특이한" 태도로 이해된 것에 대해— "방향을 제시하는 것은, 심지어 때로는 결정적인 것으로 밝혀지는 것은 유아적 충동들이다. 그리고 유아적 요소의 중요성은 바로 음경 선망과 관련해 지배적이다."

프로이트는 음경 선망의 중요성을 축소하는 이러한 정신분석가들을 어떻게 읽었을까, 혹은 어떻게 이해했을까? 왜냐하면 남성 정신분석가들—혹은 여성 정신분석가들—이 모두 음경 선망을 "초기의 것"으로 간주한 것 같지는 않기 때문이다[58]. 그런데 프로이트는 시원성, 더 시원적인 것에 따라 그들을 반박한다. 이 우선권의 필요성의 관건은 무엇인가? 프로이트는 지금 논증을 위해 이 "선망"을 더 유아적이고 "원초적인primaire" 것이라고 주장하고 싶어 하기 때문에, 이 "선망"을 여자아이의 거세 콤플렉스 이후의 것으로 정의했다. 여자아이는 이전에 이 "선망"을 가질 수 없었다. 왜냐하면—프로이트에 따르면—성차는 존재하지 않고, 어린 여자아이는 단지 어린 남자아이일 뿐이며, 음핵-음경 혹은 음경-음핵을 가졌기 때문이다. 그러므로 여자아이는 거세 콤플렉스의 개입 이후까지 프로이트가 이 용어에 부여하는 의미의 "선망"을 가질 수 없었다.

그러니, 다시 그 질문으로 돌아가자. "음경 선망"의 원초적인 성격, 가장 원초적인 성격은 **남성 기관의 우위**에 의해 요구되는 게 아닌가? 남근이 성기의 원형, 본래적originaire 성기여야 한다는 사실에 의해 요구되는 게 아닌가? 그리고 음경이야말로 성기의 이데아의 가장 적합한 표상이 아닌가? 전유의 갈망, 욕구에 의해서일지라도, 그것의 지배를 확실히 하려는 것 외의 다른 "욕망"을 가질 수 없다. 만약 어떤 모순되는 것이 있다면—이를테면 어린 여자아이의

---

58 반대로, 남성 정신분석가들 혹은 여성 정신분석가들은 여자아이에게 매우 초기에 나타나는 음경 "욕망"에 대해 이야기한다. 이는 프로이트가 설명한 것보다 훨씬 더 "오래 전에" 성기를 "발견"한다고 가정하고 있는 듯하다. 여성 섹슈얼리티에 관한 K. 호나이, M. 클라인, E. 존스의 논문들을 참고하라.

쾌락들―, 성적 정동affects과 할당affectations의 경제 전체가 재해석되어야 할 것이다. 그리고 리비도적 힘의 권한을 어디까지 수정 가능할지 예상하기 어렵다. 그러나 기존 질서를 유지하기 위해 요구되는 몰이해는 그러한 작업이 멀리 이끌어 갈 수 있으리라고 추정케 한다.

"음경 선망"이 믿을 만하다고 증명하기 위해 그것이 오래된 것이라는 데에 의존하는 것은 또한 분석적 문제를 "내부"에서 어떤 발산décharges을 발견한다. 남성의 성기에 대한 여성의 갈망은 남성에게는 무엇보다도 그의 "기원적" 구순 충동의 투사를, 어머니의 가슴을 삼키고자 하는 갈망의 투사를 의미할 것이다. 그리고 이러한 원초적 요구에서 우리는 또한 달랠 수 없는 허기에 의해, 피하는 것을 붙잡아 합체하거나incorporer 혹은 무화시키고자 물어뜯음으로써 여성의 성기를 해하지 않았을까, 여성을 거세한 것이 아닐까 하는 두려움을 이해할 것이다. 이렇게 하여, 그때부터 전능해진 환상들이 실현됨을 보게 되는 데 대한 죄의식, 공포가 생겨나는 것일까? 그리고 모성적인 것을 대체하는 **여성** 역시 허기에 의해서 혹은 보복의 일환으로 남성의 음경-가슴에 대해 똑같은 행동을 하리라는 불안이 생겨나는 것일까?

어쨌든 음경을 보고 자신의 성기와 남자아이의 성기에 대해 ─
엄밀히 말해서 불가능한 ─비교를 해본 여자아이는 이전의 리비도
적 가공을 포기할 것이다. 즉 구순적, 가학-항문적, 남근적 충동
들, 어머니와의 아이를 갖겠다거나 어머니에게 아이를 만들어주겠
다는 욕망, 유아적 자위를. 이 경제 전체가 어떤 면에서는 지워지고
잊히고 억압되거나─그런데 누구에 의해서? 무엇에 의해서? 어떻
게? 어떤 쾌락을 위해서? 어떤 불쾌감에 따라?─혹은 "음경 선망"
이 그때부터 여성 섹슈얼리티의 "토대fondement"로 통용되도록 "변
환될convertie" 것이다.

그런데 "우리는 **아이들이 음경이 없는 것을 처음 보았을 때 어떻게**
반응하는지 알고 있다. 아이들은 이 결여를 부인한다. 그리고 그래도 음
경을 봤다고 믿는다. 아이들은 **음경이 아직은 작지만 곧 커질 거라고** 생각하
면서 관찰과 선입견 사이의 모순을 **베일로 덮으려** 한다. 그러다가
서서히 정서적으로 아주 중요한, 다음과 같은 결론에 도달하게 된
다. 즉 **예전에는 어쨌든 음경이 거기에 있었는데 그 후에 박탈당한 것이라고.**
음경의 결여는 거세의 결과로서 생각되고, 아이는 이제 거세와 자기 자신
의 관계에 직면해야만 하기에 이른 것이다."[59] 왜 이 정서, 이 표상,
이 방어기제 **역시** 여자아이에게 부여되는가? 여자아이는 음경의
결여를 "실현된 거세", 어쩌면 예전의 (남근적-남성적-음핵적) 자

---

59 | 유아의 생식기Lorganisation génitale infantile」, 『성생활』, p. 113.

위행위를 벌하기 위한 것으로 느낄 것이다[60]. 그리하여 "예전에는 어쨌든 거기에 있었다"고 믿을 것이다. "언젠가 음경을 가지게 되기를 소망하면서", 종국에는 "커지기"를 기대하면서, 현실과 반대로 결국 자신의(?) 욕망이 실현될 거라 믿으면서 사실을 거부할 것이다. 등등. 남근제국주의적 가정은 또한 여자아이가 "어머니에게서 멀어지고", 자기 자신과 똑같이 음경을 결여했다는 이유로 "모든 여성들의 가치를 폄하한다"는 사실을 내포할 것이다. 마찬가지로 남성에게 있어서 "여성의 **가치**에 대한 **폄하**, 여성에 대한 **공포**, **동성애성향**은 여성에게 음경이 없다는 최종적인 확신에서 비롯된다"[61]. "여성에 대한 남성의 변치 않는 태도는 **손상된** 피조물들에 대한 **공포** 혹은 그들에 대한 **의기양양한** 경멸로 나뉠 수 있을 것이다."[62] "**거세된** 것으로 인식된 여성을 향한 **경멸**은 거세 콤플렉스의 영향으로 인해 남성에게 여전히 일부분 남아 있는 것이다."[63]

| 강요된 미메시스 |

여자아이, 여성을 왜 남자아이, 남성과 거의 **동일한 사항들**에서 두려워하고 선망하고 소망하고 증오하고 거부하게 만드는가? 그리고 여자아이, 여성은 왜 그렇게 쉽게 여기에 동참하는가? 암시에 걸리

60 「오이디푸스 콤플렉스의 해소」, 『성생활』, p. 120.
61 「유아의 생식기」, 『성생활』, p. 115.
62 「성의 해부학적 차이」, 『성생활』, p. 127.
63 「여성의 성욕」, 『성생활』, p. 143.

기 쉽기 때문에? 히스테리적이기 때문에? 그러나 어렴풋이 악순환이 보인다. 사람들이 기대하는 "여성성"을 만족시키고 그에 부응하기 위해 순응하는 도착적 양태들 속에 여성이 포함되어 있다면, 그녀가 어떻게 그러지 않을 수 있겠는가? 그녀의 성적 본능들이 거세되었는데, 그리고 그녀의 성적 충동들의 정동들과 대표들, 표상들이 금지되었는데, 그녀가 어떻게 그러지 않을 수 있겠는가? 아버지는 그녀를 만족시키고 쾌락에 도달하게 만들 수 있는 유일한 존재로 인정되지만, 그는 법의 행사를 통해 제공되는 주이상스의 추가를 선호하기에, 그녀의(?) "유혹 환상들"을 이유로 그녀를 벌한다.

게다가 왜 "히스테리적이지" 않겠는가? 이때 유보된, 미결된 히스테리는 일종의 무언극mime으로서, 그것의 상연은 성적 쾌락과 불가분의 것이니 말이다. 문제는 모방적 유희, 허구, "가장하기faire comme si", "시늉하기faire semblant" — 알다시피 이것들이 히스테리 환자에게 불신, 억압, 조롱을 야기했다 — 가 **주인-기표에 의해**, 즉 대문자 남근에 의해, 또한 대문자 남근의 표상(들)représentant(s)에 의해 멈춰지고 저지되며 **지배된다**는 것이다. 성들 사이의 놀이의 표장(들)emblème(s)이 아니라, ("예를 들어" 욕망의) 기원에 대한 관계를 지배하고 전유할 권력의 표장(들)에 의해서 말이다. 그때부터 히스테리 시나리오, 즉 여성 섹슈얼리티의 특권적 극화는 "훌륭"하고 타당하고 가치 있는 기원과의 관계에 대한 "나쁜" 사본들, 거짓된 캐리커처들의 증식이라고 비난받는다. 히스테리는 원본l'original에 적절하고 적합한 반복, 복제, 재현을 폭로하고 해석하고 현실로 가져와야 하는 환상들, 환영들, 그림자들이 증식하는 장소로 낙인찍힌다. 그리고 물론 누군가는 여기에서 그 "질병"의 근원인(그렇게 간주되는) "최초의 트라우마"를 환기할 것이나, 모든 일이 일어난 뒤일 것이다. 그리고 문제는 오히려―반복해 말하자면―여성에 의한/여성을 위한 시초commencement의 상징화, 기원과의 관계의 특수성이 언제나 이미 망각되고 억압되었는가, 하는 것이다. 남성이 자신의 근원principe의 문제를 해결하기 위해 확립하고자 시도하는 경제에 의해서 말이다. 남성의 근원의 문제는 처음과 마지막에 대문자 남근을 놓음으로써 해결된다. "결여", "위축", "선망", "그것인 것처럼 가장하기 혹은 그것을 가진 것처럼 가장하기", "그것인 체하기 혹은 그것을 가진 체하기" 등만이 가능하다는 점에서 대문자 남근은 성적 능력과 우선권의 기표다. 그러나 대문자 남근은 일찍이 **욕망의 종착, 기원, 원인**으로 제시되었으므로, 기원, 기원적인 것, 본래적인 것, 기원적(기원에 대한) 욕망에 대한 관계가 서로 다른 두 양태들 사이의 놀이jeu는 가능하지 않을 것이다. 두 양태는 각자 척도mesure와 광기를 내포한다. 하나의 계보, 하나의 발생génétique의 "신뢰할 수 있는 것sérieux"―진리?―과, 부분들이 생산되거나 재생산되기도 전에 그 부분을, 그 부분들을 변형한 사본들, 환상들, 반영들, 가장들, 왜곡된 거울상들을. 그런데 이와 같이 상이한 두 양태들은 분명 성들 사이의 관계, 즉 한쪽 성의 우위를 명백히 배제하는 성차의 작용의 조건일 것이다. 그러나… 결국 전능자로서 세워지기 위해 지배하고자 하는, 본원적인 욕망 속에서 원하고 요구하고 반복하고 선회하는 "강박증 환자"와, 더는 아무것도 원하지 않고 더는 자신의 욕망을 알지 못하며 예전처럼 행동하거나 혹은 남이

원하는 대로 행동하고 그 육체만이 예전을 상기하게 하는 무기력한 "히스테리 환자" 사이에서, 놀이는 잘못 시작된 것처럼 보인다. 우울한 쾌락이 예고된다. 슬프게 반복되거나 실행되는, 혹은 무한히 흩어지는 쾌락, 폭발로 분열하고 이탈하는 쾌락. 역사들로 가득 찬, 그러나 사료^{historiographie}가 없는 쾌락(?).

"여성성"을 향한 고통스러운 발달

│ 중립적이고 너그러운 아버지는 이 일에서 손을 씻는다 │

"자신이 거세되었음을 발견하는 것은 여자아이의 발달에 있어서 결정적인 전환점이 된다. 그로부터 세 가지 발달 방향이 그녀에게 주어진다. 첫 번째는 성적 억제 혹은 신경증에 도달하고, 두 번째는 성격의 변화, 즉 남성 콤플렉스의 형성으로 이어지며, 세 번째는 결국 정상적인 여성성에 이르게 된다."

"나의 연구는 확실히 불완전하고 단편적이며, 때로는 유쾌하지 않은 편이다."

그렇지만 어쨌든 발전시켜보자… "첫 번째의 경우, 지금까지 어린 남자아이처럼 살아왔던 어린 여자아이가 자신이 얻는 만족을 능동적인 욕망들, 즉 대체로 어머니에게 **집중되었던** 욕망들에 연결시키면서 **음핵** 자위에 몰두하게 된다." 그러므로 어린 여자아이=어린 남자아이, 음핵=작은 음경이라는 등식을 떠올려보라. 자위란 단순히 "능동적인" 행동일 뿐이라는 사실에 대해서는 논의의 여지가 있다. 그러나 당분간은 프로이트가 강조하는, 어머니에 대한 "집중 centrage"에 대해 오히려 질문해보자. 자위를 통해 반응하고 해소하는 아이의 정서는 어째서 부모의 성교에 대해서가 아니라, "어머니에 대해서" 겪게 되는 것일까? 게다가 무엇보다도 자위란, 어린 남자아이와 어린 여자아이가 어머니라는 중심으로부터 벗어나기 위해, 어머니와의 리비도적 관계에 수반된 충동들과 자신들의 (자기)성애를 구별하기 위해 사용하는 수단이 아니었나? 그리하여 환상으로든 현실로든 어머니는 자위를 금지하고 어머니 자신으로부터 분리되는 것을 용납하지 않는 것이 아니었나?

어쨌든 프로이트가 성생활의 각성에 있어서, 또한 억압에 있어서 어머니에게 부과하는 책임을 확인하는 것은 놀라운 일이다. 특히 여자아이의 성생활에서 말이다. 이미 우리는 최초로 성적 충동을 야기하는 이가 유혹자 어머니임을 보았다. 그리고 "**이후 수년간의 환상에서 아버지가 성적 유혹자로 일정하게 나타나는데, 그 책임은 어머니에게 돌아간다. 어머니는 불가피하게 아이의 남근기를 개시하기 때문이다.**"[64] 이미 보았듯이 아버지는 유혹자일 수 없다. 그러나 또한 "자유로운 성적 활동의 방해에 대한 원한은 어머니와의 분리에서 아주 큰 역할을 한다. 사춘기 이후 어머니가 딸의 순

---

64 같은 글, p. 150.

결을 보호할 의무를 받아들일 때 똑같은 동기가 다시 등장할 것이다."[65] 마찬가지로, "거세 사실은 자위행위에 대한 벌로 이해되며, 거세 실행은 아버지의 책임으로 돌려진다. 하지만 두 가지 다 확실히 본래적인 것은 아니다."[66] 아버지는 딸의 섹슈얼리티를 유혹하지도, 사취하지도, 억압하지도 않는다. 그는 딸에게 다만 **부차적으로** 거세의 행위자를 표상할 뿐일 것이다. 사실 딸이 아버지 쪽으로 돌아선다면, 그것은 어머니에 대한 리비도 투자에 실망한 나머지 어머니로부터 벗어나서 아버지에게로 그 투자를 전이하고 옮기는 것이기 때문이다. 이것이 아버지-딸의 관계들을 지배하는 기이한 경제다. 그리고 프로이트가 묘사하는 대로 여성 섹슈얼리티의 이 모험 전체에서 아버지가 희미하고 이차적인, 심지어 "수동적인" 인물로서 마지막에 나타나는 것도 이상하다. 딸과 관련해서 어떤 종류의 욕망도, 충동도, 모략도 없는 인물로서 말이다. 중립적이고 너그러운 인물로서? 그렇지만 왜?

| 무성의 남성(여성)? |

"첫 번째의 경우, (…) 음경 선망의 영향으로, 그녀(어린 여자아이)는 남근적 섹슈얼리티에서 쾌락을 발견하기를 그만둔다." 남근적 섹슈얼리티라고? 남근적 섹슈얼리티와 다른 어떤 섹슈얼리티가

---

65 같은 글, p. 146.
66 같은 곳.

여자아이에게 제시됐을까? 어떤 다른 섹슈얼리티가 표현된다면 혹은 표상된다면, "음경 선망"의 문제는—특별히 징후적인 문제를 고르자면—확실히 덜 중요할 것이다. 그러나 더 행복한 해결, 다른 가능한 선택이 결여되어 있고 잠복 상태에 있을 때, "자신보다 더 우월한 남자아이와의 비교는 그녀의 자기애에 상처를 입힌다". 그런데 우리는 자기애적 리비도 투자와 성적 충동의 지지支持 관계를 알고 있다.[67] 그리하여 "음핵 자위의 즐거움과 어머니에 대한 사랑을 포기하면서 그녀(여전히 어린 여자아이)는 흔히 **자신의 성적 경향의 대부분을 억압하기**에 이른다". 이해가 된다… 억압하는 심급[초자아]instance refoulante의 사후 검토를 조건으로 말이다. "어머니와의 분리는 단번에 이루어지는 것이 아니다. 왜냐하면 여자아이는 먼저 자신의 **거세**를 개인적인 **불행**으로 간주하기 때문이다. 나중에 가서야 다른 여성적 존재들, 그리고 그중에서도 자신의 어머니가 자기 자신과 유사하다는 것을 마침내 알아차리게 된다. 그런데 여자아이의 사랑은 **남근적** 어머니를 향한 것이지, **거세된** 어머니를 향한 것이 아니었다. 그렇게 해서 어머니로부터 멀어지고, 오랫동안 축적돼왔던 적대적 감정들이 우위를 차지하는 것이 가능해진다. 요컨대 여자아이가 보기에 여성의 음경 결여는 여성의 **가치를 저하시키는** 것이다. 이는 남자아이들이 보기에, 또 아마도 나중에는 성인 남성들이 보기에도 **마찬가지다.**"

이렇게 소위 대상 리비도 투자와 자기성애에 대한 욕구를 포기하며 자기애를 잃은 여자아이는 자신의 성적 충동의 거의 전부를

---

67 Cf. 「본능과 그 변화」에서의 예를 보라.

억압하지 않을 수 없다. 억압? 검열? 누구에 의해, 무엇에 의해 규정된 것인가? 어떤 이익을 위해? 여자아이에게 그것은 입법자 아버지를 유혹하려는 시도에서 오는 이익에 불과하고, 적절히 제재된 "환상들"의 차원에 머무를 것이며, 또한 어머니에 대한 리비도 투자를 전위시키는 문제를 해결하지 못할 것이다. 왜냐하면 만약 남자아이에게 "어머니는 **최초의** 사랑의 대상이고 (⋯) **본성상(?) 그녀를 닮은** 다른 대상 혹은 그녀에게서 파생된 다른 대상으로 대체될 때까지 그런 사랑의 대상으로 남는다"**[68]**고 한다면, 만약 남성이 "전 생애 동안 **최초의** 대상에", 즉 그의 어머니 혹은 아내–어머니에 "고정돼" 있고, 동일한 "대상", 본래적originaire "대상"을 동일한 성기로써 항상 사랑하고 욕망할 수 있다고 한다면, 이는 성적 **이질성**hétérogénéité의 출현을 피할 수 없는 여자아이에겐 경우가 다르기 때문이다. 프로이트가 여자아이는 언제나 남자아이였고 그녀의 여성성은 "음경 선망"으로 특징지어진다고 주장함으로써 이 문제를 해결한다면, 그것은 아마도 그가 옹호하는 자신의 남성으로서의 관점과 성적 동질성homogénéité을 영속화하려는 욕망 때문일 것이다. 즉, 비非성non-sexe, "거세된" 성, 혹은 "음경 선망"은 성적 이질성을 구성하는 게 아니라, 남성적 욕망의 동질성을 지지하고 확인하는 부정성négativité 유형의 표상을 구성한다.

---

68 「여성의 성욕」, 『성생활』, p. 142.

오이디푸스 콤플렉스는 보편적인가, 그렇지 않은가

딸-어머니 관계에 대해서 프로이트는 말년에―그리고 이상하게도 그의 생애 마지막에 쓰인 이 텍스트의 **말미에**―다음과 같이 고백할 것이다. "어머니에 대한 애착의 지속 기간은 너무 과소평가되었다."[69] "일부 여성들은 어머니와의 **본래적**관계에 계속 애착을 보이며 진정으로 남성에게로 방향을 바꾸는 데 이르지 못한다."[70] "이것 때문에 여성의 전오이디푸스기는 결코 부여받지 못했던 중요성을 획득한다."[71] "**오이디푸스 콤플렉스가 신경증의 핵심이라는 명제의 보편성을 재검토할 필요가 있어 보일**"[72] 정도다. 특히 프로이트가 "어머니와의 애착기와 **히스테리** 병인론 사이의 밀접한 관계를 추측하기"[73] 때문이다. 그러나 "어머니와의 최초의 관계의 영역에 관련된 모든 것"은 프로이트에게 "유난히 과도한 억압에 굴복하여 분석으로 포착하기가 너무 어렵고, 세월이 흐르면서 되살아나기 힘들 정도로 희미하게 **흐려졌기** 때문에", "어린 여자아이의 전오이디푸스기에 대한 통찰은 **놀라움**이었다. 마치 다른 영역에서의 발견"―그런데 정말 다른 영역인가?―"즉, **그리스 문명 뒤의 미노스-미케네 문명의 발견**과 같았다."[74] 프

---

69 같은 글, p. 140.
70 같은 곳.
71 같은 곳.
72 같은 곳.
73 같은 글, p. 141.
74 같은 글, p. 140. 다음과 같이 이해될 수 있음을 강조해야 할까? 즉 여성의 섹슈얼리티가 해독되는 것은 알파벳 유형의 의미화 경제에서만이 아니다. 무의식의 기제들이 이 경제에만 의존해 해석되는 게 아니듯이. 게다가 이 마지막 지점에 대해서는 프로이트가 명백히 말한 바 있다.

로이트는 마침내 아주 늦게 —**그의** 죽음에 가까웠으니까?—, 그러나 우리가 그에게서 의심할 수 없는 "과학적 정직성"의 욕망으로써 여성 섹슈얼리티가 이 모든 역사와 무관하다는 사실을 어렴풋이 알아챈 것 같다. 그러니까 보편적인 역사와 무관하다고 할까? 또한 여성 섹슈얼리티가 이 문명이라는 형태에 의해 덮인 —억압된?— 채였다는 사실, 프로이트 같은 고고학자가 문명의 유물을 숨기고 있는 땅을 더 깊이 파헤쳐 그리스가 표상하는 이 시초와 그리스가 정한 기원의 개념 뒤에 있는 더 오래된 고대를 재발견해야 했으리라는 사실도.

이 뒤늦은 확인[75]이야 어떻든 간에 프로이트는 또한 이 역사의 용어로 그리고 이 역사의 특히 개념적인 경제의 용어로 여성 되기를 계속 해석하고 규정한다. 말하자면 여성이 "자신의 성적 경향의 대부분을 억압"해야 했고, 본래적인 것과의 관계에 관한 한 "되살리기 힘들 정도로" "유난히 과도한 억압", 즉 "세월이 흐르면서 흐려"진 어머니와의 최초의 관계를 "분석으로 포착하기가 어렵"게 만든 억압을 겪어야 했던 것은 이 역사 속에서라는, 그와 같은 방식으로 말이다. 이렇게 해서 "승화될 수" 없는 혹은 "지양될 수" 없는, 여

---

75 이는 몇몇 동료 정신분석자들이 그에게 관찰한 것인데, 프로이트는 "여성에 관한 것이므로 이번에는 그들의 이름들을 언급해도 괜찮으리라 생각된다"(이 구절은 국역본에서는 찾아볼 수 없지만 여성 분석가들의 이름은 언급되어 있다—옮긴이)고 하며, 그들이 그의 **이론**에 가져다줄 수 있는 **경험적** 기여들에 감사한다. 특히 그 동료들은 "더 쉽고 더 분명하게 이 사안의 상태를 지각할 수 있었기 때문인데, 왜냐하면 어머니를 대체하는 존재로 적절하게 전이됨으로써 환자들에게 도움이 되었기 때문이다." 반면에 프로이트가 분석한 여성들은 "문제가 되는 전오이디푸스기 이후 그녀들이 도피한, 아버지와의 관계 자체를 보존할 수 있었다."(「여성의 성욕」, 『성생활』, p. 140.)

성의 "히스테리", 심지어 "편집증"[76]은 이론의 정립 속에서 영속될 것이다. 왜냐하면 이론은 항상 이미, 여성이 여성으로 성차화된 주체로서 등장하는 것을 배제할 것이기 때문이다. 그러므로 우리는 역사적 과정에 의존하지 않고는 여성의 히스테리와 편집증을 해석할 수 없을 것이다. "가족" 내에서 작동하는 리비도적 드라마화를 통한, 역사적 과정의 재표시는 언제나 이 "대문자 역사"에 의존하는 동시에 그 역사를 행한다.[77]

| 자위에 관한 자유연상 |

자위에 관한 여담―혹은 다소 합리화된 자유연상―이라 부를 만한 것이 이어진다. 그것은 다음과 같다. "여자아이가 보기에 여성의 음경 결여는 여성의 가치를 저하시키는 것이다. 이는 남자아이들이 보기에, 또 아마도 나중에는 성인 남성들이 보기에도 마찬가지다.

〔여러분 가운데 신경증 환자들이 자위에 부여하는 중요성을 모르는 사람은 없다. 그들은 자신들의 모든 곤란에 대한 책임을 그것에 돌리고 있다. 또한 우리가 그들의 잘못된 생각을 증명해 보이기는 매우 어렵다. 당연히, 그들이 옳다는 것을 인정해야 할지도 모

---

76 같은 곳.
77 특히 정신분석 이론과 실천에 대한 영향뿐만 아니라 "문학적" 연출에 있어서 "가족소설"의 형식은 이 동일한 역사의 윤곽을 뇌풀이한다.

른다. 왜냐하면 자위는 유아적 섹슈얼리티의 발현일 뿐이며 문제의 환자들이 고통스러운 것은 바로 이 섹슈얼리티의 과오 때문이니까. (…) 나는 언젠가, 자위가 발각되었든 아니든 간에, 부모들이 그것을 가지고 야단을 쳤든 허용했든 간에, 또 주체 자신이 자위를 자제하려고 하는 행위가 성공했든 아니든 간에 관계없이, 이러한 것들이 차후의 신경증 발현과 각 개인의 성격 형성에 끼치는 영향retentissement을 여러분에게 보여줄 수 있었으면 한다. (…) 그러나 요컨대 나는 이 길고 **고통스러운** 작업에서 면제된 것이 오히려 만족스럽다. 왜냐하면 결국 여러분은 어린아이들의 자위에 대해서 어떤 행동을 취해야 하는지 질문하며 실제적인 조언을 요구함으로써 나를 **난처한곤경**에 빠뜨릴 것이기 때문이다. (…) (여기에서 설명된 여자아이의 발달은 아이가 스스로 자위행위에서 벗어나려는 — 종종 실패하는 — 노력들의 한 예를 보여준다. 음경 선망이 자위에 대해 강한 저항을 일으켰을 경우, 그렇다고 해도 그 행위가 멈춰지지 않을 때, 여자아이는 격렬한 내적 투쟁을 겪는다. 말하자면 여자아이는 이제는 지위를 잃은 어머니의 역할을 맡으면서 음핵이 느끼게 해줄 수 있는 쾌락에 대한 저항에 의해 그렇게 열등한 기관을 가진 데 대한 모든 불만족을 표현한다. 여러 해가 지난 후, 자위행위는 오래전에 단절되었지만, 여전히 두려운 유혹에 대한 투쟁의 흔적들이 재발견된다. (…)) 자위행위를 그만두는 것은 실로, 대단찮은 행위나 하찮은 행위가 아닌 것이다.]"

이는 이렇게 이해될 수 있겠다. 만약 여성이 거세되었다면, "음경 결여"라는 사실로 인해 가치가 저하되어 있다면, 남성 신경증 환자—우리가 보았듯이, 앞으로 보게 되듯이 여성 신경증 환자의 경우는 더 복잡하다—에게 다소 연기되고 차별화된, 모든 종류의 자기…, 동일…로 우연히 "승화된" 자위 외에 리비도적 투자로서 무엇이 남아 있겠는가.

아주 검은 섹슈얼리티?

│ 거의 우울증 같은 증후 │

여자아이로 말하자면 상황이 다르다. 어머니 —이는 어린 남자아이와 다른 경우인데, 남자아이는 "순수하게(?) 성적인 대상으로서 어머니를 향한 애착과, 모방해야 할 본보기로서 간주하는 아버지와의 동일시라는, 심리학적으로 전혀 다른 두 가지 애착을 보인다"[78] —는 사랑과 욕망의 최초의 대상인 동시에 자신의 "자아"와 성에 관한 특권적인 동일시 지표다. 엄밀히 말해서, 프로이트 담론의 함의들이 이끌 수 있는 곳까지 그를 따라간다면, 자신과 어머니 —자신의 "대상", 자신의 모든 충동들의 자기애적 "대표"—가 거세된 것을 발견한 여자아이에게는 "우울증"이라는 해결책만이 남을 것

---

[78] 「동일시L'identification」, 『정신분석론』, Petite bibliothèque Payot, p. 126.(한국어판 '7장 동일시', 「집단심리학과 자아 분석」, 『문명 속의 불만』(열린책들, 2004) 참조—옮긴이)

이다.

이런 시각에서 「애도와 우울증Deuil et mélancolie」[79]을 다시 읽으면, 자신과 어머니의 "실행된 거세"를 발견한 이후 여자아이의 리비도적 경제라고 하는 것과 우울증 사이의 공통점들에 충격을 받을 것이다.

— **아주 고통스러운 낙심.** 리비도적 활동이 중단되면서, 즉 지금까지 리비도를 투자했던 성적 기관과 대상의 가치 저하로 인해 자위에 대한 관심이 상실되면서 발현된다.

— **외부 세계에 대한 관심 중단.** 여자아이에게 "외부 세계의 지배라는 과업"[80]을 포기하는 형태로 나타난다. 이는 "여성들이 남성들보다 사회적 관심이 덜하다"는 사실에서 영속화될 것이고, 예를 들어 "문명사의 발견과 발명에 기여한 바가 거의 없다"[81]는 점에서 확인될 수 있다.

— **사랑할 수 있는 능력의 상실.** 여자아이로 하여금 "어머니로부터 돌아서게" 하며, 그에 더해 자기 자신을 포함한 모든 여성으로부터 돌아서게 만든다. 아버지를 향한 그녀의 욕망은 어떤 방식으로도 "사랑"을 의미하지 않을 것이다. "딸이 아버지에 대해 갖는 욕망은 틀림없이 본래 남근을 소유하려는 욕망일 뿐이다." 그러므로 선망, 질투, 갈망에 관한 문제일 뿐이다…

---

79 『메타심리학』, Gallimard, Idées, pp. 147-174.(한국어판 「슬픔과 우울증」, 『정신분석학의 근본 개념』 참조—옮긴이)
80 「여성의 성욕」, 『성생활』, p. 148.
81 Cf. 「여성성」, p.176, p. 174. 앞으로 「여성성」에서 인용되는 발췌 부분의 정확한 페이지 수는 생략하겠다.

―**모든 능동성의 억제.** "수동성이 우세해진다." "아버지-대상으로
의 이행은, 재난을 피하는 한, 수동적 경향들의 도움으로 이루어진
다." 왜냐하면 "그때까지 어린 여자아이에게서 발달됐던 남성성이
억압되면서 그녀의 성적 경향의 대부분이 영구적으로 손상되기"
때문이다.[82] "리비도는 여성적 기능에 이용되도록 강제될 때 더 큰
억압을 겪는 듯 보인다." 그리고 특히 "직접적인 성적 경향들이 그
목적에 따라 억제된 애정의 경향들로 변화하는 것"이 확인된다.[83]

―**자아존중감의 저하.** 이는 여자아이에게 "남근기"가 끝나가고 있
으며 오이디푸스 콤플렉스로 진입하고 있음을 나타낸다. "여자아
이가 자신의 불리함을 발견할 때…" "자신보다 더 우월한 남자아
이와의 비교는 그녀의 자기애에 상처를 입힌다." "자신의 손상", "자
기애적 상처를 인식하는 여성에게 상흔처럼 열등감이 자리 잡는
다."[84] "여성은 거세 사실을 인식하고, 그것으로써 남성의 우월성과
자신의 고유한 열등성을 인식한다."[85]

| 그녀가 애도할 수 없는 불리함 |

자신의 "거세됨"을 발견한 후 여자아이에게 생기는 이 "자아 존
중감" 문제는 프로이트가 특히 강조하는 것이다. 프로이트에 따르

---

82 「여성의 성욕」, 『성생활』, p. 151.
83 「오이디푸스 콤플렉스의 해소」, 『성생활』, p. 122.
84 「성의 해부학적 차이」, 『성생활』, pp. 127-128.
85 「여성의 성욕」, 『성생활』, p. 143.

면, 이 문제는 모든 다른 심리적 변화들remaniements의 원인일 텐데, 특히 여자아이가 자신의 "불행"을 어머니와 모든 다른 여성들과 공유하고 있다고 확신할 때 그렇다. 그런데 프로이트는 바로 그와 같은 증후에 따라 "우울증"과 "애도"를 구별한다. 따라서 우리는 여자아이가 겪는 어머니와의 분리, 그리고 자신의 성과의 분리는 애도 작업을 할 수 없음을 이미 주목할 수 있겠다.

또한―애도와 또 다른 차이점이 있는데―우울증에서의 상실은 꼭 사랑했던 대상의 죽음만이 아니라 "사랑의 대상으로서의" 대상의 상실과 관계된다. 그리고 특히 "우리는 상실한 것이 무엇인지 명확히 인식할 수 없다. (⋯) 환자는 상실한 것을 의식적으로 파악할 수 없다. 게다가 우울증을 유발하는 상실이 환자에게 알려져 있는 경우에도 환자는 자신이 **누구**를 잃었는지는 알아도 자신의 **무엇**을 잃었는지는 모른다[86]. 이것은 의식에서 벗어난 대상 상실과 우울증을 연관 짓게 할 것이다." 여자아이는 확실히 자신의 "거세"를 발견하면서 자신이 **무엇**을 잃었는지 모른다. 어머니와 다른 여성들과의 관계의 뒤이어 계속되는 "파괴"에 있어서도 마찬가지로 **무엇**을 잃었는지 모른다. 그리하여 여자아이는 그녀의 근원적 욕망, 그녀의 기원적(기원에 대한) 욕망에 대해서만이 아니라 자신의 성적 충동들, 리비도 경제에 대해서도 어떤 **의식**도 없다. 이는 여러모로 여자아이에게 모든 표상에서 근본적으로 벗어나는 "상실"에 관한 것이 된다. 그 결과, 그것에 대한 "애도"의 불가능성이 생긴다. 사실 "애도에서는 모든 리비도 분리의 시도가 행해지지만 이 과정들이 **전의**

---

[86] 프로이트가 강조한 것.

식Pcs[87]을 거쳐 의식으로 이르는 정상적인 통로로 진행되는 것에 어떤 것도 대립되지 않는다. 우울증의 작업에는 바로 이 통로가 가로막혀 있다. 이는 같은 방식으로 작용할 수 있는 다수의 원인들 때문이다." 그래서 "우울증에서는 (…) 대상을 둘러싸고 **증오**와 **사랑**이 서로 투쟁하는 개별적인 다수의 갈등들이 일어난다. 리비도를 대상에서 분리하려는 **증오**와, 공격에 맞서서 리비도의 이 위치를 유지하려는 **사랑** 말이다. 우리는 이 개별적 갈등들을 (언어mot 리비도 투자와는 반대되는) 사물chose에 대한 기억 흔적들의 영역인 **무의식 Ics**[88] 외의 다른 체계에 위치시킬 수 없다." 그런데 어머니에 대한 여자아이의 관계에도 양가성이 없지 않으며, 여자아이의 사랑이 — 프로이트가 단언하기를 — 남근적 어머니에게 보내질 때, 자신의 어머니가 거세되었음을 의식하게 되면 그 관계는 더 복잡해진다. 여자아이에게는 자기 성의 가치 저하가 이런 어머니의 가치 저하에 동반되거나, 그 뒤에 일어난다. 또한 "(상실한) 대상과의 관계는 이 경우에 단순하지 않고, 양가적 갈등에 의해 복잡해진다." 이때 양가적 갈등은 "계속 의식에서 벗어나 있다". 덧붙이자면 어떤 언어, 어떤 표상 체계도 어머니와 자신의 성에 대한 여자아이의 갈등 관계들이 유지되고 있는 이 "무의식"을 보충하고 보조하지 못할 것이다. 그 결과, 우울증의 특징들인 "신체 질환" 형태로 그 관계들에 대한 "기억"이 떠오르는 것인가? 물론 이것은 히스테리의 특징들이기도 하다…

---

87 프로이트가 강조한 것.
88 프로이트가 강조한 것.

그러나 **여자아이와 관련된 "상실"은 또한 "자아"와 관계가 있다.** 우울증에
서처럼 말이다. 남자아이가 음경에 의해서 자기애적이 되고 자아
화된다면 — 음경이 성적 거래에서 가치가 있고, 문화적으로 가시
적인 것, 반사할 수 있는 것, 페티시화할 수 있는 것으로 과대평가되
기 때문에 — , 여자아이의 성기는 사정이 다르다. 게다가 동일시에
의해 "자아"의 구축에 쓰이는 그 지표는 똑같은 손실을 겪는다. 그
러므로 여자아이의 "자아"는 "실현된 거세"의 시험 속에서 피할 수
없는 실패와 상처를 겪게 된다. 이러한 실패와 상처의 효과는 우울
증 묘사를 환기하는 데서 포착될 수 있다. 예를 들어 "자기 자신의
자아에 대한 환자의 반감", "자신의 신체적 결함, 추함, 약점, 사회
적 열등성"과 관계된 불만들 같은 것. 하지만 여성 섹슈얼리티에 관
한 프로이트의 텍스트들에서 다음과 같은 언급을 참조하자면, "그
렇게 무가치한 자에게나 어울릴 겸손과 복종을 주위 사람들에게
내보이기는커녕 (…) 그는 피해를 입었던 것처럼, 그리고 커다란 불
공정의 희생자였던 것처럼 항상 극도로 귀찮게 구는데", 이는 "반
항의 심리적 상태constellation"를 나타내는 것이다.

우울증의 이 모든 증후학은 다음과 같이 설명될 것이다. "먼저
대상 선택, 즉 어떤 특정인에게 리비도를 결합시키는 일이 존재했
다. 그 사랑하는 사람으로부터 얻는 **실제 피해 또는 실망의**[89] 영향으로
이러한 관계가 흔들렸다. 정상적인 결과라면 그 대상에 대한 리비

---

89   프로이트가 강조한 것.

도가 철회되고 새로운 대상에게 전위되었겠지만, 여러 가지 다른 조건들 때문에 다른 결과가 초래된 것 같다. 맞설 힘이 없는 것으로 입증될 대상 리비도 투자는 제거되지만, 자유로운 리비도는 다른 대상으로 전위되지 않고 자아 속으로 물러났다. 그러나 자아 속에서도 그 리비도는 어떤 특정 방식으로 이용되는 것이 아니라, 포기된 대상과 자아의 **동일시**[90]를 확립하는 데에 기여한다. 그래서 그 대상의 **그림자**가 자아에 드리우게 되고, 그때부터 자아는 어떤 특수한 심급instance에 의해 어떤 대상처럼, **포기된 대상**처럼 판단될 수가 있었다. 이런 방식으로 대상 상실은 **자아 상실**로 변형되고, 자아와 사랑하는 사람 사이의 갈등은 자아의 비판과 (거세된 어머니, 여성, 여자아이와의)[91] 동일시로 변화된 자아 사이의 분열로 변형된다. 곧바로, 우리는 이런 과정의 전제 조건과 거기에서 초래되는 결과와 관련해서 어떤 것을 추측할 수 있다. 한편으로는 사랑 대상에 대한 강한 집착이 존재하지만, 다른 한편으로는 모순적이게도, 대상 리비도 투자의 저항이 거의 존재하지 않았던 것이 틀림없다. (⋯) **대상과의 자기애적 동일시는 이제 성애 리비도 투자의 대체물이 된다.** (⋯) 또한 동일시란 대상 선택의 예비 단계이며, 자아가 대상을 선택하는 최초의 방식 — 양가 감정의 방식으로 표출되는 선택의 방식 — 이다. 자아는 대상을 자신에게 통합시키길 원하고 (⋯) 집어삼키는 방식으로써 그렇게 한다." 아마도 "우울한 상태의 심각한 형태로 나타나는 식사 거부"가 이렇게 설명될 것이다.

---

90 프로이트가 강조한 것.
91 괄호 안의 글은 이리가레가 삽입한 것이다.(옮긴이)

이런 점에서 거식증이란 특수하게 여성적인 증상이어서, 여자아이가 자신의 성적 "운명"을 받아들일 수 없는 것, 여자아이가 자신에게 부여된 섹슈얼리티의 성숙을 필사적으로 거부하는 것과 관련된다는 사실을 생각해보라. 더 일반적으로, 여기에서 우리는 여성에게 씌워진 성적 욕구의 결핍 혐의를 환기할 수 있는데, 이는 정당한 이유가 있을 때가 많다. 또한 여성이 자신의 성기를 "구순적" 용도로 쓰기도 한다는 점도 환기할 수 있다. 우울증의 독특한 특징 중 하나는 또한 "대상 리비도 투자에서 리비도의 구순기로 퇴행하는 것"에 있기도 하다.

│ 자기에게 모든 것을 끌어당기는 벌어진 상처 │

우울증 상태를 촉발하는 원인들로 말하자면, "**피해, 모욕, 실망**을 겪는 모든 상황이 포함된다. 그런 상황들은 사랑과 증오의 대립을 그 관계 속에 삽입하거나, 기존의 양가성을 강화할 수 있다"."(자아의) 빈곤화에 대한 불안의 중요성에 대해서 우리는 그것을 〔대상과의〕 **결합에서 떨어져 나와** 퇴행에 의해 변화된 **항문 성애**에서 파생되어 나온 것이라고 생각해볼 수도 있을 것 같다." "우울증의 콤플렉스는 마치 **벌어진 상처**와 같이 모든 부분에서 리비도 투자 에너지를 자신에게 끌어모으고(전이 신경증에서 우리는 이것을 "리비도 반대 투자"라 불렀다), 자아가 완전히 빈곤해질 때까지 자아를 비운다." 모든 인용문—「애도와 우울증」이라는 텍스트에서 계속 가져온―을 여성성의 "정상적" 발달을 묘사하는 진술들, 그리고 특히 "거세 콤플렉스"가 여자아이에게 초래하는 결과와 함께 다루어야 한다.

우울증 과정에서 매우 중요한 **도덕적 심급**〔초자아〕은 거기에서 **또한 완전히 특수한 형태를 지니고 있다**는 점을 덧붙이자. 도덕적 심급은 강박 신경증에서처럼 "자아 바깥에 있는 불쾌한 경향들"에 대해서 행사되지 않으나, "자아는 동일시를 통해 초자아의 분노가 향하는 대상을 자신에게 동화시킨다"[92]. 즉 거세된 어머니, 거세된 여성 "대상"을 말이다. 초자아는 여성의 성적 "운명"을 엄격하게 판단하는 "아버지 같은" 인물, "섭리", "운명", 이러한 "작업"의 비판적 심급과 행위자들―무의식적인?―을 표상할 것이다. 여자아이의 전오이디푸스기에 대한 프로이트의 개념들에 따라, 이 "도덕적 심급"은 남자아이(여자아이는 한때 남자아이였으니), 즉 자기 성기와 그 남성적 쾌락의 가치를 발견한 뒤 여자아이로의 형상화, 변형을 가차없이 비난하는 남자아이로부터 행사될 수 있을 것이다. 여성적 마조히즘에 대해 그리고 여성이 "가학적이고 끔찍한" 충동을 자기 자신을 향해 돌리는 것에 대해 고찰할 이유가 바로 여기에 있다…

---

92 「자아의 의존 관계Les états de dépendance du Moi」, 『정신분석론』, p. 224.(한국어판 '5. 자아의 의존 관계', 「자아와 이드」, 『정신분석학의 근본 개념』 참조―옮긴이)

| 필연적으로 남는 것: 히스테리 |

사실, 여자아이가 회수retraite의 특권적 양태로 선택할 것은 우울증이 아니다. 아마도 그녀는 자기애를 아주 조금밖에 보유하고 있지 않으며, 그나마도 너무나 손상을 입은 상태라, 불안에 대해 그리고 "실현된 거세"라는 "재난"에 대해 방어하는 구조화structuration를 이룰 수 없을 것이다. 여성적 자기애의 경제, 여자아이, 여성의 "자아"의 취약함은 이 증후〔우울증〕의 성립을, 최소한 지배적이고 안정적인 구축을 거의 불가능하게 만든다. 이는 "검은 대륙"의 섹슈얼리티가 그 증후들을 많이 보이지 않으리라는 말은 아니다. 그러나 그 증후들은 일관성 있고 지속적인 방식으로 조직되기보다는 분열될dissociés 것이다. 그녀의 기원적(기원에 대한) 욕망, 어머니와의 관계, 리비도에 대한 비상징화non-symbolisation 작용은 다형적 퇴행(우울증, 조증, 조현병, 편집증)에 계속 의존한다. 그녀는 상상적이고 상징적인 과정들의 가공에 있어서 구멍—우리가 이 구멍이 가장 큰 효력을 지니는 위치라고 여기는 곳이 바로 여기다. 여기에는 남성 입장에서도, 그 구멍이 어떤 것을 공포로서 나타나게 할 그런 위치도 포함한다—으로 기능한다. 그러나 이 실패, 이 결핍, 이 "구멍" 즉 여성은 너무 적은 수의 이미지, 형상, 표상만을 사용할 수 있기에 거기에서 재현될 수 없다. 이것은 어떤 주인-기표가 여성에게 결핍돼 있다거나 심지어 부과되지 않았다는 말이 아니라, 오히려 기표 경제에의, 기표들의 조폐造幣에의, 기표들의 교환에의 접근이 여성에게 불기능하지는 않더라도 어렵다는 말이다. 왜냐하면 여성은 주체로서 그 표준치étalonnage에 대해 외부자로 남기 때문이다. 여성은 자신의 흔적empreinte을 표시하거나 재표시할 수 없는 채로 기표들을 빌린다. 부족carence, 공허, 결핍에 여성을 붙들어두는 것은, 이렇게 말해도 좋다면, "정신병적"이다. 즉 실행 가능한 기표 체계의 결여에 의한, **잠재적**이지만 실현되지 못한 정신병이다.

그런데 아마도 여성과 자기성애의 관계는 너무 타격을 입은 나머지 어떤 "정신병적" 위치들로의 후퇴repli가 단순히 허용되기도 어려울 것이다. 혹은 그녀의 "리비도"가 너무 강력하여 그런 식에 만족할 수 없는 것일까?—여자아이의 "조숙함"을, 잔 랑플 드 그루트 부인[93]의 "명백한 관찰의 도움으로" 밝혀진 "놀라운 남근적 능동성"을 생각하자.

그런데 여성의 충동은 어떤 면에서는 휴지기에 있다. 사실 "정신병"의 구조화에도, 자기성애에도, 자기애의 구축에도, 최초의 대상에 대한 욕망, 사랑에도, 자신의 섹슈얼리티, 자신의 성 등등의—승화라는 우회에 의해서일지라도—전유, 소유에도 리비도 투자가 되지 않고 있다. **그녀에게는 히스테리만이 남아 있다.** 히스테리성 정신병인가? 신경증인가? 기원적 충동들의 경제의 중단 위에서, 중단 안에서 그녀는 사람들이 요구하는 "대로" 할 것이다. 사람들이 그녀에게 요구하는 것을 그녀가 하는 것"처럼" 할 것이다. 그러나 "대로", "처럼"은 때때로 그렇게 보일 수 있고, 어떤 면에서는 성들 간의 "놀이jeu"라고 할 만한 것의 흔적이지만, 제어되지도 않으며 진짜로

---

93 Mme Jeanne Lampl de Groot(1895-1987). 네덜란드 정신과 의사, 정신분석학자. 여성 섹슈얼리티 연구로 알려져 있다.(옮긴이)

유희적이지도 않다. 그러나 놀이는 여기에서 대문자 남근에 의한 성적 경제의 지배에 의해—우리가 이미 보았듯이—지휘된다. 그리고 여성은 기원적(기원에 대한) 욕망의 전유와 남근이 일치한다는 것을 전제로 하고 놀이를 할 것이다. 그런데 그 놀이는 기원에 대한 지배 관계 전체를 배제한다. 기원적(기원에 대한) 욕망의, 욕망의 기원의 주인-기표를. 그리고 히스테리 무언극은 전적인 억압, 소멸로부터 자신의 섹슈얼리티를 구하기 위한 여자아이, 여성의 일이 될 것이다. 그녀는 그 일을, 본질적으로, "남근적 능동성"만큼 놀라운 "능동성"으로 지탱할 것이다. 육체의 고통과 성적 불만족(?)의 요구는 성적 충동이 잠재되어 남아 있음을 상기시키기 때문이다. 물론 우리는 이 일과 이 고통, 이 예속 상태가 여성이 **죽음을 대면하기를 거부**하는 대신 치르는 대가라고 주장할 수 있다. 예를 들어 표상, 상징화, 승화에 작용하고 있는 죽음을. 그러나 적어도 이 "역사" 속에서 그녀에게 저 죽음은 문제가 되지 않는다. 언제나 이미 사변화되고, 반사/사변화될 수 있는 죽음은 말이다. 죽음의 이러한 조정aménagement은 여성에게 무관한 것으로 남는다. 여성에게 제시되는 선택은 오히려 충동들의 철저한 검열—죽음에 이를 검열—과 히스테리성 처리traitement, 전환conversion 사이에 있을 것이다. 사실상 이 선택은 선택이 아니다. 두 작용은 결과들이다.

여자아이는 이렇게 여성으로, "정상적인" 여성성으로 "변화할 것이다". 정상적인 여성성은 자신의 거세의 발견에 뒤따르는 "억압"이 "지나치지exagéré 않았"을 때 그렇게 나타난다… 여성으로 "변화하기", "여성성의 정립instauration"은 여자아이가 "남근적 능동성을 포기"하고, "수동성이 우세해"지며, "아버지를 향한 애정penchant이 지배적이게 된다"고 가정한다. "아마도 여자아이가 아버지에 대해 갖는 욕망은 **단지 남근을 소유하고자 하는 욕망일 뿐**이며, 이 남근이란 어머니가 여자아이에게 주지 않은 것이고, 이제는 아버지로부터 갖기를 희망하는 것이다." 이 "발달"에는 여성적 쾌락에 대한 욕망의 흔적이 조금도 없다. 여성성 형성의 유일한 목표, 여자아이가 (소위) 여성이 되기를 결정할 수 있는 유일한 "충족 이유"는 이번에는 주이상스의 도구를 전유하는 것, 성적 교환 가치를 결정할 뿐만 아니라 그 사용권을 독점하는 듯 보이는 성기sexe를—모방, 모사, 복제redoublement에 의해서일지라도—탈취하는 것이리라. 그러나 그렇게 함으로써, 그녀는 남근을 가졌다고 이렇게 (재)보장받은 아버지에게, 남성-아버지에게 어떤 잉여의 쾌락을 마련해주지 않는가? 그는 심지어 입법적 작업에, 혹은 다른 고고한 활동들에 리비도를 투자하는 여가를 얻을 것이다. 왜냐하면 **그녀는** 적어도 음경의 가치를 지지하고, 그 가치 할당을 유지하고, 음경이 다양한 반사/사변화에 쉼 없이 사용되지 않도록 지키기 때문이다. 필요 자체에 의해서 또는 부득이한 경우, 그녀는 음경을 재현할 것이다. "남근화된" 그녀의 몸은 그것의 유통을 떠받치고 되살릴 것이며, 그것의 교환을 지지할 것이고, 그 판돈을 보장할 것이다. 그러는 동안 아버지, 남성은 다른 투자에 분주하다. 경의hommage의 수집을 위임받은 그녀는 정당한 권리를 가진 자에게 그것을 돌려주어야 할 것이다.

음경＝아버지의 아이

| 항문 성애의 우위 |

"그러나 음경에 대한 욕망이 아이를 **갖고자** 하는 욕망으로 **대체될** 때 비로소 상황이 제대로 이루어진다. 예전에 상징적인 등가물이 었던 아이는 이제 음경의 **대체물**substitut이 되는 것이다." 이 공식이 혜택을 입은 어떤 신용대출이든, 심지어 고리대금이든 간에, 어쩌면 약간의 이익을 거기에서 끌어낼 수 있을까? 이를 전개하려면 이 공식을 완성시키고 그다음에 함의들을 살펴야 한다. "아이를 갖고 싶다고 욕망하게 되면서 여성은 아버지보다 아이를 더 자주 생각하고, 아버지는 **그때부터 배경으로 밀려난다.**" 그러나 아이-음경이라는 등가가 보여주는 것은 "음경의 **소유**라는 예전의 **남성적** 욕망은 여성성이 가장 잘 확립된 때에조차 존속한다"는 것이다.

대칭이라는 오래된 꿈의 맹점 127

1. 따라서 여자아이, 여성이 "완전하게" 여성이 되려면, 아이를 갖고자 하는 욕망이 음경을 갖고자 하는 욕망을 대체해야 한다. 그러므로 출산에 대한 매혹이 모든 "다른" 남근적 욕구들을 제친다. **아버지의 아이를 갖고자 하는 욕망이 아버지 혹은 아이 아버지와의 성적 관계의 다른 양상들에 대한 모든 매혹을 대신하고 그것을 치워놓는다.** 여성성이 가장 "정상적"이려면 혹은 "가장 잘 확립"되려면 이렇게 되어야 한다. 여성은 음경이 **(재)생산**의 전면적인 행위자—사정자ejaculateur—이기를, 그것의 유혹적인 힘들이 아이-음경, 즉 성교의 **산물**에게 옮겨지기를 바라야 한다. 그래야 "성적 기능"이 그에 대한 프로이트의 정의에 부합하게 된다.

따라서 "여성성"은 모성에 자리를 내주기 위해 지워지고, 모성 속에 흡수된다. 그렇다면 극단적인 경우에는, 어쩌면 성적 쾌락에 대한 욕망의 흔적을 모호하게 공식화한 "음경 선망"도 마찬가지가 된다. 자위에 대한 기억의 흔적도? 음경 "같은" 것을 가지고 있었을 때, 그녀는 그것으로부터 어떤 만족을 얻을 수 있었다. 여기에서 "그와 같은 어떤 것"을 다시 갖고자 하는 욕망이 생긴다. 더 큰 것을? 그러나 이 소망-기억espoir-réminiscence은 **(재)생산** 작업의 진지함 앞에서 희미해져야 한다.

2. 말하자면, 남근의 표장인 음경이 항상 욕망의 대상 속에 현존하고 재현되어야 한다면, 행복은 "새로 태어난 아이가 그렇게 바라 마지않던 음경을 달고 있는 **남자아이**"일 때에만 완전해진다는 것이다.

3. 아이 —[여자아이, 여성은] 그 아이가 남자아이이기를 열렬하게 바란다— 는 **음경의 순수한 산물이자 대체물**로서 나타난다. 여성 생식세포가 생식에 참여하는 것, 아이를 만들 때 여성 성기의, 여성 육체의 역할은 "여성성"의 성적 발달에 대한 이러한 설명에서 전적으로 무시됐다.

4. 이 아이-남자아이는 씨[정액]의 불멸성의 기호, 정자의 속성이 난자의 속성보다 우월하다는 기호이다. 이렇게 그는 재생산되고 재현되는 아버지의 힘, 자신의 성genre과 종espèce을 영속시키는 아버지의 힘을 보증한다. 게다가 그 이름의 상속자로서 이 아들은 유산을 탕진하지 않으리라는 것도 보장한다. 그리고 상속자로서 그는 이미 또 하나의 구성원을 추가하여 "집"을 풍요롭게 한다.

5. "아이"의 이러한 수태conception는 정신분석에서 소위 생식기 섹슈얼리티에 대한 **항문 성애의 우위**에 의존하는 것으로 밝혀진다. 아이는 거기에서 대체물의 계열, 즉 배설물-음경-아이 안에 자리한다. 음경이, 그다음에 아이가 "배설물 기둥"을 대체하게 된다. "**배설물**(돈, 선물), **아이, 음경**[94]의 개념은 잘 구별되지 않고 쉽게 서로 대체된다."[95] 질—그리고 자궁은? 이 점에 대해서는 역설적으로 아무것도 언급된 바가 없다— 은 항문, 직장直腸, 창자로 기능한다. 사실

---

94 프로이트가 강조한 것.
95 「항문 성애의 예로 본 본능의 변형Sur les transpositions des pulsions plus particulièrement dans l'érotisme anal」, 『성생활』, p. 107.

"나중에 생긴, 질에 대한 관심도 주로 항문 성애적 기원을 갖고 있다. 이것이 전혀 놀랍지 않은 것은 질은 루 안드레아스-살로메의 적절한 표현에 의하면 항문으로부터 '빌려 온' 것이기 때문이다".[96]

| 어떤 임대계약의 당사자들 |

이 계약의 당사자들, 임대에 치러지는 대가, 임대차 어음에 배서하는 자, 예상 소유jouissance 기간 등에 대해 좀 더 자문해봐야 할 것이다. 이러한 경제에 여성이 참여한다. 남성이 씨를 "제공해주면" 그 씨가 열매를 맺게 하고, 맡겨진 이 "선물"의 이자에 신경 쓰고, 때가 되면 소유주에게 돌려주기 위한 자로서 말이다. 음경(대변 막대기), 정자(씨-선물), 아이(선물), 이는 우리가 벗어나지 못한 하나의 항문적 상징계다. 여기서 우리는 결국 그 척도가 음경인지, 정자인지, 아니면 "금"인지 의아해진다. 이것은 가치의 동요, 위기인데, 여기에서는 가장 생산적인 것, 즉 가장 쉽게 (재)생산하는 것으로 표상할 수 있는 것이 필연적으로 승리하는 듯 보인다. 그러나 사실 이 모든 "등가물"은 배설물, 가치 있는 대상의 원형으로 남을 배설물의 계좌에 붙는 이자를 거둔다. 여성에 대해 말하자면, 여성은 음경(대변 막대기)에 의해 주입된 정자(선물)의 수용기일 것이다. 그리고 질(직장)에 의해 아이(대변)를 배출할 것이다. 따라서 언뜻 보기에는 항문 성애의 당사자일지 모른다. 그러나 여성의 역할은

---

96 「본능적 삶」, 『새로운 정신분석 강의』, p. 133.

출산 시 더 즐기기 위해(?) 임신 기간 동안 물질들matières[97]을 증식시키는 것을 제외하면 항문적 "대상", 즉 선물–아이에서 분리되는 일인 것처럼 보인다. 성교 시마다 "대변 막대기"를 포기해야 했을 것과 마찬가지로. 그러므로 여성에게는 대변과의 분리séparation가 반복된다. 그러나 쾌락은 없다. 왜냐하면 항문 성애와 관련된 충동들, 자기애적 보유rétention의 공격적인 충동들은 여성에게 금지되어 있기 때문이다. 여성은 "자기애적 태도와 대상애적 태도 사이에서" 선택할 수 없다. "(⋯) 배설물(음경, 아이)을 순순히 넘겨주고 그것을 사랑을 위해 '희생'하느냐 또는 자기성애적 만족과 자기 의지의 표명을 위해 보유하느냐 하는 것 말이다."[98] 여성에게는 "항문 성애에 대한 자기애적 고집"이 없다. 사실 만약 음경이 대변 막대기를 재현한다면, 여성은 언제나 이미 그것과 "단절돼" 있다. 이는 여성에게서 "성적 충동에 기여하는 가학적 힘이 축소되는 것, (⋯) 직접적인 성적 경향들이 그 목적에 따라 억제된 애정의 경향들로 변화하는 것"[99]을 정당화할 것이다. 이 모두가 최선이다. 즉 여성은 자기성애적 만족이든 자기애든 자기 의지의 표명이든 자기 산물을 자본화하려는 욕구든 그 무엇도 보유하려는 욕망을 결코 갖지 않은 채로 (재)생산의 순환 속에 들어간다. 임신, 출산, 수유, 모성적 보살핌의 일은 "직접적인 성적 경향들"이 아니라 "그 목적에 따라 억제된 애정의 경향들"로 실행될 것이다. 여성은 결국 음경의 등가물을

---

97 '대변'이라는 뜻도 있다.(옮긴이)
98 「항문 성애의 예로 본 본능의 변형」, 『성생활』, pp. 109–110.
99 「오이디푸스 콤플렉스의 해소」, 『성생활』, p. 122.

소유한다(?)는 무의식적인 만족에 의해서만 대가를 얻을 것이다. 그러나 전오이디푸스기 동안 아주 강력한 "항문 성애의 충동들이 어디에서 일어나는지 알아보는 문제"는 "피할 수 없다"[100]고 했다. 그 문제는 여전히 남아 있다.

| 여성(은), 또한 어머니(이다) |

6. 아이의 수태와 탄생은 시초commencement라는 문제를 반복하고 재생산한다. 자신의 시초에 대한 여성의 관계, 그리고 본래적인 것의 경제의 설립에 대한 여성의 관계 ─남성과 같으면서도 다른─라는 문제를. 그러므로 아이의 수태와 탄생은 결국 여성이 최초의 사랑의 "대상"인 자기 어머니와 "동일시하는" 문제들을 해결할 수 있게 하고, 여성을 계보의 경제, 그리고 또한 특수한 반사의 spéculaire 경제 속에 끼워 넣을 것이다. 이렇게 어머니가 되는 여성은 **대문자 어머니**일 텐데, 일종의 **자기 어머니** 살해와 **여성**-모성 관계의 소멸로써 모성과 전적으로 동일시된다. 모성은 현재로서는 여성이 기원, 즉 남근적 어머니-대지라는 장소를 담당하도록 하는 것이다. 혹은 여성은 무한한 계보의 과정, "기원"의 명세서décompte의 열린 목록에 이렇게 기입되거나 스스로를 기입할 것이다. 즉, 거기에서 그녀는 자기 어머니"처럼" 있을 뿐, 같은 "자리"에 있지 않을 것이다. 같은 계산에 해당하지 않기 때문이다. 또한 그녀는 자기 어머

---

100 「항문 성애의 예로 본 본능의 변형」, 『성생활』, p. 107.

니인 동시에 자기 어머니가 아니고, 어머니로서 자기 딸도 아닐 것이다. **동일시하는 원도, 나선도 완결하지 못하기 때문이다.** 기원적인 장소의 반사경speculum 주위를 끝없이 둘러싸고, 결코 단순히 해결되고 해소되고 반사되지 못한 채 안에서 밖으로 나갈 뿐. 그리고 이 추가 회전, 이 추가 회귀, 매번 새로운 "탄생"―자기 어머니와, 모성과 동일시되는 동시에 동일시되지 않는―이 새길 선회, 열린 동시에 닫힌 이 추가적인 선회 속에서 그녀는 아마도 전적으로 동화되지는 않은 채 어머니의 역할을 "연기"할 수 있을 것이다. 이렇게 여성의 성적 욕망의 존속이 마련될 것이다.

하지만 모성의 이 기능에 여성은 단순히 할당되지 않아야 할 것이고, 남성은 여성의 모성 기능에서 "자기" 어머니를 되찾고 자신을 재생산하려는 욕망을 유일한 욕망으로 갖지는 않을 것이다. 그의 욕망에는 그 자신을 남근으로(그 역시 그녀의 아들의 모습으로서 남근일 것이므로) 제공하려는 욕망도 포함된다. 그러므로 "거세된" 피조물인 여성에 대해, 어머니에 대해 너무 공포와 혐오를 갖지 말아야 할 것이다. 여기에서 자기 성기에 대한 페티시적, 항문적 과잉투자에 의존하게 된다. 실제 혹은 환상의 동성애로의 도피에도. 그러므로 남성-아버지는 성적 거래의 판돈, 특히 (재)생산적 힘 등등의 판돈 공유를 받아들여야 할 것이다.

유보된 모든 "조건들"은 성적 쾌락을 아직 발생하지 않은 것―프로이트의 개념에 따르면 또한 앞으로도 발생하지 않을 것―으로 둔다. 성적 쾌락은 시초―수태, 탄생―의 "물질성matérialité"과의 관계 그리고 시초의 이미지, 그림자, 기원적 환상 혹은 기원의 표상과의 관계라는 특수한 **두 가지** 관계의, 항상 이미 "전치된" 그리고 "전치 중인" 결합-단절이자, 계산된 그리고 계산 중인 재표시다. 둘이지만 명백히 하나+하나, 즉 **합계의 결과**가 아닌 둘이며, 두 개의 절반, 두 개의 반쪽, 즉 **분할의 결과**가 아닌 둘이다. 이 비통일체들 각각은 서로 동일한 한 쌍과 서로 다른 한 쌍을 대체하는 것이다. 무한정으로.

| 금지된 놀이들 |

반사의 조건들은 한 쌍couple의 놀이가 가능한 방식으로 기능하지 않는다고, 프로이트는 이 텍스트 내내 그리고 다른 텍스트들에서 말하고 있다. 여성의 거세됨, 음경 선망, 어머니에 대한 증오, 여자아이가 자기 성을 경멸하고 거부하는 것, 그에 이어지는 (남성적…) 자기성애의 중단, 그녀의 항문 성애 발달에 대한 설명의 중단("왜소한 음경"이라는 용어로 설명하는 것은 제외하고) 등은 (소위) 남성 섹슈얼리티가 반사의 그리고 사변의 과정을 전유하는 일이 어느 정도 우세한지 나타내는 기호들이다. 이미지, 표상, 자기표상의 제어에 가장 적합한 **평평한 거울**을 특권화하는 반사 과정의 기호들인 것이다. 이러한 우위는 여자아이가 어머니와 모성에 대한 관계의 경제를 발견하는 것을 배제한다. 그리고 어머니와 "동일시하려는" 그녀의 시도들은 — 우리는 **여기서는 동일성 혹은 비동일성이 문**

제일 수 없다[101]는 것을 이미 알고 있지만, 임시로 이 용어를 유지하자 ─ "여성성"이라는 것의 발달의 한 시기, 하나의 "발현"으로서 이해되지 못하고 프로이트에게 거부될 것이다. "여자아이는 아직 방해받지 않은 남근기부터 아이를 소유하고 싶다고 소망했고, 인형에 대한 애호가 그것을 입증해준다는 것을 잊지 말자. 그러나 이 놀이는 사실 여성성의 발현이 아니라, 수동성을 능동성으로 대체시키고자 하는 목표를 가진 것으로서 어머니와의 동일시를 나타낸다. 여자아이는 어머니 역할을 했고, 인형은 자기 자신이었다. 어머니가 여자아이 자신에게 한 모든 행위를 그녀가 아이에게 해볼 수 있었다." 우리는 그 "놀이" ─ "인형" 놀이라도 ─ 가 결코 단순히 능동적이지도 수동적이지도 않다는 것, 그 "놀이"가 "놀이화"한 반복의 경제에 의해 이 대립을 저지한다는 것을 강조할 수 있겠다. 그리고 이 인형 "놀이"에서 "마치" 여자아이가 어머니였던 것"처럼", 여자아이가 어머니 역할을 하고, 자기 어머니"처럼" 행동할 가능성이 작용된다. 이것은 시초와 재생산과의 관계를 모방한 반복과 재현에 의해 모성적 기능 그리고 모성적 보살핌의 기능에 관한 어떤 놀이를 마련해줄 것이다. 그러나 어머니"처럼" **자신을** 재현하는 것, 모성의 놀이, 모성적 보살핌의 이 놀이는 프로이트에게 여성성의 발현이 아니었을 것이다. 자신의 어머니, 총칭으로서의 어머니, 모성적 기능과의 관계를 시늉하는 것simuler, 가장하는 것feindre은 프로이

---

101 동일성 원리의 법칙이 그 가치의 근거를 제공하는 이성raison에 대해 예를 들어 의문은 제기할 수 있는 것은, 여성성과 모성의 관계, 실은 여성성과 "그 자체"의 관계가 기이하기 때문이다.

트에게는 여성적이지 않을 것이다. 자기 자신을 인형"처럼" 재현하고, 자신의 표상과 놀이를 하는 것 역시 여성적이지 않을 것이다. **여자아이가 혹은 여자아이와 (재)생산과의 관계[102]가 문제라면, 허구도 흉내 내기 놀이도 그녀에게는 허락되지 않는다.** 그런 놀이들은 "남근적"이다.

반대로 음경의 욕망을 나타내는 아이-인형 놀이, 아버지의 아이에 대한 기대는 여성성의 "정상적인" 발달에 부합한다는 "좋은" 의미가 내포돼 있다. 그러므로 인형 놀이는 무엇을 모방하려 하느냐에 따라 여성 되기에 유리하거나 불리할—"좋거나" 혹은 "나쁠"—것이다. 만약 그 놀이를 **지휘하는** 것이 남근의 특권적 대표인 음경과의 관계라면, 만약 아이-인형이 아이-음경을 "모방하는" 것이라면, 즉 아이-음경의 (재)생산을 기원하는(연상시키는) 것이라면, 그렇다면 우리는 여성성의 발현을 목격하고 있는 것이다. 그러나 만약 아이-인형이 놀이를 하면서 여자아이를 모방하는 것이라면, 그리고 자기 어머니"처럼" 행동하는 것이 모성적 역할을, 모성적 보살핌의 역할을 여자아이에게 할당하는 과정을 모방하는 것이라면, 여자아이는 어린 남성으로서 처신하고 있는 것이다. 반복해 말하자면, 여자아이는 자신의 시초의 어떤 표상(들)을 가지고서 어떤 방식으로도 놀이를 할 권리가 없고, 기원에 대한 어떤 특수한 모방도 마음대로 할 수 없다. 오히려 그녀는 기원과의 관계라는 남성적, 남근적 과정—반복, 재현, 재생산—에 기입되어야만 한다. 이는 그녀에게 "가장 열렬하게 추구된 목표"일 것이다.

102　여자아이는 사실 음경의 표상을 포함하여 대문자 남근을 재생산하도록 되어 있다. 그리고 원본의 **두번째** 사본은 항상 "나쁜" 사본이다.

또한 "이 유아적인 욕망이 나중에 실현될 때, 특히 새로 태어난 아이가 그렇게 바라 마지않던 음경을 달고 있는 **남자아이라면**, 얼마나 행복하겠는가!" 정말이지 얼마나 행복하겠는가, 특히 이 남자아이에게서 자기 아들을, 자신과 같은 이를 알아본 아버지의 경우에 말이다. 그 어느 때보다도 더 자기 어머니가 되고 다시 된 자기 아내를 통해 이렇게 재생산된, 재현된, 재탄생된, 다시 모성적 보살핌을 받는, 다시 욕망되는 아버지의 경우에 말이다. 이 아내의 자궁에서, 그는 그를 다시-생산하면서re-produisant (자신을) 재생산[번식]하는 일이 허용된다. 이것은 그 자신이 임신시킨 태내에서 **(다시) 나오는자기자신을보는** 오이디푸스의 모든 불안에 대한 승리에 찬 복수다. 그는 여성-어머니에게 자신의 성기로 아이-남근─그와 똑같은─을 줄 수 있는 힘을 확인하면서 이렇게 남근적 순환, 원형을 완결할 것이며, 여성-어머니는 "음경 선망"에 의해 그의 성기를 페티시화하는 가장 효과적인 행위자일 것이다.

아버지와 아들 오이디푸스(들)의 처녀막

역사가 계속되어, 그는 자신을 다시 만들어냈던 바로 그 어머니가 그보다는 그의 "이미지"를 선호하며, 그녀가 이 새로운 오이디푸스의 욕망에 따르리라는 위험을 틀림없이 감수할 것이다. 오이디푸스-아버지는 여기에서 왕권을 다시 잃을까? 혹은 지배 전략이 점점 더 복잡해질까? 그러나 그러한 지배 전략은 허용될 뿐 아니라 심지어 소망됐던 것이다. 프로이트가 단언하기를 어쨌든 딸보다 아들을 낳기를 선호하는 여성에 의해서 말이다. 여성은 그녀가 상상으로 상상할 수 있게 놀이를 다시 하게 하는 재생산보다 타자의/타자를 위한/타자에 의한 재생산을 더 즐길 것이다. 그녀는 자신을 재생산하는 데에서 아무런 만족을 찾지 못할 것이다. 그녀의 쾌락은 항상 이미 자기auto…에 대한 그녀의 거부, 거절의 기능일 것이다… 그러므로 아이 인형을 가지고 엄마처럼 놀면서, 또한 어머니로서 자신을 재현하고자 애쓸 때 여성적 방식으로fémininement 즐거워할 만한 점이라고는 전혀 없을 것이다. 반대로, 오이디푸스 욕망에 의해 어머니로 (다시) 만들어지는 것이야말로 "가장 열렬하게 추구된 목표"일 것이다. 그런데 누가 오이디푸스일까? 아버지? 혹은 아들? 그녀는 표상들의 거래에 접근할 수 없으므로, 은유적인 문제에 대해—사람들이 말하기를—별로 이해하고 있지 못하므로, (이른바) 실제 아들이 승리할 것이다. 오이디푸스-아버지는 헛고생하는 것인가? 그는 자신의 작은 역사를, 은유적 회전에 주어진 추가 단계를 계속 반복할 것이다. 즉, 실제 자기 어머니는 금지돼 있고, 자기 어머니 "같은" 여성은 허용돼 있기 때문에, 자기 어머니 "같은" 여성, 아들의 실제 어머니인 여성과 그 자신과 "같은" 그의 아들은 그를 위해 그의 앞에서 항상 전치된 장면을 재생산하기 때문에. 놀이는 영원히 계속되고, 성은 그의 자기 동일성의 영속을 위해 지양된다. 그동안 여성은 "아버지보다 아이를 더 자주 생각하고, 아버지는 그때부터 배경으로 밀려난다". 상관없다. 왜냐하면 아들은 아버지에 의해 그의 이미지로 다시 만들어지고, 그로부터 여성은 자신이 제어하지 못하는 경제적 계산 속에 기입되기 때문이다. 그 증거는 "음경의 소유라는 예전의 남성적 욕망이 여성성이 (이렇게) 가장 잘 확립된 때에조차 존속한다"는 것이다. 게다가 "이러한 음경 선망을 특수하게 여성적인 것으로 간주하는 게 적절하지 않을까?" "여성성"이 적어도 "음경의 소유라는 예전의 남성적 욕망"을 지탱하고 있다는 것, 계속해서 지탱하고 있다는 것은 매우 중요한 사실이 아닐까? 여성성은 그것[음경의 소유라는 예전의 남성적 욕망]의 존속에 있어서 유추에 의한 대체의 표류에 빠지지 않도록, 시노그라피scénography[103]의 일반화라는 선착장에 계속 정박하도록 위임받지 않았나? 그러므로 남성에게 가장 여성적인 여성은 항상 이 "욕망"을 보존해야 한다. 이것이야말로 남성이 여성에게 자신의 "집"에서 영속시키도록 요구하는 것이며, 이때 여성은 자신의 성이 자신에게 가질 수 있을 가치를 모르는 채로 있을 것이다.

"여자아이는 아이-음경의 욕망을 아버지에게로 옮기면서 오이디푸스 상황에 이르게 된다." 어머니와의 동일시에 대한 욕망, 어머니 혹은 자매와의 성교에 대한 욕망, 단성생식 임신에 대한 욕망, 자기 "이미지"의 재생산에 대한 욕망, 자기 자신(동일자로서 자기)에 대한 욕망, 자기auto…에 대한 욕망, 모든 종류의 욕망이 제거된다. 그녀의 리비도에서 남은 것─남은 것이 있다면─은 아버지에게, 아버지인(아버지의) 음경-남근에게 향하게 된다. 그가 원한다면, 오

---

103 공연예술에서 텍스트를 시각적으로 재현하여 독자적인 의미를 구성하는 것으로, 일종의 '시각적 극작법'이다.(옮긴이)

이디푸스가 들어올 수 있다. 그는 가능성은 아니더라도 권위를 가지고 있다. "오이디푸스 상황이 실현되었다." 어머니에 대해서는, 딸은 어머니에게 점점 더 "적대적"이게 된다. "여자아이가 아버지로부터 받기를 원했을 모든 것을 받는" 어머니는 "이렇게 경쟁자가 된다".

더 정교한élaborées 가치들의 교환에서 멀리 떨어진 채 있는, 오이디푸스의 어머니들(어머니 같은 이들)은 그의 실제 호의를 놓고 서로 다툰다. 무엇이 그에게 속한 그의 욕망일지에 따라 서로 증오한다(고 한다). 딸은 어머니가 딸-어머니가 아니라고 비난한다. 어머니는 딸이 금지된 어머니가 아니라고 비난한다. 가장 바람직한 이는 아직 처녀막의 베일로 가려져 있는 미래의 어머니다. 불가능하지 않다면, 한 번 더 자기 어머니를(자기 어머니처럼) 다시 만드는 것이다. 그녀들은 〔거세의〕 사건coup 전후를 놓고 서로 다툰다. 그러는 동안 아버지와 아들— 오이디푸스(들) —은 다른 곳에서 은유를 잣는다filent. 은유적인 처녀막을.

그러나 "여성의 오이디푸스 콤플렉스는 어머니에 대한 딸의 전오이디푸스적인 애착을 우리에게 오랫동안 숨겼다." 오이디푸스 욕망은 여성이 되는 딸과 어머니 사이의 리비도적 관계를 무시하고 억압하고 검열했다. 여성이 **자기** 어머니인 경우에만, **자기** 어머니와 같은 경우에만 그 여성을 욕망하는 그는 여성이 되어가는, 여성이 된 이 여자아이와 그녀의 어머니와의 관계가 얼마나 중요한지를 깨달을 수 없었다. 그는 **자기** 가족, **자기** 계보에서 나가고 싶어 하지 않는다. 그는 심지어 **자기** 딸에 대한 부성적 권리를 어머니와 나누고 싶어 하지 않는 게 아닐까? 아마도 결국 그는 어머니에 대한 여성의 "전오이디푸스적"—오이디푸스적인 것의 이전인가, 아니면 그것에 이질적인가?[104]— 애착이 "몹시 중요하고 그렇게도 지속적인 고착 현상을 남겨놓는다!"고 깨닫게 될 것이다. 그러나 그는 그것에 대해 무엇을 생각할지 너무 모른다… "길고 고통스러운 발달?" 오이디 푸스 상황이 바로 그 "결말"인? "일종의 잠정적인 해결"? "평정 상 태"? 오이디푸스는 이 문제에 대해 시각을 가져본 적 없다. 그는 자 신의 환상들을 열거하고, 따라서 자기모순에 빠진다. 결말? 잠정 적인 해결? 평정 상태? 안식처? 그는 아내와 어머니, 어머니와 아 내를 구별할 줄 모르고 마침내 완전히 시력을 잃게 될 것이다. "**진 리**"도, "**사본들**"도, "**고유한**" **어떤 것도 가지지 않기 때문에, 이러한 (소위) 여성 섹 슈얼리티, 이러한 여성의 성**sexe**은 이 문제에 사로잡히게 될 이를 눈멀게 만들 것 이다.** 그러므로 그것을 남근형태적 표상에서, 남근적 범주에서 분 석함으로써résolvant, 시선—그리고 이론théorie, 테오리아θεωρία[105]— 을 보호해야 한다. 예를 들어, 남성 성기 형상에만 "비추어보아" 그 것을 고찰하는 식으로 말이다.

---

104 어머니와 딸의 본래적originaire 관계는 프로이트가 "오이디푸스 콤플렉스가 신경증 의 핵심이라는 일반 명제를 취소해야 하는 것"(「여성의 성욕」, 『성생활』, p. 140)은 아닌지 자문하게 했음을 기억하자.
105 프랑스어 théorie는 '바라보다, 지켜보다'의 의미를 가진 그리스어 theorein에서 유 래했다. 이 말에는 또한 '관조, 사유' 등spéculation의 의미도 들어 있다.(옮긴이)

거세의 "사건" 이후

| 콤플렉스 없는 자본주의 |

그래서 그 이후 "우리는 오이디푸스 콤플렉스와 거세 콤플렉스의 관계 속에 틀림없이 심각한 결과를 가져오는, 성sexe에 따른 차이가 있다는 것을 알아차리게 된다." 그러므로 알아보자. "남자아이가 자기 어머니를 욕망하게 하고 경쟁자인 아버지를 제거하고 싶게 만드는 오이디푸스 콤플렉스는 남근기 동안 자연스럽게 전개된다. 그러나 거세 위협은 강제로 어린 남성이 이러한 (남근적?) 태도를 버리도록 한다. 음경을 잃을지 모른다는 두려움이 오이디푸스 콤플렉스의 해소를 야기하는데, 가장 정상적인 경우에 그것은 완전히 파괴된다."

그러나 가장 정상적인 경우는 없을 것이다. 남자아이는 자기 어머니에 대한 욕망을 결코 포기하지 않을 것이다. 프로이트는 이 점을 계속—이것은 이미 강조됐듯이—고집한다. 오이디푸스 콤플렉스는 결코 파괴되지 않을 것이다. 남성은 이 시노그라피의 영속화를 멈추지 않을 것이다. 어떤 책략에 의해서 말이다. 원한다면 **이성**이라고 부를 수 있을 어떤 책략에 의해서. 하지만 이 책략은 모든 은유적 과정에서 항상 이미 간파될 것이다. 이 우회적인 책략에 대해서, 여성은 공모자이자 지지자일 것이다. 그녀는 무엇이 중요한지도, **그녀가** 치르는 대가도 따지지 않은 채, 오이디푸스의 욕망이 반복될 수 있게 한다.

그러므로 오이디푸스 콤플렉스의 해소 뒤에 "엄격한 초자아가 이어진다". 어머니를 향한 욕망의 죽음의 시뮬라크르, 그것의 결과인 이 "엄격한" 초자아는 과연 무엇인가? 프로이트에 따르면 그것은 이상理想, 도덕적 양심, 자기관찰 등의 형성을 주재한다. 그러므로 한 어머니에서 더 나아가 **어머니의 이데아**의, **모성적 이상**의 정립인 것이다. 실제의 "자연적" 어머니로부터, 아무도 당신에게서 빼앗을 수 없는[106] 모성적 기능의 이상으로의 변화. 모든 여성-어머니에게 **추가되는** 것을, **보충되는 모태**를, 즉 관념, 이상, 이론 등의 모태를 항상 구성할 이상으로의 변화. 모든 여성-어머니와의 관계 속에서 솟아오르는 아포리아에 대한 예비와 보충인가? 특별한 개인들—예를 들어 아버지들—이 선호하는, 개별적이고 따라서 부분적인 말들에 복종하는 것에서 더 나아가 "도덕적 양심"의 형성인 것이다. "도덕적 양심"은 "사물들"의 본질과 보편성에 도달하여, 모든 상황

---

106 그러나 이론적 개념으로 "죽음에 이를 만큼 치열한" 경쟁자들로 해석될 수 있겠다. 즉, 아버지와 아들은 어머니의 긴 팔 놓고 서로 다툰다.

에 적합한 행동을 인간에게 규정하고, 자기 자신에게 규정하는 것이다. "내면에" 기입된 초월적 법들은 인간을 자기 운명의 수행, 더 나아가 "세계"의 행보의 판관이자 당사자로 만들 것이다. 시각의 차이로 인해 불가피하게 위협적인 타자의 시선에서 더 나아가 자기관찰은 자신의 "고유한" 시선의 주체에 대해 옹호와 반성réflexif을 번갈아 한다.

영원한 여성적인 것의 은유적 베일

이렇게 오이디푸스 콤플렉스의 ― 허구적인 ― 해소는 이상들 idéaux, (그리고 그로부터 역시) 어머니들, 혹은 여성들-어머니들, 법들, 시선들 등등의 개인적 자본화의 가능성으로 해결될 것이다. 오이디푸스는 그가 원하는 모든 어머니, 그를 위한 모든 법, 모든 것에 대한 시선의 권리 등등을 가질 것이다. 다수를, 전부를. 어머니들을, 법들을, 시각들(적어도 시점들)을. 오이디푸스는 부유할 것이고, 콤플렉스가 없을 것이다. 그는 한 여성에 대한 욕망만을, 한 여성의 성에 대한 욕망만을 포기했다. 기실 **여성의 성은 아무런 가치도 없었기 때문**이다. 이상들, 도덕법칙들, 자기반성적auto-réflexifs ― 자기표상적auto-représentatifs ― 시선들이 넘쳐 나는 그의 "초자아"는 그에게서 그녀를 여성의 관념, "여성성" 속에 영원히 숨길 것이다. 영원한 여성적인 것의 은유적 베일은 거세된 것으로 보이는 이 성을 다시 은폐할 것이다.

"엄격한 초자아"가 뒤에 이어진다… 자신의 성, 자신의 시선이 문제시될 위험을 겪지 않기 때문에, 남성은 특히 성적인 관념들과 이상들에 이르게 된다…

"여자아이에게 일어나는 현상은 대략 **정반대**이다. 거세 콤플렉스는 오이디푸스 콤플렉스를 파괴하기는커녕 그것의 유지를 도와준다. 음경 선망으로 인해 여자아이는 어머니로부터 떨어져 나와 어느 항구에 도착하는 것처럼 오이디푸스 상황으로 도피하게 된다. [여자아이에게는 거세 불안이 없기 때문에] 남자아이에게 강제됐던, 오이디푸스 콤플렉스를 극복하고자 하는 주요 동기 역시 거세 공포와 함께 사라진다. 여자아이는 불확정적인 시간 동안 이 콤플렉스를 유지하고, 뒤늦게서야 불완전하게 그것을 극복한다."

여자아이의 발달과 특히 오이디푸스 콤플렉스와의 관계를 왜 남자아이의 발달과 오이디푸스 콤플렉스와의 관계와 ─ 거의, "대략" ─"정반대"라는 용어로 해석할까? 남성적 오이디푸스 상황의 정반대, 역, 이면으로. 부정으로? 특히 사진의 음화[107]로? 특히 거울상[108]으로? 사람들은 동일한 시선, 동일한 "거울", 동일한 반사/사변화를 이용해, 문제의 과정에 반대되는 표상을 정립하고자 시도하는 걸까?

---

107 Cf.「무의식에 관한 노트 Note sur l'inconscient」,『메타심리학』, p. 184. "시험을 통과한 음화들만이 '양화 과정'에 채택되고 최종 사진에 이르는 것"임을 덧붙이자. 그러나 "여성성"이라는 남성의 이 신기루를 통하지 않으면 여성은 "시험을 통과"하지 못할 것이다.(한국어판「정신분석에서의 무의식에 관한 노트」,『정신분석학의 근본 개념』참조─옮긴이)

108 "그녀들은, (우리가 사랑하는) 이 여자들은 우리 기질의 반전된 산물, 이미지, 투영, 우리 감수성의 '부정'이다." 프루스트,『잃어버린 시간을 찾아서』, La Pléiade, I, p. 894.

반대되는, 혹은 "동일한 종류genre에서 나온 것이면서 가장 큰 차이를 나타내는". 반대되는, 혹은 "모순되는", 혹은 "역전된", 혹은 "대조되는", "사물들의 흐름을 방해하는", 따라서 "대항하는", "해로운", "유해한"… 사전이 설명하는 바에 따르면 그렇다.

그러므로 성적 구조화의 이 결정적인 순간은 여자아이에게 (소위) 남성적 경제의 "정반대"로서 일어날 것이다. 이런 식으로 프로이트는 바랐을 텐데, 그는 **동일한 종류**에서 나온 동일자의 영역 내부에서 성차를 생각하며, 그 자신의 성과 "반대되는" 성에게 위에 열거된 모든 (부적절한) 속성들이 부여되는 것을 상상하고 있다.

│ 역사의 이면 │

그러므로 "(여자아이에게 있는) 거세 콤플렉스는 오이디푸스 콤플렉스를 파괴하기는커녕 그것의 유지를 도와준다." 원하신다면. 그러나 여성의 오이디푸스 콤플렉스는 남자아이의 오이디푸스 콤플렉스와 "동일한" 것으로 생각될 수 없다. 여성의 오이디푸스 콤플렉스는 항상 이미 최초의 리비도 투자들, 최초의 "향성들"의 포기, 거부, "증오"를 가정한다. 기원적 대상과의 인접성의 단절, 기원적(기원에 대한) 욕망의 방향전환을. 어쨌든 프로이트의 말에 따르면 그렇다. 그리고 이 작용들은 "거세 콤플렉스"의 결과인데, "거세 콤플렉스"는 여자아이에게 남자아이에게서와 동일한 수준의 "콤플렉스"로 구성되지 않는다. 왜냐하면 그것은 단순히 (이렇게 말할 수 있다면) **사실** 혹은 **"생물학적 운명"** 즉 "실현된 거세"를 확인하는 데 지나지 않기 때문이다. 프로이트가 "자연", "해부학"의 탓으로 돌리는 이러한 "현실화된 거세"를, 우리는 또한, 아니 오히려, 여성에게 ─ 적어도 이 역사에서 ─ 시초와의 관계를 상상하기, (자신을) 형상화하기, (자신을) 표상하기, 상징화하기 등이 불가능한 것, 금지된 것으로서 해석할 수 있을 것이다(이 용어들은 모두 적절하지 않은데, 왜냐하면 이 불가능성, 이 금지와 공모한 담론에서 차용된 것이기 때문이다). 즉 기원적(기원에 대한) 욕망의 경제를 설립하기aménager를 불가능한 것, 금지된 것으로서 이해할 필요가 있을 것이다. 그로부터 결점faille, 구멍, 결핍, "거세됨"이 여자아이가 재현 체계에 주체로서 입장하도록 개시한다. 이러한 전제는 "현전 présence"의 장면에 그녀가 이르는 데에 필수 불가결하다. "현전"의 장면에서 그녀의 리비도와 그녀의 성은, 그곳에서 영속하는 표상의 "부족함en moins", 역, 이면을 제외하면, 그 어떤 "진리"에 대한 권리도 없다.

사실 재현의 욕망, 자신을 재현하기의 욕망, 그곳〔"현전"의 장면〕에 자신을 재현하기의 이 욕망은 어떤 면에서는 그녀의 "시초"에 대해 주입하고 제공한 ─ 그리고 거기에 그녀가 스스로 동참한 ─ 근본적인 평가절하를 통해 **여성에게서 빼앗은 시작**d'entrée de jeu이다. 근본적인 평가절하란 거세된 어머니에게서 태어났다는 것, 즉 음경을 달고 있는 자들을 (스스로) 선호하는데도 거세된 아이만을 낳을 수 있었던 어머니에게서 태어났다는 것이다. 그러므로 이 수치스러운 시초는, 기원에 대한 가치 있는 표상을 따르기 위해, 그것을 잊는 것, 그것을 "억압하는 것"과 관련된다—그런데 벌써 억압에 대해 말할 수 있을까? 억압을 가능하게 하는 과정이 아직 성립되지 않았고, 어쩌면 그녀에게는 결코 성립되지 못할 텐데? 여성이 성적으로 억압된다는 것이 그녀가 이 억압의 행위자라는 사실을 뜻하지는 않는다[109]. 그러므로 여자아이는, 어린 남성의 남근적 은유화에 기입되기 위해, 여성적인 욕망에 대한 **최초의 은유화**로부터 추방되거나 배제된다. 그리고 만약 그녀가 그렇게 남성적이지 않다면, 그녀는 자신이 그것을 가지고 있지 않다는 것을 보기 때문에—그가 말하길, 그들이 말하길—, 그녀는 그것을 전유하고자 시도하려고 그것이 되기를, 그것을 모방하기를, 그것을 유혹하기를 원할 것이다. "음경(을 갖고자 하는) 욕망[110]으로 인해 여자아이는 어머니로부터 떨어져 나와 어느 항구에 도착하는 것처럼 오이디푸스 상황으로 도피하게 된다." 다시 먼바다에 나가지 않도록 붙잡아주는 계주繫柱[111]에 고정된 쪽배. "남자아이에게 강제됐던, 오이디푸스 콤플렉스를 극복하고자 하는 주요 동기 역시 거세 공포와 함께 사라진다." 실제로 여자아이는 그 무엇이 됐든 더는 두려워할 게 없다. 왜냐하면 그녀는 잃을 게 **아무것도** 없기 때문이다. 왜냐하면 그

---

109 "주체"와 "여성"을 분리하는 장벽이 의식과 무의식 또한 분리해놓는다. 이는 "처녀성의 금기"와 여성적 "리비도"에 대한 검열의 힘을 엿보는 다른 방법이다.

110 같은 구절이 앞에서도 인용되었는데, 그때는 이를 '선망'으로 번역했다. 여기서는 이리가레가 괄호 안에 '을 갖고자 하는'을 추가함으로써, 음경에 대한 여성의 욕망이 음경 선망이 아닌 다른 것일 수 있음을 암시한다. 이 점을 고려하여 여기서는 '욕망'으로 번역한다.(옮긴이)

111 '계주'는 배를 묶어놓는 기둥이다. 프랑스어로 bitte인데, 동음이의어로 '자지'를 뜻하기도 한다.(옮긴이)

녀는 잃을까 두려워할 만한 것에 대한 어떤 표상도 없기 때문이다. 왜냐하면 그녀가 우연히 잃을 만한 것은, 아마도, 어떤 가치도 없기 때문이다. 그러므로 그녀는 거세된 성기를 잃을까 전혀 두려워하지 않을 것이다. 다만 **자신의소유주의사랑**을 잃을까 두려워할 것이다. "이런 변화들 — 오이디푸스 콤플렉스의 약화와 관련된 — 은 남자아이보다 (여자아이에게) 훨씬 더 훈육과, 사랑받는다는 사실을 상실할 수 있다고 위협하는 외부의 협박의 결과로 보인다."[112] 그리고 "이러한 조건 속에서 그 형성이 위태로워지는 초자아는 문화적 관점에서 필요한 **힘**puissance과 **독립성**indépendance에 이를 수 없다".

사실, 프로이트가 다른 곳에서 초자아의 정립에 대해 쓴 것을 읽으면, 우리는 여자아이, 여성이 이런 관점에서는 자질을 별로 부여받지 못했다고 결론 내릴 수밖에 없다. "자아 이상의 탄생"은 "개인에 의해 행해진 가장 중요한 첫 번째 동일시, 즉 그 자신의 개인적 전사前史의 아버지와의 동일시"[113]의 결과로서 이해되어야 한다. 주석에서 상술하듯이[114] 성차가 아이에게 알려져 있지 않는 만큼 어쩌면 이 "아버지"는 "어머니"일 수 있다. 그래서 어린 여자아이 — "젊은 여성을 관찰할 기회"가 있었던 프로이트가 지적하듯이 — 에게 남근적이라고 가정되는 어머니는 자아 이상을 구조화하는 데

---

112 「오이디푸스 콤플렉스의 해소」, 『성생활』, p. 121.
113 「자아와 초자아 그리고 자아 이상Le Moi, le Sur-Moi et l'idéal du Moi」, 『정신분석론』, p. 200. (한국어판 '3. 자아와 초자아(자아 이상)', 「자아와 이드」, 『정신분석학의 근본 개념』 참조—옮긴이)
114 같은 곳.

기초가 될 것이다. 그런데 "정상적인 여성 되기"에 필수 불가결한 단계에, 즉 어머니의 거세됨을 발견했을 때에 자아 이상은 어떻게 될 것인가? 주지하다시피 어머니에 대한 증오와 거부가 뒤따를 것이다. 그렇다면 자아 이상에 대한 증오와 거부도 뒤따를 것인가? 초자아의 이러한 원초적 형성이 붕괴되는가?

그러나 "초자아는 단순히 **이드**^{ça}의 최초의 대상 선택의 잔재물만은 아니다. 그것은 또한 그 선택에 대한 강력한 반동反動 형성을 의미하기도 한다. 초자아와 **자아**의 관계는 (네 아버지처럼) '너는 이렇게 해'라는 충고를 건네는 것으로 한정되지 않는다. 그것은 또한 (네 아버지처럼) '너는 이러지 마', 다시 말해서 '너는 그가 하는 것을 모두 하지는 마, 많은 것들이 그 혼자에게만 주어진 거야'라는 금지를 포함하고 있기도 하다. **자아** 이상의 **이 이중양상**[115]은 자아 이상이 **오이디푸스 콤플렉스**를 억압하고자 모든 노력을 쏟았다는 사실과, 이 억압의 뒤를 이어 자아 이상이 탄생한다는 사실에서 생긴다. 오이디푸스 콤플렉스를 억압하기란 확실히 쉬운 일이 아니라는 것은 명백하다… 그것(유아적 자아)이 이 실행에 필요한 힘을 빌린 것은 어느 정도는 아버지에게서이며, 이러한 차용은 **중대한 결과를 초래하는 행위이다**[116]. 초자아는 아버지의 성격을 재생산하고 보존하고자[117] 애쓸 것이다."[118] 자아 이상 그 자체가 **양가성**에서 벗어나 있지 못함을

---

115 내가 강조한 것. 나머지 말들은 프로이트가 강조한 것이다.
116 내가 강조한 것.
117 내가 강조한 것.
118 「자아와 초자아 그리고 자아 이상」, 『정신분석론』, pp. 203-204.

이해하길. 그러나 양가성은 "아버지의 성격을 재생산하고 보존"하는 것을 목표로 삼아야 한다는 것과, 어쨌든 아버지의 성격에서 그 "힘force"을 빌렸을 것이라는 것도.

초자아 정립의 양상들에는 "여성성"의 형성에 적합하지 않은 것들이 더 있다. 그리고 이러한 기술description이 "아버지와의 동일시"만 다룸으로써 "설명을 단순화하는" 목표를 가지고 있다 해도[119], 그것의 여성적 판본 혹은 치환transposition을 상상하기란 어렵다. 사실 "우리가 알다시피, 초자아는 부성적 원형과의 동일시 덕분에 생겨난다"[120]. 따라서 남성적 태도, "강력한 남성성 콤플렉스"가 없는한 "여성적" 초자아는 없지 않겠는가? 게다가 "이러한 종류의 모든동일시는 탈성애화나 심지어는 승화를 가정한다"[121]. 그런데 성적선망의 대상으로서 아버지의 음경은 거세된 여자아이에게, 즉 어머니로부터 떨어져 나와 "어느 항구에 도착하는 것처럼 오이디푸스 상황으로 도피하게" 될 여자아이에게 가능한 구원을 표상한다.따라서 그녀는 단순히 아버지와의, 심지어 부성적 원형과의 관계를 탈성애화할 수 없다. 사실, 반복하자면, 이것〔아버지와의 동일시〕은 환영받지 못하고, 받아들여지지 못할 것이다. 그녀는 음경을 달고 있는 자와 자신을 동일시하면서 남자처럼 처신할 테니. "나중에아버지와의 관계가 좌초되고 포기돼야 할 때, 그 관계는 아버지와

---

119 같은 글, p. 200, 주석.
120 「자아의 의존 관계」, 『정신분석서론』, p. 228.
121 같은 곳.

의 동일시 앞에서 굴복할 수 있고, 이 동일시에 의해 여자아이는 남성 콤플렉스에 귀착하며, 경우에 따라서는 이에 고착된다."[122]

게다가… "상세히 논의할 가치가 있는 질문, 즉 모든 승화는 **자아**를 매개로—대상을 향한 성적 리비도를 자기애적 리비도로 바꿈으로써—발생하지 않는가 하는 질문이 제기될 수도 있다."[123] 그런데 남자아이에게 오이디푸스 콤플렉스의 포기, 억압, 승화는 자기애적 관심의 용어로 해석될 수 있다. "오이디푸스 콤플렉스 영역에서 사랑의 만족이 남근의 상실을 그 대가로 치러야 한다면, 우리는 필연적으로, 신체의 이 부분에 대한 **자기애적인 관심**과 부모라는 대상에 대한 **리비도 투자 사이의 갈등**에 이르게 된다. 이 갈등에서 **승리하는 것은 이 힘들 가운데 전자이고**, 아이의 자아는 오이디푸스 콤플렉스에서 멀어진다."[124] 이 글을 계속 읽으면 이 사실로부터 남자아이의 오이디푸스 문제 전체가 정당화되는 것을 볼 수 있다. "대상 리비도 투자의 포기", 그 뒤를 잇는 "동일시"가 나타나고, 아버지나 부모의 권위가 "자아에 투입되고, 거기에서 초자아의 핵심이 형성되며, 초자아는 **아버지에게서** 엄격함을 빌려서 근친상간의 금기를 영속화하고, 이렇게 해서 **대상 리비도 투자의 회귀로부터** 자아를 지켜주며", "리비도적 경향의 탈성애화와 승화"가 일어나는 등등. 요컨대 오이디푸스 콤플렉스에 관련된 금기, 오이디푸스 콤플렉스가 작동시키는 법[이], 오이디푸스 콤플렉스가 설정하는 초자아는 무엇보다도 **여성의, 어머니의 거세됨의 발견으로** 위험에 빠진 남자아이의 음경을 자

---

122 「성의 해부학적 차이」, 『성생활』, p. 130.
123 「자아와 초자아 그리고 자아 이상」, 『정신분석론』, p. 199.
124 「오이디푸스 콤플렉스의 해소」, 『성생활』, p. 120.

기애적으로 보호하는 기능을 가질 것이다. "자신의 고유한 음경을 소유하는 데 대해 협박이 가해지면, 그에 대한 반발로, 자연(!)이 정당하게 이 기관에 부여해준 자기애의 일부가 곤두선다."[125] 그러므로 그가 여성의 성/성기를 향해, 여성의 성/성기 안에서 다시 위험을 무릅쓰기에 앞서, 먼저 음경을 법, 이상 등으로 둘러싸고, 전능한 입법자 아버지와의 동일시로써 다시 보장하고, 엄격한 초자아로 무장시켜야 할 것이다. 그로부터 금기, 잠재기, 문화, 도덕, 종교 등이 생겨난다. 왜냐하면 그가 여성의 거세됨을 발견할 때─거세 콤플렉스의 "선결 조건"[126]─, 남자아이는 "'왕좌와 제단이 위험에 처했다' 같은 외침에 성인이 사로잡힐 공포와 아마도 비슷한 공포감, 또한 비논리적인 결과로 그를 이끌 공포감"[127]에 사로잡히기 때문이다. 거의 자유로운 이 연상 작용은 넘어가자⋯ 다만 남자아이의 오이디푸스 문제의 주요 관건은 여성 성기의 발견으로 위협받는, 음경에 대한 자기애적 리비도 투자를 보호하고 강화하는 것임을 기억하자. 이 문제와 관련하여 법, 이상, 양속 등을 재검토해야 할 것이다.

---

125 「절편음란증Lefétichisme」, 『성생활』, p. 134.(이 인용구는 국역본과 큰 차이가 난다. 그러나 이 글의 영역본과 불역본은 서로 일치하기 때문에, 이에 준해 번역하였다─옮긴이)

126 「오이디푸스 콤플렉스의 해소」, 『성생활』, p. 120.

127 「절편음란증」, 『성생활』, p. 134.

| 노예의 복종? |

지금으로서는 우리는 이 모든 것이 여자아이의 리비도적 관심과 꽤 무관하다는 점을 강조할 수 있다. 여자아이에게 거세 콤플렉스는 자신의 성기에 대한 자기애적 투자를 보호하는 것이 아니라, **전적인 탈자기애화**를 초래하게 하는 것을 목표로 하고 있다! 즉 성적인 "손상", "절단"이라는 힘든 현실을 받아들이게 하는 것 말이다. 왜냐하면 여자아이, 여성에게는 자신의 "자기애적 상처"를 "상흔"[128]으로 인식하는 것이 문제이기 때문이다. 그녀는 해부학적 운명이 그녀에게 마련해준 이 "불리함"을 감수해야 하고, 그로부터 기인하는 성적 "열등감"을 조정해야 하며, 이러한 "음경 선망에 관련된 자기애적 수치심"[129] 덕분에 오이디푸스 콤플렉스에 "진입해야" 했을 것이다. 그러므로 그녀는 승화를 위한 자기애적 리비도를 거의 갖지 못할(못했을) 것이다… 그러나 이 모두에서, 우리는 여자아이의 초자아가 무엇보다도 음경을 달고 있는 자와 대면할 때 "어린 시절의 무력감과 의존 상태"[130]에 의해 결정될 것임을 추론할 수 있다. 그리고 오이디푸스 콤플렉스에 이어지는 초자아의 정립은 아버지에 대한 자신의 욕망을 억압하는 "자기애적 관심"이 전혀 없다는 사실로 인해 위태로워진다. 아버지는 그녀의 자기애를 유일하게 가

---

128 「성의 해부학적 차이」, 『성생활』, pp. 127-128.

129 같은 글, p. 129.(이 인용 페이지 수는 오류인 것으로 보인다. 각주 128을 감안할 때 그보다 한 페이지 뒤에 등장하는 문장이어야 하나, 국역본에서는 훨씬 뒤에 등장하는 문장이다─옮긴이)

130 「자아와 초자아 그리고 자아 이상」, 『정신분석론』, p. 204.

능하게 하는 행위자인데, 이는 물론 남근적 대리를 내세운 것이고, 그의 선의에 따른 것이다. 여자아이가 (자신의) 가치를 회수하는 유일한 방법은 아버지를 유혹하여, 그로부터 고백은 아니더라도, 어떤 이익의 헌정을 우려내는 것이다. "이 손상된 피조물들"이 그에게 거세 불안을 되살리기에 그들에 대해 그가 갖는 "공포" 혹은 "그들에 대한 의기양양한 경멸"[131]에도 불구하고⋯

그러므로 이 초자아 혹은 자아 **이상**, 즉 "오이디푸스 콤플렉스의 유산"은 "인간의 고차원적 본질이 만족시켜야 하는 모든 조건"[132]을 충족하는데, "인간의 가장 고양된 본질의 근본적인 세 요소들"[133]인 종교, 도덕, 사회적 감정, 즉 "남성들이 그리로 향한 길을 개척한 모든 습득물"[134]이 이에 의존하므로, 이 초자아와 그 파생물들은 또한 어떤 점에서는 "교차 상속"[135]에 의해서만 여성들의 유산이 될 것이다. 인류의 이 고차원적 가치들에 대한 여성들의 참여의 역설을 해석하기 위해서는 계통발생학을 검토해야 할 것이다. 여성들과 "문화"의 관계의 신비를 고찰하기 위해서, 그 어떤 것도 여성들을 준비시키거나 배치하거나 허가하지 않는데도 여성들이 때때로 **염색체적 유산에 의해** 참여할 수 있었다고 정당화하기 위해서 이번에 역사를 도우러 오는 것은 유전학이다. 인류의 가장 고상한 가치들의 보증인이자 생산자인 초자아는 남성들에 의해서만 전해

---

131 「성의 해부학적 차이」, 『성생활』, p. 127.
132 「자아와 초자아 그리고 자아 이상」, 『정신분석론』, p. 205-206.
133 같은 글, p. 207.
134 간을 곳
135 같은 곳.

지는 유전자에 종속돼 있을 것이다.

│ 여성의 성을 퍽 경멸하는 초자아 │

그렇다고 해서 여성들에게 초자아가 부족하다고 상상하고 관찰하고 이해할 수 있는 건 아니다. 전혀. 그러나 심리 속에 결코 실제로 "내면화할 수" 없는 자아 이상의 기능은 그것을 여성들에게 보장해주는 아버지 혹은 그의 대리인과 대면한 유아들의 복종 혹은 반항에서 찾아야 한다. 이러한 해결은 "정상적인" 여성의—적어도 서구에서는—매우 오래된 초자아의 경제에 부합할 것이다. 여성들은 자기 자신을 위한 법을 포함해 법을 만들지 않는다. 그것은 여성들의 "본성"에 적합하지 않다.

그러나 또한 우리는 많은 수의 여성들이 초자아의 역할 문제가 부과되는, 첨예하고 고통스럽고 마비시키는 갈등들의 극장임을 확인한다. 아마도 이러한 경우에 초자아는 "자아 바깥에 있는 불쾌한 경향들"에는 맞서지 않을 것이다. "예민한 성격에 영향을 미치지만 **자아**의 시각에서 스스로를 정당화시킬 수 없는 죄책감"을 품은 "결과, 환자의 **자아**는 이 감정에, **자아** 이상이 퍼붓는 비난에 반발해, 이 감정과의 싸움에서 그를 지지하고 지원해달라고 의사에게 요청한다."[136] 여기 자율적이고 "의식적인" 자아는 **바깥에 있는 불쾌한** 경향들에 맞서, 그리고 너무 요구가 많고 잔인한 초자아에 맞서 반

---

136 「자아의 의존 관계」, 『정신분석론』, p. 224. 프로이트가 강조한 것.

항하고 싸운다. 여성들 대부분에게는 이런 식으로 일이 진행되지 않을 것이다. 여성들은 "아픈" 만큼 그렇게 **죄가있지는**, 의식적으로 죄가 있지는 않을 것이다. "치유할" 수도 없을, 그러기를 원하지도 않을 열등감에 손상되고 상처 입고 모욕당하고 고통받은…[137] 요컨대 결정적으로 거세당한 이들. 그들의 죄의식은 계속 침묵할 것이다. 그것은 확실히 효력이 있겠지만, 신체화somatisation에 의해서가 아니고서는 말할 수 없고, 형언할 수 없고, 표현할 수 없을 것이다. 그녀들은 저지른 죄를 알지 못한 채, 정확히 무엇으로 고통받는지, 무엇 때문에 괴로움을 겪는지조차 알지 못한 채 처벌 — 현실화된 거세 — 에 동의할 것이다. "**자아**가 동일시를 통해 초자아의 분노가 향하는 대상에 동화된 것처럼"[138]? 이 모두는 물론 매우 무의식적으로 일어났으며, 일어나고 있다. 즉, 거세된 것으로 드러나는 어머니와의, 여성과의 동일시 말이다. 그로부터 분노가 생겨나는가? 그런데 누구의 분노가? 시초에 — 그들이 말하길 — 어린 남성들이었던 그녀들의 분노인가, 혹은 초자아, 즉 (그들의 것과 똑같은) 성기가 없는 사람들에게 가혹한 판관의 역할을 하는, 다 큰 남성들인 그들의 분노인가? 어쨌든 대개 "**자아**는 어떤 항의도 내세우지 않고, 자신의 죄를 인정하고, 처벌에 따른다."[139] 사실 자아는 자신을 변호할 어떤 용어도 없을 것이다. 왜냐하면 "초자아가 의식을 자기

---

137 Cf. 예를 들어, 「불안과 본능적 삶L'angoisse et la vie instinctuelle」, 『새로운 정신분석 강의』, pp. 142-143.
138 「자아의 의존 관계」, 『정신분석론』, p. 224.
139 같은 곳.

편으로 끌어당겼기"[140] 때문이다. 여성들의 "자아" ─ 우리는 이를 항상 이런저런 방식으로 말하는데, 종종 조롱조이다─는 대개 "무의식적"이고, "초자아", 아버지들, 남성들-아버지들로서 작용하는 "의식"에 따를 것이다.

이것은 사람들이 끝없이 설명해왔던 이상한 경제이며, 이제 소위 히스테리의 형태를 취할 수 있을 텐데, 이번에는 "히스테리성 **자아**가 고통스러운 지각에 저항한다. 비판적인 **초자아**가 이 지각으로써 자아를 위협하기 때문이다"[141]. 그리고 만약 "**자아**가 **초자아**를 위해 그것을 대신해 억압의 대부분을 실행한다면", 우리는 여기에서 "가혹한 주인에 맞서 똑같은 무기를 사용하는"[142] 어떤 작업을 목격하게 될 것이다. 자아는 초자아 그 자체와 죄의식을 무의식 속으로 억압할 것이다. 그러나 우리는 히스테리성 "자아"의 약함, 그것의 분열, 끊임없는 폭발, 파열의 위험을 알고 있다. "의식"과의 일시적이고 순간적인 관계를. 위에 서술된 작업은 결코 결정적이고 체계적인 조직을 구성할 수 없을 것이다. 그 작업이 산발적으로 반복되고 작용한다 해도 말이다. "의식"의 독점을 유지할 입법자 아버지들, 차분하고 냉정하게 합리적이고 규범적인 담론으로 본인들이 그 은밀한 주요 행위자들인 갈등들을 가라앉힐 입법자 아버지들, 그들의 불안정한 억압들.

---

140 같은 곳.
141 같은 곳.
142 같은 곳.

왜 히스테리 환자의, 여성의 초자아는 그렇게 "비판적"이고, 그렇게 잔인한가? 여러 이유들을 내세울 수 있을 것이다. 시원적인 성격, 여성들에게 금지된 공격성, 그로부터 생긴, 그들의 초자아의 치명적인 가학성, 여성들과 "거울", 자기애[143]와의 관계, 그리고 또한 언어, 담론, 법 등과의 관계도. 다른 이유들과 교차하는 한 가지 이유를 꺼내보자. **여성들에게 초자아처럼 행사되는 것은 여성들을, 그리고 무엇보다도 여성들의 성을 사랑하지 않을 것이다.** 그것은 심지어 그들의 거세에 대한 불안, 공포, 경멸에 의해 구성될 것이다. 전체 역사가 다시 해석되어야 한다… 그러므로 초자아에 관한 이 질문을 발전시킬 시간을 가져야 할 것이다. 프로이트―혹은 프로이트 이후 다른 이들―가 논증하면서 해부학, 생물학, 유전학의 불가피한 사실들을 사용할 때마다 중요한 역사적 문제가 거기에서 지속되고 은폐된다. 중요한 역사적 문제가 억압되는 것일까? 혹은 검열되는 것일지도.[144]

143 이 평평한 거울은 그들 성기의 대부분에서 하나의 "구멍"만을 비출 뿐이다. "내부로 뚫고 들어가지 못하는 한, 눈 역시 마찬가지다."(Cf. 바타유Bataille의 『눈 이야기Histoire de l'oeil』.) 그러나 그렇게 한다고 해도 **하나의** 시선으로 여성 성기의 전부를 비출 수 없을 것이다. 왜냐하면 그것은 또한 "외부에" **머무를** 것이기 때문이다.

144 그리하여 당신은 여전히 변증법적 삼위일체에 속해 있는 구조화 양식에 따라 오이디푸스 삼각형이 작용하는 것을 볼 것이다. 아버지라는 **일자**(남성 생식세포라는 요소로 보증된), 어머니라는 **일자**(여성 생식세포라는 요소로 보증된), 아이라는 **일자**(성교의 산물). 아이는 아들(음경이라는 **일자**)을 선호할 것이고, 사실 모든 구조화는 그와 관련해서만 구성되고 분석된다. 그러나 아들이라는 이 **일자**는 "양성성" 덕분에 **이중적인 것이될** 수 있다. 그래서 오이디푸스 삼각형―예를 들어, 헤겔의 변증법과 마찬가지로―은 세 번째 항의 이중화와 다른 두 항들과의 양가적인 동일시 관계(cf. 예를 들어, 「자아와 초자아 그리고 자아 이상」, 『정신분석론』, pp. 202-203)에 의해 네 개의 항으로 된 작용을 받아들일 것이다. 그러나 만약 이 이중화가 이미 상대적인 부정의 과정을 내포한다면, 이 "항들" 중 하나는 이 **상내석인 부성의 부정, 즉 길대직인 부성의** 대상일 것이다. 그것은 바로 (거세당

한 어머니이기도 한 여성에게, 남자아이에게, 남성에게 있는) "여성성"이다. 이 절대적인
부정에 의해 배제되기—*verworfen*[버림받은, 내쫓긴]—때문에, 이 "네 번째"—모든 **긍정적
인** (자기) 반사의 순결한^vierge 거울—는 이제부터 이 작용 안에서/이 작용에 의해서 (남성
적) "주체"가 되는 자의 환상들의 증식을 보장할 것이다. 그 역시 예전에 이 네 번째 항이었
으며, 이것의 절대적인 부정에 의해 확실히 분열되고 쪼개지고 다시 쪼개지기 때문이다.
그러나 "그녀"는 이제부터 "상징계"로의 접근을 보장하는 "주체"의 이 분열 혹은 쪼개짐의
구조를 대상으로 한 질문 속에서만 자신을 다시 볼 것이다.

이것은 헤겔의 이 텍스트와 연결해야 할 것이다. "이 부정성은 자기부정적인 모순으로서
첫 번째 직접성의, 단순한 보편성의 **회복**이다. 왜냐하면 타자의 타자, **긍정성, 동일성, 보편성**이
기 때문이다. 그럼에도 불구하고 전체 과정에서 순번을 매겨본다면^compter, 이 **두 번째** 직접
성은 첫 번째 직접성 및 매개된 것과 관련해서 **세 번째 것**이리라. 그러나 그것은 또한 첫 번째
부정적인 것 혹은 형식적인 부정적인 것에 관련해서 그리고 절대적인 부정성 혹은 두 번
째 부정성과 관련해서 세 번째 것이기도 하다. 이미 두 번째 항인 이 첫 번째 부정성이 **세 번
째 것**으로 평가되는 한, 그것은 또한 **네 번째 것**으로 평가될 수 있고, **삼분법** 대신에 **사분법**으로
서 간주되는 추상적인 형식이 된다. 부정 혹은 차이는 이런 식으로 하나의 이중성으로 평
가된다. 세 번째 것 혹은 네 번째 것은 일반적으로 첫 번째 순간과 두 번째 순간, 직접성과
매개된 것의 통일이다. 이 세 번째가 **통일**이고, 방법의 형식이 **삼분법**인 것은 인식^connaissance
의 피상적이고 외부적인 면일 뿐이다."(『대논리학 3』, 3편, 3장.) 그 외: 이 사분법의 형식
적 성격을 검토할 것.

필요 불가결한 "수동성의 발달"

| 부분 충동들, 특히 가학-항문 충동들의 재분배 |

"여성이 자신의 거세를 발견한 이후 가능한 두 번째 반응에 따라 강력한 남성 콤플렉스가 형성될 수 있는" 방식을 고찰하기 위해 "이제 우리의 발걸음을 돌이키자".

"이 경우에, 말하자면, 여자아이는 그 힘든 현실을 받아들이기를 거부하고, 자신의 남성적 태도를 고집스레 과장하며 음핵적 활동을 지속하고, 남근적 어머니 혹은 아버지와의 동일시에서 자신의 구원을 찾는다." 양립하기 어려워 보이는 선택들의 열거다. 예를 들어, 만약 여자아이가 거부하는 것이 정말로 **현실**이라면, 그에 대한 처벌은 "착란"에 빠지는 것이어야 하며, 그것은 묘사된 다른 증후들이 내포하지 않는 것이다. 혹은, 어떻게 **고집스레 과장된 남성적 태도**와 **남근적 어머니**와의 동일시를 동시에 보일 수 있는가? 남근 경쟁은 어머니와 남성 사이에서 — 어머니와 아버지 사이에서와 동일하지만 다르게 — 행해지는데, 이것은 힘의 이 대표들, 기표들에 접근하는 방법들의 혼동도, 문제의 동일시의 미분화indifférenciation도 허용하지 않는다. 그리고 또한, 어떻게 지속적인 **음핵적 활동**이 남근적 어머니와의 동일시와 단순히 양립하는가? 그 활동의 목적은 이미 모성적인 것의 표지를 지우는 것이 아닌가?

이어지는 서술들은 훨씬 더 모호하고, 흥미롭게도 이어져 있는 듯 보인다. "그렇다면 이러한 결말을 결정짓는 것은 무엇인가? 아마도 체질적인constitutionnel 요인, 남성의 능동성과 더 유사한 능동성일 것이다." 왜 **결말**이 필요한가? 무엇이 그것을 **결정짓는가**? 여기에서 그리고 다시 **체질적인 요인**에 대한 의존을 어떻게 이해해야 하는가? 그것은 진실로 여성, 여성들에게 불공평한 운명을 해결하고 정당화하기 위한 데우스 엑스 마키나로 보인다. **남성의 능동성과 유사한 능동성**은 결말을 이끌어내는 동인agent인가? 혹은 성적 경제에 대한 프로이트적 재현에서 능동적인 것/수동적인 것의 양극에 주어진 우선권을 몰아내기 위해 한 번 더 그것을 질문하고, 다시 자문하는 것이 적절한가? 이어지는 명제는 그렇게 유도할 수 있을 뿐이다. "이러한 과정에서 본질적인 점은 발달의 이 단계에서 여성성의 정립을 가능케 할 **수동성의 발달**poussée이 부족하다는 것이다." 이러한 단언을 이해하기 위해서는 그 함의들을 발전시키는 일련의 언표들에 이것을 끼워 넣거나, 결정적인 방식으로 끼어들게 하는 것이 적절할 것이다. 우리는 이미 이것을 실행하기 시작했다. 특별히 명시적인 몇몇 구절들을 소환할 수 있을 것이다. 예를 들어, "유아의 성적 발달 기간 동안, 우리에게 잘 알려져 있는 성의 양분화가 겪는 변화들을 염두에 두는 것도 중요하다. 첫 번째 대립(양분화)은 주체와 대상을 전제로 하는 대상 선택과 함께 나타난다. 전前성기기의 가학-항문적 조직 단계에서는 아직 남성적인 것과 여성적인 것이 문제시되지 않으며 능동적인 것과 수동적인 것의 대립이 지배적이다. 그다음 유아의 성기기의 조직 단계에서는 **남성적인 것**만 존재하고 여성적인 것은 존재하지 않는다. 여기에서의 대립은 **남성 생식기 또는 거세된 생식기**로 표현된다. 성적 발달이 완성되는 사춘기에 이르러서야 비로소 성의 양분화가 **남성적인 것**과 **여성적인 것**에 일치한다."[145] 그러므로 능동적인 것/수동적인 것의 대립은 전성기기의 가학-항문적 조직 단계를 지배할 텐데, 그 단계 동안에는 남성적인 것과 여성적인 것이 아직 문제 되지 않는다. 그로부터 우리는 왜 이러한 대립이 남성적인 것/여성적인 것의 양극을 결정하고 "심리학적 의미"를 부여하기까지 지속되는지 자문할 수 있다. "능동적인 것/수동적인 것의 대립은 나중에 남성적인 것/여성적인 것의 대립으로 결합되는데, 그때까지는 심리학적 의미를 갖지 않는다."[146] 또한, 가학-항문기에는 남자아이와 여자아이가 유사한 반면에, 이 발달 단계의 충동적 경제를 지배하던 양극성이 그 이후에 **둘로 나뉘는 것**, 두 항이 남성과 여성으로 재분배되는 것이 어떻게 가능한가?

---

145 「유아의 생식기 형성L'organisation génitale infantile」, 『성생활』, p. 116. 프로이트가 강조한 것.
146 「본능과 그 변화」, 『메타심리학』, p. 36.

주체/대상이라는 항과 마찬가지로, 구순기와 남근기에 양극화된, 남근적 성기/거세된 성기 혹은 성기/비非성기라는 항도 마찬가지다. 보다/보이다, 알다/앎의 대상이 되다, 사랑하다/사랑받다, 대상에 대한 침입[강간]/침입[강간]당하는(당하기를 원하는?) 대상 등 충동적 경제의 모든 구성 요소들도 그렇다. 쾌락/불쾌도? 짝짓기couplage의, 한 쌍couple의 어떤 시노그라피가 여기에서 문제가 되고 있나?

그러므로 수동성의 발달은 **항문 충동들의**─그리고 (소위) 모든 부분 충동들의?─**재분배**와, 남성에게 능동성을, 여성에게 수동성을 각각 할당하는 것과 일치할 것이다. 여성의 독점적이고 자기애적이고 공격적인 충동들의 소멸과, 아니면 금지와 일치할까? 일부 이미 인용된 많은 진술들이 이 가정을 뒷받침하는 듯 보인다. 그러나 여성의 충동들의 변화를 설명하기 위해 "여성의 체질"에 일정하게 의존하는 한편, 우리는 여자아이가 **자연적으로** 성기기 이전 단계들에서 어떤 충동들을 가지다가, 나중에 **자연적으로** 그 충동들을 더는 갖지 않으리라는 사실에 대한 어떤 증거도 찾을 수 없다. 우리는 다음과 같은 사실만을 알게 될 뿐이다. "성적 충동에 기여하는 가학성의 힘이 축소되는 것은 **음경의 왜소함**과 연관 지을 수 있는데(?), 이는 직접적인 성적 경향들이 그 목적에 따라 억제된 애정의 경향들로 변화하는 것을 용이하게 한다."[147] 수동적 목적에의 경향들인가? 그런데 여성의 음경이 항상 이미 "왜소한" 상황에서, 이렇게 약

---

147 「오이디푸스 콤플렉스의 해소」, 『성생활』, p. 122.

화된 가학성은 어디에서 기인하는가? 단순한 **시선**이 그녀의 "체질"을 바꿀 수 있었을까? 어쩌면 오히려 억압의 문제일까? 그런데 어떤 심급에 의해 지배되는 억압인가? 그리고 그때부터 왜 이러한 작용을 거듭 해부생리학적 과정의 탓으로 돌리면서도 "수동성의 발달"이라 부르는가? 어떤 몰이해méconnaissance를 초래하는 강력한 이해관계의 공모가 없다면, 다음과 같은 주장을 옹호하는 것이 가능할까? "남성적인 것은 주체, 능동성, 음경의 소유를 아우르며 rassemble", 한편 "여성성은 대상, 수동성" 그리고 성기의 비소유non-possession 또는 부적절함impropriété을 "영속화한다"고. 사실, 질은 "자궁의 유산을 받는" 이상, "이제 음경의 안식처logis로서의 가치만을 갖는다"[148]고. 그뿐만 아니라 우리는 지나가면서 고전 철학의 근본 개념들에 대한 의존을 알아볼 수 있을 것이다. 그런 개념들은 프로이트가 다음과 같이 말할 이유가 된다. 즉 이러한 사태는 너무나 오래된 것이라서 그것의 적법성, 필요성, 게다가 합리성까지도 계보학에서 발견할 수 있다고 말이다.

│ **"오직 하나의 리비도가 있을 뿐이다"** │

그러므로 여성성은 "수동성의 발달"과 "직접적인 성적 경향들이 그 목적에 따라 억제된 애정의 경향들로 변화하는 것"을 가정한다. "수동적 목적들"로 충동들을 정립instauration하는 것을? 그러면 다

---

148 「유아의 생식기 형성」, 『성생활』, p. 116.

시 읽어보자. "우리는 성생활의 충동적 힘에 리비도라는 이름을 부여했다. 성생활은 남성성-여성성이라는 양극에 의해 지배된다. 그러므로 이러한 대립과 관련하여 리비도의 상황을 연구하는 것은 무엇보다 자연스럽다. 모든 섹슈얼리티에 특별한 리비도가 대응한다고 해도, 말하자면 어떤 종류의 리비도는 남성 섹슈얼리티의 목표들을, 또 다른 종류의 리비도는 여성 섹슈얼리티의 목표들을 추구한다고 해도 우리는 놀라지 않을 것이다. 그러나 사실은 그렇지 않다. 오직 하나의 리비도가 있을 뿐이며, 그것은 남성적 성 기능과 여성적 성 기능에 같이 쓰인다. 만약 우리가 남성성과 능동성 사이에 이루어진 **관례적인** (그러나 프로이트가 주장한) 연관성에 근거해 그것을 남성적인 것으로 규정한다 해도, 그것이 수동적인 목표에의 경향들 또한 나타낸다는 것을 잊지 말아야 할 것이다. 어쨌든 '여성적 리비도'라는 이 단어들의 조합accolement은 정당화될 수 없다."

오직 하나의 리비도가 있을 뿐이다. 리비도는 성기기 이전의 성적 충동들에 부여된, 그리고 그 힘이 가장 압도적이고 가장 저항할 수 없고 가장 강압적이고 가장 전제적인—그랬을, 아직 그런, 언제나 그러할?—가학-항문기의 (어쨌든 프로이트 이론 내에서) 더 특별한 방식으로 부여된 이름—"성기"에서 빌린 특권—일 것이다. 오직 하나의 리비도가 있을 뿐이다. 결국 남성적이지도 여성적이지도 않은 "중성적인 것"[149]으로 규정할 수 있을 리비도가 있을 뿐이다. 항문 충동은, 또한 모든 "부분" 충동들은, 프로이트에 따르면 성들

---

149 Cf. "…우리는 그것에(리비도에) 어떤 성별genre을 부여할 수조차 없다." 「여성성」, 『새로운 정신분석 강의』, p. 173(프랑스어판 번역에는 누락돼 있다).

의 차이를 모른다. 그러나 항문 성애 — 어쨌든 프로이트에게서 가장 강조되는 것만 빌리자면 — 는 독점적이고 자기애적이며, 항상 타자들의 요구에 대해 공격적이거나 방어적으로 반응한다. 그것은 "대상"에 대해 공격적인데, 가능하면 체계적으로 고문하고, 더는 필요 없게 되거나 그것의 소유, 지배를 더는 유지할 수 없게 되면 파괴하고자 한다. 그것의 존속, 그것의 지속적인 쾌락이 허락되는 한, 항문 성애는 치명적이다mortière[150]. 그것은 항상 전쟁 중이다. 가지기 위해, 더 가지기 위해, 따라서 타자들로부터 탈취하기 위해. 아무것도 잃지 않고 축적하고 자본화하기 위해.

쉼 없고 고단하며 불안한 이 "능동성"에서, "고유한 것le propre"의 전유, 소유, 옹호와 방어를 위한 자비 없는 이 투쟁에서, 어떻게 최소한의 휴식, 안전, 자기 보존의 보증을 지킬 것인가? 그것들은 **전쟁에서 여성들에게 부여된 지위**에 의해서 보장될 것이다. 충동의 전쟁에서 말이다. "여성적인 기능을 수행해야만 할 때 리비도는 더 큰 억압을 겪으며, 목적론적 표현을 쓰자면, 자연(또 자연…)은 여성적 기능의(?) 요구들을 남성성의 경우보다 덜 고려하는 것으로 보인다." 여성들은 경우에 따라서 전쟁의 동기, 전리품, "대상"이겠지만 — 단순하지는 않다. 주요 관건은 음경의 가치인데, 여성이 그것의 보증-페티시가 될 수 있기 때문이다 —, 여성들은 거기에 능동적으로 참여하지는 않을 것이다. 여성들은 항상 이미 예속되었을 것이고, 애정으로 전환된 "충동적 경향들이 그 목적에 따라 억제" 되었을 것이다. 휴식, 안전의 항구들. 충동적 흥분이 전면 축소된

---

150 Cf.「항문 성애의 예로 본 본능의 변형」, 『성생활』; 「자아의 의존 관계」, 『신분석론』.

것을 나타내는 (여성) 대표들. 따라서 "죽음"을 재보증하는 대표들.
부드러운, 고요한, 고통 없는 "죽음". 자궁 안에서의 매우 행복한 소
멸. 전사guerrier를 위한 환대accueil, 이완, 휴식délassement. 이따금
음모의 어조가 뚫고 나오는 공식들로 표현된 이 전쟁에서 그들의
기능은 이러할 것이다. 거기에서도 항상 여성들은 다시 억눌리고
억제되고 억압될 것인가? 그들의 최초의 리비도적 경제에서도? 그
들의 전성기기 충동들의 실현 — 우리는 또한 남자아이의 것에 "뜻
밖에" 비견될 만한 그 "놀라운" 힘을 알고 있다 — 은 조화로운 보완
으로써 남성의 충동들을 만족시키기 위해, 저지되고 방향이 바뀌
어 그 정반대로 돌려질 것이다.

이상화, 고유성

이 전쟁에서 다른 **비축물**réserves이 갖춰질 것이다. 바로 전리품,
보물의 영속성이다. 우리가 전유하고 지키고 축적하고자 하는 것
이 쉽게 소멸되는 것이라면, 우리가 여러분에게서 그것을 빼앗을
수 있다면, 우리가 예를 들어 시선으로 그것의 가치를 바꿀 수 있다
면, 그렇다면 이 작업과 전쟁은 가차 없을 것이고, 끝이 없을 것이
다… 그러므로 우리가 여러분에게서 탈취하는 물질, 또 다른 시선
의 평가에 따르는 물질, 분해되고/분해할 수 있는 물질인 **대변대신**
에 우리는 이미지, 반사적인 생산-재생산으로 대체할 것이다. 또한 사변적인
생산-재생산으로. 눈은 항문 성애의 회복과 지배를 보장할 것이다. 거울은 시선

168

의 장 안에 그리고 재생산의 경제 안에 밀어 넣어 **그 산물을 이상화할 것이다**. 반복의 자동성의 "지양relève" 과정 안에 밀어 넣어서? 이상화된 "대상"은 대변 막대기 —앞에서, 이전에 대체된 —, 음경, 심지어 육체일 것이다. 여성성을 포함한 모든 페티시적 표상들에 대해서도 마찬가지의 "배치들cadrages"이 이루어진다.

소유possession는 보장되고 지배되고 영속되는 동시에 항상 이미 재생산되고, 따라서 복제될 수 있다reproductible. 자기성애는 더 자율적이게 되고, 더 강력해진다. 그리고 그것은 눈에게도 자신을 맡겼기에, 시선을 차지했기에 **비가시적이다**. 물론 거울이 필요하다. 그러나 그것은 "자신을 내면화할" 수 있고, **자신을 내투사할** 수 있다. 표상은 거울의 직접적인 개입, 거울의 감각적 지각을 필요로 하지 않고, 그것을 대신할 수 있다. 자기성애자는 심지어 거울을 정련할 subtiliser 수도 있다… 다른 남성들, 다른 음경들, 다른 담론들 또한 거울처럼 기능할 수 있다. 명백히 전쟁의 위험은 계속된다… 그렇다면, 어쩌면 여성도? 그렇다, 여성도 가능하다. 성기도, 시선도, 전유의 욕망도 없는 여성도. 남성의 욕망의 문제를 반복하는 여성도. 우리는 이미 이 역할이 어떻게 그녀에게 부여됐는지 알아냈다. 물론 다시 이 문제로 돌아와야 할 것이다.

| (재)생산 기관 |

그러므로 자기성애, 특히 항문적 자기성애는 더 숭고한, 승화된

"전위", 위치mise, 목적으로 판명됐다. "남성의 가장 고결한 정복"에
봉사하는 그의 이상으로. 또한 씨의 보존과 자기성애와의 관계를
보장하는 일만 남아 있다. 남성적 자기성애 말이다. 이는 명백히 더
복잡한데, 혼자서 씨를 재생산하기가 불가능하기 때문에 특히 그
렇다. 여성, 여성들과의 갈등이 발생할 위험이 있다. 생각건대 이 지
점에서 권력의 지배, 힘을 갖기 위한 그녀(들)와의 투쟁은 피할 수
없다. 모든 전략은 그녀의, 그녀들의 충동들이 억제된 채 남아 있도
록 조정되어야 한다… 그녀들이 주이상스도 없고, 산물에 대한 소
유권도 없는 재생산에 매진하도록 하는 그 목적에 따라서 말이다.
그러면 상기해보자. 아이는 단지 이러한 명목으로만 여성이 욕망
하는 **음경의 대체물**일 것이다. **아버지와 같은 성**의, 아버지와 같은 아이
에 대한 선망이 여성에게 부여될 것이다. 남성은 성교에서 **능동성**에
대한 독점권을 지킬 것이다. 그는 성교의 산물을 **자신의 고유명**[姓]
으로 표시할 것이다. 어머니에게 젖먹이를 돌보고 기초적인 필요
를 만족시킬 의무가 있더라도, 아이는 아버지에 의해 그리고 아버
지와의 동일시에 의해 가장 가치 있고 가장 인정받는 **가치들로** 인도
될 것이다. 남성-아버지는 **표상 체계들, 이상들, 사회적 이익들, 법의 행사
등**의 보증인일 것이다. 그리고 비록 여성이 아이의 **물질적** (재)생산
에 필수 불가결한 조건으로 남는다 해도, 여성은 가능한 한 (재)생
산과 관련된 남성의 계획들에 따를 것이다. 사실 이 "목적론"은 "자
연"에 의해 규정된 것이다. 그리고 여성에게서의/여성의 이러한 리
비도 억압의 "원인"은 **생물학적 목표**의 실현, 즉 **공격성**이 남성에게 맡
겨져, 어떤 지점까지는 여성의 동의와 무관하게 남아 있다는 사실

에서 찾을 수 있다." 그러므로 생식 능력에 모든 충동을 모으는 "성적 기능" 혹은 재생산의 기능은 정자가 난자를 공격하는 것, 남성이 여성을 공격하는 것에 지배된다. 생물학적 명령은 그녀의 동의 없이 일어난다[151].

음경으로 말하자면, 우리는—성적 발달의 마지막 시기에—"그것의 예외적으로 강한 리비도 투자가 종의 연속을 위한 **유기체적** 의미에" 기인하며 "오이디푸스 콤플렉스가 겪는 파국(근친상간의 방향전환과, 양심과 도덕의 확립)을 개인에 대한 종족race의 승리로 간주할 수 있다"[152]는 것을 알고 있다. 여러 면에서 문제적인 언표이다. 왜냐하면 음경은 "종의 연속을 위한 유기체적 의미"가 크지 않으며, 정자가 지나가는 관管일 뿐이므로, 엄밀히 말하자면 없어도 되기 때문이다. 그리고 "예외적으로 강한 리비도 투자"를 이 기능에 부여하는 것은 프로이트의 이론에서 유기체적인 것에 대한 의존의 증후로서 간주될 수 있다. 그런데 프로이트는 해부생리학에 관해 완전히 초보적이지는 않았다. 그렇다면 왜 그는 각 성이 **이중 경제**—**이중 "변증법"**—, 즉 **쾌락의 경제와 재생산의 경제**[153]에 위치해야 함을 인식하지 못할까? 남성의 성 기관과 여성의 성 기관의 이원성에서 이를 환기할 수 있었을 텐데도? 그는 거기서 어떤 **성적 기능들의 혼동**을 드러내는가? 그리고 이러한 유기체적인 시각vue의 상실이 그

---

151 이렇게 프로이트가 주이상스를 종속시킨 "정언명령"이 다시 명시된다.

152 「성의 해부학적 차이」, 『성생활』, p. 131.

153 프로이트가 서술하고 규정하는 데에서는 하나의 쾌락만이, 즉 (재)생산의 쾌락만이 있다는 것만 아니라면 말이다. 즉 (소위) 생식 능력의 경제에서는 항문 성애가 우위를 점하는가?

에게 무슨 도움이 되는가? 생물학에 정식으로 기초하는 마술을 통해 대문자 남근의 지배를 보장하는 데에 도움이 되는가? 사실, 성적 발달의 마지막에 남근적 충동들—소위 모든 부분 충동들처럼—은 "성적 기능", 즉 재생산하는 기능, 프로이트가—종의 연속을 위한 **유기체적** 의미가 주어져 있기에—음경에 종속시킬 기능에 종속돼 있다. 남성에게 그가 잃을 뻔했던 힘을 돌려주는 것인 만큼, 실로 흥미로운 삼단논법이다. 혹은 단순히 공유할 뻔했던 것이었나? 가치의 기이한 역전, 전환이다. 이는 재생산의 우위를 명목으로 "남근적인 것"을 문제 삼음으로써 재생산 내에서의 특권적 역할을 이유로 남근에 우위를 부여하니 말이다… "예외적으로 강한 **자기애적** 리비도 투자"는 그것이 "개인에 대한 **종족**의 승리"[154]를 보장하기 때문에 정당화된다!

"여자아이의 오이디푸스 콤플렉스가 파괴되는 동기"로 말하자면 "그것은 우리에게 알려져 있지 않다"[155]. 그러나 여자아이가 실제로 아버지와 아이를 만들고, 그 결과 아버지의 사랑보다, 질은 아니더라도 자궁의 실제적인 리비도 투자를 선호할 수 있으리라는 것은 일반적이지 않다. 이것은 명백히 우리의 이해를 벗어나 있고, 무시되고, 부인될 수 있다. "예외적으로 강한 자기애적 리비도 투자"의 가치가 있었을, "종의 연속을 위한" 난소들의, 자궁의 "유기체적 의미"와 마찬가지로.

---

154 「성의 해부학적 차이」, 『성생활』, p. 131.
155 같은 곳.

| 불감증의 확인 |

반대로 — 우리가 치료적 관찰의 장에서 거기에 참여하기 때문에? 과학적으로 객관적이기를 바라는 장에서? — 완전히 모르지는 않는 게 있는데, 그것은 "여성의 성 불감증의 빈번함"이다. 이는 "이 (자연적, 생물학적) 열세를 **확인하는** 듯이 보이며 아직도 잘 설명되지 않는 현상을 구성하는" 것이다. 정말로 확인해주는가? 더 정확히 말해 여성의 쾌락과, 우리가 그것으로 만들 수 있고 그녀가 가질 수 있는 표상이 — 한 번 더 — 너무 억눌리고 억압되고 무시되고 부인되어 그녀가 "불감증"이 될 수밖에 없다는 어떤 증후를 밝혀주는 게 아닌가? 그렇다면 "불감증"이라는 이 용어가 남성적 담론에서 가리키는 바가 무엇인지, 그리고 왜 여성들이 죄책감을 가지고서만, 그 죄책감의 쟁점이 무엇인지 잘 집어내지 못한 채, 다시 불감증을 되풀이하곤 하는지 자문하고, "성적 기능"에서 남성에게 부여된 공격성과 이 "불감증"의 관계, 여성에게 "그녀의 동의 없이 일어나는" 공격과 이 "불감증"의 관계 또한 자문해야 하지 않을까? 여성 섹슈얼리티는 아마도 "생물학"이 재생산을 보장하기 위해 남성에게 요구할 이러한 폭력, 이러한 강간에서 설명compte을 찾지 못할 것이다.

"이 불감증은 그것이 심인성일 때 치료될 수 있다." 역사적인 억압이 너무 커서 이 성적 **무감각**이 잘해야 똑같이 징후적인 **감각과민증**으로만 혹은 똑같이 미심쩍은 **오르가슴의 페티시즘**으로만 변할 수 있는 게 아니라면 말이다. 그리고 이러한 결과들도 "심리학적으로 치료돼" 있었을 특권적인 여성들로만 제한될 것이다. 다른 이들, 그리고 저 여성들 역시 일부 남성 또는 여성 정신분석가들이 망설이지 않고 여성 주이상스의 조건이라고 주장하는 마조히즘 경제에 연루된 채일 것이다. 그들/그녀들은 이렇게 현재 상태를 승인하고, 그것을 법―이번에는 심리적인―으로 제정하며, "정상성", "건전성"의 보증으로 그것을 영속화한다. 그들/그녀들은 "여성 환자들"의 불만족의 공모자가 된다. 그들에게 다음과 같이 암시함으로써 그들 운명의 불만족스러운 성격 앞에서의 불안 혹은 저항을 줄이고자 애쓰면서 말이다. 즉, 만족이란 자신에게 만족하는 것이고, 그녀들은 "불만족으로 병든" 것이며, 만약 그녀들이 이 병리학적 불만족을 조금이라도 포기하고 싶어 하기만 한다면, 그 난관을 제거하게 되는 것이라고. 등등.

"다른 경우에", 아아! 슬프게도, "그것(불감증)은 체질적인, 심지어 해부학적인 어떤 요인의 존재를 가정하게 한다". 심지어…

여성의 (남성)동성애

| "체질적 요인"의 결정적 성격 |

"대상 선택이 분명한 동성애의 영향을 받을 때, 우리는 이 사실을 남성 콤플렉스의 극단적 결과로 간주한다." **여성** 동성애자의 대상 선택은 특별히 집요한 **남성성** 콤플렉스에 의해서만 결정될 수 있다. "그것〔남성 콤플렉스〕은 유아적인 남성성의 직선적 연속이 거의 (혹은 전혀) 아니다." 오히려 "오이디푸스적 태도를 받아들여" "대상"으로 삼았던 "아버지에게서 여자아이들이 겪는 불가피한 실망"으로 인한 "예전의 남성성 콤플렉스로의 퇴행"으로서 그것을 해석해야 한다. 명백히 "이 실망은 (…) 정상적인 여성성을 가질 여자아이들의 운명이기도 한데, 이들에게 똑같은 반응을 유발하지는 않는다." 그리고 "확실히, 여기에서 **체질적** 요인은 이론의 여지 없이 결정적인 중요성을 갖는다." 예상할 수 있었던 대로… 이 요인이 어떻

든 간에, 여성 동성애자들은 "어머니와 아이의 역할 또는 남편과 아내의 역할을 **구별 없이**indifféremment 서로에게 행한다"! 이는 "여성 동성애 발달의 두 단계"를 반영하는 태도들이다. 그렇다면 이 두 단계는 "유아적인 남성성의 직선적 연속" 혹은 "예전의 남성성 콤플렉스로의 퇴행"일까? 둘 중 하나, 즉 두 번째 단계가 사랑 "대상"으로서의 아버지를 포기한 결과인 아버지와의 동일시에 부합하지 않는 한? 다른 텍스트들은 그 가능성을 강조한다.[156] 어쨌든 핵심적인 것은 여성 동성애자의 대상 선택이 **남성적인** 욕망과 **남성적인** "향성"에 의해 결정됨을 증명하는 것이다. 여성적 리비도는 충동적 "대상-목표" 및 원초적인 "발달"의 능동적 추구와 단절돼 있다. 여성적 리비도는 어떤 면에서는 고유한 목적(텔로스)도 고유한 기원(아르케)도 없다. 여성 동성애자에게 만족의 대상을 선택하도록 이끄는 충동들은 불가피하게 "남성적" 충동들이다.

그러므로 우리는 여성 동성애 사례에 할애된 텍스트에서 프로이트가 전개하는 주장에서 여성 동성애자는 "사랑 대상에 대한 행동에서 명확하게 남성적 유형을 취했고"[157] "여성적 성대상을 선택했을 뿐 아니라 그 대상에게 남성적인 태도를 취했으며"[158] "남성"

---

156 특히 「어느 여성 동성애 사례의 정신발생학Psychogénèse d'un cas d'homosexualité féminine」, 『프랑스 정신분석 저널Revue française de psychanalyse』, tome VI, nº 2, 1933. 특히 프로이트, 『신경증, 정신병, 도착Névrose, psychose et perversion』, Bibliothèque de psychanalyse, P.U.F.에 수록된 D. 게리노D. Guérineau의 최근 번역을 참조할 수 있을 것이다. 번역이 어떻든, 이 "이야기"의 "문학적" 특징들과 많은 언표들의 관념적 중층결정을 알아볼 수 있다.(한국어판 「여자 동성애가 되는 심리」, 『늑대 인간』(열린책들, 2004) 참조─옮긴이)

157 같은 글, p. 137.

158 같은 곳.

이 되어 "아버지의 입장에서, 사랑 대상으로서 어머니를 취한 것이었다"[159]는 내용을 읽게 될 것이다. 그러나 그럼에도 불구하고…, 그녀의 동성애는 "마침내 강화되었는데, 그녀의 동성애적 경향뿐만 아니라 자신의 남자 형제에게 아직 고착돼 있는 그녀의 이성애적 리비도의 이 부분을 만족시키는 대상을 그 '여인dame'에게서 찾았을 때였다"[160]. 그녀가 —여성적 오이디푸스 콤플렉스를 별로 놀랍지 않게 통과한 후에— "아버지를 대체하기"[161] 시작했던 남자 형제에게 아직 고착돼 있는 부분을 말이다. 그러므로 그 여인에 대한 특별히 강렬한 고착은 다음과 같은 사실에 의해서 설명될 것이다. "그 여자의 날씬함, 냉엄한 아름다움, 무뚝뚝한 태도는 그녀에게 자기보다 조금 나이가 많은 제 오빠를 생각나게 했다."[162]

명확하게 드러난 동성애적 선택

남근적 충동의 시노그라피가 **여성 동성애**의 경우에서만큼 그렇게 분명하게 드러나는 일은 없을 것이다. 이 시노그라피에서는 남성이 남근적 어머니 혹은 남성을 욕망한다. 여성으로 대체되면 보통 그 명백함에도 불구하고, 은폐되는 것, 즉 **남성 동성애**의 풍부한 함축성prégnance을 볼 수 있을 것이다. 왜냐하면 이 분석에서는 남성 동

159 같은 글, p. 147.
160 같은 글, p. 143.
161 같은 글, p. 138.
162 같은 글, p. 139.

성애만이 문제가 되기 때문이다. 그리고 틀림없이 프로이트는 욕망의 경제와 관련해서, **무언극**mime ─ ~처럼 하기, ~인 체하기─이 단순한 충동의 배출에 비해 **쾌락의 잉여**un surcroît de plaisir를 제공한다는 것을 환기할 수 있었을 것이다. 그러므로 남자"처럼" 행동하기, 남자 "같은" 여성을 남자"처럼" 욕망하기가 남근적 연출의 가장 만족스러운 실현일 것이다. 그러나 그는 그렇게 설명하지 않으며, 그는 욕망의 **자연스러운 근거**를 그렇게 쉽게 포기하지 않는다. 또한 그는 여성 환자의 ─남성적─ 동성애를 정당화하는 해부학적 지표를 찾을 기회를 노릴 것이다. 그리고 그가 "그 소녀의 유형이 여성의 신체적 유형에서 벗어나지 않았고" 그녀가 "아름답고 몸매가 좋았으며" "월경 문제도 역시 보이지 않았다"는 것을 인식해야 할 때도, 그럼에도 그는 "그녀는 사실 아버지처럼 키가 컸고, 얼굴의 이목구비가 여성적으로 우아하기보다는 오히려 날카로웠으며, 이것을 신체적 남성성의 징후로서 간주할 수 있겠다"고 덧붙인다. 그 외에 "정신분석가는 관습적으로 **어떤 경우에는**(?) 자기 환자들의 신체를 꼼꼼하게 진찰하는 것을 금한다"[163]…

| 전이(들)의 결여로 인한 치료의 실패 |

어쨌든 "분석은 거의 아무런 저항의 표지 없이 진행되었다. 피분

---

[163] 「어느 여성 동성애 사례의 정신발생학」, 『프랑스 정신분석 저널』, tome VI, n° 2, 1933, p. 137.

석자는 아주 지적으로 참여했지만 — '오히려 남성적 특징을 가리키는 그녀의 지적인 특질'[164] 덕분에 — 또한 영혼의 평온함을 완벽하게 간직했다. 어느 날 그가 그녀에게 특별히 중요한 이론 일부를 설명해주었을 때 **그 이론은 그녀를 거의 감동시킬 정도였지만** 그녀는 거의 흉내 낼 수 없는 어조로 '오, 아주 흥미롭네요'라고 말했는데, 마치 박물관에서 전혀 관심 없는 물건들을 코안경 너머로 살펴보는 사교계 부인 같았다"[165]. 사실 이 여성 동성애자에게 프로이트의 이 말들은 역사적 기록물 같은 것으로서, 그녀를 전혀 감동시키지 못했고 영혼의 평온함만을 남겨주었다. 부수적인 것, 보충적인 것으로서의 코안경 — 그는 이것을 통해 그녀를 보았나? — 으로 말하자면, 그 책임은 프로이트 자신에게 돌아온다… 따라서 "이 소녀에게는 의사에 대한 전이가 전혀 없었던"[166] 듯 보였다. 어쨌든 그가 그렇게 인식할 어떤 전이도 없었던 듯했다. 전이에 대한 "그의 이론"에 부합하는 전이가? 그뿐만 아니라 치료에 대한 그의 개념에서 그리고 그에 연루되는 혹은 연루되지 않는 방식에서 실현 가능한 전이가? 전이의 유일한 표지를 제공해준 것은 꿈이었는데, 그는 "그 꿈들을 **믿지** 않았다"[167]. "왜냐하면 그 꿈들은 **거짓**이거나 **위선**이고, 그녀의 의도는 자기 아버지를 속이는 습관대로 그를 속이는 데 있었기 때문이다"[168]. 여성 환자의 무의식에 의해서 속는다는 이 두려움

---

164 같은 곳.
165 같은 글, p. 146.
166 같은 글, p. 147.
167 원문의 인용부호는 '그는il'을 포함하지만, 프로이트의 해당 문장은 물론 '나는'으로 되어 있다. 인용 오류인 것으로 보고, 읽기 좋게 수정하였다.(옮긴이)
168 같은 글, p. 148.

은 왜일까? 혹은 심지어 꿈에서 그 의도들을 속삭였을, "의식 그 자체는 아니더라도" "전의식"[169]에 의해서도 속는다는 이 두려움은? 여성에게 "유혹당한" 다음에 더 확실하게 "실망하게 되는", "거절당하는"[170] 이 두려움은? 이런 모든 모험들은 부성적 역할, 즉 프로이트가 포기하지 않으며 **그의** 전이를 어쩌면 덮어주는 부성적 역할의 위엄에 별로 적절하지 않은 걸까? 그리하여 그는 문제의 인물에게 그녀가 그를 조롱하고 싶어 했음을 잘 알고 있다고 밝혔고, "이러한 설명 이후 이런 종류의 꿈들이 없어졌기"[171] 때문에 이것은 정당했다.[172] 이렇게 정신분석가는 어떤 꿈들을 끌어들이거나 혹은 금지할 수 있다… 그 외에, "**그래도 상담에 어떤 가치가 있다고 여긴다면** 여성 의사에게서 치료를 계속 시도하라"[173]고 소녀에게 충고했다.

그러므로 여기 정신분석가에게 거절당한 여성 동성애자가 있다. 왜냐하면 아버지가 그녀의 욕망의 지지대 역할을 하기를 거절하는 만큼 그녀가 아버지에게 유혹당하기를 거절하기 때문이다. 아버지가 그녀의 욕망의 지지대 역할을 하는 것은 "단지 육체적 매력을 거래하는 것으로만 살아가는" "성적으로 나쁜 평판"의, "가벼운 품

---

169 같은 글, p. 149.
170 같은 글, p. 148.
171 같은 곳.
172 이 글에서 프로이트는 내담자인 여성이 꾼 꿈에 대한 해석을 간단히 소개하는데, 그에 따르면 내담자 여성은 동성인 여성에게 끌리면서도 남성과의 행복한 결혼을 바라는 것으로 해석할 만한 꿈을 꾼다. 이 여성은 자신이 결혼을 할 수는 있지만 이는 아버지로부터 벗어나기 위한 것이라며 남편을 멸시하는 말을 한다. 프로이트는 자신이 이 여성의 꿈을 믿지 않으며 그녀가 자기 아버지에게 했듯이 자신을 속이려 한다고 이 여성에게 말했다고 밝힌다.(옮긴이)
173 같은 글, p. 147.

180

행"[174]의 여성, 즉 "매춘부"[175]와의 동일시를 받아들이는 경우인 셈이다. 부르주아식으로 잘 자란 그의 초자아는 그에게 그런 타락을 허용하지 않았다. 그리고 "아름답고 지적이며, 아주 높은 사회적 계급의 가족에게 속한" 소녀가 문란한 생활을 하는 여성을 자기 아버지보다 선호할 수 있음도 용인하지 않았다.[176]

| 여성 동일자 |

그러나 이 초자아의 더 무의식적이고 시원적이고 "계통발생적으로"(?) 멀리 떨어진 어떤 층위strate가 프로이트에게 **스스로를 여성과 동일시하기**를, 더 크게는 아니더라도, 그만큼 금지했을까. 그녀들 사이에서 일어날 일에 보낼 믿음에 대해 좀 회의하면서도 여성 동성애자를 여성 동료에게 보내는 또 다른 좋은 이유다. 왜냐하면 그에게 여성 동성애는 그의 이론에, 그의 상상적 경제에 아주 낯선 현상을 나타내므로, 그는 그것의 "정신분석적 연구를 무시할"[177] 수밖에 없었고, 심지어 여성 동성애자의 "치료"에 있어서도 그럴 수밖에 없었기 때문이다. 이는 프로이트의 언표가 어떤 "현실"에 일치하지

---

174 같은 글, p. 144.

175 같은 글, p. 130.

176 프로이트는 내담자 여성이 스스로는 정숙하면서도 평판이 나쁘고 성적으로 문란한 여자들에게 매력을 느끼는 것을 상대를 구원하려는 남성적 욕망으로 설명한다. 이리가레는 프로이트가 해당 여성들에 대해 사용한 표현들을 프로이트 자신과 아버지를 설명하는 데 사용하고 있다. (옮긴이)

177 같은 곳.

않으며, 그의 주석이나 설명이 단지 "거짓"이라는 말은 아니다. 많은 여성 동성애자들이 이 이야기에서 자신을 알아볼 수 있었을 것이고, 적어도 자신의 위치를 가늠하고자 시도할 수도 있었을 것이다. 그래도 역시 여성 동성애는 희미해지고, **가장되고**travestie — 도착되고transvestie — , 해석에서 벗어난 채일 것이다. 왜냐하면 **여성들 사이에서의** 욕망의 특수성에 대해서는 어떤 것도 알려지거나 서술되지 않았기 때문이다. 여성이 그녀와 "동일한 여성une même", "동일한 성même sexe"의 누군가를 욕망할 수 있다는 것, 여성 역시 자기성애 혹은 동성애의 욕구를 가질 수 있다는 것, 그것은 이해될 수 없고, 사실 용인될 수 없는 것처럼 보인다. 실제로 그것은 음경에만 혹은 그 등가물에만 가치가 제한된 이 남근중심적인 역사에서 거의 나타나지 않는다. 이 역사 속에서는 그 체계 바깥에, "거래" 바깥에 있기가 쉽지 않다. 여성 동성애의 주장은 남근의 특권을 문제 삼기에 명백히 충분하지 않다.

이것은 그녀 자신에 대한, 동일자le même[178]에 대한 — 여성 동일자 la même, 동일한 여성une même에 대한 — 여성의 욕망이 인식되지 않는다는 의미가 아니다. [그런 욕망이] 가능한 경제를 찾지 말거나, 다시 찾지 말아야 한다는 의미도 아니다. 이 욕망이 타자의 욕망을 떠받치는 데 필요하지 않다는 의미도 아니다. 전적으로 죽음을 초래하지 않고서 성차가 표현될 수 있도록, 남성 동일자, 여성 동일자가 그녀를 위해서도 역시 재표시되면 안 된다는 의미도 아니다. 자

---

178 담론들의, 기표들의 남근중심적 경제를 지배하는 동일자와는 "다른" 동일자. 우리는 그것을 다른 데서 혹은 다르게 "부피volume"를 반쯤 열면서 읽을 것이다.

아의 죽음을, 그리하여 성적 충동들의 죽음도 초래하지 않고서(이는 프로이트가 전개한 문제지만, 그는 "정상적인 여성 되기"에서 그것의 기능에 대해서는 얼마간 무시했던 문제를 언급하려는 것이다. 이 "정상적인 여성 되기"에서 여자아이는 모든 남성/여성 대표(들)와 자기 성의 표상들을 거부하고 평가절하한 다음, 유일한 성, 즉 남성의 성을 향해 자신의 욕망들, "선망들"을 돌려야 한다). 여성 섹슈얼리티의 발달에서 "동일자"에 대한 욕망의 금지, 평가절하―여성들은 그들의 "남성적인"(?) 초자아, 어쨌든 남근적인 초자아에 의해 그 공모자들이 될 것인가?―는 우리가 불감증, 성욕 감퇴로서 유감스러워하는 것을 상당 부분 설명해줄 것이다. 그러나 그것[여성 섹슈얼리티의 발달에서 "동일자"에 대한 욕망의 금지, 평가절하]은 다른 많은 경쟁적인 혹은 파생된 증상들에 대한 해석의 수단으로도 사용될 수 있을 것이다. 즉 자율성의 결여, 자기애적인 허약함 혹은 과도한 자기애, 승화에 부적격함("지극히 순수한" 성애를 배제하지 않기에), 어머니와의 그리고 사실은 모든 여성들과의 최소한 어려운 관계, "사회적" 관심의 결여, 그리고 더 일반적으로는 모든 고상한 관심의 결여, 우울증과 만성적 신체화 등. 자기성애적, 동성애적 경제의 결여에 대한 모든 발현들. 혹은, 또한 **죽음충동들**. 그것들의 "능동적인" 재작동은 여성 섹슈얼리티에 대해서/여성 섹슈얼리티 안에서 금지된 것이다. **반사적인 것**le spéculaire의 지배적 조직화는 여성 섹슈얼리티에 어울리지 않기 때문에 조정되고 조정될 수 있는 우회, 은유화, 승화도 없는 금지령. 그것[반사적인 것의 지배적 조직화]은 틀림없이 다르게, 여성의 성적 기능과 모성의 성적 기

능을, 그들의 충동적 경제의 무정형적 정지suspens 속에 그리고/또
는 그 경제의 과한 타율성hétéronome에 의한 한정détermination 속에
둔다. 충동들—특히 가학적이거나 절시증적인—의 요구에 의해
지배되는 "경제"의 실천은 오직 남성들만 가능할 것이다. 무엇보다
대문자 남근의 우위를 유지하려는 필요에 의해 지배되는 "경제"의
실천은 그렇다.

그러므로 여성 동성애는 없을 것이다. 다만 오직 하나의 남성-성
애hommo-sexualité만이 있을 것이다. 여기에서 여성은 남근의 거울반
사spécularisation 과정에 포함되어, 동일자에 대한 남성의 욕망을 지
지하도록 요구받으며, 다른 곳에서 그리고 보충적이고 모순적인 방
식으로 그 한 쌍에 있어서 "물질"이라는 축pôle의 지속[179]을 보장할
것이다. 말하자면 무한한 반사에 저항하는 것의 지속을. 즉 미스터
리—히스테리?—는 항상 정숙하게pudiquement 모든 거울뒤에 있을 것

179 "물질"이라는 축에 대한 여성의, 어머니의 이러한 동화 및 할당은 알다시피 전통적
인 것이다. 이것은 여성 동성애에 관한 이 텍스트를 포함하여 프로이트에게서 발견된다.
이 텍스트에서 그것은 동성애에 있어서 "신체적인 양성소질"과 "정신적인 양성소질"(p.
137), "선천적인 것"과 "후천적인 것"(p. 137), "유전적 성질"과 "후천적 성질"(p. 152), "신
체"와 "영혼"(p. 153) 등 각자의 책임들responsabilités에 대해 제기되는, 역시 오래된 의문들
에서 다소 명백히 서술된다. 그리고 프로이트가 이 문제에 주저하며 들어갔다 해도, 많은
진술들은 프로이트가 어느 정도는 받아들이고 있음을 나타낸다. 특히 그리고 무엇보다도
여성 섹슈얼리티와 관계될 때 말이다. 이를테면 우리는 여기에서 다음과 같은 것을 알게
될 것이다. 이 요소들이 서로 독립적인 것은 "여성보다 남성에게서 더 명확하다. 여성에게
는 반대되는 성격의 신체적이고 정신적인 표현이 더 일정하게 함께 나타난다"(p. 137). 여
성은 유기체적인 것과 남성보다 덜 분화된 정신 현상, "영혼"을 가지고 있다. 어쩌면 심지어
없는 게 아닐까? 오래된 문제다⋯ 그러므로 여성 동성애는 호르몬에 의해, "아마도 양성
소질의 난자들"(p. 154)에 의해 더욱더 결정될 것이다.

184

이고, 더 보고자 하는 욕망, 더 알고자 하는 욕망을 재작동시킬 것이다. 반사적인 것le spéculaire이 남성의 욕망에 반사되고 반향되도록 허용하거나 허용하지 않는 우회에 의한 것을 제외하고는 반사적인 것과의 관계를 갖지 못한 채.

그러나 여성은 동성애를 포함한 자기성애, 자기표상, 자기재생산에 리비도를 거의 투자하지 않을 것이라고 주장된다. 그리고 여기에서는 특수한 성적 쾌락을 발견할 수 있는 가능성이 거의 고려되지 않는다. 여성에게 그녀의 성의, 그녀의 성차화된sexués 기관의—그녀의 성들의[180]—쾌락을 상기시키는 애무들, 말들, 재현들 혹은 표상들의 쾌락은 이성애적 실천에서 거의 요청되지 않고 관련되지 않으며 흥미롭지 않을 것이다. 남성의 상동들homologues을 결여하고 있기 때문이다. 그런 주이상스는 이성애만이 아니라 또한 남성 동성애에 연루되거나 그것을 모방함으로써 추구했던 주이상스와는 다른, 상보적이거나 보충적인 주이상스이다. 또한 "좋은" 어머니와의 퇴행적 관계—프로이트가 그것을 오로지 동성애와, 게다가 어머니, 자기 어머니에 대한 여자아이의 "남성적" 욕망과 동일시하는 것을 납득하기 어렵다—를 즐기는 자기애적 성격의 행복. 동류와의 공모의 열락, 도취. 가족 패러다임에서라면 자매와의 공모. 남성 동일자, 여성 동일자에 대한 욕구, 매혹, 열정. 이것은 어쩌면 여자아이에게서 "음경 선망"을 제거하되 그녀의 "음경 욕망"을 뒷받침

---

180 여성의 성감대의 다수성. 여성의 성의 다수적 성격은 남성적인 것/여성적인 것의 양극성에서, 특히 "의미화하는" 실천들에 대해 그것이 함의하는 바에서 거의 고려되지 않는 차이이다.

할 수 있을까? 그녀에게 덜 탐욕스럽고 덜 질투하며 덜 좌절하고 덜 요구하는, 혹은… 덜 거식증적인 남근적 욕구appétence를 부여하면서? 그러나 동일자에 대한 이 욕구와 이 유혹은 "정상적인 여성성"이라는 것 안에서 억압되고 부인되고, 그 반대로 역전될 것이다. 그것들은 사실 남성 동성애를 해석하기 위해 겨우 인정될 것이다.

그 여성 동성애자에 대해서, 프로이트는 다음과 같이 설명할 것이다. 그녀에게 있는 **"이성애적 리비도의 흐름"**은 **"보다 깊은"** 것이었고, 실은 "명백한 동성애적 흐름에 (…) 흘러든 것이다"[181]. 여성에게 동일자에 대한 욕망은 "이차적인" 것으로, 아버지에게서 겪은 실망에 대해 어떤 면에서는 "반동적 형성"일 것이다. 비록 최초의 사랑 대상이 ―이를 상기해야 한다―자기 어머니거나 혹은 그녀와 같은 성의 누군가라 할지라도 말이다. 프로이트는 다음과 같이 주장하면서 이를 잊었음에 틀림없다. "그녀의 리비도는 아주 어릴 적부터 두 갈래의 흐름으로 나뉘었다. 그중 **더 표면적인** 흐름은 주저 없이 **동성애적**이라고 부를 수 있겠다. 이 흐름은 아마도 **어머니에 대한 유아기의 고착이 변형되지 않고 직접적으로 연속된 것**이라고 할 수 있다."[182] 그러므로 어머니와의 리비도적 관계는 여성에게 그녀의 "깊은" 이성애적 욕망보다 더 "표면적"일 것이며, 그것은 "주저 없이" 그리고 "변형 없이" 동성애적이라고 불릴 수 있을 것이다. 이는 여성 욕망의 최초 문제를 **축소하고 희화하는** 방식과 같다. 그러나 여성을 위해

181 「어느 여성 동성애 사례의 정신발생학」, 『프랑스 정신분석 저널』, tome VI, n° 2, 1933, p. 151.
182 같은 곳.

서/여성에 의해서 기원에 대한 그녀의 관계—따라서 아무리 "명백한" 것이더라도 결국 꽤나 "표면적", "이차적"일 뿐이게 될, 자기 어머니와 자기 성과의 기원적 관계—는 삭제되어야 한다. 대문자 남근의 위대함이 인정되도록 말이다. 기원의 **한** 경제에 대한, 남성에 의한/남성을 위한 지배의 표장인 대문자 남근. 그것은 그의 것이다.

실현 불가능한 성적 관계

| 이상적 사랑 |

프로이트가 설명하는—어떤 면에서는 대변인처럼 행동한다— 여성 욕망의 이러한 개념은 또한 여성의 성적 파트너 선택, 즉 "대상 선택"을 지휘할 것이다. 여성은 "대상"으로서 선택되는 만큼 욕망의 "대상"을 선택하는 것은 아니라는 점을 잊도록 하자. 이 문제는 여성 (비non) 욕망의 올바른 기능에 대한 "부주의distraction"를 설명한다. 그러므로 "선택이 자유롭다면, 대상 선택은 보통 **자기애적 이상**을 따라, 여자아이가 언젠가 자신이 그렇게 되기를 바랐던 남성과 유사한 이로 선택된 **남성**을 따라 이루어진다". 가장 성공적인 여성성이라도 이상형임을 주장할 수 없고, 스스로에게 이상형을 부여할 수도 없다. 여성은 그렇게 하는 데에 **적합한** 거울이 결여돼 있다. 여성을 위한 자기애적 이상은 그녀가 되기를 바랐던 남성이 되는 것일 테고, 여전히 그럴 것이다. 자기애와, 자기애의 이상과의 계약은 여성이 조력할 의무가 있는 남근적 우위에 종속될 것이다. 그리하여 그녀는 자신이 되기를 원했던 남성을(남성과 같은 이를) 선택할 것이다. 요컨대 이것은 남성의 이익을 만족시킬 것이다. 남성은 **이상에 있어서**idéalement 그의 **젠더**genre에서 벗어나지 않을 테니. 유혹하기 위해서라면, 남성은 자기의 가장 완벽한 이미지에 가능한 한 가장 정확하게 일치하는 것으로 충분할 것이다. 즉 가능한 한 가장 자기애적인 모델, 자기애의 "절대적인" 모델이 되는 것으로 충분할 것이다. 여성은 자신의 "고유한" 자기애적 기획으로 이 모델을 지탱할 것이다. 그리고 이 모델은 이렇게 해서 여성의 자기애를 만족시키고, 충족시키고, 무엇보다도 치료할 특권과 구실을 가질 것이다. 거세의 실현에 의해 불가피하게 상처 입고 모욕당한 여성의 자기애를. 즉, 자기 성의 가치 있는 표상이 절단된 여성의 자기애를.

| [이상적 사랑은] 지금껏 그녀의 어머니가 아니었다 |

"만약 젊은 여성이 아버지와의 애착 관계에 머물러 있다면, 다시 말해 오이디푸스 콤플렉스를 해결하지 못했다면, 그녀는 아버지와 같은 유형을 따라 선택한다." 이러한 해결, "의탁étayage[183]에 의한" 대상 선택은 더 문제적이다. 왜냐하면 여성은 그것으로써 자기

---

[183] 주체가 사랑의 대상을 선택할 때 자기보존본능의 대상에 의존하는 것을 일컫는 정신분석학 용어.(옮긴이)

가족을 떠나는 데 성공하지 못했음을 나타내기 때문이다. 그리하여 유아기 갈등들이 재출현한다. 그리고 자기 아버지에 대한 여자아이의 욕망들을 물려받으면서, 남편은 또한 **양가적인** 감정들의 지지대support, 따라서 **어머니에 대한 적대감**의 지지대가 된다. "처음에는 아버지만을 계승했던 남편은 뒤이어 어머니도 계승하게 된다. 그리고 여성의 삶의 두 번째 부분은 좀 더 짧은 첫 번째 부분이 어머니에 대한 반항으로 이어진 것처럼 남편에 대한 투쟁으로 특징지어지기 쉽다." 아버지로서 남편이 양가성, "충돌들", "갈등들"이 전혀 없는 사랑과 욕망을 기대할 수 있었다 해도, 이 선택의 유형이 부부의 행복을 보장해야 했다 해도, 그럼에도 그것은 모성적 인물의 재출현으로 동요될 것이다.

　잠시 생각해보면, 아버지 같은 남편으로의 전이가 약속하는 소동 없는/혼란스럽지 않은 화합은 약간 놀랍다. 처녀성을 상실할 때, 침입, 강간의 환상 혹은 실재가 (재)교차(re)traversée할 때, 그리고 임신, 출산의 불안과 고통을 겪을 때 어떤 양가적인 반응도, 어떤 종류의 역사도 없으리라는 사실이 **이렇게** 보장되다니 말이다. 가족의 집을 떠나 또 다른 가정으로 이사하고, 가사 노동에 종속되는 것은 아니더라도 그에 적응하는 것에 대한 언급도 없이. 그러한 공적들이 그의 영향력으로 인해 생길 수 있도록 하기 위해 부성적 권위는 어떤 **암시**의 힘을 행사하는가?[184] 불행하게도 어머니 ─ "그

184　이 점에 대해서는, 「처녀성의 금기」, 『성생활』, pp. 66-80을 참조하라. 우리는 히스테리적 피암시성suggestibilité이 어떻게 아버지의 법의 언제나 일의적으로 가치 있는 권위에 필수적인 상관물인지 자문할 수 있을 것이다. 상징계에 대한 양가성의 금기가 어떻게 여성적인 것(욕망)을 말로 표현될 수 없는 상상계로 전략시켜, 한 쌍의 양극 사이의 "단절", 성

녀의" 어머니—는 이렇게 "보장된" 부부의 행복을 방해하게 된다. 여성의 반항은 결코 부성적 기능—신성한, 신적인—을 향하지는 않는 반면, 이 강력한 어머니, 그러나 거세된 아이를 낳은 후 거세된 어머니에게 향한다. 아직 기성 질서를 따르지 못한, 여자아이의 원초적인 충동들이 여전히 행사되도록 향할 수 있는 어머니에게. 그녀의 시초, **그녀의** 어머니, 그녀와 **동일한** 성을 가진 이(들)에 대한 여성의 관계, 해결되지 못한 그것은 마침내 사랑의 관계들 속에서 다시 나타난다. 적어도 첫 번째 사랑의 관계, 첫 번째 "결혼"에서. 예상할 수 있었던 대로 말이다. 그리고 여성—보다 정확히 말해 여성성—은 **남성적인** 자기애적 **이상**을 채택함으로써만 이 모든 경험적 역사들, 그녀의 역사의 모든 갈등들 너머에 이를 것이다. 이러한 선택은 기원적 표상의 결핍의 관념idéalité에 있어서 다른 이상들, 다른 은폐들recouvrements의 경쟁에 의해 야기된 모든 전쟁을 해결하고, 철회한다.

"게다가, 부부가 전혀 대비하지 못한 가운데, 여성은 자신의 첫 아이의 탄생 이후에 태도가 바뀌고, 결혼 전까지 맞섰던 자기 어머니와 자신을 다시 동일시할 수 있게 된다." 흥미로운 연상이 다음과 같은 사실에 이어진다. 만약 "이 동일시를 위해" 여성이 "사용 가능한 리비도 전체를 쓴다면", "반복의 자동성 때문에" "부모들의 불행한 결혼이 재생산"되리라는 것이다. 그러므로 어머니와의 동일시는 부모의 불행한 결혼을 반복하게 될 것이다. 여기에서 프로이트적 관계의 결합의 파열을 확고히 하는지도.

의 해석은 무엇을 드러내는가? "그의" 부모의 불운한 결혼을? 모든 부부 결합의 치명적인 실패를? 어머니가 될지라도 모든 결혼에서 여성이 겪는 불운을? 아버지가 된다고 해도 역시 불운한 남성? 불가피하게 불행한 모습을 띠는 결혼에 대한 흥미로운 환기다…

| 혹은 그녀의 시어머니? |

어머니가 된 여성으로 말하자면, 그녀는 언제나 변함없는 "오래된 동기"를 여전히 따를 것이다. "음경의 결여는 그 힘을 전혀 잃지 않았다." 이것은 다음과 같은 피할 수 없는 사실에 의해 표현될 것이다. "**아들**에 대한 어머니의 관계들만이 어머니에게 충만한 만족감을 부여할 수 있다. 왜냐하면 모든 인간적인 관계 중에서 그것이야말로 가장 완벽하고, 양가성이 가장 적기 때문이다." 사실, "어머니는 자신이 갖도록 허용되지 않았던 모든 자부심을 아들에게 옮길 수 있고, 남성성 콤플렉스가 여전히 요구하는 것을 만족시키기를 그로부터 기대한다". 따라서 어머니 되기라는 사실만으로 "여성은 자신의 첫아이의 탄생 이후에 태도가 바뀔" 법하지 않다. 혹은 적어도 이 **단순한** 사실이 갈등들, 특히 부부의 갈등들을 해소하는 데 충분하지 않을 것이다. 만약 그녀가 **자기** 어머니 같은 어머니, 즉 여자아이의 어머니라면, 그녀의 부모들—딸을 낳은—사이의 불행한 관계는 여전히 남편과의 결합을 위협할 것이라는 말이다. 그러나 만약 그녀가 남자아이의 어머니라면—이는 안타깝게도! 자기 어머니와의 관계에서 일어난 적 없는 일, 그녀를 위해서, 그녀에 의해서 또 다른 "시초"의 가치를 정립하는 혹은 확인하는 일인데— 그렇다면 그녀는, 그렇다면 그들은 "충만한 만족감"을 찾을 것이다. 왜냐하면 그녀의 아들 덕분에 그녀는 자신의 자기애가 받은 모욕을 보상받을 것이고, 결국 음경이 달린 자를 "완벽하게" 그리고 "**양가성 없이**" 사랑할 수 있을 것이기 때문이다. 〔그녀의 아들은〕 가족 화합의 보증일 것이다. 왜냐하면 "부부의 행복도, 여성이 자신의 남편을 **자신의 아이**로 만드는 데 성공하고 남편에 대해 **모성적으로** 처신하지 않는 한, 안전하지 못한 상태에 있기" 때문이다.

| 가족이라는 원적 문제[185] |

주어진 원과 같은 면적의 사각형 그리기, 즉 이 해결 불가능한 문제를 해소할 수 있는 것은 남자아이를 낳는 것, 아들의 탄생이다[186]. 가족이라는 원을. 여성은 자신의 아버지-남편의 가계도에 삽입되어 그것을 영속화하는 데에 만족하고 "자부심에" 가득 차 있다. 따라서 여기에서 결정적인 것은 **그녀의** 어머니에 대한 **그녀의** 관계의

---

185 3부의 막바지에도 원적 문제가 다시 등장한다. 원적 문제는 주어진 원과 동일한 면적의 사각형을 작도할 수 있느냐 하는 문제로서 오랫동안 해결되지 않은 수학 난제 중 하나다. 그래서 해결 불가능한 문제를 가리키는 은유적 표현으로도 쓰인다.(옮긴이)
186 이 "욕망의 순환"의 해결 불가능한 문제를 해소하기 위해서는 여성의 성이 **이중 부정**(cf. 각주 144)으로 특징지어질 것을, 그러나 그녀가 음경, 즉 가치의 척도를 **이중으로 긍정적**인 방식으로 투자해야 하리라는 것을 주목했을 것이다. 아들의 탄생 덕분에 가능한, 이 복제redoublement의 경제는 모든 **양가성**의 충동늘을 보상할 것이나.

반복, 재현, 표상이 아니다. 혹은 그녀를 위한/그녀에 의한, 기원적인 것과의 특수한 반사적 관계의 발견, 모태의 기능이 그 주위를 돌고 또 되돌아갈 "반사경"의 작용—여성의 성적 욕망에 대한 접근 그리고/혹은 멀어짐—도 아니다. 또한 여성에게 모성이 "강하다"고 인식될 유일한 가능성을 의미하리라는 사실도 아니다. 아니다. 그녀의 충만한 만족감은 거듭해서 대리procuration에 의해서만 생길 것이다. 남근적 대리에 의해서만. 권력을 받을 권리가 있는 자에게 생명을 (재)부여함으로써, 힘의 표장을 (재)탄생시킴으로써, 그녀는 마땅히 완벽하게 행복하게 된다. 그녀는 자신의 해부학적 열등성의 발현에 참여한 것에 자부심이 있다. 어떤 면에서는, 자신의 "고유한" 배 속이 음경과 정액의 우위를 영속화함으로써 재공표하는 이 "운명"의 공모자다. 그녀의 쾌락은, 언제나 남성의 기관을 다시 일으키고 "고양시키는" 것 외의 다른 기원 혹은 목적을 가질 수 없다. 그리하여 그녀는 여자아이를 낳으면 실망하게 된다. 이중의 모욕. 자기 성의 영광스럽지 않은 재표시. 그 성, 즉 음경의 "훌륭한 사본"을 재생산하지 못하는 무능력. 그 결과, 해결되지 못한 채 남은 문제, 즉 자기 어머니와의 관계 안에서, 그 관계 앞에서 자신의 욕망에 반대되는 상황에 다시 놓이는 것이다.

프로이트는 모두의 행복을 위해 최대한 조정해보고자 할 것이다. "여성의 어머니와의 동일시"에는 **두 단계**가 있을 것이다. "첫 번째 단계 동안에 우세한 것은 어머니에 대한 애정 어린 애착, 어머니를 모델로 삼으려는 경향이다." 이러한 서술은 프로이트가 여자아이의 **전오이디푸스적인 것**에 대해 부여한 내용—부분적이고 편파적이지만—에 별로 부합하지 않는다. 즉, 가학-항문적 충동들—이 충동들만 환기해보더라도—에 관한 한 잘 타고났기에 공격적이고, 독점적이고, 게다가 굉장한 남근적 활동을 펼쳐 보이는 어린 남성 말이다. 어머니와의 관계와 더 특수하게 관련 있는 것에 대해서 상기해보자면, 욕망들은 "매우 양가적으로 (⋯) 애정 어린 동시에 공격적으로 적대적이다". 여자아이는 "어머니에게 아이를 만들어주고 어머니와의 아이를 갖고" 싶어 한다. 그녀는 어머니에 의해 "살해당하거나 독살되거나 할지 모른다고 두려워한다". 그녀는 "아이에게 젖을 너무 적게 주었고, 이것이 아이를 충분히 사랑하지 않았다는 증거"라고 어머니를 비난한다. "또 다른 아이의 탄생은 비난의 또 다른 동기를 구성한다." 그로부터 "질투 어린 감정들의 강도"가 생긴다. "만족시키기 불가능한 (⋯) 아이의 성적 욕망들은 (⋯) 어머니에 대한 적대감을 출현시키는 여러 구실들을 제공한다"고 우리는 덧붙일 수 있다. 또한 여기에 어머니에 의한 "자위의 금지"가 기여한다. 뿐만 아니라 "이른 리비도 투자는 언제나 극단적으로 양가적이며, 강한 사랑은 강한 공격적 경향을 틀림없이 수반한다". 게다가 "아이의 자유에 대한 모든 침해는 아이에게 반항과 공격성의 성향으로 발현되는 반응을 불러일으킨다". 혹은 "아무리 너그러운 교육이라고 할지라도 강제를 가하고 어떤 제한들을 부과할 수밖에 없다".[187] 프로이트가 말하는 "첫 번째 단계"에서 어머니에 대한 딸의 애정이 어떻든, 이러한 애정에 양가성, 공격성, 적대감 등

---

[187] 「여성성」에서 발췌한 인용들이다.

이 없지 않다. 어머니를 **모델**로 삼는 것에 대해서는, 어떻게 남자아이일 뿐인 이 여자아이가 그럴 수 있겠는가? 적어도 일의적인 방식으로?

두 번째 단계 혹은 **오이디푸스 단계** 동안 지배적인 것은 "아버지 곁에서 어머니를 대신하기 위해 어머니가 사라지는 것을 보고자 하는 욕망이다". 그런데 이 단계는 여자아이가 자신의 거세를 인식하고, 그 결과 오이디푸스 콤플렉스에 진입하는 것과 일치한다. 여자아이는 자신의 성기 절단과 어머니의 성기 절단을 발견하기에 아버지에게로 향하기 때문이다. 그러므로 그것은 아버지 곁의 어머니의 자리를 차지하기 위해 어머니가 사라지는 것을 보려는 단순한 욕망이 아니다. 어머니의 거부―그리고 어머니와의 동일시뿐만 아니라 어머니를 대체하기 위한 죽음-소멸의 욕망―를 포함해 여기에서 행해지는 것은, 여자아이에 의한 자기 성의 평가절하를, 따라서 자기 어머니 성의 평가절하를 전제로 하는 "여성 되기"의 결정적인 단계일 것이다. 그런데 프로이트는 그의 논증의 이 지점에서 다음과 같이 단언한다. "(어머니에 대한) 애정 어린 애착의 전오이디푸스 단계는 여성의 미래에 가장 큰 영향을 미친다. 그리하여 사실 여성은, 나중에 성적 기능을 행사할 수 있고, 그 중요성을 헤아릴 수 없는, 자신의 사회적 역할을 다할 수 있는 자질들을 획득하게 된다." 여성의 성적 발달에 대해 모두 읽은 이후의 이러한 추론은 매우 놀랍다. 여성은 거세 발견 이전, 다시 말해서 자기 성의 특수성의 인식 이전에 존재한 어머니와의 관계를 다시 잇는 만큼 자신의 "성적 기능"을 더 잘 행사할 것이라는… 마찬가지로 이 언표는 여성의 "사회적 역할"에 관해 말해진 것, 말해질 것과 별로 일치하지 않는다. 그러나 어쩌면 프로이트에게 계속할 가능성을 남겨두는 것으로 충분할지도? 설명할 가능성을? 그렇다면, "자기 어머니와 동일시함으로써, 그녀(여성)는 남성에게 매력적인 대상이 되기에 이른다. 왜냐하면 **남성의 오이디푸스적인 고착이 사랑의 상태가 될 때까지 발달하기 때문이다**"! 만약 여성이 남성을 기쁘게 하고 싶다면, 그녀는 자기 어머니와 동일시해야 한다. 물론 남성의 어머니와도. 여기에서 무언극이 그녀에게 요구된다. 그리고 거세됨은 그녀의 이전의 모든 경제로부터의 절단에서 기인할 것이다. 이는 **여성의 거세 콤플렉스**를 대신할 것이다.

이렇게 여성은 기원으로 돌아갈 수 있으나, 이는 그 기원이 자신의 것이 아니라는 조건하에서만 가능하다. 이러한 관점 ― 재전유의 관점이 아니라, 수용의, 국외추방의 관점 ― 에서는, 가장 뒤로 돌아가는 것이 가장 좋은 것이리라. 예를 들어 의존성, 수동성의 성격들을 지닌 **최초의 구순기**로, 전능한 타자가 양분을 주고 사랑하고 가치를 부여하고 바라보는 등등의 젖먹이-대상의 위치로. 물론 모든 종류의 깨물기와 공격성의 시기 이전으로도. **그러므로** 여성은 이 "시기stade"로의 **퇴행을 모방할 것이다**. 무언극은, 여기에서도 역시, 좌절의 상황에서 죽음의 위협 혹은 위험 없이 욕구들, 본능적 욕망들을 즐길 수 있기에 필수 불가결하다. 그리고 그녀가 **동시에 어머니의 역할**을 "연기하기"를 배제하지 않는다. 남편의 어머니의 역할을. 이렇게 강제된 그럴듯함[참된 것으로 보임]vrai-semblance에서 어떤 휴식répit이 그녀가 낳는 아이와의 관계에서 재발견될지 모른다. 그렇기 때문에 사실 "남편이 쟁취할 수 없었던 것을 얻어내는 것은 종종 아들"인 것인가?

| 세대 차이, 혹은 역사적 격차? |

"여성의 사랑과 남성의 사랑은 심리적 단계의 차이에 의해 서로 구별된다는 인상을 받게 된다." 틀림없이. 그렇지만 어떻게? 그로부터 프로이트는 여성이 여전히 전오이디푸스 "단계"에 머물러 있는 반면, 남성은 오이디푸스기에 고착될 것이라고 말하고 싶은 것인가? 결국 둘 다 하나의 사랑만이 있을 것이다. 어머니―자기 어머니―를 대상으로 취하는 **기원적인** 사랑 말이다. 그 때문에 부부 갈등이 초래되나? 시어머니와 장모 사이에서? 그리고 뒤늦게 여성을 오이디푸스기에 진입하게 하는 것은 아들일 것이다. 결국 아들의 욕망에 의해 오이디푸스화된다. 자기 어머니에 대한 아들의 욕망에 의해서 말이다. 결국 어머니는 우회 없이 욕망된다. 자기 아들에 의해서. 그리하여 사실, 아들의 탄생은 가족 단위의 안정성을 위한 필요조건일 것이다. 가족은 오이디푸스의 욕망에 의해 공고해진다. 바로 아버지와 아들 오이디푸스의 욕망에 의해서.

그러나 프로이트의 이러한 주장은 마지막에 가서, 여자아이의 성적 발달에 관해 그가 계속 서술하고 규정해온 것에 모순된다. 이를 어떻게 이해할 것인가? 여성 섹슈얼리티는 남성 섹슈얼리티를 설명하기 위해 설정된 범주들로 환원될 수 없다는 암묵적인 고백인

가? 거세 콤플렉스를 포함하는 범주들로? 오이디푸스 콤플렉스를
포함하는 범주들로? 정신분석이 여전히 계속 여성성이라는 "검은
대륙"에 부딪히게 된다고 인정하는 것인가? 혹은 여성이 문제가 될
때 불가피하게 스스로에 모순되는 담론인 것인가? 이러한 모순은
여성의/여성에 대한 욕망이 문제가 될 때 여전히 항상 (의식적) "담
론"을 혼란에 빠뜨리는 무의식의 특징적 작용이기에? 그러므로 이
러한 비일관성 때문에 프로이트는 여성이—그에 따르면—"어린 남
성"일 때, 즉 원초적인 전오이디푸스적인 남성성에 머물러 있을 때
와 마찬가지로 여성은 결코 "성적 기능"을 행할 수 없을 것이라고 말
하게 된다. 그런 다음에 남성의 "사랑"과 여성의 "사랑"은 심리적 단
계의 차이에 의해 구별된다고 유감스러워함에도 불구하고 말이다.
남성은 아내-어머니와 아내-딸에 대한 사랑 사이에서 주저할 것이
라고 말하는 것인가? 혹은 아내-아들에 대한 사랑? 남색가 오이디
푸스? 물론이다. 성적 **"대상"으로서** 어머니의 전유냐, 아니면 **동일시에
의한** 어머니의 전유냐 하는 것 사이에서 망설이는 것이다. 그러는 동
안 여성은 결국 남편보다 아들을 선호한다. 덜 꼬인 욕망의 아들을.

그러므로 심리적 "단계"의 이러한 차이는 또한 세대générations 차
이, 또는 세대발생génération에 대한 관계의 차이일 것이다. 여성은
서구를 지배하는 문화적 체계들과 소유 체제들에 포함되어 있기
때문에, 이 세대발생을 매개하고 은유화하고 "전위할" 준비가 되어
있지 못하다. 심리적 단계의 분기를 기점으로 우리는 여성과 남성
이 (재)생산 경제에 통합되는 특수한 양태들을 재검토하고, 이 점
에서 "심리적인 것"과 그것을 설명하는 이론들에 대한 역사적 결정

요인들의 제한적 역할을 재해석하기에 이를 것이다.

| 여성의 수수께끼 같은 양성성 |

분명 "지금까지 내가 여러분에게 이야기한 것은 말하자면 여성의 **전사**前史일 뿐이다". 이는 안심시키는 동시에 불안하게 하는 것이다. 아직 여성 섹슈얼리티에 대해 모두 말해지지 않았다… 그러나 "전사"에 대해 서술된 것은, 여성의 충동들과 최초의 충동적 대표들의 그러한 몰이해, 그러한 부정, 그러한 억압을, 그리하여 이어질 역사를 제대로 시작하지 않는 그것들〔충동들과 대표들〕의 그러한 억제, 그러한 리비도 투자 철회, 혹은 그러한 "전환"을 내포한다.

"전사와 관련해 다만 다음과 같은 것만 일러두겠다." 즉, "여성성의 정립은 원초적인 남성성의 잔존하는 발현들로 야기된 장애물들에 좌우된다. 전오이디푸스적 단계로 고착되는 퇴행은 빈번히 일어난다." 그리고 "어떤 여성들의 삶에서는 때로는 남성성이, 때로는 여성성이 우위를 차지하는 시기들이 반복적으로 교대되는 것을 관찰할 수 있다". 그리하여 남성들이 **"여성의 수수께끼"**라고 부르는 것은 아마도 **"여성의 삶 속에서의 이러한 양성성"**으로 설명될 것이다. 그러므로 양성성은 한편으로는 "원초적인 남성성"으로서, 다른 한편으로는 "실행된 거세"의 수용에 의한 "여성성의 정립"으로서 분석될 것이다. 가치 있는 남근 숭배와 거세된 남근 숭배로서. 혹은 어머니에 대한 "남성적" 욕망과 아버지의 음경 "선망"으로서.

따라서 이러한 여성의 양성성은 **남성 섹슈얼리티가 스스로에게 부여할 "기획**programme**"의 전도된 요약**을 나타내는 게 아닐까? 남성 섹슈얼리티의 결말의 — 텔로스의 — 역행하는, 뒤집힌 투사를? 여성이라는 **수수께끼**는 그의 지식을 향한 진보의 보증이다. 절대적인 지식을 향한 진보의. 그러므로 그는 그녀가 영속화할 이 비非지식, 그녀가 알지 못하는 새에 그녀에게 할당됐을 이 "무의식"을 점점 더 의식의 효력effectivité 속에 넣을 것이다. 비지식과 "무의식"은 그녀에게는 절대적인 — 적어도 이 역사에서는 — 것이지만, 그가 어떤 식으로든 그녀를 부정성을 지키는 자로서 고정함에 따라 그에게는 해독할 수 있는 것이 된다. 무한한 퇴행의 가능성을 보장하는 자로서. 의식의, 성의 퇴행의 가능성을. 남근적 승화(?)에 의한 변증법적 발전에 필요한, 성에 대한 의식의 죽음을(의식과 성의 죽음을).

이렇게 해서 여성의 양성성, 즉 그녀의 성의 한정détermination이 유지될 이 결정불능성, 성별화된 것le sexué에 대한 관계와 관련해 여성이 계속 머무르게 될 이 "무의식"은 이상화(들)의 모든 유용한 목표들에 대한 비지식 속에서 그녀가 보존하는 **성차의 저장고**일 것이다. "여성적" 양성성은 (소위 남성적 섹슈얼리티의) **역사의 모체**의 수수께끼로 남을 역, 이면과 습곡, 역행, 퇴행rétroversion을 환기시킬 것이다. 이 수수께끼는 언제나 그[남성]의 "무의식"에 의해 재해석되어야 하며, "무의식"의 억압은 여러 이유로 보호되어야 한다. 여성은 "남성의" 무의식의 대표들에 대한 지지대, 기입 공간일 것이다. (섹슈얼리티의) 역사적 발전의 "무의식"의. 그녀에게 이러한 경제는 "전사"로서의 가치만 있을 것이다. 그리고 만약 그녀의 섹슈얼리티가 언젠가 "인식되게" 된다면, "대문자 역사"에 기록된다면, 이 대문자 역사는 이미 더 이상 단순히 발생하지 않을 것이다.

"여성은 자질들의
어떤 결핍에 따라 여성이다"

어쨌든 "나는 사춘기를 거쳐 성인에 이르기까지 **여성성의 모든 발**
달을 기술하고자 하는 의도는 없다. **게다가 우리의 자료들이 충분하지 않**
을 것이다". 여성 섹슈얼리티의 역사에 대한 진술은 여성이 성인에 이
르기 전에 멈춘다. 심지어 사춘기라는 사건에 이르기도 전에. 따라
서 "질의 발견", 모태의 "발견" 이전에? 가족을 떠남, 고유한 성姓의
변화, "결혼", 모성, 수유 등등 이전에. 꽤 결정적인 모든 단계들 이
전에. 다른 여러 가지 중에서도 결정적인 단계들 이전에. 그러나 여
성 섹슈얼리티의 차후의 이러한 발달에 대해, "나는 몇몇 **세부들**을
인용하는 데에", "정신분석에 비추어 우리에게 **일단 완성된** 것으로
보이는 여성성의 몇몇 **특성들**을 알리는 데에 만족하겠다". 그렇지만
"한편으로 성적 기능에 기인하는 것과 다른 한편으로 사회적 규율
에 기인하는 것을 구분하기가 항상 쉽지는 않다는 것"을 환기하면
서 말이다.

1. "우리는 대상 선택에 영향을 주는 **더 발달된 자기애**를 여성성의 탓으로 돌린다. 따라서 여성에게는 사랑받고자 하는 욕구가 사랑하고자 하는 욕구보다 더 크다."

2. "또한 **여성의 육체적 허영심**을 야기하는 것은 음경 선망인데, 여성은 자신의 매력을, 타고난 성적 열등감에 대한 뒤늦은 보상으로서 그만큼 더 가치 있다고 간주하기 때문이다."

3. "우리는 특수하게 여성적이라고 인정되며, 실제로는 사람들이 믿는 것보다 더 인습적인 미덕인 **수치심**pudeur이 **성기의 결점들을 숨기기 위한 원초적인**primitif **목적이 있는 것**으로 생각한다."

4. "**여성들은 문명사의 발견과 발명에 기여한 바가 거의 없다.** 그러나 아마도 그들은 직조tissage, 짜고 엮기tressage라는 한 가지의 **기술**을 발견했을 것이다. (…) **자연**은 성기를 감추는 체모를 자라게 함으로써 유사한 **모방**copie의 **모델**을 제공했는지도 모른다. 다음 단계는 실들을 얽히게 하는 것인데, 피부 속에 뿌리박혀 펠트 천 같은 것을 형성하는 것이다. (…) 사람들은 이러한 발명의 무의식적인 동기를 알아내야겠다는 생각을 하게 된다."

5. "여성이 공정성에 대한 감각을 높은 수준으로 가지고 있지 않다는 것은 **그녀의 정신 구조 속에서 선망이 우위를 차지하는 것**과 틀림없이 관계가 있다고 인정해야만 한다."

6. "여성들이 남성들보다 사회적 관심이 덜하다." 그리고 "**사회적 관심에 관한 한, 여성의 열등성**은 틀림없이 모든 성적 관계들의 특성인 이 비사회적인 성격으로부터 기인한다".

7. "…그리고 여성들에게는 본능들을 승화시킬 수 있는 능력이 여전히 더 취약하다."

8. "30세쯤의 남성은 젊은, 미완의, 더 발전할 수 있는 존재이다. (…) 반대로 그와 같은 나이의 여성은 그녀에게서 발견하는 고정성fixe과 불변성 immuable으로 인해 종종 우리를 몹시 놀라게 한다. 결정적인 위치들을 취한 그녀의 리비도는 그때부터 변화할 수 없어 보인다. 거기에는 어떤 발달évolution도 실현되는 것을 볼 희망이 없다. 모든 것이 마치 과정이 완성되어 어떤 영향도 받지 않을 듯이, 마치 여성성을 향한 고통스러운 발달이 그 개인의 가능성들을 고갈시키기에 충분했던 듯이 진행된다." "정신 치료 전문의로서 우리는 신경증적인 갈등을 해소시켜 그 병을 쓰러뜨리는 데 성공했을 때조차 그 상황을 유감스러워하게 된다."

좋다… 하지만.

| 과도한 자기애 |

1. 여성에게 "사랑하기"와 "사랑받기" 사이의 선택권이 있는가? 여성의 대상 선택에 대한 이러한 설명이 어떤 식으로는 현실에 부합한다는 사실을 인정한다 해도 말이다. 여성성의 정립은 수동성의 발달에 의해, 여자아이의 원초적 충동들이 "수동적 목표"에 따른 충동들로 변화함으로써, 또한 "대상" 축을 영속화함으로써 이루어진다. 엄밀하게 보자면, 따라서 여성은 사랑의 "대상"을 선택하지 않을

것이고, 욕망하지 않을 것이다. 그 대신 여성은 "주체"에 의해 "대상"으로서 욕망되려고 애쓸 것이다. 욕망할 만한 "대상"은 항상 음경, 남근이다. 어머니의 (혹은) 남성의 음경, 남근. 그러므로 만약 그녀가 "주체"의 욕망을 지지하기를 원한다면, 그녀는 가능한 한 남성에게서, 어머니 혹은 남성에게서 가치를 빌려 올 것이다. 그가 그녀 안에서, 그녀(의 우회)에 의해서 스스로를 사랑하기를 그녀가 원한다면 말이다. 그녀는, 사실, 자기애적이지만, 그것은 남근적 위임에 의해서이다. 왜냐하면 자신의 성의 자기애화에 관해서라면 그녀가 그것을 요구할 수 없음을 우리가 보았기 때문이다. 그녀는 손상되고, 절단되고, 모욕당한다… 여성이기 때문에.

| 상품의 허영심 |

2. 타고난 성적 열등감에 대한 보상인 여성의 육체적 허영심은 "음경 선망"에 의해 야기됐을 것이다. 인정하자. 그러나 여기에서 또한, 사람들이 여성에게서 기대하는 "여성성"에 부응하기 위해 **여성이 "자신의 육체에 대한 허영심"을 지닐지 말지 사이의 선택권이 있는지를 알아보는 문제가 제기된다.** 그녀의 성적 "효용"이 그녀가 자신의 육체의 자질들, "속성들propriétés"을 신경 쓰기를 요구하지 않는지를. 소비자의 쾌락을 불러일으키고, 유지하고, 심지어 부풀리기 위해서 말이다. 그러나 소비자는 또한 성적 가치들의 척도를 점하는 일에 대해 재보장받기를 요구한다. 그로부터 "음경 선망"의 **필수적인** 개입이 생

긴다. 그래서 "여성성"은 순환적 과정에 연루될 것이다. 그것을 갖고 있지 못하기 때문에, 그녀, 그녀는 그것을 갖기를 선망할 것이다. 왜냐하면 그것은 성적 교환의 보증이기 때문이다. 그러나 그녀는 그것을 갖지 못한다. 그녀의 "선망"에 의해 그녀가 이 "보편적 등가물"의 신용, 평가를 강화하도록 말이다.

그런데 문제가 하나 있다. 이 거래에서 그것을 가지고 있는 척 연기하기, 그것인 척 가장하기는 모든 흐름을 방해하는 작용이다. 그런데 여성이 관념, 이상, 반사/사변화에 대한 모든 접근으로부터, 심지어 어떤 유기체적 "현실"로부터 〔성기가〕 거세되었기 때문에 **자신의** 성기와의 관계를 연기하고 가장할 수 없다면, 가치를 독점하는 성적 기관을 실제로 가지고 있지 않은 여성은 그만큼 더 그것을 가지고 있는 "것처럼", 그것인 "척 가장할" 수 있을 것이다. 그것은 이러한 전제의 문제를 헤아리지 않으면서, 남성의 거세 불안, 즉 거세된 여성 성기에 대한 그의 공포가 그의 충동들을 만족시킬 유일한 가능성으로서 그녀에게 요구하는 것, 그녀에게 제시하는 것이다. 여성의 "육체적 허영심", 자신의 몸의 "페티시화"─페티시의 모델, 원형에 따라, 즉 음경에 따라 실현된─는 그녀가 욕망할 만한 "대상"이 되게 하고, 그가 그녀를 소유하고자 갈망하기 위해서 요구된다. 그러나 아마도 그녀는 이번에는 자신의 가격의 잉여가치를 유지하고자 노력할 것이다. 그녀(들)가 스스로를 가리는 모든 종류의 분칠들, 가면들은 그것이 실제보다 더 가치가 있다고 속이고, 믿게 만들고 싶어 할 것이다. 그러니까 여기서 우리는 음경의 권력을 전유하려는 욕망을 발견할 수 있다고 보면 될까? 혹은 착취

exploitation의 자연적인 기능을 부인함으로써 적어도 남근적 경제에서 경쟁하고자 하는 욕망을 발견할 수 있을까? 그녀는 즐기고 있는가? 꼭 그렇지도 않고, 간단하지도 않다. 항상 저평가하는 시선에 좌우되는, 부차적이고, 반동적인 이러한 형성formation — "타고난 성적 열등감에 대한 뒤늦은 보상" — 은 그녀의 과거의 자기애적 모욕들, "타고난" 열등감을 치료하지 않고(생각하지 않고?), 그녀의 자기성애, 그때부터 수치스러워진 자기성애의 억압을 완화하지 않는다. 그녀가 어쩌다 "여성성"의 부르주아적인 도착적 역할을 완벽하게 연기한다 해도, 그것은 특수한 반사적 경제의 이 결점, 이 결여를, 즉 **그녀를 위해서, 그녀에 의해서** 그녀로 하여금 "대상"으로서가 아니라 다르게 교환 체계에 접근하게 할 표상의 이 결점, 이 결여를 조금도 충족시키지 않으며, 단지 무無에 의해서만 장식할 뿐이다. 이는 그녀가 속이지 않고, 남성에게 그녀가 성적 등가물들의 시장에서 위험한 (여성) 라이벌이 되지 않으리라는 말이 아니며, 세상의 모든 금이 이제부터 그녀에 의해 자본화된다고 상상하지 않으리라는 말도 아니다. 그녀에게 도금된다고? 그녀의 몸이 자기성애적인, 관음증적인, 독점적인 등등 남성의 충동들의 만족을 위해 금으로 변하는 것이다.

│ 결함 있는 구조가 요구하는 이 수치심 │

3. 그러나 "수치심"은 성기의 결함을 계속 나타낼 것이다. 인습적인 것이

되었지만, 틀림없이, 그럼에도 수치심은 여성 성기의, 틈이 있는 lacunaire, 결함 있는 구조가 보이지 않도록 하는 것을 일차 목표로 하고 있다. 수치심은 페티시의 가공에서 작용하는 이러한 타협과 이러한 부인의 **전도된** 환기일 것이다. 몸이 아름다운 여성은, 그에 의해서 그리고 그를 위해서 금으로 장식된 여성은, 그녀의 성기에 관한 한, 여전히 신중하고 겸손하며 수줍어한다. 그녀는 그것[그녀의 성기]의 은폐에 대한 조심스러운 공모자다. 자신의 성기를 더 잘 숨기기 위해 자신의 몸을, 자신의 보석들을 전시하는 이 **이중놀이**를 보장하는 것이다. 왜냐하면, 만약 여성의 "몸"이 어떤 "효용성"을 나타내고 어떤 "가치"를 표상한다면, 이는 그 성기를 가리는 조건 하에서이기 때문이다. 소비해야 할 것은 바로 이 **무**rien이다. 게다가 이 무는 환상 속에 탐욕스러운 입으로서 그려진 것이다. 어떻게 그렇게 텅 빈 사물을 거래할 것인가? 자신을 팔기 위해서는, 자신과 관련된 성적 무가치mé-prix를 최대한 가리는 것이 여성에게는 중요하다.[188]

| 여성은 "직조"만을 발명했다 |

4. 그 결과, 그녀에게 자신을 (다시) 가리기 위한 직물, 천이 중요해진다. 이렇게 "문명사의 발견과 발명에 대한" 여성들의 유일한 기

---

188 사실, 아버지의 것 혹은 포주의 것인 음경-남근의 가치가 새겨진 (여성의) 몸으로서 여성은 판매된다.

여, "직조"가 설명될 것이다. 또한 "**자연**이 체모를 자라게 하여 제공한 **모델**의" 대략적인 "모방"도 설명될 것이다. 여성은 (단지) 대문자 자연을 모방할 수 있을 (뿐일) 것이다. 대문자 자연이 제공하는 것, 생산하는 것을 복제할 수 있을 (뿐일) 것이다. 대문자 자연을 지원하고 대체하기 위해서. **기술적으로**. 그리고 역설적으로 말이다. 왜냐하면 대문자 자연은 "전체tout"(모든 것)이기 때문이다. 그러나 이 전체는 무rien로서 나타날 수 없다. 예를 들면, 성기의 없음으로서 나타날 수 없다. 그러므로 여성은 자신을 은폐하고, 대문자 자연의 결점들을 가리고, 전체성 속에 자연을 복원하기 위해서 직조한다. **그것을 에워쌈으로써 말이다.** 마르크스에 따르면 정당한 평가로부터 "가치"를 보호하는 외피로. 상품들의 실제 가치에 대한 "지식 없이" 상품들의 "교환"을 가능하게 하는 외피로. 상품들의 차이들의 (재)인식 없이 "상품들"을 추상하고, 보편화하고, 대체 가능하게 만드는 외피로.[189] 프로이트에 따르면, 그것은 남자아이의, 남성의 공포에 찬 시선으로부터 성들의 차이를 은폐하는 데 쓰인다. "우리는 음경의 결여로 인해 야기된 첫인상에 그들[아이들]이 어떻게 반응하는지 알고 있다. 그들은 이 결여를 부인하고, 그럼에도 불구하고 음경을 **봤다고 믿는다.** 그들은 **관찰과 선입견 사이의 모순** 위에 **베일**을 덮는다."[190] 거의 지각할 수 없게 자연과 자연의 작업을 페티시적 경제에 넘겨버리는 외피는 그녀/그가 생산할 수 있는 것을 평가로부터 숨기고 비밀을 유지한다. 그리고 그때부터 믿음과 선입견을 유지한다. "관

---

189 『자본론』, 1권, 1부, 1장, 4절.
190 「유아의 생식기 형성」, 『성생활』, p. 115.

찰"과의 모순으로부터 그것들〔믿음과 선입견〕을 지킴으로써 말이다.

그러나 **모순은 이미 베일 속에**, 베일의 기능의 **이중성 속에 새겨져 있다**. 더 낮은 "가치"를 가리는 데에, 페티시를 과대평가하는 데에 쓰이는 베일은, 그것이 평가절하를 면하게 하고자 하는 것으로부터 얻는 이익을 그만큼 숨기게 될 것이다. 예를 들면, 성교 대신에, 또한 다른 식으로는 수태 대신에 돌아오는 이익을. 그러나 또한 성교의 비용이 얼마가 될 것인가 하는 것은 명백히 제대로 계산되지 않으며 현행 경제의 타당성을 위협한다. 그것이 어쨌든 간에, 보일 수도, 알려질 수도 없을 것이고 없었을 것이기 때문에 특히 그렇다. 이익과 손해의 표상(들), 조폐(들)의 체계에 대한 도전인 것이다. 어쩌면 페티시들의 발화發火/ignition인지도 모른다. 그리하여 척도가 백열을 내며 타버릴 때, 도금된 시선을 그로부터 보호하기 위해 직조가 필요하다. 성교 때마다 그것을 (재)주조(re)fonte해야 한다. 보호하는, 방어하는 짜임texture. 이멘hymen[191]은 결혼으로서만큼이나 막-스크린membrane-écran으로서 그 "효용성"을 재검토해야 할 것이다. "결혼"은 **어떤 가치 외피(외피의 가치)의 "이용"의 배타적 계약**일 것이다. 계약의 문제는 다수의 리비도 투자들을 허용함으로써 다양하게 대체될 것이다. 예를 들면, 짜임으로, 때로는 은유적으로. 천, 직물, 혹은 텍스트들—종종 고유명의 이익을 위해 놀이jeu 속에서, 불feu 속에서 정련되는—의 생산을 위한 성적 가치의 동원, 독점화.

---

191 동음이의어로서 '결혼'을 의미하기도 하고 '처녀막'을 의미하기도 한다. 이리가레가 두 가지 모두를 사용하고, 때로는 처녀성이나 처녀막을 긍정적 의미로 전유하기도 하므로, 소리 나는 대로 표기했다. 맥락에 따라서 '결혼', '처녀막'으로 옮긴다.(옮긴이)

말씀의 중재로 성처녀에게서 (재)생산되는, 모든 고유명들의 패러 다임이 담론의 속성의 표준으로, 신에게로 돌려보내지거나 돌려진 다. 그러는 동안 여성은 그녀의 성의 부인déni을 뒷받침하기 위해 직 조한다.

그것〔그녀의 성의 부인〕또한 직조된 것이며, 복제 가능성이 없지 않다. 적어도 이중 복제의 가능성이. **여성과 어머니(어머니인 여성)는 똑 같은 방식으로 (자신을) 복제하지 않는다.** 외피(에워싸기)의 기능은 동일 하지 않다. 즉, 하나의 덮개가 양막처럼 둘러싸지는 않는다. "예를 들면." 마찬가지로 페티시적 환상을 유지하는 베일의 역할은 **이질 적**이다. 페티시적 환상은 **하나 이상의** 부인을 다시 덮는다. 그리고 어 머니의 거세됨의 부인을 강조함으로써, 우리는 이미 성교의 연소 combustion의 위험을 부인했을 것이다. 어머니의 음경이 결여된 광경 으로부터 스스로를 보호하고자 함으로써, 우리는 이미 여성에게 있는 성적인 힘, 여성의 주이상스의 힘을 부인했을 것이다. 주이상 스라는 것의 힘을. 남성의 기관을 페티시화함으로써. 이 봉헌 이후 에 아마도 여성에게 그것〔남성의 기관〕을 마련해줄 것이다. 어머니 는 다시 여성을 은폐할 것이다. 베일은 또한 다음과 같은 것을 의미 한다. 모태가 (다시) 질을 에워싸야 한다고. 산물을 둘러싸는 막은 (재)생산 작업을 돕고 은폐하며, 쾌락의 관건l'enjeu을 다시 폐쇄하 고(감금하고) 은닉한다. 불타는 것l'en feu을. 모든 페티시적 경제를 위협하는 것을. 모든 페티시적 경제는 베일들을 다소간에 어디에 나, 모든 등가물들의 모든 체계들 안에 놓는다. 성차에 대한 몰이해 는 언제나 성차의 가능성의 조건으로 남아 있기 때문이다.

5. "여성이 **공정성**justice에 대한 감각을 높은 수준으로 가지고 있지 않다는 것은 그녀의 정신 구조 속에서 **선망이 우위를 차지하는 것**과 틀림없이 관계가 있다고 인정해야만 한다." "공평성équité의 감정"이 요구하는 이 "선망의 가공"을 실행할 수 없었던 여성은 "이러한 선망이 행사될 수 있는 조건들"을 잘 몰랐을 것이다. 여성의 "선망들"은 행사되거나 그러지 않거나 할 수 있는 방식들을 조정하는 경제, 권리, 사법을 찾지 못했을 것이다. 사실, 여자아이의 욕구와 욕망은 "잠재기에" 머물러 있다. 억눌리고, 억제되고, 억압되고, (어머니를 향한) 증오로, (여성의 성을 향한) 경멸로 전환되는 등으로 말이다. 확실히 원한, 탐욕, 충동적 긴장을 강화하지만, 필요한 조치를 제공하지 않는 작용들이다. 여자아이에게 거세의 발견이 표상하는 이러한 리비도적 "재난"으로부터, "여성 되기"의 단계들을 특징 짓고 분절하며 그 발달을 보장하는 "음경 선망"이 기인한다.

그러나 이러한 "선망"은 단순히 공정성의 영역에 속하는 것은 아니다. **그것은 페티시 원형의 숭배를 유지한다.** 그리고 이런 점에서 오히려 **종교적** 성향으로 해석되어야 할 것이다. 여성은 "신비적" 가치들을 **성향으로 가지게** 될 것이다. 충동들의 중단, 검열에 의해서. 유아기부터, "전오이디푸스기"부터 계속 수수께끼 같고 모호하고 "검은 대륙"인 것에 의해서. 또한 남성 기관이 전능의 기표로 게시됨에 의해서. 교환 체계들과 관련된 주변성에 의해서. "수동성", 심지어 "마조히즘"에 의해서, 등등. 또한 종교적 임무office가 그녀에게 **맡겨질 것이**

고, 그녀에 의해 보호될 것이다. 이는 공정정과 관련이 없으며, 심지어 그에 대립될 수 있을 것이다. 남근 숭배는 도시의 법에 도전하고, 법의 중재와 제재에 맞선다. 그것은 남성들 간 갈등의 다소 합법적인 성질을 개의치 않는다. 중요한 것은 남근적 표장emblème의 명예가 실추되지 않도록 해주고, 그것의 부패를 (다시) 은폐해주고, 그것의 쇠락을 가려주는 것이다. 조롱, 무의미, 평가절하로부터 보호해주는 것 말이다. 그녀가 죽어야 한다 해도, 여성은 자기 임무를 완수할 것이다. 처녀라면? 그녀의 행위는 더욱더 모범적일 것이다. 왕이 사형선고를 내린다면? 그녀는 그만큼 더 체계의 모순들을 폭발시킬 것이다. 이는 군주에 어울리지 않는 분노가 입증하는 것이다. 왜냐하면 여성이 종교적으로, 맹목적으로 왕, 판관 혹은 전사의 힘의 속성들을 지지하지 않는다면, 그 힘은 쇠퇴하거나 혹은 무용한 것이 될 위험이 큰데, 권력을 향한 남성들 사이의 경쟁 관계를 조정하는 것이 항상 관건이 되기 때문이다. 이는 다음을 말해준다. 안티고네가 왕의 지배권, 그리고 그의 후계자의 음경이 가진 지배권을 무시하고 어머니의 "남근적" 제국을, 피의 권리들을 그렇게 소리 높여 주장하는 것이 가부장적 체제에서는 용납되기 어려웠다고! 가부장적 체제에서는 어머니와 딸의 관계들의 재출현이 항상 갈등들을 야기하는 것이다.

공정성, "공정성에 대한 감각"으로 다시 돌아가서, 우리는 상품으로서가 아니라면, 교환의 실천에서 자신이 배제되어 있음을 본 여성이 어떻게 거기에 이를 것인지 자문할 수 있을 것이다. 상품들이 "말할 수 있다면", 아마도, 그들이 생각하는 자신들의 가격에 대한 평가를, 자신들의 지위status의 정당성을, 소유자들의 소행을 말했을 것이다. "선망을 처리하기", 즉 "공정하게 행사하기"에 대해 말하자면, 그것은 실현되기 어려운 듯 보인다. 왜냐하면, 말할 것도 없이, "상품들은 스스로 시장에 결코 갈 수 없기" 때문이다. 상품들에는 구매자들의 "선망"을 유지하는 일만 남아 있다. "보호자들"의 "선망"을. "보호자들"은 물론, "개인으로서 서로 관계를 맺고, (…) 상호 간에 사적 소유자들로 서로 인정하고, (…) 법적 관계는 합법적으로 발달되었든 아니든 계약이라는 형식을 취해야만" 할 것이다. 상품들의 "가치"는 확실히 다소 법적인 이 작용들에 있어서 결정적이지만, 상품들로 말하자면, 말하거나 질문할 것이 없고, 표현할 욕구나 욕망도 없으며, 자기 몫을 위해 실현할 구매 혹은 판매도 없다. 기껏해야 상품들은 "몸을 파는 여성들"로서, 이는 거래를 촉진할 것이다. "선망"을 보장하는 여성들로서 말이다. 여성에게 할당된 역할과 그 수행은, 비록 부수적인 사건들을 야기한다 해도, 기존 사물들의 시장에 필수적이다.[192]

따라서 남근중심주의의 영속화에 필수적이다. 왜냐하면 여성이 남성이 가진 것을 선망하지 않았다면, 남근적 집중은 곧 어떤 탈중심성ex-centricité에 굴복하는 것처럼 보일 것이기 때문이다. 문제는 권리의 등가성들의 절차들이 여전히 오직 남성들에게만, 어쨌든 "남성성"에만 주어지며, 그 실행은 남근적 헤게모니에 의해 규정되고 재표시되는데, 여성으로서는 여성이 그 절차들에 접근할 수 있

---

192 마르크스, 『자본론』, 1권, 1부, 1상, 4설, 2성.

도록 요구하지 않기가 어렵다는 것이다. 그리고 그녀에게 귀속되는 것, 그녀의 장점들, 그녀의 가치, 교환 경제 속 그녀의 역할의 특수성에 대한 무지, 무의식 속에서, 여성은 남성들의 것과 동등한, 혹은 "등가의" 권력들을 "선망하고" 요청할 수 있을 뿐이다. 아마도 피할 수 없는 순간이 올 것이다. 여성이 그런 특권들을 탈취하고자 하는 유일한 목표 속에서, 음경적 자기애에 예속된 자, 그것의 희생자, 불운한 자로서 자신을 표상하는(표상할) 순간이. 성적 반항, 혁명은 단순히 사태를 전복하고, 동일자의 영원회귀를 영속화할 위험이 있다. 그래서 "페미니스트들"에게 이의를 제기하는 프로이트는 어떤 방식으로는 옳다. 그가 내세우는 근거들이 이론의 여지가 있고, 그 문제의 중요성에 대한 그의 몰이해를 나타낸다는 점을 제외하면.

사회는 여성의 관심을 끌지 않는다

6. 이것은 여성들의 "사회적 관심"이 문제가 될수록 더욱 두드러진다. 왜냐하면 성적 해방이 요구라고 해도, 특히 그 용어들이 가끔, 종종 서투르게 제시되고 잘못 평가되며 제대로 정립되지 않아 조롱―언어를 자유롭게 사용하며, 언어의 사용을 획득하여 그것을 전복할 필요가 없는 이에게 쉬운 아이러니―을 초래하는 "페미니스트적" 요구라고 해도, 그 같은 "해방된 여성들", 적어도 해방되기를 희망하는 여성들의 사회적 권리에 관계된 요구 사항들은 피하기가 더 어

럽다. 물론, 결국 **동일한** 권한을 요구하는 것은 문제가 아니다. 그럼에도 불구하고 여성들은 자신들이 야기할 차이들이 고려되고 인정되게 하려면, 동일한 것(들)에 이르러야 한다. 왜냐하면 여성들이 "남성들보다 사회적 관심이 덜하다"는 것은 명백하기 때문이다. 이 표현의 의미의 모호성, 이중성은 특별히 논의를 필요로 하지 않는다. 그리고 왜 여성들이 자신들을 참여시키지 않는 사회에 관심을 가져야 하는가? 법적으로, 그리고 실제로 당사자들인 남성들의 불가피한 중계에 의해서만 그녀들에게 이익을 제공하는 사회에 말이다. "남성의 항의" 때문에? 이는 손실을 더 가져올 위험이 있다. …이익보다는. 마조히즘 때문에? 사회적 차원에서 마조히즘은 여전히 별다른 쾌락이 없다. 게다가, 교환 화폐를 쓸 수 없고, 타자의, 타자들의 소유물과 관계를 맺을 고유한 것으로서/고유한 것en/de propre은 아무것도 소유하고 있지 않는데, 어떻게 사회적 삶에 참여할 것인가?

그래서… "사회적 관심에 관한 한, 여성의 열등성은 아마도 모든 성적 관계들의 특성인 이 비사회적인 성격으로부터 기인한다. 사랑하는 사람들은 서로를 충족하며, 마찬가지로 가족은 구성원들이 좁은 집단cercle을 버리고 보다 큰 집단으로 가는 것을 저지한다." 또한, 여성의 사회적 열등성은 성적 열등성을 **복제한다**. 그리고/혹은 **역으로**, 제거하기 어려운, 벗어나기 어려운 순환 속에 그렇게 한다. 따라서 우리는 여성이 자신의 "구조constitution"에 따라 사회적 우위를 거부하게 되는 것을 알지만, 소위 구조에 대한 평가들이 여

성에게 할당된 사회적 조건에서 기인한다는 것을 심히 망각하곤
한다. 사회는 스스로 만들어낸 개념인 ―우리는 항상 선회한다―
"자연"을 모방하고 돕는다는 것을 핑계로 삼아 여성들에게 "더 큰
억압"을 유지하고, "여성들의 요구를 남성성의 경우에서보다 덜 고
려할 것이다". 따라서 "여성의 사회적 관심"이라는 이 단어들의 연
결은 정당화될 수 없을 것이다. "여성적 리비도" 역시 마찬가지인
가? 그렇다면 여성이 성적 관계에 더 몰두하기 때문에 공공의 문제
에 무관심을 표명한다는 사실을 왜 내세우는가? "사랑하는 사람
들은 서로를 충족하기" 때문에? 여성들은 자주 그들의 리비도적
"운명"에 따라 "불감증"이다, "음경 선망" 때문에 사랑은 그들에게
거의 불가능하다, 등등.

　이 모든 것은 확실히 매우 "모호하다". 그리고 "여성성"과 거기에
부여된 역할들이 남성성과 관련하여 "부차적인" 형성들, "유용한"
규정들로 해석되지 않는 한 계속 그럴 것이다. "여성성"을 "여성"과
결부시키고자 하는 전혀 다른 설명 ―구조, 생물학적 운명, 거세
콤플렉스와 심지어 오이디푸스 콤플렉스, 불감증, 남근과 그 외 선
망, 허영심, 수치심과 직조…―이 몇몇 언표들에 있다. 이 언표들의
논거에는 놀라운 모순들이 있다… 그 남성적 논거의 모순들이. **프
로이트가** 여기에서, 애정 관계들의 **사회적** 차원에 대해 거의 주의를
기울이거나 관심을 보이지 않는다는 사실이 이 모순들을 설명할
수 있을 것이다.

　이를테면 마르크스는 남성과 여성의 관계를 그가 모든 동류들

과 특히 착취에 관해 맺는 관계들의 지표로서 정의한다.[193] 기원, 실천, 반영으로서의 성적 관계가 그 관계가 생겨나는 일반 경제와 분리될 수 없다는 사실은 아주 명백하다. 그뿐만 아니라, 매우 배타적으로 성적인 — 불가피하게 "비사회적인"(?) — 관심préoccupations이라는 면에서 여성들이 사회에 거의 관심이 없다는 것을 생각하면, 이는 성적 관계의 양태들이 사회에 의해 결정된다는 것과, 또한 그 양태들이 그 사회에서 영속시키고 야기하는 것을 잊고 있는 것이라는 사실도 명백하다. 따라서 사회적 임무의 배치는 여성에게 성적인 것의, 그리고 "사랑의" 보살핌과 배려를 할당하는 것 — 프로이트의 텍스트가 가정하는 것 — 이라는 사실은, 그가 어떤 여성에 대해 말하는지 알아봐야 하는 문제를 이미 제기한다. 그의 언표는 모든 사회로, 모든 계급으로 일반화할 수 있는 성질의 것인가, 아닌가. 달리 말하자면, **프로이트에게서는 어떤 경제적 하부구조가 여성의 역할의 개념작용을 지시하는가?** 프로이트가 여성의 성적, 심리적, 사회적, 문화적 등등의 능력 부족을 비난하는 것을 받아들이더라도 말이다. 그러한 여성혐오는 현행 소유 체제에 대한 **이데올로기적 경고**로서 이해될 수 있다.

왜냐하면 여성의 일 — "사랑", "가족", "가사家事"가 우선되는 식이라고 임시로 가정하자 — 이 늘 은둔과 사회적 고립의 성격을 갖는 것은 아니기 때문이다. 프로이트는 그렇게 주장했고 이를 여성들의 "사회적 관심 결여"와 "사회적 열등성"으로 해석했지만 말이

---

193 마르크스, 『1844년의 경제학 철학 수고Manuscrits de 1844』, trad. Bottigelli, Éditions Sociales, p. 86.

다. 가사의 방향이 "공공성을 잃고" "사적 봉사"로 축소된 것은 **가부장제적 가족**, 더 나아가 **일부일처제의 개별 가족**의 등장과 함께다. "아내는 사회적 생산 참여에서 배제된 첫 번째 하녀가 되었다."[194] 그리고 일련의 소유 체제들, 즉 노예제, 봉건제, 자본주의는 여성이 "생산"과 재생산의 "단순한 도구"[195]로서 가부장에 의해 소유된다는 사실을 더 이상 변화시키지 못했다. 결혼 계약은 여기에서 종종 **암묵적인 노동 계약**, 그러나 법적으로 승인되지는 못한 계약이었을 것이다. 이는 여성에게서 사회적이나 합법적인 요구 사항들, 즉 임금, 노동시간, 휴가 등에 대한 권리를 박탈하는 계약이다. 여성은 가정 안에서는 "평등한"데, 거기서 여성은 의식주의 대가로 집안일을 제대로 해내야 하는 것이다. "현대의 개별 가족은 여성의 공개된 혹은 은폐된 가족 노예제를 기반으로 하고 있다. (…) 오늘날의 남성은 대부분의 경우에 벌이를 해 가족을 부양해야 한다. 적어도 유산 계급에서 말이다. 그리고 이것은 그에게, 법으로 특별히 특권화될 필요가 없는 우월한 입장을 부여한다. 그는 가족 안에서 **부르주아**를, 아내는 **프롤레타리아**를 나타낸다."[196] 비공개적인 노동 계약인 결혼 계약은 다시 **아내의 몸과 성의 구매 행위**를 은폐했을 것이다. "그녀는 임금노동자처럼 도급으로 자기 몸을 임대하지 않고 노예처럼 자기 몸을 판다는 점에서만 보통의 유녀遊女와 구별된다."[197] "젊은 여

---

194 엥겔스, 『가족, 사적 소유, 국가의 기원Origine de la famille, de la propriété privée et de l'État』, Éditions Sociales, p. 71.

195 마르크스와 엥겔스, 『공산당 선언Manifeste du parti communiste』, 마르크스, 『전집 Oeuvres』, La Pléiade, tome I, p. 179.

196 엥겔스, 『가족, 사적 소유, 국가의 기원』, Éditions Sociales, pp. 71-72.

197 같은 책, p. 169.

성은 구매 및 배타적 소유를 협상하고자 하는 이에게 판매용으로 전시된 상품이지 않은가? (…) **문법상 부정의 부정은 긍정과 같은 것처럼, 결혼에서 매춘의 매춘은 미덕과 같다고 말할 수 있다.**"[198] 이런 종류의 많은 분석들을 인용할 수 있을 것이다. 다음의 분석도 아마 마찬가지일 것이다. "아내는 계약으로 얻는 소유물이다. 그녀는 동산動産이다. 소유가 명칭을 부여하기 때문이다."[199] 등등.

이 계약은 대개 아버지와 남편 사이에서 — 포주와 손님 사이와 동일하면서 다르게 — 체결되는데, 이때 처녀성은 남편에게 요청되는 모종의 노동력, 모종의 역량의 보증(그러나 이는 어쨌든 노동 능력에 관한 한 "신부"에게도 요청된다는 사실을 밝히기를 무시한 것이다)의 대가로 별도로 제시된 가치이며, 지참금에 추가된 것이다. 또한 이 모든 것은 두 가부장 사이에서 각각의 관념적인 재산과 이익에 따라 계산될 것이다monnayé. 어쨌든 협정은 **두 남성들 사이에서** 맺어져, 여성은 한 "가정"에서 다른 가정으로 이동하고, 그때부터 또 다른 "가족 집단"에 결합될 것이다. 그리고 아버지가 자신의 "교환"에 필요한 "가치"로서 딸의 처녀성을 보호해야 했듯이, 남성은 아내를 가정에 잡아두어 자신의 재산을 유일한 하나의 장소에 집중시키는 것과 그 재산을 자신의 자식들에게만 상속하는 것을 보장해야 할 것이다. "일부일처제는 동일한 손 — 한 남성의 손 — 에 커

---

198 푸리에, 「네 가지 운동에 대한 이론Théorie des quatre mouvements」, 마르크스-엥겔스, 『신성 가족La sainte famille』에서 재인용, Éditions Sociales, p. 231.

199 발자크, 『결혼의 생리학La physiologie du mariage』.

다란 부를 집중시키는 것과, 상속에 의해 다른 누구도 아닌 바로 그 남성의 자식들에게 이 부를 전달시키려는 욕망에서 탄생한다. 이 것 때문에, **남성의 일부일처제가 아닌, 여성의 일부일처제가 필요했다.** 여성 의 이 일부일처제는 남성의 공개적인 혹은 숨겨진 일부다처제를 추 호도 방해하지 못하지만 말이다."[200] "일부일처제와 매춘이 이율배 반인 것은 사실이다. 그러나 불가분의 이율배반이다. 동일한 사회 적 상태état의 양극인 것이다."[201] 사실, 이 양극은 전통적인 일부일 처제 결혼에서, 즉 매춘의 법적 형태에서 결합된다. 물론 그렇게 자 인하지 않으며, 아마도 부인dénégation에 의해 **도덕주의**를 산출하게 되지만 말이다. 여하튼 "가족은 구성원들이 작은 집단을 버리고 보 다 큰 집단으로 가는 것을 저지한다", 즉 여성이 가정을 떠나는 것 을 저지한다. 이는 여성을, 모든 압제를 허용하는 경제적 의존 상태 로 유지시킨다. 예를 들어, 사실 "여성은 모든 해방 법안에도 불구 하고 계속 **가족의 노예**로 머무른다. 왜냐하면 **작은 가정 경제**는 그녀를 주방에, 아이들 방에 매어두고, 끔찍하게 비생산적이고 보잘것없 고 짜증스럽고 정신을 마비시키고 맥 빠지게 하는 일들에 모든 힘 을 소진하도록 강제하면서, 그녀를 짓누르고 숨 막히게 하고 바보 로 만들고 모욕하기 때문이다."[202] 현 상황은 재화 소유의 사적 성격 을 유지하고, 개별 가정을 사회의 경제적 단위로 존속시키는 데에 필요하다. "역사에 등장한 첫 번째 계급 대립은 일부일처제에서 남 성과 여성의 대립의 발전과 일치한다. 그리고 첫 번째 계급 억압은

200 엥겔스, 『가족, 사적 소유, 국가의 기원』, Éditions Sociales, p. 73.
201 같은 곳.
202 레닌, 「위대한 시작La grande initiative」, 『전집Oeuvres complètes』, tome 29, p. 433.

남성의 성에 의한 여성의 성의 억압과 일치한다."[203]

그리고 억압받는 남성(여성)이 자신의 사회적 지위에 관심을 갖는 것, 그/그녀가 자신의 "사회적 열등성"을 신경 쓰는 것은 기성 권력의 존속에 결코 바람직하지 않다. 그 결과, 수 세기 전부터 여성에게 할당된 경제적 기능이 그녀가 "공적" 문제에 거의 주의를 기울이지 않는다는 사실을 설명해주고 내포한다 해도, 우리는 강력한 이해관계들이 오늘날 여전히 그러한 관심으로부터 그녀를 돌려놓으려 한다고 생각할 수 있다. 요컨대 그 이해관계들이 여성 섹슈얼리티에 대한 프로이트의 담론을 결정짓는 것일까? 의심의 여지 없이, 현상을 서술하는 한, 프로이트는 틀리지 않았다. 그러나 이러한 언표들은 여전히 규범적이며, 실천을 규제한다. 어째서인가?

---

203 엥겔스, 『가족, 사적 소유, 국가의 기원』, Éditions Sociales, pp. 64-65. Cf. 또한 "이 모든 모순들을 내포하는 이러한 분업은, 그리고 가족 내의 자연스러운 분업과 사회를 서로 대립하는 개별 가정들로 분리하는 것에 각각 기초하는 이러한 분업은 노동과 그 생산물의 할당, 양적으로나 질적으로 불평등한 분배를 동시에 내포한다. 따라서 그 첫 번째 형태, 그 근원은 아내와 자식들이 남성의 노예들로 되어 있는 가족 안에 존재하는 소유권 propriété의 문제를 내포한다. 확실히 가족 내의 잠재적인 노예제는 매우 기초적인 형태의 최초의 소유 형태로, 사실 이미 여기에서 현대 경제학자들의 정의와 완벽하게 일치한다. 정의에 따르면, 그것은 타인의 노동력에 대한 자유로운 처분이다. 결국 분업과 사적 소유는 동일한 표현이다—전자에서는 능동성과 관련해서, 후자에서는 이 능동성의 산물과 관련해서 서술된다."(마르크스-엥겔스, 『독일 이데올로기』, Éditions Sociales, p. 61.)

| 승화에 있어서의 결점 |

7. 또한 "여성들에게는 본능들을 승화시킬 수 있는 능력이 더 취약하다"는 것. 이는 분석가 ― 아버지, 남성, 남편 ― 에 대한/의 (역)전이에 절대적인 힘을 부여하고, 해석에 의한 해결을 더 의심스럽게 만든다.

여성이 남성보다 승화시키는 능력이 덜하다는 것 ― 몇몇 개인적인 편차들은 제외하고 ― 은 승화라는 작용 자체, 즉 그것의 목적, 조건들과 양태들을 통해 추측된다. 그리고 비교를 통해서 ― "능력이 더 취약하다" ―, 프로이트는 한 번 더 여성 섹슈얼리티를 **하급의 남성 섹슈얼리티**로 생각했을 것이다. 그런데 그가 서술한 대로의 "여성 되기" 전체는, "여성성"이 실현되었다 해도, 무엇보다 그것이 완성되었다 해도, 승화시킬 수 없음을 설명해준다. 따라서 "초자아"는 여기에서 승화에 유리하지 않은 방식으로 작용한다. 최초의 동일시의 지지대인 어머니는 거세되었음이, 따라서 평가절하되었음이 드러난다. "부성적 원형" ― 남근적인 "원초적" 어머니거나 아버지 ― 과의 동일시로 말하자면, 그것은 여성에게 이중으로 금지된다. 즉, 음경은 전적으로 내투사할introjecter 수 없는 욕망의 대상을 표상하는데, 이러한 동일시에서 기인할 초자아가 "남성적"일 것이기 때문이다. 그러므로 여성은 **남근적 초자아에 대해 유아적 의존 상태에** 머무를 것이다. "거세된" 성에 대해 엄격하고 경멸하는 초자아에 대해, 그 가혹함이 "문화적인" 가치들, 사실 남성적인 가치들의 정립보다는 오히려 피학적인 환상과 실천의 증식을 조장할 초자아에 대해.

승화는 또한 자아를 위해 자기애적 리비도를 동원하고, 성적 리비도를 탈성애화된 에너지로 변형하는 것을 포함한다. 그런데 여성에게 "자아"의 정의는 문제적일 뿐만 아니라, 그녀가 충족시켜야 하는 성적, 사회적 역할에 필요한, 그녀가 겪는 열등감은 그녀에게 있어서 자기애적 리비도의 발달에 도움이 되지 않는다. "남성의 항의"로 귀착되는 남성적 모델들과의 동일시에 의해서가 아니라면, 혹은 남성을 위해 음경을 표상하고, 대리로 페티시적 지지대가 되고, 욕망할 만한 "사물chose"을 나타내는 순응complaisance에 의해서가 아니라면 말이다. 물론 이때의 "사물"은 "본능들을 승화시킬 수 있는 능력이 더 취약"한 것이다. 이는 여성이 성차의 작용에 있어서 "대상"이라는 극을 영속화할 의무가 있음을 상기시킨다. 따라서 여성은 승화 과정에서 작용하는 이러한 "대상들의 대체" 능력이 별로 없을 것이다. 뿐만 아니라 승화는 그녀의 관심을 끌지 않는 사회적 관심에 의해 지배된다.

게다가 우리는 여자아이의 충동적 에너지는 "거세 콤플렉스" 때문에 강한 억압을 겪었다는 것을 알고 있다. 그러므로 그녀에게는 승화 활동들에 투자할 에너지가 별로 남지 않을 것이다. 에너지는 "억압이 과도하지 않았을 때 (…) 아버지를 향한 애정"에 겨우 쓰일 수 있을 것이다. "여성성의 정립instauration의" 길고 고통스러운 작업을 잊지 말 것…

표상에 대해 여성이 "부적절한impropre" 접근을 하는 것은, 그녀의 충동이 그것들을 나타낼 수 있는 기호, 상징, 표장, 그리고 심지어 필적이 없는 상태로 있게 하는 반사적이고 사변적인 경제로 그녀가 들어가는 것은, 그녀에게, 충동의 대상들-목표들에 대한 특수한 표상들의 정립, 전환을 불가능하게 만든다는 사실을 덧붙여야, 아니 반복해야 한다. 충동의 대상들-목표들은 사실 특별히 강제적인 억압에 따른다. 그리고 **신체적인 시노그라피**로서만 표현될 것이다. 침묵하고 비밀스러운 시노그라피로서만. 절단된 욕망들의 피학적 회귀(방향전환)로서, 혹은 위임에 의해 "음경 선망"을 돕는 것으로서가 아니라면, 그녀가 심지어 갖지도 못하는 환상들의 대리suppléance로서만. 그것은 이미 그녀의 충동들, 특히 원초적인 충동들에 부합할 환상의 문제가 더 이상 아니다. 아마도 **꿈으로**가 아니라면, 우리는 그것에 대해 아무것도 알 수 없을 것이다. 여성의 욕망은 꿈으로만 말해질 것이다. 그 꿈의 형상화figurabilité는 모든 "의식적" 심급에는 근본적으로 계속 낯설 것이다.

수수께끼 같은 "신체화"에서, 히스테릭한 "꿈"에서, "예술 작품의 희화"[204]를 보아야 할 것이다. 여성의 특권적 신경증은 예술 작품의 "무언극mime", **나쁜 예술 작품(예술 작품의 나쁜 사본)**일 것이다. 여성의 신경증은 예술적 과정의 위조, 패러디로서 만들어질 것이다. 미학적 대상으로 변형됐으나, 가치도 없고 비난받을 수 있는 것으로서. 이는 가상simulation에 속하기 때문이다. **위조**로 낙인찍힌 것에 속하기 때문이다. "자연"도, 자연의 적절한 재생산 기술도 아니다. 술책, 거짓말, 위장, 함정, 이런 것은 히스테릭한 그림, 연극, 드라마, 판토마임에 걸맞은 사회적 판단일 것이다. 그리고 여성의 충동들이 이

---

204 『토템과 터부Totem et tabou』, Petite bibliothèque Payot, p. 88.

렇게 공공의 인정을 강요하고자 한다면, 여성의 충동들은 이러한 요구, 이러한 시연에 대한 조롱, 파문, 형벌로 대가를 치를 것이다. 또한 환원적 해석, 양식에의 호소, 이성에의 호소로도. 사회는 허위를 금지할 의무가 있다. 그리고 척도—자연적인 혹은 합법적으로 승인된—를 넘어서고 그에 도전하는 가장semblant을 전시하는 히스테리 여성 환자는 거세되어야 한다. 억제되고, 모욕당하고, 자발적이건 강제로건 정숙함chasteté에 회부되어야 한다. 금욕, 품위, 수치심은 여성에게 요구되는 "승화"의 형태들이다. 사도-마조히즘의 사회적 타당성을 일별할 동안, 이러한 형태들을 "잠재기"에 잠시 더 내버려두자.

히스테리 환자에 의해 순환하게 된 가짜 가장(들)semblant(s)의 이러한 증식은 피의 환기를 요한다. 붉은 피의 환기를. 처녀이자 어머니인 여성은 피의 저장고réserve를 표상한다. 피의 가치가 인정되고, 심지어 우월하기까지 한 "전사前史"에 어울리는, 이윤의 이러한 자연적인 원천은 다른 재산과 권력의 우위를 위해 가부장제의 설립으로 그렇게 부인되고 검열당한다. 피는 부의 다른 형태들에 의해 덮이게 된다. 금, 음경, 아이 등 우리가 항문적 경제에서 그것의 가능한 등가물들의 체계를 보았던 것들에 의해서. 모든 "주체"의 현재의 상상계에 있어서 "배설물"과 교환 가능한 항들에 의해서. 피의 권리들은 더는 통하지 않기 때문에, "같은 피consanguins"〔부계 혈족〕는 오늘날 "같은 아버지에게서 태어난"을 의미하며, 또한 "같은 자궁co-utérins"〔모계 혈족〕에 대립된다. 정액은 권위를, 권능attributions을, 노동의, 피의 산물을 자본화했다. 피는 간단히 억압되지 않는다. 따라서 피의 제국은 어머니의 권력의 가장들semblants로 주조되는 만큼 더욱 거대하다. 그리하여 거의 모든 "주체"의 주이 상스를 떠받치는 가학적, 피학적 환상과 실제에서 피의 역할이 생긴다. 모든 주체는 상상에서일지라도 붉은 피가 흐르는 혈관을 (다시) 열어봄으로써만, 피를 (다시) 흐르게 함으로써만 쾌락을 (재) 발견할 것이다. 어머니의 피를. 아내, 처녀의 피를. 금지된, 신성하고 불순한, 사악한 취향, 그것의 해방défoulement은 규방의 비밀 속에서만, 오직 어렵게 고백된 환상의 산물 속에서만 일어날 것이다. 그것은 유혈의 금기를 위반하거나 혹은 피의 권력을 전복하고, 그것을 부인하고자 하는 욕망을 말하는 사도-마조히즘 경제의 강제 속에서만 발현될 것이다. 즉, 남성은 "능동적"이고, 여성은 "수동적"이라는 것 말이다. 예를 들어 남성이 히스테리 여성 환자를 때린다면, 이는 "삶vie"의 현실로 그녀를 데려가기 위해서가 아니겠는가. 그 일은 물론 이미 시뮬라크르simulacre의 자급자족적 허구 속에서 일어났다. 아마도 피는 잉크의 형태로서가 아니면 순환의 권리, 시민권을 갖지 못할 것이다. 펜은 항상 이미 어머니의, 여성의 살해에 담겼을 것이다[205]. 검은색으로, 잉크인(잉크처럼) 검은 피로 그것의 응결된 권리와 쾌락을 쓰기 위해서.

그런데 피를 향한 매혹의 승화가 실현 가능한가? 그 문제를 바꿀 수 있는, 사회적으로 인정받는 어떤 생산이 존재하는가? 혹은 어

---

205 사용된 동사는 tremper로서, '담그다, 잠그다, 적시다'의 뜻이 있고 은유적으로 '범죄 등에 가담하다'라는 뜻도 있다.(옮긴이)

떤 "사회"—게다가 착취자-거머리의 사회—가 피의 유혹의 검열을 내포하는가? 그리고 더 특별히, 사회는 피의 가치의 몰이해를 요구하는가? 피의 무가치를 지지하는가? **승화인(승화의) 역사는 가장인(가장의) 잉여가치를(잉여가치에) 지양하며(지배되며) 발전한다.** 따라서 모든 유혈, 심지어 수혈은 금기가 될 것이다. 도시 혹은 과학에 의해 명목상으로만 금지를 폐지하는 것으로 규정되지 않는 한. 그러므로 이 금지에 의해 억압된 것을 항상 되살리는 여성은 거세됨이라는 해부학적 열등성의 이유로 사회로부터 배척당할 것이다. 그리고 그녀의 산물들은 남성의 보증이나 이름하에서만 접근의, 교환의 권리를 가질 것이다.

집의 친밀함, 가정의 "사적 생활" 속에서 여성은 피와 관계있는 것을 숨길 것이다. 그녀는 고통, 모욕 속에서만 그 가치를 (재)인식할 것이다. 왜냐하면 여성이라는 성의 권력의 패배는 항상 반복되어야 하기 때문이다. 가부장은 자신의 힘을 재보장해야 한다. 그러므로 더 숭고한 관심사에 종사하기 위해 피를 이용할 권리를 그날그날 재전유하기에 이른다. 주인의 흡혈주의는 가면을 쓴 채로 밤에 행사되기를 요구한다. 죽음에 대한 의존 관계를 상기시키지 않도록 말이다. 탄생에 대한 관계도. 그의 지배의 물질적, 모태적 기반들도 [상기되어서는 안 된다]. 그것들의 억압이 그에게는 전적인 소유를 보장한다.

여성, 어머니는 아마도 다른 방식으로 이러한 억압의 공모자들이 될 것이다. 그들의 충동들의 억제, 반대쪽으로의 방향전환, 애정으로의 변화 등은, "그러나 그러한 충동들을 야기한 성적 욕구의 만족에 결코 이르지 못하는" 이런 것들은 남성, 사회가 여성에게 요구하는 "승화"의 형태들일 것이다. 요컨대 **리비도의 절제** 말이다. 충동의 자기 파괴의 끈기 있는 작업. 고행의 끊임없는 "활동". 이렇게 그녀에 의해/그녀를 위해 죽음의 보이지 않는 작용이 유지된다. 그녀는 휴식 없이 종말을 시초에 귀착시킨다. 이는 **그녀의** 끝을 **그녀의** 시작에 귀착시킨다는 말이 아니다. 자궁 안에(서) 죽음을 소환(환기)하는 것이다. 그러나 이것은 **그녀의** 어머니 안에서, 어떤 개별 육체의 자궁 안에서 일어난 **그녀의** 수태 **이전**의 것이다. 비인간화된, 비인격화된, 보편화된 수태. 시작과 종말의 전부와 무. 그러는 동안 남성은, 불멸의 반사/사변화에 그것들의 승화를 투사한다(불멸의 반사/사변화에 대한 그것들의 승화 속에 자신을 투사한다).

| "30세의 여성" |

8.[206] 여성 섹슈얼리티의 성격들에 대한 이 설명은 문학적 신화에서 멈춘다. "30세의 여성." 그러나 여기에서는 약간 예기치 못한 양상으로 다뤄질 것이다. 매력적이지 않은 양상으로. "30세의 여성"의 유혹의 이면을 발견하지 못한다면 말이다.

"(…) 분석 작업 중에 언제나 다시 느끼게 되는 인상에 대해 언급

---

206 원문에 번호가 잘못 매겨져 7번으로 되어 있는 것을 8번으로 수정했다.(옮긴이)

하지 않을 수 없다. (…) 같은 나이 —그러므로 30세 —의 여성은 그녀에게서 발견하는 고정성과 불변성으로 인해 우리를 몹시 놀라게 한다 —또?" 그녀는 죽음의 끈기 있는 작업에 동화되는가? 그뿐만 아니라, 그녀에게 규정된 "여성성"의 표상 속에 고정되는가? 치명적인 그 아름다움이 힘들게 획득된 성적 무관심을 반영하는 페티시로? "(…) 결정적인 위치들을 취한 그녀의 리비도는 그때부터 변화할 수 없어 보인다." **그녀의** 리비도? 말하자면 어떤 리비도인가? "여성적 리비도"는 없다. 그러나 아마도 이 리비도의 일련의 억압, 검열, 억제가 그 정도로 강하기 때문에 여성은 자신의 조건을 변화시키기에 충분한 에너지를 사용할 수 없는 게 아닌가? 그녀의 조건은 경제적으로, 사회적으로, 문화적으로 그렇게 결정돼 있으므로. 이 "결정적인 위치들"은 **한** 여성이, 그녀가 30세라 할지라도, 혼자서는 해낼 수 없을 만큼 근본적인 발전, 혁명의 대가prix로만 변화될 수 있을 것이다. 또한 그녀가 전념해야 하는 다양한 일거리들, 집안일은 그녀에게 여가 시간을 허락하지 않는다는 사실을 잊지 말자. 그녀가 여가 시간을 쓰더라도 "가족이라는 작은 집단을 버리고 보다 큰 집단으로 가는 것"[207]은 별로 점잖지 못한 일일 것이다. 또한 30세이고 기혼에, 아이 하나, 둘, 셋…의 어머니인 그녀는 사회적으로 승인되는, 이행할 수 있는 발전이 없다. 똑같은 일을 꾸준히 계속할 뿐이다. 어쩌면 그녀는 남편이 한 명의, 여러 명의 정부를

---

207 이 구절을 여러 번 인용하고 있는데, 첫 인용과 여기서의 인용에 차이가 있다. "가족이라는defamille"이라는 말이 첫 인용에는 없다. 이것이 오기인지 아니면 의도된 것인지는 불분명하지만 이리가레가 쓴 대로 옮겼다.(옮긴이)

두는 것을 받아들여야 할까? 이것은 최상의 경우에 그녀로 하여금 동성애와의 관계를 재검토하게 하고, 분석하게 한다. 그러나 이것은 사람들이 별로 말하지 않는 사안들이고, 그녀 자신이 그것에 대해 말할 기회를 가질지도 확실하지 않다. 그녀가 한 명의, 여러 명의 연인(들)에 대한 욕망을 갖게 된다면 훨씬 더 큰 어려움들을 만나게 될지도 마찬가지로 확실하지 않다. 그녀의 아들이 남아 있다고? 만약 그녀의 유아적 꿈이 실현되는 행복을 누렸다면 그랬을 것이다.

이야기는 계속된다… 그런데 "어떤 변화changement가 실현되는 것을 볼 희망"[208]이란 무엇인가? "모든 것이 마치 과정이 **완성되어** 어떤 영향도 받지 않을 듯이, 마치 여성성을 향한 **고통스러운** 발달이 그 **개인**의 가능성들을 고갈시키기에 충분했던 듯이 진행된다." 마치 이야기가 끝난 것처럼? 그리고 그녀에게는 전사에서 멈춰진 것처럼? 또한 만약 여성성을 향한 이러한 "고통스러운 발달"이 상당 부분 이미 효과들 — 그녀가 복종하지 않는다면, "사랑받는다는 사실을 상실할 수 있다고"[209] 그녀를 위협하는 가부장적 가족과 사회의 권력, 남성우월주의 이데올로기 — 을 낳은 영향들의 결과였다면, 소위 "영향들"은 30세의 여성에게 계속 만족시키고 만족하기만을 요구한다.

그녀는 아주 불만족스러울 수 있다. 이는 아마도 정신 치료 전문의에게로 그녀를 이끌 것인데, 그는 "신경증적인 갈등을 해소시켜

---

208 앞에서는 '변화'가 아니라 '발달'로 되어 있다.(옮긴이)
209 「오이디푸스 콤플렉스의 해소」, 『성생활』, p. 121.

(?) 그 병을 쓰러뜨리는 데 성공했을 때조차" 아무것도 변화시키지 못하고 "현 상황을 발전시킬 것이다". 이렇게 말해도 과언이 아니다… 그러나 정신 치료 전문의의 반응은 놀라울 수 있다. 우리는 30세의 여성이 히스테리 정신병(?), 신경증(?)을 앓는다고 생각할 법한데, 그녀는 꽤 유동적이고 변덕스러운 증상, 즉 전이가 필요한 좌절 불안을 들고 분석 치료에 온다. 그녀는―이 점이 더 흥미로운데―상징 체계 편입의 취약성 때문에 원하는 만큼 최면과 암시에 잘 걸린다. 요컨대, **그녀를 위해 분석의 임상 방법이 창안됐을 것이다.** 그의 사회-문화적 영향이 오히려 강박적인 정신신경증의 경향을 갖게 할 "30세의 남성"을 위해서가 아니라. 그러나 정신분석이 효과적으로 한 일이라곤 그저 그녀의(?) 리비도가 받아들여야만 했던 "결정적인 위치들"에 그녀가 있다는 것을 확인하는 것뿐이지 않나? 강박증 환자―아마도 약간은 편집증 환자?―는 모든 것이 다시 질서 속에 들어오도록 이러한 여성적 갈등들을 가라앉히려고 애쓰는 게 아니겠는가? 그는 그것이 변화하기를, 그것이 발달하기를, 이 여성이 그의 성적 습관에 있어서 절시증적인 가학-항문적 충동의 경제를, 자기애적인 승화들을, 정의에 대한 약간 의심스러운 존중 등을 방해하기를 그렇게 욕망하지 않는다. 그녀가 **자신의 딸**, 그러니까 그녀의 만족스러운 유혹 환상들을 그가 해석해주어야 할 **자신의 딸**이 아닌 다른 누구이기를, 자신의 (성적) 법의 "합리적인" 담론에 입문시키고 복종시키기에 적합한 **자신의 딸**이 아닌 다른 누구이기를 바라지 않는다. 혹은 **자기 어머니**이기를 바란다. 그는 어머니의 성애적 몽상들을 들으며 쾌락을 얻고, 마침내 자신의 가장 비밀스러

운 사생활 안으로 그것들을 받아들일 것이다. 어떤 아주 "무의식적인" **동성애적** 전이가 고요하게 시작되지 않는 한.

그러나 무엇보다도 "여성성을 향한 고통스러운 발달"의 완수는 이론의 여지가 없다. 그것은 안타깝게도 틀림없다! 이미 강박 경제에 대한 모방적 순종에 의해 히스테리를 덮고 매장했을 것이다. 여성은 실제로 이해 당사자가 되는 일 없이, 그녀의 섹슈얼리티가 설명되는 일 없이 다시 그 강박 경제의 기반이 될 것이다. 그 역사적 결정들을 재검토해야 할 하나의 기능, 하나의 작용으로 환원된 채로. 소유 체제들, 철학적 체계들, 종교적 신화들은, 정신분석 이론과 실제에서도 역시 마찬가지로, 여성 섹슈얼리티의 이른바 "운명"의 정의를 계속 규정해왔다.

"여기까지가 내가 여러분에게 여성성에 관해 말한 전부다. 나의 연구는 확실히 불완전하고 단편적이며 때로는 유쾌하지 않은 편이다. 그러나 우리는 여성을 **성적 기능에 의해 결정된 존재로서만** 연구했다는 사실을 잊지 말기를. 이 기능의 역할은 정말로 상당하지만, **개별적으로** 여성은 **인간적인 피조물로서** 간주될 수 있다"!

그러나 "여러분이 여성성에 관해 더 많은 것을 알고 싶다면, 여러분의 개인적인 경험 ─여러분, 남성들─에 물어보라, **시인들에게** 물어보거나, 아니면 **과학이** 여러분에게 더욱 깊이 있는 관련 정보를 줄 수 있을 때까지 **기다려라**⋯"

반사경

"주체"에 관한 모든 이론은 항상 "남성적인 것"에 의해 전유됐을 것이다

"주체"에 관한 모든 이론은 항상 "남성적인 것"에 의해 전유됐을 것이다. 그러한 이론에 따를 때 여성은 자기도 모르게 상상계와의 관계의 특수성을 포기하게 된다. 그러한 담론에 의해 ─"여성적인 것"으로서─ 대상화되는 상황에 자신을 다시 놓음으로써. 남성적 주체"로서" 자신을 동일시하고자 할 때 스스로 자신을 다시 대상화함으로써. 잃어버린 (모성적-여성적) "대상"으로서 자신을 되찾게 될 "주체"로서?

그러한 여성에게 부인되는 주체성은 틀림없이 표상, 담론, 욕망의 대상의 모든 환원 불가능한 구성을 보증하는 담보일 것이다. 여성이 상상하는 것을 상상해보라. 대상〔맞은편에-던져져 있는 것〕ob-jet은 자신의 고정된 (관념의) 성격을 잃을 것이다. 어떤 객체성objectivité, 어떤 목표objectif에서 반향된 효과에 의해서만 지탱되는, 주체보다 더 근본적인 기준점repérage을 결국 잃을 것이다. 짓밟고

(억압하고), 일구고, (자신을) 표상할 "땅terre"이 더 이상 없다면, 뿐만 아니라 여전히 항상 소유하기(전유하기)를 욕망할 "땅"이 더 이상 없다면, 즉 자기를 인식하지 못하는 불투명한 물질이 더 이상 없다면, "주체"의 탈존ex-sistence[1]을 위해서 어떤 기반이 존속하겠는가? 만약 땅이 회전한다면, 무엇보다도 자기 자신을 중심으로 회전한다면, 주체의 곧추섬érection[2]은 상승élévation과 관통percée의 좌절을 겪을 위험이 있을 것이다. 사실, 주체는 무엇으로부터 일어나는가, 그리고 무엇에다 자신의 힘을 행사하는가? 무엇 안에 자신의 힘을 행사하는가?

코페르니쿠스 혁명은 아직 남성적 상상계의 모든 결과를 산출하지는 못했다. 그리고 그것의 결과인 남성의 자기 자신으로부터의 탈중심화excentrement는 무엇보다도 초월적인 것(초월적인 주체)le (sujet) transcendantal 안에서의 탈자태脫自態/ex-stase이다. 전체를 내려다보는 관점으로, 가장 강력한 시점으로 상승함으로써 그렇게 남성은 자신이 지켜보려는 것으로부터, 즉 물질적 기초로부터, 모태

1 하이데거의 개념으로, 인간의 본질을 일컫는다. "존재의 밝음 안에 서 있는 인간만의 독특한 존재 방식"을 의미한다. 이선일, '2.2.3.1 탈존', 『하이데거 『이정표』(해제)』, 서울대학교 철학사상연구소, 2005.(옮긴이)
2 프랑스어 érection은 '건립, 승격, 발기' 등의 뜻을 지닌다. 이리가레는 이 단어를 서구 형이상학 전통과 남성적 상징계의 수직적 초월을 추구하는 성격을 가리키기 위해 사용한다. 정신분석학적 관점에서, 남성 신체의 형태학, 즉 성기의 발기된 형태가 남성적 상상계와 상징계의 주인 기표로서의 남근(팔루스)과 연관된다는 점에서 이 단어를 사용하는 것으로 볼 수 있다. 따라서 단어가 가진 사전적 의미들과 이리가레의 의도를 담기 위해 이를 '곧추섬' 또는 '곧추세움'으로 번역하고자 한다. 이 단어는 건립, 직립의 의미와 상승의 이미지를 가질 뿐 아니라 그 발음상 권력의 상징물로서의 남근의 세속적 표현인 '고추'를 연상시킨다는 점에서 적합한 번역어라고 생각했다.(옮긴이)

적인 것le matriciel[3]과의 경험적 관계로부터 분열된다. 자신이 사변화하려는spéculariser, 사색하려는spéculer 것으로부터. 그가 항상 더 멀리 가장 큰 힘이 있는 저쪽으로(저쪽을 향해) 망명해 가고, 사물들이 그의 주위를 회전한다면, 그렇게 그는 "지구terre"보다 더 강한 인력의 극인 "태양"이 된다. 이러한 보편의 매혹의 과잉은, "그녀"[4] 또한 자기 자신을 중심으로 돌며, 타자에게서 자신의 동일성을 추구하는, 그러한 외부가 없는 (자기에게로의) 회귀re-tour를 알고 있다는 것이다. 자연, 태양, 신, (…), (여성) 등의 타자-외부가 없는 회귀를 말이다. 거기에서 남성은 자기표상의 가치의 문제를 지탱하기 위해 스스로에게서 벗어나고, 여성은 그런 식으로 자기를 인식하지 못하는 (자기) 기억의 영속성을 거기에 대립시킨다. 그리고 자기에게로의 이 회귀의 반복 속에서─그것〔자기에게로의 이 회귀의 반복〕에 대한 특별한 경제를 찾아내야 할 것이다─대상의 불활성inertie에 대한 환상을 유지시킬 수 있는 (자기) 기억의 영속성을 대립시킨다. 우리는 "물질"을 더 멀리 돌진하고 더 높이 도약하기 위한 받침대로 삼으러 거듭 그것으로 돌아갈 수 있을 것이다. 비록 여기에서는 이미 자기에게 돌아가는 자연nature이 문제이지만 말이다. 그것은 이미 갈라지고 벌어진 자연, 자기에게로의 이러한 회귀

---

3 matrice와 matriciel의 의미는 뒤에 나올 플라톤에 관한 논의에서 좀 더 분명해질 것이다. 사전에 따르면 matrice는 '자궁, 주형, 수학에서의 행렬'의 의미를 갖는다. 한국어에서와 마찬가지로 어떤 것의 발생 근거나 기원에 대한 은유로서 '모태'를 의미하기도 한다. 사전적으로 matriciel에는 자궁의 의미가 빠져 있지만 이 저작에서는 '모성적인 것, 모태, 자궁'의 의미를 갖는다. 이와 관련된 분석은 다음을 참조할 수 있다. Rachel Jones, *Key Contemporary Thinker: Irigaray*, 2011, Polity Press, Ch. 3, pp. 74-84.(옮긴이)

4 프랑스어의 여성femme, 땅/지구terre, 자연nature은 모두 여성명사다 (옮긴이)

를 통해 재현하도록 위임받은 것을 또한 야기할 자연이다. 그 결과, 틀림없이, 그녀를 불안하고 불안정하다고 말하게 된다. 사실, 엄밀히 말해서 그녀는 정확하게 동일한 것인 적이 없다. 태양 광선을 끌어모아, 자신의 순환 주기에 따라 광선을 선회시키면서virer 항상 태양으로부터 더 가깝게 또는 더 멀리 회전 중이니 말이다.

따라서 "대상"은 믿고 싶은 것처럼 그렇게 육중하고 단단하지 않다. 그리고 "주체"가 대상을 소유하려 하고, 대상을 전유하려 하는 욕망은 여전히 실패하는 주체의 현기증vertige이다. 왜냐하면 그가 흡수하고 취하고 보고 소유할 등등의 어떤 것을, 그리고 또한 딛고 서 있을 땅을, 자신을 비추어볼 거울을 (혹은 그것들에 자신을) 투사하는 곳에서, 그는 이미 또 다른 거울반사spécularisation에 직면해 있기 때문이다. 이러한 거울반사의 왜곡된 성질은 그녀가 표상하는 것을 말하지 못하는 그녀의 무능함 때문이다. "대상" 추구를 무한히 반복하는 성질. 끝이 없는 반복. 관념과 관련해 가장 무정형적인 것, 말하자면 가장 명백하게 "사물"인 것, 가장 불투명한 물질은 반영들reflets을 스스로 알지 못하고, 반영들이 있다고 알려져 있지도 않기에 그만큼 더 순수한 거울을 향해 열려(자신을 열고) 있다. 남성이 그곳에 비춘 것들이지만, 자기 자신을 중심으로 회전하는 이 오목 반사경의 운동 속에서 재빠르게 흐릿해질floués 반영들만은 여기에서 제외된다.

그리고 만약 남성이 여전히 더 높이 상승하고자 한다면 ─지식에서의 고양을 포함해 ─, 땅바닥sol 역시 그의 발아래에서 그만큼 더욱더 파열된다. "자연"은 그의 표상의, 재생산의 기획들로부터 항상 더 벗어난다. 그리고 그의 파악〔포획〕saisie으로부터도. 이것은 빈번히, 두 의식 사이에서 일어나는 사생결단의 투쟁처럼, (남성)상동hom(m)ologue 내의 경쟁 형태로 현실화되는데, 그렇다고 다음과 같은 사실을 피할 수는 없다. 주체 자체(동일자로서의 주체)가 와해될 위험이 어떤 곳에서, 즉 그의 자만 속에서 점점 더 집요해진다는 점이 문제라는 사실 말이다. 따라서 "대상" 역시 문제이며, 양자 사이에서 경제가 나뉘는 방식들 역시 문제다. 특히 담론의 경제가 나뉘는 방식들이. 한쪽이 다른 쪽의 자족auto-suffisance, 자율auto-nomie을 보증하며 충성스럽게 침묵하는데, 증상—역사적인 억압의—으로서의 이 무언증에 대한 질문이 요구되지 않는 한 그렇다. 그런데 만약 "대상"이 말하기 시작한다면? 이는 또한 "보는 것voir" 등등을 시작한다는 뜻이다. 그로부터 "주체"의 어떤 분열désagrégation이 나타날 것인가? 분열은 그〔"주체"〕와 그의 타자, 즉 다양하게 명시된 그의 타아alter ego 사이뿐만 아니라, 그와 대타자 사이의 차원에까지 이를 것이다. 이때 대타자는, 비록 그가 거기에서 자신을 되찾지 못한다 해도, 비록 그가 거기에 압도당한 나머지 적어도 자신의 고유한 형상들을 승격시킬promouvoir 힘을 유지하기 위해 그것으로부터/그것에서 자신을 차단하기에 이른다 해도, 항상 어떤 면에서는 그의 대타자이다. 타자들은 언제나 이미 자신의 담론성의 해로운 변화들이 없는 동일자의 하급들, 로고스 자체(동일자의 로고스)의 전제들이었을 것이다. 따라서 비록 가장 위대한 일자가 유보적으로 아마도 〔타자성의〕 위험을 포함하고 있다 해도, 타자들은 실제 타자들이 아니다. 그래서 그[일자]는 무대 바깥에 있는가? 그 역시 억압된 채? 그러나 위에, "하늘에" 있는가? 저 너머에, 그 역시 마찬가지인가? 궤도 바깥에 있는 그의 제국 내부는 순수하다. 그러나 외삽extrapolation의 이유들을 의심하고, 동시에 주체가 하나의 사유—하나의 "영혼"?—내에서 자신을 복제할se redoubler 필요를 해석해보면, 아직 현존하는 베일들로부터 "타자"의 기능이 그 모습을 드러낸다.

이제 어디에서 그녀["타자"]가 다시 나타날까? 항상 다시 동일자로 남아 있고자 하는, 그리고 항상 다시 동일자로서 입증되고자 하는 정념을 "주체"에게 되던지는relancer 위험은 어디에 있을까? 그["주체"]의 사변spéculation의 **이중성** 속에? 다소 의식적인 사변의 이중성 속에? 부분적으로만, 그리고 주변적으로만 그가 (자신을) 비추는 곳에? 그가 (자신을) 아는 곳에? 무의식의 "밤"이 그 값어치를 연장하는 유사한 것semblable으로서? 대타자는 자신의 그림자와 분노로 불안해하는, 쇠락한 자신 안에 자기와 항상 동일한 우주의 조직을 유지하고 있다. (자기의) 표상 뒤에, 그가 자신을 비춰보는 평면들plans 뒤에? 그러므로 유사함[다시-유사하게 함]re-semblance이 대량의 유사물들analogues로 더욱더 증식한다. 따라서 "주체"는 다중적이고, 복수적이고, 때로는 이형적di-forme일 것이지만, (그의) 모든 환상들mirages의 원인임을 가정할 것이고, 환상들의 끝없는 열거는 집합rassemblement을 소환(환기)한다. 환상적인 fantastique, 환상의fantasmatique 조각을. 여전히 은밀하게 자신이 근거

[이성]raison이기를 원하는 "주체"가 흐르는(무너지는) 해체(화)를. 어쩌면 가장된 근거인지도? 틀림없이 그럴 것이다. 왜냐하면 이 기표들의 무리는 그들을 선동하고 소환하는 유아론唯我論을 아직도 말하기 때문이다. 비록 그들을 흩뜨릴 뿐이지만 말이다. "주체"는 여기에서 자신을 증식하고, 심지어 자신을 변형한다. 그 혼자서 아버지, 어머니, 그리고 아이(들)가 된다. 그리고 그들의 관계들이 된다. 그 혼자 남성적이고, 여성적이며, 그들의 관계들이 된다. 그것은 발생에 대한 조롱, 계보와 교합에 대한 패러디로서, 그 패러디의 **힘**을 동일한 모델, 모델 자체(동일자의 모델), 즉 주체로부터 가져온다. **바깥**의 모든 것이 언제나 자기의 이미지와 재생산을 가능케하는 조건으로 남아 있다는 시각에서 말이다. 충실하고, 매끈하며, 변형된 반영들이 없는 거울. 자기복제의 처녀vierge. 타자. 왜냐하면 그것은 주체 자체를 위해서만 자기에 대한 무지 속에서 자신의 천진한candides 표면들을 제시할 것이기 때문이다.

그러므로 대타자가 별이 빛나는 하늘에서 정신의 심연으로 추락했다는 사실은 "주체"로 하여금 그가 이주한 들판의 새로운 경계들을 재정복하도록, 자신의 지배를—다른 방법으로, 다른 데에서—다시 확실히 하도록 강제한다. 그가 있었던 더 높은 곳에서 이제 그는 가장 낮은 곳으로 가도록 요구된다. 이러한 위치 이동은 어쨌든 여전히 수직성의 가설에 지배된다. 따라서 남근적이다. 그러나 어떻게 이 어두운 영토들을, 이 검은 대륙들을, 이 거울 저편을 조정할aménager 것인가? 긴 역사가 (고정된) 관념들의 명료성, 유용성만을 찾고 욕망하도록 가르친바, 어떻게 이 마법들을, 무의식의 움직이는 유령들을 지배할 것인가? 어쩌면 **기술**을 재강조할 시간인가? 사유의 통치권을 잠시 포기하고, 아직 이용되지 않은 자원들, 아직 개척되지 않은 광산들을 정비할 **도구들**을 만들 시간인가? 어쩌면 임시적으로 자신의 제국에 대한 차분한 관조를 포기하고, 억제되지 않은(사슬에서 풀려난) 이 힘들, 제국의 개념조차 해체할 이 힘들을 길들여야 한다. **전략, 전술, 실천**에 의한 우회, 그것은 자신의 탈중심화를 포함하여, 최소한 보고voir 알고savoir 자신을 소유할 s'avoir 시간이다. "주체"는 진리를 우회하고, 곁눈질로, 비스듬히 감시한다. 진리가 말할 수 없는 것, 더 이상 말할 수 없는 것의 전유를 시도하기 위해서다. "주체"가 개척하고 관통하는 은유들 — 무엇보다도 광학적photologique 은유들 — 은 서구 철학의 전제들에 따라 그것[진리]을 다음과 같이 구성했다. 처녀이고, 침묵하며, 탈은폐되었음에도 가려진 것, 아직도 순진하게 "자연 그대로의" 시각의 것, 자신의 실명이 가리고 있는 것을 추측하지 못하는, 아직도 강력하게 맹목인 시각의 것으로 말이다.

모든 것을 잃고 싶지 않다면, 이제 실행하는 것이 적절하다. 그러므로 땅을 다시 갈자. 그 땅은 우리가 확실히 경작했다고 믿었으나 황무지인 것으로 드러났고, 그 흙에 의지하고 있는[근거를 두고 있는] 것을 질식시킬 것을 생산하기 쉽다. "주체"는 자신의 기초를 더 깊이 다시 다져야 하고, 그의 한정détermination의 구조를 확실히 할 지하도를 더 앞서 뚫어야 하며, 그 위에 그의 동일성의 기념물을 세울 지하실을 훨씬 더 깊이 파야 한다. 그의 "거주지"를 더 안정적으로 지탱하기 위해서다. 자기와의 관계의 체계, 자기표상들의 울타리, "주체"로서 그의 외로운 망명의 안식처인 "거주지"를. 남성에게는 (그의) 이론적인 가공élaboration이야말로 가장 친숙한 거주지가 되었는데, 이것에 의해서 그는 불가능한 은유화의 형태로 모태적인 것le matriciel과 거기로 이끌 길, 거기로 다시 이끌 길을 재구축하고자 시도했다. 그러나 타자 속에 감금incarcération될지 모른다는 불안을, 타자 속에 삽입intromission될지 모른다는 불안을 전복하고자 하면서, 주거지 자체를 자기 것으로 만들면서, 그는 더 이상 한계를 모르는 대칭 효과들에 갇힌 수인이 된다. 그는 어디에서나 자신의 거울 궁전의 벽에 부딪힌다. 게다가 궁전 바닥이 떨리고 흔들리기 시작한다. 이는 확실히 그의 활동을 재개시킨다. 반사에 사로잡힌 그의 주의를 잠깐 동안 딴 데로 돌릴 새로운 임무들로 그를 유인함으로써. 자신의 광기의 바닥(들)으로부터 방향전환이자 주의, 경계, 제어를 증가시킬 구실. 진동의 이유를 조사하고, 이 지진의 séismiques, 각자 자신의se-ipsiques 떨림을 해석해야 한다.

그러나 남성은 자신의 역사의 이면까지 자기 것으로 만들 도구들을 충분히 갖추고 그가 이미 대답할 수 있는 질문들만을 (스스로에게) 제기한다. 최소한 이번에 그는 다시 내기를 할 것이다. 그리고 새로운 무기들을 제외하고 그는 무의식을 자신의 언어의 속성으로 만들 것이다. 확실히 당황스러운 속성이고, 그가 항상 특수한 의미를 부여해왔던 것은 그 속성에 의해 혼란스러워질 것이다. 그러나 그것이 가장 중요한 문제는 아닌 듯 보인다. 가장 시급한 것은 이 새로운 "장champ"의 식민화를 확실히 하고, 물리력 행사나 폭발을 좀 일으키면서 담론 자체(동일자의 담론)의 생산 속으로 그것을 밀어 넣는 것이다. 그리고 이 "이상한" 화법을, 즉 단순한 대화―말하자면, 자기 독백―가 불가능한 이 "야만적인" 언어를 동일한 "차원"에 놓는 문제일 수 없기 때문에, 우리는 이러한 발견을 계층화하고 층을 이루게 할 것이다. 즉, 질서를 이루게 할 것이다. 때로는 체계에 다소간의 여유를 약간 주면서 말이다. 조정aménagement 형식들은 다를 수 있지만, 모두 **이질적인 것, 다른 것**으로서 부과된 것을 동일한 표상―동일자의 표상―에 순응시키는 이 역설을 행한다.

그러나 꿈이 "그림 수수께끼rébus"[5]처럼 해석될 수 있을 뿐이라는 것은 "꿈 해독자"가 이미 의미가 규정되어 있는 어떤 기입 유형을 특권화하지 않고, 모든 방향, 위치로 꿈을 뒤집어보게끔 유도했으리라는 것이다. 그것은 아직 아무것도 적힌 게 없는 표면 위에서 이루어지는, 목적론적으로 수평적이든 수직적이든 하나의 직선적인 전위이다. 시각화된 특정한 질서로 "육체"의 제스처를 이미 응결시키는 과정을 따르면서, 반복과 회귀의 규칙에 따라 그 표면을 재단함으로써, 꿈 해독자는 그 표면에 표지를 남긴다. 왜 차라리 어떤 사냥꾼 혹은 사냥감과 그들의 극적인 관계들이 나뭇가지들 **사이에서** 눈에 띄고, 나무들 **사이로부터 떨어져 나올** 이 어린이용 "이미지들", 그림문자들을 떠올리지 않았나. 인물들, 단역들 사이의 간격들. 장면

---

5 같은 발음의 단어·숫자·글자 따위를 이용한 문장 맞히기 게임. 프로이트는『꿈의 해석』여섯 번째 장「꿈-작업」의 도입부에서 그림 수수께끼를 언급한다. 그는 꿈-내용이 상형문자로 적힌 것과 같아서 기호들을 번역해야 한다고 말하면서, 이를 그림 수수께끼에 빗대어 설명한다.(옮긴이)

을 조직하는 사이 간격들, 장면 구조화의 기초가 되지만 그렇게 읽히지 않을 빈 공간들blancs. 전혀 그렇게 읽히지 않는가? 전혀 그렇게 보이지 않는가? 실제로 절대 표상되지도 않고, 표상될 수도 없다. 그렇다고 현재의 시노그라피 속에서 효과가 없다는 뜻은 아니다. 다만 망각 속에 굳어진 채 생명이 불어넣어지기를 기다리고 있다. 위아래가 모두 뒤바뀐 채로. 주체-해석자가, "그것[이드]"이 (자기의) 이미지의 증식을 위한 지지대, 동일한 광경spectacle을 위한 눈속임 배경막, 동일한(동일한 것의) 연극을 위한 무대배경으로 남기를 욕망하지 않는 한에서 그렇다.

수수께끼 역시 단지 꿈일 뿐이다. 왜냐하면 수수께끼-꿈은 이야기가 "주체"와 "대상"에게 규정해준 역할들을—"수면" 중에 그것을 "지속시키기" 위해—뒤틀기 때문이다. 말하지 않고 말하는 무언증, 몸짓 없이 움직이는 불활성, 아니면 다른 언어, 다른 글쓰기에 의한 것. 몽환적인 그림문자, 몸짓문자chorégraphie, 음성문자, 포르노그래피는 자고 있는 자의 실제 **마비**를 대신한다. 그리고 그런 "그림 수수께끼" 앞에 선 "아이"(?)가 그에게 이미 나타난 것과 다르면서 동일한 인물이나 형상을 "보기"를 꼭 원하지 않았을 때에만 그는 —아마도?—깨어날(깨어났을) 것이다. 그가 첫 번째 통사의 표상, 그것의 재현의 척도에 따라 두 번째 통사를 조정하려 하지 않으면서, 말하자면 **이중통사**에 의해 유혹당하는 데 만족할 때에만 그럴 것이다. 그가 직접적으로 볼 수 없는 것 혹은 그와 동일한 것으로서 지각할 수 없는 것에 의해 그가 "상처받지" 않을 때에만, "거세"의 위협을 받지 않을 때에만. 따라서 이렇게 기술의 지연에 의해 보호받는 두 번째 ─ 혹은 n번째 ─ 시각vue으로 무의식의 "발현들"을 파악하기 위해 n번째 광학 도구인 새로운 "이론"을 정립할 필요를 느끼지 않을 때에만. 그의 억압의 합리성에 대해 부지런하게, "성실하게", 개념을 하나하나 구축할 때의 공포에 찬 시선을 보조하는 인공 보철. 억압의 정당성에 대해서도. 회séance를 거듭하며, 시각 ─ 기억 ─ 의 명령들로 또한 제어되는 절차 속에서, 구분선la barre, 막힌 것le barré의 복구라는 동일한 행동을 반복하면서. 세밀하게 한정된 작은 장면에서 금기interdit를, 담론의 사이에서 말하기들inter-dits을 허용하고, 호의적인 중립성을 가지고 듣고, 수집하면서. 그러나 그 윤곽을 재표시하기를 그리고 "분석하기"를, 또한 층위들의 층을 다시 이루게 하는 것을 보류하면서. 그것은 질서, 의식적인 "좋은" 질서가 뒤따르도록 하기 위해서다. 다른 곳에서 말이다.

그럼 상상해보자 ─ 프로이트를 다시 읽으면서 대답으로 상상하는 것 말고 다른 무엇을 할까, 그런 상상을 측량할 수 없는 무능을 고백하는 게 아니라면 말이다. 남성이, 이 경우엔 프로이트가 전대미문의 어떤 것, 가장 열광시키는 것이며 과학적으로 엄정할 뿐 아니라 사실들의 물질성에 가장 충실하고 역사적으로 효용이 있는 어떤 것, 손쉽게 지하동굴catacombes없이 이 두 (소위) 통사들을 이어줄 어떤 것을 발견했다고. 이상함, 기이함에 있어서 서로 환원 불가능한 두 통사들을. 서로 다른 시간, 장소, 논리, "표상", 경제에 속한 두 통사들을. 이 항들, 즉 이 둘, 이 "다른 것들"을 지칭하기란 적절하지 않은데, 그것은 단지 그것들을 비교〔함께-나타남〕com-paraison

할 수 없을 것이기 때문이다. 그것은 오래전에 시작된 운동을 반복하게만 할 것이다. 즉 동일자에 의해/동일자를 위해 이미 체계화된 언어 속에서 "타자"에 대해 말하는 것 말이다. 판별과 표시, 연결들을 위해서는 아직 존재하지 않는 작업들이, 결과를 단정 짓지 않고 단지 그 복잡성, 섬세함을 짐작만 할 수 있는 작업들이 필요하다. 어디선가 이미 시행 중인 목적론 없는 작업들이. 그러나 남성-프로이트가 하나의 (혹은 두 개의) 장벽, 하나의 (혹은 두 개의) 검열에 의해 보증되는 위계적 층위étagement보다 이 두 경제의 놀이를, 더 나아가 경합을 선호했다면, 아마도 결국 그의 사변 속에서 그에게 불가피하게 "모호하게" 남아 있는 것에, 그러므로 여성의 성과 주이상스의 이 비가시적인 것, 따라서 이론화할 수 없는 것에 부딪히지 않았을 것이다. 이 "검은 대륙"과 관련하여 그가 시도하고 도전받는 탐색들이 어떤 것이든 간에, 그는 그것을 항상 아직 맹목적이고 이해할 수 없는, 어떤 탐구의 "지평선"으로 돌려보낸다. 그리고 체계적인 조사의 영역의 놀이-외부hors-jeu — 나의 외부hors-je? — 로 인정하는 것으로써 프로이트는 틀림없이 **역사적-초월적** 장면의 출구를 가리킨다. 동시에 그의 이론과 실제는 언표의 혹은 발화의 극drame의 방식으로 동일한 장면을 지속시킨다. 이는 이번에 우리가 **히스테리적-초월적**이라고 부를 것이다. 이러한 재표시, 이 반복répétition — 원리의 재청원ré-pétition — , 요약récapitulation, 그리고 자기도 모르는 사이에 행해진 모방의 효과는 그의 숨결의 특권을 그리고 그의 헐떡임의 특권을 알려주는 것이다.

사실, 프로이트가 근친상간 금기를 재확인할 때, 그는 "주체"에 대한 사변적 모태의 가능 조건들을 재서술하고 재배치하게 하는 것일 뿐이다. 그는 훨씬 더 "과학적인" 방식으로, 그 조건들의 "객관성"에 있어서 더 절대적인 방식으로 자신의 토대를 확고히 한다. 어쩌면 그 자신이 (자신의) 어머니에 대한 그의 욕망을 더 보편적인 관심사로 "승화시키기" 위해 그런 증명이 필요했던 것일까? 그러나 **"주체" 자체(동일자로서 "주체")의 구성에 대한 역사적 결정 요인들**을 해석하지 않고서 (그의) 정신분석 안에서 정신분석의 주체, 정신분석의 주체들의 역사에 대해서만 질문한다면, 그것은 그가 딛고 서 있는, 다시 새롭게 재억압된 이 땅을 복구시키는 것이 되리라. 그에게, 전통적이지만 더 명시적인 방식으로, 어머니–자연의 육체–성corps-sexe일 이 땅을 말이다. 이상idéal이라는 천장(바닥)으로 이 땅을 덮음으로써 어머니–자연과 힘, 생산성을 겨루는 것이 중요할 것이다. 이는 입법자 아버지에 대한 동일시, 그의 고유명들noms propres과 그의 자본화 욕망에 대한 동일시에 의해 이루어질 것이다. 이 욕망은 동류들pairs끼리 여성들—페티시화된 대상들, 그가 가치를 보증하는 상품들—을 교환하는 쾌락을 제외한다면, 쾌락의 실행보다는 모든 방면에서 영토의 소유, 그리고 또한 언어의 소유를 선호한다. 어머니 배 속으로의 회귀와 퇴행뿐만 아니라 언어로의, 어머니와 공유한 꿈들로의 회귀와 퇴행의 금지. 이는 곧 "주체"가 계속 그 위에 서고 나아가며 담론을 전개하고, 더 나아가 그것을 선회하게 할 점, 선, 면이다. 이 담론은 그의 시초에 대한 이 소환들이 되살아남으로써 그의 옛 기록들과 그의 목적 사이의 화해라는 덫으로부터 겨우 벗어나고 풀려난다. 원인이 되는 자―그―의 좀 더 불안정한 균형. 그러나 그는 현재 그의 동요의 이유들을 알고 있으니… 그리고 바로 여기서 중요한 것은 새로운 부의 습득일까? 중층결정, 사후작용, 꿈들, 환상들, 언어유희들… 언어는 (자신의) "부속물들"―또한 시각, 자궁, 배아의 "부속물들"―을 다시 취하면서 재산을 증대시키고, 그 절차와 기술의 "깊이", 밀도, 다양성, 증식을 획득한다. 언어가 위험에 처했다고 여겨졌을까? 그것은 어느 때보다 더 춤추고 놀고 스스로를 쓴다s'écrit. 심지어 그것의 유년기로 다시 잉태되어 과거보다 더 "진실하다"고 주장된다. 더 의식적으로 모성적인 것과의 관계를 배고enceinte 있는 의식이라고.

반면에 "그녀"는 자신의 몸을 고통스럽게 하는 것에 대해서 말할 수 없게 된다. 그녀의 말을 듣기 위해 만들어진 이 장면에 대해서 우리가 그녀로부터 기대하는 말들조차 그녀는 도난당한다. 언어의 망각 혹은 페티시적 부정의 시인 속에서? 그러나 히스테리, 즉 최소한 특권적으로 "여성적인 것"의 운명인 히스테리는 **지금 말할 것이 아무것도 없다**. "그녀"를 괴롭게 하는 것이자, "그녀"가 갈망하는 것, 심지어 "그녀"가 즐기는 것은 이미 코드화된 표상들과 관련된 다른 장면에서 일어난다. 그것은 말하지 못하도록 억압되고, 우리가 이 역사 속에서 더 이상 제거할 수 없을 "상형문자적"―전 역사적인 것으로 이미 의심받은 명칭―증상들 속에서 사이에서 말해진(금지된)inter-dit 것이다. 그녀의 성을 무시하고 "남성적" 비유tropes와 향성의 놀이 속으로 그녀를 넣지 않는다면. 그녀의 쾌락을 남근적 주장들의 공동creux, 이면, 부정에, 심지어는 검열된 부정에 새김으로써 그녀의 쾌락의 특수성을 부인하는 담론으로 전향되지 않는다면. 그리하여 남성동성애화되지 않는다면, 아버지-남편의 남색적 혹은 비역적 만족들을 위해 도착적으로 가장(변장)되지 tra(n)vestie 않는다면. 그러한 한에서 [그녀는] 너무나 명백하게 무해하여 그에 대한 걱정 없이 웃게 만드는 요구 사항들을 말한다. 어른들이 잠자코 숨기는 미친 야심들을 아이들이 소리 높여 주장할 때 사람들은 아이의 말에 이런 식으로 웃고 만다. 사람들은 아이가 그런 야심들을 실현하는 데에 무능하다는 것을 알고 있다. 그리고 그녀가 힘에 대한 그들의 환상들을 순진하게 전시할 때 그것은 권력 다툼에 있어서 그들에게 여흥[재창조]ré-création의 역할을 한다. 그들의 지배를 서둘러 확인하기 위해 약간 물러서 있어야만 하는 것을, 그러나 방향을 잃고 싶지 않기에 그들이 완벽하게 떠맡길 수는 없는 것을, 그녀의 유아기[말하지 못함]in-fance로 그들을 위해 연출하고, 그들을 위해 따로 비축해놓음으로써. 그러므로 그녀는 유도된 욕망들을, 아직 무정형인 그녀의 의식에 낯선 암시들suggestions을 피티아티즘식으로pithiatiquement[6] 모방할 것이다. 그리고 이 암시들은 그녀를 자신의 관심사들로부터 훨씬 더 멀리 떨어뜨려놓는 만큼 더 신뢰할 만하다고 자기주장을 한다. 이중 소외의 이 역할 속에서 기존 질서에 다시 따르면서 그녀는 역사적으로 주어진 이

---

6 피티아티즘pithiatisme은 프랑스 신경생리학자 조제프 바뱅스키가 히스테리를 대체할 용어로 제안한 것이다. 핵심 주장은 히스테리 증상들 중 암시에 의해 발생하는 것들은 다시 암시에 의해 제거될 수 있다는 것이다.(옮긴이)

특권, 즉 무의식을 포기하고, 심지어 부인한다. 그녀는 무의식 그
자체를 남성적 의식의 계속 현존하는 기획과 투사에 팔아넘긴다
prostitue.

왜냐하면 남성-프로이트―혹은 그녀가 당연한 권리를 내세운
다면 여성―가 언어의 중층결정, 사후작용들, 꿈과 환상의 지하
층, 경련적인 흔들림, 패러독스와 모순 등이 모성적 권력의―여전
히 전 역사적인 참조점을 취한다면 모권제의―회귀에 대해 언제
나 가능한 억압에 빚지고 있는 것을, 그러나 또한 여성 섹슈얼리티
역사의 변화devenir에 빚지고 있는 것을 해석할 수 있었던 반면, 우
리는 담론 자체(동일자의 담론)의 이해와 확장extension에 대한 확
증을 얻을 뿐이기 때문이다. 그 어느 때보다도 더 강력한 이 건축
물 속에 거듭 끼워 넣어지고, 틀 지어지고, 꿰어지는 "여성". 그녀
자신은 때때로 의식의 인식을, 심지어 그녀가 가질 수 없는 무의식
의 전유를 요구하면서 만족해한다. 그녀는 무의식이지만, 무의식
은 그녀 자신을 위한 게 아니며, 법적으로 인정할 수 있는, 자신의
것으로서 인식할 수 있는 주체성도 없다. 그녀는 아마도 그녀 자신
과 가깝겠지만 (자기에 대한) 완전한 무지 속에 있다. 지성의 고양
을 위한 "감각할 수 있는" 비축물, 형상들의 각인을 위한 질료-매체
matière-support, 소박한 지각으로의 퇴행 가능성의 보증, (죽음의)
부정성의 대표-표상représentant-représentatif, 꿈과 환상의 검은 대륙,
음악을 충실하게 복제하는 고막, "주체"에게 이러한 일련의 전위들
이 모두 잇따르는 것은 아니겠지만. 만약 그녀가 그에게서 자신의
재산을, 즉 반사/사변회로부터 폐제된―그녀의―그것으로 구축

된 동일한 것으로서의—그의—그것을 되찾아 오려고 한다면, 그녀는 단지 그의 결정을 보증해줄 뿐이다. 항상 동일한 문제가 관건일 것이다. 자본화는 기껏해야 소유주를 바꿀 뿐이다. 그녀의 욕망이 부재할 때 그녀가 채택할 교환의 해결책. 역사의 진행, 진보에서 조금 뒤처지면서 말이다.

그러나 제 손짓으로, 여성은 (다시) 하나의 로고스에 길들을 다시 낸다. 그 로고스는 여성에게 거세된 것, 특히 무엇보다 말이 거세된 것으로서의 의미를 부여하며, 여성은 지배적인 이데올로기의—(남성)동성애의 그리고 모성적인 것과의 투쟁들의—이익을 위한 창녀로서가 아니라면 일을 하는 것이 금지된다. 그리고 하나의 특정한 의미, 또한 언제나 역사의 의미를 구성하는 특정한 의미가 전대미문의 질문, 혁명을 겪게 될 것이다. 그러나 어떻게 할 것인가? 왜냐하면, 다시 한번 말하지만, "분별 있는sensés" 말들—어쨌든 모방에 의해서만 그녀가 사용하는—은 히스테리의 고통−잠재souffrance-latence의 지하 궤도에서 희미해진 채 박동하고, 외치고, 유보되어 있는 것을 번역하는 데 무능하다. 그렇다면… 모든 것을 뒤집어야 한다. 뒤에서 앞으로, 아래에서 위로. **근본적으로 혼란을 야기해야 한다.** 그녀를 고통스럽게 하는 것을 말하지 못하는 무능력 속에서 그녀의 "몸"이 괴로움을 겪는 이 위기들을 다시 가져가고 다시 가져와야 한다. 그녀가 배제된 장소들을 상기시키는 담론, 기존의 형상들의 응집, 결합, 일관성 있는 확장을 **말없는 가소성**plasticité으로써 보장하는 거리 두기들espacements을 상기시키는 담론의 이 **빈공**

간들을 또한 단호하게 고집해야 한다. 기대됐던 데와 다르게 그리고 다른 곳에서 **차이들로** 그것들을 재기입해야 한다. 독자-필자의 논리적 격자들grilles을 파괴하고, 그의 이성을 탈선시키며, 그의 시각을 교란해 최소한 치유할 수 없는 복시複視에 이르기까지 하는 **삭제**와 **소멸**로 말이다. 선의 파열들, 흐름의 단절들, 연결기 혹은 차단기의 고장들, 연결의 역전들, 연속, 교대, 빈도, 강도의 변형들에 의해 언제나 목적론적인 질서를 중단하여 **통사를 뒤엎어야한다.** 오래도록 어디서부터, 어디로, 언제, 어떻게, 왜를 더 이상 알 수 없는 것, … 그것이 일어나거나 발생한다. 운동이 일어나거나 퍼지거나 뒤집히거나 멈출 것이다. 동일자의 증가하는 복잡성에 의해서가 아니라, 물론 다른 접속들의 침입에 의해서, 단락들court-circuits의 이따금의 간섭에 의해서. 이러한 단락들은, **하나의** 기원으로의 회귀의 가능성 없이, 에너지를 흩뜨리고 회절시키고 끝없이 파생시키며, 때때로 폭발시킬 것이다. 어떤 **평면**plan을 따라 더 이상 유도할 수 없을 힘. 그 평면이란 단 하나의 원천을 투사하는 것이다. 이 원천은 부차적인 순환 속에 소급적 효과를 포함한다.

이 모두는 또한 같은 방향으로 연쇄되어 있는 말들, (이른바) "어휘들"에 이미 적용된다. 그러나 말들은 "주체"가 "여성적인 것"에 신중하게 입힌 외장으로서, 그러한 말들에 의문을 품어야 한다. "여성적인 것"은 이 모든 과대평가하는 혹은 헐뜯는 은유들 아래 묻혀 있어, 더 이상 이러한 외장을 뜯어내는 방법을 모른다. 게다가 거기에서 어떤 쾌락을 발견하고, 심지어 도금된 종류로 덧붙이기까지 한다. 그러나 점점 더 비유들로 둘러싸이게 된 그녀가 어떻게 이러한 기사도적인 미사여구 아래에서 어떤 〔자신의〕 소리son[7]—어떤 "나의mon"—를 발음할 수 있을 것인가? 수사적 문체의 이러한 층들, 그녀가 숨결마저 잃는, 이 장식용 묘지를 다시 가로지를 수 있는 충분히 강한, 혹은 충분히 섬세한 길을, 목소리를 어떻게 찾을 것인가? (그의) 모든 대기 아래 질식당한étouffée 목소리를. 그녀는 이 모든 천들étoffes로부터 떠오르기를 바라야 하고, 언어 속에서 자신의 나체와 초라함을 드러내는(폭발시키는) 데에 동의해야만 한다. 모든 것들—말들 역시—에 역으로, 반대해서 말이다. 그녀의 수치, 순결—적당한 담론을 제대로 두른—, 온당한 겸손함, 신중함이 절대적으로 필요하다는 것은 모두가 계속 주장해왔다. 포르노그래피적인 (남성)동성애의 격화에 대한 의심을 부르는 뉘앙스들은 제외하고, 모든 어조로, 모든 형상 아래, 모든 이론 안에서, 모든 문체로 말이다. 그것들의 생산에 공통적인 기반(자본)으로 생각해야만 하는가?

어머니의 (재)생산력과 여성의 성은 체계들, 즉 "주체"를 위한 매음굴과 말-페티시, 대상-기호의 증식에 있어서 두 가지 관건들이다. 그것들에 대한 진리의 증명들이 시도하는 것은 타자 안에서/타자에 의해서 가치들을 재주조할 위험을 일시적으로 완화하고자 하는 것이다. 그러나 사실상 모든 것이 동일한 신용 체제에 사로잡히고 덫에 빠져 있기 때문에 어떤 명백하고 일의적인 서술도 이러한 저당권을 해제할 수 없다. 모든 것이 의미화 장치에 의해 발행되자마자 회수될 수 있기 때문에. 애매한 말들, 암시들, 함의들, 우화들

7　프랑스어 son은 '그의, 그녀의, 그것의'라는 뜻도 가지고 있다.(옮긴이)

등으로만 말하는 것이 여전히 더 낫다. 비록 어떤 명확성을 요구받는다 해도. 아무것도 이해하지 못한다고 사람들이 확언한다 해도. 어쨌든, 사람들은 전혀 아무것도 이해하지 못했다. 그렇다면 격분이 일어날 때까지 오해를 거듭하지 않을 이유가 있겠는가? 귀가 또다른 음악에 익숙해질 때까지, 목소리가 노래를 다시 시작할 때까지, 똑같은 시선이 자기표상의 기호들에만 눈을 크게 뜨는 것을 멈출 때까지, (재)생산이 더 이상 언제나 동일자(들)에 그리고 몇몇 상들figures을 제외한 동일한 형상들formes 속에 돌아오지 않을 때까지.

언어의 이러한 불협화음은, 그 표제들에 있어서는 무질서하지만, 그래도 역시 끈기 있는 엄정함을 요한다. 증상들도 엄밀한 명확성을 요구한다. 그리고 반사/사변화의 어떤 방식을 깨뜨리는(어떤 방식과 단절하는) 것이 중요하다고 해도, 그것이 모든 거울을 포기해야 한다는 것은 아니다. 표상의 **평면**의 영향력에 대한 분석을 피해야 하는 것도 아니다. 이 **평면**은 여성적 욕망이 남근형상적 가장과 요구들로서가 아니라면 그것으로 하여금 실어증이 되게 하고, 더 일반적으로는 이완증antonique이 되게 한다. 왜냐하면 해석의 시간의 회피는 결국 다시 응결되고, 다시 상실되고, 다시 절단되는 것에 이르기 때문이다. 다시encore. 그러나 아마도, 담론을 지지하는 이 반사하는 표면 너머에는 무의 공허가 아니라 무수한 면들에 대한 탐사의 눈부심이 나타날 것이다. 또한 언어의 반짝이고 타오르는 오목한 면은 페티시 대상들과 도금된 눈들을 연소시켜버릴 수 있다고 위협한다. 그것들의 진리의 가치를 재주조하는 것은 이미 멀지 않다. 그들의 사변에 숨겨진 토대로 쓰이는, 이른바 어두운 이 동굴에서 더 깊이 파고, 약간 더 내려가는 것으로 충분하다. 왜냐하면 자신의 빛들을 확신하는 데에 있어서 불변하는 로고스의 불투명하고 침묵하는 모태가 재발견돼야 할 곳에서 오히려 이성의 명증성을 침식하는 불과 얼음이 빛나기 시작하기 때문이다. 그것은 동굴 안 그것들[불과 얼음]의 비축물―폐쇄된 부피volume에 대한 여전히 근원적인 요구―에 의해서가 아니라 다시, 또다시, 영원히 불붙는 타오르는 중심foyers에 의해 빛나는 것이다.

그러나 **오목거울**이 빛을 집결시킨다는 사실, 그리고 무엇보다도 여성의 성이 그와 전적으로 무관하지 않다는 사실에 대해 현재까지 어떤 "주체"가 질문해왔는가? 남성의 성이 볼록거울과 무관하지 않다는 사실과 마찬가지로 말이다. 그런 굴곡들의 결합으로부터 기인하는 왜곡된 상들의 생산에 어떤 "주체"가 관심을 가져왔는가? 어떤 불가능한 반영들, 어떤 당황케 하는 반사들, 어떤 패러디적인 변형들이 그런 굴곡들의 절합 각각에 일어났었는가? "그il"가 항상 다시 동일자로서의 자기 동일시의 원천-자원들을 길어 올리는 곳인 계사繫辭의 진리 속에서, "그것은 …이다/있다"는 그 절합들을 무효화한다. 따라서 어떤 주체도 그러지 않았다. 자신의 탈존ex-sistance을 잃지 않기 위해. 그리고 거기에서 다시, 거기에서 역시, 우리는 그것이 주체를 중심에 놓는 관점일지라도 또한 은밀한 관점 전체를, 주체성의 자율적 순환 전체를, 자신에게 매인 체계성 전체를, 어떤 명목으로든 여전히 형이상학적인―뿐만 아니라 가족적인, 사회적인, 심지어 경제적인―닫힌 경계 전체를 의심할 수 있을 것이다. 오목거울의 이 타오르는 중심을 어떤 면에서 전유하고 고정하고 응결시켰다고 말이다. 만약 오목거울―그러나 **구멍**이 되는 거울―이 "주체"의 상상적 궤도에 형상을 부여하기 위해 자신을 구두점으로 만든다면se ponctifie[8], 이렇게 그것은 여성의/여성에 대한 욕망의 불길의 이 "중심" 안에/"중심"에 의해 공포증적으로 스스로를 지키는 것이 된다. 안정감을 주는 형태 속에 머무르고, 똑같은 구조로 어떤 안락한 무덤을 만들면서 말이다. 그로부터 그는 어쩌면 어떤 사변적인 생존에 의해 볼 수 있을 것이다. 모든 종류의 창문-무대장치, 시각 장비, 유리 혹은 거울에 의해, 그것의 반구coupe 속에 떨어지는 모든 것을 태우는 이 "불타는 거울"로부터/"불타는 거울" 안에서 자신을 지키면서(지켜보면서).

그러나 사람들은 이미―목표와 대상을 다시 지지하면서―반사경이 반드시 거울은 아니라고 반박할 수 있었으리라. 그것은―아주 간단히⋯―눈이 **내부를** 침투할 수 있도록 음순들을, 갈라진 틈들을, 내벽들을 **벌리는** 도구일 수 있다. 특히 사변의 목적으로, 눈이 거기에 가서 볼 수 있도록. 여성은 무시되고, 잊히고, 광경들로 다양하게 얼어붙고, 은유들 속에 감싸이고, 제대로 양식화된 형태들 아래 묻히고, 다양한 관념들 속에서 교대된 후에, 이제 검토할 "대상", 명시적으로 고찰할 "대상", 이런 명목으로 이론에 집어넣을 "대

---

8 오목거울의 이미지를 따라가면, 가운데가 움푹하게 들어간 모양이고 그 중심에 빛을 모아서 불을 일으킬 수 있다고 할 때(볼록거울이 할 수 없는 일), 이것을 형이상학적 닫힌 성세가 신ⅡⅠ린디깬, 주체의 순화하는 궤도에 중심과 강조점을 만들어서 볼록거울이 반사하는 빛을 중앙에 모아들이는 역할을 한다는 의미이다.(옮긴이)

상"이 될 것이다. 그리고 만약 자신의 닫힌 경계 안에 형이상학을 고정하고 움직이지 못하게 하는 이 중심이 그처럼 비가시적인 어떤 신성 혹은 다른 초월성으로 종종 회부됐다면, 그것을 여성적 성의 가시적인 것에 가져다 놓는 것이 어쩌면 거기에서 최종 의미를 끌어낼 수 있을까?

그렇다, 남성의 눈—성/성기sexe의 대리로 이해되는—은 여성의 성/성기를 조사하고, 거기에서 이익의 새로운 원천들을 찾을 수 있을 것이다. 이론적인 원천들 또한. 이렇게 함으로써 그는 (그의) 욕망을 한층 더 페티시화한다. 그러나 오늘날 "자궁경hystéroscopie"의 최근의 도움에도 불구하고 신비의 난관은 지속된다. 사실, 만약 기원의 장소가, 본래의 거주지가, 즉 여성뿐만 아니라 어머니도 그의 시각으로 탈은폐될 수 있다면, 그는 이 광산을 탐색하여 무엇을 할 것인가? 모두에 대한, 모든 것에 대한 시선의 권리를 좀 더 침해하는 것, 그리하여 엄밀히 말해서 그가 환상을 축소시키려 애쓴다고 믿는 바로 그곳에서 그의 욕망의 감퇴를 강화하는 것을 제외하면 말이다. 그것이 초월적인 환상이라 해도. 사실, 이 벌어진 틈들écarts에서 그는, 그들은 무엇을 **보았을** 것인가? 그리고 그들은 거기에서 무엇을 가지고 올 것인가? 초월적인 것은 비밀을 간직하기에, 역시 허망한 환멸뿐이다. 경험적인 것과 초월적인 것 사이의 **긴장은 깨지지 않았을 것**이고, 탐사를 피했을 것이다. 페티시들이 불타는, 소진되는 위험의 시공간. 이 불 속에서, 이 빛 안에서, 불타오르는 가운데 그것들의 만남들을 볼 수 없음이라는 시각적 실패 속에서, 경험과 초월적인, 특히 남근적인 탁월함 사이의 차이를 세우고 구조화하는 분열la schize 또한 불탔을 것이다. **존재적-존재론적ontico-ontologique 차이의 탈분열ex-schize 위기.** 곧 모든 경제의 재주조인 이것들 다음에는 무엇이 뒤따를까? 진실을 말하자면, 우리는 그에 대해서 아무것도 모른다. 그리고 진실을 고수하자면, 우리는 최악을 두려워할 수 있을 뿐이다. 왜냐하면 우리는 가치 체계의 일반적 위기를, 오늘날 통용되는 가치들의 붕괴를, 가치 척도와 그것의 독점 체제의 평가절하를 두려워할 수 있을 뿐이기 때문이다.

계사적copulative 유출과 용해는 도취할 때마다 화폐의 신용을 재주조한다. 가치 있는 판돈들enjeux을 쇄신하고 재분배한다. 두 위기, 두 폭발, 광물 페티시의 두 타오름 사이에서 말이다. 그리고 이 도박에서 누가—남성이?—칩들을 가장 많이 거두고 축적해 승자가 될지 예견하는 것은 쉽지 않다. 또한 자신의 광산을 윤을 내는 데 시간을 쓸 누군가가—여성이?—칩들을 쓸어 가는 것을 상상하는 것도 마찬가지다. 반사하는 표면에 맡겨진 위탁물이 마모되면 그 표면을, 유혹의 책임과 구실 아래 자신의 부를 전시하는 자의 비축물과 자본을 불태우기가 더 쉬워진다.

그러나 사람들은 다시—어떤 다른 객관성의 이름으로—우리가 불과 불꽃을 섭취하지 않는다고 반박할 것이다. 아마도 그럴 것이다. 그러나 우리는 페티시들과 시선들도 마찬가지로 섭취하지 않는다. 그리고 우리는 언제 여성의 성과 어머니의 젖가슴을 혼동하기를 멈출까, 언제 여성의 성은 어머니의 젖가슴의 유산을 물려받을 때에만 가치를 갖는다고 주장하기를 멈출까? 남성은 언제, 이 유모 〔자신의 아내-어머니〕의 젖을 빨면서 만들어냈을 멋진 대상들objets 을 자신의 형제들, 친구들 앞에 전시하러 가기 위해, 자신의 아내-어머니를 아주 안전한 상태에서 양분으로 삼으려는 필요 혹은 욕망을 포기할까? 그리고/또는 그는 자신의 ―그에 따르면― 무능한 inapte 아내-아이를 부양하고자 하는 역할들을 더 잘 보존하기 위해 그 역할들을 뒤바꾸면서, 노동 시장에서 (자신을) 생산하는 일을 언제 포기할까? "결혼"은, 이 경제를 영속시키기 위해서 최소한 어머니-아이, 생산자-소비자의 차이를 유지하는 것을 목표로 하는 양육 관계의 다소 미묘한 변증법적 발전으로 귀착된다.

시선으로 돌아오면, 따라서 시선은 내부의 모든 구멍들을 탐색할 수 있을 것이다. 그러나 가장 은밀한 구멍들에 대해서는 보충적인 빛과 거울의 도움을 받아야 탐색할 수 있을 것이다. 적당한 태양과 거울들의 도움을 받아서. 태양과 거울의 도구적이고 기술적인 사용은 시선에게 이 광산들은 어떤 금도 갖고 있지 않음을 보여주고 증명했을 것이다. 그러므로 그러한 적나라함에 겁에 질린 시선들은 적어도 모든 빛이 시선들에게 마련돼 있고, 경쟁자 없이 계속 투기할spéculer 수 있으리라 생각했을 것이다. 전능한 어머니에게 부여된 아이의 시원적인 신용은 아무것도 아니었고, 우화일 뿐이었다. 그러나 어떻게 허구 없이 욕망하는가? 그리고 위험 없는, 지출 없는 재산의 축적은 어떤 쾌락을 주는가?

우리는 사실 내부의 구멍들의 탐색을 위해 빛을 집중시키는 것은 **오목거울** 패러다임이라는 사실을 지적했다. 동굴들의 비밀이 밝혀지기 위해서는 시선, 태양, 햇빛을 받은 시선의 너무 약한 빛들을 집중시켰어야 한다. 실험적 방식과 "자연"의 힘들의 새로운 판별로 여성의 성의 신비를 꿰뚫기 위해서 과학기술은 "불타는 거울"의 응집하는 속성들을 되찾았을 것이다. 모성적인 것과 여성적인 것에 대한 새로운 탈사변화despéculariasation인가? 이것은 욕망의 재앙들을 정화하고자 시도하는 허구, 모든 각도의 시각하에 욕망을 분석하되 손대지 않고 놔둠으로써 금욕하는mortifie 허구의 과학성뿐이다. 욕망은 다른 곳에서 여전히 불타고 있다.

코레^{κόρη}: 젊은 처녀-눈동자

거울들 속에서 그리고 모든 매끄러운 표면들 위에서 생성되는 이미지들에 대해 이해하는 것은 더는 어려운 일이 아닙니다. 사실, 서로 접촉한 내부의 불과 외부의 불은 매끄러운 표면 위에서 갑자기 결합돼서, 그 표면 위에서 여러 방식으로 뒤바뀌며 필연적으로 이런 종류의 모든 가상들^{apparences}을 야기하지요. 이렇게, 얼굴이 발하는 불과 눈에서 나온 불은 매끄럽고 반짝이는 표면 위에서 결합합니다. 그런데 이 경우에 오른쪽이 왼쪽으로 보이게 되는데, 이는 일반적으로 빛을 발할 때와는 정반대로 눈의 빛의 반대되는 양쪽이 그 대상의 대응하는 양쪽과 접촉하기 때문입니다. 그러나 그와는 반대로, 대상의 빛이 눈의 빛과 결합하면서 그에 대해서 방

향을 바꾸면 오른쪽은 오른쪽으로, 왼쪽은 왼쪽
으로 남는데, 그런 일은 거울의 매끄러운 표면이 양
쪽을 번갈아가며 오른쪽에서 온 빛을 눈의 빛의 왼
쪽으로, 왼쪽을 오른쪽으로 돌려보낼 때 일어나지
요. 얼굴에 대해서 가로로 돌려놓으면, 이 오목거
울이 이번에는 눈의 아래쪽을 위쪽으로, 반대로 위
쪽을 아래쪽으로 돌려보내면서 얼굴을 완전히 거
꾸로 보이게 할 것입니다.

—플라톤[9]

    그러나 눈은, 최소한 눈은 욕망의 불로 인해 파괴되지 않도록 모
든 노력을 기울였을 것이다. 초기의 지혜는 눈의 안쪽을 덮는 이 막
membrane, 〔눈의〕 암실에서 형상들을 투사하고 생성하기 위한 스크
린écran을 태울까 두려우니 태양을 "정면으로" 바라보지 말라고 가
르친다. 눈부심 속에서 연소의, 죽음의 위험 없이 빛의 경제를 발
견하는 것은 철학으로 들어가는 문턱을 가리킨다. 그리고 시력을
잃지 않기 위해 일식 상태의 태양도 **거울의 중계**le différé에 의해서만
관찰돼야 한다면, 영혼 또한 선Bien의 관조, 엄격히 말하자면 인간
이 볼 수 없는 선의 관조에 있어서 시각을 돕는 이 보충적인 반사 장
치일 뿐이다.

    그러나 빛이 지닌, 연소시키는 성질의 인접성은 오직 **형상들**에만

---

9 플라톤, 『티마이오스』, 46a-c.(옮긴이)

관심을 보임으로써 또한 회피될 것이다. 시각은 "존재자들^{étants}"에 대한 정확한 지각을 위해 그리고 프쉬케〔영혼〕ψυχή 속 관념적 각인의 관계 산정을 위해 햇빛을 사용함으로써 실명의 위험으로부터 스스로를 보호한다. 올바른 시각은 틀림없이 정면을 바라보는 시각이지만, 그것은 빛의/빛에의 모든 **접촉**을 막는, 사이에 놓인 시각적 장치들의 매개를 통해 바라보는 시각이다. 이성 —사람들이 또한 자연의 빛이라 부를 것 — 은 변함없는 환한 빛을 보장하지만, 이는 **차갑게**, 섬광 없이 빛나는 반사의 조립^{montages}에서 기인하는 것이다. 제대로 보이는 것, 올바르게 지각된 것의 영원한 정확성은 더 이상 밤뿐만 아니라 정오의 불도 알지 못한다. 에피스테메〔지식〕 ἐπιστήμη는 표면들, 스크린들, 매체들에 의해/의 위에 **투사된 그림자들**로부터 측량하고, 측정하고, 계산하기 시작한다. 그리고 형상들(우리가 대개 이데아의 이름으로 번역하는)은 그것들의 윤곽 속에 포착하고 붙잡은 빛에 의해서만 그렇게 —그것들의 현존으로, 그것들의 본질로— 결정될 뿐일 것이다. 더 강한 빛을 방해하고 가로막는 만큼 지각에 더욱 강하게 호소하고, 따라서 상기할 수 있는 형상들. 빛에 따라 자국이 찍히는 형상들. 빛의 충격, 빛의 접촉은—적어도 암묵적으로—가지적인 것이 거기에서 그 이익의 원리를 찾기에는 너무 감각적이고, 너무 물질적인 성격을 지닌다. 자기에 대한 그리고 전체^{le Tout}에 대한 관계의 영속성을 세우기에는 너무 부패하기 쉽고, 너무 불안정하고 일관성 없는 문제다.

그리고 작열하는 태양, 불타는 거울과 연결되는 태양 —그리고 또한 자기연소 속에 항상 이미 그것〔불타는 거울〕을 삼켰다는, 그것을 집어넣었다는 허구를 유지할 수 있는 태양—은 온 백성의 함대를 불타게 하고[10], 그 도시[아테네]의 영원한 법칙들을 제정하기 위한 본보기로서의 지위를 잃고 쇠퇴했음에 틀림없다. 이 "아들"은 어머니-대지와 여전히 너무 가깝고, 그녀의 정념, 근접, 접촉의 우주의 궤도 속에 너무 사로잡혀 있어서 아버지의 관념적 투기의 척도로 쓰일 수 없다. 그가 그의 힘의 무언가를 가리키고 지표화한다 해도, 과학의 더 경험적인 원리들에 이용된다 해도, 그래도 역시 그가 지평선 아래로 다시 떨어지는 시간이 올 수밖에 없다.[11] 그의 빛으로, 간헐적으로 불타오르는 뜨거운 빛으로, **로고스**[이성]λόγος의 처녀의 순진함 속에서 불변하는 진리 — **알레테이아**[진리]ἀλήθεια — 를 혼란스럽게 하지 않기 위해서 말이다. 아버지의 말씀Paroles du Père의 명증성은 전체 속 각 부분에 대해, 밤의 등불도 낮의 일식도 없는, 절도 있고 조화로운 성찰을 요한다. 빛의 각 입자의 이 엄정한 분포—빛의 **정보**만이 간직될 것이다—는 "존재"를 각 "존재자"에게 알맞은 부분들로 나누는 거울들—또한 필터들, 렌즈들, 장막들paraphragmes, 암실들, 영사막들……—의 교대로써 보장된다. 모든 반사/사변화의 기원인 선Bien의 거울, 각 현존의 지혜의 단계에 따라 달라지는 영혼의 거울, 간肝이라는 예언적 거울[12]의 도움을 받

---

10 아르키메데스는 거대한 거울들로 로마의 전함을 불태움으로써 시라쿠사 함락을 3년간 막았다고 한다.(옮긴이)

11 이리가레는 이 단락에서 태양, 빛, 거울에 관한 다양한 신화와 우화를 넘나들고 있다. 이 대목은 이카로스와 그의 아버지인 발명가 다이달로스를 연상시킨다.(옮긴이)

12 고대에 메소포타미아 지역과 로마 등지에서 제사에 사용한 희생동물의 간을 들여다보고 예언을 하는 점술을 언급하는 것으로 보인다.(옮긴이)

는 프쉬케[ψυχή][13], 시각의 중심점 ─ 코레[눈동자]κόρη ─ 이 가장 순수하게 반사하는 눈의 거울, 판단들의 이미지가 반사되는, 목소리 유출의, 목소리 "흐름"의 거울… **카토프트론**[거울]κάτοπτρον의 위계 전체는 빛나는 열기를 얼려서, "형상들"의 지각을 다양화할 수 있고 "형상들"을 움직이게 하여 본질적인 존속으로부터 풀려나게 만들 수 있는 감각적인, 심지어 가시적인 인상들impressions을 축소시키기에 이른다. 그것들의 원천조차도 거울이 아닌가?

사람들이 거울의 속성들을 경계하지 않으리라는 말이 아니다. "거짓" 존재자들을, "헛된 가상들"을 창조하기 위해 거울을 사용하는 이들의 위조 행위를 비난하지 않으리라는 말도 아니다. 또한 거울이 구현하는 **반전** 때문에 한쪽이 다른 한쪽과 혼동될 수 있다는 사실을 고집하지 않으리라는 뜻도 아니다. 사물의 질서에서 **오목거울**의 특수성은 역시 돋보인다. 수직으로 상이 맺힐 때 오목거울은 시각의 통상적인 좌표들을 뒤바꾸지 않는다. **그러므로 인간**[남성][14]은 또 다른 반사된 자기 자신으로서가 아니라 **각각의 모든 사람을 바라보듯이 거기에서 자신을 보게 될까**? 동일자"로서의" 동일시는 불가능할까? 해석 불가능한 대칭의 개입? 수평으로 상이 맺힐 때 오목거울은 그와 반대로 그를 **위아래를 뒤집어** 재생할 것이다. 오목거울의 불태우는 성질에 대해서는 아무것도 언급되지 않는다.

---

13 프랑스어 psyché는 '전신 거울'이라는 뜻도 있다.(옮긴이)
14 프랑스어 homme은 영어의 man과 마찬가지로 인간과 남성을 모두 의미한다. 이리가레가 중립적인 용어인 humain이 아니라 homme을 쓸 때는 중성적 주체 입장을 자처하는 남성 인간을 지시하므로 맥락에 따라 '인간[남성]'으로 표기한다.(옮긴이)

게다가, 거울의 존재적 성질들에 대해 제시된 설명에서는 존재자 그 자체의 위치에 대해 체계적으로 상술하고 있지 않다. 항상 이미 **얼어붙어**transi **도취된**rétamé 채, 다양하게 비춰지고 비춘다는 점은 어떤 의미로는 부인된다. 이데아는 반사하는 인공물 없이 자신이 실재하기를 원한다. 그러나 세계의 구성은 끝에서 끝까지 **미메시스**〔모방〕μίμησις이며, 유사성〔다시-유사하게 함〕re-semblance이 그 법칙이 된다. 빛을 조정하는, 방어적이고 보편적인 과정인가? 빛의 힘들을 쫓아내는 보호색, 의태[15]인가? 빛의 조명, 산란, 인접, 창조, 변형의 힘으로부터 보호하는 것인가? …가열의 힘으로부터도? **퓌시스**〔자연〕φύσις는 (빛의) 눈부심에 의해서가 아니라, (빛의) 신기루에 의해 전유된다. 자연은 빛을/자신을 타오르게 함으로써가 아니라 빛을/자신을 얼림으로써 이해된다. 그리고 자연에 부여하기 시작할 이름들은 그 땅 위에 실현된 분할—기하학적인, 산술적인, 논리적인……—만큼 많아질 것이다. 자연은 이 분할들로써 다양하게 자기 자신과 관계를 맺을 것이다. 인간은 자연에게 그 자신과 다른 속성을 부여할까? 그 속성들의 열거에서 **알레테이아**ἀλήθεια가 드러날까? 철학자의 이성, 로고스는 광채 속에서 스스로 〔자신을 초월하여〕 자기 바깥에 서 있는바, "존재"는 그 광채의 저장고로 남아 있을까?

그러나 저쪽 먼 하늘로부터 정면으로 마주한 응시envisagement에 저항하는 존재는, 존재 그 자체는 여기에서 빛의 무한함을 돌려보

15 몸의 형태를 주위 환경과 비슷하게 바꾸는 것.(옮긴이)

내는 것으로서 해석돼야 할까? 어떤 "불타는 거울"로의/"불타는 거울"에 의한 존재의 응축일까? 그 거울 속에서 신은 자신의 찬란한 통일성을 관조할 것인데, 그 통일성 속에서 자신의 속성들 자체 (동일한 것들로서의 속성들)의 구별까지 뒤섞을 것이다. 아니면 존재는 눈이 ─ 또한 영혼의 눈이 ─ (자신을) 보지 않고도 (자신을) 반사할 수 있도록 하는 맹점들, 모든 광경들로부터 추정된 맹점들의 결집일까? 타자가 생성되는 순간에, 타자가 그를 생산하는 순간에 인간(남성)이 지각할 수 없는 타자의/타자 속에서의 시각의 거울작용spécularisation. 구멍들, 즉 인간(남성)은 그 구멍들을 통해/구멍들 속에서 (자신을) 비춰보며, 대문자 진리의 탈은폐는 그것의 존재론적인 전제에 이 구멍들을 결여하고 있다. 따라서 (존재는) 사변의 경제 속에 그리고 그 경제의 **손실**déchet로서 이미 사로잡힌 것이다. 만약 인간(남성)이 겨냥하는 궁극적인 선으로서의 목표가 가상apparaître으로서/가상으로의 자신의 구조(육체)를 넘어서는 모든 존재자의 실재라면 말이다. 빛의 섬광은 가사자들의 여전히 감각적인 시선에 위험하기 때문에, 대문자 존재가 그 빛을 독점하는 것인가? 혹은 대문자 존재는 이미 ─ 항상 이미 ─ 동류들의 자본화 원리인가? 이상 속 그들의 증식의 마지막이자 최초의 원인, 그러나 비가시적인 비밀을 가둔 원인. 그것은 "기원"을/"기원"이 뒤덮고 가리며 최종적으로 보이지 않는 상태로 유지하는, 그 근거가 되는데도 지성적 지각으로부터 최종적으로 벗어난 상태로 유지하는 "존재"의 미스터리 ─ 히스테리 ─ 인가? 어떤 눈길이라도, 그것이 철학적으로 숙련된 것이라 해도, 그 지하 동굴로부터 나오게 하지 못했을 것이다. 기껏해야 가장 지혜로운 자가 선Bien — 혹은 미Beau?
—에 대한 사랑의 관조가 최고로 고양된 순간들 속에서 말로 거의
번역될 수 없는 "직관"을 얻었을 것이다.

그러므로 여기에서 인간[남성]은 아직 **그의 내부**에 "존재"의 충
만함plénitude을 갖지 못한다. 다만 모든 이론적 — 기하학적, 수학
적, 담론적, 변증법적… — 도구, 모든 철학적 기술과 심지어 예술
적 실천까지 사용하기 시작할 뿐인데, 이는 자신을 위해 **전유의 모태**
matrice를 구성하기 위해서다. 그리고 이미 그가 "자연스러운", "더"
자연스러운, 이라는 말로 내포하는 것은 그의 사변들에 의해 변형
된다 — 다시 갈라지고 다시 쪼개진다. 사실, 이것은 가능하지만
아주 부수적인 것으로 인정된 기획, 그것의 확장 전체에서는 인정
받지 못한 기획, 그리고 "그"가 음모의 어조로만 말하는 기획이다.
"(…) 손안에" — 그리고 영혼 안에? — "거울을 들고 자네가 사방으
로 돌아다니는 데 동의한다면, 자네는 곧 태양과 하늘에 있는 것들
을 만들어낼 것이고, 곧 대지를 만들어낼 것이며, 곧 자네 자신과
다른 모든 것, 즉 동물들, 물건들, 식물들과 방금 말한 이 모든 것을
만들어낼 것이네."[16]

16 플라톤, 『국가』, 10권, 596ᵃ.(옮긴이)

『알키비아데스』, 120b: "소크라테스—천만에, 내 친구여, 아닐세! 자네가 연구해야 하는 것은 차라리 메추라기를 기르는 남자 메이디아스, 그리고 그 부류의 다른 이들일세. 정치에 투신하는 그들은 영혼 안에, 여자들이 말하곤 했듯이, '노예들의 삭발한 머리'를 가졌고, 교양이 없으며, 타고난 결함들을 지녔네. 그리스어를 말할 줄조차 모르면서 우리에게 온 자들은 민중에게 아첨하려는 것이지 다스리기 위함이 아닐세."

『소크라테스의 변론』, 35a-b: "그런데 나는 그들(이 남자들)이 도시의 명예를 훼손하리라고 생각합니다. 그들은 이방인에게 다음과 같이 믿게 했을 것입니다. 뛰어난 덕을 지닌 아테네인들이, 즉 그들의 동향인들이 관직과 명예를 맡기기 위해 모두 가운데에서 선출한 그들이 용기에 있어서는 여자들과 하등 다를 바 없다고 말입니다."

『고르기아스』, 511e: "…내가 방금 전에 이야기한 것, 우리 사람, 우리 아이들, 우리 재산, 우리 여자들을 지켰기 때문에…"

『고르기아스』, 512e: "삶은, 그 수명이 더 길든지 더 짧든지 간에, 진정한 남자라면 그에 몰두할 가치가 없네. 사랑으로써 그에 몰두하는 대신에, 이 만물을 규제하는 책임이 있는 신에게 자신을 맡겨야 하네. 여자들이 말하는 것처럼 어느 누구도 자신의 운명을 벗어날 수 없음을 믿어야 하네…"

---

17 G. 뷔데 G.Budé가 번역한 판본을 인용했다.

『메논』, 99d: "메논, 여자들은 선한 이들을 신성하다고 부른다네…"

『파이돈』, 60a: "크산티페는 우리를 보자마자 완전히 여자들에게 흔히 보이는 태도로 불길한 말들을 했습니다. (…) 소크라테스 선생은 크리톤 쪽으로 곁눈질하고 말했습니다. '크리톤, 누군가 그녀를 집으로 데려가게 해주게!'"

『파이돈』, 116b: "…그다음에 그분은 여자들과 아이들에게 물러가라고 말씀하셨습니다. 그리고 우리 쪽으로 돌아오셨습니다." (죽기 위해.)

『파이돈』, 117d: "그러자 그분이 소리치셨습니다. '자네들은 거기서 무슨 짓들을 하는 건가? 자네들은 이상하군! 내가 여자들을 돌려보낸 것은 무엇보다도 이것 때문이네. 이렇게 그들처럼 절제를 잃는 것을 피하려고 말일세. 누군가 내게 가르치기를, 사람은 적절한 말들과 함께 죽어야만 하기 때문이네.'"

『향연』, 176e: "에뤽시마코스가 말했대. '그럼 좋네! 어떤 강요도 없이 각자가 원하는 만큼만 마시기로 한 지금, 내가 제안하겠네. 먼저 조금 전에 여기에 들어온 피리 부는 여인을 내보내고 (혼자, 혹은 원한다면 집 안에 있는 여자들을 위해 피리를 연주하도록!) 우리는 오늘 우리가 함께 갖는 회합의 시간을 대화로 보내자고 말일세.'"

『향연』, 179b-e: "더 생각해보게나. 남을 위해 죽는 것은 사랑하는 사람들만이 원한다네. 남자들뿐만 아니라 여자들도 말일세. 그리고 이러한 희생으로써, 이 현재의 주장을 뒷받침하기에 충분히 강력한 증거를 그리스인들의 눈앞에 제공하는 것은 바로 펠리아스의 딸 알케스티스이네. 남편에게는 아버지도 있고 어머니도 있었지만, 이 알케스티스만이 자기 남편 대신에 죽음을 맞이하기를 원했네. 내가 말한 바로 그 아내가 사랑이 그 원리인 애정에 있어서 그 부모를 훨씬 능가했기에 그때부터 그 부모는 아들에게 이방인들일 뿐이며, 이름으로만 연결돼 있는 듯 보였다네. 이것이 그녀가 한 행동일세. 그리고 이 행동은 인간들에게뿐만 아니라 신들에게도 너무나 아름답게 보여서, 신들은 수많은 수훈을 행한 수많은 영웅들(보상으로 그 영혼이 하데스 지하에서 다시 올라온 사람들을 우리는 쉽게 헤아릴 수 있네) 중에서도 신들에 의해 주어지는 희귀한 호의를 이 영광스러운 여성의 영혼에게 주어, 그녀의 행위에 대한 감탄을 쏟아내면서 그녀를 다시 올라오게 했네. 이것은 신들 또한 사랑과 관련된 열정과 미덕들을 높이 평가하고 있음을 증명한다네. 그와 반대로 신들은 오이아그로스의 아들 오르페우스를 하데스로부터 쫓아냈는데, 그는 아무것도 얻지 못한 채였네. (아내를 찾으러 간 그에게 신들이 아내의 환영만을 보여주고, 인간의 몸을 한 그녀를 내주지 않았기 때문일세.) 왜냐하면 신들에게 그는 키타라 연주자에게 아주 자연스러운 것, 즉 유약한 영혼을 가진 것으로 보였고, 알케스티스처럼 사랑을 위해 죽을 용기를 갖는 대신, 산 채로 하데스의 세계를 통과하는 데 온갖 술책을 썼기 때문이네. 따라서 확실히 그런 이유로 신들이 그에게 고통을 주려고 여인들에 의해 죽음이 그에게 오게 한 것이었네."

『향연』, 180d-181e: "에로스와 아프로디테가 불가분의 관계임은 모두가 알고 있는 사실일세. 그러니 만약 아프로디테가 유일하다면, 에로스도 유일할 것이네. 그러나 아프로디테가 둘이기 때문에, 필연적으로 에로스도 또한 둘이네. 그런데 어떻게 이 여신이 둘임을 부인하겠는가? 내 생각에 어머니가 없는 더 나이 많은 분은 우라노스, 즉 하늘의 딸이네. 그래서 우리는 그녀를 정확히 우라니아〔여자 우라노스〕, 천상의 아프로디테라는 별명으로 부르네. 더 젊은 다른 분은 제우스와 디오네의 딸이네. 정확히 우리가 판데미아〔여자 판데모스〕, 범속한 아프로디테라고 부르지. 또한 에로스에 관해 말하자면, 두 번째 아프로디테의 협력자인 에로스에 대한 정확한 호명은 판데모스, 범속한 에로스이고, 또 다른 에로스는 우라노스, 천상의 에로스여야 하네. 아마도 우리는 모든 신을 찬양할 의무가 있을 것이네. 그러나 어쨌든 이 두 에로스 각각에게 맞는 부분을 우리는 해명하고자 노력해야만 한다네. 자, 모든 행위를 보게. 이러한 행위의 발현은 그 자체로는 아름답지도 추하지도 않네. 이렇게 우리가 지금 하고 있는 것, 술 마시기, 노래하기, 대화하기 등 절대적으로 포착된 이 모든 것 중 어느 것도 아름답지 않네. 그러나 이러한 행위가 우연히 실현되는 방식에 따라 그 성격이 기인한다네. 예를 들어 어떤 행위의 양태에 아름다움과 올곧음이 있는가? 그렇다면 행동은 아름답게 되네. 만약 올곧음이 부족하면 그와 반대로 추하게 되지. 그러므로 사랑의 행위에 대해서도 마찬가지이네. 모든 에로스에 대해서 '그는 아름답다, 그는 찬양으로 상찬하기에 마땅하다'라고 말하는 것은 아닐세. 사랑의 충동이 아름다운 에로스에 대해서만이 그러하다네.

　　그런데 범속한 아프로디테에 속하는 에로스는 그녀처럼 진정으로 범속하니, 그는 그런 식으로 행한다네. 이 사랑은 저속한 사람들의 사랑인 것이네. 이러한 종류의 사람들은 우선 소년들 못지않게 여자들을 사랑한다네. 두 번째, 그들은 영혼보다 육체를 더 사랑하지. 마지막으로 가능한 한 가장 지성이 덜한 자들을 사랑한다네. 그들은 사실 행위의 실현만을 바라볼 뿐, 아름다운 방식인지 여부는 신경 쓰지 않는다네. 그렇기 때문에 그들은 좋은 것에서와 마찬가지로 그 반대에서도 작은 행복을 얻는 것이네. 이러한 사랑은 두 여신 가운데 더 젊은 쪽과 월등히 관련되는데, 그녀의 탄생은 여성적인 동시에 남성적인 성질을 띠지. 그와 반대로, 천상의 아프로디테에 관련된 에로스를 보게나. 첫째로 천상의 아프로디테는 여성적인 성질을 띠지 않고, 남성적인 성질만 띤다네(그래서 소년들을 사랑하지). 둘째로 더 나이가 많고 따라서 격정이 없다네. 그러므로 이 에로스가 영감을 불어넣는 자들은 정확히 남성이라는 성을 대상으로 삼는다네. 그리고 그들은 본성상 그 활력이 더 크고 지성이 우월한 그 성을 사랑하지. 게다가 소년들에 대한 이 유일한 사랑 속에서조차 아주 순수하게 그 애정이 이 에로스로부터 기인하는 사람들을 식별할 수 있다네. 그들은 사실 소년들이 이미 지성의 증거를 보이기 시작한 후에야, 즉 턱수염이 자라는 시기가 가까워진 때에야 소년들을 사랑하지. 내 생각으로는 사랑을 시작하기 위해 이 시기를 기다린 사람들의 의도는 그들의 삶 전체에서 그들의 연인들과 떨어지지 않고 함께 공동체로 살아가는 것이라네. 그 젊음을 속여 그의 순수한 순진함을 이용하는 대신에, 그를 비웃고 또 다른 귀여운 소년을 향해 달려가는 대신에! 그러나 불확실한 것을 추구하느라 지나친 관심을 써버리는 일이 없도록 어린아이들을 사랑하는 것을 금하는 법이 필요하다네. 아이들에게는 육체에 대해서건 영혼에 대해서건 그들이 약속하는 마지막 결과가 나쁜 상태일지 좋은 상태일지 불확실하기 때문이지. 선한 사람들만이 자의로 이 법을 스스로에게 부과한다는 사실을 내 모르지 않네. 그러나 이들 범속한 연인들에게, 이 **판데모스들**에게, 자유민 여자들을 사랑하지 못하도록 우리가 할 수 있는 한 그들에게 강제하는 것[18]과 유사한 제약을 가해야 할 것일세."

『향연』, 191b: "따라서 매번 두 반쪽들 중 어느 하나가 다른 하나를 남기고 죽으면, 살아남은 반쪽은 또 다른 반쪽을 찾아 만나서 얼싸안았다네. 전체가 여자인 것의 반쪽(즉, 오늘날 우리가 정확히 여자라고 칭하지)이건, 전체가 남성인 것의 반쪽이건 상관없이 말이네."

『메넥세노스』, 238a: "그런데 우리의 어머니인 우리의 대지는 자신이 인간들을 낳았다는 결정적인 증거를 제공했습니다. 그 당시에 유일하게 처음으로 우리의 대지는 인간을 위해 만들어진 먹거리인 밀과 보리 열매를 가져다주었으니까요. 밀과 보리 열매는 인간에게 가장 훌륭하고 멋진 음식물을 마련해주었습니다. 우리 대지가 이 존재[인간]를 진정으로 낳았음을 보여주면서요. 이런 증거들을 받아들이는 것은 여자에 대해서보다는 대지에 대해서여야 마땅합니다. 왜냐하면 임신과 출산에서는 대지가 여자를 모방한 게 아니라, 여자가 대지를 모방한 거니까요."

18 당시 자유민 여성들은 기껏 가끼운 친척의 동의글 빌아아난 결혼알 누 있었나.(옮긴이)

『크라튈로스』, 414a: "귀네[여자]gynê는 고네[생식]gonê와 같은 듯하네. 여성(텔뤼thêly)은 그 이름을 유방(텔레thêlê)에서 가져온 것 같네."

『크라튈로스』, 418b: "소크라테스―말해주겠네. 자네도 알다시피, 우리 선조들은 이오타(ι, i)와 델타(δ, d)를 많이 사용했네. 특히 여인들이 그랬는데, 여인들은 옛 어법을 우리보다 잘 보존하지."

『크라튈로스』, 430b-431c:

"소크라테스― 보세나. 자네의 생각이 옳지만 내가 제대로 이해하지 못할 수도 있으니. 이 두 종류의 모방―우리가 말하는 그림과 이름이라는―을 그것들이 모방하는 사물들에 배정하고 적용할 수 있는가, 아니면 그럴 수 없는가?

크라튈로스―그럴 수 있습니다.

소크라테스―그렇다면 이것을 고찰하는 것부터 시작하게. 우리는 남자의 상image은 남자에게 결부시키고 여자의 상은 여자에게 결부시키며, 나머지 것들도 그렇게 할 수 있겠지?

크라튈로스―물론이지요.

소크라테스―그리고 반대로 남자의 상을 여자에게 결부시키고 여자의 상을 남자에게 결부시키는 건?

크라튈로스―그것도 가능하지요.

소크라테스―이 두 종류의 할당들은 둘 다 올바른가, 아니면 둘 중 하나만 올바른가?

크라튈로스―둘 중 하나만요.

소크라테스―내 생각엔 각 대상에 적합하고 그와 닮은 것을 그것에 결부시키는 배정일 걸세.

크라튈로스―저도 같은 의견입니다.

소크라테스―자네와 나, 우리는 친구니까 말다툼을 벌이지 않기 위해 내 설명을 받아주게. 내 친구여, 그림과 이름의 이 두 종류의 모방에 대해서 내가 올바르다고 부르는 건 이 종류의 할당일세. 그리고 이름에 대해서는 올바를 뿐만 아니라 참되다고 부른다네. 그리고 닮지 않은 것을 할당하고 적용하는 다른 것은 틀리다고 부르며, 이름에 대해서는 그에 더해 거짓되다고도 부른다네.

크라튈로스―소크라테스 선생님, 그림에서 가능한 틀린 할당은 언제나 필연적으로 올바름이 지배하는 이름에서는 그렇지 않다는 것에 주의하세요.

소크라테스―그게 무슨 말인가? 두 경우 사이에 어떤 차이가 있는가? 어떤 남자에게 찾아가서 '이것은 자네 초상화일세'라고 말하면서 상황에 따라 그에게 그 자신의 상이든지 또는 어떤 여자의 상을 보여줄 수 있지 않을까? 그리고 내가 말하는 **보여준다**는 것은 시각視覺 아래에 놓는 것을 의미하네.

크라튈로스―물론입니다.

소크라테스―어떤가, 같은 남자에게 다시 찾아가 '이것은 자네 이름일세'라고 말할 수 있지 않을까? 이름 역시 그림과 같이 모방물이니, 그렇지 않은가? 내 생각을 말해보겠네. 그에게 '이것은 자네 이름일세'라고 말하고 나서 그의 청각 앞에, 상황에 따라, 그의 모방물, 즉 **남자**의 이름을 제시하거나 혹은 인간 종 가운데 여성인 쪽의 모방물, 즉 **여성**의 이름을 제시할 수 있지 않을까? 자네는 이런 일이 가능하며 가끔 일어난다고 생각하지 않는가?

크라튈로스―소크라테스 선생님, 저는 선생님 말씀에 기꺼이 동의하고 싶습니다. 그렇다고 인정하십시다.

소크라테스―자네가 옳네, 친우여. 그게 진실로 그렇다면 말일세. 그러면 그 문제를 놓고 끈질기게 다툴 때가 아닐 테니. 어쨌든 다시 그 점에 대해서 이런 종류의 배정이 있다면, 우리는 두 경우 중 하나를 **참말을 한다**고 부르고, 다른 쪽은 **거짓말을 한다**고 부르겠지. 그런데 그것이 그렇다면, 그리고 각 사물에 적합한 이름들을 할당하지 않고 적합하지 못한 이름들을 부여해 이름들을 잘못 배정할 수 있다면, 동사의 경우에도 마찬가지로 할 수 있겠지. 그리고 이름(명사)과 동사를 그렇게 적용할 수 있다면, 문장의 경우에도 필연적으로 마찬가지일 것이네. 내 생각에, 문장은 이 요소들의 결합assemblage이니까."

『국가』, 1권, 329c: "'소포클레스 선생, 사랑에 대해서는 어떠시오? 그대는 아직도 여자를 유혹할 수 있나요?' ―소포클레스 님이 대답하시더군요. '말을 말게, 친구여. 사랑에서 벗어난 것이 매우 기쁘다네. 마치 격노한, 잔인한 주인의 손에서 벗어난 듯하다니까.'"

『국가』, 2권, 360b: "그는 왕궁으로 가서 왕비를 유혹하고, 왕비의 도움으로 왕을 공격해 살해하고는 왕권을 장악했답니다."

『국가』, 3권, 387e-388a: "그렇다면 우리가 유명한 남자들에게서 비탄을 빼앗아, 여자들, 그중에서도 변변찮은 여자들과 비겁한 남자들에게 남겨주는 것은 옳을 것이네. 우리가 나라의 수호자로 기르려는 이들에게 이러한 약함에 대한 경멸을 불어넣을 수 있도록 말일세."

『국가』, 3권, 395d-e: "내가 대답했네. '우리는 우리가 돌보고자 하는 이들, 훌륭함의 의무를 지우는 이들, 남자인 이들이 젊은 여자든 늙은 여자든 남편에게 욕설을 퍼붓거나 신들과 겨루거나 행복하다고 자만하거나 불행에 빠져 불평과 비탄을 하는 모습을 모방하도록 참지 않을 것이네. 병들었거나 사랑에 빠졌거나 분만 중인 여자를 모방하도록 허용해서는 더더욱 안 되네.'"

『국가』, 3권, 398e: "'어떤 선법이 애도에 적합하지? 내게 말해주게. 자네는 음악에 조예가 있으니까.'

그가 말했네. '혼성 뤼디아 선법, 고음 뤼디아 선법과 몇몇 다른 유사한 것들이지요.'

'그렇다면 이런 선법들은 버려져야 하지 않겠나? 이것들은 남자들은 말할 것도 없고, 단정한 태도가 의무적으로 강제되는 여자들에게도 해로우니 말일세.'"

『국가』, 4권, 431b-c: "내가 계속 말했네. '그렇다면 우리의 새로운 나라로 눈을 돌려보게. 자네는 그곳에서 앞선 두 경우 가운데 한 가지가 실현된 것을 볼 것이네. 더 나은 부분이 더 나쁜 부분을 지배하는 것이, 절제 있고 '그 자신의 주인'인 것으로 여겨진다면, 자네는 사실 우리 나라가 '그 자신의 주인'이라는 이름을 받을 권리가 있다고 인정할 테니 말일세.'

'제가 우리 나라를 보니, 선생님 말씀이 옳은 것을 알겠습니다.' 그가 말했네.

'그러나 이것은 온갖 종류의 열정과 쾌락과 고통을 다수 발견하지 못한다는 말이 아닐세. 특히 그들의 낮은 가치에도 불구하고 아이와 여자와 노예, 그리고 자유민 남자들이라 일컬어지는 사람들 대부분에게서 말일세.'"

『국가』, 5권: 많은 부분을 인용할 것인데, 몇몇 구절에서는 이상적인 도시에서 여성이 국가의 수호자로서 남성과 동일한 기능에 참여할 것임을 지적하는 부분을 발췌할 것이다. 그러나 여성들은 그 본성의 열등함에 비추어볼 때 그리 좋은 성취를 하지 못할 뿐 아니라, 여성이 남성과 **동일한** 한에서만 거기에 이를 수 있을 것이다. 이는 자연에서의 동일함과 다름의 정의에 대한 긴 토론—이것을 다시 참조해야 할 것이다—을 요할 것이다.

451b-c: "먼저 남자들을 등장시켜 그들의 역할을 잘 정해준 후에 이번에는 여자들을 등장시키는 것 또한 적절한 것 같네."[19]

451d-e: "'그러면 우리의 원칙에 따라, 여자들에게 남자들과 똑같은 출생naturel과 교육을 할당하고, 그것이 적절한지 그렇지 않은지 지켜보세. (…) 말하자면, 암컷 경비견도 수컷 경비견과 같이 양 떼를 지키고, 함께 사냥하고, 모든 일을 함께 수행해야 한다고 생각하는가? 아니면 일을 하고 양 떼를 돌보는 것은 수컷 경비견의 독점적인 몫인 반면, 암컷 경비견은 새끼들을 낳고 기르는 것 외의 다른 일을 할 수 없기에 집을 지켜야만 한다고 생각하는가?'

그가 말했네. '모든 일을 함께 수행하라고 요청하겠지요. 암컷의 약함과 수컷의 강함을 고려해야 하지만요.'"

---

19 『국가』 5권은 이상적인 국가에서의 혼인 및 출산의 문제, 아내의 공유라는 문제를 다룬다. 이 구절은 이제 여성에 관한 논의를 할 차례임을 의미한다. (옮긴이)

451e: "그러니 여자들을 남자들과 같은 일에 쓰려면, 여자들에게 같은 교육을 제공해야 하네."

452a: "내가 물었네. '자네는 무엇이 가장 우스꽝스럽게 여겨지는가? 분명 여자들이 체육 훈련장에서 옷을 벗고 남자들과 함께 훈련하는 것이겠지⋯'"

454d-e: "내가 말했네. '따라서 어떤 기술이나 업무와 관련한 능력에 대해 남자와 여자가 다르게 보인다면, 우리는 그 일들을 이쪽에게 혹은 저쪽에게 할당해야 한다고 말할 걸세. 그러나 여자는 아이를 낳고 남자는 아이를 배게 하는 점에서만 이들이 다르게 보인다면, 우리는 우리가 몰두하고 있는 그 문제와 관련하여 여성과 남성이 다르다고 인정하지 않고, 우리 수호자들과 그들의 아내들은 같은 직무를 가져야 한다고 생각하기를 고수할 것이네.'"

455b-e: "'그대가 말하기를 어떤 일에 한 사람은 재능이 있고 다른 사람은 재능이 없다면, 그것은 한 사람은 쉽게 배우고 다른 사람은 어렵게 배운다는 뜻이 아니었나요? 재능이 있는 사람은 몇 번 배우고 나면 가르쳐준 것 이상의 발견들을 할 수 있는데, 재능이 없는 사람은 아무리 배우고 수련해도 배운 것조차 기억하지 못한다는 뜻인가요? 그리고 한 사람에게는 몸이 정신의 좋은 조력자인데, 다른 사람에게는 장애물인가요? 그대가 각 경우에 재능이 있는 사람과 재능이 없는 사람을 구분할 때 이런 것들 말고 다른 표지들이 있나요?라 했지.'

(⋯)

'자네는 인간들이 하는 일 중에 이 모든 점에서 남성이 여성보다 뛰어나지 않은 일을 알고 있는가? 베 짜기, 케이크 굽기, 스튜 끓이기에 대해서 말하느라 시간을 허비하지 말도록 하세. 그런 일들은 여성이 재능을 가지고 있는 듯이 보이고, 또 여성이 진다면 아주 우스워지는 일일 것이네.'

그가 말했네. '거의 모든 일에서 두 성 중에 한쪽 성이 다른 쪽 성보다 크게 열등하다는 것은 사실입니다. 많은 여자들이 많은 점에서 많은 남자들보다 낫지 않다는 것도 사실이 아니지요. 그러나 대체로 일은 선생님께서 말씀하신 대로예요.'

'그렇다면 친구여, 국정 운영에 있어서 여자가 여자이기에 적절한 업무도 없고, 남자가 남자이기에 적절한 일도 없네. 그러나 두 성 사이에 똑같이 능력이 배분된 만큼, 여자는 남자와 마찬가지로 모든 업무에 타고난 바에 따라 임명되네. 다만 여자가 모든 일에서 남자보다 열등하긴 하지만 말일세.'"

456b: "따라서 우리는 그런 자질을 타고난 여자들을 뽑아 그런 자질을 타고난 남자들과 함께 살며 국가 수호 임무를 함께 수행하게 해야 하네. 그런 여자들은 그럴 수 있고, 본성상 그런 남자들과 동류이기 때문일세."

457a: "그러니 우리 여자 수호자들은 옷을 벗어야 할 것이네. 그들은 옷 대신 미덕을 걸치게 될 테니까. 그리고 전쟁과 국가 수호에 관련된 모든 일들을 그들과 함께하되, 다른 일에 신경 쓰지 말아야 하네. 다만 그들의 성의 약함을 고려하여 이 일들 중에서 남자들보다 더 쉬운 일들을 맡길 것이네."

457b-c: "'자, 보게나, 그러면 우리가 방금 토론한, 여성에 관한

법의 제정 과정에서 첫 번째 파도를 넘었다고 말할 수 있겠지? 우리는 모든 업무들이 우리 남자 수호자들과 여자 수호자들 공동으로 수행돼야 한다는 법을 정하면서 휩쓸리지 않았을 뿐만 아니라 토론으로써 이러한 제정이 실행 가능하고 유익하다는 점을 동시에 입증했으니 말일세.'

'사실 선생님께서는 꽤 큰 파도를 방금 피하셨어요.' 그가 말했네."

457d: "우리 수호자들의 모든 여자들은 모든 남자들에게 공유될 것이네. 어떤 여자도 남자들 중 누군가와 개인적으로 동거하지 않을 것이네. 아이들도 공유될 것이니, 아버지는 제 아들을 알아보지 못하고, 아들은 제 아버지를 알아보지 못할 걸세."

458c-d: "'…입법자로서 자네는 남자들 중에 선택했듯이 여자들 중에 선택할 것이네. 그리고 가능한 한 비슷한 이들을 모아놓을 테지. 집과 식탁을 공유하는 그들은 아무도 개별적으로 그런 것을 소유하지 않기 때문에 함께 살며 체육 훈련장에서 서로 섞여 어울리고 모든 훈련들을 받을 테니, 내 생각에 그들은 서로 하나가 되고자 하는 자연스러운 욕구에 이끌림을 느끼게 될 것이네. 그런 일이 일어나는 것은 사실 필연이 아닌가?'

그가 말했네. '그것은 확실히 기하학적 필연성이 아니라 사랑에 기반한 필연성이겠지요. 대중을 부추기고 속박하기에는 사랑에 기반한 필연성의 자극이 아마도 더 매력적이겠지요.'"

458e: "내가 말했네. '사실일세. 그런데 글라우콘, 이어서 말하자면, 성관계든 또 다른 행동이든 무턱대고 행하는 것은, 행복한 사

람들의 사회에서는 종교도 행정관들도 허용하지 않는 것이네.'

(…)

'따라서 우리는 결혼을 가능한 한 신성하게 만들고 국가에 가장 유익한 사람들을 신성하게 바라볼 것은 명백하네.'"

459d-e: "내가 계속 말했네. '우리가 합의한 원칙에 따르면, 가장 훌륭한 남자들은 가장 훌륭한 여자들과 가능한 한 자주 성관계를 맺어야 하지만, 열등한 자들은 가능한 한 드물게 성관계를 맺어야 하네. 또한 무리를 최상급으로 유지하려면 전자의 자식들을 양육 하되 후자의 자식들을 양육해서는 안 되네.'"

460c: "그들은 수유 역시 담당해서 젖이 나오는 어머니들을 탁 아소로 데려가되 누구도 제 아이를 알아보지 못하도록 모든 수단 을 다 쓸 것이네…"

『티마이오스』, 42b-c: "그리고 주어진 시간 동안 삶을 잘 영위한 이는 자기가 속한 별의 거처로 다시 가서 그 별의 삶과 유사한 행복 한 삶을 살게 되겠지요. 반대로 이 목적에 실패했다면 두 번째로 태 어날 때는 여자의 본성을 지니게 바뀔 것이고요. 그리고 이 변신들 을 거쳐도 악행을 지속하면 그가 죄를 저지른 방식에 따라, 이번에 는 그의 악행을 닮은 동물로 바뀔 거예요."

『티마이오스』, 76d: "이 피부는 보조적인 원인들로 인해 형성되 었으나, 또한 장차 뒤따를 일을 고려한 최상위의 원인인 지혜에 따 라 배치되었지요. 사실 우리를 만든 분들은 언젠가는 남자들로부 터 여자들과 다른 동물들이 생겨나리라는 것을 알았습니다."

『티마이오스』, 90e: "비겁하거나 잘못된 삶을 산 남자들은 두 번째로 태어날 때는 십중팔구 여자로 바뀌었지요. 그래서 그때쯤 이러한 이유로 신들은 육체적 결합의 사랑을 만들었습니다."

『서한집』, 8, 355c: "그러나 부자들을 행복하다고 하는 것은 그 자체로 해로운 말이고, 여자들과 아이들의 무분별한 말이기에, 그렇게 믿는 사람들을 똑같이 무분별하게 만듭니다."

어떻게 딸을 수태하는가?

"게다가 아이는 여성의 형상을 띠고, 여성은 생식
력 없는 남성과 닮아 있다."

"그러나 암컷이 수컷을 욕망하고, 추함이 아름다
움을 욕망하듯이 욕망의 기체sujet는 휠레〔질료〕ΰλη
이다. 질료가 그 자체로 우연히 추하지 않은 경우
를 제외하고 말이다."

"암컷이 수컷처럼 정액을 방출하지 않고, 그 자손
이 둘의 혼합이 아니라는 사실은 종종 암컷이 성교
시에 쾌락을 느끼지 않고 수태한다는 것을 가리킨
다. 그리고 그와 반대로 암컷의 쾌락이 덜하지 않고
수컷과 암컷이 보조를 맞췄을 때 만약 월경이라는

것의 유출이 적절히 이루어지지 않는다면 배태가
되지 않는다."

"왜냐하면 월경의 본성은 제1질료(프로테 휠레πρώτη
ΰλη)의 영역에 속하기 때문이다."

—아리스토텔레스[20]

한편, 불이란 무엇인가? 어떤 자질들이 예측되는 단순한 물체
corps, 기본 실체substance이다. 그리고 빛이란 무엇인가? 잠재적으
로 투명한 어떤 물체들, 즉 공기와 물과 여러 고체의 투명성의 현실
태이다. 이는 초기 에피스테메[지식]ἐπιστήμη[21]에서 철학자가 아직 경
탄하던 것이었으나, 그것의 과한 힘pouvoir을 조사하기 위해서는 그
물체들에 대해 정밀한 과학적 분석을 하는 것으로 충분하다. 그 물
체들에 대한 매혹을 축소하려면 제자리에, 그것들의 자리에, 존재
의 일반 이론 안에 다시 가져가기만 하면 된다.

그리고 "제1질료"란 무엇인가? 이 인식 불가능한 것, 자기 안에 현
존existence을 소유하지 않는 것, 그것은 무엇인가? 이렇게 토데티[개
체, 이것]τόδε τί에 대한 질문을 회피하는 것, 그것은 어머니의/어머

---

20 첫 번째, 세 번째, 네 번째 인용은『동물발생학』에서, 두 번째 인용은『자연학』에서 가
져온 것이다.(옮긴이)
21 아리스토텔레스는 학문을 이론적 학문, 실천적 학문, 제작적 학문으로 구분하고 각
각을 지식, 지혜, 기예와 연결한다. 에피스테메는 이론적 학문의 절대적으로 확고한 지식
을 이미킨다.(옮긴이)

니 안에서의 육체 되기(육체의 생성)가 아닐까? 인간의 실체를 정의하기 위해 언제나 이미 **휘포케이메논**[기체基體]ὑποχείμενον으로 구성된 **퓌시스**[자연]Φύσις 생성이 아닐까? 어머니와 공유하는 육체성 co-corporéité은 아직 엄격하게 고유한 운동(들), 한정할 수 있는 간격들, 사이 경계들이 없을 뿐 아니라, 주변과 내부, 둘의 관계들을 엄밀하게 한정하는 기준도 없다. 따라서 어떤 형상으로도 확정될 수 없는 것이다. 질료(들)의, 육체들-질료들의 융해, 혼란, 융합 안에서는 원소들조차 정해진 성격 규정에서 벗어날 것이고, 동일자와 타자는 그들의 의미를 아직 찾지 못했을 것이다.

존재자가 그로부터 출현하고, 떨어져 존속하게ex-sister 되는 "시초"의 존재자성étance은 술어가 될 수 없다.[22] 존재자는, 이미 종의 형상을 소유하고 있는 남성 육친에 준거를 두기 때문이다. 그리고 우리가 발생génération의 원인들을 거슬러 올라가면, 신을 향한, 즉 순수한 속성의 "기원"을 향한 이 아버지의 욕망과 사랑에 준거를 두기 때문이다. 신에게 있어 가지적인 것은 지성의 작용과 동일시될 것인데, 이 동일시는 "제1질료"가 그것의 영원하고 완전한 자율성으로 인하여 갖게 되는 무제한성이 야기할 수 있을 아포리아도 없이 이루어질 것이다. 이는 모든 발생genèse에 낯선 것이고, 발생의

---

22 아리스토텔레스는 『범주론』에서 기체(휘포케이메논)를 제1실체라고 정의하는데, 그것은 다른 어떤 것의 술어가 되지 않는, 진술의 주어이자 속성의 담지자인 주체이다. '소크라테스는 사람이다'라는 진술에서 소크라테스는 주어가 될 수 있지만 '사람'이라는 상위의 보편 범주의 술어가 될 수는 없다. 즉 '사람은 소크라테스이다'라는 진술은 불가능하다. 이처럼 특수한 개별자인 '이것'이 제1실체이다.(옮긴이)

형성의 미래와 항상 분리되어 있는 것이다. 그러나 또한 지나온(과거의) 어떤 땅으로부터도 올라오지 않는, 실현 중인 충만함이며, 어떤 목적―그 안에서 타자를 동일하게 만들 목적이라 해도―을 위해서 (자신의) 능력puissance을 변형할 필요가 전혀 없을 활동성이다. 항상 자기 안에서 완성된 존재였기 때문이다. 그리고 (또한) 자연의 **어떤장소**에서도 더 이상 움직이지 않고, **어떤연장**étendue도 자기 안에 포함하지 않고, 그 연장 안에서 이동하지도 않는다. 연장 안에서, 어머니-질료의 육체 안에서/육체와 함께 그의 육체가 여전히 존속할 것이므로.

그리고 만약 신―(자기의) 절대 원리―이 (그의) 수태conception[23]라는 바로 그 순수성 안에 **있다**면, 이렇게 그는 어머니 배 속의 태아라는 이중으로 아포리아적인 표상을 포함해 모든 존재자의 표상의 패러다임을―보호하는 저 먼 하늘의 표상도―대신할 수 있을 것이다. 언제나 이미 구별되는 태아의 형상, 태아를 품고 있는 자(그녀)와 관련된 태아의 분화의 우선성은 더 기원적인 방식으로 그를 생산하는 이 자존자Inengendré에서 부인할 수 없는 보증을 발견한다. 이것은 태아가 그의 실체를 생성, 특히 발생의 생성에 따르는 것으로서 정의하기를 항상 되풀이할 필요는 없다는 말이 아니다. 그러나 최초의 한정이자, 태아의 시초 자체보다 더 시원적인 것이 지금부터 태아의 원리, 태아의 **텔로스**[목적]τέλος와의 관계 속에서 그에게 귀착된다. 그리고 마침내 우주의 부동의 원동자premier moteur와의 관계 속에서 귀착된다.

23 '개념작용'이라는 뜻도 있다.(옮긴이)

"제1질료"가 이러한 것을 누린다는 것은 명백하지 않은데, 그 나약함 위에 아마도 지고의 신이 세워지기 때문이다. "제1질료"는 그에 대한 모든 술어의 실패로 인해 모든 살아 있는 것의 존재론적 격상을 위한 무한한(무규정적인) 기반으로 사용된다. 로고스에 대해 근본적으로 무능하면서 동시에 저도 모르게 로고스가 전개되는 전능한 땅으로 사용되는 것이다. 이러한 몰이해로 인해서, 이러한 과정의 순환성의 **미분화 속에서 이 부동의 중심은** 가장 낮게 그리고 가장 무겁고 무게 있게 억압받고 있다. 로고스의 운동자moteur는 오히려 **궤도의 주변**에서 움직이는 듯 보인다.

그러므로 모든 명제, 모든 긍정명제는 어머니-질료와 존재의 불가분한 관계의 매립을 은폐한 위에서 전개되고 입증될 것이다. 존재의 아프리오리가 이 관계를 숨기므로 — 현존으로 검열된 **휘포케이메논**(기체[아래-놓여 있는 것]sub-jectum) 안에 —, 인간[남성]은 그들이 **휠레**[질료] 및 **뒤나미스**[가능태]δύναμις와 씨름하는 것을, 그것은 언제나 이미 위조된 것이지만, 한껏 전시할 수 있다. 사실 언표에서 끈질기게 반복되는 것에는 항상 어떤 부정 혹은 어떤 오해mé-prise의 혐의가 있다. 그리고 질료를, 우리가 그것에 대해 특별히 주의 깊은 태도로 귀를 기울이는 어떤 훌륭함으로서 고찰하는(그렇게 주장하는) 철학적 담론, 이 담론은 그것이 말하는 바의 것을 이미 특정한 사변이 변장시켰음을 어디에선가 망각하거나 부정한다. 그리고 **퓌시스**에/**퓌시스** 안에 부가하는 거울의 개입이 덜 가시적이고 알아볼 수 없을수록, 작용하는 허구는 더 강력해지고 은밀해진다.

그러므로 질료—먼저 유보된 뒤 의심받은—는 이미 형상을 부여받은 것이다. **퓌시스**는 언제나 이미 **텔로스**〔목적〕에의 전유가 실현되고 있다. "예를 들자면" **식물**에 대해서 혹은 **식물의 꽃**에 대해서도 마찬가지다. **로고스**가 식물의 속屬과 종種을 판단할 수 있어야 할까? 식물의 성질들에 대해 사유할 수 있어야 할까? 등등. 식물이 그 목적에 부합하는지에 대한 확인은 다른 것으로부터 유래한다. 즉 말하는 존재로부터, 더군다나 철학적으로 말하는 존재로부터 생겨난다. 식물은 전적으로 자기 자신일 수 있고, 자기 자신 안에 있을 수 있으나, 이러한 상태의 결정은 다른 것에 의해 선언된다. 그러므로 식물은 자신의 생성에 있어서 다른 것으로부터 유래하는 술어의 영향을 받게 된다. 그리고 만약 식물이 아직 도래하지 않은 시간 속에서 아직 이름 붙여지지 않은 가능태puissance의 전개를 보여준다면, 이러한 예기치 못한 발현의 존재 유무를 판단해야 하는 것은 식물이 아니다. 식물은 **퓌시스**의 전대미문의 돌발적 출현을 괴물성으로서, 식물성에 관한 변이로서, 식물의 형언 불가능한 생성으로서, 자연스러운 잡종형성으로서 평가할 것이다. 아니면…? 존재로의 격상? 식물은 스스로 그것〔존재로의 격상〕을 자처하지는 않을 것이다. 그리고 만약 아직 알려지지 않은 "본질"의 "불가능한"—그 용어의 아리스토텔레스적 의미에서—현실화actualisation를 통해, 식물이 인간의 논리를 보증하는 전제들을 전복함으로써 인간 자신의 존재론적 생성을 대신할 것이고, 혹은 최소한 그것을 문제 삼을 것이라면, 사람들은 이 담론이 기형의 증거를 내보이리라고 추측할 수 있다. 담론성의 기반들을 문제 삼기 쉬운, 가능태에 대한 그와 같은 한정의 무목적론을 이 담론이 논증하리라고 말이다.

식물의 실체는 모든 남성(여성) 존재의 실체와 마찬가지로 자신에게 부여된 존재론적 위상을 초과할 수도, 위반할 수도, 심지어 이동시킬 수도 없다. 그것은 단번에 완전히 결정된 것이다. 식물의 실체는 더할 수도 덜할 수도 없다. 그것은 자신의 개별성과 수적인 단일성 안에 머물러야 한다. 질료-가능태는 먼저 철학자에 의해 진술된, 그리고 존재의 여러 다른 속과 종을 다루는 모든 과학 분야에서 진술된 불변의 범주들 속에/범주들에 의해 제대로 갇혀/둘러싸여 있다. 존재의 의미들은 모든 생성과 무관하다.

그리고 자연 연구에 있어서 이 자연학자 자신이 확인한 사실들은 "분석론" 안에 제시된 주장을 수정할 수 없다. 그의 분석 영역의 특성은 이미 그 분야의 발견들을 지휘하거나commande 해석하는 규정들 속에 선취돼 있다. 만약 이 철학자가 자신이 말하는 것과 모순되는 어떤 것을 주장한다면, 그것은 존재의 절단découpage이 이미 일어났다는 것을, 그리고 그 절단으로 인해 존재가 자기의 한 부분의 속성들만을 고려하도록 조작된다는 것을 그가 알지 못하기 때문이다. 모든 삼단논법의 전제들에서 정의되었던 바와 다르게 존재가 정의되는 것을 금지하는, 이러한 선결 문제의 오류를 인식하지 못했기 때문이다.

문서들이 어느 자리를 차지할 것인지에 관한 우선권과 그 이론에서 각각에 부여된 장소를 결정할 권한에 관한 갈등들[24]은 아마도 "무한"의 문제 및 이 문제가 계속 다시 제기하는 아포리아와 무관하지 않을 것이다. 만약 부동의 원동자가 무한 퇴행에 정지 장치를 두지 않는다면, 예를 들어 제1질료의 어떤 미분화 속에서 모든 실체가 끝없이 흐를(무너질) 위험에 처하지 않겠는가? 어머니-대지의 태내로의 회귀에 현혹되는 것은 적어도 존재의 자기 동일성에 있어서 문제적이다. 그러므로 어머니-대지로의 접근은 존재-신학의 최초의 정립을 통해 차단당해야 한다. 이것은 — 질료와 무관한 신에 대해서는 제외하고 — 모든 존재자의 발생, 성장, 변화, 확장의 능력을 축소한다. 사실 모든 존재자는 이렇게 자신의 땅에 뿌리내리지 못하고, 자신의 "육체"의 최초 자원들을 빼앗기며, 자신의 연장延長의 잠재적인 무한성을 박탈당한다. 게다가 모두가 이렇게 상호 제한된, 한정된 "장소"를 공유해야만 한다. 그 결과, 필연적으로 누구도 자기 자리를 넘어서거나 자기 본성에 일치하는 운동들을 넘어서지 못하며, 어떤 새로운 존재가 이미 존재하는 수효에 추가될 수 없다. 타자의 공간을 침해하고 그 공간을 파괴하지 않도록. 혹은 존재(들)가 펼쳐져 있는 그 용기容器에서, 밖으로 넘쳐 나지 않도록. 최소한 움직이지 않도록. 동요하지 않도록. 이는 (적당한 convenable) 장소에서는 "불가능하다".

24 아리스토텔레스의 저작들 중 많은 것이 작성 시기와 연대기가 분명하지 않다. 현재 우리가 접하는 저작들은 그런 텍스트들을 후대의 전문가들이 정리하고 하나의 제목하에 묶어낸 것이다. 저작들 사이에 입장과 관점의 차이가 있기 때문에, 저작의 순서와 위서를 분별하는 문제 등이 논쟁거리가 된다.(옮긴이)

남은 것은 각자에게 부여된 한계들 속에서 모두가 가능한 한 가장 완벽하게 자신의 본질을 실현하고, 완전하게 자신의 **텔로스**를 현실화시키는 것이다. 만약 철학자가 지고의 지혜와 공평무사한 관대함 속에서 이미 예측하지 않았다면, 이는 **뒤나미스**〔가능태〕의 전유를 위한, 개인들 사이의 죽음을 불사한 투쟁을 초래할 것이다. 즉, **신**만이 유일하게 기탄없이 자기 자신을 누리되, 하늘에서 그가 알지 못하는 그리고 경험해본 적 없는 어머니-질료와의 관계 없이, 자신의 엔텔레케이아[25]의 완벽함 속에서 누린다는 것이다. 본성상 노예esclave인 **남성**은 항상 자기 형상의 소유와 관련해 생성 중에 있다. 그러나 현실태acte는 어쨌든 **여성**과의 관계에서는 그의 특권일 것이다. 이렇게 남성과 여성을 경쟁적이기보다는 보완적인 것으로 만드는 분화 속에서, 여성이 실체에 대해 맺는 관계는 더욱더 **뒤나미스**적이다. 그러므로 여성은 질료와 더욱 가깝고, 따라서 존재의 질서에 따라 자기 형상을 자신에게 부여하기가 쉽지 않다. 여성이 자기 형상을 전유하도록 남성이 도와줄까? 스스로를 전유하도록? 오히려 남성이 이러한 능력puissance의 사용 가능성을 그에게 적절한 다른 목적들에 이용하지 않는 한? 사실, 남성에게 가장 가치 있는 활동들은 확실히 **텔로스**가 실행 그 자체와 뒤섞이는 활동들이다. 거기서 **에네르게이아**〔현실태〕ἐνέργεια[26]는 그 어떤 눈에 띄는 다른

---

25 가능태(뒤나미스)로서 질료가 실현되어야 할 목적(형상)을 달성하여 현실성을 획득한 상태. 현실태.(옮긴이)

26 '엔텔레케이아'와 동의어로도 쓰이지만, '엔텔레케이아'가 완성된 상태를 이른다면 '에네르게이아'는 가능태의 능력이 현실적으로 작용하는 활동, 운동의 상태를 가리킨다.(옮긴이)

작용 없이도 산출된 대상으로 변형될 것이다. 여성이 여성성을 성취하는 데 대한 기여 ─ 이것은 남성에게도 어쨌든 가능하다는 것을 인정하자 ─, 그것은 필히, 그의 존재론적 생성에 비추어볼 때 부차적인 생산 속으로 활동성을 우회하게 하고, 방향전환을 하게 한다. 그가 전념해야 하는 것은 오히려 보기, 생각하기, 품기concevoir ─반드시 낳기engendrer만을 뜻하는 것은 아니다[27]─, 살기, 행복을 맛보기이다. 이것들만이 활동에 목적이 내재해 있는 운동이며, 바로 그러한 자격으로서 오직 그것들만이 현실태이다. 여기에서 생산자이자 자신의 에네르게이아의 피행위자인 행위자는 쇠퇴로부터 그녀를/그를 지키는 그녀/그 자신을 향한 왕복에 이렇게 순종적이다. 행위자는 자신에게 낯선 어떤 실체를 움직이는 데 에네르게이아를 발산하지도, 소비하지도 않는다. 어느 누구의 활동에 수동적으로 따르지도 않는다. 물론 그것이 전 우주를 뒤흔드는 부동의 원동자만 아니라면. 따라서 현자는 자신의 존재, 즉 자신의 원인이자 목적이며, 순환적 이동의 원리, 자연 속에서는 자신의 시초도 자신의 종말도 갖지 않을 유일한 ─사람들이 말하듯─ 존재의 생성에 있어서만 활동적이게 된다. 그러므로 그의 유일한 "정념passion"은 존재일 것이다. 우리는 이 존재에 관하여, 존재가 어느 땅으로부터 그녀를/그를 경작하는지[계발하는지]를 우리 자신에게/그에게 물을 수 있을 것이다.

---

27 '품기'로 번역한 concevoir는 '수태하다, 생각하다, 해석하다, 구상하다, 이해하다' 등의 뜻을 가지고 있다.(옮긴이)

여성은, 그녀는 오히려 현실화되지 않은 가능태 속에 머물러 있다. 최소한 그녀에 의해/그녀를 위해 현실화되지 않은 가능태 속에 말이다. 그녀는 **본성상 타자에 의한/타자를 위한 존재인가?** 그리고 그녀에게 나눠진, 실체의 이 몫départage 안에서, 여성은 남성에게 부차적일 뿐이며 부차적으로만 존재할 뿐 아니라, 존재하지 않는 것처럼 존재할 수 있을 것이다. 존재론적 위상에 있어서 미완성된, 완성될 수 없는 존재로 말이다. 자기 고유의 형상과 관련해서 **결코 완전하지**toute **않은** 존재로. 혹은 그녀의 형상을 단지 **결핍**privation으로서 바라볼—역설적이겠지만—수 있다면? 그러나 어떻게 그것을 결정할 수 있겠는가? 여성은 결코 존재로/존재 안에 귀착되지 않으며, 다만 상반되는 것들의 동시적 공존으로 머무를 뿐이니 말이다. **일자이자 타자로.** 예를 들면, 부패해가는 동시에 생성 중인. 이는 그녀와 영원한 것(신l'Éternel)과의 유사 관계에 있어서 나쁜 징조이다. 영원한 것(신)은 더 이상 가능태와 관계가 없다. 그러나 마찬가지로 그녀는 **일자도 아니고 타자도 아니다.** 일자와 타자 사이인가? 두 육체의 한정 사이에서 포착할 수 없는 "간격intervalle"인가? 한 육체의 두 현실화 사이인가? 이것은 언제나 변화를 겪어야 한다는 뜻이다. 자신의 정의définition와 관련해 항상 다른 곳에 있으며, 변질되는 중이라는 뜻이다. 개별자가 장소에서의 전위들을 행할 가능성의 역, 실패. **그녀 자체로서는** 필수적이지 않지만, 주어가 아닌 기체〔아래-놓여 있는 것〕sub-jectum로서는 필수적인가? 주어일 수 없는 기체로서는? 어쨌든 자기 자신(동일자로서 자신)을 위한/에 의한 기체로서는? 살아 있는 것과 자기 자신과의 유사성에 있어서, 자신을 붙잡고 유지하고 완벽하게 하는 데에 필수적인 조건인가? "무한" 속에서 실패할 위험에도 불구하고, "공허" 속에서 통제할 수 없는 운동들의 위험에도 불구하고. 이렇게 이 "자질들의 어떤 결핍"은 여성을 진정으로 여성이게 만드는 것으로서, 남성이 자격들을 성취할 수 있도록 보장한다. 남성의 완전한 자기 소유는 **능력**puissance을, 그리고 어느 정도는 **장소**lieu를, 그리고 타자에서 동일자로, 그다음 자기로의 끊임없는 변화 속에서 **간격들**interstices로 (재)생산된 것을 전유할 필요가 있을 것이다. 등등.

　이렇게 그는 무한한(무규정적인) 방식으로—인식할 수 없는 **히스테리적인** 기체substrat(자신의 **히스테리적인** 기체 속에서는 인식할 수 없는)—어머니의 육체 안에서/육체 위에서 운동을 계속한다. 어머니의 육체는, 그가 거기서 길을 잃을까 두려워서, 그리고 아버지가 자신의 논리의 선결 조건이 우세할 수 없을까 봐 두려워서 경계를 세워야만 하는 수용기réceptacle이다. 그러나 그는 여전히 그녀의 능력—역시 규정할 수 없는—을 섭취하기를 고수하는데, 그 능력의 (이러한) **장소**는—몇몇 이들의 말에 따르면—가장 비범한 저장고일 것이다. 그것은 가지적인 질료의 공간적 **연장**에 대한 술어들을 분명히 포함하는가? 그의 형상의 현실화를 끊임없이 (다시) 획득하는 것은 어머니-질료로부터라는 사실은 차치하더라도.

　여성은, 여성 그대로로는 존재할 수 없을 것이다. 그녀는 **아직 아님**pas encore의 (존재의) 방식으로가 아니라면 존재할 수 없을 것이다. 그리고 그녀의 아무 특성이 없는 무언가가 눈에 띄게 되는 것은 존재의 혹은 존재들의 생성의 (아직) **사이**들 속에서나. **간격들**은 "빈 공간"의 문제를 재개함으로써, 대개 공포에 싸인 강력한 거부 및 사변적인spéculatifs "조직들"과 "기관들"의 밀폐obturation를 야기한다. 그 연속체의 완전히 자연적인 증거에 의해 정식으로 뒷받침된 밀폐를. 그런데 만약 모두(전체)가 **퓌시스**의 현실화에 사로잡힌다면, **여성은 발생하지 않고, 발생하지 않을 것이다(여성은 장소를 갖지 않고, 장소를 갖지 않을 것이다).** 그녀의 존재의 **박탈** 속에서도, 끊임없는 변증법적 노동을 통해서 실체를 즉자적으로 소유하는 충만함으로 데려가고 데려오는 매개가 이루어지는 것은 극도로 중요하다.

이 과정 바깥에는 아무것도 없으며, 아무것도 아닌 것, 즉 여성이 있다. 그녀는 존재-신학이라 하는 이 전능한 "기술technique"에서, 형이상학이 여전히 표상하는 이 전능한 "기계"에서 자신의 기능을 질문할―아마도?―유일한 위치에 있다. 그녀의 기능은 그녀를 선택의 위치에―다시…―놓는다. 그러나 그 선택은 항상 이미 "자연"에 의해 결정돼 있다. 남성의(남성으로서의) 쾌락과, 생식에 있어서 그녀의 "운반체"의 역할 사이에 말이다. 그녀의 역할의 가장 확실한(?) 발현은 "월경"으로, 그것은 "**프로테 휠레**[제1질료]의 영역에 속해 있다". 어머니의 주기로, 최소한 잠재적으로 돌아오면, 우리는 제1질료와 그것의 신비들로 돌아갈 것이다. 여기로 남성 개인이 퇴행하지 않도록 주의해야 한다. 왜냐하면 거기에는 남성의 형상에 줄 어떤 이득도 예측되지 않기 때문이다. 그가 자기 동일성을 확인하는 것은 오히려 거리와 분리를 통해서다.

그런데 그는 무엇으로 자기 동일성을 "첫 번째primaire"로서 구성하는가? 아리스토텔레스는 이 질문을 질료와의 거의 끊임없는 대면에서 정교하게 구상하고자 했으며, "내재성"의 긍정에 의해서만 이 문제를 해결한다. "내재성"의 긍정은 로고스의 내재성이라는 문제로 돌아가게 하는데, 이에 대해서는 때때로 모순적인 서술들에 직면한 프로이트도 지금은 나무랄 데 없는 해답을 찾았을 것이다. 즉, 아버지의 이름(들)에서 말이다. 그의 자연스러운(자연적인 것으로서의) 생성에서, 초월적인, 내재적인 이름(들)에서 찾았다는 것일까? 여전히 **퓌시스**는 간단없이 통용되어야 할 것이다. 혹은 적어도 어느 장소들에서는 **퓌시스**가 항상 도착적으로 가장(변장)된tra(n) vestie 것임을 인식해야 할 것이다. 성차화sexuation에 있어서도, 논리적 순서에 따라 잘리는(재단되는) 환상적인 직물임을 인식해야 할 것이다. 거기에서 "여성적인 것"의 "최초의" 동일시의 아포리아는 그것의 봉쇄barrage 자체 속에서도 파열을 일으키기를 고수한다.

이렇게 자신의 불구, 자기 형상의 하자 속에 던져진 "여성"은 "남성"을 욕망할 것이다. 추함이 아름다움을 욕망하듯이. 이는 여성이 "본질상"―이러한 개념은 너무 무목적적일 것이다―추하다는 사실로서가 아니라 단지 "우연히" 그렇다는 사실로서 이해해야 할 것이다.

그러나 그녀의 현존은 "우연한 사건"으로 환원되지 않나? 생식 génération이라는 사건으로? 유전적 괴물성인가? 살아 있는 인간은 그의 아버지로부터만 형상을 받으며, 더 특수하게는 남성의 정액으로부터만 형상을 받기 때문이다. 성교의 산물은 정자와 난자의 혼합으로 구성되지 않기 때문이다. **그렇다면 어떻게 딸이 수태될 수 있을까?** 염색체 이상에 의해서가 아니라면? 어쨌든, 딸은 어떤 실체를 요구할 수 없을 것이다. 본질에 우연하고, 해롭고, "우발적인" 단순한 추가―혹은 빼기―, 그러므로 그녀는 "자연"이 변질되는 일 없이 변경되거나 제거될 수 있다.

이제 "그녀"가 모든 것을 전유하기를 욕망한다는 사실이 남았으리라. 그녀는 모든 것의 결핍이기 때문이다. 이에 대해 조심하는 것이 중요하다. 왜냐하면 그녀가 그녀 안으로 유혹했을 바로 그것들이 자연적인 완벽함 속에 실제로 있는 것의 반영, 그림자, 환상, 결핍으로 귀착될 테니까.

거울/얼음^{glace28} 으로 된 어머니²⁹

"육체들corps의 기체基體/substrat인 질료matière를, 그다음에는 우리가 질료 안에 존재한다고 말하는 속성들을 재검토해야 한다. 우리는 이 검토에 따라 질료가 비존재unnonêtre이며 무감정적impassible임을 알게 될 것이다. 질료는 비육체적incorporelle이다. 왜냐하면 육체는 질료보다 사후적인 복합물composé, 즉 질료가 다른 사물chose과 합쳐지면서 생성되는 것이기 때문이다. 만약 질료가 존재처럼 명목상 비육체적인 것이라면, 그것은 존재가 그러하듯 단지 질료가 육체들과 다르기 때문일 뿐이다. 질료는 영혼도, 지성도, 생명도, 형상도, 이성도, 한계도(질료는 한계가 부재한다), 능력도(질료는 실제로 무엇을 생성하는가?) 아니다. 이 모든 성질들이 없는 질

---

28 프랑스어 glace에는 '거울, 얼음, 유리' 등의 뜻이 있는데, 본문의 맥락상 '거울/얼음'으로 옮겼다.(옮긴이)

29 플로티노스, 「비육체적인 것의 무감정에 관하여」, 『엔네아데스』, III, 6.

료는 존재라고 불릴 수 없다. 질료는 비존재인데, 우리가 운동 혹은 정지에 대해서 존재가 아니라고 말할 때의 의미에서 비존재인 것은 아니다, 라고 하는 게 더 올바를 것이다. 질료는 진정한 비존재이며, 물체 덩어리의 이미지이고 환영이며, 현존에의 열망이다. 질료는 정지 상태repos이지만, 이동하지 않는immobile 것과는 다르다.[30] 질료는 그 자체로는 비가시적이며, 그것을 보고자 하는 자로부터 벗어나 있고, 우리가 그것을 바라보지 않을 때 도래한다. 그것은 바라보아도 볼 수 없다. 질료는 항상 자기 안에 반대되는 것들의 이미지를 가지고 있다. 그것은 가장 크고 가장 작다. 가장 적고 가장 많다. 가장 부족하고 가장 과잉이다. 질료는 불안정한 환영임에도 사라질 수 없다. 질료는 힘force을 가지고 있지 않은데, 왜냐하면 질료는 지성으로부터 힘을 끌어내지 않았고 존재가 전적으로 결여되어 있기 때문이다. 질료는 약속한 모든 것을 어긴다. 만약 우리가 질료가 크다고 상상하면, 그것은 작다. 질료가 커지는 듯 보일 때, 그것은 작아진다. 우리가 질료에게서 상상하는 존재는 비존재이며 변덕스러운fugitif 놀이와 같다. 우리가 그것에게서 본다고 믿는 모든 것은 우리를 농락하며, 또 다른 환영 속 환영에 불과하다. 마치 어떤 대상이 위치한 장소와는 다른 곳에 그 대상이 나타나는 거울과 똑같다. 겉으로 보기에 거울은 대상들로 꽉 차 있다. 거울은 아무것도 담고 있지 않지만 모든 것을 가지고 있는 듯 보인다. '질료 안

---

30 repos가 마치 죽어 있는 것처럼 활동이 정지된 상태라면, immobile은 위치 이동이 멈추었음을 의미한다. 질료는 비존재이기 때문에 어떤 위치나 공간을 차지하지 않는다. 따라서 질료의 정지 상태는 immobile과는 다르다.(옮긴이)

으로 들어가고 질료 바깥으로 나오는 것', 그것은 존재들의 '이미지들'과 환영들이다. 형상 없는 환영을 침투하는 환영들이다. 질료는 형상이 없기 때문에, 우리가 거기에서 보는 이미지들이 질료에 작용하는 것처럼 보인다 해도 그 이미지들은 아무것도 생성하지 않는다. 이미지들은 일관성 없고 약하며 견고하지 않은 존재들이다. 질료는 형상이 없기 때문에, 이미지들은 질료를 부수지 않고 통과한다. 마치 물속을 침투하는 물체들처럼, 혹은 진공 공간 속에 밀어 넣은 형상들처럼 말이다. 그러나 우리가 질료 안에서 보는 대상들이, 그것들이 유출되어 나오는 원형과 어떤 유사성을 갖는다면, 우리는 이 대상들을 질료 안으로 보낸 이 원형들의 능력puissance의 어떤 부분이 이 대상들 안에 있다고, 그리고 질료가 이 능력의 작용에 따른 영향을 받는다고 믿을 수 있을 것이다. 그러나 질료 안에서 서로를 반사하는 대상들은 이 반영들reflets과 아주 다르기 때문에, 우리는 거기에서 우리의 인상이 허위라는 결론을 이끌어낼 수 있다. 왜냐하면 이 반영은 거짓에 불과하고, 그 반영을 생성하는 대상과 어떤 유사성도 없기 때문이다. 약하고 기만적인, 또 다른 거짓 위에 부과된 거짓인 이 반영은 질료를 무감정적인 것으로 내버려두어야 한다. 마치 꿈의 환각처럼, 마치 물 위나 거울 속의 반영처럼 말이다(그럼에도 불구하고 물 위나 거울 속의 반영에서는 가상들과 대상들 사이에 유사성이 여전히 있다)."

***

"우선 이런 표현들, 즉 하나의 사물이 다른 하나의 사물 안에 있다는 것과, 하나의 사물이 다른 하나의 사물에 속해 있다는 것은 단 하나의 의미로 받아들여서는 안 된다. 한 가지 의미로는, 이러한 표현들은 그 현전présence에 의해 대상을 변형시킴으로써 대상을 더 좋거나 더 나쁘게 만드는 것을 의미한다. 그것이 우리가 육체들 안에서, 적어도 살아 있는 존재들 안에서 보는 것이다. 또 다른 의미로는, 그것은 대상의 변형 없이 존재를 더 좋거나 더 나쁘게 만드는 것으로, 위에서 지적했듯이 영혼의 경우이다. 마지막 의미로, 밀랍 조각에 찍힌 상figure의 경우가 있다. 이러한 사물에 상이 나타나더라도, 거기에는 밀랍으로 다른 사물을 만들려는 어떤 정념passion[31]도 없다. 그리고 만약 이러한 상이 사라지더라도, 밀랍에는 아무것도 부족해지지 않는다. 마찬가지로 빛은 자신이 비추는 대상의 형상을 전혀 바꾸지 않는다. 돌이 차가워진다고 하면, 돌은 차가움으로부터 무엇을 얻는가? 돌은 돌로 남아 있으니 말이다. 색깔이 선이나 혹은 심지어 표면에 어떤 〔수동적〕 변화passion를 겪게 하는가? 그 효과는 아마도 그것의 기체인 육체에 적용될 것이다. 그러나 어떤 변화가 색깔로부터 기인하겠는가? 색깔이 나타나고 상을 수용한다는 사실을 변화로 받아들이지 말자. 차라리 거울과 투명한 사물 일반에 대해 말해보자. 우리가 거기〔거울과 투명한 사물 일반〕에서 보는 이미지들은 그것들〔사물 일반〕에 어떤 상태 변화

---

31 그리스어 pathos의 번역인 철학 용어로서 한국어로는 일반적으로 '정념'으로 번역한다. 가장 근본적인 의미는 '수동'이며, 사물이나 마음이 어떤 영향을 받아 변화한 상태를 일컫는다. 따라서 맥락에 따라 '정념, (상태의 수동적) 변화' 등으로 옮겼다.(옮긴이)

도 겪게 하지 않는다. 그리고 그것이 바로 질료와 꽤 유사한 예이다. 질료 안에 있는 것 역시 이미지들이다. 그런데 질료는 거울보다 훨씬 더 무감정적이다. 질료 내부에는 모든 단계의 냉기와 열기가 있으나, 질료는 뜨거워지지도 차가워지지도 않는다. 왜냐하면 가열 혹은 냉각은 하나의 성질이 기체를 하나의 상태에서 다른 상태로 옮겨 가게 하는 것으로부터 오기 때문이다. (냉기에 관해 말하자면, 그것이 열기의 부재와 상실은 아닌지 검토해야 한다.) (…) 하나의 사물 내부에 변화가 있다면, 그렇다면 그 사물은 질료가 아니어야 한다. 한 쌍의 동시적 항 혹은 일반적으로 다수의 동시적 항들이 필요하다.[32] 오직 하나이며, 다른 것들로부터 고립된, 절대적으로 단순한 하나의 존재는 각각의 것이 다른 모든 것에 작용하는 존재들의 한가운데에 둘러싸여 있다 해도 무감정적이다[변화와 정념을 겪지 않는다]. 집 안에서 대상들은 서로 만나고 부딪치지만, 집과 집 안의 공기는 무감정적으로 남아 있다. 질료 내부에서 서로 만나는 사물들의 상호 행위가 그 사물들의 본성에 따른다 해도, 질료는 무감정적이다. 심지어 질료 안에 존재하는 성질들, 즉 반대되지 않는다면 서로에 대해 무감정적인 성질들보다 더 높은 단계로 무감정적이다."

***

32 질료만으로는 '정념'을 지닌 사물을 이룰 수 없음을 의미하는 것으로 보인다. 플로티노스의 『엔네아데스』의 영역본을 옮겨보면 다음과 같다. "변화는 질료와 실재성의 복합물, 또는 일반적으로 말해 현실적 사물들의 복합체 안에서만 일어날 수 있다." Plotinus, Sixth Tractate, 9, Enneads, tr. Stephen MacKenna, 2nd ed. rev. B. S. Page.(옮긴이)

"게다가 만약 질료가 변화를 겪었다면, 질료는 이 정념의 어떤 것을, 즉 그것이 정념 그 자체이든, 아니면 정념이 질료에 도달하기 전에 질료가 갖고 있었던 정념과는 다른 성향이든, 보존해야 할 것이다. 따라서 두 번째 성질이 질료 안에 출현하게 되면, 그 수용기는 더 이상 질료가 아니라 성질을 띤 질료가 된다. 그리고 이번에는 이 두 번째 성질이 사라지면서 행위의 어떤 결과를 남기게 되면, 한 번 더 변화된 물질적 기체substrat가 된다. 이러한 길로 나아가면서 기체는 질료와 완전히 다른 사물이 될 것이다. 매우 다양하고 다형적이게 될 것이기 때문이다. 그것은 더 이상 수용기가 아니며 그것 안에 출현하는 모든 것에 방해가 된다. 게다가 질료는 더 이상 존속하지 못할 것이다. 그것은 이제 변질될 것이다. 그런데 질료가 존재해야 한다면, 질료는 항상 처음 상태와 동일해야만 한다. 질료가 변질을 겪는다는 말은 그것을 그대로 보존하지 못한다는 말이다."

***

"플라톤이 다음과 같이 생각하고 말한 것은 옳았다. '들어가는 것과 나오는 것, 그것은 존재들의 이미지들이다.' 들어가는 것과 나오는 것은 무의미한 말들이 아니다. 플라톤은 질료가 이데아들idées에 참여하는 방식을 우리가 조사함으로써 그 말들을 이해하기를 원한다. 이 질문(어떻게 질료가 이데아들에 참여하는가?)의 진정한 난점은, 우리 선인들 대부분이 꿈꾸었던 것, 즉 어떻게 이데아들이 질료 안에 들어가는가가 아니라, 어떻게 이데아들이 질료 안에 있는가이다. 기이해 보이는 것은, 질료는 그 안에 나타나는 형상들에 대해 무감정적인 반면에 그 안에 들어가는 형상들은 서로를 변화시킨다는 점이다. 그리고 형상들 자체가 들어가면서 이전 형상들을 쫓아낸다는 점도. 복합물들 안에만 정념이 있는 것인데, 아무 복합물 안에 있는 것이 아니라, 그것이 부재한다면 불완전한 구조가 되고 그것이 존재한다면 완전해지는 어떤 사물을 얻을 필요가 있는 복합물들 안에 있는 것이다. 그러나 질료는 형상이 접근해도 아무것도 얻지 못한다. 질료를 질료가 되게 만드는 것은 이러한 접근이 아니다. 질료는 형상이 떠나도 아무것도 잃지 않는다. 질료는 처음 그대로 남아 있다. 질서와 조직이 필요한 존재들은 이러한 질서를 받아들여야 한다. 그 질서가 외부의 성향인 경우에 그 존재들은 변질되지 않고 그 질서를 받아들일 수 있다. 그러나 존재에 내재하는 질서와 관련된 경우에는 이 존재는 변질을 겪어야 할 것이다. 그것은 처음엔 추하다. 그다음에 변화한다. 그리고 일단 질서가 받아들여지면, 그것은 추한 것에서 아름다운 것으로 변한다. 따라서 만약 질료가 추했고, 그다음에 아름다워졌다면, 그 질료는 더 이상 추함의 상태에 있던 예전의 것이 아닐 것이다. 질서를 받아들임으로써 질료는 질료라는 자신의 존재 자체를 잃을 것이다. 그리고 무엇보다도 질료가 우연히 추한 것이 아니라면, 만약 질료가 추함 그 자체인 것이라는 의미에서 추한 것이라면, 그것은 질서에 참여하지 않았을 것이다. 그리고 만약 질료가 악le mal인 것이라는 의미에서 악했다면, 그것은 선에 참여할 수 없었을 것이다. 그러므로 형상들에의 참여는 질료에게는 변화되는 것에 있지 않다. 그것은 다른 종류에 속하며 변화의 외관만을 갖는다. 아마도 우리는 또한 이러한 방식으로 다음의 난점을 해결할 수 있을 것이다. 즉, 어떻게 질료가, 만약 그것이 악하다면, 이러한 참여에 의해 자신의 존재를 잃지 않고 선을 욕망할 수 있을까 하는 난점을 말이다. 만약 우리가 말하는 참여가 다음과 같은 것이라면, 즉 질료는 변질 없이 존속하고 언제나 그대로 남아 있는 것이라면, 그것이 아무리 악하다 해도 질료가 선에 참여하는 것은 놀랍지 않다. 질료는 자기 자신 바깥으로 나오지 않는다. 그러나 어떤 방식으로든 거기에 참여하는 것이 필요하기 때문에, 질료는 자기 자신인 채로 참여한다. 질료를 변화시키지 않고intacte 참여하는 이러한 방식 덕분에 그대로 남아 있는 질료는 질료에게 형상을 부여하는 것에 의해 자신의 존재에 영향을 받지affectée 않는다. 또한 그럼에도 불구하고 여전히 사악한데, 왜냐하면 질료는 항상 그대로 남아 있기 때문이다. 진정한 참여가 있었다면, 그리고 실제로 선에 의해 변질됐다면, 질료의 본질은 악하지 않을 것이다. 질료가 악하다고 말하는 것은, 진실로, 질료가 선의 행위를 겪지 않는다고 말하는 것이다. 그러나 그것은 질료가 절대적으로 무감정적이라고 말하는 것과 같다."

***

"그것이 바로 질료에 대한 플라톤의 생각이었다. 플라톤에 따르면 참여는, 형상이 질료 안에 그리고 기체sujet 안에 와서 거기에 표시를 새겨, 질료를 가지고 단일한 복합물을 만드는 데에 있지 않다. 이때 복합물의 각 부분들은 서로 변화시키고, 서로 섞이고, 상호 공명한다. 플라톤은 이것이 그의 말들이 뜻하는 바가 아님을 이해시키고 싶어 했다. 그리고 그는 질료가 형상들을 품고 있으면서도 어떻게 무감정적으로 남아 있는지 보여주기 위해 무감정적인 참여의 예를 찾는다. 왜냐하면 기체에 나타나는 형상들에도 불구하고 어떻게 기체가 자기 동일성을 보존하는지를 예시에 의해서 말고는 달리 이해시키기 어렵기 때문이다. 이렇게 그는 자신의 목적을 달성하고자 애쓰며 질문들을 강조했다. 그는 또한, 이러한 이미지에 의해 감각적인 사물들은 실체적 실재성이 텅 비어 있다는 것을, "장소"는 참된 것처럼 보일 뿐이라는 것을 보여주고 싶어 한다. 그는 질료가 자신이 취하는 상들figures 덕분에 살아 있는 육체들 속에 정념들을 생성하되, 자기 안에서 이 감정들affections 중 어떤 것도 느끼지 않는다고 가정함으로써 질료의 항구성을 잘 보여준다. 그리고 그는 우리로 하여금 질료 그 자체가 이러한 상들로부터 정념도 변질도 받아들이지 않는다고 결론 내릴 수 있게 한다."

"그러나 우선 무감정성〔수동 능력이 없음〕impassibilité을 강조하고, 언어의 관습들 때문에 우리는 질료를 수동적이라고 생각하게 마련임을 알아야 한다. 말하자면 그(플라톤)가 질료는 '메말랐으며 불타오르며 축축하다'라고 말하듯이 말이다. 그러나 그다음에 그가 '질료는 공기와 물의 형상들을 받아들인다'라고 말하는 점을 생각해보자. 왜냐하면 '질료는 공기와 물의 형상들을 받아들인다'라는 말은 '질료는 불타오르며 축축하다'라는 표현에서 그 힘을 얻기 때문이다. 형상들을 받아들인다는 것은 질료가 형상들을 부여받았다는 뜻이 아니라 형상들이 질료 안에 들어갔다는 뜻이다. '불타오른다'는 것은 문자 그대로의 의미가 아니라 '불이 된다'라는 뜻이다. 그리고 불이 되는 것과 불타오르는 것은 같은 것이 아니다. 불타오르는 대상은 또 다른 대상에 의해 그렇게 된다. 그리고 그 대상 안에 정념이 있다. 그런데 불의 일부인 것이 어떻게 불타오를 수 있겠는가? 만약 불이 질료를 통해 순환하며 그것을 불타오르게 한다고 말한다면, 조각상이 청동을 통해 순환한다고 말하는 것이나 마찬가지다. 게다가 만약 질료에 접근하는 불이 원인raison이라면, 어떻게 그것은 질료를 불타오르게 했을 것인가? 그리고 만약 그 불이 상figure이라면, 어떻게 그것이 가능한가? 불타오르는 것은 이미 한 쌍(형상과 질료)으로부터 기인한다. — 어떻게! 한 쌍으로부터 기인하는가? 두 항은 하나의 사물을 생성하지 않기 마련인데 말이다. — 만약 생성물이 하나라 해도, 두 항은 서로에 대해 변화시키지 않지만 서로에게 작용한다. — 둘 다 작용하는가? — 아니, 한쪽〔형상〕은 다른 한쪽〔질료〕이 피하지 못하도록 방해한다."

***

"또한 어떤 의미에서 질료가 형상을 피한다고 말하는지 그것들이 우리에게 설명해준다고 하는 것도 타당하다. 어떻게 질료는 그것을 포함하고 있는 돌들과 바위들을 빠져나갈까? 질료가 때로는 형상을 피하고 때로는 피하지 않는다고 말하는 것일까? 확실히 그렇지 않다. 사실, 만약 질료가 자기 자신의 의지에 의해서 형상을 피한다면, 왜 형상을 피하기를 멈추겠는가? 그러나 필연성이 질료를 고정시킬 때, 질료는 짧은 순간에만 형상 안에 있지 않는다. 각 질료가 항상 같은 형상을 소유하지 않도록 하는 이유raison에 관해서는 질료보다는 질료에 들어가는 형상들에서 찾아야 한다.

그런데 우리는 어떤 의미에서 질료가 형상을 피한다고 말하는 것인가? 그것은 질료의 본성nature이 항상 동일하게 남아 있기 때문이다. 결코 자기 자신 바깥으로 나오는 법이 없고, 형상들을 절대로 소유하지 않으면서 형상들을 소유하는 것이 아니라면 무엇이겠는가? 그렇지 않으면, 우리는 플라톤의 이 말들, 즉 '일체 생성의 수용기와 유모'를 어떻게 해석할지 알 수 없을 것이다. 만약 질료가 일체 생성의 수용기와 유모라면, 생성은 질료와 다른 것이다. 그리고 변질들은 생성 안에 있다. 그렇다면 질료는 생성과 변질 이전의 것이다. '수용기와 유모'라는 말들은 그것이 무감정적이라는 뜻이다. '그 안에서 사물들이 탄생하여 나타나는 것', '그로부터 사물들이 나오는 것', '장소와 자리'라는 표현들과 마찬가지로 말이다. 이런 표현들은 '형상들의 장소'로 수정된다 해도 질료가 수동적이라고 말하는 것이 아니라 형상들과의 다른 종류의 관계를 찾는 것이다. 이러한 관계는 무엇인가? 이 본성은 어떤 존재들도 아니어야 하기 때문에, 모든 본질essence을 피하고 그와는 전적으로 달라야 하기 때문에(이 본질은 실제로 이성들raisons이다), 이러한 차이에 의하여 자신이 받았던 고유한 본성을 유지하고 지켜야만 한다. 존재들을 받아들이지 않을 뿐만 아니라 그 이미지들을 전유할 수 없는 채로 남음으로써. 그렇게 질료는 전적으로 다르다. 만약 질료가 형상이 자기 안에 침투하도록 놔둔다면, 만약 질료가 결합union에 의해이 형상으로 바뀐다면, 질료는 이 차이를 잃을 것이다. 질료는 더이상 모든 사물의 장소가 아닐 것이고, 그 어떤 것의 수용기도 아닐것이다. 만약 사물들이 '질료 안으로 들어가고 질료 바깥으로 나온다면', 질료는 사물들이 항상 들어가고 나올 수 있도록 동일하고 무감정하게 남아야 한다. 질료 안에 들어가는 것은 하나의 이미지, 진리가 없는 하나의 사물이다. 그렇다면 사물들은 그 안에 진짜로 들어가는가? 사물들은 거짓이기 때문에 진리에 참여하는 것이 전혀허락되지 않는데, 그것이 어떻게 가능하겠는가? 그렇다면 이 거짓된 존재에 사물들이 들어가는 것은 그 자체로 거짓인가? 거기에서바라보이는 한, 거기에서 보이는 사물들은 존재들의 이미지들이 거울 속에 비치는 것과 같이 거기에 있는 것인가? 만약 이 경우에 누군가 이 존재들을 제거하면, 그때부터는 거울 속에서 지금 보고 있는 어떤 존재들도 볼 수 없을 것이다. 사실은 거울 그 자체가 보일 것이다. 왜냐하면 거울은 형상이기 때문이다. 그러나 질료의 경우에는 더 이상 아무것도 보이지 않는다. 왜냐하면 질료는 형상이 아니기 때문이다. 그렇지 않으면 먼저 질료 그 자체 안에서 질료를 보았어야 했을 것이다. 우리는 빛이 없으면 볼 수 없다. 하지만 빛이 비춰진다 해도 우리가 보지 못하는 공기와 유사한 어떤 것일 수도 있다. 또한 우리는 거울들 속 반영들의 존재를 믿지 않거나 별로 믿지않기도 하는데, 왜냐하면 반영들이 있을 때도 거울은 잘 보이고, 반영들이 사라진다 해도 거울은 남기 때문이다. 그러나 우리는 질료가 이 반영들을 가지고 있을 때에도, 더 이상 가지고 있지 않을 때에도, 질료를 그 자체 안에서 보지 못한다. 거울 자체들을 보지 않고서 거울에 가득 차 있는 반영들이 존속하는 일이 가능하다면, 거울에 보이는 반영들의 실재성을 의심하지 않을 것이다. 만약 거울 속 반영이 어떤 사물이라면, 질료 속의 감각적인 사물들 또한 어떤 사물이다. 그러나 이 반영은 가상에 불과하기 때문에 우리는 또한 질료 속에는 가상만이 있다고 말해야 한다. 이러한 가상은 실제 존재들의 실체적 현존에 의한 것이다. 존재들은 실제로 영원히 이 현존에 참여한다. 그러나 비존재들은 이 현존에 진짜로 참여하지 않는다. 왜냐하면 비존재들이 존재를 가지지 않았다면, 비존재들은 가졌어야 했을 현존의 양식을 가지지 않았음에 틀림없기 때문이다. 그리고 비존재들이 그것들 자체로 존재했다면 현존의 양식을 가졌을 것이기 때문이다."

***

"— 뭐라고! 질료가 없다면, 아무것도 존속하지 못할 거라고? — 거울이나 그와 비슷한 표면이 없다면 반영도 존재하지 않는다. 만약 한 사물의 본성이 다른 사물 안에 존재하는 것이라면, 이 다른 사물이 더 이상 없을 때 그 사물은 더 이상 산출되지 않는다. 그런데 이미지의 본성이 그러하다. 또 다른 사물 안에 있는 것이다. 만약 이미지가 어떤 산출 원인들로부터 비롯된 실재성이라면, 그것은 다른 사물 안에 있지 않고서도 존재할 수 있을 것이다. 그러나 이 원인들causes은 그것들 자체 내에 머물러 있기 때문에, 만약 다른 데에서 그것들의 반영을 얻으려면 이것들에 자리를 내줄 무언가가 거기 있어야만 하는 것이지, 그 원인들이 거기로 와야 하는 것이 아니다. 언제나 현존하는, 대담함으로 가득한 질료는 빈곤한 청원자처럼 그 원인들을 붙잡기 위해서 폭력을 가한다. 그러나 질료는 속아 넘어가고 그 원인들을 붙잡지 못한다. 질료는 항상 빈곤하고 항상 뒤쫓는 중이다. 플라톤의 신화가 우리에게 말해주듯이 질료는 존재하는 순간부터 청원한다. 이렇게 플라톤은 질료의 본성에 선이 결핍돼 있음을 보여주고자 한다. 청원자는 우리가 소유하고 있는 전부를 달라고 요구하지 않는다. 청원자는 자신이 취할 수 있는 것으로 만족한다. 그러므로 신화는 질료 안에 나타나는 이미지들이 실재들réalités과 아주 다름을 뜻한다. 페니아[33]라는 이름은 결코 충족되지 않음을 뜻한다. '그녀가 포로스[34]와 결합한다'라는 것은 그녀가 존재와 그리고 존재의 완전성과 결합한다는 뜻이 아니라, 잘 구성된agencée 작품, 즉 가상들의 지혜로운 조합과 결합한다는 뜻이다. 존재 바깥에 있는 것이 존재에 전혀 참여하지 않는 것은 불가능하다. 왜냐하면 존재의 본성은 존재들을 생산하는 것이기 때문이다. 그러나 절대적인 비존재는 존재와 결합할 수 없다. 그로부터 다음과 같은 기이한 결과가 생긴다. 즉, 비존재는 존재에 참여하지 않으면서 존재에 참여하고, 비존재의 본성이 모든 내적 결합을 불가능하게 만드는 것임에도 불구하고 존재와 관계가 있는 무

33 빈곤의 여신.(옮긴이)

34 풍요의 남신.(옮긴이)

언가를 이끌어낸다. 질료가 존재로부터 취한 것은 낯선 본성의 사물 위에서처럼 질료 위에서 미끄러진다. 마치 매끄럽고 평평한 표면들에 의해 반향이 되돌려지듯이 말이다. 마치 소리가 이 표면들 위에 머무르지 않는 것처럼, 우리는 그것〔질료가 존재로부터 취한 것〕이 질료 위에 있다가 돌아온다고 상상하게 된다. 만약 질료가 형상에 참여했고, 사람들이 생각하는 방식으로 그것을 받아들였다면, 질료로 돌아오는 형상은 거기에 빠져서 삼켜질 것이다. 그런데 형상은 삼켜지지 않는 것처럼 보인다. 질료는 동일한 것으로 남아 있고, 아무것도 받아들이지 않았다. 질료는 존재들로부터 생기는 빛을 막고 그것을 되돌려 보낸다. 질료는 소재지siège이고, 경합과 혼합의 수용기이다. 질료는 사람들이 빛으로 불을 붙이기 위해 태양 앞에 놓는 매끈한 표면들과 같다. 사람들은 항아리를 불에 상반되는 물로 채워서, 항아리들을 통과하지 못하게 된 태양 빛을 외부에 집결시킨다. 이렇게 질료는 생성génération의 원인이 되고, 사물들은 질료 안에서 결합된다."

***

"…질료가 문제가 될 때, 형상이 질료에 외재적이라는 것은 전혀 다른 의미에서이다. 둘의 본성이 다르다는 것으로 충분하다. 하나의 선ligne의 양극단에 있을 필요는 없다. 게다가 질료는 모든 극단을 무시한다. 본질과의 이질성, 즉 본질과의 동족성parenté의 부재가 혼합을 막는다. 질료는 자기 자신으로 그대로 남아 있는데, 질료 안에 들어가는 것은 질료가 그것을 이용하지 않는 만큼 질료를 이용하지 않기 때문이다. (…) 여기에서 표상은 질료 안의 이미지와 같다. 그러나 영혼은, 종종 표상이 원하는 대로 그 이미지를 이끌어내는 듯 보이긴 하지만, 이미지의 본성에 속하지 않는다. 그럼에도 불구하고 표상과 영혼의 관계는 형상과 질료의 관계와 거의 같다. 그러나 표상이 영혼을 숨기는 것은 아닌데, 왜냐하면 표상은 종종 영혼의 고유한 작업들에 의해 억압되기 때문이다. 표상이 영혼과 완전히 결합한다 해도, 표상은 숨겨지고 이러저러한 이미지를 갖는 것만 할 수 있다. 영혼이 표상들만을 수반하는 것은 아니라 해도 말이다. 영혼은 자신 안에 서로 반대되는 작용들과 이유들raisons을 갖고, 그것들에 의해 자신을 사로잡는 표상들을 억압하기 때문이다. 그러나 질료는 영혼보다 더 힘이 약하며, 어떤 참된 존재도 갖지 않고, 자신에게 속하는 어떤 거짓조차도 갖고 있지 않다. 그 완전한 결핍 때문에 질료는 나타날 힘이 없다. 그리고 질료가 감각적인 사물들을 나타나게 하는 원인이라 해도, 질료는 내가 여기 있다, 라고 말할 수도 없다. 그러나 이성이 파 들어감으로써 질료를 발견하고 다른 존재들로부터 질료를 추출하는 덕분에, 질료는 모든 존재들로부터 그리고 존재들 뒤쪽의 모든 가상들로부터 멀어진 것처럼 현존한다. 그러나 질료는 모든 존재에게 확장된다. 비록 모든 존재를 수반하는 듯 보이는 동시에 모든 존재를 수반하지 않음에도 불구하고."

***

"질료에게 온 이성raison은 질료에게 주고자 하는 연장étendue을 부여한다. 이렇게 이성은 그 자체로 질료에 크기를 준다. 이러한 이성은 크기를 갖지 않았던 질료에게 크기를 입힌다. 바로 그 때문에 질료가 커지는 것은 아니다. 크기는 단순히 질료 안에 있다. 그리고 만약 우리가 이 형상 혹은 이성을 제거했다면, 물질적 기체는 더 이상 크기를 가지지 않고 커 보이지 않을 것이다. (⋯) 질료는 실제로 우주의 크기와 똑같은 크기가 되었다. 그러나 만약 하늘과 하늘이 담고 있는 모든 것이 존재하기를 멈춘다면 그 모든 크기와 다른 성질들은 동시에 사라질 것이다. 그리고 질료는 이전의 어떤 존재 방식들도 보존하지 못한 채 그대로 남을 것이다. (⋯) 사람들은 질료가 크기를 소유하지 않고 크며, 열기를 소유하지 않고 뜨겁다는 데에 놀랄 것인가? 그것은 크기의 존재가 질료의 존재와 동일하지 않으며, 크기란 형상과 마찬가지로 비물질적이기 때문이다. 만약 우리가 질료를 보존한다면, 질료는 참여에 의한 모든 사물들인 게 명백하다. 그런데 크기는 이러한 사물들 가운데 하나이다. 복합물로 구성된 육체들은 다른 속성들 가운데에서 크기를 갖는다. 크기는 전혀 결정되어 있지 않다. 결정된 크기를 담고 있는 것은 육체의 이성이기 때문이다. 그러나 질료는 이러한 불확정적인 크기조차 갖고 있지 않다. 질료는 육체가 아니기 때문이다."

***

"질료는 크기 그 자체도 역시 아니다. 크기는 형상이지 수용기가 아니기 때문이다. 크기는 그 자체로 있다. 이러한 의미에서 역시 질료는 크기가 아니다. 그러나 지성 내에 혹은 영혼 내에 놓인 형상은 크기이고자 하기 때문에, 그 형상을 모방하고자 하는 존재들로 하여금―왜냐하면 그 존재들은 형상을 욕망하고 그것을 향해 움직이기 때문에―질료인 것들과는 다른 이 사물에 그 존재들의 고유한 성향을 새길imprimer 수 있게 했다. 그러므로 크기는 이미지가 형상에서 생길 때 이 크기 자체에 갑자기 나타난다. 그런데 크기는 크기 없이 질료 속에 있는 것을 갑자기 함께 나타나게 한다. 그리고 크기는 질료를 자기 자체와 함께 연장함으로써étendant, 비록 질료가 채워지지 않는다 해도, 그것을 커 보이게 한다. 그것은 바로 거짓 크기이다. 질료는 크다라는 이러한 속성을 전혀 가지고 있지 않다. 만약 질료가 연장된다면, 그것은 질료가 연장과 함께 연장되기 때문이다. (…) 질료는 어떻게 보면 전체 형상 그리고 개별적인 모든 형상과의 관계 속에서 연장된다. 질료는 이러한 형상 속에 있으면서 능력, 즉 그 덕분에 아무것도 아닌 것이 그 자체에 의해 모든 것이 되는 그 능력이 할 수 있는 만큼 큰 덩어리로 커지지 않을 수 없다. (…) 이 크기들은 우리에게 나타난다. 이 크기들은 가지적인 것으로부터 오기 때문이다. 그러나 이 크기들은 거짓들이다. 그 안에 이 크기들이 나타나는 것은 아니기 때문이다. (…) 그리고 질료를 연장(상상에서 오는 표면상의 연장)으로 만드는 것, 그것 자체는 상상적인 존재, 즉 감각적인 대상들의 크기일 뿐이다. 이 크기가 협력하지 않을 수 없는 질료는 동시에 어디에나 전체로 제시된다. 그것은 아무것도 결정되지 않은 그것 자체가 아닌, 결정된 존재들의 질료이기 때문이다. 그리고 자기 자신으로 결정되지 않은 것은 다른 영향하에 그 반대가 될 수도 있다. 그리고 그 반대가 된 후에 그 것은 그것조차 아니게 된다. 그렇지 않으면 그것은 이동하지 않게 될 것이다s'immobiliserait."

***

"확실히, 감각할 수 있는 작은 부피volume 속에서도 역시 그 자체 의 크기와 동일한 크기의 이미지가 있을 수 없을 것이다. 그것은 단 지 그러한 크기의 이미지일 뿐이기 때문이다. 그러나 그 자체의 크 기에 도달하려는 그것의 욕망과 희망에 비례하여 이 이미지는 가 능한 만큼 다가간다. 그런데 그 이미지는 버릴 수 없는 질료를 수반 하고 있다. 이렇게 그 이미지는 크지 않은 질료에 크기를 부여하여, 질료가 크기 없이 나타나기를 그칠 수 있도록 한다. 동시에 질료는 가시적인 덩어리 속에서 크기를 생성했다. 그러나 질료는 자신의 본성을 지킨다. 질료에게 이러한 크기는 그것이 입는 옷일 뿐이다. 왜냐하면 질료는 그것의 흐름이 자신을 이끄는 크기를 따르기 때 문이다. 만약 질료에게 입힌 옷이 사라진다면 질료는 동일한 것으 로, 그리고 그 자체 그대로 남을 것이다. 질료는 오로지 그 안에 현 존하는 형상이 부여해준 크기일 따름이다. 영혼은 존재들의 형상 들을 소유한다. 영혼은 형상이기 때문이다. 영혼은 형상들을 모두 동시에 담고 있다. 그런데 형상은 그것과 분리되고자 하지 않기 때문에, 영혼은 감각적인 사물들의 형상들을 본다. 이 형상들은 영혼을 향해 돌아보고 접근하기 때문이다. 그러나 영혼은 형상들이 연장을 갖도록 허용하지 않는다. 영혼은 형상들을 덩어리 없는 것으로 본다. 영혼은 그것이 아닌 다른 사물이 될 수 없기 때문이다. 질료는 어떤 저항도 하지 않는다. 질료는 능동성을 가지고 있지 않기 때문이다. 질료는 그림자ombre이다. 질료는 기다리고, 능동적인 원인이 원하는 것을 기꺼이 따른다. 가지적인 이성들에서 생기는 이 원인은 질료 내부에 발생해야 하는 것의 흔적을 담고 있다. 이 원인은, 그것의 운동이 상상의 표상들 속에 흩어지는 추론적discursive 이성과 같다. 만약 이 이성이 자신의 통일성과 동일성 안에 머무른다면, 그것은 변화하지 않고 이동하지 않는immobile 것으로 남을 것이다. 게다가 질료는 영혼처럼 모든 형상들을 동시에 들어오게 놔둘 수 없다. 그렇지 않으면, 질료 그 자체가 이 형상들 중 하나가 될 것이다. 그와는 반대로 질료는 모든 형상들을 받아들여야 한다. 그러나 그것들을 불가분하게indivisiblement 받아들이지는 않는다. 질료는 모든 형상들을 위한 하나의 장소가 되어 모든 것들을 향하고, 모든 것들을 수용하며, 전체 공간이기에 충분해야 한다. 질료는 하나의 공간 안에 둘러싸이지 않으나, 도래해야 하는 모든 것의 성향에 따르기 때문이다."

***

"질료는 어머니와도 같아서 거기에 들어오는 사물들은 질료에

유해하지도 유용하지도 않다. 이러한 사물들은 질료를 거스르지 않으나 자기들끼리 충돌한다. 힘들은 반대되는 것들에 적용되지, 자신의 기체substrat에 적용되지 않는다. 이 기체들을 거기에 삽입된 형상들과 함께 취하지 않는 한 말이다. (…) 질료는 동일한 것으로 남아 있다. 그것은 냉기가 사라지고 열기가 나타날 때 어떤 정념도 느끼지 않는다. 열기와 냉기는 질료에게 친구도 적도 아니다. 질료의 가장 적절한 이름은 '수용기와 유모'이다. 유추에 따라 어머니의 이름이 질료에 부여된다. 질료는 아무것도 낳지engendre 않기 때문이다. (…)

내 생각에 옛 현자들이 자신들의 수수께끼에서 말하고자 하는 바가 그것이다. 그들은 헤르메스를 언제나 생식 가능한 성기를 가진 노인으로 표상하면서 감각적인 사물들의 생성자란 가지적인 이성임을 보여주고자 한다. 언제나 변화가 없는 질료의 불모성은 '모든 사물들의 어머니'를 둘러싸고 있는 거세된 남자들로 지시된다. 그들은 질료를 자신들이 부여한 이름인 '모든 사물들의 어머니'로 표상한다. 왜냐하면 그들은 이 원리를 기체로 여기기 때문이다. 그러나 그들이 질료에게 이 이름을 부여하는 것은 자신들이 원하는 것을 보이기 위해, 즉 우리가 그 문제를 피상적으로 다루지 않고 정확하게 다루고자 한다면 질료가 어머니와 유사한 것이 전혀 아님을 보이기 위해서다. 그들은 꽤 멀리서, 그러나 가능한 한, 이 '우주만물의 어머니'는 불모이고, 절대적으로 말해서 여성이 아님을 보여주었다. 질료가 여성이라면 수용하기 때문이지, 낳을 수 있기 때문이 아니다. 그것이 바로 '우주 만물의 어머니' 함대가 보여주는 것이다. 그 함대는 여성들도 아니고, 낳을 수 있는 존재들도 아닌 그런 존재들로 구성되어 있다. 그들은 거세에 의해서 이러한 생식 능력을 잃었는데, 생식 능력이란 그 남성성이 손상되지 않고 그대로인 존재에만 속하기 때문이다."

…만약, 방금죽은사람의 눈을 취하여,…

"그 결과 그것이 다시 그림으로 형상화된다는 것은 명백하다. (…) 그것의 요면凹面들을 바라보는 뇌의 내부 표면에서 말이다. 그리고 그로부터 나는 다시 그 그림을 이 요면들의 가운데쯤에 있는, 공통 감각의 중추인 특정한 작은 선腺까지 옮길 수 있을 것이다. 심지어 나는 훨씬 더 나아가 여러분에게 어떻게 가끔 그것이 임신한 여성의 동맥을 통해 여성이 태내에 품고 있는 아이의 어떤 결정된 사지까지 이를 수 있는지 보여주고, 거기에서 모든 학자들에게 그토록 찬미를 불러일으키는 선망의 이 표시들을 형성할 수 있는지 보여줄 수 있을 것이다."

—데카르트[35]

35 『굴절광학 La Dioptrique』(1637)에서 인용.(옮긴이)

만약 아리스토텔레스에게 추론의 전제들이 **필요하다면**, 어떤 불확정성도 허락지 않으면서 술어에 대한 주어의 관계의 **일반성** généralité을 보증하는 실체의 선결 조건 속에서 무한성이 말소되어야 한다면, 그것이 바로 단번에 데카르트에게 부인할 수 없는 것으로 인정되는 결론이다. **하나의 지점** 안의, 이 지점 안의 **독특한 것**le singulier은 전체의 재구성에 필요해진다. 그리고 그 **독특한 것**은 일반적으로 모든 대상에 방법적으로 드리워지는 회의 속에서 **보편적인 것**l'universel의 재증명 가능성을 가리킨다. 그러나 그 독특한 것은, 사실, 여기에서 이미 **특수한**particulier 종류에 속한다. 그것은 사유하는 실체이고, 또한 자기 자신에게로 회귀하며, (자신의) 주체성 subjectivité의 원을 봉쇄한다.

최초의 동일화가 실현되면─최소한 이 언표작용의 전개 안에서─주체가 자신의 모습 그대로 존재할 가능성이 제시될 뿐 아니라, (자신의) 존재 조건을 자신에게 부여하는 것으로서 자신을 반성할 가능성 역시 생긴다. 이것은 확실히 **눈 깜박할** 사이에 일어날 것이고, 거의 포착할 수 없는 것으로 남을 것이다. 이는 여기에서 문제가 되는 것이 실재성réalité이라는 것을 증명하는가? 유동하고, 항상 운동하는 실재성 말이다. 혹은 문제가 되는 것은 현재 자신의 현존과 반성─내투사된, "합체된" 거울의 주석박tain[36]─을 근거 짓

---

36 빛을 반사시키기 위해 거울 뒷면에 입히는 주석과 수은의 합금을 가리킨다.(옮긴이)

는 통각apperception[37]이 반영물 없이 직관에 드러난다는 사실인 것인가? 그 반영물은 사변적 활동 자체의 경험을 중단함으로써만 획득할 수 있는 것이다. 만약 "나je"가 어떤 특수한 사유cogitation — 어떤 정해진 사유pensée를 품고, 정신 안에 표상될 수 있는 모든 이미지들 혹은 감각들에 주의하기 — 를 삼갈 수 있다면, **한순간** 자신을 (자기 안에) 사유되는 모든 것의 **모태**로서 지각하게 된다. 그 모태란 그가 모든 것을 통하여 존재하도록, 모든 것을 넘어서 존재하도록 보장하는 것이면서, 일상의 지각percipio을 초과하는 것이다. 다른 어떤 것이 (그에게) 닥치더라도 그렇다. 걸을 수도, 심지어 헤엄칠 수도 없는, 하물며 사유할 수도 없는 물속에, 꿈 혹은 심지어 회의의 늪 속에 (이 이미지들을 통해) 빠져드는 대신에, 철학자가 **자유롭게 결정해** 따를 궤도, 길을 그리도록 요구할 "각성"인 것이다.[38] 매순간 "주체"의 현재의 확신들을 흔들 위험이 있는 어떤 거울반사의 힘도 땅sol에 허용해서는 안 된다. **표상의 토대**에서 모든 환영, 환상, 믿음, 혹은 아직은 **초보적인**enfantins 추정들이 제거되어야 한다. 증거 없이 받아들여지고, 회복되고, 반복되는 것들이. 타자들에 대한, 대타자에 대한 것들 말이다. 우리가 자기 자신(동일자로서의 자기)임을 확신하기 위해서는 모든 것에 대해 "아니요"라고 말하는 것이

---

37 데카르트가 남긴 문제를 해결하고자 칸트가 제시한 개념으로, 칸트는 통각을 "'나는 사고한다'는 표상을 낳으면서, 모든 의식에서 동일자로 있는, 다른 어떤 표상으로부터도 이끌어낼 수 없는 자기의식"이라고 정의한다. 통각은 직관에 주어지는 잡다한 표상들을 하나의 자기의식 속에서 통일하고 종합하는 활동적 능력이라 할 수 있다. 임마누엘 칸트 지음, 백종현 옮김, 『순수이성비판 1』, 아카넷, 2006, 346쪽 참조.(옮긴이)

38 이 대목은 데카르트의 『제1철학에 관한 성찰』 중 특히 '제2성찰'의 초반부에 나오는 표현들을 차용한 것으로 보인다.(옮긴이)

필요 불가결하다. 그렇지 않으면 우리는 자기에, 타자에 귀속되는 것에 대해 계속 의심할 것이다. 자기 안의 타자들의 반영들일 것에 대해. 자기 안의 대타자의 반영에 대해, 대타자 안의 자기의 반영에 대해. 각자의 속성들의 고유성propriété에 대해. 모든 활동을 마비시키는, 끊임없이 반복되는 의심. 그 결론을 평가하기 위해서는, 그리고 모든 확실성의 **정당성**bien-fondé에 대한 질문의 이 지독한 반복을 상쇄하기 위해서는, 그 함의들이 궁극적인 지점에 이르도록 의심을 밀어붙이는 게 더 낫다.

만약 일반화가 있다면, 그것은 여기에서 과장된hyperbolique 회의에, 모든 것에 대한 체계적인 문제 제기에 의존할 것이다. 모든 것은 의심의 대상이 될 수 있다. 즉, 나는 의심한다, 고로 나는 존재한다(의심하는 것은 나다, 고로 존재하는 것은 나다). 사유하고 말하는 "나"의 존재와 보편성의 관계는 이렇게 보증된다. 의심 없이. 그러나 어떤 다른 "나"가 또한 의심할 수 있다는 것을 가정하지 않도록, 전제하지 않도록 주의를 기울여야 한다. 대타자가 "나"로 하여금 모든 것을 의심하게 하는 "유해한malin" 쾌락을 찾지 않는지 간신히 자문할 정도로. "나"는 논리의 조작에 있어서는 완전히 어린이, 유아 같고, 자기 동일성의 확인이 심해지는 측면에서는 반대로 약간 청소년 같다.[39] 표상의 자기감응적auto-affectif, 자기변용적s'auto-affectant인 유아론唯我論. 그 표상은 그의 방 안에서 유일한 능력인 꿈을 정교화한다. 그 꿈은 그동안에도 계속 만들어지는 (그의) 역

---

39 데카르트는 '제1성찰'을 자신이 유년기에 많은 거짓된 것을 참된 것으로 믿었고, 이제 학문에서 확고부동한 것을 추구할 만큼 성숙하였다는 말로 시작한다.(옮긴이)

사의 나머지 부분들과 적어도 일시적으로 무관하다. 결코 신중함을 버리지 않는 **부정주의**négativisme와 함께 "**주체**"와 그의 **기록들의 관계들**liens을 홀로 다시 자르고 다시 손질한다. 그리고 ["주체"와] **그의 발생**engendrement **과정**의 관계들도. 그리고 만약 우주 발생의 생성을 따르는 것이 예전에는 실체substance의, 기체[아래에-놓여 있는 것]subjectum의 특수한 속성이 부여된 방식이었다면, 이제는 거의 믿을 수 없는 대담한 태도로, 관습적으로 이해된 그대로의 현존의 불확실성을 피하는 생활양식에 따라 자기 자신을 세상에 다시 태어나게 한 후에 세계 전체를 다시 낳는 것은 바로 어떤 단일한 주체이다. 수태/개념작용-conception의 영향력 및 신비와의 **경로**, 즉 **끈**이 **다시 끊어지면**, 이러한 작용에서 매 순간 의지할 수 있는 것은 주체 외에는 아무것도 없다. 자신의 자율성을 확인하는 데에는 부정(거부)의 사변적 행위로 충분하다. 우연히 ─ 혹은 필연적으로? ─ 대상이 없이도 잘해나갈 수 있을 법하다는 듯이, 물론 어떤 금욕과 어떤 자발적인 인내를 대가로 치르고서, **절대**l'absolu 안에서 또한 스스로 속성을 부여하는 하나의 **동사**에 의해서. "살다" 혹은 "존재하다"와 같이 그 사행에 있어서 자동사적일 뿐만 아니라 "순수한" 사변.

그리고 이것은 "사유하는" 내가 말하자면 이미 **사유의 수동태** 속에서, 따라서 **이미 과거형인 사유** 속에서 자신을 사유하기 때문에만 가능했을 것이며, **사유의 수동태와 과거형**은 이렇게 **(그의) 표상의 토대**를 구성하고 있다. 사유내용들[사유작용들]cogitationes과 그것들을 사유하는 사유된 것[사유대상]cogitatum을 상대화함으로써 말이다. 사실 중요한 것은 (자신을) 표상하는 그를 **지금 여기**에서(**지금 여기**로서) 한정하는 일이다. 그 **나머지**는 뒤따라올 것이다. 나중에. 그리고 만약 사유하려면, 따라서 존재하려면 먼저 "숨을 쉬어야" 한다고 누군가 반론한다면, 이러한 순진함에는 다음과 같이 답변될 것이다. 즉, 아무리 내가 숨을 쉬어도 내가 그것을 알지 못한다면, 내가 숨을 쉬는 것이, 고로 내가 존재한다는 것이 진실임을 아무것도 내게 증명해줄 수 없다고 말이다. 존재한다는 것에 대한 나의 확신은, 그것이 선술어적antéprédicative[40]일 수 없다면, 수시로 나의 숨결도 건너뛸 것이다. 그리고 나의 육체와 모든 물질적인 사물들, 그리고 하늘, 땅, 심지어 다른 정신들까지도 〔그것들에 대해〕 내가 가질 수 있거나 갖고자 하는 명증성을 결여하고 있는 반면, **나의 "영혼"은** 설령 그것이 **갖는 이 힘이 모든 것을 부정(거부)하는** 데에 지나지 않는다 해도, 내가 아주 안전하게 살아가는 데에 충분하다. 그것이 사유하는 바의 진리도 포함해서. 왜냐하면, 나의 "영혼"이 완전한 환영 속에 있다 해도, 속았다는 것을 아는 것으로 자신의 존재로 지속하기에 충분하기 때문이다. 정말 그런가?

그리고 **만약 환영**illusion**이 사유를 구성한다면?** 이 환영은 사유내용들cogitationes과 (그것들의) 객관적 실재의 일치의 "오류"로서가 아니라, 사유된 것cogitatum 자체의 증거의 허구로서, 혹은 지금 (자신을) 사유하고 있는 바로 그에게 돌아오는 것revenant으로서의 환영

---

40 에드문트 후설의 현상학에서 사용되는 개념어. 선술어적 경험은 지각이라는 능동적 작용이지만 아직 술어적 작용에까지는 가지 않은 것으로서, 자아의 능동성의 가장 낮은 단계이다.(옮긴이)

이다. 주체의, 즉 사유하는 자cogitans와 사유된 것의 동일성과 단순성이라는 함정feinte. 그러므로 만약 사유한다는 사실로부터 타자의—그리고 또한 타자로서의 자기의—현존을 결론짓는 것이 사유의 사실만큼 필요 불가결한 것이라면? 만약 내가 타자의 내투사, 삽입 이후에야 비로소 사유한다면? 사유로서든, 내가 (나를) 비추는 거울로서든 타자의 내투사, 삽입 이후라면? 그리고 만일 내가 타자로부터, 타자들로부터 받아들인 사유들이 여기에서, 이미 그 타당성에 대한 문제 제기를 부르는 유아론적인 행위를 통해 회의의 대상이 되더라도, 사유의 기제와 "사유하는 조직"이 타자에 의해 필연적으로 구성되면서도 자아moi에 의해 전유된다는 사실은 주체의 고독한 현존을 단언하는 데 있어 이 "주체"를 혼란스럽게 하는 것처럼 보이지 않는다. 그리고 반사하는 스크린écran 덕분에만 (나를) 비출 수 있다는 사실 또한 그렇게 보이지 않는다. 이러한 시각적 고찰들이 특수한 논설들에서 고찰된다. 그것은 **이미 존재론의 바깥에 있다.**

여성, 여성들에 대한 고찰들 역시 마찬가지다. 부인과학, 굴절광학은 이제 당연히 형이상학에 속하지 않는다. **인간-학**anthropos-logos **의 성**sexe**은 그것에 대한 배제, 무시, 무지에 의해서만 시인되며**, 여백에서 언급되는 것에 의해서만 시인된다. 그리고 만약 "나"가 여성에 대한 사유만을 사유한다면? 여성적인 것에 대한(여성적인 것으로서의) 사유만을? 그리고 이러한 사유가 어머니의 체내화〔합체〕덕분에만 그 반사〔반성〕réflexion 속에 (자신을) 되돌린다면? 전능한 거울은 (자신을) 사유하는 주체의 자기충족 속에서 부인(거부)되고, 주체의 "육체"는 그때부터 완전히 반사화될 것이다. "나"는ㅡ할 수만 있다면ㅡ심지어 언어 전체까지 재발명할 것인데, 이는 자신의 현존의 구성 요소들로서 유일하게 인정하는 법들과 자신의 아버지들로부터 받은 법들을 뒤섞지 않기 위한 것이다. 아버지들로부터 받은 법들은 그의 현존에 대해 이미 어찌할 도리 없이 과거의 것이 된 스콜라철학의 확실성들로만 그를 확신시키기 때문이다.

그에게 **모든 사유에 대한 유죄**를 남기는 모든 유산과의 단절. 그것은 "**가책**scrupules"의 폭발 속에서 모든 것에 의심을 제기함으로써 이루어지는바, 가책의 일반화는 그가 관계를 끊는 것에 대한 거부에, 자기 자신(동일자로서의 자기)이 아닌 모든 것에 대한 거부에 상응한다. "본질적으로" 말이다. 모든 토대fondement의 동요, 모든 시초의 삭제, 모든 기억의, 모든 역사의 불신 속에서 원인과 결과가 혼동되는 **악순환**. 모든 상상의, 모든 감각의 불신 속에서. 잠듦과 깨어 있음의 차이, 거의 태아적인 마비 상태와 그 자신인 성숙한 인간의 주의 깊은 의식의 차이조차 의심함으로써.

그럼에도 불구하고 "나"는 사유한다. 그는 사유한다. 그것은 제어할 수 없는 소용돌이 속 "고정점point fixe"이다. "나"는 사유한다, 고로 그는 존재한다. 하나의 동사, 하나의 동사의 사행procès은 현존에 대한 전제들로 쓰이고, 사물이든 사람이든 신뢰할 만한 지표 없이 깊은 물에 빠진 듯이 막 쓰러져갈 때쯤 "존재"를 다시 낳는다. 거기에는 또한 (그의) 사유들조차도 없다. 우리가 알기로 그 사유들은 그것들이 탄생하기 전에 몹시 혼란스러우며, 그때의 영혼은 물질에 매여 있는 나머지 인상들impressions을 받아들이는 것 외에 다른 일에 종사할 수 없기 때문이다. 그러나 **그러한 퇴행**은 **지금 여기에서** 명석판명한 관념들을 굳게 고수함으로써 모면할 수 있고, 또 그래야만 한다. 그리고 분명히 첫 번째 관념은—이 순간에—"나는 사유한다"이다. "나"는 여전히 사유할 수 있다. 그리고 이 씨앗germe 으로부터, 진리의 이 종자로부터, 그리고 "자연의" 빛—무엇보다도 그것을 획득했다가 다시 잃고 싶지 않다면, 그것도 무한(정)하게 잃고 싶지 않다면, 그것이 어디에서 오는지, 그리고 그것이 어떻게 생겨나는지를 지금 내게 물어서는 안 되는—의 이 발전으로부터, "나"는 자신에게 현존을 부여할 것이다. 어떤 교합copulation도 없이 존재하기? 나는 (고로) 선조들의/선조들 내에서의 교합 없이 교합한다. [그 선조들이] 주요 (여성) 인물이든 덜 중요한 (여성) 인물이든 간에. 나는, 고로, "존재한다". "나"의 탄생 과정에 있어서 나 중에서야, 즉 "나"가 그의 표상의 기저에 있는 유일한 기초로서 보증될 때에서야 비로소 나타날 "전체tout"도 "가치[금]or"도 없이. 처음부터 탁월한éminente 실재성 속에서 스스로를 객체화하고, 스스로를 사실로서 증명하면서. 이 실재성은 사유 실체 안에서 그에 의해 형식적으로 그리고 객관적으로 증명될 수 있는 것이다. 단번에 이렇게. 즉, "나는" 지금 여기에서 그 근거에 어떤 결함이 없는 한, 사유하는 나로서 있을 것이라고. 사유하지 않기란 아무리 저속한 사람이더라도, 아무리 미망에 빠져 있는 사람이더라도, 인간에게는 실행 불가능한 일이다. 개념작용/수태conception 이후, 그는 (자신을) 사유한다. 그리고 의심은, 그것을 우주 전체로 확장하더라도,

거기에서 그가 자신도 모르게 (자신을) 떠올리는 이러한 맹점을 드러내고, 모든 그림들이 지워진, 그가 자신의 내존in-sistance 안에서 탈존하는ex-siste (세계의) 표상의 암실을 드러낸다. 그에게 제시되는 혹은 부과되는 광경들의 다양성을 포기하는 (영혼의) 눈은 마침내 육체의 쇠퇴하는 **시각 기관**—단지 눈 한 번 깜빡하는 과학적 경험이더라도—으로 드러난다. 이는 더 잘 보기 위해 육체에서 절제한 것이다. 명석판명한 방식으로, 육체와 주위 환경의 모든 부분들에 혼선을 주는 다량의 신경 유입, 즉 이러한 외과적 해부를 수반하는 무균의 규약 내에서는 중단하는 게 좋을 감각, 상상, 회상 등이 없다. 결국 이제부터 시선에는 **장면 뒤에서의** 지각에 의해 다시, 볼 수 있는 "대상"이 없다. 이 시선은 가장feinte에 의해 매혹적인 "사물들"의 매력에 갇혀서 자기 앞에 기술적으로 배치되는 것만을 분석된 메커니즘 속에 틀 지우고 재생산할 것이다.

과학적 능력의 욕구 속에서 이렇게 세계에 다시 태어나는 이 새로운 "주체"를 위해서는 그 이론적 도구성의 정확성을 혼란케 하는 모든 (다른) 환상, 모든 (다른) 꿈이 얼어붙어야 한다. 즉, 여전히 자연적 의미를 지니고, 따라서 물질에 의한 통제 없이 각인할impressionnables 수 있는 모든 "수동성"이 금지된, 최소한 결정적인 작업의 시간 동안 말이다. 그의 대상의 결정적인 조정과 확정définition의 시간 동안. "나"는 사유한다. 그리고 그는, 당신은 그의 사진 기기가 멀리서 초점을 맞출 대상이 될 것이다. 아무것도 보이지 않을 정도로 **과도하게 과장해** 그 사진 기기를 열지/닫지 않는 한 말이다. 하나의 점 —**노란 반점**이긴 하지만—의 무한(정)성은 지식의 지평을 재한정할 것이다. 육체의 이러한 금욕적 삭제 속에서 —**노란반점**은 차치하더라도?—자신의 작업 영역을 얼룩들의 모든 간섭으로부터, 모든 혼합으로부터, 모든 혼란으로부터, 즉 꿈, 광기, 무질서한 정념 등으로부터 정화했다고 믿으면서. 제한된 이해의 병폐들을 (재)검토해야 할 것이나, 나중의 일이다. 명석판명하게. 감수성과 상상력의 모든 행사가 엄격하게 박탈되는 쪽으로 물러섬으로써, 그 결과 "주체"는 세계를 관찰할 것이다. **볼 것이 아무것도 없음** rien à voir의 무제한성illimité 외에는 아무것도 시점perspective을 더는 규정하지 않는, 무한한 바다에 길을 내는, 선박의 조타수처럼. 그러므로 자기 안에, 자신의 내부에 돌아온 "주체"는 이 (거의) **가질 것이 아무것도 없음**의 지지대butée 위에서 자신의 길을 따라가기 위해 다시 출발할 것이고, 다시 시작할 것이다. 그러나 그럼에도 불구하고 "나는 사유한다", 고로 **나는 존재를 갖는다**. 결핍이 힘의 과잉으로, 전능한 **모태**로 전환된다. 그것은 "주체"로 하여금 무엇에, 누구에게 생명을 빚졌는지 명확하게 재검토하게 할 것이다.

따라서 그가 있는 이 바다, 적어도 겉으로 보기에 그가 길을 잃은 듯한 이 바다, 사방에서 그에게 몰려들고, 이렇게 그를 위험에 빠뜨리는 이 바다[41]인 그녀는 무엇인가? 냉정하게 검토하면 그녀는 **연장된 육체적 사물**로 구성돼 있다. 틀림없이 거대할 것이다. 그렇

---

41 '바다'를 뜻하는 단어인 mer는 여성명사이며, '어머니'를 뜻하는 단어인 mère와 발음이 같다.(옮긴이)

기 때문에 시선은 적어도 거기에서 침수되고 포화된다. 그러나 지금 그가 존재한다고 확신하는 이 장소로부터 그는 무한히 **그녀를 조각들로 자르고**, 수많은 시각들 아래에 종속시키고, 그녀에게 윤곽 contour을 부여하기 위해 더 광대한 공간 속에 넣을 수 있다. 세계 지도 안에… "나"는 그녀를 **도구**objet d'usage로, 예를 들면 교통수단으로 변형시킬 모든 조치를 그녀에게 부과할 수 있다. 그녀는 "주체" 가 이동을 위해 적어도 사용할 수 있는 자연이다. 그래도 그는 이 색깔들에 만족하게 되는 것, 그녀의 크기에 매혹되는 것, 그녀의 향기들, 그녀의 소리들에 유혹되는 것을 포기해야 한다. 무엇보다도 그녀의 냄새를 맡거나 그녀를 마시고 싶어 하지 않도록 해야 한다… 그러한 충동들은 명백하게 실수일 것이다. 그 자신에게 속한 육체의 존속을 위해서라도 말이다. 그러므로 그는, **역시 한계가 없는** 그의 의지의 끈기로, 결국 부차적인 (그녀의) 존재 방식들을 무시해야 한다. 그녀의 본질적인 속성, 즉 연장의 분석에 집중하기 위해서 말이다. 이에 대해 지금처럼 대비하였기에 그는 성공할 것이다. 분할 작업을 **무한정하게** 반복해야 하더라도. 그녀의 선들의 굽은 courbe 성질과 관련해 이 분할들을 복잡하게 만들어야 하고, **둘로 나누어야**dédoubler 하더라도. 측량사인 그가 그의 **지도**를 만들지 못하도록 좌절시키고, 그가 지닌 뛰어난 **기하학**[지리-측정]géo-métrie 기술로부터 그를 몰아낼 것은 거기에 없다. 그는 거만한 확신을 가지고 남성들의 상상적 환상들에 빠진 수학적 탐사를 면하기에 이르기까지 점점 더 **구부러진**retors 공간들 속에 그 기술을 펼친다. "나"는 사유한다, 고로 이 사물은, 자연이기도 하며 게다가 **어머니**이기도

한 이 육체는 분석적 탐구들, 과학적 투사들, "나"의 상상계의 규제된 행사, "나"의 기술의 실용적 실천에 사용될 수 있는 연장étendue이 된다.

고로, "나는 사유한다". 그러나 그것은 모든 사유를 제거하고, 나의 관념들에 의해 모든 객관적 실재성의 토대를 파헤치는 것을 대가로 한다. "나"는 사유한다. 그러나 누구를? 무엇을? 그리고 어떤 면에서는 왜 사유하는가? 그리고 누가 내게 사유할 것을, 그리고 바르게 사유할 것을 부여할까? 내가 현재 확인되는, 그리고 **갇혀있는**confiné 이 현존 속에서 말이다. 존재한다는 나의 유일한 확실성 외의 다른 것에 대한 욕망을 내게 남기면서. 존재하기 위해 내가 포기한 모든 것, 모든 이를 누가 완벽하게 대신할 것인가, 혹은 대체할 것인가? 고정점은 **유보 상태에** 끊임없이 머무를 수 없다. 존재의 정확함ponctualité의 이 순수하고 단순한 반복은 마침내 자신의 구별이 사라지고, 부분적이더라도 대상의 전적인 결핍으로 인해 과도한outrée 텅 빈 관념의 형식을 무한(정)하게 부풀리는 것을 볼 수 있을 것이다. 그러므로 이 형식은 나의 확실성의 지각할 수 없는 기반plate-forme에 위협적이다. 만약 내가 나의 확실성을 만족시킬 수 있는, 게다가 그 완벽함이 나와 관련된 한 그 무해성을 보장할 수 있는 보증을 찾지 못한다면 말이다. 이는 이중의 의미로 이해되어야 한다. 무한히 완벽한 것은 그 전적인 자율성 속에서 존재하기 위해 자아moi를 필요로 하지 않는다는 것과 그것의 절대적인 가치를 잃지 않으려면 그것을/나를 속일 수 없다는 것으로. 그리고 이 이상에 대한 나의 욕망은 명석판명하게 이것이 전적으로 불가능함을 내게 확신시킨다.

나는 사유한다, 고로 신은 존재한다. 무한한 존재는 매 순간 나의 주체성의 형성에 도약을 다시 부여한다. 게다가 나의 언표작용에 그 언표작용이 관념들 속에서 겨냥하는 객관적인 실재성들의 진리를 부여한다. 그의 전능한 오성entendement의 마르지 않는 젖가슴-남근으로 반복해서 **나의 주체성에 젖을 먹임으로써.** 신은 존재한다. 그러나 사유에 의해 그에게 이 본질과 현존을 주는 것은 바로 "나"다. "나"는 신에게서 그 본질과 현존을 기대하면서, 계시에 대한 무지한 자들의 믿음을 배반하는 질서에 따라 진행된 추론을 통해 그렇게 한다. **아들은,** 그 자신의 탄생genèse으로 바빴던 이후, "셋째 날에" 그의 관념에 따라 아버지-어머니를 자신을 위해 재생산한다. 그의 이미지에 따라? 그것은 무한이다. 완벽한 현존의 결핍, 따라서 통각aperception이 요구하는 추가적인en plus 무한, 질료의 연장을 사유 속으로 흡수하는 일에 실패했기 때문에 항상 **반복될 수 있는,** 그러나 **끝이 없는** 주체의 자기 생성의 기만이 요구하는 추가적인 무한인 것이다.

그래서 그는 자신의 사변 체계에 의해서/사변 체계 안에서 유기체를 완벽하게 축소할 수 있었다. 분열 작용이 어떻든 간에, 침투할 수 없고 그에 대한 이해에 저항하며 불투명하게 남아 있는 유기체를 항상 고려해야만 한다. 그러나 "나"는 그럼에도 불구하고 다소간의 술수로써 그것을 이용할 수 있다. 그것을 **분리된 조각들로 조작함으로**

써machinant 말이다. 이 조각들로 그는 메커니즘들을, 작용의 원리들을, 연결 회로들을, 톱니바퀴와 용수철들을 세심하게 분석할 것이다. 그는 이 모든 과학적 지식을 의지를 위해 사용할 것인데, 우리는 의지의 능력을 알고 있으나 그 격렬함이 당신을 속일 수 있을 것이다. 그러므로 어떤 기쁨, 슬픔, 정념 등에 의해서도 무분별하게 영향을 받는 것은 적절치 않다. 이것들이 비난받을 만한 것이어서가 아니라, 정신이 아직 혼란스럽고 충분히 명석하지 않아서 끊임없이 이성으로 인도될 필요가 있기 때문에, 저것들이 정신을 속일 수 있다는 것이다. 이미 절단된 사지에서 기인하는 불편들을 겪지 않으려면—의식에서는 절대로 아무것도 잘라내지 않는다는 것을 강조해야 한다—, 혹은 어떤 실제적 욕구와 맞지 않는 갈증으로 고통스럽지 않으려면. 가장 매력 있는 요리에 숨겨진 독을 간파하지 못하여 자신의 생명마저 위험에 처하게 하지 않으려면. 예를 들자면 그렇다는 것이다.[42] 그것에 대해 신을 비난하는 것은 옳지 않다. 왜냐하면 인간 본성의 이 잘못과 기만은 인간이 구성되어 있다는 사실, 영혼만이 아니라는 사실에서 기인하기 때문이다. 그리고 신은 인간을 혼란 속에 낳아놓지 않았으므로 그에 대해 아무런 책임이 없다. 뿐만 아니라 신은, 우리가 신에게 충성을 서약할 때 우리가 우리 안에서 인식하는 불변하는 진리의 가치들의 수호자로 남는다.

---

42 이 사례들은 『제1철학에 관한 성찰』의 여섯 번째 성찰 '물질적 사물의 현존 및 정신과 물체의 실재적 상이성에 관하여'에서 감각 지각이 물체의 본질을 분명하게 알려주지 못함을 수상하면서 제시한 것이다.(옮긴이)

그러나 **그들 사이에 있는 "육체들"**은 어떻게 행동해야만 하는가? 최선의 경우 각자의 보존 그리고 부분들의 집합의 조화로. 가능하다면 **평화로운 공존**co-subsistance 안에서. 그것은 각각 자신의 운동들 안에서 타자들의 운동과 정지에 타격을 주지 않도록 시도하는 상태, 타자들을 이동하도록 유도하는 것—완벽함은 적절하게도, 영원한 진리들의 관조에로 영혼을 **고양시키기**élever 위해 자유 의지를 사용하는 데에 있다—과 중력에 의해서 땅에 매여 있도록 고정하는 것을 동요시키지 않도록 시도하는 상태이다. **두 몸이 서로를 향해 갈 때**라야 비로소 명백하게 대립들이 발생한다. 가장 이상적으로 자연스러운 반응은 두 몸이 서로를 밀어내고 이렇게 시초에 두 몸을 움직이는 신적 충동을 서로에게 전달하면서 거의 한 줄로 **일직선으로** 길을 가는 것이 아닌가? 그러므로 두 몸이 만날 때, 각자의 속도와 질량을 측정하고 그 운동 방향과의 상관관계를 세우기 위해 빠른 계산이 요구된다. **충돌**의 힘과 성질을 예측할 수 있게 만들 모든 종류의 법칙들이 뒤따른다. 중요한 것은 각자가 우주의 법칙에 따라 자기 길을 계속 가는 것이다. 따라서 세계의 메커니즘을 저지하지 않고자, 두 몸은 서로를 멈출 수도 없고, 사실은 결합될 수도 없다. 신이나 천사들이 아니라면, 두 부분parties이 같은 곳에서 만날 수 없기 때문에 그럴 뿐이다. 그러나 두 몸은 **빈공간**vide을 허락할 만큼 서로에 대해 그렇게 거리를 두고 떨어져 있지 않아야 한다. 다만 이 **빈 공간**은 항상 육체로 꽉 차 있다고 이해되고, 그것이 다른 사물로 채워져 있다고 우리가 기대할 때에만 빈 공간으로 간주된다.[43]

43 빈 공간과 관련된 이 구절들을 이해하려면 공간에 대한 데카르트의 주장을 살펴볼

정말 빈 공간이 있다면, 그 틈새의 벌어진 가장자리를 다시 맞대어 붙임으로써 그 자체의 "본성"에 따라 스스로 닫힐 것이다. 그리고 만일 누군가 내게 반론을 제기하면서, 신이 —예를 들어—**물병**을 채우고 있는 사물을 은밀히 **빼내어, 병목의 벌어진 입구**를 확인시켜줄 어떠한 내용물도 제거된 상태에 있게 할 수 있다고 주장한다면, 나는 **그것이 나의 개념작용에는 모순된다**고, 그리고 신이 **모순율**을 충족시키지 못하는 것보다 더 불가능한 일이라고 답할 것이다. 그러나 이것은 **상상적인 공간들의 속성들**을 아직 고찰하지 않은 순진한 이들의 환상에 대한 대답들이다. 그리고 물질은 비록 무한정하게 **연장될 수 있는** 그리고 **분할될 수 있는**—셀 수 없을 정도로 많으나 인접한 부분들로 나뉘기에 연속성이 파괴되지 않는—것임에도 불구하고, 계속 인접한 전체로 있다. 그리고 공간은—그 전체로—항상적이고 불변하는 것이다. 비록 그 부분들의 다양성에 종속돼 있지만 말이다. 비록 이질적인 운동들이 생성되는 것처럼 보인다 해도, 그것들은 **전체의 동질성**에 필연적인 것으로 해석될 수 있다. 이러한 **불규칙적인 소용돌이들**과, 그 배치들configurations에 의해 열리는 **좁은 통로들** 속에 결국 미끄러져 들어가는 **민감한**subtile 물질의 경우도 마찬가지이다. 왜냐하면 모든 "육체들"은 분리되는—각자 사이에 가능한 혼란 없이 각자에게 적합한 공간을 차지하는—동시에, 각 부분이 전체 운동을 보장하는 거대한 **기계**의 작동 속에서 병치되어야 하기 때문

필요가 있다. 데카르트는 물질의 본질적 성격을 연장, 즉 공간을 차지하는 것이라고 보았기 때문에 빈 공간 또는 진공이 존재하지 않는다고 보았다. 『철학의 원리』, '두 번째 부분: 물질적인 것들의 원리들에 관하여', 특히 16~18항목을 비교하며 읽으면 이리가레의 문상들을 이해하는 데 도움이 된다.(옮긴이)

이다. 그 전체 운동은 그 자체로서 끊임없고 지속적이다. 게다가 아주 유용하다.

이 모든 것은 이러한 확신, 즉 나의 표상만이 굳건하게 세워진 유일한 가치이며, 모든 것이 영원히 변화에 종속돼 있는 듯 보이는 이 세계―[이는] 최소한 그 세계가 외부에서 내게 나타나는 그대로이며, 뿐만 아니라 대부분이 그것에 대해 말하는 바에 따르면 그렇다―에서 나의 표상만이 내게 결핍될 수 없는 유일한 것이라는 확신으로부터 구상되고 재구축된다. 그러므로 나는 소용돌이 혹은 지진의 한가운데에서인 것처럼 살았다. 착란이 난무하고, 산발적인 움직임으로 흔들리며, 여기저기 어떤 질서 없이 움직이고, 모든 부분들이 혼란스럽다―내 의지의 지배를 완전히 벗어났다는 사실 때문에 아마도 의심할 것이지만―, 심지어 나의 두뇌에서도, 모든 방향으로 분산되는 내 시각에서조차도. 또한 처음부터 모든 것을 다시 시작하기 위해 **고정점**을 나 자신에게 부여해야 했다. 눈을 감고, 귀를 막고, 내 모든 감각들에서 벗어나고, 내 사유로부터 물질적인 사물들의 모든 이미지를 지움으로써, 그러나 또한 자신의 시간이[시대가]―지금 여기에―지나가버린 고대인들을 모방하기를 거부하고 오히려 **사유하는 방식을 크게 변형할 수 있는 이 새로운 과학들**에 기댐으로써. 이렇게 나는 아이들의 오성을 흐리게 하는 이 우화들과 물질적 인상들을 제거하고 다시 태어났다. 그리고 만약 오랫동안 내가 그것이 또한 **꿈**에 관한 것인지 자문했다면, 이제 나는 잠든 상태와 깨어난 상태를 구분할 줄 안다. 그리고 나는 증거에 근거하여 그것은 꿈의 문제가 될 수 없다고 결론을 내린다. 그러나 사람들이 가장 일반적으로 실재라고 믿는 것은 오히려 허구이고, 그 역도 성립한다. 왜냐하면 **실재 대상**과 **가상 대상**의 혼동은 광학의 법칙에 직면한 이에게도 계속될 수 있기 때문이다. 관대함과 인간에 대한 존중의 결핍 속에서 어떤 정신은 고의로 (자신을) 가장할 수 있다고 생각하지 않는 한 그럴 것이다.

그러나 사람들은 윤리적 결함을 이유로 내게 반박할 수는 없을 것이다. 그 결함이란, 즉 내가 — 악의적으로? — 닻을 내렸던 맹점으로부터 나의 표상이 나에게 되돌아올 때 그 표상이 적어도 둘로 나누어지는 것을 감내할 수밖에 없을 것임을 알 수 있었다는 것이다. 표상의 **양분**은 더군다나 나를/표상을 **역전시키고**, 갖가지 방식으로, 가령 크기에 대해서 나를/표상을 **왜곡한다**. 세계 전체가 항상 나에 의해 **거꾸로** 지각됐고, 따라서 밑에서부터 꼭대기까지 의심에 종속되기를 요한다는 사실을 내가 용인해야 했다면, 그것은 **의심할 것 없이**, 나의 사유 속에서는 내가 그 역전 자체의 주체이고 — "나"라는 것은 "주체"이다 — 역전하는 경향이 있다는 명증성에서 나를 벗어나게 했을 것이다. 그리고 그 무엇보다도 갈망하는 진리의 이 포옹 속에서 내가 결합되고자 하는 것은 **거울 속 이미지**의 환원불가능성l'irréductible이라는 무지 속에 나를 남겨뒀을 것이다. 이렇게 나는 존재한다. 결국 홀로, 계사copule인 나. 나-자아는 늘 다시 시작되는 짝짓기 속에서 재결합된다. 그리고 또한 우리를 분리시키는 이 거울에 의해 항상 실패하는 짝짓기 속에서. 신은 적어도 내가, 상황이 달라질 것이라는 희망을 품도록 한다. 언젠가는.

그리고 만약 우연히 그렇게 선한 의지가 웃음을 초래한다면, 인간에게 웃음의 능력은 네 번째 등급에 불과한 속성임을 알아두기를.[44] 이는 만질 수 있음tangibilité과 침투할 수 없음impénétrabilité이 아니라 연장이 몸을 본질적으로 정의하는 것과 마찬가지이며, 또 그와 다르기도 하다.

---

[44] 이는 데카르트가 헨리 무어Henry Moor에게 보낸 서한에 포함된 내용과 관련된다. 데카르트에 따르면 웃음은 인간에게만 속하는 고유 특성이지만, 인간의 능력 중 네 번째 등급에 속하는 낮은 단계의 능력 중 하나다.(옮긴이)

신비주의-히스테리적인 것[45]

"오목거울을 건조한 인화 물질에 가까이 대보라. 그
런 다음 그 거울을 태양 광선에 내놓아라. 건조한
물질은 태양의 열기와 거울의 요면 때문에 불붙어
타오를 것이다."

—얀 반 뤼즈브룩[46]

"여성, 그것은 영혼에 말을 걸 수 있는 가장 고귀한

---

45 원제인 la mystérique는 신비주의 mystique, 히스테리 hystérique, 수수께끼 mystère, 여성 la,
이렇게 네 가지 뜻을 담고 있다. 이 장에서 이리가레는 라캉을 직접 언급하지는 않지만, 여
성적 주이상스를 남근을 넘어서는 주이상스, 신비한 것이라고 정의하는 라캉을 겨냥하고
있다. 다음의 글을 참조하면 이 장의 내용에 좀 더 쉽게 접근할 수 있다. 자크 라캉 지음, 권
택영 엮음, 민승기, 이미선, 권택영 옮김, 「신, 그리고 여성의 '희열'」, 『자크 라캉: 욕망 이
론』, 문예출판사, 1994. 이 글에서 라캉이 언급하고 있는 아빌라의 성 테레사의 신비 체험
이야기 역시 도움이 된다.(옮긴이)
46 14세기 플랑드르의 신비주의자.(옮긴이)

단어이다. 동정녀보다 훨씬 더 고귀하다."

—마이스터 에크하르트[47]

"말씀은 나를 신으로 만들기 위해 살chair로 만들어
져 있다."

—폴리뇨의 안젤라[48]

여전히 신-학적théo-logique, 존재-신-학적onto-théo-logique 관점에
서 신비주의 담론 혹은 신비주의 언어라고 부르는 것은 이렇게〔신비
주의-히스테리적인 것la mystérique이라고〕 지칭될 수 있을 것이다. 이
러한 장면-바깥, 이러한 다른 장면을 의미하기 위해 의식은 여전히
이름들을 부과하는데, 그것〔신비주의-히스테리적인 것la mystérique〕
에 대해서는 **지하동굴**cryptique이라고 부른다. 이는 의식이 더 이상
제어되지 않는 장소를 가리키는데, 의식이 극단의 혼돈에 이르면
빠지게 되는 이 "어두운 밤"은 불과 불꽃들이기도 하다. "그녀"—
"그녀"에게 의존할 때에만 그lui이기도 한—가 말하는 장소, 즉 논
리적으로 억압된, 빛의 원천으로 인한 눈부심에 대해, 두 항들로
서 그것들이 뒤섞이는 타오름(포옹)embras(s)ement 속에서 "주체"와
대타자의 쏟아냄effusion에 대해, 그와 같은 형상의 경멸에 대해, 오
성을 구성하는 주이상스 속에서 지속되는 이 장애물의 불신에 대
해, 이성의 황량한 건조함 등등에 대해 "그녀"가 말하는 장소. 그리

---

47 13세기 독일의 신비주의 철학자.(옮긴이)
48 13세기 이탈리아의 신비주의자.(옮긴이)

고 또한 "불타는 거울"에 대해 "그녀"가 말하는 장소. 이 장소는 서구 역사 속에서 여성이 공개적으로 말하고 행동하는 유일한 곳이다. 남성적인 것이 불에 탈 위험을 무릅쓰고 그곳에 내려가고 응하는 것은 여성을 위해서/여성에 의해서라는 것은 차치하고라도. 여성 이야기를 하고, 여성들에게 글을 쓰고, 여성들에게 훈계하거나 고백하기 위해 남성은 대개 이렇게까지 과도하게 나아갔다. 겨우 상들figures의 위상을 가질 뿐인 그런 은유들로부터 의존할 수단, 우회적 수단을 받아들이는 데까지. 여성들의 광기를 듣기 시작하려고 자신의 지식을 포기하는 데까지. 여성들을 모방하기라는 함정, "여성"처럼 향유하는 척하기라는 함정에—플라톤이 틀림없이 말했을 텐데—빠짐으로써. 더 이상 "주체"로서 자신을 되찾지 못하고, 무엇보다도 가고 싶어 하지 않는 곳으로 이끌려 가는 데까지. 비정형적인, 비공리적인 신비 속에서의 그의 상실로까지 말이다. 여기에서는 학문에 있어서 가장 빈곤한 자들, 가장 무지한 자들이 가장 웅변적이고, 계시에 의해 가장 풍요로우며, 계시를 가장 풍부하게 갖고 있었다는 사실을—모두가 놀랍게도—우리는 이미 주목했을 것이다. 그러니까 역사적으로 여성들이. 혹은 최소한 "여성적인" 것이.

그런데 어떻게 해야 하는가? 왜냐하면 지평horizon의 경계가 이미 그어졌고, "주체"란 어떤 방식으로든, 끝이 없고 다만 순환 자체/주체 자체로의 반복된 회귀만이 있는 순환 안에서 지평을 결정짓는 것으로 정의되기 때문이다. 말하고 보고 사유하는 것—주체—을 다시 꿰뚫고(다시 발견하고)retrou(v)ler, 그 결과 감옥 같은 자기 충족 속에서 그리고 어둠이 부인된 빛 속에서 이제 존재를 자신에게 부여해야 한다. 그러므로 그가 지금 갇혀 있는 이 거주지와 밤의 어둠을 다시 가로질러, 이 빛을 새롭게 다시 느끼기re-sentir에 이르러야 한다. 형상들과 모든 다른 (사변적인) 피막들revêtements이, 완전한 백열에 의해 기술적으로 추진된 환원으로, 시선에 드러나지 않게 가린 이 빛을. 이 모두는 또한 인간을 굶주림, 갈증 위에 둔다. 적어도 때때로, 적어도 어떤 장소들 안에. 여전히.

그러나 눈은 이미 이성의 수호자이기 때문에, 우선 눈(이성)에 띄지 않고 나가는 데에 이르러야 한다. 그리고 또한 너무 많이 보지도 않아야 한다. 모든 것을 명백하게 고찰하기 위해 들어박힌, 철학자의 닫힌 방, 사변적인 모태에 의한 눈먼 관통percée. "영혼"이 자신 밖으로 나가는 통로, 그 동굴-입구antr'ouverture를 통해 그녀는 (다시) 침투될 수 있을 것이다.[49] 둘러막힌 내벽으로의 침입, 내부/외부에 대한 (그녀의) 구분의 위반. 곧 그 안에서 길을 잃을 위험이 있는, 혹은 적어도 그녀 자신(동일자로서의 그녀)과의 자기 동일성에 대한 확신이 사라지는 것을 볼 위험이 있는 탈자태들. 틀림없이 이것은 단번에 이루어지지는 않을 것이다. 다수의 표상들과 외피들 안에, 그녀를 부분부분 차례로 통일체로 재구축하는 다양한 배치들configurations과 연쇄들 안에 그녀가 이미 사로잡혀 있기 때문이다. 그녀가 그녀 고유의 형상 혹은 실체 속에 이상적으로 존재할 모

---

49 '영혼âme'은 여성명사로서, 이후 원문에서 계속 여성형으로 지칭된다. 맥락상 '그녀'로 번역한다.(옮긴이)

습과 닮은 것으로 재구축하는 것들 안에. 그리고 이렇게 그녀를 틀 지운 논리로부터 도망치기 위해 그녀가 취해야 할 길은 아무것도 아닌 게 아니다. 어디로 가야 할지 모르고, 대중없이sans méthode 그리고 어둠 속에서 걸어야만 할 것임은 차치하고라도 말이다. 그녀의 눈은, 바로 그녀가 추구하는 것을 숨기는 명증성에 익숙해져 있다. 다시 돌아봐야 할 것은 바로 **그녀의 시선의 어둠 자체**이다. 태양이라는 이 항성이 자신의 자만을 회개하게 만들 정도의 눈부심에 비해서 여전히 감각적이고, 여전히 태양에 의한 것인 모든 시각의 밤. 밤은 또한, 무엇보다도, 그녀가 대문자 존재 그 자체를 대상으로 삼는다 해도 모든 지적인 사변, 모든 이론적인 숙고에 대한 밤이다. 그리고 남성이 곧은droite 시각으로써 빛에 대한 모든 육체의 불투과성opacité을 피하려고 생각한다면, 그의 욕망의 격렬함에 따라, 그는 소위 밝혀진 시선이 [모든 육체의] 윤곽선과 이면에 여전히 투사하는 이 어둠 속에 다시 잠길 것이다.

이 밤의 방황 속에서 어디를 향해 시선을 고정해야 하는가? 그 밤이 관통하는 광선, 빛나는 어둠이 되기까지 그 밤 속에 있는 더 깊은 곳이 아니라면. 그 충격과 발광irradiation 속에서 신적으로 상처를 입히는 만남contact에 "영혼"을 다시 여는 **접촉**touche 속에 있는 더 깊은 곳이 아니라면. 자신도 모르게 머물렀던, 지하의 반짝이는 이 층nappe 속에서 훼손되는atteinte 그녀. 거기서 그녀는 달콤한 혼돈에 빠져 그녀가 (다시) 불타기 시작할 곳을 결코 분명하게 (스스로) 인식하지 못할 것이다. 그 혼돈은 그녀의 타오르는 불foyer 속

반사경 349

에서는 즉시 지각할 수 없는 것이다. 모든 다른 감각을 뛰어넘는, 그녀의 고통, 공포들, 외침들, 눈물들, 피를 불러일으키는 찢어짐 déchirure. 화염이 되기 전의 상처. 그러나 그녀가 그[시선]의 힘 속에서 아주 섬세한 솜씨에 맡겨졌다면 이 고통의/고통 속에서 열락과 갈망이 이미 있었을 것이다.[50] 이렇게 길이 난 자취 안에서 비통해하고, 모든 것을 바꾸는 데에 초조해하며, 이미 다시 요구하는 그녀. 그러나 원하는 것을 명시할 수는 없는 그녀. 그녀의 말들 속에 스러지는 그녀. 모든 말들에 저항하는, 겨우 더듬거릴 수 있을 **남은 할말**을 예감하는 그녀. 의미를 갖도록 번역할 수 없는, 너무 낡았거나 너무 약한 모든 말들. 왜냐하면 어떤 한정할 수 있는 속성, 어떤 본질의 양태, 어떤 현존의 양상 이후 탄식하는 것이 더는 문제 되지 않기 때문이다. 기대되는 것은 **이것도**, **저것도** 아니고, **여기도**, **저기도** 아니다. 존재도, 시간도, 장소도 지시될 수 없다. 따라서 모든 담론을 멀리하거나, 침묵하거나, 제대로 발음되지 않아 **노래**를 겨우 이루는 어떤 외침으로 만족하는 게 낫다. 또한 회귀를 알리는 모든 떨림을 향해 귀를 기울이면서.

사실, 타오름(포옹)으로부터만 그의 학문을 받아들일 수 있는 이 무지 속에서 어디로 향하는가? 틀림없이 좁은 문들, 아주 좁고 어둡고, 통과하기 끔찍한 길들, 두 내벽 사이에서 견뎌야 하는 압박들, 빛의 완전성을 향해 확장시킬 틈들, 탐사할 동굴들 등이 남아 있다. 끝없는 광야들, 두 극단 사이의 긴장들, 현기증들, 비탈들,

---

50 '시선regard'은 남성명사로, 맥락에 따라 '그'로 번역했다.(옮긴이)

심지어 뒷걸음질들 등이. 그러나 그런 시도들에 대해 정념을 가졌다 해도 "부름받지appelé" 않았다면 어떻게 착수하겠는가? 지향할 어떤 목적도 지각되지 않고, 참조할 어떤 원인도 정해지지 않는다. "자연의 빛"은, 아주 냉정하게 이성적인 시각optique으로 "영혼"이 전유한 내벽들, "영혼"의 반사하는 내벽들과의 혼란 속에 이미 흐른(무너진) 이 길에서 앞으로 나아갈 수 있게 하기에는 부족하다. 모두가 잠든 동안 기이한 각성이 예감되는 이러한 밤에 꺼지는 빛. 영혼의 우월한 부분이 깊이 잠든 동안, 이해력이 둔해진 동안. 그것은, 어떤 지성도 공통 감각도 그에 대한 정확한 인식을 가질 수 없는, 그렇게도 깊숙한 은신처 안에서, 그렇게도 접근할 수 없는 비밀 안에서 발생하기 시작한다. 그러나 가장 안쪽까지 움직여지는 이 촉각tact으로부터/촉각 안에서 멀리 떨어진 고독. 무rien가 아직도 불안정한 긴장으로부터 벗어나게 하고 분리시키는 이 촉각. 어떤 결정도 제거할 수 없는 이 촉각. 수동적인 기대, 예측 없는 포기. "은총"의 길에 반대될 수 있는, 자발적이고 계획된 활동에 기대지 않는 포기. 기획의, 투사의 이 무néant 안에서의 주의 깊은 기대. 참을 수 없는 달콤함과 쓴맛, 한계 없는 이 공허에 대한 무미건조함, 현기증과 공포. 그것이 표상, 재현, 반복을 피하는 포착할 수 없는 기억이 아니라면. 꿈속에서조차도.

헤아릴 수 없는insondable 벌거벗음 속에서 (자신을) 알지도 못하고 (자신을) 상상하지도 못하면서 더 크게 열리고 벌려지고 스스로를 압박하는 벌어짐béance. 모든 인물, 모든 이름, 심지어 고유명사까지 사라지는 심연. 왜냐하면 이러한 침투pénétration 속에서 (스스로) 나아가기 위해 버려야 했을 것은 바로 모든 속성들, 즉 자기 자신(동일자로서의 자기)과 여전히 연관되어 있는 사랑, 희망, 감정, 환희, 관심, 이득 등이기 때문이다. 이는 가장 과도한 벌거벗음 속에서의 결합을 아직 알지 못하는 이에게만, 그 매력들로 기만하고 속이는 가치들의 잉여surplus를 씌움으로써 가능하다. 이러한 추잡함impudeur이 오도하는 교환 속에는 어떤 혜택don도 없다. 토대 없음이라는 토대에 곧 빠질, 모든 속성이 결여된 이러한 "단순성 simplicité"은 영혼의 마지막 거처들, 그녀의 최후의 처녀성virginité을 무한하게/무한 속에 삼켜버린다. 그녀의 방들, 그녀의 동굴을 거꾸로 뒤집어, 그녀가 갈 수 없었고 갈 줄도 몰랐던 이러한 심연의 원천에 이르게 한다. 특히 어떤 피조물도 관통할transpercer 수 없었고 좌절시킬 수도 없었던 순결에 대한 자기주장 속에서 그녀를 아주 둔하게 만드는 어떤 지식의 소유에 다시 닫힌(다시 갇힌)re(n)fermée 그녀. 무지가 욕망이 될 정도로 그토록 극단적인 주이상스, 그토록 이해할 수 없는 사랑, 그토록 과도한 계시 안에서 혼란스러운 상태에 처하는 어떤 지식의 소유에. 이러한 신적인 소모, 소비 안에서는 아무것도 값을 매길 수 없다. 아무것도 가치가 없다. 모든 표준에서 벗어난 그녀 자신조차도. 누구도 그녀를 살 수 없을 것이다. 수고로도, 노동으로도 말이다. 그녀는 모든 자본의 주변부에서 소비된다. 엄밀히 말해 불가능한 화폐, 계산할 수 없는 지출로, 손실에 대한 방책으로. 적어도 아직까지는. 혹은 어쩌면 영원히. 그녀 자신이 낭비되고, 펼쳐지고, 광기 속에 흩어지는 심연으로의 (재)추락(re)chute에는 계산énumération조차도 방해가 된다. 계산의 마지막에 가면, 아마도 가장 부자인 자가 비축물을 더 낭비한 사람일 것이다. 그러나 그것은 이미 너무 계산한 것이고, 알려진 모든 경제에 대한 이 **역전**renversement에서조차 너무 논리적인 것이다. 어떤 조치들도 더는 적절하지 않다. 이 순수한 객관성으로의 마지막 상상적 후퇴에 의한 궁극적인 소유권 포기désappropriation. 즉 "나"는 계산했다, 고로 그["나"]가 **어디에** 있는지 여전히 알고 있었다. 이제부터 지배maîtrise에서 벗어나는 이러한 연장, 이러한 질료-어머니를 측량하기 위한 준거점들, 기획의 발판들. 또한 큰불 속으로 붕괴되는 모든 표면과 공간적 건축물들. 이 큰불은 지금 모든 것이 불타고 있는 구렁gouffre을 항상 더욱더 깊이 밀어낸다. 그 지하의 풍요로운 원천이 더 이상 고갈되지 않는 불과 불꽃들은 그 구렁을 **유체들**fluides로 가득 채우기 위해 그와 반대되는 것들과 결합하여 훨씬 더 큰 과도함을 다시 개방하기rouvrir에 이른다. 왜냐하면 이 풍부한 흐름들로 흘러넘치면서 그["나"]는 더 과잉되기를 열망하기 때문이다. 여전히 **텅빈**, 그리고 점점 더 비어가는 그. 영혼을 확장시키는 격정transports 안에서 활짝 펼쳐지면서.

그러나 그녀 자신만으로는, 안타깝게도! 그녀[영혼]는 지하에 매장되고 은폐되는 것을 피할 수 없다. 그녀는 숨겨진 채, 신적 접촉toucher에 의한 유괴rapt, 황홀경, 섬광, 침투의 회귀를 기다린다. 그 접촉의 간헐성, 짧음, 신속함, 희귀함은 그녀를 큰 슬픔 속에 남겨둔다. 포괄적이고 협조적인 그녀의 두 입술들lèvres은 다른 교합을 위해 벌려졌다가, 그 시간이 너무 길면 그 슬픔deuil으로 곧 건조해지고 집힌다. 부를 목소리가 없고, 이유辭退로 인해 굶주린 입이 탉

욕스럽고도 영양을 주는 이 음식물을 향해 벌어져 있어도, 그것을 자신에게 줄 손이 없다. 이렇게 버려진 그녀는 확신을 거의 지킬 수 없다. 이렇게 치명적인 부재로부터 주의를 돌릴 이미지도 없고, 상도 없다. 어떤 그림도, 어떤 초상portrait도, 어떤 얼굴visage도, 그것들이 모든 결정된 형상이 결여된 채로 존속한다고 해도, 그런 지체 retard를 가라앉히기에는 충분하지 않을 것이다. (자신을) 재발견하는 것은 **근접성**proximité을 요한다. 그것은 양상aspects, 양식modes, 상figures을 식별하지 못한다. 이 접촉의 섬광을 가리키기 위한 은유도 식별하지 못한다. 그 사건[접촉]의 포착할 수 없는 **순간**에 접촉을 지연하기 위한 **매개물**도. 직관을 유지하거나 상기하거나 준비하는 **환경**조차도. 이 모든 장신구들, 이 주변들은 새로 낸 그 길을 망쳐버릴 호의 속에 그 길을 정비할 것이었다. 날벼락처럼 예측 불가능한 그 길을.

그러나 아무리 그것이 또한 달콤하다 해도 그런 폭력 속에서 어떻게 계속 살아가는가. 죽음으로 죽지 않기, 죽지 않음으로 죽기. 그것의 주이상스 혹은 고통에 있어서 가장 끔찍하게 격렬한 시간을 결정지을 수 없는. 기절, 실신, 모든 사면rémission의 말들의 소음을 덮는, 삐걱거리는 소리 속에 사지가, 뼈가 분리되는 분열 écartèlements. 여기서 고열과 얼음이 그 두 악천후 사이에서, 뜨겁게 불태우고 꽁꽁 얼려버린다. 정지도 휴지도 없이. 봄도 가을도 없고, 아침도 저녁도 없이. 둘의 교대를 조정할 더 중립적인 중간의 소강상태 없이 양극단을 뒤섞는 여름 정오의, 겨울 자정의 무자비한 엄혹함. 인식 불가능한 것의 이 결혼/처녀성hymen 속에 부과된 **전체의 직접성**. 이러한 격심한 모순들의 의미의 기초가 되는, 여전히 이미 사변적인 단일성보다 더욱 심오한 단일성 속에서, 한번 경험하게 되면 더 이상 피할 수 없는 결혼/처녀성. 바닥이자 중심인, 가장 안쪽의 가장 숨겨진 장소, 지하의 한가운데, 오직 "신"만이 그의 양태들과 속성들을 포기한 후에 내려오는 곳. 왜냐하면 "영혼"의 가장 비밀스러운 이 처녀성virginité은 자신 역시 벌거벗고서 자신을 내주는 이에게만 굴복하기 때문이다. 거처의 이 가장 사적인 곳은 어떤 소유에 의해서도 능력을 얻지 않는 이에게만 열린다. 〔그녀는〕 그 끝을 생각할 수 없는 이 타오름(포옹)과 이미 다른 곳에 그리고 다른 데에 기반한 모든 힘의, 모든 소유의, 모든 존재의 소멸 anéantissement 속에서만 결합한다.

각자는 자신의 소비 속에서 타자가 되고, 자신의 소진 속에서 타자의 무無가 된다. 각자는 사실 타자의 동일성을 몰랐을 것이고, 이렇게 자신의 동일성을 잃었으나, 이미 결국 다가오는 얽힘enlacement 속에서 더 잘 맺어지기 위해, 너무나 희미해서 거의 지각할 수 없는 자국empreinte을 간직하고 있다. 따라서 나는 너이듯이 너는 나이다. 나의 것이 너의 것이듯이, 그 반대도 마찬가지다. 내가 너를 알듯이 너는 나를 안다. 네가 나와 즐기듯이 나는 너와 즐긴다. 이러한 상호적인 동거co-habitation — 공동동일시co-identification — 의 환희 속에서. 여기에서 우리의 지난 압력들pressions을 역전시키는 이 모태들이 곧 서로를 녹이고, 뒤섞고, 다시 녹일 것이다.

그런데 만약 불이 너무나 세차거나 흐름이 너무나 맹렬해, 모든 흔적들traces을 없앤다면, 어떻게 기억하겠는가? 만약 모든 것(전체)이 불과 물이 되고, 눈부신 타오름과 흐름 외에는 아무것도 남아 있지 않다면? 만약 화염이 너무나 강렬해서, 우리의 매혹된 격정 속에서 여전히 중개 역할을 하는 접촉-길을 망각하도록 끌고 갔다면? 만약 어떤 수단에 의해서도 도달할 수 없는, 달궈져 빛을 내는 중심foyer 외에는/중심에서 아무것도 존속하지 않는다면?

이 "중심"이 언제나 **또한 거울/얼음**glace으로 되어 있던 게 아니라면? 너무나 유동적이고 쉽게 스며들어서 어디에나 이미 들어가 있을 것이고 삽입될 물질로 된 거울. 항상 이미 끼어 들어가 있으나, 위치를 확인할 수 있는 모든 반사에 낯선 방식으로 껑충거리는 물질처럼 비가시적이고 비감각적인 물질. 만약 모든 것이 이미 너무 내부로 깊숙이 반사되어 "영혼"의 심연의 가장 깊은 곳에서조차 거울이 그녀의 반영과 그녀의 빛을 기다린다면. 이렇게 나je인 이 무néant 속에서 나는 너의 이미지가(이미지에게로) 되었고, 너의 존재의 부재 속에서 너는 나의 이미지를 비춰본다. 이 **주석박**은, 적어도, **존재**─아마도 우리였던, 아마도 다시 우리일 ─를 간직할 것이다. 우리의 환상의 현재의 실패 속에, 혹은 낯선 사변들에 의한 그것의 은폐 속에. 살아 있는 거울, 따라서 내가 너의 닮음이듯이(닮음에 속하듯이) 너는 나의 닮음이다. 하나(들)이다, 그들 사이의 교환의 순수성 속에서 뒤섞이는 이 거울/얼음들glaces을 그 무엇도 더럽히지 않는다면. 그리고 역시 하나가 다른 하나를 크기와 성질에 있어서 뛰어넘지 않는다면. 왜냐하면 그때에 대문자 일자l'Un 안에 타자가 무한히 (무한으로서) 흡수될 것이기 때문이다.

내가 내 "영혼"의 비밀 속에서 너를 관조할 때, 나의 "본성"을 거울반사miroitement의 충만함으로 귀착시키려고 애쓰면서 내가 (다시) 모색하는 것은 이 거울작용spécularisation의 상실이다. 그리고 만약 "신"이 그의 "얼굴"을 드러냄으로써 이미 내게 나타났다면, 내 몸은 그의 "얼굴"을 발산하는 영광의 빛으로 빛날 것이다. 그리고 내눈은 충분히 예리하여 깜박이지 않고 그것을 관조할 수 있을 것이다. 나의 눈들이 움푹 팬 눈구멍으로 감탄하는[비추어-보는]ad-mire 신의 "얼굴"조차도 타오르게 하는 "영혼"의 이 단순한 눈이 아니었다면, 나의 눈들은 불탔을 것이다. 불타는 거울은 지하에서 빛의 근원과 (다시) 결합한다. 그 중심에 도래하는 모든 것을 불태우기 위해서. 재만을, 구멍만을 남기며. 눈부시게 불타오르는 가운데 바닥 없는 구멍만을.

따라서 "신"은 영혼을 그녀의 욕망 속에 빛나고 불타게 하기 위해 창조했다. 그리고 만약 이 소진 너머에서 여전히 그[신]/그녀[영혼]가 지속된다면, 그것은 그/그녀가 이러한 열기에 대한 숭배, 이러한 전유할 수 없는 아궁이에 대한 정념, 이 태양 거울의 공허에 적절한 빛, **그리고** 또한 가상의 반복réduplication에 다름 아니기 때문이다. **또는** 우리가 이를―신학적으로, 목적론적으로―아버지와 아들이 열정이 타오르는 가슴의 사랑에서 느끼는 상호적인 끌림이라고 생각했기 때문이다. 이는 그녀 내부의 전적인 혼란으로부터 남성의 "영혼"을 구하는 것이었다. 또한 남성동족hommologue에 있어서 그의 동일성을, 그리고 남성동성애에 있어서 그의 이성을 보존하는 것이었다. 그러나 그는 정신esprit의 이 개념작용에서 가장 신적인 범람을 발견하지는 않을 것이다. 왜냐하면 "신"은 모든 표상을 뛰어넘기 때문이다. 그 표상의 근사치가 아무리 도식적이라 할지라도.

그리고 그가 자신의 "의지들"을 더욱 새겨 넣었을 곳은 틀림없이 "그녀"의 육체 안일 것이다. 비록 그녀가 그의 의지들을 읽는 데 덜 능숙하고, 언어는 빈곤하며, 그녀가 말할 때는 더 "미쳐" 있고, 사람들이 역사적으로 그녀에게 위탁한 물질(들)의 증가로 더 속박당하고, 그녀의 욕망을 마비시키는 사변적인 기획들plans 안에서/기획들에 의해서 더 굳어 있다 해도. 심지어 "영혼" 안에 그의 의지들을 새겼을 것이다. 때로는 이성의 일종의 관능성 안에서 가장 극한의 주이상스에 대한 무지 속에 그녀를 남겨두며 막대한 이익을 빼앗는 "영혼" 속에. "육체"에 대해 죄를 저지르는 "영혼"은─그녀의 재상승, 계시 속에서─물리적 악이란 항상 지고의 선에 장애가 된다는 것을 알지 못했을 것이다. 여기서 "육체"의 섬세함과 감수성이 매우 중요하다는 것을, 남성의 "마음coeur"의 분할division은 잘못이며, 모든 "깊이"를 피하는 논쟁들 속에 사랑이 길을 잃는 균열이라는 것을.

그러나 그녀가 땅이라는(땅 위에 있다는) 것을 알지 못하는 채로, 흩어져 있는 이 연장étendue을 결집시키고 되살리기 위한 그녀의 길은, 그녀가 하나의 "영혼"으로 단순하게 환원될 수 있는 경우보다 더 야만적이고 더 잔인할 것이다. 그 영혼은 각자 안에 있는 자신의 가장 내밀한 것을, 그것이 자기의 원천에 대한 반사/사변화를 향해 말려 들어간 상태로, 배가시키는 고치와 같다. 그에 반해 그녀는 여전히 자기 자신에 대해 온통 어둡고, 자신을 둘러싸고 있는 세계를 더 이상 이해하지 못한다. 그녀는 이러한 미분화된 맹목 aveuglement 속에서 몇 가지 단절들coupures에 의해서만 자신을 둘러싼 세계로부터 구별될 수 있다. 모든 것과의 이러한 분리, 그리고 자신의 "습관들"과의 이러한 분리를 실행한 후에야 "타자들"에게 자신을 내맡기는 그녀는 자신의 힘을 모아들이는 고통 속에서 스스로를 재감각하기 시작한다. 그녀의 힘들은 그녀가 사로잡혀 있다고 스스로 믿게 만들 능력이 흘러넘침으로써 곧 강화된다. 따라서 그녀는 고해 사제들 혹은 미숙한 관음증자들에 의해 단죄된다. 그들은, 벼락을 맞아 땅에 쓰러지고, 몸을 뒤로 젖히고, 울부짖고, 끙끙거리고, 경련하면서 신음하고, 몸이 뻣뻣해지다가 기이한 잠 속에 빠져드는 그녀를 보거나 그녀가 내는 소리를 들으며 공포에 질린다. 그들은 그녀가 스스로를 끔찍하게 때리고, 자신의 배를 뾰족한 침들로 찌르고, 음욕의 불을 끄기 위해 스스로에게 불을 붙이고, 모든 부위에 상처를 입힌다는 생각에, 이 극단적인 방법들로 그녀의 잠든 정념들을 북돋거나 잠재운다는 생각에 분노하거나 불안해한다. 그 정념들의 폭발을 목격하는 누구나 아연실색하며, 아폴론적인 지혜를 따라, 그것이 어떤 마법이라는 결론에 이를 것이다. 그녀가 이제 더 이상 억제할 수 없는 이 열광들fureurs을 다시 억압하기 위해서, 때에 따라 숨기거나 내보였던 이 열광들을. 비밀을 지키고자 하나, 항상 그럴 수 있는 것은 아닌 이 열광들을. 아니, 더는 그럴 수 없다. 그녀를 가로지르지만 그녀가 식별하지 못하는 폭력들의 이 침입들 속에서는. 때로는 그녀를 뒤흔들고, 때로는 쓰러진, 마치 죽은 듯한 창백한 모습으로 내버려두는 폭력들의 침입들 속에서는. 다시 연장된étendue 땅(다시 땅 위에 뻗어버린étendue 그녀). 어둠 속에서. 의식을 잃은 채로.

　그러나 하나의 "신"이 이미 그녀의/이러한 기절 속에서 접근한다. 그리고 모두가 그녀를 미쳤다고 판단하는 것은 더 이상 중요하지 않다. 왜냐하면 "세상의 왕"이 그녀를 알아보았고, 그때부터 그는 그녀의 고독과 함께할 것이기 때문이다. 그녀는 기쁨으로 가득 차 깨었다가 새로운 고통supplices 속에 다시 쓰러진다. 사실, 그녀의 수치스러움indignité을 보고 어떻게 이러한 확신을 의심하지 않겠는가? 어떻게 "신"은 장엄함 속에 모습을 드러내고, 여성처럼 그렇게도 약하고 비천한 피조물 안에/피조물에게 자신을 내어줄 수 있었을까? 그녀는 너무나도 자주 모욕당하기에 그녀에게는 그녀의 원자 하나라도 부패와 전염으로서만 나타날 뿐이다. 쓰레기déchets, 똥 matières으로서만. 이렇게 그녀는 자신을 향한다는 이 사랑을 겪기 위해, 그리고 그에 대해 응답하기가 금지된 이 상상들을 다시 가로지르기 위해, 여전히 스스로를 낮출 것이다. 가장 굴종적인 임무들에, 가장 수치스럽고 상스러운 행동들에 전념하면서. 이는 그녀 자신에 대해 사람들이 품는 경멸, 그녀가 품는 경멸을 억누르기 위해서다. 그리고 아마도 심연의 바닥에서 자신의 순수함pureté을 되찾기 위해서다. 이렇게 피, 딱지, 고름은 타자들에게서 씻어내진 다음 그녀에게 흡수되어 그녀의 모든 타락souillure을 정화해줄 것이다. 그녀는 결국 그녀에게 선고된, 그리고 흉내 내어 스스로에게 선고한 이 비천, 이 혐오, 이 공포를 반복하기를 극단까지 감행했기에 순수하다. 가장 나쁜 도착들perversions에 맞섰기에, 가장 역겨운 행위들에, 가장 불결한 기행들에 몸을 팔았기에 정숙하다. 순진함 속에서 속죄된rachetée 그녀. 지금, 그녀의 표상들의 이 부재néant, 혐오마저도 없는 이 공허vide, 그녀가 자신이 그러함을 알고 있는 영혼의 이 무rien 속에서 속죄된 그녀. 그리고 그녀는 거기까지 그녀를 따라갈 수 없는 타자들을 이러한 부조화 상태로 내버려두었다. 거기까지 보러 갈 수 없는 타자들을.

그리고 만약 "신"이 여전히 그녀를, 자신의 무가치함을 이렇게 재증명한 그녀를 사랑한다면, 그럼에도 불구하고 그녀는 사람들이 그녀에 대해 생각할 수 있는 것 너머에 존재한다는 것이다. 그것은 사랑이 그것에 대해 사람들이 이미 말할 수 있었던 모든 것보다 우세하다는 뜻이다. 그리고 한 남자가, 적어도, 가장 잔혹한 고통 속에서 죽음에 이를 정도로 그녀를 이해했다는 의미이다. 모든 남자들 중에 가장 여성적인 이 사람은 바로 성자Fils이다.

그리고 시선들에 봉헌된 그의 벌거벗음 속에서, 그의 순결한 virginale 살의 베인 상처 속에서, 십자가에 못 박힌 그의 육체의 고통스러운 팽창extension 속에서, 그를 꿰뚫는 못들의 상처 속에서, 그의 긴장 속에서, 그의 수난passion과 그의 버려짐 속에서 그녀는 관조하기를 더는 멈추지 않는다는 것이다. 그/그녀 자신을 향한 사랑으로 침수된 그녀. 실총한 상태의 그녀에게 십자가에 못 박힌 수난으로 대속rédemption의 길을 열어주는 모델인 그.

이처럼 모든 상처가 수치스러운 게 아니고, 모든 상처가 불명예스러운 게 아닐 수 있을까? 상처가 **성스러울** 수 있을까? 자신의 거처인 듯 그녀가 똬리를 튼, 자신의 집인 듯 (스스로) 쉬는 이 영광스러운 틈새에서의 황홀경 — 그리고 신Lui 역시 그녀 안에 있다. 그녀는 풍부한 흐름 속에서 뜨겁고 정화하는 듯 느끼며 피 속에 잠겨 있다. 그리고 그녀가 이 신성한 수난에서 발견하는 것을 그녀는 번역할 의지도, 힘도 없다. 결국, **그녀가** 자신이 말할 수 없는 것을 (자신으로서) **바라보는** 이 교환의 친밀함 속에서 그녀는 눈길들을 피해 숨겨진 채 침묵하도록 허용된다. 이 교환에서 그녀는 아무것도 보지 못하고, 모든 것을 본다. 자기 안에 놓인 사랑이 숨겨져 있는 이 신비에 다시 닫힌(다시 갇힌) 그녀는 욕망의 이 비밀 속에 드러난다. 이렇게 너는 나를 보고, 나는 너를 본다. 나는 마침내 우리의 경탄스러운 이해와 우리의 도취의 원천인 이 헤아릴 수 없는 상처 속에서 너를 보았던 나를 본다. 그리고 나를 인식하기 위해서 나는 "영혼"이 거의 필요하지 않으며, 너의 사랑하는 육체의 벌어짐béance을 관조하는 것으로 충분하다. 약간 이론적인 모든 다른 도구는, 나를 (거의) 직접적으로 다시 만짐으로써 내가 나를 재인식하는 이 틈의 상처의 가장자리들lèvres을 인위적으로 벌림으로써 — 그리고/또는 재봉합함으로써rescellant — 내게서 나를 떨어뜨린다.

362

그리고 이 희열에 찬 장소, 네가 그곳으로부터 흘러나와 치명적인 황홀경으로 들어가는 그 장소 안에서, **하나의 섬광이 내 안에 잠들어 있는 이성을 다시 밝혔다.** 이 심연 안에서 그의/나의 의미를 발견하지 못할 모든 지식에 저항하면서. 이제 나는 그를/나를 인식한다. 그리고 그를/나를 인식하면서 나는 그를/나를 사랑한다. 그리고 그를/나를 사랑하면서 나는 그를/나를 욕망한다. 그리고 만약 성자의 꿰뚫린transpercé 몸을 보면서 내가 그에 대해 단 한마디도 형언할 수 없는 기쁨을 마신다 해도, 내가 그의 고통에서 기쁨을 느낀다고 너무 성급히 판단하지 않기를. 그러나 말씀Verbe이 이런 식으로 그렇게까지 살chair이 되는 것은, 오직 마침내 인식된 나의 주이상스 속에서 나를 신으로 만들기(되게 하기) 위해서일 뿐일 수 있었다. 나의 주이상스는 이제 나 자신 안에 깊이 빠져 상승과 하락의 반대되는 이 두 구렁으로 더 이상 나뉘지 않는다. 지금은 높은 곳과 깊은 곳이 서로를 무한(정)하게 낳는다s'enfantent — 틈이 벌려진다 s'enfentent — 는 것을 안다. 그리고 하나가 다른 하나 안에 있고, 그 다른 하나가 내 안에 있다는 것은 별로 중요하지 않다. 왜냐하면 높은 곳과 깊은 곳이 격정transports 속에 서로를 낳는 것은 내 안에서이기 때문이다. **모든 자기 자신(동일자로서의 자기)의 바깥에서.** 그것들은 결코 유사하지 않고, 언제나 새롭다. 그 황홀ravissements 속에서 결코 반복되지 않고, 반복될 수도 없다. 따라서 계산으로 셀 수 없다. 결정지을 수 있는 척도mesure가 없기 때문이다. 게다가 그것(들)은 기다리기 때문에 영원하다. 한정할 수 있는 시작도 끝도 없는 미스터리mystère — 나-히스테리m'hystère. "영혼" 자체보다 더 내적인. "그녀"와 신 사이 심연의 상호 공유partage를 위한 지하 동굴. 그녀는 결국 그녀-신 안에 있는 무념무상과 휴식을 찾기 위해 그곳으로 (다시) 내려가야 했을 것이다. 그녀의 사랑 안에서 신으로 변화된 그녀-신. 이것이 그들 교환의 비밀이다. 그녀 안에서 그리고/또는 그녀 바깥에서의 교환. 왜냐하면 그녀의 주이상스 안에서 그녀의 가장 깊은 곳들이 열리고 무한정하게 넘쳐흐르기 때문이다. 불이 더 깊은 "내부"인 만큼, 그녀(그녀의 가장 깊은 곳들)는 그녀 자신으로부터 더욱더 멀어진다. 그녀의 지하 동굴에서 가장 깊이 묻힌 정점이 접촉된 만큼 더욱더. 그녀인 영혼의 이 무rien의 가장 안쪽에 닿은 만큼 그녀의 황홀경 안에서 더욱더 멀리, 그리고 그녀의 영혼 안에서 더욱더 날아오른다.

여성의 이 반사/사변화의 이상한 경제. 그녀는 그녀의 "거울" 속에서 **초월성**을 항상 참조하게 하는 듯 보인다. 그녀는 접근하는 이를 멀리하고(접근하는 이에게서 멀어지고), 포옹 속에서 그녀에게 가장 바짝 다가가는 이와의 분리를 한탄한다. 그러나 또한 그녀를 깊이 꿰뚫으면서 동시에 배를 뜯어낼 창을 요구한다.[51] 따라서 "신"은 가장 훌륭한 연인일 것인데, 그녀가 자신을/그를 발견하는 곳인 그녀의 주이상스가 취하는 이 간격에 의해서만 그녀에게서 멀어지기 때문

---

51 아빌라의 성 테레사의 신비체험과 관련된 대목으로 보인다. 성 테레사는 기도 중에 경험하는 신비체험의 마지막 단계인 신과의 합일의 체험을 하느님과의 결혼으로 묘사한다. 또한 기도를 하던 중 천사가 나타나 불로 된 창으로 그녀의 가슴을 찔렀고, 가슴에 상흔이 남았다고 전해진다. 성 테레사가 영적 법열에 드는 이 장면은 회화에서 종종 에로틱하게 묘사된다.(옮긴이)

이다. 틀림없이 무한히, 그러나 그녀의 쾌락에 의해/쾌락 속에서 이렇게 투사된 거리 두기espacement의 평온 안에서. 그리하여 쾌락을 포로로 잡아둘 어떤 유배지도 둘 수 없을 정도로 광대한 장소 안에서. 표상들 ― 아무리 은유적이더라도 ― , 규정들 ― 여전히 윤리적으로 존재-신학적인 ― 에 의해 여전히 포위되어 있는 쾌락을. 그 표상들, 규정들은 그녀를/그것을 결정함으로써, 그 넓이〔연장〕étendue를 제한한다. 그리고 만약 "신"에 의해 그녀가 강간당한다고 느끼지 않는다면, 강간 환상들 속에서조차 그렇다면, 그것은 신이 히스테릭한 (것이라 해도) 오르가슴을 결코 가로막지 않을 것이기 때문이다. 모든 폭력을 포함하면서 말이다.

따라서 전능한 이 짝의 공모를 (재)확신한 그들은/그녀는 구애받기를, 굴종하기를, 그뿐만 아니라 금과 다이아몬드로 치장하기를, 접촉하기를, 냄새 맡기를, 듣기를, 보기를, 타오르기(교합하기)를, 먹히기를, 침투되기를, 불붙기를, 소비되기를, 용해되기를 등등을 즐긴다. 그녀는 비둘기처럼 쉽게 믿고, 여왕처럼 오만하며, 자신의 벌거벗음을 자랑스러워하고, 그런 "교환들"의 기쁨으로 번쩍인다. 그녀의 신성한 반려자는 그토록 경이롭게 다시 꿰뚫린(다시 발견된) 그녀의 (자기)성애에 대해 칭찬과 격려를 하지 않는다. 고해 사제들이 항상 너그러운 귀로 듣지는 않을 것이다. 특히 그들이 이 분야에 대한 지식이 부족하다면 말이다. 그러나 중요한 것은 그녀가 더 이상 착각할 수 없다는 사실을 그녀가 안다는 것이다. 그리고 살기 위해서, 또한 죽기 위해서는 "신"이 그녀를 사랑하는 것으로 충분하다는 사실도.

그리고 선le Bien이 이렇게 그녀 안에 있기에, 따라서 그녀가 더 이
상 그것을 받아들일 필요가 없다고 누군가 그녀에게 반박한다면,
그녀는 자신의 무목적론에 따라 그녀의 다른 한쪽이 또 다른 한쪽
을 막지 않는다고 대답할 것이다.

역설적인 아프리오리

"나의 손 또는 나의 귀와 모든 점에서 거울 속 이미지보다 더 유사하고 동등한 무언가가 있을 수 있는가? 그러나 나는 거울 속에 보이는 그 손을 원본 이미지 대신에 사용할 수 없다. 만약 그것이 오른손이라면, 거울 속에는 왼손이 있다. 거울 속 오른쪽 귀의 이미지는 왼쪽 귀이다. 그러니, 전혀 대체할 수 없기 때문이다. 여기에는 어떤 이성이 생각할 수도 있을 내부적인 차이점들은 없다. 그러나 그 차이들은, 감각들이 알려주는 한, 내재적이다. 왼손과 오른손은 각각의 이 모든 동등성과 유사성에도 불구하고 동일한 경계 안에 둘러싸일(일치할) 수 없고 어느 한쪽 장갑이 다른 쪽 손에 쓰일 수 없기 때문이다."

"내게 익숙한 어느 방의 어둠 속에서 방향을 정하기 위해서는 내 기억 속에 위치가 떠오르는 단 하나의 물건을 붙잡을 수 있는 것으로 충분하다. 여기에서 내게 도움이 되는 것은 명백히 주관적 구별différenciation 원칙에 의한 위치 결정이라는 이 능력뿐이다. 사실, 그 위치를 찾아야 할 모든 물건들은 내게 전혀 보이지 않기 때문이다. 만일 누군가가 장난으로 모든 물건을 동일한 순서로 놓아두되 이전에 오른쪽에 있던 것을 왼쪽에 둔다면, 똑같은 방 안에서도 나는 확실히 내가 어디 있는지 알 수 없을 것이다. 그렇지만 나는 곧 내 오른쪽과 왼쪽의 차이에 대한 단순한 느낌을 통해 방향을 정할 수 있을 것이다. 내게 익숙한 길을 지금은 단 한 집도 구별되지 않는 밤중에 걸으며 방향을 잡아야 할 때도 똑같은 일이 일어난다."

—칸트[52]

때로는 태양의 어떤 작용의 결과로 발아래 땅이 흔들리기 시작해, 역전에 대한 불안, 심연으로의 재추락에 대한 현기증, 심지어 허공 속으로의 비상에 대한 환각을 야기하는 일이 생기기도 한다.

52 각각 『형이상학 서설』(1783)과 「사유 안에서 방향 정하기란 무엇인가?」(1793)에서 인용.(옮긴이)

이렇게 위험하게 위태로워진 균형을 회복하기 위해 철학자는 이제부터 자연 전체가 인간의 정신에 복종할 것이라고, 자연은 자신의 기원적 근거를 법에 필연적으로 순응함으로써 부여받을 것이라고 결정한다. 따라서 땅sol은 이제 선험적인[53] 바닥plafond, 표상의 형상들과 규칙들로 떠받쳐져 흔들리지 않는 바닥에 기초를 둘 것이다. 이것은 인간이 먼저 자신의 건축물을 세우기 위해 필요한 것을 여전히 자연인 저장고에서 끌어왔을 것이고, 외부를 통한 우회가 필수 불가결했을 것이며, "나"가 자기를 의식하기 전에 "사물들"과 관계가 있었으리라는 말이다. 그러나 인식〔함께-태어남〕con-naissance의 이 초기 시기는 전권을 가지고 모든 것을 결정하려는 거만한 요구 속에 잊힌다.

감각에서 이성으로 이행할 때 첫 번째 작용은 하나의 도식론을 —**신비한점**mystère이 없지 않게—산출해낼 것인데, 이 도식론은 자신이 감각적인 것le sensible에 빚지고 있는 것을 결코 반환하지 않는다. 감각의 가장 섬세한 능력인 상상적인 것〔상상력〕l'imaginaire[54]은 이성을 위한 것으로 남을 것이기 때문이다. 따라서 자연에게 허락된 것은 곧 강압적으로 철회되고, 그것의 효용은 더 엄밀하게 자연에 대한 지배를 보장하기만 할 것이다. 이렇게 선험적인 도식은 감각적인 것의 특수성particularité을 부정하는 기능을 가질 것이며, 이

---

53 칸트의 개념 transzendental은 '초월론적, 초월적, 선험적' 등으로 번역된다. 이 장에서 이리가레는 경험에 앞선 차원이라는 맥락을 강조하기 때문에 이러한 의미를 직접적으로 드러내는 '선험적'이라는 번역어를 선택했다.(옮긴이)
54 이는 칸트의 구상력(상상력) 개념과 연관된다.(옮긴이)

는 돌이킬 수 없는 것이다. 자연은 최초의 경험적 소박함naïveté 속에 폐제된다(견고하게 둘러싸인다)for(t)clos. 따라서 대상의 개념을 정교화하기 위해 그것의 감정의 잡다 속으로 배제되는écarté 것은 **어머니와의 관계**의 직접성이다. 선험적인 것의 직관은 어떤 사물 일반에 대한 불확정적인 생각 아래 일어나는(일어났던) 다양한 감각들을 통합시킬 것을 목표로 한다. 그러한 통합은 아직 구별되지 않은 이 다양한 감각들을 **일자**l'un의 **틀**le cache 아래 배치함으로써 이루어지는데, 이 틀은 경험적 매트릭스[모태]le matriciel, 즉 **히스테리**와의 연결을—이성의 냉혹함 속에서—입법하는 데 유용한 것이다. [경험적 매트릭스, 즉 히스테리라는] 선험적 대상에 관하여, 우리는 결코 그것을 그런 식으로 인식하지 않는다는 점이 중요하다. 선험적 대상을 재인식하고서 그것으로부터 효력을 제거하려는 게 아니라면 말이다. 선험적 대상은 모든 현상들에 대한 우리의 지각 속에서 거의 매트릭스와 같은 효력을 지니는데, 그 모든 현상들은 그것들의 (재)출현의 조건이 되는 이 틀에 의해 돌이킬 수 없이 가려져 있다. 따라서 대상은 인식 불가능하다. 그것이 개념의 **창문**, 곧 그 자체로서는 볼 것이 아무것도 없는 창문을 설치하도록 허용하기 때문이다. 하지만 이 창문은 창틀 속에서/창틀에 의해서 나머지 모든 것을 직관에 개방해준다. 그리고 시간에 대해 질문함으로써만, 즉 공간, 다시 말해 **연장**étendue을 이렇게 한정하는 데 필요했을 시간에 대해 질문함으로써만 대상의 개입intervention을 재발견할 retrouver—그리고 다시 말해서 **다시 꿰뚫을**retrouer—것이다. 이 시간은 혼란을 야기하는 경험적 직관들과 아프리오리하게 규제된 보편 범주들로 그 직관들에 질서를 부여하는 일 사이의 당위적인 매개를 구성하는 데 드는 **논리적인** 시간이다. 이때 제3항, 그러니까 제2항〔보편 범주〕에 고용되는 〔매개로서〕 제3항은 제1항〔경험적 직관들〕의 감정들을 취한 후에 그것에 의해 정화되어야 한다는 요구를 이미 받았을 것이다. 또한 제3항은 시간성 자체에 있어서 틀림없이 제1항과 동질적인 것으로 주장된다. 다만 이것은 정확히 동일한 시간성이 아니라 선험적인 **적확성(속성)**의 시간성이다. 이 시간성은 우리가 물질(들)의 형상으로 배설할, 전유할 수 없는 비정형에 대한 공포와 휜 것에 대한 혐오를 완화시킨다. 도식들은 이제부터 우리가 원하는 만큼 여러 가지 수단으로, 그러나 항상 **순수한 표상들**로 그 장면의 상상력imagination을 조정할 것이다. 이것은 정신이 자신이 바라보는 대상을 자기 자신에게 주었을 것 ─ 지적 직관은 절대자만이 소유한다고 주장하리라는 것 ─ 이라는 뜻이 아니라, 표상과 동시에 저절로 **적확하게 생각될** 대상들의 통각aperception에 대한 아프리오리한 조건들을 정신이 이렇게 정의했을 것이라는 뜻이다. 불확정적인 물질은 나중에 가서야 파악된 형식상의 실패로, 정신이 예측할 수 없고 직관의 순수성에 모순되는 결론으로 나타날 것이다. 직관은, 그것이 감각적인 것으로 남아 있다 해도, 항상 공간과 시간에 의해 아프리오리하게 배치된다. 공간과 시간은 외적 감각이나 내적 감각의 형식들로서, (자신을) 감각하고 느끼는 것의 혼란 속에서 불합리한 잡다를 포섭하면서도 그것에 질서를 주는 것이다. 이 잡다는 우리 바깥에서 특수한 지리적 목적지를 받아들이는 그러한 대상들로 가득 찬 것이거나 혹은 우리 내부에서 시간의 작동으로부터 분석할 수 있는 변화에 따른 것이다. 그런데 이 시간은 어떤 시간인가?

이미 우리가 우주가 그로부터 지각될 창문을 만드는 데에, 무한이 이렇게 아프리오리하게 결정되도록 하는 공간, 항상 이미 인간의 주관성 안에서/주관성에 의해서 정의되는 공간을 배치하는 데에 어떤 시간이 필요한지 알고 있다 해도, 우리는 여전히 **거울반사**spécularisation**의 시공간**은 공간의 직관 속에 내포되어 있음을 알아야 할 것이다. 그리고 개념적으로 나의 오른손과 나의 왼손 혹은 나의 손과 거울 속 내 손의 이미지가 엄밀히 말해서 동일한 사물, 동일한 것이라 해도, 그것은 **대칭의 역설**을 고려할 공간의 직관적 성격에 있어서 달라질 것이다. 따라서 **거울**은 여기에서 대상들의 포착을 이미 뒷받침하는 것으로서 시인된다. **항상 이미 내투사된**introjectée **거울**은 세계의 모든 지각과 개념을 사변할까spéculerait? 오직 시간에 관계해서 반성되는 **자기자신을 제외하고** 말이다. 이렇게 연장은 항상 이미, 홀로, 거기에 위치해 있지 않는 주체에 의해 재상연되고 재투사될 것이다. 주체는 거울의 이 **비장소**non-lieu의 지배emprise로부터 힘을 끌어올 것인가? 그리고 사변spéculation으로부터? 그와 같이 구성 작용 안에 있는 사변은 분석되지 않을 것이고, 단지 망각될 것이다. 그리고 체계 안에서 대칭의 새로운 효과를 얻기 위해 필요로 할 때에만 그 효과들 속에서 다시 개입할 것이다. 그것은 다른 것과 같은 것 모두에 대해서 상상적인 것에 의존하는 것일까?

이번에는 감각적인 것과 초감각적인 것을 양립할 수 없도록 분리하는 균열faille이 심연으로 빠져드는 것을 막기 위해서다. 따라서 그것들의 절합articulation은 **반성하는** 판단, (두) 다른 것들—인식하는 능력과 욕망하는 능력—사이에서 쾌락의 감정sentiment을 (재)생산하는 판단 속에 발견될 것이다. 그러나 쾌락과 고통은 **필연적으로** 욕망—이성 안에서 그 근거를 발견하는 것—과 연결되어 있기 때문에, 자연의 개념들과 자유의 개념 **사이에서** 사용할 수 있는 매개물이 원칙상 아프리오리하게 필요하다. 반사성을 띠게 될 이 중개물entre-mise은 최소한 두 가지 효과를 갖는다. 한편으로는 "거울"은 자신이 비춰야 하는 대상을 포함하는 것으로서 이미 정의되고, 그 테두리 안에서 [대상의] 개별성을 단순히 재결정하는 것이다. 다른 한편으로는 제시된 "대상"을 "인식하지" 않고, 대상을 반사함으로써 재생산할 수 있는 일반적인 모태une matrice로 구성돼야 하는 것이다. 이는 거울이 (자신을) 다시 생각하기를, (자신을) 다시 반사하기를 요구한다. 자신의 통일성 속에, 자신의 법의 통일성 속에 자연의 이 새로운 **전환**diversion—거울에 이렇게 맞서서 분열éclatement로, **분리**division로 위협하는—을 종속시킬 수 있기 위해서다. 이는 거울이 자연의 모든 변덕들을 이해해야만 한다는—전능한 이성의 우발성에 자발적으로 넘겨주어야 한다는—뜻이 아니라, 최소한 자연과의 관계들에 있어서 거울을 도와주는 체계를 가져야 한다는 뜻이다. 거울이 자연 전체를 통제할 수 없기 때문에, 거울은 자연으로부터 얻는 경험들 속에서 규제 원리들을 스스로에게 부여한 것이다. 적어도, 때때로. 예측할 수 없는 경험적 법칙들의 질서의 비밀을 지닌 신적 지성"처럼" 행동함으로써. "마치" 이 모든 다양성이 보다 우월한 통일성 —**더 큰 하나의 거울?**— 에서 합목적성을 발견하는 것"처럼" 행동함으로써. 이 통일성에는 그것을/그를 [동일성을/거울을] 인식하지 않고 일치되는 것, 최소한 그렇게 시도하는 것이 중요하다. 이미 자연의 어떤 대상들과의 관계 속에서 생기는 쾌락 혹은 고통의 차이에서 그것[거울의 효과]을 겪었음에도.

여성들과의 관계들을 "예"로 들어보자. 여성들과의 관계를 경험한 누구나 모든 여성이 남성에게 동일한 유형의 매력을 유발하지는 않는다고 단언할 수 있다. 따라서 첫 번째 여성은 **매력적이게** 보이고, 두 번째 여성은 **아름답게** 보일 수 있다. 또 다른 여성은, 아주 드문 경우이긴 한데, **숭고함**le sublime에 이를 것이다. 이는 여성마다 남성의 정신의 속성들과 다르게 연결됐을 것임을 가리킨다. 이를 해석하는 것은 남성이 적절한 선택을 하도록 돕고 남성의 정신의 기능에 대한 비판적 분석을 계속하는 데에 유용할 수 있다. 이 모든 매력들은 사실상 **남성 안에** 있는 그녀(들)에 대한 성향inclination에(만) 기초하기 때문이다. 따라서 남성의 감각들을 직접적으로 유혹할 여성이 그에게 매력적으로 보일 것이다. 그러나 욕망 혹은 만족 욕구를 일방적으로 일깨워서 직접적으로 지각할 수 있는 흥미를 야기하는 이 여성은 곧 싫증 나게 할 위험이 있다. 비록, 자연이 성들 간의 차이에 새겨 넣은 커다란 계획, 즉 **출산**procréation을 실현시키기 위해 그녀가 이따금 필요하다 해도 말이다. 그러나 그렇다고 해도 더 교묘하게, 문명화된cultivé 남성에게 더 걸맞게 그러한 차이를 향유하는 것은 금지되어 있지 않다. 그리고 **여성의 아름다움**을 보는 것은 진정한 **쾌락**을 상상력과 이성에 제공한다. 이것이야말로 틀림없이 "대상" 안에서 찾는 목적성이다. 남성은 직접 충족하려는 목적의 표상 없이 이 대상을 관조하는 데 집중할 뿐이다. 왜냐하면 그때 자신도 모르게 이 바라봄vision이 반성적 판단 속에서 작용하는 인식, 지속하고 더욱 성장하기 위해 미적 느낌의 완전성을 요구하는 인식이라는 이 불가해한 능력들을 **북돋우기**alimente 때문이다. 그에 따라 "여성-대상"이라고 지칭할 수 있을 것에 대한 형식적인 주관적 목적성이 이해될 수 있다. "여성-대상"에게는 **단순히 예쁘지 않기**(이는 너무 명백한 대칭에 의해 얼어붙을 위험이 있다)만이 아니라 **여성성으로조차 너무 식별 가능하지는 않기**(왜냐하면 이성이 "여성-대상"을 어떤 개념으로 귀착시킬 수 있기 때문이다)와 **너무 유덕하지 않기**(이성 하나만을 자극하여 다소 고통스러운 존중만을 야기하지 않으려면 말이다)가 요구될 것이다. 따라서 주체의 능력들 사이의 관계가 미결정 상태로 놓여 있어 결정될 수 없는 "여성-대상"의 아름다움은 자유로운 유희를 재개한다. 그리고 물론 중요한 것은 대상의 현존 ─**그런 식으로는 중요하지 않다**indifférent─이 아니라, 표상이 주체에 일으키는 단순한 효과, 즉 남성의 상상 속 그것의 반사réflexion이다.

이성이 자연의 산물들 그리고 그가 그것들을 바라보면서 취하는 사심 없는 쾌락 사이에서, 곧 궁극적으로 우연인 이 조화 속에서 발견할 수 있는 **이점** 너머에 있는 그것. 물질 그 자체의 소질을 숙고할수록 이성적으로 더더욱 사로잡히게 되는 것, **가장 유동적**이고,

그러므로 **가장 시원적**인 상태에 있는 이 (물질 자체의) 소질 안에서, 인간의 눈이 거의 뚫고 들어가지 못해서 실제로 반사하지 못하더라도 아름다운 형상을 생산하는 것. 그것은 바로 **바다의 밑바닥**이다. 뚫고 들어가기 어려운 이 심연들 안에서, 자기 자신과 분리되고, 심지어는 증발 중인 물질의 일부분이 나머지 부분을 **결정**cristal 형상으로 고체화된 채 침전되도록 만든다. 이것은 정신에 대한 순응의 탓으로도, 자연이 자기 자신에게 부여할 목적에 대한 순응의 탓으로도 돌릴 수 없다. 자연의/이러한 힘은 오히려 **무목적론적**이며 **우연히** 인간의 능력들의 조화로운 실행에 전유된다. 사실, 그러한 것들 choses은 이성의 한계를 벗어나지만, 개념을 과장함으로써 이념(이데아)[55] — 준準직관에 의해 자연의 **준準**토대가 재발견되는 — 안에 반향écho을 낳았을 것이다. 이념(이데아)은 간접적으로, 물질의 이 자유로운 생산들을(그 속에서 자신을) 표상할 것이다. 불확정이 항상 일어날 이 **유추**의 놀이는 생각하는 양식을 무제한적인 방식으로 **확대한다.** 그리고/또는 도식론으로부터 상상적인 것을 해방시킨다.

자연은 또한, 정신 이상의 것을 정립하는 데에 기여할 것이다. 물론 그것은 감각적인 것을 따르는 것이 아니라, 오히려 모든 능력의 **초감각적인** 통일성의 **상징**symbole처럼, 초감각적인 것 안의 집중 지

---

55 칸트에서 idée는 '이념'으로 번역되는데, 이리가레는 때때로 이것을 대문자로 쓰고 있다. 이 장에서는 이것을 '이념(이데아)'으로 번역하고자 한다. 이데아의 핵심 성격이 감성계에 대한 초월성이고, 칸트의 이념 개념 역시 이 점에서 다르지 않다. 칸트의 정의에 따르면, 이념은 "감관 중에서 그것과 합치하는 대상이 주어질 수 없는 필연적인 이성의 개념"을 의미한다. 임마누엘 칸트 지음, 백종현 옮김, 『순수이성비판 2』, 아카넷, 2006, 549쪽, B383.(옮긴이)

점에 상응하는 것처럼 해석될 것이다. **거울의 중심? 영혼**psyché**의 중심?** 모든 반영들의 수렴 장소? 그러나 누가 그때까지 무엇을 비춰보는가? 혹은 무엇이 그 누군가를, 모든 것이 무제한성, 불확정성 안에서 맺어지는 집중 지점까지, 주관적인 조화의 원천까지 밀어붙였을 것인가? 능력들의 형식적인 엄밀함에서 어떤 **추가적인 것**en plus이 그 화합을 허용했을 것인가? 자신의 환상mirage 안에서, 그는 무엇에서, 누구에게서 자신을 빼내는가? 다시 "영혼"이다. 그리고 그 영혼의 가장 깊은 곳 안에서다. 즉, 주체의 발원이자 통일체인 "영혼"은 결코 전체적으로 밝혀지지 않는 비밀 속에서, **틀/은닉 안에서 되돌릴 수 없는 신비** 안에 그와 그 자신의 자유로운 결합을 허용하고, 심지어 수행한다. 만약 그것이 "영혼"으로부터, 다시 말해서 **물질, 즉 "영혼"의 화신**génie**으로부터 생명을 받지 않는다면, 그것은 고상한 취미 속에 침울하고 죽은 결합, 게다가 단지 추정되기만 하는 결합이 된다. 이제 또 다른 화신이 호명되어, 두 번째로 그 자신에게(동일자로서의 그에게) 자신의 종합적이고 발생적인 규칙의 서술 속에서 혹은 **메타-**미학적인 것의 생산 속에서 답할 것이다. 이 또 다른 화신 ─ 아들? ─ 이 탄생하여 그들의 공통된 취미의 매개 속에 그를 결혼시킬 수 있기를 기대하면서.

 이렇게 이성의 이념들idées ─ 이념(이데아)들 ─ 은 감각적인 자연 안에 다양하게 나타날 수 있다. 아름다운 것에 대한 관심 혹은 자연적 상징주의 속에서, 이 출현은 **실증적**이지만 **간접적**이고, 반성에 의해 실현된다. 화신 혹은 예술적 상징주의 속에서 이 출현은 역시 실증적이나 **이차적**이고, **다른 자연**의 창조에 의해 행해진다. 그리고 만약 이 실증성이 가능해졌다면—이는 확실히 감각적인 것에 대한 **접촉**toucher에서의 간접성 혹은 이차성을 대가로 하는 것이지만—, 그것은 자연과의 매개되지 않은 관계 속에 **부정성**을 창설하면서 숭고에 의한 이행이 이미 일어났기 때문이다. 부정화négativation 작용을—**두 번째로 다시**—재창설 혹은 반복한다고 말하는 것이 오히려 적절할 것이다. 왜냐하면 도식론이 이미 부정화 작용을 실행했기 때문이다. 인접성을 방해하고 **투사**만을 (소위) 직접적인 관계로 선호하는 스크린écran으로서 말이다. 그러나 아마도 **정념**은 이 형식적인 틀을 또한 벗어났을 것이고, 저장고에서 나와서, 거대함 혹은 힘으로서 자연 안에 비정형의 혹은 왜곡된 형상으로 남아 있는 것 위에 재투사되기에 이른다. 마치 이 **비반사적인 것**non-spécularisable 앞에서 상상력이 그것을 모든 극단으로 밀어붙이는 폭력을 겪는 것처럼 말이다. 그러나 그럼에도 그것을 이해할 수 없는 상상력은 자기 자신에게로 되돌아온다. 마치 자신의 힘에 대해 부정négatif이 표시된 것처럼. 아주 소박한 상태에서 상상력은 이렇게 스스로를 자연보다 열등하다고, 즉 거대함과 힘에서 자신을 압도하는 자연과 비교해 무능하다거나 절단되었다amputé고 생각할 수 있을 것이다. 그러나 약간의 분석으로 다음이 증명될 것이다. 이러한 결함infirmité은 감각적인 것의 무한in-fini을 하나의 전체 속에 재결합시키고자 하는 (그의) 이성의 욕망에서 오히려 기인한다는 것이다. 그리고 그 무능함은 단지 이성이 감각적 무한으로 만들어내는 이념(이데아)에 대해 상대적이라는 것이다. 따라서 모순은 주체 **내에서** 그의 이성의 요구와 그의 상상력의 더 제한된 힘 사이에 작용할 것이다. 실행상의 불합치désaccord가 **고통**을 야기한다. 이는 **불충분한차원**의 증거이다.

그러나 이 고통은 마침내 새로운 쾌락을 가능케 할 것이다. 왜냐하면 "너무 작은 것"과 대면한 상상력이 경멸의 우발성을 완화시키기 위해 합리적인 이념(이데아)의 접근 불가능성을 표상하면서 스스로를 능가할 것이기 때문이다. 이념(이데아)의 "가능하지 않음"은 부정적인 (것의) 상상력 안에 틈écartement을 개방하고 무한의 출현을 가능하게 만든다. 이렇게 상상력의 한계들은 (감성적인 것의) 추상abstraction에 접근하면서 사라진다. 감성적인 것/상상력이 부정적이라 해도 영혼은 추상 못지않게 —여전히⋯— 확장된다. 심지어 (이를테면) **하얗게텅빈** 자신의 영역 안에 자연 전체를 다시 붙잡은 **거대한** 영혼. **초**감성적인 (것의) —가상의—수집과 결합의 장소인 영혼. 그것은 자신의 비대함démesure 속에서, 그러나 부정의 공간의 개입으로 조화로워진 비대함 속에서 상상력과 이성의 불일치를 해결한다. 그러나 영혼은 **문화**의 발생genèse의 운동을 수행隨行해야(수반해야) 한다. 영혼은 분리에서만, 추상의 무한의 현기증 속에서만 탈존해서는 안 된다. 불확정적인 방식으로 사변된spéculée 영혼은 실제로 자신을 (재)결정해야 한다. 인식에서 작용 중인 부정적인 것은 욕망의 실현과 함께 변증법적으로 질서 지어져야 한다. 역동적인 숭고는 인간을 (단지) 도덕적인 존재로(만) 운명 짓는 것이다.

때때로 너무 거대한 콤플렉스의 고통이 이렇게 실현되는가? **어머니를 만지지 말라**noli tangere matrem라는 **정언명령**에서 **이성과 욕망의 경제를 찾는다. 전능한 자연**에 대한 공포와 두려움은 그녀를 만지는 것을 금지하고, 그녀의 매력들에 대한 저항의 용기에 대해 자신을 독립적이라고 판단할 수 있는 권리를 부여한다. 동시에 (그의) 문화를 발달시키면서 반복되는 위험들에 저항하기 위한 조건을 마련하는 데 소홀하지 않으면서. 문화는 또한 이성이 상상적인 것에 대해 표상하는 이 **심연**을 기초로 한다. 초월적 환영의 눈속임이 상상적인 것을 대체한다는 점을 이성이 안다고 해도, 자신의 관점perspective을 무한히 **심연에 빠뜨리는** 반사의 깜빡임battement을 해석하지는 못할 것이다. "신"이 결코 가능한 현시의 대상으로 나타나지 않는다 해도 그 과정 속 이념(이데아)이 그를 지향하는 것을 막지 못한다. 그리고 자연의 거대함이 최종 목적의 접근 불가능성으로 돌아가면서, **대칭의 역설이 회피됐다. 하나의 차이**는 반사에 의한 그것의 역전 속에서 결코 분석되지 않을 것이다. 어쩌면 그 차이가 대상으로서 반사될 수 없었기 때문인가? 그 점에서, 바로, 차이는 "대상"의 기능, 결국 욕망의 기능의 기초가 된다. 즉 주체 **안에서** (그것의) (재)현시(re)présentation를 감싸는 표피fourreau[56] 혹은 **커버**gaine**를 뒤집고자** 하는 욕망의 기능. 이것은 고통 없이 이루어지지 않는다. **흔적**reste 없이도 이루어지지 않는다. 그러나 공간이 시간 속에 흡수된다면, 아득히 먼 미래에 정신이 이 작용을 완수할 희망은 남아 있다.

---

[56] 음경의 포피. 칼집이나 우산집 같은 것을 의미한다.(옮긴이)

여전히 항상 감성적인 것에 대한 정념 속으로 인간을 끌어당기는 근원적인 악이 법의 위반에 있어서 너무 나아가도록 끌고 가지 않는다면 말이다. 어떤 이브든지 함께 **신비로운** 유혹에 굴복하고, 그로부터 원초적 순수를 더럽히는 새로운 아담처럼. 그러나 이렇게 **자유롭게** 죄에 동의했기 때문에, 그 결과 그는 또한 그의 최초의 성향에 따라 선le bien으로 올라갈 수 있다. 그리고 그것이야말로 그의 의무의 명령이다. 그것은 급진적인 **회심**으로 그러한 성향들을 자신에게서 일소하도록 그에게 엄명한다. 따라서 이 **근본적인 도착** perversion은 **순수한 존중**으로 변화되어야 한다. 그리고 이렇게 하는 데에 "신"의 은총에 호소하는 것은 전혀 필요가 없다. 고유한 것으로서 인간에게 주어졌을 이 **보고**寶庫를 너무 깊이 파묻지 않았다면 자신의 힘들로도 충분하다. 물론 순수한 도덕적 지향의 원형은 바로 그 어머니가 영원히 동정녀로 남아 있는 신의 아들이다. 따라서 성교의 수치 없이 태어난 그. 인간의 모습을 다시 띠고 (말하자면) 하늘에서 우리를 향해 내려온 범형인 그. 그의 교리, 그의 선한 행동, 그리고 무엇보다도 그의 고통들로써 어떻게 "신" 앞에서 원죄를 대속할 수 있는지를 보여준 그. 그의 **고통** ─ 달콤한 속임수![57] ─ 으로 죽음에 이르기까지 "신"에게 진 **빚**을 청산한 그. 십자가에 못 박혔으나 이 고통의 전시를 통해 이 세상의 모든 선한 인간에게 주어진 운명을 재증명한 그의 승리. 그의 영광은 회심〔공동─전환〕con-version의 **폭력적인** 도구가 그를 못 박는 모욕 속에 놓여 있다. 그리고 이 **희생**은 한참 동안 신념으로, **믿음**으로 행해질 것이다. 그것은 오

---

57 프랑스어 '고통douleur'과 '달콤한 속임수doux leurre'는 발음이 같다.(옮긴이)

성의 앎을 뛰어넘어 상상적으로 가중된 것이다. 그것은 또한 순수하게 도덕적인 입법으로도 흡수되지 않았고, 실천이성의 명령, 즉 남김없이 행사되기 위해 의식의 공적인 자유를 요청하는 명령으로도 기울어지지 않은 것이다.

이는 그 어떤 사회도, 군주제 사회도, 귀족 사회도, 민주주의 사회조차도 허용하지 않은 것이다. 고려해야 할 것은 오히려 **가족적인** 유형의 공동체이다. 이러한 공동체는 성자로 표상되며, 모든 구성원들에 의해 신으로 공경받는, 도덕적이고 비가시적인 대문자 아버지의 지휘 아래 이렇게 다정하고 자발적이며 보편적이고 지속적인 연합을 형성하면서 작동할 것이다. 공동체가 존속하기 위해서 어떤 숭배들, 어떤 의식들—예를 들어 **태형**—이 필요하다는 것은 인간의 나약함에서 기인한다. 인간은 더 완벽해지기 위해 나아가는 동안 어떤 **쾌락-고통**을 계속 추구하면서, 점진적으로 당위에 따라 행동해야만 한다고 확신하는 데에 이르게 될 뿐이다. 이러한 보상-징벌의 형상은 매번 이성의 최고 입법자인 "신"에 의해 **직접적으로** 영감을 얻을 것이다. 이성의 가장 엄밀한 형태인 자연적 이성 말이다. 명령의 신성한 성격은 "나"가 이미 의무로 알고 있는 것에만 **주이상스를 보충하여** 허용된다. 대문자 아버지의—혹은 추방된 어머니의?—**목소리**는 그저 계시와 보상의 잉여surplus일 뿐이지만 최소한 내부의 말 속에서는 환원 불가능한 잉여이다. 덤으로 주는 것인가? 자기 바깥의 모두에 대해 법칙을 정할 권리를 다시금 스스로에게 부여하는 주체, 그 주체의 자유를 위한 해방(착란)의 수당prime을. 주체는 자기애와 자신의 성향들을 걱정하지 않는데, 그것들은 의식의 최고 주권 속에서 **은밀하게** 보상을 얻을 것이다. 의식은 덜 선택되었다고 느낄수록 자신의 유일한 힘들에 대한 신뢰 속에서 더 거만해진다. 이는 그것의 비판적 의미 속에서 의식의 한계들이라고 부르는 것이다. 의식은 자신의 영혼에서는 그 원인을 발견하지 않을 모든 지식에 의해 자신의 맹목을 거부하면서 맹목 상태에 있다. 따라서 의식은 자신의 명석함lucidité—체계가 약화될 때마다, 빛의 원천의 새로운 반사에 의해 항상 다시 솟아나는 **신비**를 다시 흡수하여 변형시키는re-métabolise—에 의해서만 밝혀지는illuminée 동시에 현혹된다illusionnée. 이 새로운 반사는 때로는 주석박이 없는 거울 혹은 연기로 검어진 판유리의 도움을 받는다.

따라서 주체는 각 방마다 차례대로 자신의 집을 지을 것이다. 그리고 그 집은 말하자면 아무것도 부족하지 않다. 즉 단단한 지반으로의 지리적 이주, 등기, 지하실, 계단, 식당, 안방, 서재, 집무실, 복도, 문과 창문, 창고 등. 다양한 부분들로 나눠진 식이라 해도 상관없다. 각 부분들 각자가 전체에 종속돼 있고 결코 각자의 전체성을 내세우지 않는다면 말이다. 이는 조화로운 전체의 이 구성 안에 숨겨진 신비—**미스터리**mystère-**히스테리**hystère **역시**—의 윤곽을 그릴 수 없게 할 것이다. **전체가 아닌 그(그녀)**pas tout(e)는 주체의 생성 안에서의 단계progrès로 각각의 구획된 방을 나타내지 않을 것이다. 그리고 함께 나타날 일련의 방들의 총합도 표현하지 않을 것이다. 왜냐하면 **그녀(들)전체**는 정신의 형성을 구성하는 목적성을 발견하지 못하기 때문이다. 그녀들은 그[정신]의 **기초**, 즉 자연 **전체**의 유혹에 필요한 이 아프리오리를 반사하는 통로-환상으로서 부분적으로 유용할 뿐이며, 이러한 보고寶庫/mine를 둘러싸고 있는 상상적 기반으로서 다양한 감성적인 것과의 여러 관계 속에서 길잡이 역할을 할 것이다. 그 관계들은 도식론과 범주 속에서/도식론과 범주에 의해서 감성적인 것을 종속시키기를 원한다. 그것은 자연의 아름다움, 곧 "그녀"를 우회함으로써 자기애적 이익을 회복하는 아름다움에 대한 무관심한 관조를 원한다. 그것은 자연의 숭고한 분출(해방)에 맞서는 생명력의 강화를 원한다. 그것은 측량할 수 없이 광대한 무한에 대한 감성의 추상화를 원한다. 그것은 작품의 제작을 원한다. 다만 이 작품 속에서 상징적인 것이 자연의 자유로운 생산을 얼마나 모방하는지는 때때로 결정하기 어렵다. 그것은 도덕적 자율성을 원한다. 이 자율성은 대문자 아버지, 곧 오직 모든 것을 자유롭게 입법하려는 욕망 속에 현존하는 이로부터 그 보증을 발견하고 자신의 실천 속에서 스스로 권한을 부여하는 자율성이다.

그리고 **그의 쾌락이 필요로 하는 고통** 안에 우리는 칸트를 사드와 나란히 둘 것인가? 혹은 그의 정신의 미묘함에 보충적인 전환이 ─ 다 소 나마 ─ 주어진다면, 마조흐와 함께? 이것은 아마도 그의 형식주의 안에 역시 굳어진 체계 내에서 여전히 서로[쾌락과 고통]를 매혹할 수 있다. 혹은 단순히 서로를 매혹할 수 없다. 입법자는 물론 법칙 행사의 잔인한 도구이지만 대문자 자연 ─ 자연의 어떤 법칙들은 자연을 벗어난다 ─ 을 고통스럽게 존중하고, 아름다움을 바라보면서 자신의 감정들을 중지시키며, 심지어 여전히 감성적인 파열

속에서 느껴야만 한다. 이것은 욕망의 대상을 확정할 수 없는, 해결 불가능한 문제로, 다시 어머니와의 관계의 잉여를 추적하지 않으면 안 된다. 그렇다면 그것은 그의 안에 있는가? 바깥에 있는가? 그러나 모든 것은 이제 거주하는 주체(주체의 거주지) 안에 있다. 그리고 만약 그 장면scène이 때로는 더 안에, 때로는 더 바깥에, 때로는 그의 방 안에, 때로는 그의 사무실 안에 있다면, 가끔 그의 환상에서 소용돌이로 타오르는 불로 기분 전환하거나 (그의) 창문을 통해 우주의 무한(정)한 공간을 관조한다 해도, 그 장면은 언제나 그의 집, 그의 정신 안에서 일어난다. 그리고 이제부터 무엇이 또는 누가 그를 거기서 나가게 할 수 있겠는가? 아마도 혁명révolution의 전령이 아니겠는가? 혹은 이 중심foyer이 거울/얼음들로 되어 있다는 사실, 그리고 세월이 흘러 퇴색되면 반짝임이 중화되는 이 거울/얼음들은 항상 일부분 주석박이 없거나 연기로 그을려졌을 뿐 아니라 너무도 치명적인 권태를 비추기에 어떤 대가를 치르더라도 이것이 지속되기보다는 죽기를—그것이 여전히 가능하다면 사랑 때문에 죽기를—소망하는 것으로 끝나리라는 사실이 아닐까? 아마 영원히 그럴 것이리라.

···공동체의 영원한 역설···

"수컷의 자궁이 단순한 선腺으로 퇴화하는 것과 마찬가지로, 암컷의 고환은 난소 안에 감싸인 채로, 반대쪽으로 넘어가지도 않고, 자체적으로 능동적인 뇌가 되지도 않는다. 그리고 음핵은 일반적으로 수동적인 감정sentiment을 나타낸다. 반대로 수컷 안에는 능동적인 감정, 팽창하는 심장, 해면체와 요도 해면 조직의 충혈이 있다. 수컷 안에있는 이 출혈에 암컷의 **월경**이 대응한다. 이런 방식으로, 자궁이 단순한 수용기(저장)로서 담고 있는 것이 수컷에게서는 생산적인 뇌와 바깥으로 유출되는 심장으로 나뉜다. 이러한 구별의 결과, 수컷이 능동적 원리가 되는 반면에 암컷은 수동적 원리가 된다. 왜냐하면 암컷은 발달하지 않은 통일성으로 머물

러 있기 때문이다. 마치 그 산물이 둘의 형상들 혹
은 부분들의 결합일 뿐인 것처럼 생식을 암컷의 난
소와 수컷의 정액으로 환원해서는 안 된다. 그러나
물질적 요소는 암컷 안에 있고, 주체성subjectivité은
수컷 안에 있다. 수태는 개인 전체를 그 표상 속에
서 스스로를 잃는 단순한 통일 안에 집중시키는 것
이다. 즉 **정액은 이러한 단순한 표상 그 자체 — 전체성 속에
서의 이름nom과 자기soi처럼 하나의 점un point이다**."

"죄머링에 따르면 '눈의 동맥은 더 가늘고 **붉은** 피를
함유하지 않는 실핏줄들에 이르는 것으로 보인다'."

—헤겔[58]

혈족의 행위는 **피 흘리고 죽은 이**l'exsangue를 돌보는 것을 목표로 삼
는다. 그 내재적 의무는 **죽은 이의 매장**을 보장하는 것으로, 이러한
자연적 현상을 정신적 행위로 변화시키는 것이다. 한 **걸음 더** 나아
가면, 우발적인 생의 불안과 흩어져 살아가는 현존재를 계승해나
가는 것을 넘어, 남성성을 완성된 형상으로 이끌어 단순한 보편성
의 평화로 고양시키는 일이 바로 혈연을 수호하는 여성성에게 돌아
간다는 것을 알 수 있다. 여성성은 본질적으로, 자기 목숨의 위태
로움을 포함한 모든 악조건에도 불구하고, 순수 존재가 된 남성의
시체를 매장하는 일을 계속해서 맡아야 한다. 적어도 겉보기에는,

58 『철학적 학문의 백과사전 강요 2부 자연철학』(1842)에서 인용.(옮긴이)

여전히 너무 직접적으로 자연적인 이러한 보편성을 지양하는 긍정이 중요한데, 이는 순수한 진리를 회복하는 것이기 때문이다. 즉, 문제는 자기의식의 본질에 있어서 보편성의 정지(보편성과 정지)이다. 인간은 확실히 여전히 (자연적인) 죽음에 종속돼 있다. 그러나 중요한 것은 독특한singulier 개인에게 돌발하는 이 사건, 그 자연적인 성격상 의식을 자기 자신으로부터 추방하고 자기의식이 되기 위한 회귀를 차단하는 이 사건을 정신의 운동으로 변화시키는 것이다. 만약 남성성이, 예를 들면 전쟁에서처럼, 도시를 위해 자신의 생명을 희생함으로써 이 부정성을 윤리적 행위로 만들어야 한다면, 여성성은 **자기 파괴의 작용을 통해** 죽은 이를 그 자신과 화해시키는, 효과적이고 외재적인 매개가 되어야 한다. 정신의 생성에서 이러한 파괴는 건너뛸 수 없다. 따라서 틀림없이 보편적이지만, 특수하게 힘이 없고 공허하며 타인autrui에게 수동적으로 맡겨진 죽은 존재가 자기soi에게로 복귀할 때, 여성성은 그를 자기 안으로 받아들인다. 이를 통해 여성성은 모든 비합리적이고 저차원적인 개체성individualité으로부터, 또한 이제 그 자신보다 더 강력해진 추상적인 물질의 힘으로부터 그를 지켜야 한다. 그에게서 무의식적인 욕망들의 수치스러운 작용과 자연적인 부정성을 떼어놓으면서—**그를 여성성에 대한 그의 욕망으로부터 보호하면서?**—여성성은 이 혈족parent을 불멸의 기본적인 개체성에 재결합시키면서 **대지의 품에** 돌려놓는다. 또한 하나의—종교적인—공동체, 즉 특수한 물질적 폭력들과 이 죽은 자에게 몰아쳐서 그를 파괴할 수도 있을 낮은 생명력들을 자기 통제하에 두는 공동체와 재연결시키면서. 이러한 지고의 의무는 신성한 법 혹은 개별적인 것과 대면하여 **긍정적인** 윤리적 행위를 구성한다.

한편 인간의 법은 개별적인 것에 **부정적인** 의미를 부여한다. 사실, 도시를 구성하는 각 구성원은 존속에 대한 그리고 고유한 대자존재être-pour-soi에 대한 권리를 갖는다. 거기에서 정신은 자신의 실재réalité 혹은 현존재를 발견한다. 그러나 동시에 정신은 전체의 힘이다. 그리고 그 점에서 정신은 **부정적인 일자** 속에 **이 부분들**을 모은다. 전체성에 대한 이러한 부분들의 의존과 전체성 안에서만/전체성에게서만 **생명**을 받는다는 의식을 상기하면서. 따라서 일차적으로 특수한 목적들, 즉 자기 자신들을 위한 부의 습득이나 자기 자신들 안의 주이상스의 추구를 위해 세워졌을 연합체들—가족 포함—은 개별 성원의 친밀한 삶을 뒤흔들고, 독립된 그들의 삶을 뒤집어엎고, 그들의 독자적인 삶을 침해할 수 있으며, 결국에는 전체를 붕괴시킬 위험이 있다. 그러므로 이 개별성의 질서 속에 빠져 있는 이들에게, 정부는 그들의 주인, 즉 죽음을 느끼게 해주어야 한다. 그것은 자연적인 현존재로의 침몰, 감각적 세계로의 퇴행, 혹은 자기의식이 전유할 수 있는 모든 속성이 결여된 피안의 희열extase로부터 그들을 지키는 것이다. 따라서 **사자死者 숭배**와 **죽음의 문화**는 신의 법과 인간의 법을 서로에게 연결하는 것이 되겠다. 또한 이것은 남성과 여성 사이의, 적어도 윤리적 차원으로 고양된 관계를 허용하는 것이기도 하다.

이 혼힙 없는 순수한 관계는 **남매 사이 외에는** 일어나지 않는다. 그들은 같은 피이지만 그들 안에서 그 피는 정지repos와 균형에 이르러 있다. 따라서 그들은 서로를 욕망하지 않는다. 그들은 서로에게 대자존재로 주어지지 않았거나, 혹은 서로를 대자존재로 받아들이지 않았다. 그들은 서로에 대해 자유로운 개체성들이다. 그렇다면 무엇이 그들을 결합하도록 부추기고 각자가 서로의 타자로 하여금 이행하도록 만드는 것인가? 그들은 서로에게 어떤 의미이기에, 서로를 교환하도록 이끌리는 것인가? 피를 인식한 것인가? **같은피**의 힘에 공통으로 속한 것인가? 즉, 모권제 유형의 혈통에서 가장 순수한, 가장 보편적인 존재로 보장되는 영속, 피의 존속에의 공모인가? 오이디푸스 가족은 이런 의미에서 아주 전형적일 것이다. 왜냐하면 남편의 어머니가 또한 그의 아내이기도 하며, 이는 이 결합으로 태어난 아이들 — 그중에서도 특히 폴리네이케스와 안티고네 — 안에서 피의 관계를 재표시하기 때문이다. 그뿐만 아니라 삼촌 — 어머니의 형제 — 은 여기에서 이미 가부장적 권력의 대표자le représentant일 것이다. 혹은 **같은정액**을 공유함으로써 부계 혈족에 (다른) 균형을 부여하는 것, 곧 부계 혈족의 마법적인 정념을 다른 정념으로 상쇄하는 것인가? 그러나 정액은 피에 결합되지 않고 — 오랫동안 그렇게 생각됐음에도 — 오히려 난자에 결합된다. 성교는 모든 "실질적 효과"의 측면에서 보더라도, 정신과 윤리적 실체의 통일을 회복 불능한 상태로 이미 해체시켰을 것이다. 게다가 성교는 불순한 혼합인, 남편과 아내의 결혼 안에서만 일어난다. 그렇다면 남매의 화합은 **같은이름**이라는 측면에서 고려되어야 하는 것일까? 그들이 같은 자궁에 이끌리는 것은 아버지 성씨로 대표되는 상징적 규칙들에 대한 복종인 것인가? 이미 이 규칙은 핏줄의 위력을 대체할 뿐 아니라, 가족 공동체를 도시에서 행사되는 법적인 유형들로 고양시켰다.

따라서 한동안 남매는, 각자의 개별적인 자기 속에서, 자신을 인식한다. 타자 안에서/타자에 의해서 균형을 이룬 힘pouvoir으로부터 각자의 권리를 긍정하면서 말이다. 이 힘은 붉은 피의 힘이자 재흡수의 힘으로, 명명하는 과정 속에서 지양된다. 그것은 곧 서로 닮아가는 것이다. 이러한 이상적인 분배에서는 모권제와 가부장제의 (윤리적) 실체들이 공존한다. 불순물〔혼합〕 없는 평화 속에서 그리고 욕망이 결여된 관계 속에서, 각자는 심지어 서로에게 각각의 고유한 실체를 다시 돌려주기까지 한다. 여기에서는 성들 사이의 전쟁은 일어나지 않을 것이다. 그러나 이 순간은 물론 신화적이다. 그리고 **이헤겔적꿈**은 이미 가부장제 담론에 의해 생산된 변증법의 결과이다. 그것은 안도감을 주는 환상이고, 불평등한 무기로 싸우는 전투의 휴전이며, 이미 정신의 생성을 짓누르고 있는 죄의식의 부인이다. 게다가 그것은 **양성성**, 즉 각각 성의 타자와 관계 맺고 타자에게로 이행함으로써 확인되는 **양성성**의 미끼이기도 하다. 하지만 두 성은 이미 남성이든 여성이든 각각의 성에 상이한 의미를 지니는 운명에 굴복했다. 비록 강간, 살인, 불법 침입, 상해가 여전히 적어도 외관상으로는, 적어도 일반적으로는 남매 사이에 중지돼 있다 하더라도 말이다. 사실 이는 더는 진실이 아니다. 그것은 헤겔의 다음과 같은 고백에서 드러난다. 그에 따르면 남자 형제는 여자 형제에게 있어서 인정reconnaissance의 가능성으로 존재한다. 하지만 어머니이자 배우자인 그녀에게서 이 가능성은 박탈되며, 남매의 처지는 상호적이지 않다. 그러므로 남자 형제는 이미 여자 형제에 대한 가치를 투여받지만, 여자 형제는 죽음을 무릅쓰고 의식을 행하는 게 아니라면 남자 형제에게 이러한 가치를 베풀 수 없는 것이다.

확실히 소포클레스의 작품에서 모권제에서 가부장제로의 완성의 도중에 있는 이 역사적 이행기에서의 일들은 아직 그렇게 명료하지 않았다. 더 가치 있는 것에 대한 결정 불능을 여기서 여전히 읽어낼 수 있다. **피는 이미 더는 순수하지 않다.** 즉, 아버지는 적어도 한동안 왕이었다. 왕은 아버지로서의 권리들뿐만 아니라 가족 (가부장제) 권력과 국가 권력의 공모를 확언한다. 그리고 비극은 혈연에 대한 취향에 뒤따르는 징벌을 상연한다. **고유명의 특권은 아직 순수하지 않다.** 즉, 아버지의 이름의 힘이 만약 그것의 권리로부터 창시된 것이었다면, 오이디푸스를 그가 저지를 살인과 근친상간으로부터 지켰어야 했을 것이다. 그런 일은 일어나지 않았다. 다른 한편으로, 남자 형제, 여자 형제 각각에게 분신이 있다는 것은 하나의 이행을 보여준다. 이 이행이란 더 남성적이거나 더 여성적인 존재, 즉 에테오클레스와 이스메네에 내포되어 있는 극단이 여전히 거의 캐리커처처럼 등장하는 것이다. 그런데 만약 이스메네가 안티고네와 **같은 피**에 속하는 자매로 규정되고, 폴리네이케스는 **같은 어머니**에게서 태어난 형제로 규정된다면, 에테오클레스는 **같은 아버지와 같은 어머니**의 아들로서 규정된다.

사안들은 또한 다르게 진술될 수 있다. **이스메네**는 그녀의 약함, 공포, 순종적인 복종, 눈물, 광기, 히스테리를 포함해 이론의 여지 없이 "여성"으로 보인다. 더욱이 이런 점들 때문에 그녀는 왕에게 얕보이고 멸시당한다. 결과적으로 그녀는 다른 여자들, 곧 가장 용감한 전사들의 용기를 손상시킬까 봐 행동의 자유를 박탈당한 다른 여자들과 함께 궁에 갇히는 제재를 받게 된다. **안티고네**에게 사안들은 덜 단순하다. 그리고 왕 자신은 그녀가 그의 남성성을 찬탈하지 않을까 두려워한다―"나는 이제 남자가 아니다. 그녀가 바로 남자다"[59]. 그녀가 죽음으로 불손함을 갚지 않는다면 말이다. 안티고네는 도시의 법에, 군주의 법에, 가부장의 법에, 즉 크레온의 법에 복종하지 않는다. 그리고 그녀는 혈연들을 희생시키거나, 자기 어머니의 아들을 개나 맹금들에게 내어주도록 내버려두거나, 그녀의 분신이 쉼 없이 헤매도록 내버려두기보다는 차라리 어떤 남자와도 결혼하지 않고 처녀로 죽기를 선택할 것이다. 신의 법에 봉사하는 것을 포기하느니, 지하의 신들에 대한 사랑을 저버리느니, 차라리 죽음을 택할 것이다. 지하에 속해 있을 때 남자들의 고안물들 inventions로부터 빠져나올 수 있는 까닭에, 그녀의 주이상스는 틀림없이 지하에서 더 잘 인정받게 될 것이다. 그녀는 저승과의 관계에 의해/관계 안에서 그것들 모두에 도전한다. 밤의 정념 속에서, 남자들이 돈에 대한 사랑으로 탐닉하는 이 비참한 중죄들과는 다르게, 그녀는 도착적 행위들―적어도 왕의 말에 따르면―에 전념한다. 심지어 그녀는 포기하는 것보다 죽는 것이 자신에게 더 감미로

---

59 소포클레스, 「안티고네」에서 인용.(옮긴이)

운 일이며, 나아가 왕과 그녀 사이에 어떤 약속도 이루어질 수 없다고 선언하면서 자랑스러워한다. 또한 **그와 그녀 사이에 아무것도 말해질 수 없다**고 선언하면서. 따라서 그녀는 카드모스인들, 즉 **식자들** 가운데 유일하게 그렇게 추론한다. 적어도 그녀는 그것을 **높은 소리로** 말한다. 이렇게 해서 그녀는, 주인의 권위에 맞서 낮은 소리로 은밀하게 반란을 속삭이기만 하는 민중과 노예의 공모를 이끈다. 친구들 없이, 남편 없이, 눈물 없이 그녀는 **이 잊힌 길**을 따라 인도되어, 바위의 **구멍 속에** 산 채로 **갇혀** 태양 빛을 영원히 **빼앗긴다**. 권력을 가진 자들은 도시가 그녀의 부패로 인한 오염과 수치를 면하도록, 자신의 지하, 동굴, 태내에 홀로 있는 그녀에게 생존에 필요한 음식물을 제공할 것이다. 그녀가 지하의 신과 홀로 대면하는, 이 혼자만의 숭배 의식에서 과연 살아남을지 ─ 다시 한번 ─ 보려고 한다. 그러나 그녀에게 사랑은 너무도 치명적인 표상들만을 가지고 있어서 그녀의 욕망은 이러한 형벌들에서 회복되지 못한다. 자기 자신은 죄가 없음에도, 그녀는 어머니의 불길한 결혼의 무게를 지탱하며, 그토록 끔찍한 성교로 태어났다는 죄책감을 느낀다. 따라서 저주받은 그녀는 감당하기엔 그토록 부당하지만 피할 수 없는 형벌에 동의함으로써, 스스로 자기 자신에게 죽음을 부여함으로써, 적어도 주이상스의 애도^{deuil}─**주이상스인 애도?**─를 책임진다. 권력에 의해 작성된 법령을 예상함으로써? 그것을 복제함으로써? 이미 굴복한 것인가? 혹은 아직도 반항하는 것인가? 어쨌든 그녀는 자기 자신에게 어머니의 자살을 반복한다. 피는 흘리지 않고서 말이다. 그리고 그녀가 도시의 법들과 벌이는 현재의 논쟁이 어떻든 간에 또 다른 법이 이미 그녀를 끌어당겨 길을 가도록 한다. (자신의) 어머니와의 동일시의 길을. **그러나 어머니와 아내를 어떻게 구분하는가?** 이는 어머니—남편의 배우자이자 어머니—의 불길한 패러다임이다. 이렇게 누이는 최소한 자기 어머니의 아들을 구하기 위해 자신을 질식시킬 것이다. 그녀는 자신의 숨—말, 목소리, 공기, 피, 생명—을 허리띠의 베일로 끊고, 무덤인(무덤의) 그늘, 죽음인(죽음의) 밤으로 돌아갈 것이다. 자신의 남자 형제, **자기 어머니의 욕망**이 영원히 살도록 하기 위해. 그녀는 결코 여성femme이 되지 못한다. 그러나 너무나 배타적으로 남근적인 시점으로 중심 안에서 보았을 때 그렇게 믿을 만큼 남성적이지도 않다. 왜냐하면 그때까지 그녀를 이끈 것은 애정과 연민이기 때문이다. 오히려 그녀는 그 길이 더는 없고, 그 길이 결코 트인 적도 없는 욕망의 포로이다. 그리고 그녀는 폴리네이케스에게서 무엇보다도 어머니와의 관계를 발견했을 것이다. 두 아들 중 더 여성적인 **폴리네이케스**에게서. 더 젊은? 어쨌든 더 약한, 배척되는 이. 더 성마른, 더 충동적인, 분노로 자기 혈관들을 다시 열고자 할 이. 그는 여성에 대한 사랑을 위해서/사랑에 의해서 무장해 있고, 그[에테오클레스]와 달리 결혼했으며, 이 외국인과의 결혼에 의해 자기 누이가 산 채로 매장당해 죽게 만든다. 적어도 피의 정념 속에서 그는 자기 형제—**에테오클레스**—의 지배에 대한 권리를 무화시켰고, 그 형제—손위인가?—가 권력, 이성, 소유권, 부계 계승과 맺고 있는 관계를 파괴했다. 그러나 동시에 스스로를 죽이게 됐다.

그렇다고 통치 방식이 바뀌지는 않았다. 또 다른 남자가 계승을 확실히 하기 위해 등장했다. 바로 **크레온**이다. 그 또한―안티고네처럼―홀로 있다. 그러나 그에게는 법이라는 도구가 있다. 그는 틀림없이 절망적이었지만, 그 혼자에게만 힘puissance이 있음을 주장한다. 아내와 아들을 전면적인 파멸로 이끌었지만, 사랑 없이 왕좌에 다시 오르고, 왕권을 그의 수중에 넣는다. 그는 몹시 괴로움을 당했다. 그러나/그리고 준엄한 방식으로 자신의 행위들을 결정한다. 불굴의 엄격함. 무자비한 이성. 깨뜨릴 수 있는 만큼 깨지기 쉬운 그의 약한 힘은 그로 하여금 쾌락을, 여성(들)에 의한 지배를, 그의 아들에게 표상된 젊음의 정념을, 민중의 연합을, 노예들의 반란을, 심지어 여전히 자신들을 분열시키는 욕망에 순응하는 신들까지, 따라서 예언가들과 "옛 사람들"까지 경계하기를 요구한다. 예를 들어 여성적인 것과의 그리고 신적인 것과의 관계들 속에서 약간 횡설수설하기도 하면서, 그는 말, 진리, 지성, 이성―모든 소유물 가운데 가장 멋진 것―의 보전을 홀로 보장하는 특권을 옹호한다. 그리고 모든 가족 구성원들의 이러한 살육 속에서―이스메네는 금빛 감옥에 따로 있는데, 그곳은 사실 주권자의 변화로 인해 단순한 사적 거처로 변화될 가능성이 있다―, 이 전체적인 출혈 속에서, 이렇게 그는 **일자**로 남아 있다(존속한다). 그러나 그럼에도 불구하고, 그는 불행 외에는 남지 않은 자기 자신―견딜 수 없는 운명에 너무나 짓눌리는 남자, 이제 그에게는 모든 것과 모든 사람이 똑같이 우연적인 존재들일 뿐이다―에 대한 확신과 (피의 실체의) 내용이 없는 대자존재의 주권, 그리고 자기 자신에게 낯선 엄격한 전능함 사이에서 **부서져** 있으며, 독특한 개인들 사이의 (피의) 관계들을 추상적 보편성으로 용해하는 법 집행을 통해서만 개인적 권력을 부여받는다. 곧 신이, 그러나 모두를 유사물semblant의 정지stase 속에 굳어진 피의 법에 굴종시키고자 하는 욕망만을 갖는 신이 나타난다. 바로 자아Moi이다.

이는 정신의 생성에 필수적인 계기이다. 하지만 헤겔은 이러한 이행 안에서/이행에 대해서 거의 우울증적인 유감을 표하는데, 그에 따르면 이것은 (그의) 누이에 대한 (피의) 혼합 없는 끌림으로 돌아가는 꿈이다. 종과 속이 아직 생겨나지 않았을 때, 단일체, 개체, **아직 살아있는** 피의 **주체**가 단순히 발생하던 때로 돌아가는 것이다. 그리고 이러한 퇴행의 향수에서 그는 성차화된sexué 관계에 대한 자신의 욕망을 틀림없이 드러내지만, 이러한 관계는 성적 욕망의 현실화를 통한 이 욕망의 이행을 회피한다. 성적 욕망은 피의 순환 안에서 일원화된 조화를 깨뜨리게 된다. 남자 형제와 여자 형제 사이의 구별départage은 이 순환 안에서 들숨/날숨, 유동성/응고성, 외부에 대한 이해/외부의 흡수라는 국면을 거치는데, 동물성의 차원에서라면 이 국면들은 거의 구별되지 않는다. 그러니까 한쪽(남성 또는 여성)이 숨을 거두는 반면 다른 한쪽은 호흡하기 시작하며, 한쪽이 붉은 피가 되는 반면 다른 한쪽은 자기 핏줄(들) 안에서 자기에게 이미 돌아갈 것이고, 한쪽이 혈구(들)의 원자적 개체로서 드러나는 반면 다른 한쪽은 림프로 남고, 한쪽이 탄화되어 땅으로 돌아가는 반면 다른 한쪽만이 정지 상태에서 나와 발화하는 것 등등이다. 그러나 아마도 그들은 소회digestion라는 이 과정에서 이미 회복될 수 없이 분리될 것이다. 이미 여성을 동화시킨 남성 안에서 여성이 자신을 인정할 수 있더라도, 그 역은 충분히 현실화되지 않기 때문이다. 그리고 만약 도시라는 이 외부를 향해/외부에 반대해 움직이는 자율적인 운동을 부여해주는 용기, 사랑, 분노를 안티고네가 증명한다면, 그것은 그녀가 남성적인 것을 소화했기 때문이다. 적어도 부분적으로, 적어도 잠시 동안은. 그러나 아마도 이것은 그녀가 남자 형제를 애도할 때, 즉 죽음으로 인해 상실한 남성성을 그에게 되돌려주고, 그의 영혼에 다시 양분을 주는 시간 속에서만 가능했을 것이다. 그러니까 그가 죽는 시간 말이다.

따라서 이미 피의 균형은 흐트러졌고 변질되었으며 용해되었다. 그리고 자기 자신을 소화시키기, 자기 자신에게 유동성을 부여하기, 자기 자신을 자극하기, 자신의 운동으로 자기 자신을 흔들기, 자기 자신을 낳기라는, 혼합 없는 행복은 똑같이 분배되지 않는다. 그러나 여자 형제가 살아 있는 통일체로 존속하는 한, 그녀는 남자 형제가 자기에게 돌아가기 위해 동화되는 이러한 실체—피—의 자기표상적 지지대support가 될 수 있다. 아들이 자신을 낳은 부부로부터 독립해서 대자pour-soi가 되도록 보증하는 그녀는 **살아있는거울**로서, 이 거울의 반사를 통해 자기 자신의 자율성이 만들어지는 원천이 될 것이다. 즉, 붉은 피와 그것의 유사물이 서로의 안에서 조화롭게 녹아드는(뒤섞이는) 특권적인 장소이다. 하지만 그녀는 이러한 용해(혼돈) 속에서 똑같은 권리를 갖지 못한다. 그리고 타자 안에서의 그들의 자기사변auto-spéculation에 대해 도시가 부여하는 상이한 인정은 이미 항상 그들의 결합을 왜곡했다. 비록 한쪽이 다른 쪽을 반드시 제거해야만 한다는 사실이 완전히 유효해지기 위해서는 종종 공식적인 재표시를 기다려야 하지만 말이다.

따라서 남성적인 것과 여성적인 것은 나뉘어져 더더욱 멀어질 것이다. 아내-어머니는 양분을 주고 유동화하는 **림프** 쪽에 관련되는 한편, 주기적인 출혈로 피를 상실하면서 거의 백색에 가까워진다. 그것은 사회의 다양한 구성원들과 기관들이 그녀를 통합하고 그녀에게서 그들 자신의 실체를 찾을 수 있을 만큼 충분히 **중성적** neutre이고 **수동적**으로 되는 것이다. 남자(아버지)는 자기 안에 그리고 자기를 위해 외부의 타자를 **동화**assimilation함으로써 개체화 individualisation의 변화를 지속할 것이다. 이렇게 해서 자신의 생명력, 성마름, 활동성을 강화하게 된다. 타자를 자기 안의 자신의 장 속에 흡수하는 순간에 특별한 승리감을 느끼면서 말이다. 대문자 아버지-왕은 남성과 여성 사이의 (살아 있는) 교환의 단절을 자신의 담론 속에서 지양함으로써 그것을 반복할 것이다. 동시에 그는 분신을(분신으로서)—자신 안에, 그의 아들 안에, 그의 아내 안에 각각 상이하게—생산하는(생산되는) 법 텍스트의 글쓰기 속에 피를 탄화시킨다. 또한 유사한 것들, 다양하게 피 흘리는 개체적 자아들의 원자들을 증식시켜서 그 피를 퇴색시킨다. 이 과정에서 어떤 실체는 상실된다. 곧 자신을 살아 있는 자율적 주체성으로 구성하는 가운데 피가 상실되는 것이다.

변증법의 환원 불가능한 신기증, 우울증. 이것은 유혈의 수난을 상기시키는 응혈과 연관되어 있다. 이 수난은 왕좌를 보장해주지만, 절대정신에 이르기까지 계속해서 거품을 내는 무한(정)한 액체가 고난의 잔을 다시 채우게 된다. 이 혈전(들), 림프(들)는 만약 거품 없이 상처가 치유될 수 있다면 정신으로 하여금 돌의 고독과 순수로(만) 남겨지게 했을 것이다. 그 돌이 자기 내부에 여성성의 죽음을 가두고, 그 죽음 곁을 지킨다(그 죽음에 참여한다)고 가정한다면 말이다.

그러므로 어떤 담론도 간단히 다시 봉합할(포함할)re(n)fermée 수 없을 상처를 생산하는 이 부상blessure, 이 타격coup이 강요되는 윤리적인 순간으로 되돌아가야 한다. 남매의 조화로운 관계는 (소위) 동등한 인정reconnaissance과 두 본질들essences의 폭력 없는 상호 침투에 있었다. 여기에서 남성성과 여성성이 인간의 법과 신의 법 안에서 보편성에 도달한다. 그러나 이 상호 화합은 **사춘기**에 둘 다 행동을 강요받지 않는 한에서만 가능했다. 가정의 행복 안에서 전쟁을 면한 유년기, 그 유년기의 거의 천국 같은 연장! 그러나 이러한 목가적이고 **무구한**/목가적이었기에 **무구한** 유년기의 사랑들은 잠시일 뿐이었으리라… 그리고 남자 형제와 여자 형제 각자는 곧 자신의 상대가 또한 자신의 최악의 적, 부정, 죽음이었음을 알게 될 것이다. 왜냐하면 각각이 일률적으로 가치 있고, 공평하게 동일한 구별 속에서는 법이 유지될 수 없기 때문이다. 의식은 그 자신의 단순성과, 의무에 대한 파토스라는 온전한 성격 그대로를 알아보지 못한다. 그러므로 의식은 의식에 발현되는 윤리적 본질의 이러한 부분, 즉 한쪽 성에 자연스럽게 속하는 것에 상응하는 부분에 따라서 행동하기로 결심해야 한다. 이는 의식이 비자발적인 폭력을 범하도록 만들지만, 그것은 의식에게 그러한 작용의 편파적인 성격에 의해 감정이 상한 타자와 대면하는 사후에야 비로소 나타날 뿐이다. 그러나 이렇게 유죄가 되고 죄가 부과되는 것은 결코 이 특수한 존재가 아니라는 사실이 즉시 명백해진다. 이 존재는 보편적 자기를 위해 행동하는, 효력 없는 그림자일 뿐이다. 그리고 사실, 그의 개인적 무책임이 어떠하든 간에, 그는 그 자신으로부터/그 자신 안에서 단절된 자신을 알아봄으로써 자신의 죄의 대가를 치를 것이다. 어쨌든 그는 상대가 대립과 적대 속에서 나타나는 이러한 분열을 의식하게 된다. 언제나 매복 중인 어두운 힘은 행위가 저질러졌을 때 침입하며, 자기의식은 그 사실을 깨닫는다. 즉, **무의식**을 소유한다는 것 혹은 **무의식**으로 존재한다는 것은 의식에게 낯선 것으로 남아 있지만, 그것은 의식이 취하는 결정을 어느 정도 규정한다. 그렇게 해서 살해당한 공공의 모욕자는 아버지로 밝혀지며, 그와 결혼한 왕비는 어머니로 밝혀진다. 그러나 가장 순수한 잘못은 윤리적 의식이 저지른 잘못인데, 윤리적 의식은 자신이 어쩔 수 없이 불복종하는 법과 힘을 사전에 알았다. 곧 이 잘못은 필연적으로 여성성이 저지른 잘못이라 할 것이다. 왜냐하면 윤리적 본질이 자신의 신적, 무의식적, 여성적인 면에서는 모호하게 남아 있는 반면, 인간적, 남성적, 공동체적 측면에 존재하는 규정들은 완전한 빛 속에 드러나 있기 때문이다. 그러므로 **여기에서는 아무것도 죄를 용서할 수 없고, 벌을 최소화할 수도 없다.** 그리고 매장enterrement 자체에서, 즉 비현실성과 순수한 파토스로의 추락 자체에서 여성적인 것은 자신의 죄의 정도를 인정해야 한다.

단 하나의 삼단논법의 놀라운 악순환. 여기에서 의식은 무의식을 몰라도 무방하지만, 무의식은 계속 무의식으로 남아 있으면서도 의식의 법들을 알 것으로 가정된다. 무의식은 그 법들을 준수할 수 없었기 때문에 더욱더 억압받는다. 그러나 두 가지 윤리적 법, 즉 성차―그것은 사실 남자 형제와 여자 형제의 죽음 속에서 사라져야 하는―의 이러한 두 현존재를 위/아래로 계층화하는 것은 자기soi로부터 온다. 끊임없이 그 필연성을 지양하는 정신의 운동은 타자가 더 깊이 우물에 묻히는 만큼 더욱 쉽게 자기 피라미드의 꼭대기에 도달한다. 그러고 나서 일자는 새로운 힘들, 새로운 형상을 타자에게서 다시 길어내기 위해서 타자와 교합한다copule. 반면에 타자는 어떤 특수성의 표시 없이 자신을 내주는 실체가 숨어 있는 땅속으로 항상 더 물러난다. 그리고 그녀에 대해 계속 행해지는 강간이 백주에 드러날지조차 확실하지는 않다. 왜냐하면 이 일〔강간〕은 또한 지하 동굴 속으로의 은거를 야기해 점점 더 숨겨질 수 있기 때문이다. 혹은 다른 경우에, 너무 다른 "본질"이 생겨나서 이 "본질"이 "외부로부터 생산될" 것이라고 기대하는 것은 그 자체로 이미 이 "본질"을 동일자로, 즉 인간의 법만을 의식할 뿐인 무의식으로 축소시키는 것이다. 이는 죄가 눈에 띄지 않고 저질러질 수 있고, 그 작용이 실제로 이루어지지 않을 수 있다는 것을 의미한다. (그것들의) 항들 각각을 너무나 철저하게 둘로 나누는 나머지 **단 하나의 변증법으**

로는 그들의 교합을 가능케 하기에 더는 충분하지않는 한 그럴 것이다. 왜냐하면 한쪽의 성격과 다른 한쪽의 성격이 의식과 무의식으로 나뉘고, 각자가 스스로 이러한 대립을 야기한다는 것을 긍정하더라도, 어떻게 해서 무의식의 법들이 의식의 법들로, 소위 신의 법들이 철학적인 법들로, 여성성의 법들이 남성성의 법들로 **번역되는지** 알아보는 문제가 남기 때문이다. 이후의 정신 운동에서 그것들의 **차이**는 어디로 이행하는가? 아니, 오히려 정신 운동은 이 차이를 어떻게 해소하는가? 정신은 사후작용을 통해 자기 자신에게 이 차이에 관해 입법하고 그 생성을 진술할 권리를 얻음으로써 그렇게 한다. 반면에 언표행위 과정은 동일자로 복귀하려는 자신의 욕망 가운데 이러한 차이를 배제해버린다. 이것은 다음과 같은 형식으로 문제 제기될 수 있다. 즉, 남성적인 것은 자신의 담론적 기획의 법을 다시 훑어볼 수 있지만, 여성적인 것은 법/자신을 알지 못하기 때문에 여성적인 것의 법을 규정하는 것은 역시 남성적인 것이 되는 것이다. 그리고 관념상으로는, 한쪽과 다른 한쪽이 의식과 무의식인 것은 결과적으로 의식적인 것이 오히려—더 일찍부터?—남성적인 것에서 존속하고, 무의식은 모성과의 분리 불가능성에 억압된 여성적인 것에 속하게 되는 것을 막지 않는다. 이것은 남성성—남성에게 혹은 우연히 여성에게 존재하는—이 어느 정도 모성적인 것에 대한 관계와 종속을 변증법적으로 발전시킬 수 있고, 그것이 여성적 특수성의 부정을 포함한다는 것을 함축한다. 그러나 여성적인 것에 있어서는 상황이 다르다. 여성적인 것은 그 존재(로서)의 추상적 식집싱이나 힌 존재(로서)에 대한 거부의 방식이 아니라면, 모성적인 것, 심지어는 남성적인 것과 차이가 식별되지 않는다. 여성적인 것에는, 자기로서의 한쪽에 대한 개별적이면서도 보편적일 수 있는 관계의 긍정 작용이 결여되어 있다.

여성에게는, 자기 자신(동일자로서의 자기)과 동일시하기 — 자기에게 돌아가기 — 를 가능케 하고 자연의 반사 과정의 직접적 영향에서 벗어나게 해주는 특수한 거울반사spécularisation 작용에 대한 시각과 담론이 결여되어 있다. 이런 점에서 여성은 대문자 역사의 발전에 있어서 활동적인 위치를 차지하고 있지 않다. 왜냐하면 여성은 단지 감각적 물질 — 자기의 지양 혹은 지금 여기 그대로인(그대로였던) 존재의 지양을 위한 실체substance(의) 저장소 — 의 아직 미분화된 불투명함opacité일 뿐이기 때문이다. 언표작용의 현재 순간의 이중화redoublement 속에서 여성이 그녀 자신의 것일 이러한 **유사-주체성**에 도달할 때, 이미 그 현재는 지나갔거나 보편성으로 이행한 다음이다. 따라서 **유사-주체성**은 자기의식으로 전유될 수 없다. 여성에게 나je는 결코 나je와 같지 않(을 것이)다. 그리고 그녀는 주인이 소유하는 특수한 의지, 동일자 혹은 분신doublure의 정념에 저항하는, 여전히 감각적인 육체성의 잔여일 뿐이다. 그(그녀) 자체로서 그녀는 대문자 역사의 담론의 언표행위 과정을 완수하지 않는다. 반대로 그녀는 자기 주인에게서처럼 이 담론성에서 소외된 채 타자, 즉 말하고 있는 대문자 너Toi — 대문자 그Il — 에게서만 본질적인 자신의 자기 — 자신의 자아 — 의 직관을 갖는, 자기 자신(동일자로서 자기)이 결핍된 하녀로서 머무른다. 그녀 자신의 의지는 이 주인을 대면해 겪는 두려움 속에서, 자신의 부정성에 대한 내밀한 감정 속에서 해체된다. 그리고 타자, 즉 이 대문자 타자에 봉사하는 그녀의 노동은 그녀 자신에게 있어서 특별하다고 할 욕망의 비현실성을 구성한다.

그러나 이와 같이 욕망의 소유권을 포기하는 가운데, 외부의 사물들은 실정적인 것으로positivement 형성된다. 그것들의 형상들은 어떠한 특수한 파토스, 어떠한 우연적 자의성에 의해서도 재표시되지 않는 자기에 의해 규정되며, 정신은 이 사물들 내에서 자기 자신을 대상적 실재성으로 재직관할 수 있게 된다. 여성에게 요구되는 이러한 복종의 궁극적 의미는 다음과 같은 단순한 이행이다. 그것은 여전히 감각적이고 물질적인 자연의 비본질적인 변화들이 거기에서 보편적인 의지로 전환하는 것을 의미한다.

여성은 피의 수호자이다. 그러나 피/여성은 자신의 실체로 보편적인 자기의식에게 양분을 주어야 하기 때문에, **핏기 없는 그림자들**—무의식적 환상들—의 형상으로 지하에 영속적으로 존립한다. 지상에서 무능한 그녀는 정신이 자신의 모호한 뿌리들을 드러내고 그 힘들을 길어내는 땅으로 남아 있다. 그리고 자기의—남성성의, 공동체의, 정부의—확신은 모두에게 공통적인 실체, 망각의 물속에서 억압된 실체, 무의식적이고 침묵하는 이 실체 안에서 남성들 서로를 이어주는 말과 서약의 진실을 소유한다. 이렇게 해서 여성성이란 본질적으로 사자를 땅속에 다시 묻고, 생명을 영원히 재부여하는 데 있다는 것이 이해된다. 왜냐하면 **피 흘리고 죽은 자는 그**

녀가 자신의 존재 속에서 알고 있는 매개이며, 그것은 가장 특수하게 매장된 생명체로부터 자기 전체를 포기한 현존재의 가장 일반적인 본질로의 이행이기 때문이다. 그러므로 그녀는 이 매개의 순간을 상기함으로써 최소한 망각 속의 방황으로부터 인간과 공동체의 영혼을 보호할 수 있다. **자기 자신의 망각을 통한 자기의식의 기억**er-innerung**을 확신하면서** 말이다.

그러나 때로는, 백주에 살 권리를 박탈당한 사실로 인해 적대적이게 된, 이 세상의 아래의 힘들이 반란을 일으켜 공동체를 황폐화시키겠다고, 뒤집어엎겠다고 위협하는 일이 일어난다. 자연에 양분을 주는 무의식적인 땅으로 존재하기를 거부하면서 여성성은 자기 자신을 위해 쾌락에 대한 권리, 주이상스에 대한 권리, 현실적인 활동에 대한 권리까지 요구할 것이다. 이렇게 자신의 보편적인 운명을 배반하면서 말이다. 게다가 여성성은 보편적인 것만을 생각하는 성인 남성 시민을 조롱하고, 미성숙한 청소년의 조롱과 경멸에 그를 종속시킴으로써 국가의 소유권을 왜곡할 것이다. 여성성은 그에게 반대하여 **아들의**, **남자 형제의**, **젊은 남자**의 젊음의 힘을 대립시키고, 정부의 권력보다는 이들에게서 훨씬 더 강하게 **주인**, **동등한 상대**, **연인**을 인식한다. 공동체는 이 요구들을 공동체를 파괴할 위험이 있는 **부패**의 요소들로 여겨 제거함으로써 그 요구들로부터 자신을 보호할 수 있다. 사실 이 반란의 **씨앗들**은 원칙적으로 아무것도 할 수 없다. 이미 시민들이 추구하는 **보편적인 목표와 분리된 것들**로서 무無/néant로 축소된 것들이다. 그리고 모든 공동체는 젊은 남자들―여자의 욕망을 충족시키는―의 유혈 분쟁 속에서 (서로) 전쟁을 하고 서로 죽이기를 권함으로써, 여전히 너무 직접적으로 자연적인 이 힘들을 자신의 무기들로 전환시켜야 한다. 그들을 통해서 자연의 여전히 살아 있는 실체는 형식적이고 텅 빈 보편성의 마지막 원천들을 희생시킬 것이다. 가족 지하실의 친밀함 속에, 더는 결코 모일 수 없을 다수의 지점들에 최후의 **핏방울들**을 흩뿌리면서.

그리고 만약 이 **지점들** 안에서 **정액, 이름, 개인 전체**가 그것들로 하여금 딛고 올라서게 해주는/자신을 지양할 수 있게 해주는 표상적 지지대를 발견할 수 있다면, 자율적 흐름 속에 있는 피가 재통합되지는 못할 것이다. 그러나 **눈**은 보기 위한 목적에서 피를―적어도 절대적으로―필요로 하지는 않을 것이며, 대문자 정신 역시 (자신을) 사유하기 위한 목적에서 그렇게 하지는 않을 것이다.

경계를 한정할 수 없는 부피[60]

따라서 여성은 아직 발생하지(장소를 차지하지) 않았을 것이다.
"아직 아닌pas encore"은 틀림없이 **히스테리적 환상**에 부합한다. 그러
나/그리고 그것은 하나의 **역사적 조건**을 고백한다. 여성은 아직 장
소, 그녀가 지금 그대로 고유화할 수 없는 장소의 전체이다. 여성은
"그녀"가 미분화 상태라는 점에서 가장 근본적으로 무능한 바로 그
곳에서 전능한 존재로 경험된다. 그녀는 결코 지금 여기에 존재하
지 않는다. "주체"가 그녀(들)를 알아볼 수 없음에도 자신의 저장
물, 원천들을 계속 길어 올리는 다른 모든 곳이 그녀이기 때문이다.
그녀는 물질로부터, 땅으로부터, 어머니로부터 뿌리 뽑히지 않으
나, 그럼에도 이미 장소들 X로 흩어져 있다. 그 장소들은 결코 그녀
가 자기 자신에 대해 알고 있는 그 어떤 것으로도 집결되지 않으며,

---

60 원제는 L'incontournable volume이다. 이리가레의 인터뷰를 참조하여 incontournable
을 '경계를 한정할 수 없는'으로 옮겼다.(옮긴이)

이것은 모든 형상에서의 (재)생산—특히 담론의 (재)생산—의 지주support로 남아 있다.

여성은 전체의 무, 무의 전체로 남아 있다. 각 (남성)일자는 동일자에게 자기(동일자로서의 자기)와의 유사성을 배양해줄 무언가를 찾고자 한다. 이렇게 여성은 이동한다. 그러나 현재까지 그녀를 이동시킨 것은 결코 그녀가 아니다. 그녀는, 그녀가 "주체"를 위해 구성하는, 보유 중인 장소(장소의 보유)를 스스로 동요시킬 수 없다. 그리고 그 장소에는 단번에 가치가 할당될 수 없다. 그렇지 않으면 주체는 그의 투자들의 대체 불가능성 속에서 경직될 것이다. 그러므로 그녀는, 그가 그의 필요 혹은 욕망에 따라서 그녀를 움직이기를 기다려야 한다. 진행 중인 경제의 긴급함에 따라서 말이다. 그녀는 유보réserve, 부끄러움, 침묵 속에서 참을성 있게 기다려야 한다. 심지어 폭력적인 소비, 능지처참, 토막 내기를 감수하는 순간이 올 때에조차도. 벌어져 있는décousu 그녀의—아니, 어머니의?—성기 sexe를 통해서, 그는 그녀의 몸의 내부를 다시 뚫고 들어갈 수 있다고 생각한다. 마침내 거기에서 자신의 "영혼"을 잃을 것을 희망하면서. 너무나 계산된 부패. 그리고 이로 인해 그는 그 어느 때보다 더 아이로, 따라서 더 예속적으로 다시 나타날 위험이 있다. 그녀는 장신구들의 광택, 반짝이는 살갗에 의해 내적 탕진과 파열의 재난을 보상한다. 따라서 적어도 시선 아래에 있는 여성일자une는 번쩍이는 화장 혹은 모성의 역할로 자신의 조각난 상태를 은폐한다. 여성, 팀콘, 침묵 들, 아직(?) 무구한 빈 공간들 등의 단편들. "주체"가 포획에서 빠져나가려고 할 때 필요한 간격들écarts의 마련. 그러나 그가 수인prisonnier으로 구성되는 곳인 이 반사하는 모태를, 이 에워싸는 담론성을, 이 텍스트의 육체를 부수고자 애쓰면서도 그가 도달하게 되는 곳은 여전히 그녀다. 그가 자신도 모르게 그의 기획을, 생산을 배양한 자연. 이제 그에게는 거울로 된 울타리, 반사광의 폐허와 혼동되는 자연. 이 폐허와 함께, 자신의 상상계의 부재 속에서, 그녀는 자신의 차이를 어떻게 표명해야 할지 알지 못한다. 그러므로 그녀는 새로운 사변들을 위해 자신이 소비되도록, 혹은 소비에 부적절한 것으로 버려지도록 내버려둔다. 한마디 말도 없이. 기껏해야 자신의 이용을 영속화하거나, 아니면 몇몇 신기한 장치들과 자신을 교환할 것을 보장하도록 애쓰면서. 가장 최신의 뛰어난 고안품은 남성들에 의해 유통되게 되고, 기껏해야 항상 약간 바로크적인 그녀의 경박함에 의해 왜곡될 뿐이다.

모든 것은 **빈곳**le vide을 피하기 위해 (재)발명되어야 한다. 그리고 만약 장소가 이렇게 다시 경작된다면, 그것은 항상 동일자의 잃어버린 뿌리들을 찾기 위한 것이다. 아마도 지평선에 그토록 이해할 수 없고 그렇게나 다른 "세계"가 나타나서 그렇게 아찔한 사건을 도와주기(목도하기)보다는 땅 밑으로 돌아가는 것이 낫기 때문일 것이다. 어머니는 아마도 침묵하는 땅, 거의 형상화할 수 없는 신비를 의미할 뿐이지만, 적어도 그녀는 **가득차**pleine 있다. 확실히 우리는 불투명함과 저항성에 직면할 것이고, 그에 더해 물질의 혐오, 피의 공포, 젖의 양가성, 아버지의 남근에 의한 협박의 흔적들과 심지어

태어나면서 자기 뒤에 남겨둔 이 구멍까지 만날 것이다. 그러나 그
녀는—적어도—무無가 아니다. 그녀는 비어 있는 여성이 아니다.
표상의 이 무, 모든 표상의 이 부정, 현존하는 (자기의) 모든 표상들
에서의 경계 지어짐. 어머니는 확실히 갈라진 채 벌어져 있다. 그러
나 그것은 태어나는 혹은 젖을 빠는 아이에 의해서다. 그는 어쨌든
그렇게 믿을 수 있다. 따라서 그는 이 균열을 알고 있다. 왜냐하면
그가 자신의 체계 속에서 이 균열을 만들어내고서 다시 닫았기(가
두었기) 때문이다. 그것은 여성인(여성의) 균열이 아니다. 그는 그
녀를 어머니로 (다시) 만듦으로써만, 혹은 이 모든 타자에 개입하
면서 그 간격들조차 이미 페티시로 변형한 언어라는, 보호하는 베
일을 내세워 반대함으로써만 자신을 지킨다.

  그런데 여성은 닫혀 있지도, 열려 있지도 않다. 무한정하고
indéfinie, 끝이 없다in-finie. **형상은 그녀에게서 완성되지 않는다.** 여성은 무
한하지infinie 않으나, 글자, 숫자, 일련번호, 고유명사, 감성적인 (하
나의) 세계의 유일한 대상, 가지적인 전체의 단순한 관념성, 토대의
본체 등 **하나의** 단일체도 아니다. 형상의, 형태의 불완전함은 그녀
에게 매 순간 다른 사물이 될 수 있게 하지만, 이는 그녀가 결코 일
의적으로 무가 아니라는 뜻은 아니다. 그녀는 어떤 은유로도 완성
되지 않는다. 결코 이것 다음에 그것, 이것 그리고 그것이지 않다…
그러나 한정할 수 없는 우주로서, 어떤 순간에도, 그녀가 아니고 그
녀가 아닐 그러한 확장expansion이 됨으로써. 이것이 아마도 사람들
이 감수시킬 수 없는irréductible (히스테리적인) 불만족이라는 말로

지칭하는 바일 것이다. 그 어떤 개별적인 것(들)―형상, 행위, 담론, 주체, 남성적인 것, 여성적인 것…―도 여성의 욕망의 생성을 완성할 수 없다. 그리고 그녀에게 모성의 위험은 **한** 아이의 세계에 자신을/욕망을 고정시키는 것이다. 이 수태의 통일체에 붙들림으로써, 이 하나un의 주위에 포위됨으로써 그녀의 욕망은 경화된다. **하나 un와의 이 관계로 인해 남근화되는 것인가?** 그리고 마찬가지로 여성의 관념―이데아―에 너무나 적합하고 너무나 일치하는 여성성, 하나의 성―성의 이데아―, 하나의 성 페티시에 너무나 순종적인 여성성은 이미 남근형태주의 속에서 엉겨붙어버렸다. 남근로고스 체제 phallogocratisme에 의해 대사작용으로 동화된métabolisée 것이다. 반면에 여성의 주이상스 속에 일어나는 일은 이를 초과한다. 많은 생성들이 새겨질 수 있을 무한한 범람. 앞날에 다가올 그 생성들의 진폭은 거기서 예측되고, 가능한 것으로서 예견되지만, 결정할 수 있는 한계들 없이 하나의 확장, 팽창 속에서 나타난다. 이해될 수 있는 끝은 없다. 텔로스도 없고, 아르케도 없다. 그렇지 않으면 이미 남근적이었을 것이다. 그것은 이미 남성동성애적 상상의 규정들을 따르고, 자기 안에 그리고 자기를 위해 모성적인 것의 힘을 동일자―대문자 동일자―에게 가져오고자 하는 로고스와의, 기원과의 관계들을 따를 것이다.

그러나 여성은 그렇게 해소되지 않는다. 남근논리적인phallosensé 타협과 자본화 안에서를 제외하고는. 왜냐하면 (총칭으로서의) 여성은 자신에게 의미를 부여할 수 없기 때문이며, 그녀를 어떤 개념들에 할당해줄, 그녀에게 어떤 고정된 관념을 고유한 것으로서 부여해줄 이 말할 수 있는 힘을 스스로 원하지도 못하기 때문이다. 그녀는 단순히 지칭할 수 있는 하나의 존재, 하나의 주체, 하나의 전체와 관계될 수 없다. 그리고 여성적(여성들의) 전체와도 관계될 수 없다. 하나의 여성une femme + 하나의 여성 + 하나의 여성… 은 결코 어떤 총칭, 즉 여성la femme에 도달하지 못할 것이다. (총칭으로서의/하나의) 여성은 정의할 수 없는 것, 셀 수 없는 것, 정식화할 수 없는 것, **형상화할 수 없는 것**을 향해 신호를 보낸다. 동일성과 관련해 결정 불가능한 보통명사. (총칭으로서의/하나의) 여성은 자기동일성 원리에도, 어떤 하나의 X에도 복종하지 않는다. 그녀는 모든 X에 동일시되지만, 특수한 방식으로 동일시되지는 않는다. 이는 자기에의/자기의 모든 동일시identification에 대한 초과를 가정한다. 그러나 이러한 초과는 무이다(아무것도 아니다). 즉, 형상의 부재, 형상의 균열, 그녀가 무 없이/무 덕분에 다시 닿게 되는 다른 가장자리로의 반송이다. 동일한―그러나 결코 단순히 정의되지 않는―형상의 입술들lèvres은 **하나의** 배치configuration 속에 아무것도 정지시키지 않는 윤곽pourtour에 대해 서로 다시 닿고 서로 돌려보내며 범람한다.

이것은 어떤 대상이나 어떤 주체의 협력, 도움도 없이 이미 발생했을 것이다. 주이상스의 다른 위상(-학). 거기에서 자신의 부정négatif만을 보았을 남성적 자기할당auto-affectation에는 이질적이다. 그 부정이란 자신의 논리의 죽음이지, 여전히 무한정한 교합 속의 갈증altérance이 아니다. 남성의 자기성애는 주이상스에 적합한 주체의, 대상의, 도구의 개별화를 가정한다. 그것은 한 순간, 교체의 시간이다. (총칭으로서의/하나의) 여성은 항상 이미, 모든 상이 흐 릿한 점진적 형태변형anamorphose의 상태에 있다. 순환의 불연속성 상태, 그 순환에서는 닫혀 있음이 곧 길다란 틈새이며, 그 틈새는 자기의 입술들을 그것(들)의 가장자리(들)에서 합쳐버린다. 따라 서 그녀는 스스로 **자신을 반복할** 수도 없고, 쾌락 속에서 **완전히 타자** 로 생성될 수도 없다. 왜냐하면 타자가 이미 그녀 안에서 그녀에게 영향을 미치고 그녀를 만지면서도 그녀가 결코 (남성이나 여성인) 일자l'un(e)나 타자가 되는 일 없이 그렇게 하기 때문이다. 이 변형시 키는 접촉(의) 벌어짐écart은 어떤 현재든지 그 단순성 속에서 표현 될 수 없다. 그 단순한 현재까지 고양된 적이 없기에, (총칭으로서 의) 여성은 그녀의 무관심으로(무관심 속에) 남아 있다. 혹은 그녀 는 그가 파열시키는 작업에 의해 강간하는 것, 그의 행위를 통해 지 금 여기서 그가 의미하는 것, 만지는 것으로 머무른다. 설사 〔무언 가를〕 다시 느끼는 행위일지라도. 왜냐하면 (총칭으로서의/하나 의) 여성은 모든 결정 가능한 개입 이전에 이미 자신을 느끼기 때 문이다. 능동과 수동의 할당, 혹은 과거와 미래의 할당이 그려지는 한 쌍 내의 모든 대립 이전에. 그러나 이러한 은밀한 자기변용auto-affection은 스스로 인정하지 않고, 말하지 않는다. 여성들이 모든 것 을 말하지는 않는다는 것은 **진실**이다. 그리고 사람들이 간청한다 해도, 그가 간청한다 해도, 그녀들은 그녀들의 주이상스의 이 절도 (강간)v(i)ol를 통해 "주체"가 의미하는 것 외에는 절대로 말하지 않 을 것이고, 아마도 말하지 않으리라. 그녀들은 더 내밀한 것ㅡ어떤

"영혼" 안에도 모이지 않는―으로부터 명시된 명제들 안으로 추방당했다. 이미 하나의 의도, 하나의 의미, 하나의 사유에 종속된 채로. **하나의** 언어의 법들에 종속된 채로. 심지어는 자신의 광기들 속에서도. 즉 그녀의 이면이나 그녀의 접힌 안쪽에서조차도. 그리고 총칭으로서의/하나의 여성에게 있어 모든 것을 말한다는 것은 어떤 의미를 갖지 않고, 그것은 말이 되지 않는다. 왜냐하면 그녀는 그녀를 변용시키는 이 무無, 그녀가 항상 이미 접촉당하는 이 무를 진술할 수 없기 때문이다. 이 말할 것이 없음을 역사―대문자 역사―가 배가시킨다. 담론의 경제에서 그것을/그녀를 제거함으로써.

따라서 (총칭으로서의/하나의) 여성, 그/그녀는 엄밀히 말해서 "주체"의 표상들 혹은 대리들-대표들의 논리적 체계 속에서 하나의 기표가― 구분선barre 아래에서조차―될 수 있다. 이것은 이 기표 안에서 그녀가 어떤 방식으로든 자신을 인식할 수 있다는 뜻이 아니다. 남근인(남근의) 권력의 대리인으로서 남성이 그녀에게는 아마도 그녀 자신의 배제의 의미작용을 제외한 어떤 의미작용과 일치한다는 뜻도 아니다. 왜냐하면 남성은 그녀가 다시 꿰뚫리는(자신을 발견하는) 간격écart, 벌어짐écartement을 재표시하는 입장에 있기 때문이다. 그러나 그의 은유의 자족적 체제 속 "주체"의 지배력은 그녀가 자신의 주이상스에 있어서 포함되어 있는, 간직되어 있는 그러한 인접성에서 살짝 벗어난 곳에서(만) 이러한 개입이 일어나게 한다. 남근적인 **하나의 전체**와의 연결을 통해 그녀의 흐름으로부터 그녀를 이탈시킴으로써. 그녀는 이제부터 **구멍**으로서 기능할 것이다. 그리고 은유가 그녀에게 비폭력적으로 틈이 벌어지는 효력을 갖게 되는 것은 **이미 전유된 모든 의미가 결핍된** 그녀가 자신의 주이상스의 무한한 가능성들을 열어둔 채 유지할 때뿐이다. 즉, 신 Dieu이 된다면 말이다. 한 개인에 대한 소속을 확고한 토대로 삼는 것에 저항하는 "상figure"의 삽입의 설계(섭리). 항상 여전히 그 범위가 확장되면서도 점점 더 내포가 커지는 형상들로/형상들 사이에서 파열되지 않는. 신, 그에 대한 어떤 지식도 욕망에 관한 학문을 형성하지 못했다. 그것은 무지 속에 남겨지고, 무지에 맡겨졌다. 신이 증오를 용납하지 않기 때문에? 그렇다, 만약 증오가 인식의 특별한 성격에서 기인하는 것이라면. 남성, 여성 각 일자가 (앎의) 훌륭한 **목표bout**를 갖기를 원하며, 반사/사변화를 통해 타자의 표상을 찢어버리고자 노력함으로써, 그/그녀가 스스로를 비추는 광경 spectacle으로부터 진리인(진리의) 권력을 지킬 수 있다. 그것의 기반이 되는 거울의 허구를 부인함으로써. 그러나 모든 것을 아는 자에게는 전유된 (자기) 지식에 있어서의 경쟁은 무의미할 것이다. 여성은 확실히 (자신에 대해) 모든 것을 알지는 못한다. 그녀는 심지어 (자신에 대해) 아무것도 알지 못한다. 그러나 (자기에 대한) 지식에 대한 그녀의 관계는 알려질 수도 있을 것 전체, 그녀가 자신에 대해 알 수도 있을 것 전체, 즉 신으로의 통로를 마련한다. 그리고 거기에서 다시, 자신의 회화화 속에서 이러한 사변적 조건을 복제함으로써, 즉 모든 개별적 학문에서, 모든 (자기) 지식의 전유에서 —남근적 대리에 의해서를 제외하고—여성을 배제함으로써, 대상의 기능, 혹은 더 드물게는 주체의 기능을 하도록 강요당하는 여성의 욕망 속의 "대문자 역사"는 신의 현존을 그것[존재]의 한정에 이질적인 전지全知의 관건으로서 영속화했을 것이다. 신은 그의 권능 때문에 몹시 미움받는 만큼 더욱 사랑받는다. 그리고 여성적인 주이상스 속에서/주이상스에 의해 지연된prorogé 신은 "아직 아님pas encore"에 의해 모든 비교를 뛰어넘는 이 주이상스에 비유사성non-pareil에 대한 공포와 혐오감을 야기했을 것이다. 그리고 만약 "주체"가 여성의 섹슈얼리티를 정의하는 데에 주의를 기울일 때에 타자— 대타자?—가 존재 — 존재 자체l'Être — 와 동일하게 되는 것을 목표로 한다면, 대문자 자기Soi와 더욱 같아지기 위해, 대문자 자기와 더욱 똑같이 행동하기 위해 그것, 그녀, 그녀의… 등을 보기를 원하면서 대문자 동일자 속에 타자성을 새롭게 흡수하고자 한다면, 그녀는 이렇게 대답할 수밖에 없다. 아직… 아니라고. 그리고 사실, 하나의 의미로는, 이 의미로는 절대 아니라고.

왜냐하면 남성은 스스로를 만지기 위해서 도구가 필요하기 때문이다. 손, 여성 혹은 어떤 대체물이. 이 기구의 지양은 언어 안에서 그리고 언어에 의해서 일어난다. 남성은 자기에 대한 애정을 촉발하기s'auto-affecter 위해 언어를 생산한다. 그리고 담론의 다양한 형상들 속에서 "주체"의 자기애정(자기충당)auto-affec(ta)tion의 여러 다른 방식들이 분석될 수 있다. 그중 가장 이상적인 것은 "자기를 표상하기se représenter"를 중시하는 철학적 담론일 것이다. 이는 기구의 필요성을 **거의** 무로, 즉 영혼(의) 사유로 환원하는 자기애정(자기충당) 방식이다. 영혼은 "주체"가 가장 미묘한 방법으로, 그리고 가장 은밀한 방법으로 자기성애의 불널싱의 유?기를 확보하는 내투사된 거울, 내면화된 거울이다.

과학과 기술 또한 스스로에게 작용하기 위해 s'auto-affecter 도구들이 필요하다. 그리고 어느 정도 과학과 기술은 이런 식으로 "주체"의 지배에서 해방되며, 주체의 단독 이익의 부분을 주체에게서 떼어내는 것을 감행한다. 자율성을 취함으로써 주체와 경쟁하는 것도. 그러나 사유는 여전히 존속한다. 적어도 한동안. 여성을(스스로를 여성이라고) 생각하는 시간? 언어 속에서/언어에 의해서 그와 같이 "주체"가 자기충당하는 마지막 원천인가? 혹은 주체의 악순환, 동일한 로고스(동일자의 로고스)의 벌어진 틈 entr'ouverture인가? 만약 기계들—이론적인 기계들을 포함해서—이 가끔 철저히 홀로 움직일 수 있다면, 아마도 여성도 마찬가지가 아닐까? "해방"의 온상들 foyers—그것들끼리 엄격하게 동질적이지 않고, 무엇보다 그의 수태/개념작용 conception에 이질적인—이 다양화하면서 "주체"가 더는 어디에, 누구에게, 무엇에 의지할지 모르는 시대의 위기. 그리고 그의 수태/개념작용에서 그가 오래전부터 도구를, 지렛대를 찾았기 때문에, 보다 자주 그의 쾌락의 용어 terme를 찾았기 때문에, 지배의 이 대상들 속에서 그의 쾌락은 아마도 상실될 위험에 노출될 것이다. **따라서 이제 남성은 과학, 기계, 여성 등이 되고자 노력한다. 이것들로 하여금 그의 사용과 교환에서 벗어나지 않도록 하기 위해서.** 그러나 그는 그것을 완전히 할 수는 없는데, 왜냐하면 과학, 기계, 여성 안에서의 형상은 결코 남성 안에서처럼, 그의 정신의 내재성 안에서처럼 완전성을 찾을 수 없었을 것이기 때문이다. 그 형상은 항상 이미 폭발한 상태다. 이 점에서 사실 그 형상은—윤곽을 수정 retouche하여―자기 자신을 향유할 수 있거나, 혹은 타자에 대해 이러한 환상을 유지할 수 있다. 반면에 "주체"는 자신의 소유를 다시 맛보기 위해서 항상 자기 앞에서 (자신의) 형상을 다시 전시해야만 한다. 자신의 쾌락 속에서 주인은 자기 권력의 노예가 된다.

이에 비해 총칭으로서의/하나의 여성이 자신을 만질 때는 하나의 전체tout가 스스로를 만지는 것이다. 이 전체는 끝을 모르기에 종결될 수 없었고, 궁극적인 무한으로의 확장을 몰랐기에 그럴 수 없었다. 이 (자기) 접촉은 자신의 전유로 갇히지 않고 무한(정)하게 변화되는 형상을 여성에게 부여한다. 결코 하나의 전체un ensemble가 구성되지 않는, 대문자 일자의 체계성이 요구되지 않는 변신들. 텔로스의 실현에 협력하지 않기에 항상 예측 불가능한 변환들. 텔로스의 실현은 하나의 상figure이 이전 것을 계속하고―지양하고―, 다음 것을 규정하는 것, 따라서 **하나의** 형상이 결정되고, 그것이 **다른하나**가 되는 것을 가정할 것이다. 이는 오직 (남성적) 주체의 상상계 안에서만 발생할 것이다. 이 주체는 자기 욕망의 포획, 즉 욕망을 더 정확하게 명명하기를 희망하는 그의 언어의 근거를 모든 타자에게 투사한다.

그런데 **하나의** 성/성기sexe를 가지지 않는―이는 대체로 성/성기가 없는 것으로서 해석됐을 것이다―총칭으로서의/하나의 여성은 성sexe을/자신을 **하나의** 총칭 아래로도, 특수한 용어 아래로도 포섭될 수 없다. 육체, 가슴, 치골, 음핵, 유순, 음문, 질, 자궁 경부, 자궁… 그리고 이미 그들의 벌어짐에서/벌어짐을 즐기게 만드는 이 무는 그 틈이 어떤 고유명으로도, 어떤 고유 의미로도, 어떤 개념으로도 환원될 수 없게 만든다. 그러므로 여성의 섹슈얼리티는 어떤 이론으로도 **그대로**comme telle 기입될 수 없다. 남성적 변수들에 기준을 맞추는 관점에 의해서가 아니라면 말이다. 이런 식으로 음핵은 다행히도 벌어짐의 쾌락 안에서, 또한 다른 쾌락들에서도 생각되지 않았다. 그중에서도 특히 모성에 대해서도 이는 마찬가지이다. 음핵과 모성은 여성적 욕망과 관련된 모든 것에 대해서와 마찬가지로 (소위) 남성적 섹슈얼리티의 자기표상들auto-représentations에 의해 의미작용-signification이 할당된다. 이 자기표상들은 불가피하게 모델들로, 측정 단위들로, 상식적인 경제적 진행의 보증들로 쓰인다. 필연적인 **삼위일체** 구조를 포함해서 말이다. 주체, 대상, 그들을 연결하는 도구-계사. 성부, 성자, 성령. 어머니-자연의 가슴은 담론의 자궁 안에서 일자와 (소위) 타자의 결합을 가능케 한다. 다양한 기법과 성공으로 부정성을 가지고 작업함으로써, 가족의 이 적절한 원을 네 개의 항, 네 명의 구성원으로 확장시킬 수도 있을 것이다. 부재, 침묵 혹은 착란, 죽음, **거울/얼음**glace 상태인 네 번째 구성원은 다른 세 구성원들 사이에서 더 쉬운 교환을 보장해준다. 그러나 어떤 인플레이션의 대가를 치르면서도 점점 더 빛나며 발전하는 것은 항상 동일한 담론이다. (남성적) 주체는 여성적 상품의 침묵, 집요한(일관성 없는) 수다 혹은 광기 속에 흩어진 다수의 조각들을 시장가를 갖는 화폐로 모으고 통합한다. 그러니 "그녀"가 자신에 대해 말하기 시작하려면, 그리고 무엇보다도 자신을 이해시키기 시작하려면, 우선 화폐의 재주조를 위해 신용 체계들을 중지시켜야 할 것이다. 모든 면에서. 현재의 모든 형상을 띠는 독점들을 떠받치는 신용에 대해 질문함으로써. 그렇지 않으면, 왜 "그녀"에 대해 말하겠는가? 그녀는 침묵 속에서/침묵으로부터만 유통되고, 유통을 보살피니 말이다.

그런데 문제가 되는 건 항상 그녀인가? 보다 정확히 말해서 다시 어머니인가? 이렇게 재발하는 관심은 실제로, 생산성 증가의 절대적 필요성과 각자에게 부여된 땅의 감소의 위협에 의해 굶주리는 "세계"에서 아직도 먹을 수 있는 것을 찾는 불안한 추구와는 다른 것인가? 이는 결국 그녀의 먹을 것을 주는 가슴으로, 그녀의 피의 관대함으로, 그녀의 태내의 풍요로, 특히 영토적인 풍요로 돌아가는 것인가? 퇴행인가? 새로운 이익들을 캐내기 위해서. 생활의 새로운 양식들modes을. 혹은 무를 향유하는 한쪽 성un sexe의 신비인가—그 성을 재생산하기 위해 "남근"을 먹여 부양하고서 그것을 소비하면서 구강–항문기적 환상에 만족할 때를 제외하고—, 너무 자주 실망한 욕망을 위해 이 기이한 "것chose"을 가린 "베일"을 살짝 열어주는 신비? 그 기이한 것은 타자의 흡수에 있어서 어떤 특권화된 동일시로 고정하지 않는 (자기) 접촉을 통해 타자와 끝없이 서로 교환하는 쾌락이다. (남성 또는 여성인) 일자도 타자도 항으로 간주되지 않듯이, 서로의 안으로 들어가는 통로 역시 마찬가지다. 이 통로는 무가 아니다. 그것은 자기 자신으로의 회귀를 이루는 운동의 순환/성에서 벗어난 것이거나, (남성 또는 여성인) 타자를 항상 이미 가리키는 편차 écart이다.

타자는 존재하기, 소유하기, 말하기, 생각하기 등 형식들의 엄격함rigidité을 부여하지 않는 조건하에 다양한 방식으로 끼어들 수 있을 것이다. 왜냐하면 이러한 비유연성inflexibilité은 항상 교환을 단절시킬 것이기 때문이다. 둘의 격차를 일자un로 고정하고 굳어지게 함으로써 말이다. 이 일자가 이제부터 동일화되고, 반복되고, 변경되고, 계산되고, 분류되고…, 유한한 대문자 일자로 합산될 수 있다는 사실은 더는 어떤 것도 개선하지 않는다. 표현할 수 없는 격차가 이렇게 일자로 정의되면서 성적 관계는 타자로의 무한(정)한 교환의 주이상스를 잃었을 것이다. 물론 이는 다른 쾌락들로 대체될 수 있을 것이다. 특히 진리나 재담을 그 짝과 교환하는 쾌락들로. 사실, 만약 이 유일한 형식적 엄정함 속에 일자의 긍정affirmation이 뒷받침된다면, 어떤 타자가 그토록 절대적으로 뿌리내린 주장implantation에 여전히 답할 수 있겠는가? 거세는 스크린écrans, 감옥, 칸막이cloisonnements의 형상하에 또는 그 관계들의 정지 상태로, 물론 담론 내에서를 포함해서 성차의 억압으로 회귀할, 성차의 타자의 부인(거부)에 불과했을 것이다. 여기에서 의미의 각 원자는 외연과 내포에 있어서 유일한unique 존재로부터 진리의 힘을 발견한다. 이러한 증명의 자기 동일성 속에서 타자들과의 거리 두기espacements를 정의함과 동시에 언어의 모든 질료를, 사변의 전체를, 나아가 담론의 "빈 공간"의 전체를 결정적으로 절단함으로써. 이미 의미를 부여받은, 말해지지 않은 것들, 사이에서 말해진 것들〔금지된 것들〕inter-dits. "주체"가 항상 이미 말하도록 한 것 (외에) 아무것도 말하지 않는 타자의 침묵에서조차도. 그러므로 그는 그녀를 이용하고, 탐색하고, 분할하고, 사색할 수 있을 것이고…, 그리고 그녀에게서 항상 동일자를 발견할 수 있을 것이다. 이 타자는 그의 자기 동일성을 다양하게 이중화할 뿐이리라.

이것은 또한 여성에게 요구되었을 것이다. 복제는 때로는 주체가 형상을 부여하고자 하는 아직 혼란스러운 실체 안에, 때로는 그 결정이 미래에 이루어질 이 공동空洞 전체를 표상하는 부정성의 효력 안에, 때로는 즉각적이고자 한다 해도 타자 안으로/타자를 통해 재이행하기repassage를 요구하는 주장의 반복 안에 가정된다. 그러나 모든 속성들을 띤, 점점 더 미묘해지는 이 의미의 이원성 안에서, **이미 발생한 복제는, 여성에서는 아주 다른 방식으로 회피되었을 것이다.** 언어에 대한 여성적인 것의 치외법권. 그 언어는 여성적인 것에게 그녀의 처녀성에 대한, 적어도 양가적인 존중을 가져다준다. 처녀성이란 모든 것을 말하고자 하는 의지와 권력의 지평을 향해 빼꼼히 열리는 국경이다. 벌어지는 이 틈에 대해(틈 외에) 사람들이 아무것도 알지 못하는 다른 "세계"를 향해 (자신을) 개방함으로써. 암호 없이, 검문interpellation 가능성 없이, 어딘가 기록된 권리 없이, 지불할 요금 없이, 이전/이후, 바깥/내부, 고유한/낯선… 말할 수 있는/말할 수 없는의 엄격한 경계limite 없이 위반하기에 대한 불안을 야기함으로써. 아버지가 다시, 사람들이 그에게 **추가로** 진 빚을 할인해주는 통관 업무를 맡으면서, 그는 여성적인 것을 모성적인 것으로 귀착시키고, 부적절한 사이공간l'entre을 자신의 부에 기여하는 공동antre으로 귀착시켰을 것이다. 우리가 알기로, 아버지의 부는 가족, 부족, 공동체, 민족의 형상을 띨 수 있다. 양쪽의 사이 l'entre deux는 그의 영토의 **내부로** 이미 수송된다exporté. 그리고 황홀경에 이르기까지 주저 없는 (자기) 접촉의 근접은 이미 (속성의) 개념작용으로부터 배제된다. 여기서 둘은 이미 그 차이들의 다양한 양상을 띤 채로 하나의 동일자로 환원된다. 그 근접이란, 전유할 수 있는 무 안에서는, 환원 불가능하게 멀리 있는 것을 더는 가리키지 않는 것이다.

어쩌면 여전히 신은 제외될 것이다. 저 너머 하늘의 성질, 힘, 이름의 나열이, 그러나 그 이중성을 축소하지는 않으면서, 시도됐을 것이다―그렇게 하기 위한 조건은 순결이다… 악마적 쾌락의 열림에 은밀하게 귀착될 이 일단一團(의) 신? 한편으로는 틈을 메우기 위해서, 다른 한편으로는 향유하기 위해서다. 알려진 무無로의 자기 이중화에서, 타자―대타자―를 향유하기 위해서. 여전히… 신은 대표적인 실체entité요, 근본적으로 자족적인 통일성이자, 항상적인 보편성과 영원성, 자연 전체를 낳은 자이며, 모든 이름 가운데 신성한 이름이라고들 한다. 신의 절대적인 유동성, 모든 변신에의 가소성, 모든 공통 가능성 속의 편재성, 비가시성 안에서의 아무것도 아닌 이 성(전체의 무의 성)… 이 성은 여성들이, 그들이 은폐된 가장 비밀스러운 곳에서, 한마디 말도 없이 계속 간청하게 한다. 그는 여성들을 아주 잘 알기에 직접적으로 접촉한 적 없었다. 모든 표상을 벗어나는 환상의 항상 임시적인 시침질 속에서가 아니라면. 즉, 이렇게 지각할 수 없게 서로를 즐기는 두 비통일체nonunités 사이에서가 아니라면. 그리고 "신"이 완전한 덩어리, 닫힌 완결성, 연장 전체의 광대함 안의 무한한 순환으로서 생각될 수 있다는 것은 아마도 여성들의 상상력이 한 일은 아닐 것이다. 왜냐하면 기원에 대한 이 정념, 즉 자기 꼬리queue[61] 끝이 물리는 위험을 무릅쓰고, "사물/일"이 결국 지나가도록(발생하도록) 잘 닫힌 집maison bien close[62]으로, 그의 내면성 위로/내면성 안에 다시 갇힌 자궁에 의해 제대로 둘러싸인 기원에 대한 이 정념은 여성들의 정념이 아니기 때문이다. 종종 그들의 모성적 남근 숭배 혹은 무능한 모방 속에서를 제외하고는. 그들의 "신"은 아주 다르다. 그들의 쾌락이 그렇듯이. 그리고 항상 이미 일어난 그의 죽음은, 최소한 이 "세계"에서는, 일어나지 않을 것이다. 그러나 물론 여성들은 그것을 말하지 않을 것이다. 거기에는 드러날 수 있는 것이 아무것도 없기 때문이다. 알 수 있는 것도 없다(이는 그의 (재)생산이 불가능한 이유에 비추어 다른 방식으로 서술될 수 있다).

총칭으로서의/하나의 여성에게 둘deux은 두 개의 하나들uns로 나뉘지 않는다. 그 관계들은 통일체의 절단을 배제한다. 그리고 "그녀"가 일자l'un에게, **하나의**un 신이 만든 인간[남성]Homme이라는 대문자에게까지, 그렇게도 필사적으로 매달릴 때, 그것은 "그녀"가 교환 시장에서 권리를 갖는 가치, 즉 무가치의 가치를 반복하기 위한 것이다. 그것의 치환으로 모든 결산을 근거 짓고 봉인하는 무가

---

61 남근, 음경'의 뜻도 갖고 있다. (옮긴이)

62 maison close는 '갈봇집, 매음굴'이라는 뜻이 있는 속어이기도 하다. (옮긴이)

치, 제로. 이것은 그녀가 각 [남성] 일자에 대해 가치가 없다는 뜻이 아니다. 그녀가 이러한 경제의 타당성의 기반이 되기에 가치를 헤아릴 수 없다고 여기지 않는 한 말이다. 이러한 경제는 상품 원자의 분열에 의해, 모든 유통[시세]을 동요시키는, 이 아무것도 아닌 것의 [가치] 등락에 의해 항상 위협받는다. 현재까지 가치가 특권적 방식으로 아이 안에 자리를 잡는 것은 틀림없이, 사물들을 동일한 항들로 자신에게 표상할 필요성에 기인한다. 어쨌든 거의 그렇다. 사물들을 **동일한 통일체들**에 연관시킬 필요성 말이다. 비록 이미 계산들이 더 복잡해지는데도 불구하고. 즉, 한 쌍 속에서 뒤섞이고 상쇄되기 위해 둘을 일자로 만듦으로써. 또 다른 일자를 재생산하고 거기에서 더는 자신을 다시 발견하지 않기 시작함으로써. 이 두 번째 일자는(일자의 이 두 번째는) 오히려 어머니에게로 귀착될까? 결국 그는 폴리네이케스로 불릴 것이고, 합법으로 인정된 도시 바깥으로 다시 던져지게 될 것이다. 그리고 만약 이렇게 태어난 일자가 여자아이라면, 그런 일은 생각할 수 없기에, 가치 평가에 있어서 혼란을 피하려면 난폭하게 해결되어야 한다. 즉 그녀는 그녀의 어머니(일 뿐)이고, 무성無性의 청춘의 입장—혹시 모를 가치의 재하락을 지탱하기 위해 따로 예비해둔—, 또는 무의 청춘의 입장으로 환원될 또 다른 남자아이이다. 어쨌든 무는 사람들에게 보일 수 있다. 그녀의 죽음, (혹은) 집의 문 뒤에 갇힌 그녀의 유폐는 제외하고 말이다.

거기에서는 아이의 (재)생산, 어떤 수치스러운 유출 말고는 아무

일도 일어나지 않는다. 보기가 끔찍한 것, 즉 출혈. **유출**은 일자의 이 은밀하고 신성한 **잔재**로 남아야 한다. 피뿐만 아니라, 젖, 정액, 림프, 점액, 침, 눈물, 분비액, 가스, 파도, 공기, 불, …빛은 다시 포착하기 어려운 타자un autre 안에서의 왜곡, 전파, 기화, 소진, 흐름으로 그를 위협한다. "주체"는 모든 흐르는 상태fluescence를 혐오하는 거의 물질적인 항상성 안에/항상성에 동일시된다. 그리고 어머니 안에서 그가 찾는 것은 "육체"(주체)의 응집성cohésion, 대지의 견고함, 땅의 토대이지, 그것에 의해서, 그것 안에서 여성을 상기시키는 흐르는 것le fluent이 아니다. 그[주체]는 스스로를 자기 자신(동일자로서의 자기)으로 전환하려는 욕망에만 투자한다. 모든 물은 거울이 되어야 하고, 모든 바다는 얼음이 되어야 한다. 그렇지 않으면 그는 그것들을 몰래 꾀어야만 한다. 잠금장치가 뒤쪽에 있는 울타리로 구멍들을 둘러싸면서. 즉 "주체"의 순수하고 단순한 물질로의 재탄생re-naissance을 보증하는 구멍을 말이다. 말하자면 이는 구멍의 봉합이다. 그 구멍에 의해 주체는 순수하고 단순한 물질로 재탄생하는 것을 보증받는다. 성부의 정신의 형상은, 이미 자신의 논리에 따라, 이 구멍의 봉합을 이루어냈고, 또 이룰 것이다. 이런 식으로, 이 외설적인 접촉… 즉 여성으로부터 보호된다. 타오름(포옹)embra(s)sement 속에서 틈을 축축하게 하고, 적시고, 흥건하게 하고, 움직이게 하고, 전기가 흐르듯 열광케 하고, 빛나게 하는 이 미확정된 유출로의 가능한 모든 동화로부터 보호된다. (주체의) 일자와의 공통의 척도mesure 없이.

완전한 해소를 경계하기 위해 그는 여전히 **반사경**speculum에 의존할 수 있을 것이다. 그의 계획들, 뚜렷한 윤곽들, 일방적으로 틀 지어진 형상, 결정적으로 확립된 비율의 계산들, 변함없이 반영된 통일체를 버린 그는 거울의 곡선들과 타협하고자 노력할 것이다. 이는 자기 자신(동일자로서의 자기)과의 관계들을 복잡하게 만든다. 그런데 그가 지금 갖춘 모든 도구들의 도움을 받는다면 그것(거울의 곡선들)을 분석하기란 어쩌면 가능하지 않겠는가? 따라서 모든 것은 소용돌이(들), 나선(들), 사선(들), 나선의 윤곽(들), 둥글게 감긴 것(들), 선회(들), 회전(들), 축 돌기(들)… 로 다시 생각되어야 한다. 사변spéculation은 점점 더 현기증을 일으키며, 여전히 **단단한것**으로 가정되는 부피volume에 구멍을 내고, 파고, 뚫는다. 이렇게 껍질 속에 억제된 부피는 부서지고, 꿰뚫리고, 터뜨려지고, 그 중심의 가장 안쪽까지 탐색된다. 혹은 배 속의 가장 안쪽까지. 점점 빨라지는 회전, 소용돌이가 물질을 휩쓸어 가서 파편들로 떠다니게 하고, (그것의) 먼지가 되어 다시 떨어지게까지 한다. 언어의 실체? 담론의 모태? 어머니의 "육체"? 이것들을 조사하기 위해, 그리고 그것들의 가장 작은 원자들과 원자들의 공동空洞들에 그것들을/자신을 비추어보기 위해 해체함으로써. 어떤 금이나 어떤 힘의 잉여를 은닉할 가능성을 모든 방향으로 조사함으로써. 그 힘은 "주체"의 가치를 보증하며, 따라서 소유물(속성)들의 교환의 영속화를 보증한다. 아이는 여기에서 아마도 약간 적은 가치cote를 가질 것이다. 아이를 (재)생산하기 위해서는 시간이 많이 필요하기 때문이다. "주체"의 반사/사변화로 면밀히 재작업된 아내-어머니는 더는 임신 기간 동안 이렇게 유폐될 여유가 없다.

그러나 만약 이 비축된 부피volume 역시 고갈된다면, 이번엔 그것을 낳은 도구를 향해 돌아가야만 할까? 또한 그것을 단련한 도구를 향해? 이는 그 도구가 유혹하고자 하는 것과는 이미 너무나 이질적이어서 지금까지 무에 접촉했다고 말하는 것이다. 아직 알려지지 않은 무에 접촉했다고. 그 자신이 벌어짐을 만들어냄으로써 (이미) 존재해온 간격을 자신의 작업의 바깥에 남겨두었다고. 기껏해야 자신의 투사들projections의 이면, 뒷면을 가로질렀다고. 반사의 대칭 너머에 있었던. 혹은 반전의 대칭 너머에 있었던? 거울의, 사변의 부負엔트로피의 막다른 길에서, 동일자가 재생산되는 매 순간에 더 높이 혹은 더 깊이 뚫어야만vriller 하는 증식croissance의 필요성을 깨닫는 것이다.

총칭으로서의/하나의 여성은 결코 하나의 부피 안에 다시 닫히지(갇히지) 않는다. 이러한 표상이 모성적 상으로 제시되는 것은 여성이 **둘러싸인** enceinte[63] 만큼 더욱더 유동적이 될 수 있으며 **그역도** 마찬가지라는 것을, 모태가 남근적 전유로 환원되지 않는 한 음순들lèvres의 틈이 메워지지 않는다는 것을 잊는 것이다. 그리고 욕망 속에서 인접성을 줄임으로써 타자를 (남성 또는 여성인) 일자에게 귀착시키는 것은 결국 "주체"라는 것도. 사실, 만약 그녀(들)가 둘이면서 동시에

---

63 enceinte는 농음이의여로서, '울더리'ㅣ '울타리 내부 구역'을 의미하기도 하고, 형용사로서 '임신한'을 의미하기도 한다.(옮긴이)

〔두 개의〕 하나(들)로 나뉠 수 없다면, 어떻게 그가 거기에서 자신을 발견하겠는가? 어떤 수단에 의해서 그녀(들) 사이에, 그녀(들)의 배(들) 안에 끼어들겠는가? 따라서 타자는 남성이 이미 (자신의) 생산의 장소라고 알고 있는 것을 복제함으로써 (남성 또는 여성인) 일자를 사변하는 데 쓰여야 한다. "그녀"는 길, 방법, 이론, **거울**일 뿐이어야 한다. 그것들은 반복의 과정에 의해 "주체"를 (그의) 기원의 통일성의 재인식에 이르게 한다.

그러나 어머니와 여성은 동일한 방식으로 서로를 반사하지 않는다. 그녀(들) 안에, 그녀(들) 사이에 이중의 거울반사가 이미 삽입돼 있다. 그리고 그 이상이다. 왜냐하면 여성의 성은 하나^{un}가 아니기 때문이다. 그리고 (여성의) "부분들" 각각에서 주이상스가 폭발하기 때문에, 이렇게 그 부분들은 각 눈부심 속에서 여성을 다르게 비출 수 있다. 전체에서보다 더 완전한가^{plénière}? 이는 이 쾌락의 다원성이 **하나의** 거울 속 균열들, 조각들로 환원될 수 있다는 뜻일 것이다. 그것은 때때로 그렇다. 혹은 또한 반사들, 역전, 도착의 다형적 유희들 속에서도 불가능하지 않으며, 심지어 만족이 없지도 않다. 그러나 그것은 거기에서, 다양한 이질적인 것들이 거울의 파편들의 틈들의/틈들 안에 불을 붙여 그 파편들을 녹이고 다시 녹이고 뒤섞는 섹슈얼리티가 아니라, 여전히 남성상동적인 것 $^{l'hommologue}$을 즐기는 것이다. 그 파편들을 반사/사변화의 어떤 통일체로 모으는 것, 즉 쾌락들로부터 나타날 총합은 불타는 반구들 ^{coupes}의 무한히 다시 불붙는 타오름(포옹) 속에서 불타고 빛나는

430

것과—아직—아무 상관이 없다.

　총칭으로서의/하나의 여성은 **하나의** 부피로 모일 수 없다. 그녀가 주이상스에서 벗어나지 않는 한 그렇다. 이 주이상스는 말로 표현될 수 있는 무, 다시 닫히지(갇히지) 않는 가장자리들, 봉합되지 않는 음순들을 유지하는 무를 향해 열린 채 남아 있기를 요구한다. 그리고 분명히 여성 자신에게로의 이 회귀의 역사는 여성의 소유권을 빼앗았다. 여성은, 텔로스 안에서 욕망의 원인을 재전유하는 사유의 순환의 외부로 남는다. 즉 "영혼" 혹은 정신의 자기soi와의 친밀성, 자기와의 근접성의 영역 내에서, 그녀는 기원적 모태의 은유화라는 이러한 시도의 무의식적인 지지대이다. 그녀는, 동일자의 (재)생산들을 위한 수용기에 불과한 하나의 공간으로 모일 수 없는 장소의 전체로 남는다. 동시에 그녀는 하나의 영역, 의미, 이름, 성, 젠더 등의 특수한 통일체의 다양한 틈들, 그 단일체에 종속된 분리들이 재접촉(들)을 박탈당한 기능들로 흩어져 있다. 물질의 불투명함, 유체fluide의 점진적 소멸, 둘 사이 텅 빈 공간의 현기증, "주체"가 자신을 비추고 그 반영 속에서 자신을 재생산하기 위한 거울, 눈이 투사된 광경을 틀 지우기 위해 사용될 수 있는 열림ouverture, 성기가 단독적인 압력과 자국의 숨김/포획을 확신하기 위한 커버-외피, 자신의 씨들〔정액〕을 뿌리기 위한 비옥한 땅… 그것은 결코 (남성 또는 여성인) 하나가 아니다.

　남근논리식인 싱동은 검검 빼르게 자손듬을 즉식시키고자 지금도 여전히 스스로를 도금하는데, 그 자손들은 자기 이익을 위해 무의 생산적인 틈을 차지하고 메우고 또 그것을 비켜 갈 수 있는 이들이다. 이러한 남근논리적인 상동 안에서 경쟁하지 않는 한, 무는 여전히 **진리로** 알려질 것이지만, 그것은 영원히 **하나의 의미**에 지나지 않는다.

플라톤의 휘스테라

우리는 예로서 혹은 전형으로서 동굴 신화로부터 다시 출발할 수 있다[1]. 이번에는 그것을 공동antre, 모태matrice, **휘스테라**[자궁] ὑστέρα, 때로는 땅의 은유―엄밀히 말해서 불가능한 은유인데, 텍스트 안에 그렇게 기입된 것을 보게 될 것이다―로서 읽기 위해서다. 은유화의 시도, 우회의 과정은 서구 형이상학을 은밀히 규정할 뿐 아니라, [서구 형이상학의] 그러한 지칭, 완성, 해석을 (스스로) 예고하는 것을 더 명시적으로 규정한다.

---

1   3부는 플라톤의 『국가』에서 가장 유명한 대목인 동굴의 비유를 다룬다. 『국가』의 7권 514부터 517까지글 미리 읽어보면 3부를 이해하는 데 도움이 된다. 더불어 『티마이오스』의 내용 역시 자주 등장한다. 이 역시 참조할 필요가 있다.(옮긴이)

무대장치

그러므로 동굴 신화 읽기부터 다시 시작하자. 소크라테스의 **이야기**에 따르면, 몇몇 사람들des hommes—성이 특정되지 않은 **호이 안트로포이**οἱ ἄνθρωποι—이 **땅**아래에, **동굴**형상의 **거처**에 살고 있다. 땅, 거처, 동굴, 그 외 다른 형상까지 **휘스테라**의 유사 등가물로서 읽을 수 있다. 또한 얼마 동안, 심지어 항상 **동일한 장소** 안에 **거주하는 것, 머무르는 것, 동일한 거주지에 계속 있는 것**에 대해서도 이를 참조할 수 있을 것이다.

그러므로 그 사람들—불특정한 성의—은 동일한 장소에 머물렀으리라. 동일한 시간, 동일한 장소에. 공동antre 혹은 태내ventre의 형상을 띠는 장소에.

| 역전의 기법 |

이 공동의 입구는 긴 통로, 복도, 경부col, 관conduit으로 되어 있다. 위를 향해, 햇빛을 향해, **빛을 보기**를 향해 이끄는 곳, 바로 이 방향으로 동굴 전체가 수렴된다. **위를 향함**이 처음부터 표시하는 바는 플라톤에게서 동굴의 기능이 공동이 항상 이미 거기 있다는 것을 **정해진 방향으로** 재생산하고 재현하려고 시도하는 데 있다는 점이다. 방향은 어떤 역전들에 따라, 대칭축들을 중심으로 한 회전들에 따라 정해진다. 아래에서 위로, 위에서 아래로, 뒤에서 앞으로, 전방에서 맞은편으로. 또한 물론 앞이나 뒤에서, 공동 안과 등 뒤에 존재하는 것을 향해서도. **대칭의 결정적인 역할**—투사, 반사, 전도, 반전rétroversion…—은 당신이 이 동굴 안에 발을 들이자마자, 항상이미 방향을 잃도록 했을 것이다. 항상 이미 머리를 돌리도록, 즉 머리를 아래로 향하고 걷도록 만들었을 것이다. 이 속임수mystification에 대해서 소크라테스는 물론 아무 말도 하지 않지만 말이다. 이 연극적 기법은 당신이 재현의 작용으로 진입함으로써/진입하기 위해 요구된다.

따라서 그 사람들은 유년 시절부터 이 동굴 안에 머물렀다. 아주 오래전부터. 이 공간 혹은 장소, 즉 동굴의 지형학, 위상학으로부터 그들은 나간 적이 없다. 대칭축들을 중심으로 한 선회bascul가 어떠하든—필연적으로—그 회전은, 그들도 모르는 새에, [사람들이 그곳에] 미무르는 방식을 조직한다. 그들은 목과 허벅지가 쇠사슬로 묶였고, 머리와 성기는 **전방**을, **맞은편**을 향해 고정돼 있다. 소크라테스의 이야기에서 전방, 맞은편이란 바로 동굴의, 공동의 뒤쪽 fond이다. 동굴은 원초적인originelle 모태의, 항상 이미 거기 있는 것으로 가정된 것의 재현이다. 그것은 틀림없이 햇빛을 향해 **머리** 혹은 **성기**를 돌릴 수 없도록 방해하는 끈들에 매인 이 사람들이 재현할 수 없는 것이다. 뿐만 아니라 그들은 가장 최초의originaire 것, 즉 **프로테론**[앞의 것]πρότερον, 사실은 **휘스테라**[뒤의 것, 자궁]를 향해 [머리 혹은 성기를] 돌릴 수 없다. 그들은 기원을 향해 몸을 돌릴 수 없게 금하는 사슬들에 묶인 채로, 그러나/그리고 그것을 재현하는 기투pro-jet의 시공간 속 수인들인 채로 있다. 머리와 성기는 **휘스테라** 재현의 기획의, 과정의 이 전방을 향해 고정돼 있다. **휘스테라 프로테라**ύστέρα πρότερα는 **휘스테론 프로테론**ύστερον πρότερον 운동 속에 이른바 흡수되고 해소된다.[2] **휘스테론**ύστερον은 뒤에 있는 것뿐만 아니라, 가장 나중의 것, 이후의 시간, 차후의 것을 가리킨다. **프로테론** πρότερον은 앞에 있는 것뿐만 아니라, 이전의 것, 앞선 것을 가리킨다. **휘스테레인**ύστερεῖν[뒤에 있는 것]의 결핍défaut은 **프로테레인**[앞에 있는 것]πρότερειν 혹은 여기서 더 정확히는 **프로소**πρόσω, 전방, **프로소폰**πρόσωπον, 맞은편, 앞면, 상, 얼굴, **블레페인 에이스 프로소폰**[맞은편에 있는 광경]βλέπειν εἰς πρόσωπον, **프로타시스**[앞부분]πρότασις가 보이지 않는 (것들로서) 끈들, 사슬들에 의해 인위적으로 유지할 것이다. 만약 사람들이 몸을 돌릴 수만 있다면, 시선과 얼굴이 인위적으로 돌려진 채 있으니, 시야 안으로, 맞은편 정면으로 기원origine

---

2 '휘스테라 프로테라'는 여성형이고 '휘스테론 프로테론'은 중성형이다.(옮긴이)

이 들어가게만 할 수 있다면, 기원을 완전히 가시적인 것이 되게 할 수 있다는 환상을 유지하게 된다. 사람들은 일직선으로만 바라보고, (스스로를) 앞으로 향하기만 가능할 뿐이다. 사슬들, 선적인 것, 직선적 시점에 의해서, 단 한 방향으로만 연속되는 운동에 대한 허구가 지속된다. 전방을 향해서만. 공동은 원형으로 탐사될 수 없고, 한정될 수 없고, 경계 지어질 수 없다. 그렇기 때문에 그 사람들은 모두 동일한 곳—동일한 장소, 동일한 시간—에, 동일한 **원** 혹은 서커스장cirque, 이 재현의 **연극의 장내**enceinte에 머무른다.

| 맞은편의 특권 |

그리고 그들이 여전히 할 수 있는 유일한 일은 맞은편에 나타나는 것을 바라보는 것이다. 기원을 향해, **휘스테라 프로테라**를 향해 **몸을 돌리는 것** 혹은 **돌아가는 것**이 불가능하기에 고정돼 있는 그들은 맞은편을, 동굴의 뒤쪽—이 뒤쪽은 앞, 전방이기도 하다—을, 동굴 뒤쪽의 은유적 기획projet을 바라볼 수밖에 없다. 이는 앞으로의 모든 재현들의 **배경막**toile de fond으로 쓰일 것이다. 얼굴, 시선, 성기는 곧은 방향으로 고정돼 있고, 항상 일직선으로 전방을 향해 있다. 기원에게서 등을 돌린 남근적 방향, 남근적 선, 남근적 시간.

그들은 항상 이미 **휘스테라**의 전치déplacement, 이동transport, 전이transfert, 은유화métaphorisation가 이루어지는 이 기획 혹은 과정의 수인들이다. 이전에서 이후로의, 기원에서 종말, 한계horizon로의,

텔로스로의 이동translation은 수인들을 에워싸고, 그들을 둘러싼다. 이는 결코 재현될 수 없으나, 투사projection라는 이 동일한 작업의 끊이지 않는 반복 속에 항상 이미 표시된 혹은 재표시된 모든 재현들을 야기하고 생산하고 허용한다. 엄밀히 말해서 불가능한 작업이고, 최소한 완수할 수 없는 작업이지만. **휘스테라**는 결코 나타나지 않을 것이고, 결코 모습이 없을 것이고, 결코 그렇게 스스로를 보이지도, 표현하지도, 재현하지도 않을 것이다. 그러나 **휘스테라** 재현—완성이 불가능한—의 설계(구상)dess(e)in는 모든 목표, 시각, 모습, 윤곽trait, 상figure, 형상, 현재화, 현전을 뒷받침하고, 포괄하고, 둘러싸고, 내포하고, 중층결정한다. 맹목적으로.

그러므로 그 사람들—성이 정해지지 않은(?)—은 **휘스테라**의 이동 안에서/이동에 의해서 사슬로 묶여 있다. 머리를 돌리거나 기타 등등의 상태, 즉 돌거나 몸을 돌리거나 돌아가거나 할 수 있는 상태 바깥에 있는 것이다.

| 하나의 태양의 이미지에 따른 하나의 불 |

그러나 하나의 **빛**이 그들에게 주어진다. 그 빛은 멀리서, 그들 뒤에서, 그리고 그들 위에서 타고 있는 하나의 **불**로부터 오는 것이다. 확실히 빛이지만, 인공적인 지상의 빛이다. 덜 강렬한 빛, 그리고 시각과 관련해서는 가장 잘 볼 수 있는 것, 가장 가시적인 것, 가장 잘 보이는 것과는 거리가 먼 광도의 빛이다. 수인들과 관련해서는 그 빛과의 거리가, 그리고 무엇보다도 그 빛의 위치가 특수한 방식으로 그림자들의 놀이를 조정한다. 그것은 강하게 빛을 발하지 않는다. 그것은 그림자들, 반영들, 환상들을 만들어내며, 그것들은 그 빛에 의해 이런 식으로 상이 맺힌 [본래] **대상들**objects보다 더 크다. 이 대상들, 수인들, 시선들과 관련해 그 빛의 상태가 주어진다. 지상에 노출되는 그 빛 말이다. 멀리서, 그들 뒤에서, 그들 위에서 타고 있는 불. 낮의 자연광, 태양의 자연광과 **비슷하지만**—(적어도 여기에서는) 멀리서, 뒤에서, 위에서—**휘스테라**의 이동, 역전, 투사의 **내부에서는** 인공적이고 인위적인 복제일 뿐이다. 태양의 "이미지"에 따라 **인간의 손으로** 밝혀진 불. **지형학적 무언극**mime, 그러나 반복의, 복제의 그 과정은 항상 이미 다중적으로 배가되고dédoublé, 나뉘고 divisé, 증폭되고démultiplié, 광란한다affolé. 첫 번째 것, 첫 번째 모델에 따르지 못하고서 말이다. 왜냐하면 만약 동굴이 세계의 이미지를 따른 것이라면, 세계 역시—우리는 그것을 보게 될 것이다—동굴의 이미지에 따른 것이기 때문이다. 동굴 혹은 "세계" 안에서 모든 것은 이미지들의 이미지들에 불과할 것이다. 왜냐하면 저 동굴은 항상 이미, 말없이, 모든 복제품에 대한 모든 복제품을, [모든 복제품에 대한] 모든 가능한 형상을, [모든 복제품에 대한] 형상들의 모든 가능한 관계를 그리고 [모든 복제품에 대한] 형상들 사이의 모든 가능한 관계를 규정하는 또 다른 동굴, **휘스테라**, 주형moule을 재현하려는 시도이기 때문이다.

그러므로 저 동굴 안에, 저 동굴의 내부에 **하나의** 태양의 "이미지에 따른" **하나의** 불이 타오르고 있다. 그러나 우리는 또한 거기에서 햇빛을 향해, "빛을 보기"를 향해 동굴로부터 올라가는—보다 정확히 말하자면 내려가는—, 아마도 이 관, 경부, 통로, 복도의 이미지에 따른 **하나의길**도 발견한다. 햇빛으로부터 지하 동굴과 그 불에 이르게 하는 은폐된 지하도, 도관, 통로—외피passage-enveloppe. 동굴 **내부에서** 되풀이되고 재생산되어 있는 관. 동굴 내부에 이르게 하고, 또 거기로부터 나올 수 있게 하는 이 통로의 발견이자 동굴 안쪽에 재연된repliées 반복, 재현, 형상화figuration의 발견이다. **사이의** entre 이 길에 대한. 특히 태양, 불, 빛, "대상들", 공동의 복제물들, 재현들, 시선들의 두 "세계들", 양식들, 양태들, 척도들의 이 사이에 대한. 바깥도 아니고 안도 아닌 이 통로, 바깥을 향한 접근과 안으로의 접근 사이에 있는, 접근과 멀어짐 사이에 있는 이 통로에 대한. 그것의 망각 속에서조차, 바로 그 망각 때문에 이것은 통로—열쇠가 된다. 그것의 망각은, 동굴 **안에서의** 재연repli 때문에, 모든 이분법적인 대립들을, 모든 범주적 차이들을, 모든 뚜렷한 구별들, 절단된 불연속성들을, 환원 불가능한 재현들의 모든 대립들을 강화하고 그 기반이 되며 이를 뒷받침할 것이다. "바깥 세계"와 "안쪽 세계" 사이, "위쪽 세계"와 "아래쪽 세계" 사이. 천상의 빛과 지상의 불 사이. 동굴에서 나온 인간의 시선과 동굴 수인의 시선 사이. 진리와 어둠 사이, 진리와 환상 사이, "진리"와 그것을 "가릴" 것 사이. 현실과 꿈 사이. 사이… 사이… 가지적인 것l'intelligible과 감각적인 것le sensible 사이. 선과 악 사이. 일자와 다중. 우리가 원하는 모든 것 사이. 최악에서 최선으로의 **도약**을 항상 가정하는 대립들. 위쪽으로의 상승, 전치(?), 하나의 선線을 따라가는 전진. 수직적인 선을. 남근적인 선을? 그러나 우리는 이것을 잊어버렸고, 그것은 당연하다. 즉, 그것의 가능한 길, 경로 혹은 통행 가능한 통로, 이행trans-ition을. 복도, 협로, 경부를.

질vagin**은 잊혔다.** 바깥과 안쪽 사이, 양〔플러스〕le plus과 음〔마이너스〕le moins 사이 등등의 통로는 무시되고 잊혔다. 따라서 모든 차이들은 결국 **하나의 동일자**un même와 관련된 비율들, 기능들, 관계들일 것이다. **하나의 동일한 통일체**, 종합synthèse 혹은 통사syntaxe 안에서／통사에 의해서 기입되고 가정되는. 말없이 비가시적으로 모든 **계열의**filiales 유사점 혹은 차이점을 규정함으로써. 비록 우리가 그것들을 연결하는 것, 예를 들면 태양을 명명할 수 있다거나 그것이 재현되는 것을 본다고 믿는다 해도. 혹은 진리를. 혹은 선을. 혹은 아버지를. 혹은 남근을? 예를 들자면 말이다. 그것은 이렇게 차이 자체의 소위 원동력 혹은 원인을 가리킨다. 혹은 차이-어머니라고 해야 할까? 이는 차이 자체의 놀이jeu를, 특히 완전한 타자로서의 놀이를 보증할 것이다. 혹은 대타자로서의 놀이를. 그러나 이렇게 차이 자체의 작용을 보증한다고 해도 그것은 항상 이미 차이(들)의 놀이들과 무관하다. 경부, 복도, 통로에 대한 망각이 항상 이미 그럴듯해 보이는 것 속에 차이(들)를 감쌌을 테니. 이는 **동일자**에 맞춰지는 차이들, 유추에 따르는 차이들, 여러 다른 유추들, 즉 **휘스테라**의 재현할 수 없고 비가시적인 이동 과정 속에 재표시된 차이들의 (소위) 놀이만을 허용한다. **휘스테라**의 은유화의 영역을 경계 짓고 제한하는 기획에서 차이들의 이 춤은 (스스로에게) 작용한다. 차이들을 서로 연관시키고, 관계 짓고, 은유화하기 위해 우리가 (스스로에게) 부여하는 지표들^{repères}, 바깥들^{dehors}, 놀이의 바깥들^{hors-jeu}, 즉 나의 바깥^{hors-je}이 어떻든 간에. 왜냐하면 통로, 경부, 이행에 대한 망각 때문에 은유, 이동, 전치가 동족성(의) 유사 모태 속에 재기입되기 때문이다. 불가피하게. 공동의 동일성, 공동 안의 동일성(들), 공동의 이동의 동일성(들). 공동 안에서 작용하는 복제와 반영의 동일성(들). 공동 안에서 인간, **호 안트로포스**—원한다면(**자손**^{τό γένος}을?) 성이 특정되지 않았고 중립적이지만, 맞은편 정면을 향해 편향된—는 유사한 것^{semblable}**으로서** 자신을 재현하거나 재생산하지만, 그렇다고 해도 동일성의 과정에서 벗어나지 못한다. 인간은 항상 이미 반복 속에 사로잡혀 있다. 모든 것이 반복과 재현 혹은 복제 사이에서 작용된다. 이는 현전^{présence}으로서 지시되는 재현 혹은 재현으로서 나타나는 현전이 인간으로 하여금 다른 망각이나 동일한 망각을 통해 어떤 기반 위에서 그것(들)이 일어나는지 잊게 만들기 때문이다. 그리고 소위 현전의 탈은폐^{dévoilement}는 또 다른 **꿈**으로의 진입일 뿐이다. 그 꿈은 항상 동일한 것이다. 비록 그 꿈이 가시적인 것에서 기반^{support}을 발견한다 해도, 비록 그 꿈이 객관성 혹은 대상성의 증거들을 근거로 한낮에 크게 뜬 눈으로 계속해나간다 해도. 동일성의 꿈은, 잊힌 혹은 망각된 경부, 통로, 관이 단지 하나의 동일한 성기일 뿐이라고 상상하거나 추론하기에 이를 것이며, 연역하는 것이라 해도 안 될 것은 없다. **전도된 혹은 훼손된** 성기일 뿐이라고. 예를 들자면 말이다. 그것이 어쩌면 하나의 동일하지만 다른 거울과 관계가 있을 수 있다고 가정하는 데까지 이르지는 못하고서. 아마도 오목거울일까? 하나의 다르고 동일한 거울을 비추기 위해. 볼록거울일까? 이는 문제들을 몇 가지 제기하게 될 것이다. 반사 "대상"의 문제, 발산 각도들의 문제, 초점들의 예상하지 못한 편차의 문제를. 우리는 명백히, 대칭이라는 오래된 꿈을 여전히 추구함으로써, 새로운 차이들을 생산하기 위해 이러한 문제들을 이용할 수 있을 것이다. 그 꿈을 복잡하게 하고, 그 결과들을 산정하고 예상하기 시작함으로써. 이는 다른 많은 것들 중에서도 반복의 수단일 뿐인 거울(들)의 재개입에 의해서임을 (스스로에게) 상기시켜야만 한다. 이것은 반복의 어떤 재현이다. 확실히 특권적인 재현이긴 하지만, 동일성의 재현 불가능한 욕망이라는 가면으로 해석이 계속 환원시킨 재현이다.

그러나 이것은 이야기를, 일들이 마땅히 그래야 할 바대로 흘러가도록 이미 모든 것을 조합한 소크라테스의 이야기를 앞지르는 것이다. 그는 이미 표지가 설치된 길에 의해, 이미 (재)인식된 방법에 의해 당신을 확실히 인도하고 안내한다. 뜻밖의 일들도 없이, 두려워할 균열들도 없이. 그는 이미 도착점을 정했고 장애물들을 해결한 경로를 어떤 아이러니와 함께 **거꾸로**à l'envers 재연함으로써 반복한다. 당신은 어떤 위험도 겪지 않을 것이다. 출발점에서보다 더 교묘하게 예속된 스스로를 마침내 발견하게 되는 것만 아니라면 말이다. 즉 당신 스스로에 의해 확인된 무언극의 대역들을.

장막paraphragme/격막diaphragme

따라서 이 동굴 안에는 불과 수인들 **사이에** 하나의 길이 있다. "빛을 보는" 쪽으로 향하는 관, 통로, 경부가 이 무대 **안쪽에** 재연된 길. 다른 길의 지형에 일치하는 길, 그리고 태양의, 하나의 태양의 이미지에 따른 하나의 불이 돌출해 있는surplombe 길. 그런데 (역시) 경사진 이 길을 따라 세워진 **작은 벽**—테이키온τειχίον—이 진로, 길, 통로를 가로막고 있다. 누군가 뛰어넘거나 횡단하거나 관통하지 못하는, 인간에 의해 **건설된**construit 작은 벽. 분리하고 나누며, **다른쪽으**로부터의 접근이 불가능한 벽. 테이키온τειχίον의 지소사 ι는 일반적으로 '작은, 높지 않은'으로 번역되며, 또한 '얇은, 가벼운, 예를 들면 도시를 둘러싸는 데 쓰이는 두꺼운 벽들과 관계없는'으로 해석될 수 있다. 사적이고 개인적인 거주지의 벽이 **테이키온**이다. 한편으로는 플라톤이 **장막**rideau, 베일voile — **호스페르 타 파라프라그마타**ὥσπερ τά παραφραγματα[3] — 로 비유하는 벽이다. 장막 "같은" 작은 벽 혹은 작은 벽 "같은" 장막? 여기에서 어떤 지시대상이 유추를 주도하는가? 우리는 그것을 간단히 결정할 수 없다. 마술사의 마술이 깊이 잠겨드는s'abîme 벽-장막, 속임수에 의해/속임수를 위해 길을 가로

---

3 '낮은 장막 같은'이라는 뜻. 플라톤, 『국가』, 7권 514b에서 동굴 내에 위치한 것으로 묘사되는 낮은 벽(담장)을 일컫는다.(옮긴이)

막는, 사이에 놓인 벽-장막. 인간의 손으로 인위적으로, 인공적으로 제작된. 이 보호책을 세운 인간들이 동굴 뒤쪽으로 접근할 수 없도록 금지하는 벽-장막. 여기, 재현의 배경막.

플라톤의—소크라테스의—동굴 **안에서**, 인공적인 벽-장막—**다른 곳에서 은밀히 사취된 처녀막**의 재연, 반복, 재현—은 결코 횡단되지 않고, 열리지 않고, 침투되지 않고, 관통되지 않고, 찢어지지 않는다. 게다가 항상 이미 반쯤 열려 있지도 않다. 지소사—테이키온ΤΕΙΧ Ιον—와 아마도 장막으로 환기된 약함fragilité, 얇음ténuité, 심지어 투명함transparence까지 이 칸막이벽cloison—외부/내부 대립들을 무한히 증폭시키지만 또한 그 대립들을 전복시키는 **내부의** 정면façade—의 온전성에 의존한다. 사후에(사후의) 작용들 혹은 기투들 없이.

따라서 한편으로 우리는 사람들이 자유롭게 이동하고 돌아다닌다고 믿을 수 있을 것이다. 그들도 그렇게 믿을 수 있을 것이다. 다만 그들이 동굴 안으로 더 깊이 침투하지 못하리라는 점을 제외하면 말이다. 다른 한편으로, 수인들은 공동—벽-장막이 **접촉되지않은채**인 것과 마찬가지로 **폐쇄된** 굴excavation—의 배경을 마주하고 사슬에 묶여 있다. 불을, 울타리를 등지고서, 울타리 뒤에서 움직이는 사람들과 그들의 호화로운 도구들을 등지고서 말이다. 물론 또한 기원, **휘스테라**—이 동굴은 그 상을 빈틈없이 역전시키고 형상화하는 기획일 뿐이다—를 등지고서. 균열들이 없는. 이 사람들은 이 감금에 대해 조치를 취할 수도, 행동을 취할 수도 없다. 다르고 동일한 사슬들—의 이미지들—에 의해 묶여 있기에, 이 동굴의 입구를 향해 (몸을) 돌릴 수 없고, 동굴의 지형과 현혹적인 대칭의 기투를 꾀할 수 없는 것이다. 이 무언극을 지배하고 구조화하는 환상illusion의 **아프리오리한** 조건. 이데아의 관조로 인도하고, 이데아의 관조로만 인도할 수 있는 반복의 허구적인 재현. 그것은 영원히 고정된다.

따라서 사슬은 수인들로 하여금 동굴의 입구뿐만 아니라 기원을 향해 돌아갈 수 없도록(몸의 방향을 바꿀 수 없도록) 막는다. 그리고 태양, 불, 그곳으로 오르는 길, 벽-장막, 벽-장막 뒤에서 움직이는 사람들, 그 사람들의 마술의 "대상들"을 향해서도. 볼 수 없는 그들 뒤에, 보는 것이 금지되었을 뿐만 아니라 (말하자면) 몸의 방향을 바꾸는 것 또한 마찬가지로 금지된 그들 뒤에 이 모든 것이 있다. 이는 보이지 않는 **이 뒤쪽**derrière(에 있는 것)의 **교체**permutations뿐만 아니라 **기능, 작용에 대한 혼란**을 가능케 한다.

| 마술사의 공연 |

그들 뒤에 사람들이 있다. 이중으로doublement 뒤에, 즉 그들 뒤에 그리고 칸막이벽 뒤에 있다. 그러나 이 **이중**doublement은 결코 한 번에 두 배 길이로 펼쳐질 수 없다. 왜냐하면 동굴 **안** 칸막이벽으로 나눠진 구획division을 절대 뛰어넘을 수 없(을 것이)기transgresse(ra) 때문이다.

수인들과 **뒤쪽에** 있는 사람들 사이에서 어떤 공연이 열릴 것이다.

다른 경우에서라면 뛰어넘을 수 없는 "작은 벽" 혹은 "장막"의 위에 있을 수 있고, 그 위로 나와 있을 수 있다는 가정하에. 승화될 수 있다는 가정하에? 만약 "대상들objets"이 충분히 높이 세워진다면 공연이 열릴 곳은 그 벽 위에서다. 그런데 이 벽은 그다지 높지 않다. 테이키온의 지소사 ι와 호스페르 타 파라프라그마타를 수직적 용어로 이렇게 번역하는 관습이 있긴 하다. 따라서 사람들은 그 벽을 넘어서 통과할 수 있을 것이다. 하지만 진짜로 그러지는 않는다. 사람들은 그 벽을 성큼 넘지도, 뛰어넘지도 않을 것이다. 사람들은, 사람들의 "육체들"은 이 스크린écran 뒤에 머무를 것이다. 그러나 사람들은 자신들의 "육체들" 혹은 다른 동물들, 다른 생명체들의 "육체들"의 어떤 상징, 복제물, 페티시를 충분히 높이 꼿꼿이 세움으로써pointant 이 스크린을 넘도록 만들 수 있을 것이다. 사람들의 육체 혹은 다른 살아있는 동물들의 육체의 어떤 표장, 像으로 세워진 표장. 이는 그들 육체의 모형effigie이 세워진 것으로, 뒤쪽 높은 곳에서 타오르는 불에 의해 생성된 그것의 그림자가 이번에는 영사막(스크린)으로서 역할을 하는 동굴의 뒷면에 나타날 것이다. 두 개의 스크린— 이때의 두 개는 한 개의 두 배로서의 두 개가 아닌데, 복제하고 증가시키는 스크린은 감소시키고 나누는 스크린에 이런 식으로 합해질 수 없기 때문이다—사이에서, 사슬에 매인 자들은 그 공연에 참여하고 있다/그 공연을 바라보고 있다.

그들의 눈이 밝지 않은 건 사실이지만, 맞은편의/맞은편에 의한 매혹에 현혹된 채 고정되어 있는 그들의 시선이 없다면, 투사된 그림자들, 반영들, 완넁들은 그 가닝들apparences이 매혹, 환상적 휘의 실재성을 잃고 말 것이다. 이 그림자들은 상으로 세워진 표장, 죽음의funèbre 복제를 통해 불멸화된, 사람들의 표장에 의해 불빛이 차단되어 생겨난 것인데, 이 사람들의 조상ascendant은 **스크린-지평선écran-horizon의 위로** 이 화려한 시뮬라크르(들)를, **이 영구적인 형태적 각인**을 들어 올리는 데 성공했을 것이다. 보이지 않는 마술사들, 지각되지 않는 강신술사들이 유령(들)의 위대함에 (자신을) 제물로 바친 다음 관객의 통찰력을 범하고violent 훔치고volent 가리며 voilent, 자신들의 공연들로써 관객을 눈멀게 한다. 한밤중mi-nuit의 불분명함 속에서 슬그머니 행동하는 모래 사나이들[4]. 빛을 차단하는 가면들. 그러나 마술사들로 말하자면 그들은 여기 불투명한 장막에 의해 그 장면scène에서 빠져 있다. 마술사들은 그들이 마술로 매혹하는 눈들로부터 피해 있다. 마찬가지로, 자신들의 공연을 관조하는 일로부터도, 자신들의 마술의 효과들로부터도 피해 있다. 그들의 통찰력은 무대 뒤에서 자신들의 복제물(들)의 형상을 만들어 그럴듯해 보이는 것의 허구fiction에 이르도록 작용한다. 동굴의 배경에 자신들의 그림자(들)를 나타내주는 불빛 — 태양의 이미지? — 을 가리는 인위적인 속성(들)attribut(s). 마술사(들)(의 눈)를 교묘히 피하는, 반영들reflets로 복제된 대역들doublures.

여기에서 속임수는 최소한 **삼중**으로 되어 있다. 잠시 이 숫자에 집중하자, 그러는 척하자. 이때의 삼중은 명백히, 1 곱하기 3으로서

---

4 잔트만 또는 샌드맨. 어린이들이 잠을 자거나 꿈을 꿀 수 있게 눈에 모래나 먼지를 뿌려준다.(옮긴이)

해석될 수 없다. 마술사의 뒤쪽의 그리고/혹은 앞쪽의 위치가 이미 **이중-뒤쪽**re-cul으로 분석되는바, 그는 자신의 힘의 — 그 제작이 〔원본과〕 소위 일치한다는 점에서 기만적인 — 도구들로 대체된다. 하나의 시선이 이미 거기에서 길을 잃는다. 잘 볼 수 있기 위한 조건인 빛을 차단함으로써 이 기만적인 상들은 그림자들을 통해 배가된다. 허구는 증식한다. 투사들, 반영들, 환상들… 그런데 누구의? 무엇의? 불과 이미지들을 복제하는 표면 사이에 있는 수인들의 것이기도 할까? 이 희극은 너무 잘 진행된다. 그것은 홀로 증식한다. 주인공들은 쟁점이 무엇인지 알지 못한다. 누가 속이는 자이고 누가 속는 자인지 아무도 더는 알지 못한다. 어떻게 역할들이 배분되는지. 누구에게, 무엇에 투사가 할당되는지? 단독으로 영속하는 가장simulation, 언제나 이미 뒤쪽의, 이전의 원인이 무한으로, 점점 더 어두운 기획들로써 어두워지는 미래로 물러서는recule 가장의 공범들, 공모자들.

한편, 사전에 설정된pré-tendue, 그 사람들의 재현의 무대 위에는 **적어도 둘**—그러나 둘은 겉으로만 합계일 뿐—이 있다. 그중 한쪽 그리고/또는 다른 쪽은 절반쯤—그런데 어떤 절반일까? 무엇의 절반일까? 이제 게임의 저당물l'hypothèque은 분할 불가능하다 —모형으로 만들어지고, 절반쯤 눈이 멀었으며, 절반쯤 강도(강간)당했고, 절반쯤 참여해 있다. 두 사람—사람(들)의 두 (기각된 démis?) 반쪽demis 곱하기 둘—의 n제곱은 그들의 인공물들artifices이 깊이 잠겨드는 벽-장막의 양쪽에서 **미메시스μίμησις의 과정을 지탱한다.** 이 징면façade은 이 극장이 대칭적 울타리 안에서 외부/내부의 대립들을 배가하고, 두 배로 만들고, 무한히 뒤바꾼다.

항상 이미 약화되는 이 게임에 판돈enjeu을 제공하기 위해, 분할(들)의 작업(들)을 항상 (스스로) 이용할 수 있고, 항상 (스스로) 다시 할 수 있다. 파탄 날 때까지 내깃돈을 날리면서. 현기증이 일 때까지 무無에 돈을 걸면서. 지불 능력이 점점 떨어지는 저당들로 플라톤의 — 소크라테스의 — 구부러진 이 동굴을 파산시키면서. 이처럼 아무도 그의 동굴을 그에게서 빼앗지 않을 것이다. 상상의 숫자들로 계산하더라도 말이다. 왜냐하면 이 동굴 안의 인공물들은 수가 많고, 감할 수도, 합할 수도, 서로를 단순히 곱할 수도 없기 때문이다. 비록 [인공물들의] 다수의 작용들interventions이 실제 효력들을 증가시키고 유효하게 한다 해도. 이중duplicité의 여러 작업들에서는 모방하는 것에서 모방되는 것으로의 이행, 현재에서 과거로의 이행은 매번 회피된다. 경탄할 만한 눈속임trompe-l'oeil이다.

│ 시간 낭비? │

그렇게 해서 시간을 보낸다. 따라서 기원의 반복 혹은 반복의 기원은 대칭의 복제, 즉 플라톤의 **휘스테라** 속에서 단지 허구적으로만 멈춰진다. 재현은 외삽 없이는 반복을 멈추지 않는다. 동일자의 규정prescription은 물러나지만 비축된다. 그리고 모든 복제품들을 지배하는 결코 고갈되지 않을 우선권préséance으로서 영속한다. 그것은 언제나 **여분**de reste이다. 그것은 도래할 것들의 모든 회귀에 덧붙여지는 것―**존재에 보조적인 것**―이다. 그렇게 시간 사이에 있다.

그러나 시간은 여전히 거기에, 동일하게, 멈춰진 채로 있다. 인간과 복제물의 허구적인 일치는 시간의 속성들을 불멸화한다. 태양을 그림자로 가림으로써éclipsant. 사실 태양은 낮/밤, 계절들, 해[年]들 등 달력에 리듬을 부여하는 것이지만. 동일하면서 다른 것들, 동일한 것들의 다른 회귀들. 따라서 물신들과 유령들은 죽은 시간을 놓고 서로 다툴 것이다. 그리고 희미한 빛pénombre을 놓고. **모형으로 만들어진 계사copule의 빈곤한 현재, 거기서 죽음의 주장이 고정되어 있다.** 그것은 술어(들)와 그 술어(들)의 주어(들)를 연결시키려 애쓸 것이다. 이중으로 죽은 그것(들)을. 이것은 사실 어떤 소유권titre de propriété도 구성하지 않는다. 이 이중화redoublement는 명백히, 한 명의 사자死者(하나의 죽음)의 두 배로서의 이중화가 아니라, 아마도 사자(죽음)로 지시되는 것을 (스스로) 나누는 시도로서의 이중화일 것이다. 두 사자들(죽음들) 사이에 있는 하나를 분열시키기, 하나의 두 사자(죽음)-사이의 간격 벌리기. 죽은(죽음의) 동굴로 침입하기. 불가피하게 비분할로서 작용하기.

이게 다가 아니다. 그곳에 (다시) 데려가거나 그곳으로부터 나올 수 있게 하는 길, 동굴로 접근하는 것이자 동굴로부터 멀어지는 것인 길을 동굴 내부에서 재연하는 것은 그 동굴을 자주 드나드는 왕복을, 열림/닫힘의 박동을 비난하는 것이다. 다르고 동일한 박동들, 규칙적인 간격들이 금지된다. 동굴 **내부의** 길과 칸막이벽의 인공물은 물론 그 기능을 대체할 수 없다. 분할/증식의 인공적인, 반쯤 열린 틈ontr'ouverture은 동굴의 역전 작용을 지속시키고, 게다가 무한히 신용을 주어(신용을 얻게 하여), 대칭의 기투의 속임수와 그 재현의 폐쇄clôture를 떠받친다. 언제나 동굴 내부에서 작용함으로써. 분할fractionnement 작용을 재표시하고, 그 힘들에 대해 사유하며spéculant, 분열을, 구분선을 예견하고자 애쓰고, 자기에게 유리하게 그것(분열, 구분선)을 피하려고 애씀으로써. 때로는 침입escalade에 의해서, 그러나 그것은 항상 내부에서 일어난다. 모든 작용은 관통 percée을 지연시킨다. 그것(관통)에 착수하지만 끝나지 않는다. 왜냐하면 벽-장막은 여전히 통과할 수 없을 것이기 때문이다. 그리고 파라프라그마(장막)παράφραγμα는 결코 어떤 디아프라그마(격막)διάφραγμα를 확실히 대리suppléance할 수 없을 것이기 때문이다.

우리는 정말이지 이 공연에, 상기의 예비 교육을 위해 제공되는 이 공연에 시간을 낭비하고 있다. 차질을 빚는 것은 사실이다. 왜냐하면 구멍들, 균열들, 상처들—예를 들어 디아프라그마(격막)의— 혹은 결핍들, 결함들—휘스테레인(뒤에 있는 것)의—은 그것들 역시 재표시되어야 하고, 재기입되어야 하기 때문이다. 특히 기억 속에 말이다. 이는 그것들이 재현될 것이라거나 재현될 수 있는 것이라는 말이 아니라, 그것들의 망각에서조차, 그것들의 비축réserve 자체에서 이러한 재현의 경제를 규정할 것이라는 말이다. 그것의 목표, 그것의 최종 이익—망각이 없는, 망각의 베일이 없는 아-레테이아(비거짓)ά-λήθεια—을 가리키는 용어로조차. 알레테이아(진리) άλήθεια에서 부인(거부)을 구성하는 요소를 소홀히 검토해서는 안 될 것이다. 따라서 추방당한 것—다른 체계에서는 노예, 억압당한 자라고도 부른다—은 소환(환기) 없이 그것의 금지prohibition를 유지시키는 그 텍스트 자체를 지배한다. 이는 중층결정에 대해 질문하는 것으로 충분하다. 현재의 정합성cohérence을 보증하는 형태들, 형상들, 기호들의 가면을 벗기는 것으로.

| 반사하는 동굴 |

이는 결코 단순한 시도가 아니다. 그러나 여기에서는 이 장면이 갖는 기원과의 다양한 관계 때문에 다른 데보다 덜 단순할 것이다. 이 연극, 텍스트는 아직 자신의 관점perspective을 비춰보지 않았다. 여기에서 눈의, 거울들의—또한 말하자면 거리 두기espacements의, 시공간espace-temps의, 시간의—속성들은 분해되고disloquées, 해체되고désarticulées, 분할돼démembrées 있다. 결국, 시점point de vue 없이 이데아의 진리를 관조하는 것으로 되돌아가게 되기 위해서다. 영원히 현존하는 이데아. 벌어진 틈, 분리에 의해 상정되는 이데아, 즉 한편으로는 **휘스테라**, 즉 모든 형상과 모든 형태의, 재현할 수 없는 기원의 "무정형"이지만 끈질긴 선행성에 의해, 그리고 다른 한편으로는 잘bien 보고자 한다면(선le bien을 보고자 한다면) 맞은편에 있어야 할 태양Soleil—선Bien의 이미지—의 눈부신 매혹, 바로 그 사이의 벌어진 틈에 의해 상정되는. 자기와 항상 똑같은, 자기와 동일한 **에이도스**〔형상〕εἶδος는 반복의 동일성, 반복될 수 있는 힘의 지속성을 보장하되, 동시에 그것을 변증법적 기법artifice에 의해 보장한

다. 그러면서 이 기법을 기반으로 **모태**—앞에 있는, 뒤집힌, 역전된
— 즉, 이번에는 기원이자 모든 적절한 가시성의 비가시적인 원인
으로 돌아가야 한다. 필멸의 "육체"의 눈으로는 지각될 수 없으나,
맞은편에 그리고 위에, 수직으로 —수직의 남근 숭배? — 명증성
évidence의 빛이 있다. 그 빛에 의해 모든 시각은 집중되어야 할 것인
데, 이는 훌륭한 통찰력, "존재자들étants"에 대한 올바른 감식안, 곧
고 참된 방향, 즉 **오르토테스**〔올곧음〕ὀρθότης에 머물기 위해서다. **계사
의황홀경** 속에서 겪는, **휘스테라**와 태양의 조화로운 결합과 혼란. 비
가시적이고 분리할 수 없는 관념성idéalité —부분들을 보고서 결코
(재)구별하지 못할—, 시각의 올곧음—반전돼 있다 해도—의 원
인이며 중심pôle. 단순하고, 분해할 수 없으며, 변질되지 않고, 항구
적인 하나의 존재. **해결할 수 없는 원초적 장면의** 외삽된 —승화된? —복
제물인가?

　　그러나 거기에서, 동굴의 **아파이데우시아**〔무지〕ἀπαιδευσία 안에서,
대문자 존재가 겪는, 존재의 파생물들rejetons, 사본들, 시뮬라크르
들로의 분해. 이는 시선의 힘을 분산시키고 축소시킨다. 거울들의
힘을. 거울들"로서" 시선들의 힘을. 이것들은 항상 이미 깨어져서
균열을 연결하고 있는 것이 아니라, 허구적으로 나눌 수 있고 합할
수 있고 증가시킬 수 있는 속성들로 인위적으로 분리되고 나뉘는
것으로, 가장 큰 힘에 이를 수 있다. 통일성unité에!

　　따라서 뼈가 드러난, 동굴 같은 눈구멍orbite은 눈을 포함하고 있

다. 여기에서 눈구멍은 역전돼 있는데, 거기에 시선이 묻혀 있고 s'enfouit 사로잡혀 있다s'envoûte. **휘스테라 프로테라**, 즉 플라톤의 도 치된, 반전된 **휘스테라**의 투사구投射球. 기원의 눈먼 감금의 울타리 enceinte, 베일-외피voile-enveloppe는 재현의 서커스장이자 배경막이 된다. 움직이지 않는 망막, 신경이 없는 세망細網, 빛과 그림자들을 반사하는 단순한 오목한 표면. 불투명한 후사경. **불 꺼진**. 지평선이 빛을, 그리고 시각을 가로막는다. 광경spectacle을 제한하지만 **반사** réflexion를 통해 그 뒤에서 일어날(일어났을) 일을 복제할 수 있도 록 보장하면서. 채색된 상, 시뮬라크르, 환상들에의 매혹으로 소 급 효과들을 가로막으면서. 맞은편 장면에 매혹된 채 고정된, 사 슬에 매인 자들뿐만 아니라, 스크린에 의해 자신들의 마술을 항 상 볼 수 없는 마술사들도 그 반복되는 효과들을 가로채일 것이므 로. 그것은 심지어 반투명 거울조차도 아니다. 오히려 거울(들)의 뒷면을 나타내고 있다. 칸막이벽은 모든 유체가 **흐르지 못하게 한다**. **파라프라그마**는 충격coup 이후에 대한 재표시 없이 모든 충격을 허용 한다. 충격(의) 이전과 이후의 허구, 허구적 분열. 그것의 분열, 복 제 속에서 충격을 제어하려는 시도. 절단, 분할 속에서. 항들termes 과 **잉여**reste의 증식 작용. 무한정으로. 이 보호막은 복제품의 생성 engendrement(만)을, 복제품의 복제품의 생성(만)을 돕는다. 무한정 으로. 감하고 나누고 보호하는 막은 환영의 파생물들을 투사―잉 여로서en reste, 잉여의de reste―를 통해서 복제하고 증가시키는 막 으로 돌려보낸다. 이러한 파생물들은 눈먼 시선들로 하여금 눈을 크게 뜨게 하기에 좋다. 통찰력lucidité이 은밀히, 몰래 작용한다. 두 개의 절반으로 된 두 번의 시선. 부릅뜬 시선/배제된 시선.

파라프라그마는 또한 눈꺼풀이기도 하다. 돌로 된. 항상 닫혀 있어 결코 갈라져 열리지 않을 베일. 생명이 없는 무기질의 막. 죽은 조직, 마치 이 장면을 한정하거나 나누는 모든 것들처럼. 이 재현을 인위적으로 **조직하는** 모든 것들처럼. 항상 이미 개입되는, 환기의, 형상화의 "처럼" 또는 "같이"에 의해 경직된, 굳어진, **얼어붙은** 막들. **자연스럽게** 감싸인, 어떤 **반사경**의 중개를 통해서/중개에 의해서 이루어지는. 모든 **존재자**는 여기에서 이미 내부적으로 다시 주석박이 입혀져 있다. 어떤 반사적 직관에 갇혀 있고, 접혀 있다. **아직 자신의 관점을 반사하지 않은 직관의 반사성, 아직 반사성의 직관으로 해석되지 않은 직관의 반사성.** 이 동굴학spéléologie에서는 어떤 거울도 보이도록 그리고 읽히도록 제공되지 않는다. 이것이 우리가 보는 것의 진리의 조건이다.

그러나 이 동굴은 이미, 그리고 그 사실 때문에, 반사경이다. 반사의 동굴. 파생물들의 시뮬라크르들로 반짝이는poli, 반짝이게 하는polissant. 재현의 장면을, 재현으로서의 세계를 열고, 확대하고, 마련하면서. 반사경의 삽입 자체에 의해서 구멍들, 구체들, 눈구멍들, 방들, 구역들enceintes로 조직되는. 작용은 자연스럽게 유산流產된다. 유일하게 무사한 반사는 조산된 산물들을 증식시킨다. 충격(의) 이전 혹은 이후에 흘러내리는 산물들을. 이 동굴은 계사의 놀이들을 복제의 무언극으로 가로막는다—태양의 이미지는 동굴의 어떤 형상화 속에서 가장한 산물들을 생산한다. 소환(환기) 없이 산물들을 가장하는 무언극, 어떤 상기anamnèse에 의해서/상기를 위해서 파생물들을 지연시키는 척하는 무언극. 그것은 돌이킬 수 없다. 상기는 항상 이미 이데아의 관조 속에서 황홀경에 빠져 있기에. 영원히 현존하는 이데아. 조준점 혹은 소실점, 그리고 이 예비 교육을 지배하는 죽음. 계보적 인접성 없는 우선권. 기입할 수 없는 여백. 이는 마치 별처럼, 복제물들의 모든 형상들, 복제물들의 형상들 사이에서 가능한 모든 관계들을 지휘하지만, 그와 동시에 쓰러뜨리고, 틀에 넣고, 얼어붙게 한다. 빛의 외삽으로써 시간 혹은 공간 바깥의 광경, 대화, 언어를 제한하고 한정하지만, 그뿐만 아니라 모든 걸음 혹은 글자 혹은 시선에 있어서 천진함이라는 눈먼 심연으로써 그것을 은밀하게 개방한다. **여전히 현전의 처녀인 (소위) 모태.** 아직 조준되지 않은 것, 측정되지 않은 것의 황홀. 혹은 최소한 그렇게 보이는 (보일) 것의 황홀. 투사막의 환상mirage은 그 환상을 항상 이미 "그런 식으로comme tel" 만들어내고 틀에 넣은 거울들의 개입을 은폐하고 있다.

이는, 그 거울들이 모두 이 구역 안에서 움직이지 않고, 그것들이 상으로 나타내는 존재자들—수인들의 자세 속에 굳어서, 자신들도 모르는 사이에 이 상기remémoration의 연극을 지휘하는 대칭의 효과들로써 **얼어붙은 채로** 있다는 사실, (기원의) 환기와 반복의 일치라는 환상을 유지함으로써 갇혀 있다는 사실을 설명해준다. 그리고 맞은편에의 매혹에 의해 매인 채로 있다는 사실을. 뒤에서 일어날(일어났을) 일의 시뮬라크르에 의해 매어 있다는 사실도.

이 시뮬라크르는 그것의 투사가 직접적인 현전, 나타냄으로 주어짐에 따라 충격(의) 전후 경제를 은닉한다. 그것은 반복과 재현 혹은 복제 사이 관계들의 개입을 좌절시키고, 규정prescriptions과 차액soldes을 변질시킨다. 목적, 즉 재현될 수 없는 이데아는 복제물들, 사본들의 생성과 일치를 보장하며, 존재자-현존의 허구는 잉여의 반복, 잉여로서의 반복을 남기면서 재생산-생산의 계보를 은폐한다. 시간, 시공간은 다른 곳에서 재현을 지시하는 대칭 과정에 의해 우회된다. 혹은 상관적으로 이데아의, 태양의 광휘에 유혹당하고 매혹되고 포획된다. **중단된**en suspension **주석박의 광채.** 놀이jeu의 — 햇빛jour의 — 보증금caution은 회수 불가능하며, 이는 형상화figuration와 그것의 유추적 가장이 우회하지 않도록 한다. **기원을 위한 태양이라는 닻.** 이 닻은 남근적 시노그라피의 순환을, 그것〔남근적 시노그라피〕의 광학적photologique 은유 순환을 **반사되지 않은** 눈부심 속에 봉쇄하고 고정한다. 이 서커스장의 모든 것은 〔눈이 부서서〕 못 보게 하는 속임수를 떠받치고 있다. 대상들-페티시들, 벽-장막, 스크린들, 베일들, 눈꺼풀들, 이미지들, 그림자들, 환상들이 끼어 들어가 전능한 백열을 가로막고 거르고 여과하며, 시선을 매혹하여 보호하지만, (그것을) 가리는 속에서도 그것의 원인과 목표를 나타내고 상기시킨다. 환상들의 개입은 시선을 무한으로 돌려보냄으로써 빛나는 실명 상태에 빠뜨린다. 그 시선을 눈먼 눈두덩이로 에워싼다.

대화

| 일자는 말하고, 타자들은 침묵한다 |

"자연스러운 듯이comme il est naturel, 그 모든 운반자들 중에서 어떤 이들은 말하고, 다른 이들은 침묵한다네." 자연스럽게? 그럴듯해 보이게? 예상할 수 있었던 대로? 예상할 수 있었던 대로, 그렇다, 이 동굴을 조직하는organisent 복제의 작용들, 이중 규칙들이 주어지면 말이다. 왜냐하면 만약 모두가 말한다면, 동시에 말한다면, 배경의 소음 때문에 반향이라는 배증redoublement의 과정이 어려워지거나 심지어 불가능해질 것이기 때문이다. 소리의 반사는 다양한 화자들에 의해 발음되는 소리들이 동시적으로 발산됨으로써 **변질될**altéré 것이다. 그때부터 소리들은 잘못 정의되고, 경계들이 명확하지 않게 되고, 뚜렷이 구분된 한계들이 없어지고, 정해진 형상들이 없어지고, 반사될 수 있고 재생산될 수 있는 상들이 없어질 것

이다. 만약 모두가 말한다면, 그리고 동시에 말한다면, 타자들의 침묵이 일자들의, 일자의 말들을 뚜렷이 드러내고 명확하게 표현하는 데에 더는 **배경**으로 쓰이지 않게 될 것이다. 침묵 혹은 빈 공간 blanc은 여기에서 이중으로—이 이중은 명백히 한 번의 두 배로 분석될 수 없다. 마법사들의 침묵이 동굴 배경의 침묵에 간단히 합쳐질 수 없는 것이다—복제의 가능성으로서 기능한다. **동일성의 가능성으로서.**

게다가 이 **반향** écho—에코의 신화는 나르키소스에 대한 (처녀로 죽은) 여성의 사랑과 관계될 것이다—은 마술사들끼리 말한다는 사실에서 장애물을 발견할 것이다. 언표들의 개입, 대화 중에 일어나는 것, 발생하는 것의 개입은 더 이상 **중립적인** neutres 이 빈 공간, 이 침묵, 이 간격 intervalle으로 환원될 수 없다. 이 빈 공간, 이 침묵, 이 간격은 발언들 propos과 그 반복을 판별하고 구별하고 배치할수 있게 한다. 이는 각자에게 그리고 각 사물에 고유한 용어들이라는 허구를 떠받쳐서, 그 용어들이 그런 식으로 재생산될 수 있게 한다. 따라서 소급 효과들의 복잡성뿐만 아니라 불가피하게도 중개들 inter-ventions의 극에 있어서 다중결정 pluridétermination, 중층결정의 요인들이 생산-재생산의 현재를 해체할 것이다. 틈 hiatus, 즉 현재와 과거—모방하는 것과 모방되는 것, 기표와 기의—사이의 소위 단절과 연결에서, 현재는 과거, 일어난 현재의(현재로서) 한정된(정의된) 이 과거를 다시 잡고 반복하고 **사변화할** spécularisant 뿐만 아니라, 반과거와 전미래[5] 사이에서 또한 전미래와 반과거 사이에

5 프랑스어의 시제로서, '반과거'는 현재에는 끝난 과거의 지속적인 행위나 상태를 가리

462

서 해결할 수 없는, 결정할 수 없는 상관관계의 긴장 속에 이 현재 혹은 이 과거를 늘어놓고 펼치고 무한으로en abîme 개방한다. 만약 이 "운반자들"이 최소한 소크라테스의 이야기의 이 지점에서 서로 대화한다면, 그들은 이 동굴을 조직하는 모방적 기능을 해석하고 폭로하게 될 것이다.

따라서 어떤 이들은 말하고, 다른 이들은 침묵한다. 어떤 이는 말하고, 다른 이들 혹은 다른 이는 침묵한다. 복제의 가능성을 조정하면서. 그(그들)가 반사막을 대신하면서 그 가능성을 제공하지 않는다면 말이다.

미메시스에 대한 토론을 모방하는 대화들을 포함한 플라톤의 『대화』 역시 마찬가지다. 자연스럽게. 예상할 수 있었던 대로. **호이 온 에이코스**〔자연스러운 듯이〕οἷον εἰκός는 애초부터 교환의 경제, 특히 말의 교환의 경제 속 소리와 언어의 모방의 문제를 표현하고 왜곡하고 은폐한다. 그리고 그럴듯해 보이는 이 "자연스러움"의 문제 l'hypothèque가 심문받기 시작하기까지, 그리고 모방, 재현, 의사소통 사이 관계들의 문제가 제기되기까지 오랫동안 기다려야만 할 것이다. 그러나 히스테리 환자—예상할 수 있었던 대로 **휘스테라**가 어원인—는 속임수feinte로 은밀하게! 잊힌 딜레마를 상기시킬 것이다.

"당신은 우리에게 이상한 수인들의 이상한 그림을 보여주시는군요." 그가 말한다. 그러므로 여기에 이전에 **묘사된** "그림"이 그런 식

키며, '전미래'는 미래의 어떤 시점에서 행해지고 있거나 끝날 행위를 가리킨다.(옮긴이)

으로 재구성된다recadré. 이 요약, 복제 방식은 언어로 이루어진 "훌륭한" 모방에 대한 믿음을 뒷받침한다. 그리고 은밀하게, 슬그머니, 말없이, 복제의 소위 충실성이라는 측면le biais에 의해, 이 반복에 부여된 정합성에 대한 믿음에 의해 장소를, 장소에 대한 환상을, 초월적인 의미화된(기의의) 장소의 속임수를 기입한다. 이 장소— 시선이 볼 수 없는, 그리고 아마도 형언할 수 없는 기능—는 담론을 지배하고, 넘어서고, 보증할 것이다. 빛, 환함, 순백함, 이데아의 "진리"는 보기voir의 —외삽된—원천으로서 스스로를 확보해두고 남겨두고 예비된 채로 유지한다. 어둠noir의 원천으로서. 백광blanc 과 어둠뿐만 아니라, 백광과 백광, 어둠과 어둠 사이 관계들의 경제의 원천으로서. 백광들, 어둠들, 그리고 보기 사이의 관계들의. 의미"로서" 그리고 특권적인 방식으로 그것을 표시하고 (재)생산할 상징들"로서" 정의되는 것의 가능 조건. 잘 볼 수 있도록 보증하는, 어둠의 적절성을 보증하는, 그와 같이 볼 수 없는 **하얀** 빛의 외삽. 그때부터 어둠의 역할은 어디에선가 중단되고, 어둠의 보증도 유보되며, 게다가 우리가 **진리로서**[정말로]en vérité 보지도 못하고 모방하지도 못할 텍스트의 글쓰기 속에 항상 이미 놓인다.

| 그들은 우리처럼 동일성의 동일한 원칙에 따른다 |

"그들은 우리와 유사하네semblable." 그가 대답했다. 예상할 수 있었던 대로. 자연스럽게. 동일성의 과정이 거기에서 중단되거나 모순될 이유가 없다. 그리고 이야기를 하고, 그 장면을 재현하는 사람들이 그들의 발언이 나타내는 것과 유사하지 않을 이유가 없다. 혹은 그 사람들이 그들의 말의 유사성conformité을 뒷받침하는 준거로 쓰이지 않을 이유가 없다. 그들이 그들의 담론을 보증하면서 동일성, 동일성의 원칙에 따라 동등한 이들로 결정되지 않는 한, 혹은 그들이 대화에의 개입과 배경의 소음이 처음부터 축소된, 복제물들의 규제된 교체에 따라 "동일자들"—서로 유사한 우리와 유사한 그들—로서 나타나지 않는 한. "우리"와 "내가 대답했다"는 말은 동일성의 우선권 혹은 아프리오리를 뒷받침하면서 그것들을 은폐하는 것만을 전략적 목표로 갖는다.

"그들은 우리와 유사하네." 내가 대답했다. 왜냐하면 그들은, 무언극의 이용 혹은 우회에 의해 현실 자체로 돌려보낸다고 믿는 우리, 심지어 비유적인figuré 언어에 의해서도 현실 자체를 환기하거나 상기한다고 상상하는 우리와 마찬가지로, **휘스테라 프로테라**의 역전시키는renversant 투사가 구성하는 이러한 허구의 조치 혹은 행위를 취하지 못했기 때문이다. 말없이 모든 은유성을 규정하고 중층결정하는 기획을. 그것[모든 은유성]을 둘러싸는 기획을. 플라톤 동굴의 "수인들"처럼. 우리처럼 사슬에 매여—내가 말하자면—기원을 등지고, 시선은 전방을 향한 채로. 특히 어떤 언어의 효과들, 언어의 어떤 규범들의 효과들—우리가 가끔 예를 들어 **연쇄**concaténation[6]라고 부르는—에 의해 매여서.

6 인과율·삼단논법 따위에 의한 개념의 연관.(옮긴이)

"그런 사람들은 결코" — 우리와 마찬가지로? — "직접이든, 동료들의 눈으로든, 그들이 마주하고 있는 동굴 벽면에 불에 의해 투사된 그림자들 외에 다른 사물을 본 적 없었네". 이 "수인들"은 결코 (항상 이미) 제작된 대상들, 그들 뒤에서 (항상 이미) 재현된-제시된 대상들의 반영들, 그림자들, 환상들 외에 다른 사물들을 조망하지envisagé 못했다. 그리고 이것은 그들 뒤에서뿐만 아니라 (항상 이미) 마술사들에 의해 제작되고 생산된 "대상들", "상들" 뒤에서 타고 있는 불의 빛 덕분이다. 태양의 이미지에 따른, 우리가 인공적, 인위적이라고 말하는 불. 이것은 또한 뒤에 있다. 이 배치ordonnancement는 휘스테라의 역전 속에서 재현할 수 없는 어떤 기원 그리고 재현의 빛을 보는 조건, 잘 볼 수 있는 조건 사이에서 혼동을 일으킨다. 불과 빛 사이, 기원의 불과 햇빛 사이의 혼동을. 태양의 이미지에 따라 불붙여진 빛으로서만 개입하는 불. 불과 빛은 단일체로 잘못 환원된다. 하나의 불, 하나의 태양이 있다. 그런데 어떻게 보면 한쪽은 다른 한쪽으로부터 생겨난 것이다. 태양은 계보적 과정의 인위적 반전rétroversion으로 마치 사생아처럼 불을 낳는다. 여기에서는 (빛을) 보는 것이 기원의 유일한 원인일 것이다. 그리고 이미 그 장면이 대칭축들을 중심으로 돌게 한 힘의 행사를 망각함으로써 그리고 게임partie을 이미 예상한 이러한 분열, 정신분열 — 혹은 유사 정신분열 — , 이중성을 무시함으로써 태양이, 대문자 태양이 대문자 아버지, 신, 모든 것을 낳는 자가 될 것이다. 적어도 이 장면에서 일어나는 모든 것을. 타자 그리고 여성 일자에서 타자로의 이행은 잊었다. 보기 위한 조건인 빛이 지배하는, 재현의 이 무대 위에서. 장면은 **신용**[부채]créances의 효과들 없이는 다른 장면을 재생산하지 않는다. 그리고 그곳으로 이끌고 데려갈 통로, 복도, 경부는 이 두 장면들을 연결해줄 것이지만, 물론 대칭축들을 중심으로 한 어떤 단순한 회전에 의한 것은 아닐 것이다.

│ 머리가 올바른 방향으로 돌려져 있다면 │

따라서 플라톤의 동굴 안에서 —성이 특정되지 않은— 사람들은 그들 맞은편에 있는 동굴의 배경에 투사된 그림자들을 관조하고 있다. 뒤에 있는 불은 (그림자들에 의해) 매혹된 시선들과 그림자들만을 야기한다. 그리고 그들의 눈으로든 혹은 동료들의 눈으로든 간에 그들은 항상 이미 제작된 "대상들", "상들"에 의해 가로막힌 불빛의 투사만을 지각하고 식별한다. 뒤에 있는 "대상들", "상들"에 의해.

그들이 이 자세를, 모두에게 동일한 자세를 계속 유지한다면 다른 무엇을 지각할 수 있겠는가? 앉아서, 시선은 맞은편을 향한 채 고정돼 있고, 동일한 것으로 가정된, 동일하고 하나인 기원을 등지고, 동굴 속에 재연된 길을, 칸막이벽을, 마술사들을, 그들의 마력prestiges과 매혹séductions의 기구들을 등지고 있다. 물론 모두 항상 동일하다. 이렇게 그들은 타자들의 눈을 통해 동일한 그림자들, 이미시들, 환영들을 볼 수 있다. 플라톤의 **구부러지**retors 동굴의 다르고 동일한 수인들과 동일하고identiques, 동일화된identifiés 것들을. (스스로) 머리를 돌림으로써만 언뜻 보게 될 대칭의 기획의 속임수에 사로잡힌 공동체. 그러나 또한, 아니 무엇보다도 반복과 재현의 환원불가능성에 의해, 반복과 재현의 중층결정에 의해, 시선을 매혹할 수 있지만 시선을 피할 수 있는 중층결정에 의해 사슬에 매인 공동체. 이 중층결정은 어떤 태양에 의해서도 결코 지각의 정확한 진리로, 잘 보인vue "자연"으로 환원되지 않을 것이다.

따라서 수인들이 이렇게 평생 동안 속박되어 머리를 움직이지 못한다는 것은 아주 흥미로운 결과를 낳는데, 그것은 그들이 어떤 축, 중심축을 중심으로 올바른 방향으로 돌려져 있는지 아닌지에 따라, 재현의 장면을 좋게든 나쁘게든 조정하는 조건으로서 면, 얼굴, 상, 시선을 고정한다는 점이다. 그리고 표면과 이면의, 맞은편과 뒤쪽의, 이전과 이후의 혼동은 **올바른 방향**bon sens[7]이 일소할 수 있을 시뮬라크르와 환상을 낳을 것이다. 또한 머리는 잘 돌려져야 하고, (회전에 맞게) 숙련되어야 하며, 잘 훈련되어야 하고, 올바른 방향으로 움직여져야 한다. 그러므로 수인들이 응시하는, 맞은편에 있는 이 허상에 대해서 적절히 **반대방향으로** 돌려져야 한다. 인위적으로 피하게 됐을 그 진실로 돌아가기 위해서는, 그 진리를 상기하기 위해서는 한 바퀴를 완전히 돌아보아야 할 것이다. 한 바퀴를 돌아보되, 실은 두 번의 반 바퀴 혹은 두 개의 반원을 돌아야 할 것이다. 이는 원을 닫을boucler 수 있다는 환상이다. 동일한 지점으로,

---

7 '분별력, 양식'이라는 뜻도 있다.(옮긴이)

동일한 "진리"로 돌아올 수 있다는 환상. 진리 자체(동일자의 진리)로. 항상 이미 인위적으로 재인식re-connaissance에 필요한 우회를 규정했을 진리로. 그러나 기원으로부터 (몸을) 돌리는 것과 태양을 향해 (몸을) 돌리는 것은, 곡예voltige를 부리지 않으면, 진리를 둘러싼 예비 교육으로 귀결되지 않는다. 그리고 심연으로의 이 두 회전voltes 사이의 차이가 회피될 때, 과정과 기획은 그것들을 지휘하는 진리를 무대 바깥으로 돌려보낸다. 그릇되게vicieusement. 태양에 의해 수직으로 지배되는, 이 회전을 가능케 하는 축은 현기증vertige 속에서 이 반회전volte-face의 균열과 그 타원ellipse의 축소를 가리고 있다.

그러므로 **단 하나의 유일한 기둥**tige이 세워져 있고, 무대가 그 주위를 회전할 것이다. 그리고 그 기둥과 태양과의 관계, 즉 태양에 대한 향성tropisme이 올바른 방향을 결정할 것이다. **하나**의 나무, 즉 **하나의 태양**을 향해 세워진 **유일한** 나무는 항상 이미 그와 같은 기능, 작용을 요구하는 기획의 이중성에 의해 변조되고 절단된다. 진리의 가시적인, 둘러쌀 수 있는, 재인식할 수 있는 성질을 보증하는 것과 같은. 그러나 **단 하나의 유일한 나무**는 항상 대칭이라는 어떤 꿈의 저당에 의해 절단fracture의 위협을 받는다. 그 꿈은 인공적으로 분절들articulations을 다시 붙이고 덮어씌워서, 그것의 조립montage의 이질성을 은폐한다. 왜냐하면 동굴 배경의 우회, 동굴의 출구, 태양으로의 (소위) 회귀는 어떤 다른 선들, 길들, 연결점들에 의한 통로를 요구하기 때문이다. 이는〔어떤 다른 선들, 길들, 연결점들은〕 채무passif 없이는 **통일성**으로 돌아가지 못할 것이다. 그것〔통일성〕이 곧

바른 방향 혹은 올바른 방향의 것이라 해도 말이다. 이어지는 이야
기가 이를 보여줄 것이다.

| 존재하는 것=그들이 보는 것, 그리고 그 역도 마찬가지다 |

"그렇다면, 만약 이 수인들이 자신들이 보는 것에 대해서 서로
대화할 — 디알레게스타이διαλέγεσθαι — 수 있다면, 자네는 그들이 자
기들이 보는 것을 존재하는 것(실재) — 타온타τὰ ὄντα — 이라고 명명
하리라 — 노미제인νομιζειν — 고 생각하지 않는가?" — "아낭케(필연)
ἀνάγκη." 필연적이다. 이 필연성에 대한 단호한 단언은 또 다른, 다르
고 동일한 악순환을 보증하는 것으로, 그것의 통과(암호)와 아포
리아를 피하는 회전 작업을 뒷받침하고 확실히 한다. 그리고 마술
사들 가운데 어떤 이들은 말하고, 혹은 어떤 이는 말하고, 다른 이
들은 침묵하는 것이 그럴듯해 보이고(참된 것처럼 보이고) 자연스러
운 것과 마찬가지로, 서로 이야기할 수 있는 가능성과 보이는 것을
존재자들로 명명한다는 사실 사이의 관계의 필연성을 재표시하고,
배가하고, 복제하는 것이 요구된다. 보이는 광경levu은 사슬에 매인
모든 자들에게 동일하며, 그것은 사실, 그들이 서로 동일하듯이 그
들과 유사한 우리에게도 동일하다는 사실이 이전에 증명된 바 있다.

언어의 개념 전체는 여기에서 은유적인 것 자체에 대한, 메타은
유적인 것에 대한 환상을 중단시킨다 — 혹은 여기에서 그 환상에
부딪히게 된다. 은유적인 것 혹은 메타은유적인 것은 대화entretien

470

의, 사이개입들inter-ventions의 전개를 미리 **결정짓는** 진리의 우선권에 의해 상정되는 것이다. 반사의 계보에 의해 규정되는 사이(들), 재발견될 참된 것에 다소 일치하는지, 정확한지, 적합한지에 따라 판단되는 가상들, 이미지들, 반영들, 복제들의 과정에 의해 규정되는 사이(들). (이데아와의) 동일성에의 다소간의 정확도의 비례처럼 계산 가능하고 결합 가능하며, 진리의 이상과 항상 관계되는 사이들. 이때 진리의 이상이란 그것들의 계산, 측정, 비율raison, 유추적이고 변증법적인 적절성을 결정짓는다. 따라서 개입들 interventions의 순서, 서열, 종속 관계를 결정짓는 것이다. 이때 그 차이들은 다소 "훌륭한bonnes" 복제물들로서 조정되고 변화될 수 있다. 동일성, 동일한 것, 일자, 항구적인 것, 변할 수 없는 것, 해체할 수 없는 것에 대한 복제물들로서. 대문자 존재에 대한. 그 이름들, 재현들, 상들은 그것들의 차이들, 간격들, 통사syntaxe 및 대화와 함께 **간격écart**의 분할들을 재표시하고, 경계 짓고jalonnent, 배열한다 échelonnent. 참된 것처럼 보이는 가상들과 거기에 가려져 있는 진리 사이에서 항상 **축소되어야** 하는 간격의 분할들을.

아-레테이아ἀ-λήθεια, 사람들 사이에 필요한 부정dénégation

대화의 가능성이 확실한 무대 장치 안에 배치되면, 허구를 슬그머니 떠받쳤던 **알레테이아**ἀλήθεια는 더는 지체하지 않고 적어도 대화 속에 니타나, 게임과 체스 판의 말로 명명될 것이다. 그것은 게임의 관건일 뿐 아니라, 게임의 장, 원칙들, 규약을 조정하는 것이다. **알레테이아**는 **명명**dénomination의 방식에 개입하는 한편, 말없이 언어의 작용 전체, 언어의 어휘, 통사, 극화를 결정짓는다. 이 과도한 힘은 **알레테이아**가 **또한** 형상화되고 환기되고 상기될 것이라는 사실 속에 은폐돼 있다. 부인(거부), 즉 **아-레테이아**ά-λήθεια의 도움으로.

담론의 긍정과 논리를 결정짓는 것이 **부인(거부)** 덕분에 말로 표현될 수 있다는 사실은 진행 중인 게임에 판돈la mise을 무한정하게 다시 제공할 것이다. 이 작용의 효력에 대해 문제가 제기되지 않을 것인 한. 베일들, 특히 망각의, 실수의, 거짓말의 베일들을, 환상의 베일들을 걷어낼 수 있게 할 이러한 **형식성**의 애매함을 해석하지 않을 것인 한. 언표 안의 재현들에 의해서, (심지어는) 부정에 의존함으로써 그 언표를 지배하는 것을 반복한다는 점이 그 지배의 저당권을 해체하기는커녕, 힘을 증가시키고 신용을 강화한다는 사실에 대해 우리가 조치를 취하지 않는 한. 그러한 반복은 그 기획에 의해 예측되고 은폐돼 있고 감싸여 있는 담론의 끝없는 전개들을 야기한다는 사실에도. 그리고 그러한 담론의 설명들, 증명들, 변형들의 양태들은 이 채권들titres de créances의 다양하게 재생산된 명제들일 뿐일 것이다. 그러나 **시뮬라크르들**로서의 그것들의 기능이 **탈은폐**dévoilement라는 용어로 지시되더라도, 심지어 혹은 무엇보다도 **원인**cause으로서 결코 탈은폐되지 않을 것이다.

이러한 착시의 경제는 이제 **알레테이아**가 명명되기를 요구한다. 그것은 추론의 다음 차례tour 혹은 다음 단락을 기다리는 것으로 충분할 것이다. 그런데 이 다음 단락이라는 것은 같은 무게의 **금**으로 평가할 만한 가치가 있다. 왜냐하면 그것은 소크라테스 변증론 전체의 기반이 되기 때문이다. 즉, 이 동일한 것들만이 "존재자들"로 명명된다. 다른 것들을 보지 않도록 배치된 모든 동일한 자들이 동일한 방식으로 바라보는 이 동일한 것들은 대화의 가정 속에서 동일한 이름들로 지칭될 것이다. 우리가 원하는 방향으로 이 전제들을 재발견한다 해도, 우리는 항상 **동일성**으로 돌아갈 것이다.

| 에코에게서 빼앗은 목소리 |

"게다가 이 감옥에 수인들의 맞은편에 언제나[8] 있는 것으로부터 (다시) 울려오는 메아리écho가 있다면 어떨 것인가?" 수인들과 마주하고 있어 시각을 제한하고, 시선을, 광경을, 장면을 한정하는 이 벽면으로부터 울려오는. 만약 동굴의 이 배경에, 재현할 수 없는 기원을 역전시키는 기투pro-jet에, 모든 재현들의 배경막에, 게다가 반향이 있었다면? 그것이 뒷받침할 환상들은, 그것이 반사 스크린을, 매끄러운 백색 표면을 제공해줄 환상들은 마술사들이 발음하는 소리들을, 말들을 발산했을 것이다. 동굴 입구, 불, 길 그리고 칸막이벽, 수인들, 동굴 배경 사이에 놓인 모형들effigies의 운반자들이 내는 소리들을. 동굴 배경의 **침묵하는 처녀성**을 (스스로) 그려내고 드러내는, 마술사들의 마력prestiges의 그림자들-반영들은 재생

---

8 『국가』의 국역본을 포함하여 여러 불역본, 영역본에는 '언제나'에 해당하는 번역어가 없다.(옮긴이)

산-생산의 교대relais와 기법artifices을 가리면서 말하기 시작할 것이다. 상들의 그림자들, 대상들-페티시들의 그림자들은 그때부터 사슬에 매인 자들에 의해 진리 ―토 알레테스τό ἀληθής ― 로 명명될 것이며, 이는 모든 다른 사물을 배제한 것이다. 작은 벽 ―사람들에 의해 동굴 속에 인공적으로 세워진―위로 나오고 굽어보고 승화시키기에 충분하도록 높이 설치된, 사람들의 육체의 상징들이 투사되는 것은 수인들에게는 진리의 유일하게 가능한 재현일 것이다. 게다가, 그 투사들이 반사하는 속성 덕분에, (소위) **모태**matrice**의 이 배경의 처녀성과 침묵** 덕분에 사람들의 말들의 반향을 내보낸다는 사실 때문에 말이다―재현의 장면, 방, 구역으로 구성되기 위해 한 사람, **남자산파**에 의해서 은밀하게 역전되고 뒤집히고 퇴행된 모태.

어쨌든 사람들에 의해 연기되고 형상화되고 조음되고 모방된 모태. 이번에 연출자까지 센다면, 적어도 **세 명의 사람들**에 의해. 그러나 이 셋은 겉보기에만 합계일 뿐이다. 그리고 그중에 동굴의 배경에 가장 가까운 자는, 이 깊은 지하 동굴에 가장 단단히 매여 있고 연결돼 있고 고정돼 있고 매혹돼 있는(?) 자는 타자들의 농담facéties을 진리로 여기는 나머지, "타자들"이 지배력을 가진 척 속이고 있다는 모든 감각들을 잃기까지 할 것이다. 그러나 극의 이 지점에서, 사실 자주 그렇듯이, 누가 속이는 자이고 누가 속는 자인지 결정하는 것은 어렵다.

그러나 모든 것이 이 동굴 안에서 엉망이 되기 전에 적어도 예의 그 수인에게 출구를 검토하라고 요구하도록 변증론이 재개된다.

즉, 사람들의 육체들을 형상화한 표장들이 투사된 것들은 우리가 그들에게 목소리들을, 즉 마술사들-이미지 제작자들이 발음하는 단어들의 소리의 **메아리들**을 빌려줄 수 있다는 조건하에서만 **진리** 라는 용어로 지시될 것이다. 따라서 모든 것을 명백히 하자면, 진실 인지 혹은 거짓인지 결정하기 위해서는, 그뿐만 아니라 진리의 **파루 시아**〔현전〕παρουσία의 문제가 불가피한 것이기 위해서는 사람들 — 그들의 젠더genre가 공식화되지 않는다면, 아마도 성이 특정되지 않은? — 의 육체의 상들, 사람들의 말들, 사람들의 시선들만이 있 을 것이다. 이는 물론 책략stratagème의 원활한 진행에 사용되는 처 녀의 침묵하는 막들로서 동굴의 **장막**paraphragme과 **배경**fond의 개입 을 요구한다. 뚫고 들어갈 수 없는 칸막이벽에 의해 마술사들과 수 인들이 결정적으로 분리되는 것과 우리가 동굴의 가장 뒤쪽 벽면 에 의해 환상들과 목소리들을 뒷받침하게 하는 것은 필요 불가결 한 일이다. 이 두 개의 스크린은 형상화되어 사람들 — 최소한 둘, 반 쪽 사람 둘 — 사이에 개입해야만 한다. 그들 사이에서 작용되는 관 계 속에 진리의 문제가 요구되기 위해서, 진리가 나타나기 위해서 말이다.

그러나 필연성 전체 — **폴레 아낭케**πολλή άνάγκη — 로부터 진리는 분 명히 나타날 것이다. 우리가 소리들의 발산을 환상들에 귀착시 킬 수만 있다면 말이다. 환상들에 순수하고 즉각적인 현전의 성 격을 보증해주는 **포네**〔소리, 말〕φωνή는 인위적인 메커니즘들, 복제 들, 반복 재생산의 과정들뿐만 아니라 마찬가지로 그것들의 가공

élaboration을 **구상하는**machinent 망각들을 은폐한다. 시뮬라크르는, 그것이 말한다면, 진리를 재현할 것이다. 그리고 이것은 모든 다른 사물을 배제한 것이다. **포네**— 바로 여기에서 혹은 다른 곳에서 에코에게서 빼앗은—는 진리의 현전을 가리키며, 진리는 **포네**의 특권을 획득한다. 진리와 **포네**는 그것들의 지배를 상호 유지하고, 상호 결정한다. 적어도 **알레테이아**의 현재의 존재, 존재의 현전을 확실히 하기 위해서. 진리인(진리의) 관념의, 진리의 이상의 **파루시아**를 분명히 확립하기 위해서 말이다. 그러므로 **공기**air라고 하는 이 **기초질료**를 인정하고, 게다가 그것에 호소할 만하다. 그러나 이것은 이 질료가 이미 방해받고, 리듬과 수와 조화가 부여될 것인 한에서다. 이미 모방적으로 변형될 것인 한에서. 소리의 언어로의 가공이 어휘로든 통사로든 처음부터 참된 것처럼 보이는 것의 관념에 종속될, 그런 소리들로 변형될 것인 한에서. 따라서 **포네**의 특권은 그때부터 목소리를 포함한 모든 "존재자들"을 명령할 **알레테이아**의 우선권을 보증하는 데 필요 불가결한 중계, 우회일 뿐이다. 일단 창설되고 명명된 권력, 진리의 권력은 채권들의 기구를 굴종시키고 그림자로 가릴 것이다. 진리는 영원한 현전으로 존재할 것이다. 진리의 발현들 중 하나의 매개체로 환원된 물질적 요소 없이. 목소리의 실재화 réalisation 없이.

| 이중의 지형학적 실수, 그것의 결과들 |

그런데 이 동굴 안에서 **파루시아**는 사람들의 말들—사람들에 의해 이해된, 그리고 사람들이 (재)생산하며 보는 환상들에 제공된—이라는 수단에 의해 가능해진다는 사실 또한 상기하자. 그리고 특히 명명에 의해 그렇게 **파루시아**를 믿게 하는 것 또한 사람들이라는 사실도. 진리의 재인식re-con-naissance⁹의 보증과 요건은 그런 것이다. 그리고 말하자면 진리의 정당화는, 특히 이론화에 의해서, 사람들 사이의 관계들을 비준하고 정리하고 규제하고 조정하는 것이다. 그리고 이것은 동굴에서뿐만 아니라 **폴리스**[도시]πόλις에서도 마찬가지다. 진리의 이상은 또한, 목소리 없는, 현전 없는 여성들의 개입을 표상할 은유들의, 상들의 기초가 되고 그것들을 합법화하는 데에 필수적이다. 여성적인 것, 모성적인 것은 진리, 빛, 유사함, 동일성에 지배되는 이러한 남성적 재현의 "처럼comme", "같이comme si"에 의해 단번에 **얼어붙는다**. 대칭이라는 어떤 꿈, 절대 폭로되지 않는 꿈에 의해. 모성적인 것, 여성적인 것은 (오직) 분신들doubles, 사본들, 가장들, 시뮬라크르들의 재생산-생산을 유지하는 데에(만) 쓰이며, 무대배경으로 전환된 물질적이고 모태적인 요소들의 환기는 이 논증이 실제적인 것으로 보이도록 하는 데 쓰인다. 모든 형태의 비형상적인 "무정형의" 기원의 **모태**는 유추에 의해서/유추를 위해서 서커스장으로, 그리고 투사 스크린, 환상의/환상을 위한 구역으로 변환된다. 작은 벽, **장막**paraphragme—다른 곳에서 사취된

---

9 '다시 함께 태어남'이라고 해석할 수 있다.(옮긴이)

subtilisé 격막diaphragme의 동굴 속 복제물—은 동굴 **속** 분할/증식의 인위적 틈entr'ouverture에 의한 재현에 배치를 가능케 하고, 영속화하고, 부여한다. 전시들-행렬들에의 매혹을 뒷받침하기 위해, 외부/내부 대립들을 무한히 감소시킬 뿐만 아니라 그것들을 심연에 표류시키며 마술의, 점성술의 수단에 의존함으로써 말이다. 장막은 뚫고 들어갈 수 없는 눈꺼풀처럼 마술사들을 혹은 암실을 은폐한다. 그것은 찢기지 않을, 특히 열리지 않을 베일, 그러나 눈의 기능을 바꿀 베일이다. **시선들을 나눌 스크린이다**—배제된écarté 시선/매혹당한 시선으로. 이 스크린은 서로를 보지 못하도록, 서로 섞이지 않도록, 서로를 측정하지 않도록 막는다. 다만 그것이 빛을 사취해 숨기는 **사이에 놓인 대상-페티시**가 아닌 한에서. 두 반쪽들demis—기각된démis?—의 두 번의 시선들, 그 시선들의 실명은 그 광경에 무한정하게 판돈enjeu을 재부여한다.

　길로 말하자면, 그 길이 이야기 속에서 형상화되고 명명되는 방식이 지하 동굴에서 햇빛을 향해, "빛을 보기"를 향해 올라가는—사실은 내려가는—통로, 관, 경부에 대한 동굴 **속** 복제라면, 그것은 상연되는 장면에서 후퇴retrait의, **퇴행recul**의 위치에 있다. 다시 돌려보내진éconduit 길. **이중의 접힘/후퇴repli**를 통해 잊힌 길, 동굴 속에 포함되는 동시에 동굴로부터 배제당하는 길. 물론 그 길이 경사진 덕분에 불빛을 보장하는 데 쓰였지만, 지금까지는 행적이 드문 길. 추론에 의해 그것은 마술사들이 어느 정도 밟는 길이었다고 겨우 가정해볼 수 있다. 그러나 주인공들은 그쪽을 향해 주의를 기울이

지 않는다. 심지어 그쪽으로부터 완전히 돌려져 있다. 동굴 안쪽에서 길의 자리는 사실 연출자가 모방의 전문가임에도 불구하고 그가 저지르는 **이중의 실수**를, **이중의 잘못된 걸음**을 드러낸다. 따라서 이 실수들이란 진리의 **파루시아**에 의해 요구되는 것임을 이해하고 그렇게 결론 내려야 한다. 이 진리의 **파루시아**는 재현의 **구역 안에 길이 포함되기**를 그리고 길이 **장막의 다른 쪽으로부터 배척되기**|rejeté를 요구한다. 또한 길이, 잘못 놓인 어떤 모방적 가책scrupule 혹은 그 장면을 종결하는 데 기여하는 어떤 기만적인 배출exhaustion에 의해 동굴 **속에** 적합한 복제물을 가지고 있기를, 그러나 거기에서 실행되는 재생산-생산의 과정에서 통로accès도 기능도 가지고 있지 않기를 요구한다. 아마도 진리의 빛으로의 도래, 진리의 현전으로의 도래는 이 길을 이용하는 게 아니며, 지형학적 틈들écarts에서 설명을 찾을 텐데, 이 틈들은 결코 재고되지 않을 것이다.

이 틈들이 모든 성적 시노그라피의 특권적 징후이지만, 그 역시 재고되지 않을 것이다. 그리고 우리는 수인들에게 그들이 교육받지 못한 아이들처럼 거짓을 진실로 여긴다고 그런 용어들로 주의를 주지는 않을 것이다. 우리가 그들의 "의견들"에 제기할 반대는 전제들로 돌아가지도 않고, 그것이 숨기는 동시에 지지하는 성적 경제와 연관되지도 않는 것으로서, "올바른" 모방 그리고 "잘못된" 모방 사이의 미분화, 즉 진리의 "충실한" 복제, 가면 아래 진리를 비쳐 보이게 하는 사본 그리고 이미 인공적으로 제작된, 모방된 대상들, 단순히 생각만 해도 광기로 이끌 대상들의 환상들, 모조품들, 그림자들, 복제물들의 복제물들 사이의 미분화라는 반대일 것이다.

예를 들어, "사슬에 매인 자들"의 광기로 이끌. 이들은 자신들의 도를 넘는 착란démence — **아프로쉬네**〔어리석음〕ἀφροσύνη — 을 평가할 상태에조차 있지 않다. 그들은 마술에 걸려 있고 그들에게 반대할 것도, 비교할 것도 없다. 어떤 "다른" 진리도 없고, 더 진실한 것도 없으며, 진리의 어떤 "광경vision"도 없다. 그들은 여전히 진리의 시뮬라크르들과 사본들, 복제들 그리고 진리 그 자체 사이의 식별을 허용하지 않는 **아파이데우시아**〔무지〕ἀπαιδευσία의 상태에 있다.

그러나 이 진리의 비인식non-reconnaissance이 광기 — 진실의 척도와의 모든 관계를 잃은, 일종의 비정상, 일탈 — 를 일으키는바, 이 진리는 항상 이미 또 다른 "진리" 혹은 "실재" — 소크라테스의 담론이 그것의 망각을 창설하고, 봉인할 — 의 장면을 가리고, 지우고, "지양했을relevé"(?) 것이다. **알레테이아**는 그것이 말하는 부인(거부) 안에서조차 망각에 대한 탈은폐의 속임수로서, 재현의 경제 — 망각을 그렇게 규정하는 — 에서 망각된 것을 다시 볼 가능성의 확인으로 해석될 수 있다. 그때부터 **아-레테이아**는 소크라테스 변증론에 있어서 **망각에 주어진 보증**으로서, 서구 광학 체계의 여명기에 **망각의 망각에 대한 보증**으로서, 태양이 열대성 리듬(들)의 장소(들)를 피하게 해줄 재현들의 재현으로서 기능할 것이다. 말하자면 태양으로 하여금 선회하도록, 자신의 고유한 궤도로 영원히 돌도록(자신을 돌리도록), 항상 이미 전 체계를, 역설적으로 자기 자신의 체계를 포함한 전 체계를 규제하도록 놓인 그 원cercle의 동일한 지점으로 항상 돌아오게 강제하면서 말이다. 태양은 어디에나 발산되는 자신의 광선들로 지배하고 환하게 비추고 따뜻이 덥히고 비옥하게 하고 규제하는 재현—남근적인—의 이 모든 시노그라피의 요체로 고정되고 굳어진다. 회귀 없이. 흐름을 굴절시킬 만큼, 그 불의 자급자족을 변형시킬 만큼 강력한 반사réverbération 없이. 태양에 대해서는, 그것이 다른 곳에서 어떤 향일성을 생성했든지 간에, 순환적으로 움직이는 것, 자기에게 돌아오는 것 외의 다른 필요 혹은 욕망이 없다고 상정된다. 모든 것을 자기에게 끌어당기고, 어떤 것에도 탈선하지 않는다. 무한히 지구의 둘레에 선을 긋고, 낮들, 밤들, 계절들, 해들에 리듬을 부여한다. 시간에 리듬을 부여한다. 항상 동일하게 돌아오도록. 어쨌든 순환을 측정하고, 상기시키고, 반복하고, 완결한다고 여겨지는 것에 말이다. 동일성의 불변하는 주기성. 항상 동일성을 참조하는 차이들이 표시될 기반. 동일성의 변함없는 회귀에 의해 측정할 수 있는 틈들. **태양의 영원한 진자적 고립**은 가시적인 것의 궤도, 재현할 수 있는 것의 궤도를 그리고décrit, 관념들과 사본들, 시뮬라크르들을 구별한다. 뿐만 아니라 재현의 극장에서 추방되는 자le proscrit를 결정한다.

(남성) 히스테리의 우회

| 최면술 |

이 수인들에게는 시뮬라크르들만, 투사된 그림자들이 제공한 말들만이 존재하며, 목소리들—그들은 그것의 재생산-생산 기법들을 이해하지 못한다—이 그들에게 환각을 일으키는데, 광경들—그들은 그것의 모방 기술들을 평가할 수 없다—에 매혹된 이 수인들, 이 광인들, 모든 교육이 결여된 이 아이들이 어떻게 사슬에서 풀려나고, 일탈에서 교정될 수 있겠는가? 그리고 그들이 동굴 안에 갇혀 있던 **아파이데우시아**—진실과 거짓 사이의 차이를 모르는 상태—에서 벗어나기 전에 그 일탈은 또한 어떤 형상들을 취할까?

그들 중 하나가 속박에서 풀려나서, 강제로 갑자기 몸을 일으켜 머리를 돌리고 걷기 시작하며 눈을 들어 빛을 향할 때마다(향하게 된다면), 이 모든 행위들은 그를 고통스럽게 할 것이고, 불빛으로 인해 그는 이전에 그가 주시했던 그림자의 [원본인] "대상들"을 보지 못하게 될 것이다(보지 못하게 될지도 모른다).

한 번에 **단한명**이 해방될 것이다. 누군가—"어떤 사람", 불특정하고 말이 없는 한 인물—가 한 수인의 사슬을 제거할 것이고, 그때부터 그 수인의 움직임은 자유로워질 것이다. 그가 그럴 수 있다면 말이다. 그러나 이 속박은 틀림없이 동굴의 매혹과 마술사들의 마술로 인해 부동성, 마비 상태를 배가하고, 상상하고, 재현하게 하기만 했으리라. 사슬이 풀린 그 수인은 그럼에도 여전히 마비되어, 이전 자세의 영속성 속에 고정되고, 맞은편에서 일어나는 일—투사 스크린 위에서 벌어지는 유일한 움직임, 유일한 운동cinétique—의 매혹 안에/매혹에 의해 굳어진 상태다. 만약 그가 갑자기—누군가, **남성** 젠더의 누군가에 의해—일어나 강제로 일어선 상태에 있게 되지 않는다면 말이다. 이러한 **아나스타시스**[되살아남, 재생, 부활]ἀνάστασις는 그를 고통스럽게 할 것이다. 그때까지 시각의, 얼굴의, 몸의 맞은편에만, 전방의 긴장에만, **프로타시스**[문제, 수수께끼]πρότασις에만 운명 지어진 수직성, 남근 숭배. **프로테레인**[앞에 있는 것]πρότερεῖ은 **휘스테레인**[뒤에 있는 것]ὑστερεῖν의 결핍—이 수인들이 결코 조치를 취할 수도 없었고, 조치를 취하기를 원한 적도 없는—을 호도하고 가린다. 그러므로 **휘스테라**—이 재현 장면에서의 모태—의 은유화 기획 속에서 사슬에 매여 있는 그가, 그들이 동굴 속에서 선 자세로 있게 되고, 그리하여 **히스테릭한잠**과 **히스테릭한꿈**의 연속으로부터 빠져나와 걷기 시작하려면 저항이나 고통이 따른다. 확실히 여전히 지휘받고 있는 행동들, 교육자의 **최면시키는 힘**을 따르는 몽유병, 이에 대해서는 경직증, 관절 마비를 제거해야 하는데, 그 작업을 계속하려면 고통이 따를 것이다. 동굴의 배경 위에 펼쳐져 있는 광경의 매혹에 매인 육체의 마비는 고통 없이는 줄어들지 않을 것이다. 무엇보다도 마술의 영속에 가장 필요한 효과들로서 말이다. 즉, 이 재현을 뒷받침하는 유추적 허구를 확인하기 위해 기원으로 가정된 장소를 향해 몸을 돌리거나 그 장소로 돌아가는 일의 불가능성. **마비 상태, 기립 불능, 시각적 장의 축소**, 맞은편의 특권은 속임수leurre의 유혹에 필요하며, 소크라테스는 **갑자기** 그것들을 뒤섞기로 결정한다. **휘스테라**에 대한 이 아이 같은 수인(들)의 믿음을 종결함으로써.

그로 하여금 일어나게 하고, 머리를 돌리게 하고, 걷게 함으로써. 마치 향성의 이 갑작스러운 변경에 대한 육체의 저항에는 관심 없는 스승이 사용하는 다른 수단, 암시의 힘에 그가 의존하지 않고 단번에 그럴 수 있었던 것처럼. 따라서 이 모든 행위들은 그를 고통스럽게 만들 것이고, 강제로 위를, 뒤쪽과 위쪽을, 불빛을 향해 바라보는 아이-수인은 불빛의 섬광에 눈이 멀어, 이 눈부심 속에서 그가 이전에 주시했던 그림자들의 [원본인] "사물들"을 알아볼 수 없을 것이다. 그리고 틀림없이 눈은 어둠에서 횃불 빛으로 옮겨 가지 않고서는 볼 수 없을 것이다. 밤에는 눈이 변질되고, 흐려지기 때문이다[10]. 그런데 그는 어떻게 대번에 그의 시각에서 언제나 벗어나 있던 것

10 『티마이오스』, 45-46.

을, 시선에 금지됐던 것을 보게 되는 걸까? 우리는 단번에 교육적인—심지어 철학적인—결정에 의해 관점을, 시점을 한정하고 시각을 제한하는 **시계**horizon를 이동시키는 것일까? 무엇보다도, 고찰되지envisagé 않는, 보이지dévisagé 않는 조건하에서조차도, 반회전volte-face에 의해 항상 **뒤에** 있었던 것, 모든 가시성visibilité을 결정짓던 것을 시계에 들어오게 하는 문제일 때 말이다. 불빛에 현혹되어 동굴의 배경에 사로잡힌 포로는 급작스럽게 강요된 이 회전의, 이 선회의, 이 급변의 현기증에 의해서도 마찬가지로 현혹될 것이다. 오랫동안 돌이킬 수 없는 복시複視/diplopie, 화해할 수 없는 두 시점을 만들어낼 텐데, 우리는 어떤 불꽃을 잃지 않고서는 그런 식으로 한 시점을 다른 시점보다 우위에 두지 못할 것이다. 대문자 진리가 기만적인 가상들보다 우월하도록 하거나, 그렇지 않으면 다시 시각을 역전시키기를 주장하면서 시뮬라크르, 가면, 환상에 독점적인 특권을 주거나 하면서. 때로는 시뮬라크르, 가면, 환상이 더 진실한 것에 대한 향수를 가리킬 정도로 말이다.

딜레마, 진동oscillation, 미결정. 이 문제에서 우리는 **이익, 투자금**을 해석하지 않고는 거기에서 벗어나지 못할 것이다. 그러한 은유성의 효과에 있어서, 게임의 졸들의 그러한 배치와 정의에 있어서, 체스판의 말들에 대한 차별적 기준들의 부여에 있어서, 게임의 관건, 규칙들, 보상solde으로서의 가치들의 이 **위계**에 있어서, 투자된 신용(대출)crédits은 누구에게, 무엇에 **이익이 되는가**? 더 진실한 진리, 더 실재적인 실재에 대해서가 아니라, **진리(들)/환상(들)의 쌍이 뒷받침하는 이득에 내해서** 어떤 **망각**을 길문혜아 하는 것인가? 그리고 그 망각은 어떤 대가tribut를 계속 치르는가? 그것은 게임을 점점 더 복잡하고 미묘하고 현기증 나게 만드는 복잡함을, 그리하여 게임을 결국 끝나지 않게 만드는 복잡함을 대가로 계속 치른다. 그리고 여기에서는 어떤 심판arbitre도 저당권 해지를 선언하고 종료를 표명하는 특권을 갖고 있지 않다.

그러나 우리는 여전히 동굴 안에 있고, 거기서 스승은 쉽게 자신의 표류를, 자신의 **아프로쉬네**〔어리석음〕ἀφροσύνη를 포기할 것 같지 않은 어떤 수인을 진리로, 적어도 "더 진실한 것"으로 전향시키고자 시도한다. 사실, "누군가 그에게, 지금까지 그는 일관성 없는 무가치한 것들 — **플뤼아리아스**φλυαρίας — 만을 봐왔으나, 지금은 있는 것〔실재〕 — **투 온토스**τοῦ ὄντος — 에 훨씬 더 가깝고, 이제는 더 존재하는〔더 실제적인〕 사물들 — **프로스 말론 온타**πρός μᾶλλον ὄντα — 쪽으로 향하고 있으므로, 그가 또한 더 정확하게 볼 것 — **오르토테론 블레포이**ὀρθότερον βλέποι — 이라고 단언한다면, 그는 뭐라고 대답할까"? 만약 누군가 그에게 그의 시각은 현재 더 곧바른 방향을 향해 있다고, 따라서 더 통찰력 있게 되고, 존재자들에 대해 더욱 정확한 평가를 할 수 있다고 보증한다면? 아이나 다름없는 그는, 당신이 생각할 수 있는 대로, 예전에 그가 본 것이 누군가 그에게 지금 가리켜 보여주는 것보다 더욱 진실하다고 대답할 것이다!

| "광기"를 매장하고 금지하는 것 |

이렇게 이 동굴 안—우리가 여전히 있는—에서는 진리의 옹호자와 환상의 옹호자 사이에서 비극이 상연된다. 그러나 광기의 색인을 만들 수 있는 힘을 가진 이는 둘 중 아무도 아니다. 그런 힘을 가진 자는 "광인fou"이라는 말로 **그의** "타자"—혹은 **그의** "일자"—를, 그에게 낯선étranger 자를, 여전히 항상 그로부터 소외되어 있는/그에게는 낯선 자를 가리킨다. 여기에서 진리는 군림해야 하며, 참인 것과 거짓인 것을 항상 이미 구분했다. 진리의 제국은 이러한 양자택일에 대해 결정 가능하다. 따라서 두 사람—두 반쪽 사람(들)—중 한쪽은 올바른 방향에 있고 정확하게 보며 제대로 생각하고, 다른 쪽은 탈선한 아이, 시뮬라크르들에 의해 착각에 빠진 자이다. 무분별하고, 의식 없는. 따라서 양측 가운데 한쪽이 다른 쪽을 올바른 길로 (다시) 데려가는 것, 한쪽이 다른 쪽의 어리석음을 줄이고 다른 쪽의 꿈들을 없애는 것이 중요하다. 이는 어떤 힘의 행사를 통해 이루어질 것인데, 거기서 "광기"는 분명 권위에 의해 사라지는 것이 아니라, 오히려 금지되고 매몰되고 부인된다. 그리하여 뚜렷하게 구분된 범주들에서, 그 범주들을 넘어서는 것을 남겨두지 않는 이분법들에서 명백한 하나의 법, 하나의 담론이 우세하도록 하는 것이다. 이러한 결정의 자의성을 정당화하기 위해서는, 기억해야 하는 **다른삶**을 참조해야 한다. 실제로, 이 다른 삶, 동굴의 아이의 삶에서 어떤 결정이 더 가시적이고 더 참된 것, 그리고 결국 더 가치 있는 것을 선택하도록 이끄는가? 그런 것들은 당신이 이

전부터 당신을 유혹했던 광경을 무시하고 사람들이 당신에게 그런 것으로 가리켜 보여준 것이다. 그리고 스승의 압박하에 어떤 유인 없이 과거의 확신들을 포기하는 것은 정확히 일탈, 탈선, 착란으로 진입하는 것이 아닌가? 그러한 확신들이 "감각적"이든, 환상적 fantastiques이든, 환영적phantasmatiques이든 간에 말이다. 그리고 우리가 이러한 강압적인 교육의 절차들과 목표들에 주의를 집중하자마자, 우리는 어느 정도로 미쳐 있는지, 어느 정도로 비정상적인지 더 이상 알 수 없게 된다. 우리는 무엇이 혹은 누가 더 "미친" 건지 혹은 덜 "미친" 건지 더 이상 결정할 수 없는 것이다.

그리고 이를 강조해야 한다면, 다음을 또한 주목하라. 즉 우리가 수인에게 가리켜 보이는 "사물들", 즉 더 존재하는 것, 더 참된 존재자, 수인이 그림자들만을 보았던 대상들, 혹은 "부정〔음화〕négatif"으로만 알아보았을 "긍정〔양화〕positif"으로서 지시하는 "사물들"은 단순히 지금 현존하는 존재자들—그 투사가 환상적인 매력을 생산하는 것으로 충분한—로서 인식해야만 하는 것은 아니다. 모든 시노그라피적, 영상적 편집montage이 그에게 "드러나는dévoilé" 것은 아니다. 연출자의 기법들도, 동굴의 건축 구조도, 마술사들의 속임수도, 투사의 메커니즘도, 반향의 원리는 말할 것도 없고 운동의 원리 등도 마찬가지다. 그리고 교사가 수인으로 하여금 그를 예전에 매혹한 것의 원인—정체가 더 드러난, 더 참된, 더 존재에 가까운—을 오직 "작은 입상들statuettes"에서만 보도록 강제하는 것은 **새로운 속임수**, 즉 말하자면 **이성**raison을 통해서다. 왜냐하면 그는 이러한 증명에서 욕망의 동기들을 더 잘 다시 덮기 위해 향성의 변이들, 심지어 이데아의 광휘에 매달릴 때의 현기증의 효과들만을 드러내기 때문이다. 불변의fixe 이데아.

따라서 사슬에서 풀려난 자, 마법에서 풀려난 자, 방향을 바꾼 자는 현기증을 느끼면서, 사람들이 그에게 보여주는 것을 불분명하게만 알아볼 것이다. 그리고 그는 모든 것을 고려할 때 그가 이전에 관조했던 것은 이 맹목과 혼돈보다 더 분명했다고 평가할 것이다. "그리고 만약 누군가가 그에게 운반된 사물들 각각을 가리키며 질문하면서 그것이 무엇인지—호 티 에스틴ὅ τι ἔστιν—말하도록 강요한다면, 자네는 그가 당황해하리라고 생각하지 않는가?"

누가 그러지 않겠는가? 수인이 "존재자들"—온타ὄντα—이라고 명명한 것은 그가 항상 이전에 봤던 것을 가리킨다. 말하자면, 모든 다른 사물을 제외하고, 그들이, 즉 그 수인 그리고 〔그와〕 (동일한) 다른 이들이 항상 보았던 것을 말이다. 모든 다른 광경vision은 그들에게 불가능하거나 금지돼 있다. 따라서 동일한 "그림자들"과 마주한, 서로 똑같은 그들은 대화의 가정 속에서 그들이 본 것을 "존재자들"로 명명했을 것이다. 그리고 이것은 완전히 필연적이다. 그들은 "고유한propre"—자의적일지라도—이름으로, 다시 말해서 애매하지 않은 용어로 각 "사물"을 의미하는signifier 조건하에서만 서로 말할 수 있었을 것이다. 모든 고유명들의 패러다임은 대문자 존재 혹은 대문자 진리이다. 대문자 진리의 존재 혹은 대문자 존재의 진리이다. 어떤 님론도, 이떤 디최도 이 법칙에서 벗어나지 못할 것이다. 철학자를 위한 이 신화에서조차도 마찬가지일 것이다. 그가 발음했을, 그들이 발음했을 이름들은 서로를 이해하기 위해서 진리를 참조했을 것이며, 진리를 기준으로 삼았을 것이다.

그러나 그가 참된 것으로 간주했던 것에서, 그가 (동일한) 다른 이들과 함께 진리의 이름으로 가리켰던 것에서, 그—어떤—수인은 갑자기 몸을 돌리게 되고, 사슬에서 풀려나고 마법이 풀린다. 그리고 언제나 그의 뒤에 있던 사물들, 이전에는 그것의 그림자들만을 보았던 사물들이 무엇인지 말하라고 명령받는다. 그가 어떻게 할 수 있을까? 왜냐하면 그는 이 새로운 "존재자들"—그에게 새로운 존재자들이라고 한다면, 일종의 "다른" 세계의 존재자들—에 대해서 어떤 적절한 용어도, 어떤 합의된 혹은 적절한 명칭도 사용하지 못하기 때문이다. 그는 홀로 그 새로운 존재자들을 바라봐야 하며, 그에게 강제된 회전 때문에 진실에 대한, 존재에 대한 시점을 잃었기 때문이다. 언어 바깥에 있는, 합의 혹은 공통 인식 바깥에 있는, 그의 시각을 공유할 이들과의 대화의 규약 안에서 동일하고 식별 가능한 지각 바깥에 있는 이 사물들은 그에게 **무**rien로 **존재한다**. 혹은 **이상한 것**l'étrange으로. 기이함l'étrangeté, **낯선 것**l'étranger으로. 어쨌든 그것들을 구별할—**아포크리네스타이**ἀποχρίνεσθαι—수단이 없다. 그것들은 그가 판별할 수 있는, 그가 적절한 단어들로 정의할 수 있는 것이 아니다.

그런데 틀림없이 그의 이익을 뒷받침할—그러나 무대연출의 유혹적인 기술로 도움을 받은—이 "사물들", 그리고 아마도 이 (동일한) "타자들"과의 이익 공동체 및 이 "타자들"과의 언어 공동체를 설명할 수 있을 이 "사물들", 교사는 그 수인에게 이 "사물들"이 일의적인 단순성 때문에 더 존재하는 것이며, 그것이 그 수인으로 하여금 더 정확하게 보게 한다고 확언할 것이다. 그리고 이 "사물들"에 비추어보아, 그 수인이 본 것은 일관성 없는 하찮은 것들riens이라고 주장할 것이다. 그는 "사물들"을 가치들의 경제―그 "사물들"이 그대로는comme telles 어떤 기능도, 어떤 자리도 갖지 못하는―속에 강제로 들어오게 할 것이다. 어쨌든 수인에 의해 할당된 기능이나 자리, 그리고 할당 가능한 기능이나 자리가 없는 가치들의 경제 속에 말이다. 이제부터 이 "사물들"만을 보고, 심지어 이 "사물들"만을 명명하고 이해하는 것이 적절하다고 주장될 것이다. 이 주장은 더 이상 대화 속에서 주조되지se monnayant 못하고, 단호한 교육 속에서 단언될 것이다. 진리와의 관계는 더 이상 동굴의 사슬에 매인 자들에게 강요된 **자세들**postures의―그리고 위장들imposture의―, 시선들의, 시점들의, "그림자들"의 **동일성**에 의해 질서 잡히는 것이 아니라, **유추들의 적절성**, 즉 각 "존재자"와 진리의 관계들이 일치adéquation하도록 **보장한다고 가정되는 스승의 담화**에 의해 질서 잡힐 것이다.

수인의 지각perception은 앞으로 스승의 주장들을 경유해야 할 것이다. 그리고 철학 교사의 로고스, 논리에 따라 조정될 것이다. 그 결과로, 가장 "현재적인 것"이 또한 더 존재하는 것―**즉각적으로 지각되는 것은 투사일 뿐**―을 표상한다면, 더 존재하는 것 혹은 더 참된 것은 여기에서 이전 삶의 저당l'hypothèque―잊었다는 것에 틀림없이 죄책감을 느끼는―에 기대는 스승의 결정에 의해, 그리고 사람들 사이의 관계들을 조정할 수 있게 하는 새로운 **기획**의, **텔로스**τέλος

의 필요성에 기대는 스승의 결정에 의해 규정된다. 그러나 이 "더 참된 것plus de vérité"은 이전에 사슬에 매인 자들에 의해 "존재자들"로 지각됐던 것과 비교해 잉여인 것un excédent을 작동시키는 것, 순환시키는 것으로서 개입하지 않는다. **더한것**의 기만적인 유혹이 어떻든지 간에, 이 "더 참된 것"은 이전 경제를 유치함, 몽상, 착란이라고 단념함으로써 그것과의 단절을 나타낸다. 그는 다른 사물을 향해 몸을 (다시) 돌리고, 유치한 믿음과 유치한 언어를 중단하고, 환상들과 현실을 뚜렷이 구별해야만 한다. 그리고 어떤 면에서는 **더 참된 것을 상기하기 위해 망각해야** 한다.

그러나 이러한 이행은 도약을 가정한다. 위험 없이는 (다시) 건너지 못할 균열, 분열을. 우리는 여기에서 시력, 기억, 말을 잃을 수 있다. 균형도. 게다가, 이러한 이행trans-ition은 되돌아올 수 없는 것이다. 그것은 단계를, 그리고 모든 역행rétro-version을, 모든 역작용 rétro-action을 부인한다. 그것은 그것을 거꾸로 넘어서기를 감행하는 자의 생명을 앗아 갈 것이다. 어쨌든 그것은 생명에 관한 문제다. 그 수인이 지금 **마음을 바꾸어 따르기로 한 이성**raison의 대가란 그런 것이다.

| **실어증의 잔여** |

여기엔 **고통, 현기증, 눈부심**이 약간 따른다. 심지어 **실어증**도. 왜냐하면 그가 사람들이 그에게 보여주는 것을 더 실제적인 것plus réel

으로 인식하지 못하는 것과 마찬가지로, 그는 이 "사물들"을 명명할 수 없는데, 무언증에 걸려 그가 **해야할** 말을 배워야 하기 때문이다. "더 참된 것"에 대한 이 담화는 그의 지난 말들과 관련한 진술을 추가supplément하는 작용에서 기인하는 것이 아님이 분명하며, 역시 **언어의 변환**conversion에서 기인하는 것이다. 이것은 어떤 적절한 용어들의 단순한 추가addition에 의해 이루어질 수 없으며, 담론 과정의 변형을 요구한다. 우리는 이전 사슬〔맥락〕들로 환원될 수 없는 다른 사슬〔맥락〕들로 이동한다/다른 사슬〔맥락〕들을 거쳐 간다. 따라서 말하기를 (다시) 배워야 한다. 특히 구분하기distinguer, 색인화하기indexer, 명명하기nommer를. "더 참된 것"을 향한 이동을 규정하지 않는 법칙에 따라 말하기를. 이때 진리란 어떤 가치, 어떤 X를 나타내는 것으로서, 이 X의 **이익, 의미**가 처음에는 중차대한 결정에 의해 할당되지 않을 것이다. 이 "새로운" 담론의 법칙은 (소위) 감각적이고 직접적인 확신들을 공유함으로써 그리고 공유하기 위해서 이전에 "존재자들"로 지시된 것을 거부한다. 이 법칙은 뒤쪽으로 되돌아가기를 금지하고interdit — 그리고 바로 그 때문에 사이에서 말하고inter-dit —, 모든 역–양도〔반환〕rétro-cession를 잊게 한다. 그리고 환상으로부터, 꿈으로부터, 유년기로부터 결정적으로 **한 걸음** 뛰어오르라고 명령한다. 욕망으로부터? 적어도 **히스테릭한** 욕망으로부터. 지혜를 향해 몸을 돌리기 위해서. 스승maître의 지혜를 향해. 지배maîtrise의 지혜를 향해.

그러나 연출자와 마술사들의 속임수ruse가 특히 생략ellipse과 은폐éclipse로써 수인을 매혹했다면, 또 다른 은폐occultation가 지금 (이른바) 사슬에서 풀려난 자를 유혹하고 손에 넣을 것이다. 비가시적인 것, 전유할 수 없는 것, 적절하지/고유하지 않은 것non-propre은 진리의 경제, 고유한 의미의 경제, 고유한 이름의 경제에서 회피된다. 우리는 마술의 속임수로부터 권위autorité의 속임수로 이행하게 된다. 예를 들자면 말이다. 그러나 권위는 그것이 의문시되는 것도, 원인으로서 심문의 대상이 되는 것도 받아들이지 않는다. 우리는 권위를 진리의 담론 속에서 보지 못할 것이고, 평가하지도, 평가의 대상이 되게 하지도 않을 것이다. 진리의 담론을 뒷받침하는 정념passion에 금지가 부과되는 것이다.

| 무시된 차이 |

정체가 드러나지dévoilés 않은 두 가지 마술이 재현의 과정을 놓고 (서로) 다툰다. 분열schize은 현존의 아르케archè를 찢는다. 그리고 이 분할의 화해 불가능성은 언제나 지혜의 평정을, 철학자의 평정을 침식한다. 비록 그것이 항상 이미 계사copule를 외삽했다 해도. 초월성의 정점에서, 이데아, 대문자 존재, 대문자 존재인(존재의) 이데아는 교합copulation(의 산물)으로서 인식된 적 없는, 기원의 **열개裂開**를 은폐하고 있다. 대문자 존재는 높은 곳에서, 무대 바깥에서, 이전 혹은 이후의 이른바 다른 삶에서, 삶의 기만적인 추가에서 기원의 대표들représentants과 재현들representations 사이의 목숨을 건 경쟁의 심판을 본다. 비록 이러한 투쟁들이 대문자 태양

494

아래 사라질 것이고, 빛이 어둠보다 우위에, 진리가 환상보다 우위에 있을 것이며, 달리(?) 말하면 **아버지**가 생식procréation의 독점권을 갖고 "훌륭한bonne" 씨(정액)의 유일한 방출자이자 그것에 "고유한" 이름을 부여할 수 있는 유일한 자일 것이 분명하다 해도, 그럼에도 불구하고 지하에서 동굴의 미광 속에 있는 혹은 **사로잡힌아이의무의식** 속에 있는 그 분쟁은 계속될 것이다. 진리에 있어서 두 번째 탄생, 두 번째 기원, 재탄생 혹은 상기réminiscence는 결코 단순히 **히스테릭한향성**을 지연시키지 않을 것이다. 이성의 담론, 태양의 은유의 담론, 부성의 은유의 담론은 결코 영원히 동굴의 환상성le phantasmatique을 바꿀 수 없을 것이다.

두 개의 반半기원들, 기원에 대한 두 개의 반半회전들, 기원으로부터의 두 개의 반半우회들의 곱절은 계속해서 (기원에 대한) 진리의 독점을 요구할 것이고, (재)생산 관련 우위를 두고 경쟁할 것이다. 동굴의 마술과 이성의 논리 사이의 차이, 간격, 분할을 축소하지 않은 채로. 지상의 매력과 태양의 유혹 사이의 차이, 간격, 분할을 축소하지 않은 채로. 가장 모성적인 것과 가장 부성적인 것 사이의 차이, 간격, 분할을 축소하지 않은 채로. 그 둘 사이의 차이 ─ 성적 차이 ─ 는 결코 교합의 원인과 조건으로서 생각되지 못할 것이다. 성관계도, 그 성관계의 산물도 명백히 두 개의 절반으로 계산될수 없다. "사람(들)의", 성(들)의, 재현(들)의, 언어(들)의 절반(들)으로. 이렇게 분할할 수 없는 것이다. 동일자 ─ 대문자 존재 ─ 의 고정된 관념이 이미 지배하고 있다면 모를까. 동일자 ─ 대문자 존재 ─ 는 최악보다는 최선으로, 악보다는 선으로, 시뮬라크르들보다는 진리로 재발견되고 재결합되고 재생산되는 것이다. 따라서 이데아(들)로 말이다. 단순히 무성asexué이거나 성을 넘어선trans-sexué 존재가 아니다. 이것은 동일자가 한쪽 성 혹은 다른 성을 명시적으로 재표시하는 것이라고 말하는 게 아니다. 오히려, 거기에서 작용 중인 차이에 의해 분열되지 않으면서 분할partition을 유지하는 것이다. 왜냐하면 동일자의 지배는 "더한 것"(참된 것, 선한 것, 밝은 것, 이성적인 것, 가지적인 것, 부성적인 것, 남성적인 것 등등)으로서 ─**동일자의 내부에서**─ 정의되는 것이 **그것**["더한 것"]의 "타자", "다른 것" ─차이─, 한마디로 부정, "덜한 것"(환상적인 것, 악한 것, 어두운 것, "미친 것", 감각적인 것, 모성적인 것, 여성적인 것 등등)보다 점진적으로 우위에 있기를 요구하기 때문이다. 단순하고, 분해할 수 없으며, 관념적인 기원을 만들어내기까지. 시초의 분열, 원초적 결합(들)의 분열은 **개념의 통일성** 속에서 삭제된다.

이데아의 영원한 기록archive. 모든 차이들, 모든 분쟁들이 눈먼 관조 속에서 용해될 무한, 그 무한으로 퇴행하는 탄생.

| 반사되지 않은, 유혹의 눈부심 |

따라서 급격하게 강요된 방향전환으로 인한 현기증, 혼란, 다양한 동통疼痛의 희생자인 이 수인에게 "만일 누군가가 직접 불을 보도록 강요한다면 그는 눈이 아프지 않겠는가"? 동굴의 미광에, 동굴 배경의 어둠에, 지하의 투사의 한밤중mi-nuit에 익숙한 시선이 느닷없이 빛을, 불을 주시하도록, 그를 매혹했던 환상들의 반짝이는 "근원"을 주시하도록 강제되는 것이다. 이 눈들은 그러한 광경, 그러한 조명을 보도록 명령받을 때 그것을 어떻게 견딜 것인가? 어떻게 이 눈들은 "그것으로부터 달아나지 않을 것인가", 이 눈들은 그것을 피하지 않을 것인가? 그리하여 고통 없이 조망할 수 있는, 눈멀지 않고 "관조할 수 있는 힘"이 눈들에게 있는, 덜 고결한 광경 spectacle으로, 더 깊이 파묻힌 광경으로 되돌아가지 않을 것인가? 그 결과 이 사람은 익숙하게 보아왔던 것을 더 명백하다고, "더 명확하다고 판단하지 않겠는가"? 사람들이 행동이나 말로써 그에게 부분적인 은폐를 통해 그를 매혹하고 있었던 "이성"이라고 가르쳐 주는 이 "빛", 가리켜 보이는 이 "빛"보다는 말이다.

하나의 반회전에서 다른 반회전으로 옮겨 갈 때, 겨우 걸음을 뗄 수 있을 뿐인 그는 틀림없이 어찌할 바를 모를 것이다. 앞에 무엇이 놓여 있나? 뒤에 무엇이 남겨져 있나? 맞은편, 정면, 앞면visage은 어디일까? 그리고 뒤는? **프로테론, 휘스테론**은 어디일까? 그리고 **휘스테라**는? 무엇을, 누구를 믿을까? 그리고 습관의 힘, 반복의 저항성, 그가 알고 있는 반복의 재현의 저항성은 그를 이전의 자세, 영상들, 목소리들로 되돌려 보낸다. 진리의 햇불을 향해 눈을 열어 시력을 잃기보다는 시뮬라크르들로 길을 잃는 편이 나은 것이다.

더구나 지금 사람들이 그에게 "드러내고자dévoiler" 하는 이 진리가 단순히 은폐되는 환상의 진리가 아닌 만큼 더욱 그렇다. **유혹의**

알레테이아가 없는 만큼 더욱더, 없을 만큼 더욱더. 그러나 불과 태양은 이 지점에서 속일 수 있다. 특히, 다른 사물을 알지 못하며, 유년기부터 동굴 깊은 곳에서 사슬에 매여 있던 수인. 그는 또한 불과 태양이 항상 이미 어떤 이론적 허구에 이용되었는지를 알지 못한다. 그는 아직 자기 시선을 이미지의 **걸음**pas에 따라 조절함으로써 "올바른" 은유 속에 불과 태양을 사취하는 것voler을, 은폐하는 것voiler 을 배우지 못했다. 불은, 눈의 신진대사métabolisme에는 너무나 강렬하고, 너무나 즉각적으로 "현존하며", 너무나 가까워 견딜 수 없는 빛의 섬광을 번쩍일 것이다. 본성〔자연〕[11]의 **휘브리스**〔오만〕ΰβρις의 상처를 입히는 침입irruption. 아직 비춰지지 않은, 측량되지 않은 것의 눈부심. 혹은 적어도 그렇게(그런 것처럼) 보이는 것의 눈부심. 그는 그것으로부터 몸을 돌려 자기 방으로 돌아가야만 한다. 자신의 환상들로. 자신의 꿈들로. 우리가 유일하게 가능한 (감각적인) 확실성들을 믿고 싶어 하는 꿈들로.

여기에서 본성의 **휘브리스**의 출현émergence과 재은폐recouvrement 의 두 가지 방식은 서로를 참조하는 동시에 서로를 배척하며, 각자 진리의 베일을 자기 쪽으로 당겨 그것을 찢을 위험을 무릅쓴다. 변증론의 기술과 관념적인 것l'idéale의 힘들을 모르는 수인에게, **퓌시**

---

11 nature. 그리스어 퓌시스와 프랑스어 nature는 모두 '자연'이라는 뜻도, '본성'이라는 뜻도 갖는다. 뒤에서는 '자연'으로 번역하는 것이 더 매끄러운 부분이 있지만, 『국가』에서 '휘브리스'가 등장하는 대목에서 퓌시스는 통치자의 품성과 관련되기 때문에 여기서는 '본성'을 기본 뜻으로 번역하되, 바로 뒤에서 자연의 의미로 사용되기에 대괄호 안에 '자연'을 함께 적어 넣었다.(옮긴이)

스[자연, 본성]φύσις의 참을 수 없는 부분은 눈을 멀게 하는 불의, 태양의 광채 안에 있을 것이다. 이미 빛에게 자신의 로고스를 따르도록 한 철학자에게, 그것[퓌시스의 참을 수 없는 부분]은 그림자들, 환상들의 매혹 안에, 환각, "광기" 안에 있다. 어떤 자연의 폭력은 지혜 안에 흡수되어야만 한다. **덜참된것**으로부터 **더참된것**으로의 이 뒤돌기volte-face, 이 반회전들에 의해서 말이다. 여기에서는 이미 진리가 어디에나 있으며, 또한 어디에도 없다. 원본의 이러한 "가상들apparences"의 인위적 비교. 이때 원본의 이 "가상들"은 단순히 특히 한쪽들이 다른 쪽들보다 우위에 있다는 증명 속에 나타나야 하는 게 아니라 서로 결합되어야 하고, 서로 연결되어야 하는 것이다. 진리는 "더한 것"의 속임수 덕분에, "더한 것"의 기만적인 특권 덕분에 어디에나 있다. 게다가 가치들의 급등escalade은 **실제 출현**comparution effective 없이 일어난다. 평가하기 위해서는 매번 두 개의 모습들visages이 필요했을 것이다. 본성의 괴물성monstruosité. 물론이다. 그럼에도 불구하고 진리는 "본성의" 모든 표준치를 배제하는 비교의 책략에 의해 부과된다. [가상들 사이의] 친족 관계의 촌수, 관계에 있어서 유사점이나 차이, 비교, 대조, 효용과 가격의 평가 등등은 로고스에 내재하는 과정들에 의해 조정될 것이다. "본성"은 이렇게 해결될 것이다. "더한 것"—진리라고 하면 될 듯하지만, 또한 "더 환상인 것"이라고 말할 수도 있겠다—과의 비교, 유추, 은유의 수단에 의해 자연을 현존하게 하고, 재현하고자 하는 것이다. 즉 자연을 은폐함으로써.

그러나 사건의 폭력성은 쉽게 굴복하지 않는다. 예를 들면, 이 아이-수인의 육체적 고통들이 있다. 그의 현기증. 그의 눈멂. 그뿐만 아니라 그의 **불확정성**, 그의 **불확실성**, 그의 **회귀**도. 이는 이전 향성의 무언가를, 지나간 그의 정념들의 무언가를 재발견하고자 시도하기 위한 것이다. 그의 땅의 무언가를. 그의 동굴의 무언가를. 다른 건 아무것도 알지 못하는 그는, 어떤 역전 안에, 어떤 대칭적 전환 안에 있는지조차 알지 못하는 그는 이미 **휘스테라**에 사로잡혀 있다. 어쨌든 여전히 거의 히스테릭한 투사는 자신의 재현들, 꿈들, 환상들, 믿음들, 판단들을 위해 배경막을 사용했을 것이다. 자신의 의견학doxosophie을 위해서도. 사람들은 여전히 히스테릭한 기억들로부터 갑자기 그를 끌어내고자 하며, 그에게 법의 질서 속으로 들어가기 위해 〔그 기억들을〕 잊으라고 명령할 것이다. "더 참된 것"의 법질서 속으로 들어가기 위해.

그러나 **휘스테라**는 이렇게 축소되지도, 심지어 유혹되지도 않는다. 심지어 (소위) 더 적절한 말인 합리적인 논증에 의해서일지라도. 심지어 귀가 사로잡히기까지 하지만, 그렇다고 해서 모태가 정복되지는 않는다. 사실, 한 번 더 이루어지는 반회전은 아마도 **한 번 더** 이루어지는 역전이지, **역전의역전**은 아닐 것이다. 작용 중인 대칭의 효과들, 순환 중인 은유들, 향성들의 변화들의 계산이 더 복잡해지는 것은, 생략과 삭제의 계산은 차치하더라도, (시계horizon를 포함한) 완벽한 한 회전이 실행됐음을 의미하거나, 히스테릭한 방황errances 이후에 하나의 원운동에 의해 이성raison이 자기에게 복귀했음을 의미하는 게 아니다. 그것은 굴지성의géotropiques 방황 divagations 이후에 수인이 진리 자체(동일성의 진리)를 재발견했음을 의미하는 게 아니다. 한 번 더 이루어지는 반회전은 결코 이전에 있었던 곳, 즉 동굴, 땅, 어머니, **휘스테라**로 데려가지 않을 것이다. 탄생 이전, 그에 더해 수태 이전으로 말이다. 그것[한 번 더 이루어지는 반회전]은 자궁에서 머무른 기간을 다시 상기시키는 모든 것을 유령, 환상, 어린애 같은 행동, 수다, 심지어 무無로 해소시킨다 résolvant. 그것은 자궁 내 삶의 모든 흔적을 무화시킨다. 그리고 만약 더 근본적이고 이상적인idéale 탄생으로 돌아가기 위해 실현시켜야 할 기획이 이런 것이라면, 적어도 이 반회전은 인위적으로가 아니라면 그에 대한 수단들을 강구하지 못한다. 현기증 나는 속임수는 시뮬라크르들이 일으키는 착시와 이데아의 영원성의 시간 보내기passe-temps에 답한다. 대문자 존재의 영원성. 삶의/삶에 의한 우회의 허구적 살해.

그렇다면 유령들은 어디에 있는가? 어디에나? 마술에서 풀려난 자의 몸은 그림자에 지나지 않는가? 만약 그가 여전히 모성적인, 모태적인 (그의) 기억들을 포기한다면, 적어도 그는 그렇게 될지 모를 위험을 무릅쓰는 것이다. 만약 그가 자신의 시초의 실패, 자신의 이야기의 실패avortement[12]로써 기원의 "환상들"이 없어지기를 바란다면 말이다. 그리고 당신은 그가 **아프론**[어리석은]ἄφρων으로부터 **파라누스**[정신이 나간]παράνους가 될 법한 상황에 있다고 생각하지 않는가?

12 '낙태'라는 뜻이 있다.(옮긴이)

동굴에서 "나가기"

| "통과하기" |

그리고 "만약 지금 누군가─성genre이 티스τίς 즉 **남성**이며 이름 없는 어떤 자─가 이 사람에게, 즉 그가 이전에 사슬을 벗겨준 이에게 더욱 강요하며 강제로─억지로, 그의 '자연스러운' 성향에 반대되는 **휘브리스**로써[13]─ 그를 자갈투성이에 가시들이 삐죽 선, 가파른 비탈을 거쳐 동굴로부터 끌어내고, 햇빛에 그를 내놓기 전까지 놓아주지 않는다면"? 만약 그 누군가가 자신의 기획에 따라 그 사람l'homme을 옛 거처의 어둠에서 끌어내어 대낮으로 끌어당기기(매혹하기) 전까지는 그로 하여금 돌출하지도 분출하지도 못하게 하면서 지배력을 풀지 않는다면? 이렇게 취급되고 난폭하게 다뤄지고 아마도 찢겨서(?), 이렇게 "해방된" 그 사람이 "고통과 분노로

---

13 이 삽입구는 이리가레가 추가한 것이다. (옮긴이)

가득하리라"고 당신은 생각하지 않는가?

이렇게 어떤 공모자, 어떤 공범-산파, 얼굴도 이름도 없는, 단지 남성이라는 성만을 아는 어떤 보조자가 억센 손으로 힘을 주어 아이-수인을 그의 의사와 성향에 반하여 이전 거주지로부터 끌어낼 것이다. 예전부터 머물렀던 장소로부터 햇빛을 향해 오르는 가파른 길―상처를 입힐 수도, 절단시킬 수도 있는 장애물들로 가득한 ―을, 거친 비탈을, 절벽을 강제로 지나게 해서 그를 동굴 바깥으로 쫓아낼 것이다. 이렇게 가혹하게 올라가는 시간 동안 권위로써 그를 풀어주지 않고 붙잡으면서, 태양을 바라보도록 그를 인도하기 위해서, 지하의 그의 방에서, 그의 구역에서 그를 뿌리 뽑을 것이다. 이는 이렇게 격렬하게 바깥에 놓이게 될 자의 마음에 들지 않을 것이고, 그를 고통과 분개로 "채울 것이다". 그러므로 누군가가 이 망연자실한 자를 이성의 길로 다시 들어오게 하기 위해서 그런 식으로 행동할(행동했을) 것이다. "그런 식으로"란 무슨 뜻인가?

| 실행 불가능한 분만 |

우리는 다음을 상상할 수 있다―사실 당신은 이미 이 이야기를 들었다―이 동일한 "누군가"가 먼저 수인을 회전시켜 동굴의 가장 뒤쪽 벽으로부터 그의 방향을 돌려서는 그의 시선, 머리, 몸이 입상들statuettes을, 불을, 그뿐만 아니라 동굴의 입구를 향하도록 한 것을. 그리하여 그에게 이 방으로부터, 이 동굴 혹은 태내에서 나가기를 준비하는 회전운동을 각인시킨 것을. 또한 다음을 가정해 볼 수도 있다. 그 누군가가 그를 감옥에서 전진하도록 만들면서, 점진적으로 내부에서 외부로 이르는 길로 접근시켰고, 게다가 이 복도, 이 협로, 이 경부로 진입시키면서 장소의 급작스러운 변화뿐만 아니라 이동passage의 어려움 때문에 고통을 겪게 했다는 것을. 그런데 여기에서 그는 어떤 거주지에서 어떤 다른 거주지로 이동되는 것인가? 그리고 어떤 이행transition일 수 있는가? 혹은, 이러한 **분만**accouchement의 실행은 무엇을 은폐하고 있는가?

그리고 우리는 그 무언극에 초대되었고 매혹돼 있지만, 그렇다고 사실들, 실재들, "존재자들"을 시야에서 놓치지 말자. 수인은 이미 더는 모태 안에 있지 않고, 자궁강腔을 형상화하고 은유화하려는 시도인 동굴 안에 있었다. 그는 흡사 모태와 **같은**comme 장소 안에, 모태와 **같은** 의미를 갖는 장소 안에, 모태와 **같은** 존재의 의미를 갖는 장소 안에 갇혀 있었다. 투사(들)에 의해 재생산된, 재생산할 수 있는, 재생산하는 것으로 **가정해야** 하는 모태 말이다. 모태는 그것에 동굴의 **형상**을 부여하고, 이미 그것을 동굴로 변형시킨trans-formée 대칭과 유추의 법칙들에 이미 따르고 있다. 재현(들)에 의해/재현(들)을 위해 변형시킨 법칙들에. 이 동굴의 가장 뒷벽은 시계-한계horizon-limite인 동시에 투사를 위한 배경막으로 쓰인다.

수인은 동굴의 "~같은comme" 혹은 "마치 ~처럼comme si"의 책략을, 특히 그 허구의 메커니즘을 알지 못한다. 그러므로 이 유일한 거처에 감금된 것은 유일한 은유적 기획의 함정에 빠진 것이다. 그러나 산파역을 맡은 자, 적어도 무명의 보조자 — 말하자면 존재의 보조자—도 역시 이 "감옥"의 **왜곡된**retors, **역전된**renversé, **전도된** inversé 성격을 알지 못한다는 것을 인정해야 한다. 그가 아무것도 알지 못하는 척하는 것이 아니라면? 왜냐하면 그는 분만의 기술에 따라 어떤 모태와 같은 동굴로부터 수인을 나오게 하고 싶어 하기 때문이다. 예전부터 항상 그런 시노그라피를 담보하는 "~같은", "마치 ~처럼"을 무시하면서. 이미 시노그라피를 그렇게 조직한 방향전환, 역행의 효과들을 계산하지 않으면서. 틀림없이 수인을, 아이를 빼내기 전에 회전시키지만, 그가 **그렇게** 쉽게 빠져나올 수 없는 이 재현의 극장은 회전시키지 않으면서. 철학적 가르침에 의한 것일지라도. 따라서 "마치" 동굴의 구내가 모태"인 것처럼" 작업을 실행한다. 명백히 동굴 장면의 "마치 ~처럼"을 제거할lever 수도, 심지어 지양시킬relever 수도 없는 하나의 "마치 ~처럼". 그가, 그들이 잊은 것처럼 보이는, 혹은 적어도 그—무대 설계자—가 그것의 개입을 가리고자masquer 하고, 그것의 반작용 효과들을 무가치한 것으로 여기고자 하는, 동굴 장면의 "마치 ~처럼" 말이다.

그러나 그가 친 그물에 걸린 것은, 즉 그의 변증법적 논증보다 더 강력한 포획에 사로잡힌 것은 그 자신이 아닌가? 벗어나려면—왜냐하면 "그로부터 벗어나기"를 원하기 때문에—"다른" 삶으로 **도약하는 것**만이 유일한 방법일 정도로 강력한 포획에. 따라서 "다른" 탄생, "다른" 기원에 대한 의지, 그것의 도움이 필요하다. 관념적인 다른 탄생, 다른 기원. 이것(들)과의 조화롭게 계산된 관계는 그것(들)이 요하는 인접성의 단절을 피하지도, 전진 혹은 퇴행 속 균열을 피하지도 못할 것이다. 한쪽에서 다른 쪽으로의 이동은 비례의 작용, 즉 어떤 도제들-스승들의 전유물에 의해서만 행해질(행해 졌을) 것이다. 그들의 침묵, 비밀, 도피dérobement — 특히 무대 뒤로 — 는 틀림없이 효율성을 얻기 위한 담보일 것이다. **마술적인 효율성.** 왜냐하면 그들은 스스로 자신들의 실행에 약간 속고, 자신들의 관계들 속에서 길을 잃은 것처럼 보이기 때문이다. 땅, 어머니 안팎의 길에 표지를 세우려면 산술l'arithmétique이 제때에 이루어져야 한다. 경부, 복도, 길은 합리적인 조치들에 의해 이렇게 축소되거나 유혹 받지 않는다. 덜 합리적이거나 심지어 완전히 상상적인 조치들에 의해서도 마찬가지다… 사실, 지금까지 모든 사람은 완전히 이 무언극에 매여 있고, 모방에 사로잡혀 있다. 히스테릭한 무언극과 모방에. 그리고 추가의de plus 책략은 출구를 **가장할**simuler 수만 있을 것이다. 그러나 우리는 우리가 사로잡혀 있던 이 안에서 나가지 못할 것이다. 그리고 수인이 마술사들의 책략에 매혹되고, 연출자의 책략에 매료됐더라도 — 특히 지형학적인 실수나 무지에 의한 것이 아니라면 — 현자, 철학자는 수인이 이렇게 자궁의 거처를 벗어날 수 있다고, 그것〔거처〕을 결정적으로 뒤에 남겨둘 수 있다고 무분별하게 믿을 것이다. 그리하여 땅 위에서, 바깥에서, 순수한 자연의 빛 속에서 그때까지 그의 주의를 끌고 그의 눈을 매혹하고 그의 향성을 결정한 모든 것의 원인 — 마침내 애매함 없이 드러난 — 을 관조하게 되리라고. 투사된 그림자들, 퇴행에 의해 일별되는 그림자들을 향한 영원한 매혹에서 나와 이데아인(이데아의) 태양의, 영원히 현존하는 도취 속으로 "도약함으로써". 〔이 도약은〕 예전부터 항상 알려져왔던 것을 향한 끌림, 즉 진리(의 담론)에 의해 그렇게 정의된 것만이 인식할 수 있고 재인식할 수 있는 것이라는 단호한 주장에 대해 알려져왔던 것을 향한 끌림에서 벗어나는 것이다. 그에 의해/그를 위해 맞은편에 즉각적으로 의심의 그림자도, 어떤 거울의 개입도 없이 드러난 진리, 그 명증성이 구속력을 갖는 진리에 의해. 미광의 흐릿함으로부터, 반영들reflets, **독사**〔의견, 믿음〕δόξα의 환상들의 유동성과 부정확성으로부터 나와, 명확하고 단정적이며 불변하고, 모호함 없는 범주들, 모든 사물들을, 모든 "존재자들"을 합리적인 직관에 따라 **누스**〔이성, 지성, 정신, 영혼〕νοῦς의 명백하고 뚜렷한 명료함 속에 분류하고, 판별하고, 평가하고, 정리하는 범주들로〔의 도약〕. 그러나 이러한 전환conversion에 의해 **아프론**〔어리석은〕ἄφρων은 **파라누스**〔정신이 나간〕παράνους가 되었는가?

│ 그렇다면 어디에서 어떻게 나오는가? │

따라서 그는 동굴로부터 억지로 쫓겨날 것이다. 진짜로 동굴로부터? 혹은 어쩌면 다른 **세 번째 장소**로부터? 또 다른 **세 번째 출구**를 통해? 어떻게 보면 〔이 세 번째는〕 다른 둘을 은폐한다. 다른 모든 것들을? 그가 들어갈 수 있었을, 그를 통과시킬 수 있었을 벌어진 틈 없는 출구. 그렇지 않으면 환상 속에서? 혹은 말들로? 그가 들여보내졌을, 삽입됐을 통로들은 대문자 진리의 지배를 확실히 하기 위해 삭제되고 망각되고 막힌다. 거의 잊힌 이 길은, 게다가 특권화된 투사의 유형으로 통행 불가능한 이 길은 전복을, 퇴행을 가정한다.

두 번의 반회전으로, 우회détours로, 그는 모태적인 것 혹은 준모태적인 것 속에 감싸이는 듯이 가장됐을 것이다. 대칭 작용에 의해 그것들[모태적인 것 혹은 준모태적인 것]을 다시 덮고, 경계선을 긋고, 속임으로써. 더 제어 가능한 유추의 덮개들, 포장들로 그를, 그들을 대체함으로써. (마치) 들어갈 수 있고, (마치) 더 확실한 방식으로 나갈 수 있으며, 정해진, 적절한 형상들을 유지할 덮개들, 포장들로 [대체함으로써]. 그가 들어갈 수 없는 곳을 통해, 그리고 그가 머무를 수 없을 곳으로부터 그를 "나오게" 만들 것이다. 그가 부분적으로 결정할 수 없는 방식으로, 그리고 완전히 계산할 수 없는 행위로 투사되지 않은 장소로부터, 단순히 관념적인 구상으로 축소될 수 없는 통로들을 통해, "나오게" 만들 것이다. 여전히, 결국 그가 "나와야" 할(했을) 아파이데우시아[무지]άπαιδευσία 안에서. 그 결과, 허구에 의해서가 아니라면 재생산할 수 없고, 복제할 수 없고, 모방할 수 없는 행동들과 토포이[장소들]τόποι의 무언극이 생겨난다. 그리고 모방하는 것의 적합성, 규약, 경제를 규정하는 의미의 외삽된 법칙에 따라 모방된 것을 고정하고자 할 것이다. 그런 질서의 전제적인 우선권이 그것이 회피하는 난점들을 가리고 있다.

따라서 그는 나갈 것이다. 그는 나간다. 그러나 분명 그가 들여보내진(들여보내졌을) 곳으로부터 나가는 것은 아니다. 그리고 이미 공식화된 것을 언급하자면, 플라톤의 동굴로부터도 아니다. 이렇게 그는 이전에 이미 뛰어넘을 수 없었던(없었을) 테이키온τειχίον, 벽-장막을 더는 다시 건너지 못했다. 장막paraphragme이 그 경계 뒤어넘기를 금하고 있다. 정액에 대한, 시선에 대한, 광선에 대한, 그리고 모든 육체에 대한, 관념적이지 않은 모든 "존재자들"에 대한 경계를. 재현에 필요한 인공물, 적어도 재현에는 필요한 인공물인 장막이 사이에 놓여 있어 어떤 물질이라도 **통과할수없다**. 아마도 그것은 수인들이 들어온 이후에 세워졌을 것이다―동굴을, 동굴의 사람들을, 동굴의 시선들을, 동굴의 **토포스**를 나누는 난간. 그렇게 가정해보자. 동굴의 "뒷면fond"을 다시 막아서 사람들의 육체가 머무를 수 있도록 했을 것이다. 좋다. 그런데 어떻게 불투명하고 견고한 칸막이벽을 무시하고, 돌아가거나 돌아서거나 혹은 이 깊은 지하 동굴에서 빼내질 것인가? 유령이 되지 않는다면? "다른" 쪽의 출현의 **시뮬라크르**가 아니라면? 바깥에서 나타나는 것을 **가장** semblant하지 않는다면? 그렇다면 환영들은 어디에 있는가? 그리고 시뮬라크르들은? 바깥에? 혹은 안에? 혹은 바깥과 안의 구별을 없앰으로써 내부/외부를 대조시키는 인위적인 장막의 개입을 통해 **어디에나** 만연해 있는가? 사람들의 육체 자체가 가공으로만 나타나며, 환영들만을 낳는 동굴. 하얗거나 검은 환영들만을. 태양의 환영들이거나 혹은 무덤의 그림자들만을. 더 훌륭하거나 덜 훌륭한.

| 환영들로 가득한 세계 |

그런데 유령은 결코 벽에 막힌 적이 없었다. 문에도, 하물며 장막이나 베일에도. 유령은 그것들을 눈여겨보지도(재표시하지도) 않는다. 그러나 당신은 두 개의 거주지, 장소, 시간, 시공간 사이의 모든 칸막이벽, 분리, 분할, 간격을 뛰어넘는 그의 능력의 환영적 성격을 추론할 수 있다. 어려움 없이 뛰어넘는. 그는 모든 차이들을 모른다. 그러나 환영들이 있으려면, 그리고 존속할 수 있으려면, 장벽들, 분리들, 차이들이 필요하다. 물론 죽음에서 삶으로의 이행을, 삶에서 죽음으로의 이행을 금지하는 장벽들을 포함해서. 유령은 이 확립된 경계들을 위반한다. 무가 그를 붙잡는다(아무것도 그를 붙잡지 못한다). 그로부터 두려움, 억압, 여러 다른 거주지들을 분할하는 법칙들이 생긴다. 전보다 심하게 증식하는 "환영들"로부터 자신을 지키기 위해. 환영들에 대한 방어는 환영들을 낳고, 그 역도 마찬가지다. 거기에서 더는 벗어나지 못한다. 이 동굴은 다른 어떤 것보다 더 많은 유령들을 만들어낸다. 비록 그 유령들이 깨끗하고, 밝고, 이미 햇빛을 받았다 해도. 그 유령들이 자궁의 더러움들, 묘지의 부패들을 씻어냈다 해도. 자존심 강한 모든 유령들처럼 하얗다 해도. 유령인(유령의) 관념 자체는 어디에나 있으나, 우리는 죽음을, "육체"를 환기하여 유령의 약간 무섭고 끔찍한 성격을 정화시킬 것이다. 요컨대 환영들만으로 충분하다. 유령 아닌 것과 유령 사이의 구별은 이제 없다. 삶과 죽음, 죽음과 삶 사이의 구별도. 지하의 거주지와 태양의 거주지의 구별도. "원한다면" 어머니와 아버지 사이의 구별도. 모든 것, 모든 사람으로 하여금 영원한 관념들의 천상에서 유령이 되어 빛나게 하자. 우리는 어떤 상들-페티시들, 쇠퇴한 그림자들, 이전 삶의 찌꺼기들로부터 등을 돌릴 것이다. 계속 관념적인 본질까지 승격시키고, 다시 불러일으키면서.

그러나 누구에게나 그를 기다리는 "낙원"을 예고하고, 다른 삶이 어떨지를 말해주는 것은 적절하지 않다. 그리고 경우에 따라서는 "다른" 삶이 없을 수 있다. 따라서 다시 출구인 체 가장해야만 한다. 이미 눈부심, 현기증, 관절의 통증, 다양한 동통으로 고통을 겪는 수인의 육체에게, 고통스럽고 몹시 피곤하게 하고 상처를 입히기조차 하는 출구로. 우리는 흥미롭게도 "육체"의 불운들에 주목할 것이다. 그리고 승화에 의해서만 뛰어넘을 수 있는—그러나 육체를 승화시켜보라. 그것은 공기(들), 연기(들), 증기(들), 유령(들)에 지나지 않을 것이다—장막의 불가능한 관통percée, 횡단traversée에 대해 침묵하는 반면에, 동굴 바깥에서의 상승의 사건들에 대해 강조할 것이다.

확실히, 동굴 안 길에 대해서는 **테이키온**과 마찬가지로 이야기되지 않을 것이다. 공동, 그 통로, 그 과잉 **속에서** 재현된 길들은 마멸되어왔고, 마멸되었을 것이다. 그러므로 마술사들 자신들을 증발시킨 마술에 의해서 길, **테이키온**은 이제 방해obstacle가 되지 않는다. 우리는 최소한 그것들에 대해서는 알거나 보거나 인식하고 싶어 하지 않는다. 땅에서 태양으로 가는 길보다 더 **(이러한)** 인식을 위한 길은 없다. 그러나 그 길은 함정들로 가득 차 있고, **뾰족한** piquant 돌들로 온통 덮여 있다. 그 길은 상처를 입히고, 찢고, 벨 수 있다. 그리고 그 사람l'homme이 그 길을 지나는 것에 동의하도록 그를 단단히 잡아두어야만 한다(이것이 당신의 마음에 드는 한 침묵하길 비린디. 당신은 결국 당신이 말하기를 위하지 않고, 말을 할 수도 없으며, 말할 줄도 모르는 것을, 추가되는 형용사―아마도 **트라케이아스**[기관의, 기도의] τραχεῖας 같이 애매한―에 의해서만, 달리 인정할 것이다). 따라서 이 복도는 우툴두툴한 돌출부로 가득 차 있을 것이고, 그 사람은 고통과 분노를 느끼며 (다시) 지나갈 것이다. 그리고 **누군가**―성이 **남성**인 어떤 사람, 어떤 누군가―가 그를 잡아당기지 않는다면, 매혹하지 않는다면, 그는 이 시험을 면할 것이다. 그는 땅, 어머니 안에 혹은 어쩌면 위에 머물고 싶어 하며, 빈번히 드나드는 것을 피한다. [드나드는 길은] 여기에서 그에게 아주 가시가 많은 것으로서, 위험들을 품은 것으로서 재현되기 때문이다.

시각의 초점을 맞추고
시각을 적응시킬 시간

| 불가능한 회귀(방향전환) |

이야기의 이 지점에서, 누군가가 "그의 고통과 분노"에도 불구하고 권위〔강제력〕autorité를 써서 거기에서 그를 나오게 한다. 그리고 햇빛을 보도록 강요한다. 그러나 "빛에 이르면, 태양의 광채에 눈이 부셔서, 그는 누군가가 그에게 지금 참된 사물들이라고 가리키고 명명하는 것을 바라볼 수 없을 것이다". 이를 인정하는 철학자-조력자에게 이는 "익숙해지기accoutumance"의 문제인 것이 곧 분명해진다. 이 새로운 조건에 그는 자신의 시각의 **초점을 맞추고** 시각을 **적응시켜야** 한다. 장막을 관통하기가 불가능하기 때문에 제기된 문제로부터, 눈의 막의 초점을 맞출 필요로 (주의를) 돌리는 것? 그러므로 이는 **시간**의 문제일 것이다. 이번에는 **점진적인** 이행transition의 문제다. 어쩌면 전이tranfert의 문제일까? 기다릴 줄 알고, 단계를 조정하고ménager, 인내심이 있고 체계적이어야 한다. 이는 충동에 여전히 내맡겨져 있기에 이성의 길들에, 법들에 익숙해지도록 해야 하는 무지한 아이들의 교육 프로그램을 정하는 철학자, 연출자에 의해 장려되는 관점이다. 그러므로 교육formation의, 변형transformation의 이 기술이 — 상승élévation에 의해 — 어떻게 실현될지 따라가보자.

현자, 남자 산파의 의견에 따르면, "그는 처음에는 그림자들을 더 쉽게, 덜 고통스럽게 볼 것이네(볼 것 같네). 두 번째로는 물속에 비친 사람들과 다른 사물들의 반영을, 그다음에야 겨우 대상들 자체를 볼 것이네. 그다음으로 별빛들과 달빛을 향해 시선을 들어 올린 그는 낮 동안 태양과 그 광채를 보는 것보다 밤 동안에 더 쉽게 별자리와 창공을 관조할 것이네". 이것은 "어떤 의심의 여지도 없습니다!"

정말로 이상한 교육이다. 어떻게 해석해야 하는가? 모든 것은, 다시, 적어도 가상들apparences의 질서, 나타남apparaître의 질서 속에 **거꾸로** 있다. 우리가 기대할 수 있었던 대로? 그렇다, 이러한 (소위) 전진progression에 미메시스의 기능이 주어진다면. 예전 거주지를 거꾸로 하고, 뒤집고, 점진적으로 다시 일으켜 세움으로써 그것을 모방해야 한다. 그것을 수직으로 만들고 세움으로써. 이러한 곧추세움érection은 앞에서 살펴본 수평적 이동 작용에 추가될 것이다. 이미 플라톤의 **휘스테라**를 담보함으로써. 어머니를 향해 돌아갈(자신을 돌릴, 자신을 되돌릴) 수 없기 때문에, 우리는 자궁의 장면, 최소한 **그 장면의 재현**을 "마치" 뒤집을retourner 수 있는 것"처럼" 행동할 것이다. 가방을, 주머니를, 그물을, 지갑을 뒤집는 것처럼. 그것은 누구든지 혹은 무엇이든지 간에 은닉되고, 묻히고, 매장되는 것을 막는 효과적인 방법이다. 거기에 숨겨지고, 감춰지고, 감싸이고, 비축되는 것을 막는 방법. 이제부터 모든 것은 백주에 드러난다.

그러나 이러한 뒤집기는 복잡한 것이다. 그것은 이번에 고려되어야 할 대칭의 관계 — 아래에서 위까지 — 를 조정하는 어떤 새로운 축axe, 면plan을 가정하고 있다. 혹은 추가적인 광도식적photographique, 광논리적photo-logique 작용을 가정한다. **그런데 어떻게 비형상적인 것**l'informe**을 비례를 지키면서 역전시키고 거꾸로 할까?** 틀림없이 비형상적인 것은 이미 투사(들)에 의해 변환되었다. 뒤에서 맞은편으로, 완벽하게. 비형상적인 것은 이미 재현(들)에 의해/재현(들)을 위해 가공되었다. 그러나 그 속성들 중 어떤 것은 여전히 저항하고 있다. 항상 이미 소모된 모델들 — 장면들plans, 이미지들, 공식들formules, 단어들, … 담론들 — 을 구축하지 않으려면, 연성延性/ductilité, 신장성伸長性/extensibilité, 유연성souplesse을 보증해야 할(했을) 것이다. 형상들은 너머의 (여성적) 무한 속에서 움직이며, 잉여, **나머지**의 범람으로 항상 위협받는 것이다. 이러한 잉여, 나머지는 설명될 수 없고(없을 것이고), 이미 한정된 상징들에 대한/상징들과 함께 모든 계산을, 모든 작용을 넘어설 것이다.

그러나 어떻게 **유추를 통해** 재현되지 않은, 재현될 수 없는 것을 재생산할 것인가? 틀림없이, 이미 동굴이 있다, 그러나… 심지어 동굴 안에는 어떤 거울도 없다. 동굴은 그 자체가 반사경speculum, 반사의 공동antre이다. 태양 쪽으로 공동을 옮겨보라, 여전히 **내부의** 광경spectacle이다. 혹은 더 이상 아무것도 보이지 않는다. 광경이라고는 이제 전혀 없다. 어쨌든 반사경에 의해 수집된 이미지들, 반영들을 대칭적으로, 아래에서 위로, 모든 공동의 바깥에 재투사하기란 어려워 보인다. 마지막으로… 그것과 닮은 무언가를 상상해보자. 하늘의 궁륭은 동굴을 덮는, 감싸는 벽면에 해당할 것이다. 별들이 없는 밤은 동굴의 미광을 배가할 것이다. 혹은 미광에 의해 배가될 것이다. 태양은 불일 것이고, 이 불은 태양의 이미지라고 불렸다. 수인들은 명백히 훨씬 더 넓고, 무한히, 무한정하게 더 광대한 울타리 안에 있는 수인들일 것이다. 따라서 사람들의 "육체"는 사람들의 육체일 것이다. 그런데 어떤 것일까? 그림자들은 그림자들에 해당할 것이다. 사람들은 그에 대해 당신을 설득시키고자 노력할 것이다. 물속 이미지들은? 거울이 금지된 동굴 속에서 비유에 따라 **무**에 해당할 것이다. 마술사들은 더 이상 없다. 적어도 그런 이름으로 불리는 이들은 없다. 그들의 마술에 쓰이는 도구들도 없고, 매혹적인 반영들을 만드는 상들-페티시들도 없다. 극도, 환상도, 반향도 없다. **장막**도 없다. 적어도 그런 식으로 재현되는 것은 없다. 시선 형성의 방법적 진행, 진전 외에는 **길도** 없다. 바깥과 안 사이에 **구현된**matérialisée 이행도 없고, 입구와 동굴 "배경" 사이에 식별이 되는 구분도 없다. **투사가 새겨지는** 장소와 **투사가 비롯되는** 장소 사이. **사람들이 그로부터 유혹을 예상할(예상했을)** 장소와 **사람들이 그 지배력에 사로잡힌** 장소 사이.

따라서 그 장면의 뒤집기는 간단하지 않다. 그리고 인간l'homme 은 "바깥"에서—바깥에서 그리고 위에서—, 지하의 거처에서 나와 햇빛 아래에서, 동굴 안에서—내부에서 그리고 아래에서—일어 난 일을 보지 못할 것이다. 그는 더한 것과 덜한 것을 동시에 볼 것이 다. 달리 말하면, 이 울타리 "내부"의 더한 것과 덜한 것을. 그리고 그 장면이 "열등한" 영역에서 영혼을 포함한 "우월한" 영역으로 단 순히 지양되었으리라고 말하는 것은 옳지 않다. 감각적인 것에서 가지적인 것으로, 정념들에서 진리에 대한 조화로운 사랑으로, **독 사**〔의견〕δόξα에서 **에피스테메**〔지식〕ἐπιστμη로 말이다. 초심자가 예전 거주지를 향해 돌아가지(몸을 돌리지) 않도록 주의하고, 새로운 지식에 대한 **믿음**을 확신할 때에만 이번에는 다른 이들을 개종시키 기 위해 다시 내려가도록 주의하는 것은 이 계산comptes에서 무언 가가 상실된다는 사실을 충분히 보여준다. 이 "상승"이 어떤 망설임 réticence, 회의, 의심, 그리고 또한 향수도 불러일으킨다는 사실도.

| 복제물을 가지고 작용하는
소피스트 궤변술의 도움이 현재 없다면 |

따라서 이 새로운 빛에 조금 적응한 그가 우선 볼 수 있는 것은 그림자들이다. 틀림없이 교육적 결정에 따라 그가 이전에 보았던 것, 즉 그림자들로 다시 돌아가도록 한 것이다. 그리고 기표인 **그 림자들—스키아스**σκιάς—의 빈복은 모방의 의도를 뒷받침할 수 있다. 우리는 소피스트 궤변술에 의지하는가? 사실, 그것은 오래전부터 증명démonstration에 있어서 은밀하게 작용하고 있다. 따라서 스키아스 σκιάς=스키아스σκιάς이다. 그리고 사실, 그림자는—낮의 그림자라 해도—실제로 보기가 더 쉽고, 그가 예전에 보았던 것과 더 똑같다. 동굴의 미광과 지하의 투사들에 익숙해진 시선에게는 말이다. 따라서 그림자=그림자다. 이번에는 청각적이지 않고 시각적인 기표이다. 그 실행pratique은 언제나 동일한 것이다. 음성적phonétique이든 아니든 그것은 기표를 이용하며, 동일한 기의를, 동일한 지시대상을 가리키지 않는다. 진리의 교육은 도착된다pervertie. 그것은 더 일반적인 경제 속에서 더 일반적인 방식으로 소피스트의 방법들을 사용한다. 그 방법들은 소피스트적인 것이라고 일컬어지지도, 인정되지도 않으나, 대문자 진리가 뿌리내리자마자 거의 "무의식적인", 가차 없는 방식으로 실천될 것이다. 그것〔대문자 진리〕의 기반과, 그것의 지배의 시공간을 침식하면서 말이다.

그림자들은 "동일한" 그림자들이 아니다. 우리는 오직 **기표**를 사용함으로써 그림자들이 유추, 이동, 전이를 따르게 할 수 있고, "지양할" 수 있다. 여기에서 기표의 개입 방식은 특히 욕망을, 심지어 감각sens을 속이는 것이다. 마술사들의 술책에 의한 마법으로 생산된 시뮬라크르들, 환상들—그들은 마술사들의 마력에 의해 모형으로 만들어진 도구들, 즉 불과 동굴 배경 사이에 놓인 표장들을 필요로 한다. 벽-장막 위에 세워져서, 동굴의 가장 뒤쪽 벽면인 영사막-기반 위를 뒤돌아봄rétrovision으로써 보이는 것들 말이다—대신에, 현재 햇빛을 가로막고 있는 "현존하는 육체"의 그림자, (현존하는) "존재자"의 그림자로 대체함으로써. 이 모든 것 — **동시에** 제시된(재현된) 그림자와 육체 — 은 **맞은편에**, 백주에, 눈 한 번 깜빡할 사이에 일어난다. 그리고 **과학적인** 측정에 의해 확인될 수 있다. 높은 곳의 그림자들이 낮은 곳의 그림자들을 대체한다. 이것이 실행하기로 계획된 시각 변화의 첫 번째 조치traitement이다. 그것은 실제 작용이다. 그리고 그 작용에 순응하는 자는 "그림자들"에, 따라서 마찬가지로 환상들에 부합하는 "사물들"에 단번에 눈을 고정하기를 망설인다는 것은 쉽게 인정될 것이다. 그는 어떤 — 추가의 — 우회, 어떤 — 추가의 — 시간을 마련해둔다. 어떤 의심의 그림자가 **추가되는** 것은 아니더라도, 그 의심의 이익을 추가하는.

수인은 결코 그림자와 그 그림자가 복제하는(복제했을) "육체"를 동시에 본 적 없다. 비록 교사가 비교의 힘을 빌린다 해도, 반회전은 둘의 출현comparution을 분리할 것이다. 게다가 동굴 안에서 그림자를 만드는 것 — 그리고 항상 그리로 돌아가야 하는 것 — 은 "대상들"로서, 그것들은 마술사들의 욕망에 의존하고, 움직이는 "인간들"에 의해 결정되었던 형상을 지닌 인공물들에 종속된다. 그럼에도 불구하고 그 모델과 동력이 숨겨져 있고 증명을 회피하는 상들-페티시들. 가시적인 "최후의" 지시대상은 없다. 심지어 증명할 수도 없다. 그것의 원본l'original을 결코 보지도, 알지도 못할 사본의 사본. 무엇의 기호들인가? 누구의? 어디에서 온 것인가? 어떤 의미의 기표들인가? 어떤 시간 속에 나타나는가? 어쨌든 생산 — 스크린 위의 반사, 즉 후경後景/rétrovision에 의한 투사, 증식, 증대와 유형(원형)(proto)type의 동일시 시도를 함축하는 가공—의 시간, 시제의 복잡성을 요구한다. 이는 태양 아래, 태양의 현존과 현재 속에서 (자연적) 육체와 그 그림자의 순간적이고 동시적인 복제로 환원되고 회피될 것이다.

햇빛 속에서 "육체"와 그림자의 전시는 지연될 필요가 없을 것이다. **현재의 재고착.** 낮의 그림자들은 **망각** 속에서, **기억의 상실** 속에서 지하의 그림자들과 교대한다. 지나간(과거의) (재)생산의 시간일 뿐만 아니라 전미래와 반과거의 시제다. 반작용의 효과들. 이는 어떤 흔적들을 남길 것이다. 현재의 허구에 균열이 생기게 하는 약간의 틈, 분리. 열개裂開의 흔적vestige, 현기증vertige. 앞과 뒤, 이후와 이전 사이 봉합점의 영속적 소환. 혹은 인간[남성]과 그의 그림자 사이. 인간[남성]과 그의 타자 사이? 어떤 입술들[음순들]은 우리가 자연의 것으로 여기는 기술에 의해 다시 덮인 틈을 향해 항상 반쯤 벌어질 수 있고entrouvrir, 동굴처럼 열릴 수 있다antr'ouvrir.

처음에는 인간이 자기 그림자와 대면하는 일에서 면제된다. 땅 위에서 그의 발아래에 깔린 검은 연장étendue과의 대면. 동쪽을 향해 나온 그의 그림자는 어떻게 보면 그에게 숨겨져 있다. 여전히 뒤에 있다. 그는 타자들—사람들 혹은 사물들—의 그림자들의 보호하에 태양을 향해 나아간다.

철학으로 진입할 때 우리가 가상(들)으로의 자신의 분열에 대해 질문할 필요가 없을 것이라는 말인가? 오히려 다른 "존재자들"의 분열에 대해 질문하라는 요구를 한다는 것인가? 서로 다른 "존재자들"의? 어쨌든 이러한 차이/지연différer[14]에 (물이라는) **거울을 통한 이행**이 곧 덧붙여질 것이다. 그림자들과 그 그림자들이 복제하는 "육체들"이 동시에 받아들여지기 전에, 빛나고 밝고 깨끗한 물속 이미지들이 개입할 것이다. 어쨌든 거울 반사의 시간, 사변의 시간(?)이 현자와 그림자들 사이에 **틈을 추가로** 다시 끼워 넣을 것이다. 그의 그림자들? 그의 그림자? 태양이 비추지 않는 그의 타자. 그의 태양의 밤. 밤의 분신은 낮의 분신의 복제를 거침으로써만 자신의 분열 속에서 가지적으로intelligible 보이고(보였을 것이고), 인식될 것이다(인식됐을 것이다). 그가 이렇게 제기하는 역전의 문제, 즉 **반사의 역전**inversion의 문제를 은폐하고, 재봉인함으로써만. 반사적이고 사변적인 재보증réassurance이 과거와 관련해서, 뒤에 있는 것과 관련해서 가리고 있는 것을 우리는 필연적으로 보지 못할 것이다. 이는 미래로 향하는 과거로부터, 이후 속에서/이후에 의해서 항상 이미 전복되는 이전으로부터 그것〔반사적이고 사변적인 재보증〕이 치유하는 것이다. 인간과 그림자들 사이에서 그것〔반사적이고 사변적인 재보증〕은 어떤 상처에 붕대를 감게 되는가. 〔인간과〕 아래의 그림자들뿐만 아니라—그 그림자들이 남아 있는 한(그리고 일부는 영원히 남을 텐데)—위의 그림자들 사이에서. 거의 아무것도 아닌 반사réfléxion의 시간, 그러나 태양의 무대에 새로운 회전을 각인하기에는 충분한 반사의 시간. 사변적 영혼(의 눈)의 **내부에** 회귀réversion, 전환reversement을 각인하기에 충분한. 외부에서 내부로,

14 프랑스어 différer는 동음이의어로 '다르다'와 '연기하다'의 의미가 있다.(옮긴이)

바깥에서 안으로의 전환가능성réversibilité의 환상을 뒷받침하기에 충분한. 타자에서 동일자로. 산물에서 생산자로. 미래에서 미완의, 반쯤 열린 반과거로. 무한정으로. 거의 아무것도 아닌 반사/사변화의 시간, 그러나 현재 속에, 현존의 장면 속에, 태양 아래에서조차 보증의 문제를 (다시) 열고, 따라서 역전된 방향의 재생산에 주어지는, (재)생산의 역전에 부여되는 신용crédit의 문제를 (다시) 여는 반사/사변화의 시간. 이데아(의) 태양의 영원한 자기 동일성을 도와주는assistant 거울의 저당hypothèque. 생산과 반작용 효과들의 지난 시간을 혹은 생산과 반작용 효과들을 지나간 시간을 다시 닫는(가두는) 과정 속에서 즉각적으로 그리고 무한(정)하게 자신을 자기와 유사한 자신으로 복제함으로써. 우리는 그 효과들을 훨씬 나중에서야 어렴풋이 보게 될 텐데, "무제한"의 이 평면plan 위 투사를 이해하기 어렵기 때문이다.

| 얼어붙은 자연 |

또한 거울 속 이미지들은 동쪽에서 서쪽으로 향하는, 태양의 준엄한 경로를 흩뜨린다. 서쪽에서 동쪽으로 그림자를 돌림으로써. **역전된 경로.** 정오가 아닐 때에는, 다른 사람들이나 다른 사물들에 대해서가 아니라면, 우리는 태양과 "자신의" 그림자를 향해 동시에 돌아설 수 없고, 시선으로 **함께** 포착할 수 없다. 태양 빛은 밤의 이런 부분에게 도전받으며, 반사적인 것, 사변적인 것은 거의 즉각적인 재현에 의해 이 부분을 쫓아내고자 시도한다. 낮의 분신은 밤의 분신으로 여겨지게 될 것이다. 그림자들=거울 속 이미지들=복제들. 차이différence, 지연différer은 조금씩 추방된다. 차이와 지연은 틀림없이 존속할 것이지만, 점점 더 즉각적이고, 순간적으로 제어 가능하며, 제어되는 **반복** 속에서 존속할 것이다. 점점 더 명백하고, 빛나고, 분명한 반복 속에서. 적어도 그럴 법한 반복 속에서. 거울"처럼" 기능하는 물이 바다의 심연으로의 접근을, 밤으로의 접근을 얼어붙게 하는 만큼. 물은 반사막이지, 어머니의 가장 깊은 심부를 소환(환기)하는 것이 아니다. 물은 태양, 사람들, 사물들뿐만 아니라 아이 수인의 이미지까지 반사한다. 이러한 **가상들**은 그것의 심연의 어둠 속으로 재추락하고 회귀할 위험을 감추고 있다.

얼어붙은 땅은 "위"와 "아래"를 분리한다. **얼음으로 보호하는** 표면은 태양의 무대의 자족성autarcie을 보장한다. 그리하여 불가피하게 역전된다. 한 번 더. 어머니는 어떤 새로운 장막으로 다시 덮여 있는데, 그 장막은 대칭의 효과들을 수없이 확산한다. 즉, 위에서 아래로, 바깥에서 안으로, 이전에서 이후로. 그리고 그 역도 성립한다. 동굴의 기획 속에서 작용하는 전이translation—전이들—는 동일하게 그리고 다르게 반복되고 중복된다. 열린 틈entr'ouverture을 축소하려는 시도일까? 동굴로 접근하는 입구는 비례, 일치, 상응의 확립 속에서/확립에 의해서 다시 닫히고, 다시 포개진다. 능숙하게 계산된 유추들은 더 훌륭하거나 덜 훌륭하며, 모델에 더 들어맞거나 덜 들어맞는다. 어쨌든 모델에 대한 평가는 이제는 자연스러운 것"처럼" 재현된 축들, 평면들, 그린들을 전제로 한다. 인간의 손으로 제작된, 지하의 무대의 소위 인공물들은 제거된다.

따라서 여기에서 자연은 위쪽(의) 광경을 반사하기renvoyer 위해 (스스로) 굳어진다. 햇빛은 수면 위에/수면에 반사되게 된다. 얼어 붙은 수면. 유리처럼 된 수면. 태양의 반사들을 위한 스크린-기반. 이번에는 더 이상 기술, 마술적 행위들, 마술사들의 유혹―이는 "의견들opinions"로만 귀결될 텐데 ― 이 아니라, "자연"에 의해 보장 되는 태양의 반사들을 위한 것이다.

이상한 과정, 이상한 발전. 여기에서는 시간이 분할되고, 재분할 되며, 사라진다. 우리가 기만적인 관계들의 작용에 의해 직선적인 것의 규정에 귀착시키는, 이질적인 휴지休止와 운율 속에서. 몽환, 환상, 믿음이 교묘하게 회귀하는 것인가? 이제는 **에피스테메**[지식] ἐπιστήμη로 뒷받침됨으로써 말이다. 비례 계산은 땅(어머니)을 평평 한 표면으로 환원시키고자 하는 욕망을 제어하기 어렵다. 태양의 투사들은 평평한 표면은 측정할 수 있지만, 지하 동굴의 심부는 쉽 게 뚫고 들어갈 수 없다. 따라서 그곳은 형상이 없으며, 측정할 수 없고, 합리적으로 설명할 수 없다. 그리고 그 심층부들은 그것이 초 과하는 바로 그 비교, 평가, 계산 속으로 강제로 끼워 넣어져야 할 것이다.

따라서 (아래의) 그림자=(위의) 그림자=(자연의) 거울 속 반영 들이다. **반사는 유혹을 희미하게 만든다.** 그림자들의 생산에/생산의 과 거를 예상하고 투사하고 반복하는 "마치 ~처럼comme si"의 게임들 은 반사의 반복 속에 고정되고 배치된다. 복제물과 복제 대상의 **(거**

의) **동시적인** 제시. 그 결과, 모델은 복제물—대칭적이고, 동시적이며, 움직이지 않는—속에서 **덜** 훌륭하고, **덜** 아름답고, **덜** 진실하게 복제된다. 복제물은 이제는 재생산-생산의 시간을 순간적으로만 연동시킬 것이다. 역전의 순간에는 아래/위, 안/밖, 이전/이후, 왼쪽/오른쪽, 동쪽/서쪽의 대립들이 (소위) 단 한 번—그것들을 지양할 시간—뒤집히고 역전되고 다시 교차할 것이다. 〔이 대립들의〕 한 쪽이 태양 빛 아래에서 다른 쪽으로 **거의** 통과해 간다.

(위의) 그림자들에서 (물속) 반영들로, 따라서 스승-교육자는 나중에서야 비로소, 이러한 그림자들과 이미지들로 배가된 사람들과 다른 사물들에 이를 것이다. 그러나 그는 거기에서 멈추지 않고, 설명 없이 "존재자들"과 "복제물들" 사이에 창출되는 새로운 관계로 넘어간다. 그는 이 논증에서 상들-페티시들 대신 사람들로, 그림자들 대신 그림자들로, 영사막 대신 "자연의" 거울로 대체하는 유추적 책략들, 대담한 수사적인 시도들로 대충 넘어간다.

이 새로운 은유적 **한걸음**은 전혀 해석되지 않는다. 수인과 "그의" 그림자, 수인과 "그의" 이미지 사이의 관계가 여기에서 환기되지 않는 것과 마찬가지로 말이다. 자기반사의 시간은 오지 않았다. 재현 장면의 투사각을 계산할 시간도 오지 않은 만큼 말이다. 한 사람과 또 다른 한 사람, 한 사람과 그의 타자 사이의 차이는 아직 반사 정보(반사적인 것에 대한 정보)에 의해 구분되지 않는다. 자기복제된 반사(자기복제에 대한 성찰)에 의해. 자율성이 아직 없다. 시선의 지율성도. 사이 관계들—시점들, 사람들, 그리고 모든 "존재

자들" 사이의 관계들 ─ 은 **알레테이아**의 빛으로 조정된다. 중단된en
suspension 주석박의 광채. 진리에 의해 비춰진, 반사되지 않은 시선
의 조명éclairage은 사이 관계들의 일치를 심판하는 이데아 속에 정
지된다. 대문자 진리에 대한 욕망에 지배되는 통사. 대문자 진리는
시선들, 관객들, 화자들의 구별, 정의, 인식을 거치지 않고 사이의
일치들accords을 결정한다. "주체들"의 구별, 정의, 인식도. 이후부
터 **거울들, 반사경들**은 대문자 진리의 반영들, 이미지들, 환상들을 위
한 것이 된다.

재현되지 않는 자기복제, 무대에 등장하는 것이 금지된 자기복
제는 자신의 경제를 동원하고 형상을 부여한다. 그것은 바로 **동일
자, 아우토스**〔그 자신〕αὐτός **추구의 증식**인데, 그 끝은 이데아의 지배에
의해 가려져 있다. 아무것도, 따라서 인간도 마찬가지인데, 여기에
서 "적절한/고유한propre" 이미지를 누릴 수 없다. "적절한/고유한
것"은 대문자 진리에 의해 지시되고, 명령되고, 독점되기 때문이다.
대문자 진리는 사실 더 훌륭하거나 덜 훌륭한 관념들로, 더 훌륭하
거나 덜 훌륭한 복제들로 자기 자신만을 반복하고, 재생산하고, 재
현할 것이다. **대문자 진리의 자가생식인(자가생식의) 자손들.** 인간은, 인
간의 더 훌륭하거나 덜 훌륭한 관념의 더 훌륭하거나 덜 훌륭한 복
제물이다. 영혼은 더 훌륭하거나 덜 훌륭한 관념들, 대문자 진리인
(진리의) 관념에 더 가깝거나 덜 가까운 방식으로 연계된 관념들의
이데아를 더 잘 반영할 수 있거나 덜 반영할 수 있다.

거울, 즉 반사적인 것의 전유는 (인간의) 자기반사에서, (자기
를) 대표하는 것représentant의 자기반사에서 사취된 것이다. 그러나

거울과, 반사적인 것의 전유는 재현의 장면을 통솔하는 이데아 속에 자연스럽게 가려진 채 작용한다. 대문자 진리인(진리의) 이데아는 ― 동굴과 비슷하게 그리고 다르게 ― **반사경**을 **임신한**enceinte, 반사경을 위한 **울타리**enceinte이다. 선회와 방향전환 ― 역전, 전도 ― 의 장소, 재현들이 모이고 동시에 존재하는 장소, 중개와 혼합의 장소, 즉 **영혼**과 비슷하면서도 다른 곳. 그곳은 자기의 속성들이 서로 떨어져 있고, 나뉘고, 분해되고, 분할된 **눈**oeil과 비슷하지만 다른 곳이다. 시점 ― 에워싸이고 둘러싸이고 뒤집히고 포함된 ― 은 이데아의 광휘 속에 도취되어 있다. 모든 반사에, 항상 이미, 형상을 부여하는 광원. **이데아에 맡겨진 자폐**. 광경들visions, 반사/사변화의 고갈되지 않는 저장고.

| "아-레테이아"에 사취된 자기auto··· |

그런데 반사하는 반사경인 동굴에서 인간〔남성〕은 재현의 과정 안에 **밀어 넣어지고**introduit, **끼워 넣어진다**entremis. 그리고 아래쪽 그림자들의 모호함ambiguïté은, 그 그림자들이 불빛 덕분에 가능하다 해도, 그 그림자들이 (인간의) 순수한 자기반사auto-réflexions가 아니라는 사실에서 기인한다고 생각할 수 있다. 모태는 이미 태양의 이미지로 환히 밝혀졌으나, 그 안에서 인간은 거울의 어떤 기능들을, 빛의 어떤 성질들을 전유한다. 즉, 인간은 사람들의 육체의 상들을 제각히고, 자신이 형태를 복제하고, 투사를 유혹적인 시뮬라크르로 제작한다. 어떤 고유한 기원, 어떤 고유한 자연, 어떤 소유자 propriétaire와 이 그림자들의 관계의 불확실성에 ─틀림없이? 혹은 특히?─매혹당한 수인들에게 유혹적인 시뮬라크르로. 수인들은 이 반영들, 이 투사들이 누구의 것인지, 무엇에 속하는지 정확히 알지 못한다. 어쩌면 불과 반사 스크린 사이에 끼어 있는 그들 자신의 것인지도?

    따라서 이 모방 체계는 **하나의** 모델, **하나의** 패러다임, **하나의** 복제된 사물의 "현전"과 관계가 없다. 대문자 진리에 의해 지배되는 "적절한/고유한 것"의 계보에서 단절된 "이미지들"은 그럼에도 불구하고, 혹은 심지어 소리의 반향, 목소리들─하나의 목소리─에 의해 뒷받침된다. 이러한 소리의 반향, 목소리들은 유령들에, 환상들에 발언권을 주고, 그것들의 실재를 증명하는 것이다. **포네**〔소리〕φωνή 는 또한 책략artifice에 따른 것이며, **알레테이아**〔진리〕와의 관계에서 다소 길을 잃은 것이다. 방랑하는 담화, 하나의 특수한 존재자를 지시하지도 않고, 어떤 발화자, 즉 그의 **파이데이아**〔교육〕παιδεία의 단계가 언어의 진리의 척도일 그런 발화자와 관계가 없는 담화. 그러므로 그림자들은 **로고스**의 기능과 전적으로 관계없는 것은 아니지만, **로고스**에 동화될 수 없다. 적절한propres 그림자들과 적절하지 않은impropres 그림자들, 불순한impures 그림자들. 반사 작용에 인간이 개입되고 삽입되기 때문에. 반사하는 힘들을 인간이 조정하기 때문에. 인간의 자기반사적 기획들이 이데아들의 그림자들, 복제들, 재현들을 변질시키기 때문에. 따라서 자기초상auto-portrait의 어떤 가능성도 존속하지 못하도록, 이 반사경으로부터, 이미 역시 반사하는 이 동굴로부터 인간을 쫓아내야 한다. 하나의 형상—그것이 그림자일지라도—의 표준에, **하나의 양상**visage에, **하나의 현존**에, **하나의** 척도에 대해 어떤 애매함도 남기지 않도록. 즉, 대문자 진리의 표준, 양상, 현존, 척도에 대해서 말이다. **알레테이아**는 상(들)의 어떤 혼란, 대립—아마도 중층결정—도 용납하지 않는다. **알레테이아**는 다소 은폐된 채 혹은 탈은폐된 채 홀로 나타날 것이다. **자신의 단독성에 집착하는.** 그리고 자기 자신들에 대한 어떤 관조—자기애적 주이상스의 어떤 재현(?)—를 열망했던 이들은 지혜를, 이성을 잃을 것이다. 그들은 꿈에 사로잡힌 채 잠들어 있다. 그들은 시선들을 매혹하는 광경에 의해 마비된-사슬에 매인 자들이다. 이렇게 그들은 지식science에도, 도시의 공정한 통치에도 이르지 못하고, 지하의 감옥으로 버려질 것이다.

그런데 동굴의 **아파이데우시아**[무지] 속에서 그림자들, 반영들, 심지어 복제물들의 동일시에 대한 이러한 오해méprise는 항상 가능하다. 그것은 심지어 그럴듯하기까지 하다. 참된 것처럼 보이는 것le vraisemblable의 잠재성virtualités은 아직 사라지지 않았다. 투사되는 "사물들"은 사람들 뒤에 있고, 인간이 "자신을" 반사하는 **것처럼** 반사되기 때문에 그렇다. 인간은 "육체들"과 모든 자연의 "존재자들"의 영상vision의 관습적 좌표들을 뒤바꾸는데, 예를 들어 오른쪽 눈에서 나오는 빛은 보이는 "대상"의 왼쪽 면과 만난다. 사람들이 덧붙이고 반복하기를, 반사된 "사물들"이 인간(들)의 육체의 모형이라고…

따라서 우리는 철학 지망생을 동굴 밖으로 나오게 할 것이다. 더 올바르고, 더 정확하고, 더 고양된 시각들로 그를 이끌기 위해서. 오르토테스[순수]ὀρθότης로. 그런 오류, 불분명함, 미분화, 미결정들로부터 그를 끌어내는 것이다. 동굴에서는 아직 그가 자신을 반사하고 복제하는 일이, 따라서 자신을 (하나의) 기원으로, (하나의) 원본으로 구성하는 일이 근본적으로 실현 불가능하다. (자기와의) 동일자의 재생산-생산의 경제는 대문자 진리의 우선권에 의해 규정되는 경제와—적어도 겉보기에는—양립할 수 없다. 따라서 우리는 인간을 동굴로부터 끌어내어, **다른** 기원—기원 자체(동일자의 기원)—, **다른** 삶으로 보낸다. 다른 기원, 다른 삶은 이전의 것이고, 뒤에 있는 것이면서, 또한 항상 미래에 올 것이고, 다시 올 것이며, (자신을) 상기시키는 것이다. **이데아의 무한으로 퇴행하는 모태.** 여기로 인간은 들어갈 수도, 돌아갈 수도 없을 것이다. 이미 거기에서 나올 수 없는 것과 마찬가지로. 무한은 인간으로부터, **인간의** 역사, **인간의** 자기…로부터 적절한 간격을 둔 자리에 있지 않기 때문이다. 적어도 그렇게 생각하는 것이 **합리적**이다. 인간은 다소 양식 있고, 훌륭하고, 진짜인 영상들에 의해서, 다소 조화로운 숫자상의 관계들에 의해서, 다소 적절한 언어에 의해서 점근적으로 거기에 접근하거나 그로부터 멀어질 수만 있을 것이다.

그러나 계보적 인접성은 단절된다. 아이—적어도 **교육**의 의도로서 그렇게 보인다—는 모태적인 것과의 여전히 경험적인 모든 관계로부터 단절될 것이다. 그에게 **그의** 시초, "고유한" 독특한 역사에 여전히 새겨져 있는, 그리고 그 역사를 새기고 있는, "기원"을 상기시키고, 그쪽을 향해 (몸을) 돌리도록 그를 데리고 가고, 다시 데려다줄 수 있는 모든 것으로부터 단절될 것이다. 자신의 기획들, 투사들, 우회들, 회귀들, 그리고 은유들 속에 자신을 재표시함으로써. 자신의 시각, 청각, 언어, 향성을 결정하고, 중층결정하며, 따라서 그것들을 대문자 진리의 시각에 부적절하게 만듦으로써. 만약 인간이 재생산의 과정에, 재현의 과정에 개입한다면, 대문자 진리의 퇴화한 그림자들, 시뮬라크르들, 환상들이 생겨날 것이다. **대문자 진리의 자식들을 사생아로 만드는 것이다.** 우리는 더 이상 어떤 기원에, 어떤 원본에 이들을 바칠지 알 수 없을 것이다. 단순하고 순수한 기원의 고아들. 이데아적인 기원의 고아들. 기껏해야 잡종들hybrides일 것이다. 여전히 경험적인 모태적인 것에 의해, 여전히 통시적인 시초와 인간의 관계에 의해, 이 동굴 속에 더 합법적인 혈통을 형상화하는 "불"에 의해 태어나게 된.

따라서 우리는 더 멀리에 있고, 더 고양된, 더 고귀한 기원으로 돌려보내기에는 너무 "자연스러운" 이러한 수태, 이러한 탄생으로부터 그 "수인"을 근절시킬 것이다. 자신을 재인식해야 하는 관계에 의해 원형, 원리Principe, 창조자Auteur로 돌려보내기에는 너무 "자연스러운". 결코 "현전"으로서 나타나지 않는 모태적인 것의 재현의 경계를 한정할 수 없기 때문에. "복제물들"과의 이 연결 관계를 명백하게 만들 수 없기 때문에. 이 기원의 **투푸스**를 이 **코라**(공간)κώρα—

그것의 비형상성으로, 그것의 무정형의 외연extension으로 모든 "존재자들"을 넘어서는—를 "존재자"와 "존재자들"의 복제로 변형시킬 수 없기 때문에. 이 "기원"을 바라보고, 명명하고, 재현하고, 측정함으로써 그것을 한정하기 위해 이 비형상적인 "기원" 주위를 돌거나 뒤로 지나갈 수 없기 때문에. 그리고 단순히 그것을 지나쳐 갈 수도 없기 때문에, **우리는 이데아의 무한 속으로 그것을 외삽할 것이다.** 이데아는 가시적이지도 않고 재현될 수도 없지만 **기원적인 것을 보지 못하도록 공모하는 것이다.** 그것은 인간이 자신의 탄생engendrement을 지각할 수 없고, 자신의 심급instance을 바랄 수 없으며, 자신의 (재)탄생을 실행할 수 없다는 사실에 관한 모든 시각을 알려주는 원천이다. 그것은 또한 가계도의 뿌리이자 꼭대기인데, 가계도에 따른 혈통의 확립, 인척 관계의 계산은 이제부터 "미메시스"에 의해 조정될 것이다.

아버지의 시각: 역사 없는 발생

| 거울의 결혼 |

그러나 **이 원천은 이미 하나의 거울이다.** 이데아의 조명/계시 illumination는 광선을 집중시키는 그런 거울을 타오르게 한다. 태양 Soleil, 선Bien의 광선을. 그리고 눈, 영혼의 광선, 영혼(의) 눈의 광선 도. 이것들 역시 반사경들이다. 이러한 **거울의 결혼**speculogamie은 그 것이 **반사적인 자기결혼**auto-gamie으로 귀착되는 만큼 더욱더 눈을 멀 게 만드는 것이다. 동일자, (특히) 거울은 반사된 반영들을 결합시 켜 계보를 증식시킨다. 관념들의 위계, 그것의 무한으로의 발전 그 리고 퇴보가 특정한 질서에 속하기 위해서는 동일자가 있어야만 한 다. 단 하나의 거울이 그 광채, 광택, 적확성(속성), 반사 능력에 따 라 매번 다르게 복제될 것이다. 하강과 상승은 이데아의 재생산을 현실화하는 네에 있어서 완벽함의 등급을 이미한다 이데아도 이미 역시 반사경이다.

그리고 이 **거울의 결혼**에서 태양Soleil이 떠올라 밝히는 눈부신 광채로 인해 우리는 이 눈멀게 하는 타오르는 빛으로부터 감각적인 시선을 잠시 떨어뜨려야만 한다. 적어도 눈의 막膜은 앞으로의 발생들générations을 위해 보존되어야 한다. 그리고 눈의 불은 아직 충분히 태양에 맞춰지지 않았고, 태양과의 친족 관계도 상기되지 않았기에 벼락 같은 재난 없이는 결합될 수 없다. 제한 없는 결합, 다른 유들genres 간의 관계, 아버지와 아들 사이의 시선들의 결합 속에서 그 닮음을 관조하는 것과는 다른 결혼mariage의 재난. 그것은 빛, 결국 선Bien의 빛 속에서 생겨나는 것이다. 스승과 아버지, 전지全知의 신의 빛. **물론 기원들도 없는.** 적어도 우리는 그의 시초를 알지 못하고, 그 스스로도 자신의 시초를 알지 못한다. 아버지와 아들이 향유하는 선, 관건이 되는 자본의 평가 없이도 아버지와 아들이 그 이익을 (스스로) 재현하는 선. 그것은 소크라테스가 철학의 초심자에게 지불하지 않는 빚, 평가도 회수도 가능하지 않은 이론적 가계filiation에 그가 물려주는 빚이다. 누구에게 돌아갈지 우리가 알 수 없는 대차 잔액solde이다. 동일화의 유일한 흔적들이 (소위) 채권자의 어떤 속성들 속에서 이해되기 때문이다. 예를 들면, 채권자는 스스로 출생하지 않으면서 모든 것을 낳는 자이며, **따라서 발생**

의 관건을 움켜쥐고(간직하고) 있다. 그의 영원한 영속성. 그는 (자신의) 임신 기간을 폐기하는 자이며, 진리에 다소 적절한 반사경들 속에, 빛의 불멸의 종자들 속에 (자신을) 투사하는 자다. 종자들은 어디에서 온 것인가? 그리고 이것은 필연적으로 사변적일 수밖에 없는 열매들을 거두기 위해서, 그 열매들을 모으기 위해서, 당신에게 요구될 계좌의 이름으로 자본을 증식시키기 위해서다. 당신이 생각하는 바와 같이, 당신의 재화bien, 즉 그러한 부의 축적에 있어서 당신이 (재)생산할 수 있었을 것, 당신에게서 빼앗은 것, 당당하게 훔친 것을 거기에서 재발견하는 것이 아니다. 그게 아니다. 오히려 어떤 차용증에 서명하게 되는 것이다. 설령 **엄청난 금의 신기루**에 지나지 않는다 해도, 그로부터 이득을 얻기 위해서다. 그리고 이러한 채무는 영속한다. 정당하게. 아들은 만기를 연장해 혜택을 입는다. 채무자가 됨으로써 고통받는다 해도, 이러한 속임수mystification가 지속되도록 대가를 치른다고 해도 말이다. 그는 더 높은 가격을 영원까지 유지하려고 자신의 생명을 희생시키기까지 할 것이다. 대문자 아버지의 선Bien의 영원까지. 그 선Bien이 그의 이미지로 만들어지는 이상, [선의 이득 분배에] 참여하는 것이 그에게 약속되기 때문이다. 이것은 물론 그가 여전히 경험적이고, 너무 물질적이며 모태적인 시초로부터 멀어지기를 요구한다. 그리고 오직 시초 없는 기원이 되기를 바라는 이로부터만 자신을 받아들이기를 요구한다.

결코 어머니 안에 거주한 적 없는 그는 항상 이미 햇빛을 보았을 것이다. 어머니의 동굴 혹은 배 속, 태곳적 거주지의 그림자와 물속에 갇혀 있던 감금에 대한 망각. 모든 회상이 어려운, 기억에 대한 치명적인 눈 멂. (영혼의) 눈 위의 지울 수 없는 점. 대문자 아버지는 끝없는 낮 으로 당신을 눈부시게 함으로써 이 모두를 망각시키기로 약속하고 있다. 그러나 그러한 **알레테이아**의 실현은 아직 너무나 이르다. **망각의망각**은 길고 체계적인 입문initiation을 요구한다. 시간은 흘러야만 하고, 길이 주파되어야 하며, 방향전환이 실행돼야 하고, 무언극이 행해져야 한다… 유효한 흔적들이 무엇보다 나타나지 않으려고 저항하기 때문에 그것들을 반복하고 도치시키려고transposer 하는 작용들opérations이 계속되고 뒤얽힌다. 시노그라피들은 관념적인 형상들을 재각인하기에 앞서서 그것을 준비한다. 영혼 내에 재각인하기를.

| 어두운 밤을 쫓아내기 |

따라서 거기에서는 **어둠**을 바라보는 것이 적절하다. 밤의 관조로 되돌아가서 밤의 어둠을 가로지를 필요가 있다. 그것이 "더 쉽다". "어떤 의심의 여지도 없다"! 그것은 무엇보다도 필연적이다. 계획된 반복은 모든 논증에 귀를 막는 흔적들의 함축을 되살리고 해체할 수 있다. 능숙한 도표 처리는 소통의 의미를 거스를 수 있다. 예를 들면 그 의미를 역전시킬 수 있는 것이다. 그림자, 즉 밤을 만드는 뒤쪽에 숨겨진 것은 이런 식으로 앞쪽에 재현될 것이다. 그러니까 맞은편에, 그리고 오히려 위쪽에 말이다. 최초의 맹목은 **파이데**

이아〔교육〕과정 이후에 무시되는, 지하에서의 이 과거(지하에서 이전에 일어난 일)에 대한 지각을 거부하는 것인데, 그것은 그의 시점을 따라다니고, 그의 조준점을 뚫어놓고, 바라보기 "더 쉬운" 광경으로 제공된다. 뒤의 것posterieur은 가시적인 것의 영역 안에 제시되면 비록 그것이 덜 반짝인다 해도 덜 유령 같아진다. 중요한 것은 땅의 모태로부터의 모든 재출현ré-apparition, 즉 그로부터 돌아오는 모든 유령revenant을 쫓아내는 것이다. 동굴의 신비를 향한 후진, 퇴행(의) 모든 향수를. 그 이후로 어두운 것, 뚫고 들어갈 수 없는 것, 비밀, 밤은 시선의 지평 안에 놓인다. 그것들의 재개입이 이렇게 명확해지면 그것은 현재와 관련해 그것들의 시초성prémices의 문제, 우선권pré-séance의 문제를 제기할 것이다. 우리는 최소한 이렇게 생각할 수 있고, **지형학적**topo-graphiques 조작에 의해서 그것들을 시도해볼 수 있다. 이때에는 그 침묵이 효력을 유지한다. 어떤 담화도 치환 작용을 수반하지 않는다. 말의 **현재**에서 로고스는 뒤를 앞으로, 이전을 이후로 바꿀 수 없다. 거기에 그것의 모든 기획, 모든 작업이 있다 해도. 그렇게 하면서 문자적 기교들—복제 효과들이 한 번 이상의 회전을 야기하는—로부터 이익을 볼 것이라 해도. 언어는 항상 처음부터 끝까지, 과거에서 미래까지 나아가지만, 그것은 불가피하게 글쓰기에 의존하기 때문에 이러한 진행은 항상 돌아가려는 경향이 있다. 여기에서 다시 은폐해야 하는 인공물이다. 이 인공물은 **목적론적인 신용**créance을 해칠 것이기 때문이다. 그리고 부인할 수 없는 최후의 목적, 최초의 원인으로 입문하려면 침묵해야만 한다. 담화가 전개되면서 생겨나는 린층(들)은 위를 아래로, 앞을 뒤로,

그리고 물론 그 역방향으로도, 모든 방향을 바꾸며 복제하는 자가 갖는 힘의 영향을 가리고 있다. 아직 한밤중이라면, 인간이 밤의 "한가운데에" 있다면, 밤은 이미 더 이상 근원principe에 있지 않다. 그것은 겨우 둘러싸인 구역이고, 한밤중의 환원불가능성은 단순한 시각적 거래의 대상이 될 것이다. 인간들 사이의 거래의 대상이. 빛이 나타나기 위해서는 어둠이 있어야만 한다. 그림자 속에서 우리는 다시 태양의 힘에 시각을 더 잘 적응시키기 시작한다. "그것은 더 쉽다". 따라서 어둠은 찬란한 태양 빛을 드러내는 데 쓰일 것이다.

| 마술로서의 점성술: 가상의 태양(태양의 가상) |

게다가 "하늘의 사물들과 하늘 자체"를 향해 입문자는 지금 몸을 돌린다. 그리고 밤에 그가 관조할 것은 별빛들과 달빛이다. 태양 빛에 대한 체계적인 접근. 반영들은 원본을 상기하기에 앞서 그것을 준비한다. 우리는 원본이 재생산할 수 있는 것, 원본이 야기하는 것을 파악한다. 육체의 눈으로는 지각할 수 없는 원인 그 자체에 대한 인식에 이르기 전에 말이다.

근원fondement은 인간의 시선을 계속 피한다. 그것은 사실 항상 **아래에 묻혀** 있고, 항상 **뒤에** 있다. 즉, 땅, 어머니, 탄생, 몸 전체의 표면 등등. 그리고 항상 **안에** 있다. 즉, 모태, 동굴, 영혼, 이데아 등등. 그 근원의 각문inscription은 이 삶, 이 땅, 이 시선을 가득 채우는, 근원에서 나온 모든 파생물들rejetons 아래에 숨겨져 있다. 그것들의 관념적 근원이 인정되기 위해서는 매력attrait이 제거되어야만 한다. 따라서 그것들은 덜 훌륭하고, 덜 진실하고, 덜 올바르게 재현될 것이다. 덜 반짝이게. 더 눈부신 현실의 창백한 반향들, 더 가치 있는 모델의 복제물들. 그런데 지금 복제물로서 나타나는 것은 동굴의 시뮬라크르들을 환기시킨다. 몇몇 역전들을 제외하고 말이다. 즉 그림자들/빛들, 후경/정면, 상들-페티시들/우주적 과정, 동굴의 한정된 공간/세계 등등을. 우리는 반사의 목적을 말없이 바꾼다. 그 목적을 축소하는 척하고는 그것을 사취한다.

명백히 더 이상의 마술사들은 없을 것이다. 시뮬라크르들의 승격은 마술사들을 불러들이지 못하게 막는다. 이 지점에서 점성술의 이용은 마술처럼 기능한다.[15] "자연적인 것"이 덮고 있기 때문이다. 자연 그 자체가 거울이 되는가? 한번 (당신을) 거기에 비추어보라. 사람들은 그것이 마술이 아니라고들 한다. 반사의 대상이 대문자 아버지의 유일 선에 의해서 지배되는 한 말이다. 그러니까 여기에서는 태양에 의해서다. 복제물은 이제 "진짜authentique"일 것이다. 적절해질 것이다. **가상**le semblant**이 적절한/고유한 것**le propre**의 정의로 넘어간 것은 눈에 띄지 않을 것이다.** 그것은 보이지 않는다. 그러나 그것은 (거기에) 있다. 이 작은 우회, 점성술에 의한 교육적 우회—"그것은 더 쉽다!"—는 이어질 이야기의 운명을 결정한다.

15 동굴 바깥 세계의 환한 빛과 실제 사물들을 보는 데 익숙해지기 위한 여러 단계를 설명하면서, 소크라테스가 낮의 해와 빛을 보고 하늘에 있는 것들을 관찰하기보다는 밤의 별빛과 달빛을 봄으로써 하늘과 하늘에 있는 것들을 관찰하는 것이 더 쉽다고 말하는 대목과 관련된다.(옮긴이)

그리고 환상의 힘은 지금 천체 안에서/천체에 의해서 회피되기 때문에, 인간은 "마지막으로" "태양 그 자체를 바라보는 상태에 있게 될 것이다". 우리는 이렇게 덧붙일 수 있겠다. 그것이 바로 그가 하고자 하는 일이라고. 심지어 그의 유일한 욕망이라고. 태양은 유혹을 독점했다. 그리고 만약 "물속에 혹은 다른 매체 속에 비친 [태양의] 반영"의 광경이 그런 배가redoublement, 그런 창출이 어떤 손실을 내포하는지 모르는 시선을 여전히 붙들 수 있다면, 만약 모델의 명증성évidence을 뒷받침하기 위해 "복제물들"의 경로를 필연적으로 거슬러 올라가야 한다면, 만약 유아기와의 싸움, (다른 육체에서의) 탄생과 관련된 눈멂과의 불가피한 싸움이 너무나 감각적인 매력에 매혹된 시각을 정화하기 위해 체계적으로 추진되기를 요한다면, 아마도 이 교육은 종결점terme에 다다른 것이다. 제1의 종결점에. 대문자 태양에. 다소 훌륭하고 진실하며 아름다운 이미지로 복제하기를 가능케 한 "매체들"에서 벗어난 그것[태양], 다소 사생아적인 파생물들―이것들은 수습 철학자가 철학의 유년기에 만났을 때 견딜 만한 것이다―을 증식하기 위해 필요했던 여전히 모태적이고 모성적인 매체에서 벗어난 그것, 지금은 이렇게 그것의 전능함을 볼 것이다. 태양의 통치권을. 그것의 자율성을. 따라서 "지금 그대로 고찰하기 위해서", "그것의 고유한 자리에서", "그것 자신으로 보이는", "그것 자신"을.

이데아들의 이데아는, 홀로, 자기 자신으로서 자기 자신이다. 기의, 기표, 지시대상이 합쳐진 **이데아는 자기 바깥에 아무것도 가지고 있지 않다.** 그것은 자기와 아무리 비슷하다 해도 자기와 **다른** 어떤 것도 지시하지 않고, 지표로 삼지 않는다. 그리고 자신을 의미하기 위해, 자신을 표상하기 위해 이질적인 **매개 수단**véhicule도, 외부의 **수용기**réceptable도 필요로 하지 않는다. 그것은 여전히 체계적이고 여전히 생성적인 이러한 분할들을 좌절시킨다. 그것은 변증법적인 것을 포함한 모든 경로의 정점에 있다. 하나의 전체(전체의 일자)를 향해 그 경로를 닫으면서 그리고/혹은 열면서 그 길을 완성하는 것이다. 산파, 그다음에는 철학 스승이 아이, 청소년, 젊은이를 끌어당기는 가파른 오르막길, 가시와 함정으로 가득 찬 오솔길, 동굴에서 비롯된 그 길은 이데아의 절정에서 끝이 나게 된다. 이데아 전체(전체의 이데아)의 절정에서. 전체의 끝에서. 이는 계보 전체의 기획을 담고 있으나, 그렇다고 해서 그것으로 육화되는 것은 아니다. 이데아는 자기의 기체substance의 경제가 자기의 고유한 실재성réalité을 (고유하게) 유지하지만, 그 기체에 인색하다. 자신에게 무한정하게 동일한 규정을 부여하고 보존함으로써, 자신의 규정détermination을 어떤 질료의 다양성에도 굴복시키지 않을 관념idéale. 어떤 재현이나 형상화의 도움 없이 자기와 동일한 규정을. 어떤 거울의 도움 없이 자기 동일성을 확신한다. 정말인가? 그렇다면, 전체Tout의 관념적 조직과 설대석인 지싱은 이떻게 서로 관련되는가?

그러나 벌써 그런 개념들에 호소하는 것은 철학 입문자에게 너무 큰 발견을 하라고 강요하는 것이다. 그것은 그의 영혼을 뒤집고, 여기저기로 뒤흔들며, 그 영혼의 조화로운 조직을 흩뜨릴 위험이 있다. 아마도 오랫동안 말이다. 왜냐하면 지금 이르러 있는 지점에서 그는 여전히 "감각적인 것"과 "가지적인 것"을, 가시적인 것과 모든 광경에 형상을 부여하는 비가시적인 것을 혼동할 위험이 있기 때문이다. 그리하여 그는 아마도 모든 것의 원인(**아이티오스**αἴτιος)이며 세계의 아버지이자 제작자가 그에게 쉽게 나타날 수 있으리라고 상상할 것이다. 그의 발걸음을 꼼짝 못 하게 하는, 그의 움직임을 아연실색케 하는 **파루시아**[현존]παρουσία가 그의 시선을 불태울 것이다. **아버지를 마주 바라보는 것은…죽으라고 말하는 것과 같다.** 그리고 이 젊은 남자는 그런 종류의 삶을 선택할 지점까지 와 있지 않다. 틀림없이 우리는 그를 은밀하게 그리로 데려갈 것이다. 그러나 아이들에게 하듯이 이야기를 들려줌으로써 그 안에 있는 진리를 그에게 감춰준다면, 그는 안심할 것이다. 모든 이를 매혹하는 태양의 이야기가 왜 안 되겠는가? 이 불쌍한 벌레, 어두운 동굴의 포로가 자신의 태양의 기원을 발견함으로써 어떻게 도시Cité의 군주로 변하는지 이야기하는 것이 왜 안 되겠는가? 왜 안 되겠는가? 따라서 여기에서 그는 그의 저명한 선조에게 향하게 된다.[16] 선조의 명성으로부터 타락한 어떤 이미지에게가 아니라, "그 자신으로 보이는" 그 자신에

---

16 소크라테스가 태양을 본 이후의 수인을 호메로스에 빗대는 대목과 관련된다. 『국가』, 516b 참조.(옮긴이)

게. 그런데 그는 시력을 유지할 수 있을까? "당연히 그럴 것이다."

우화가 더욱더 효과적이려면 말이다. 신화는 여기에서 증명을 돕는다. 그리고 태양의 그림자들이, "자연스럽기naturelles" 때문에, 감각하지 못하는 사이에 시뮬라크르를 고유함propriété의 경제에 속하게 한 것과 마찬가지로, 태양을 관조하는 것은 여전히 치명적인 시선을 가지적인 것intelligible의 질서에 따르게 하는 데 쓰였을 것이다. 이 이야기 안에서 작용하는 허구는 이 변증법적 마술을 실현시켰을 것이다. 꿈 같은 이야기, 스승이 장려한 백일몽, **어떤 계산**에 따라 **어떤 조치** 속에서 가능해진, 몽환의 재발에 매혹된 아이는 환상들을 (자기 말로는) 포기했을 것이다. 그것들을 설명할 수 없었기에. 그는 여전히 감각적인 그 장소로부터, 그의 욕망의 흔적들이 새겨진 그 장소로부터 나왔을 것이다. 아마도 그를 단번에 폭력적으로 거기에서 추방하지는 못할 것이다. 강제로 쫓겨나며 생기는 상처는 기억의 흉터들을 남길 위험이 있을 것이다. 회상들, 회귀들. 감각적인 것과 가지적인 것 사이의 이행들과 출혈들. 그리하여 감각적 관념들이, 관념적 감각들이 생겨난다. 이러한 혼란은 자존심 강한 모든 철학자가 경계하는 것이다. 본질을 향한 상승은 틀림없이 감각을 향한 퇴행으로 보장된다. 자연스럽게. "자연적인 것"은 여전히 감각적인 모든 인상을, 여전히 육체적인 모든 각인을 조금씩 배제해간다.

그러나 이러한 발전 속에서 **교차들**chassés-croisés**이 이루어질 것이다.** 주목받지 않고서 맘이다 동굴 안의 제작된 대상들 대신에, 아래쪽 그림자들에 환상의 성질들을 부여하는 상들-페티시들 대신에 인간이 조작하지 않았나 하는 의심을 할 수 없는 우주적 요소들로 대체됐을 것이다. 하늘과 별들을 창조한 이는, 당신을 자신의 관념으로 변환시키는 이는 신-아버지이다. 자신의 이미지로 변환시키는 이는. 이 세계는 신이 홀로 탄생시켰으며 신에게만 관련된다는 이유에서만 "참된 것vrai"이다. 이것은 땅 위에 곧추세워져 그 발로 땅을 짓이기면서(억압하면서) 지배하며 그 위에 서 있는 모든 것에 충분히 명백해 보인다. **아래에서, 안에서** 일어나는 일에 대해서는 경계하는 것이 적절하다. 기술artifice은 항상 가능하며, 시선에서 벗어난다. 물론, 아버지가 궁극적으로 그것〔기술〕의 원인임이 증명될 것이다. 그러나 그의 예상, 기획, 투사를 벗어나는 것들choses이 생겨날 수 있다. 우리는 스스로 제작자가 됨으로써 그의 권력에 도전할 수 있다. 출산함으로써, **역시** 가능하다. 이는 전유appropriation의, 소유권propriété의 문제를 제기한다. 아버지처럼 행동하는 것은 그것이 그의 유일한 영광에, 그의 선Bien의 지배에 도움이 되는 한에서만 괜찮다. 신용crédits이 나뉘면 "인간들"을 다스릴 수 없게 되기 때문이다. 따라서 지하에서, 유사-어머니quasi-mère 안에서 일어나는 일은 의심스러운 가치를 부차적인 방식으로 가지며, 대개 고려할 만한 가치가 있는 목표들에서 이탈한다. 게다가 뭔가를 참조하는 것은 인간들이 제작물의 "자연스럽지" 않은 점을 **보고** 그것을 외면하게 하는 역할을 한다. 진짜 "자연"은 하늘을 향해 나아가면서 베일이 벗겨진다. 땅을 향해 돌아가면서가 아니라. 어머니를 향해서가 아니라. 신의 섭리desseins를 능숙하게 모방하는 자들이 (재)생산의 몫enjeu을 보유할 수 있다고 믿게 만드는 마술사들이 자주 드나드는, 여전히 기교에 의한 수태conception의 장소가 아니라. 동굴은 유령들, 시뮬라크르들, 기껏해야 이미지들만을 낳는다. 그런 탄생의 인위적인 성격을 지각하기 위해서는 그 궤도로부터 떠나야만 한다. 실재(의) 창조engendrement는 아버지의 일이고, 허구(의) 창조는 어머니의 일, 즉 실재의 다소 훌륭한 복제물들의 증식을 위한 "수용기"의 일이다. "고유성", 소유권은 부성적 생산의 속성들이다. 그것들은 아버지의 작품을 "그와 같이comme telle" 정의한다. 존재하기. 고유한. 소유권. 가상적인 것le semblant은 여전히 **물질적이고**, 여전히 **모태적인** 재생산의 장소 덕분에만 존재할 것이다. 동굴은 여기에서 가장 "아래에 있는" 장소를 대표한다.

따라서 어머니-질료mère-matière는 이미지들만을 낳고, 아버지-선Père-Bien은 실재만을 낳는다. 가사자들의 눈에는 아버지-선이 감각적 현실화 없이도 스스로를 인식시킬 수 있어 보이기 때문에. 가장에게 "그의 아이들"에 대한 모든 권리와 권력을 부여하는, **가족 수당의 교차배열**chiasme. 아이들은 사생아들이 아닌 한, 필멸적 탄생이라는 잡종적 성격을 벗겨낸 한, 자신들의 아버지만을 닮는다. **시각적 교차배열 또한 작용한다.** 아버지는 반사/사변화의 조건들을 부인한다. 그는 "거울 속" 재현의 물리적, 수학적, 심지어 변증법적 좌표들을 모른다고도 말할 수 있겠다. 어쨌든 그는 타자와의 동일시identification, 타자로서의 정체화identification 속에서 일어나는, 되돌릴 수 없는 반전에 대해 아무것도 알고 싶어 하지 않는다. 자기와 동일하지는 않다 해도 자기와 뉴사하기를 기부하는 타자. 비록 그것을 입증하거나 그것으로 법을 제정하는 결정인자déterminations는 없지만 말이다. 아버지의 돌출된exorbité/과도한exorbitant 제국. 아버지는 어머니가 단지 배태를 위한 수용기, 그의 채권titres de créances의 분만accouchement을 위한 질료이기를 요구한다. 그것들[채권]을 "그와 같이" 나타나게 하는 산파술을 책임진다는 조건으로. 그것들을 발견하고 여전히 물질적이고corporelle, 너무 세속적인terre à terre 외피에서 베일을 벗겨내는 일 말이다.

| 맹목적인 거부 |

아버지의 힘의 상징chiffre이 **그것의 각인 때문에 전도될** 수 있다는 것은 고려되지 않을 것이다. 어머니가 그 자체를 드러내는 힘의 **자기 동일성을 역전시킬** 수 있다는 것도 그런ces 표현들로 평가되지 않을 것이다. 그녀의ses 표현들로. 힘의 역전이 항상 가능하다는 위기, 즉 동일한 힘의 영속성을 해치는 변화의 위기는 소크라테스 논증과 플라톤 담론의 정합성의 기반이 되고, 또 그것을 위협하는 부정dénégation의 관건이 된다. 그 토대fondement는 항상 이미 아버지의 로고스 전체의 권위를 떠받치기 위해 무한히 깊이 잠겨든다. 생명, 진리, 선함, 아름다움의 씨앗들, 그것으로부터 반사적 장애물이 제거되었다.

그런데 **거울에 대한 거부**, 사변의 단단한 금or에 대한 거부, **오르토테스**όρθότης가 올바르고 순수한 시선으로 그 가치를 보지도 않고 보기를 원하지도 않는 것에 대한 거부가 이루어지는 것은, 그것의 빛나는 인과성causalité 가운데 그것을 감히 바라보고자 하는 이의 **눈을 불태울** 것이기 때문이다. 아버지에 관해서는 말도 말자. 눈멀게 하기 위해서는, 그로서는 자신의 대리인représentant을 임명하는 것으로 충분하다. **태양, 매달린 주석박의 광채.** 모든 거울, 모든 반사경에 반사되는 빛은 하나의 장소로 수렴되는데, 이때 자신의 고유한 장소 외의 다른 장소를 갖지 않는다. 그것이 백열의 초점이 된다. 모든 불꽃을 독점했으므로, 반영reflet으로부터 그것의 광채의 원인을 빼앗았으므로, "땅"으로부터 신기루의 매력을, 움푹 패고 오목한 거울들의 발화l'en-feu를 빼앗았으므로. 〔"땅"의〕 불타는 이글거리는 방들, 변화될까 두려워서 원인으로서의 기능과 본래의 **금or**을 빼앗긴 방들은 명백한 이성이 침몰할 위험이 있는 어두운 구멍들일 뿐이다. 따라서 어떤 귀중한 금속도 더는 반짝이지 않는, 폐쇄된 광산들의 망각 속으로 다시 떨어진다. **모든 철학자의 돌을 이미 절도당한 자궁들hystères.** 불이 아직 남아 있다면, 그것은 인간의 손에 의해 불붙여진 것이다. 인위적인 타오름. 어머니-질료, 흔적들을 따르고 포위에 순응하는 표면, 가부장의 새로운 싹들의 교육을 위한 양육하는 근원. 그러나 어머니-질료는 그녀를 덥히고, 비추고, 비옥하게 하는 빛의 섬광을 더 흐릿한 상태로만 돌려보낼 것이다. 그의 의사에 따라서. 때로는 멀리 떨어져서 합쳐지지 않고서 자신을 그녀에게 비추면서 그녀를 얼어붙게 만들기도 한다. 자기에 대한 정확한 인식과 자기 동일성의 존속에 요구되는 불감증. 따라서 〔어머니-질료는〕 금속에서 변형은 피하기에는, 그리고 항상 더 깊어지는 심부에서 소멸을 피하기에는 충분히 차가워지지만, 반짝이기에는, 빛나는 광선들을 열 배로 증가시키거나 적어도 그 힘을 배가하고, 둘로 나누기에는 충분히 차가워지지 않는다. 미세하고 흐릿하게 반짝이는. 빛을 돌려보내는 하얀 차가움. 진리 안에 빛을 집중시키지도, 흡수하지도 않는.

그리고 아들이 어머니에게 주석박을 입히기도 한다. 이것은 매일 볼 수 있는 일이다. 그렇다고 해서 아들이 발생의 장소를 또한 경멸하지 않게 되는 것은 아니다. 땅 주위를 돌면서, 그러나 멀리서 돌면서. 일정한 높이에서. 그에게서만 불을 얻기를 바라면서. 언제나. 질료로의 진입을 무시한 채로, 그의 육체를, 틀림없는 천상의 육체를 소비하고 소진하면서. 아버지의 욕망이 영원히 불타오르도록 보장한다. 아버지의 의지에 따르면, 이 항성이 그의 신적인 관념들에 비추어 우주를 "다스려야" 한다는 것이다[17]. 아버지의 부재 시에, 권력에 기반하여, 그의 법에 따라 "땅"을 포함한 세계를 지배할 것이다. 또한, 땅의 속성들 대부분을 자기 것으로 취할 것이다. 더 광대하고, 우주적인 규모로. 모든 가시적인 것들에 "햇빛"을 아끼지 않음으로써 "탄생, 성장, 양분"을 제공하면서[18]. 더 이상 죽음으로 제한되지 않고, 영원성의 리듬에 맞춰질 탄생. 열거되는 아침과 저녁, 일출과 일몰, 계절들, 해들. 항상 재시작되는. 동일하게 그리고 다르게. 살아 있는 존재들의 생성devenir에, 유물론적 무질서

---

17 『법률』, 7권, 966e, 967a.
18 『국가』, 6권, 509b.

에 끊임없이 위협당하는 생성에 조화로운 질서를 부여하면서. 그 존재들에게 땅의 표면을 계산하는 법compter — **기억 없는 시간의 움직이는 이미지** — 뿐만 아니라 측정하고 측량하는 법을 가르치면서. 기하학은 태양의 투사의 힘이 없다면 생각할 수 없다. 거의 죽은 땅의 표면만이 고려될 텐데, 모든 불꽃이 모태 속에서 증명할 수 없는 심부로 억압되기 때문이다. 이는 빛으로 지배되는 이 세계 전체에 거의 알려져 있지 않은 것이다. 왜냐하면 파생물의 가장 중요한 기능은 "존재자" 전체를 명백하게 가시적으로 만드는 것이기 때문이다. 절대 지성의 광명인 그는 시선에게 거짓과 진실, 그림자와 육체, 복제물과 원형, 반영과 원본을 구분하도록 가르친다. 모성적인 어떤 특권들과 권리들을 전유하는 이 아들은 그와 아버지의 이익에 가장 잘 부합하도록 모든 면에서 아버지를 모방하여 그를 닮아 있다.

태양, 계사의 탈자태ex-stase. 모든 존재하는 것의 원인. 눈부심으로 축소돼버린 주이상스의 중심. 빛을 발하는 수용기. 이미지들의 복제를 위한 모태. **명료한**lucide 결합은 가상들apparences만을 낳을 것이고, 다소 적합한 재현들의 (재)탄생으로 한정될 것인데, 그 기반support은 외부적인 것으로 남고, **내부로** 들어가지 않을 것이다. 항상 분해될 수 있는 질료들, 잔해들. 안막眼膜은 이러한 것들의 진입을 막는다.

항상 동일한 형상

| 큰 것에서 작은 것으로,

작은 것에서 큰 것으로 가는 혼란스러운 이행 |

쾌락은 고양되고 섬세해진다. 거의 순간적으로 증가한다. 그것
은 눈 깜짝할 사이에 일어난다. **형상들**을 인식하기 위해서 대문자
태양과 신속하게 결합하고 공모한다. 확실히 여전히 지상의 것인
형상들. 그러나 대문자 아버지의 선Bien과 모든 사물의 관계를 측정
하는 담보(들). 그의 힘의 불변성을 분유하고 있다는 직접적인 재
보증. 물론 그의 힘은 속성들의 변경도 없고, 형태의 변화도 없으며,
결코 수축détumescence도 없다. 기복 없이 항상 그 자체와 동일하다.

실제로 이러한 항상성constance은 가사자의 시점을 넘어선다. 매
일 제시되는 광경은 더욱 가변적이다. 그것은 우리가 바라보는 거

리에 따라 변형된다. 때로는 더 작고, 때로는 더 크다. 그뿐만 아니라, 가깝든 멀든 관계없이 더 작거나 더 큰 것처럼, 더 크거나 더 작은 것처럼 나타난다[19]. 적어도 "영혼에게" "당황스러운" 그리고 "검증을 요하는" 지각들. 큰 것과 작은 것이 필연적으로 구분되고 분리된 항이 아니라는 것, 한쪽이 다른 한쪽으로 변할 수 있다는 것, 즉 **혼란스러운 이행**이라는 것을 시각이 받아들여야 할 때, 이것이 바로 지성intellect에 혼란을 일으킨다. 지성이 이것을 받아들일 수 없는 것과 마찬가지로, 또 다른 감각을 사용하면, 동일한 사물이 "단단함의 감각뿐 아니라 물렁함의 감각 또한 줄 수 있다"[20]는 사실도 받아들일 수 없다. 이 귀중한 경험들은 "성찰을 흔들고", "사유를 작용시키며", "서로 반대되는 인상들impressions로 감각에 충격을 준다"[21]. 따라서 제시된 모순들로 당황한 눈은 점진적으로 자신의 시각의 문제를 관념들로 바꾸는 법을 배울 것이다. 고정된 관념들로. "큰 것"과 "작은 것"을 더 정확하게 측정하기 위해서, 눈은 수학적 기구를 갖추고 접근하게 될 것이다. 실제 크기를 측정할 줄 아는 것은 **과학의 문제**이다. 그것은 문제의 사물과 동일한 유형의 또 다른 사물이나 여러 사물들의 관계를 계산하는 문제이다. 그리고 만약 그 분야에 무능하다면, 전문가에게 문의하는 게 좋겠다.

---

19 『국가』, 7권, 523.
20 『국가』, 7권, 524a.
21 『국가』, 7권, 524d-e.

| 척도 그 자체 |

그러나 관념적인 측정, 관념적인 가치를 위해 물론 **척도**étalon 쪽으로 향해야 할 것이다. 척도는 불행히도 자신을 드러낼 준비가 되어 있지 않으며, 실은 선 일반에도 마찬가지다. 척도의 크기는 자연 전체가 고찰할 수 있는 것을 넘어선다. 나타나기를 거부한다는 것이 아니라, 그것의 활동에 내재적인 한계가 없다는 것이다. 그러나 첫째, 척도는 자기를 나타내고 만들어낼 욕구도, 욕망도 없다. 척도의 존재와 완벽함은 자족적이다. 만약 척도가 나타난다면, 그것은 순수한 호의에 따른 것이다. 자기 힘을 완전히 행사할 수 없기 때문에 제한된 선의라고 할 수 있다. 그것의 힘은 세계, 즉 우주의 연장延長/étendue으로 측량할 수 없다. 어떤 수용기도 그것을 충족할 수 없고, 완전히 수용할 수 없다. 따라서 각자 자신의 "직관"에 따라서 그리고 "자신의 힘의 범위 안에서" 척도를 모방해야 한다. "항상 유사하게 동일한 관계들을 소유하는 것, 항상 자기 자신과 동일하게 존재하는 것"에 대해 말하자면, "그것은 모든 것들 가운데 가장 신적인 것들에만 적합하다. 반면에 물질적 자연은 전혀 이러한 등급에 있지 않다… 그 결과, 변화와 전적으로 무관하게 존재하기란 불가능하다"[22].

---

22 『정치가』, 269d-e.

| 스스로 선회하는 것이 더 낫다 |
| 이것은 신-아버지에게만 가능하다 |

따라서 시각에 ─ 또한 모든 감각에 ─ 제시되는 형상들은 변형된다. 변화는 형상들의 필멸하는 성격을 환기한다. 성장과 쇠퇴의 현상들, 상승에 실패하고, 결국 다른 육체로 (재)추락하는 현상들은 모든 살아 있는 자들을 위협한다. 산 자는, 자신의 능력에 따라, 이러한 현상들에 대비할 수 있다. 시작부터 종말까지, 탄생부터 죽음까지, 그리고 그 역으로도 마찬가지인, 너무 직선적인 모든 긴장, 너무 선적인 모든 향성을 피함으로써[23]. 오히려 "원운동, 즉 자기 자신에게서 가장 멀어지지 않는 운동"[24]에 따름으로써. 어떻게 보면, 창작자가 세계에 각인한 운동을 모방함으로써. 소위 태양 혹은 바퀴를 만든. 다른 이동 없이 축의 주위, 중심의 주위를 무한정하게 도는. 그러나 "영속적으로 스스로 회전하도록 자기 자신에게 각인하는 것은, 반대로, 나머지 모든 운동을 이끄는 존재가 아니라면, 다른 어떤 존재에게도 거의 불가능하다."[25] 오직 신만이 영원히 스스로 선회한다. 신은 가사자들 가운데 그를 가장 닮은 것, 즉 우주, 태양, 인간들의 영혼에 어느 정도 이러한 특권을 부여한다.

사실, 예비 교육은 수많은 회전들, 반회전에 입문하도록 신경 쓴다. 그 과정의 은폐된 **순환성**에 입문하도록. 그 이외에는, 아직 신의 개입을 알지 못하는 자연의 혼돈에 빠지지 않도록 전진과 후퇴를

---

23 『파이돈』, 72b.
24 『정치가』, 269o.
25 같은 곳.

끊임없이 계속해야 한다[26]. 따라서 인간들의 영혼은 아마도 이 우주의 존재자들의 운명인 변화avatars를 피하기 시작할 것이다. 그러나 오직 관념적인 형상들을 향해서만 그의 "시선"을 돌린다는 조건 하에서 그럴 것이다.

우리는 아직 그 단계에 이르지 않았다. 거기에 이를 시간이 촉박함에도 불구하고. 왜냐하면 "자신의 고유한 장소에서" 태양을 보는 것은 아직 감각적인 눈들을 좌절시킬 위험이 있기 때문이다. 매혹되고, 황홀한 눈들, 전적인 소진을 향해 크게 열린 눈들을. 그러한 광채 앞에 방어적으로 격막을 봉합하여 그 눈들이 영원히 다시 닫히지 않았다면 말이다. 어쨌든 그것은 빛의 양과 질, 빛의 원천과의 거리, 재생할 형상들의 크기에 적응하도록 조절하는 열린 틈 entr'ouverture — 동굴 입구antr'ouverture — 을 상실하는 것이다. 은유 체계에서의 "같은" 혹은 "마치 ~처럼"으로서, 아직 충분히 얼어붙지 않은 것을 파괴할 수 있는 태양 빛의 타격. 너무 유기적인 안막에 대한, 태양 빛의 작용으로 인한 재난. 그렇게 불타오르는 항성의 섬광을 받아들일 수 없는, 살아 있는 조직.

틀림없이 이 지점에서 태양은 모든 히에로가미hiérogamie[27]가 이 생, 이 땅, 이 시선의 포기를 요구한다는 사실을 상기시키기 위해 등장한다. 대문자 존재가 진리 안에 부과되기 위해서는 이 살아 있는 질료 전체를 재조직해야 한다. 죽은 자들만이 신을 본다. 그때부

---

26 Cf. 『정치가』의 신화.
27 '신성한 결혼'이라는 뜻. 남신과 여신의 성교를 흉내 내는 종교 의식.(옮긴이)

터 비가시적인 것의 영원성을 향해 열린 시선들은 결국 얼어붙어, 여전히 살아 있는 자들에 의해 다시 닫힐 것이다. 그 시선들이 겨냥하는 것은 물론 그 시선들에게 나타날 수 없다. 그 시선들은 그것이 무엇인지 지각할 수 없다. 이것은 태양의 경우도 마찬가지다. 어떤 시선도 "**티 에스틴**〔무엇이 존재하는지〕τί ἐστιν"을 설명하지 못하고, "**호 이온 에스틴**〔단지 존재한다는 것〕οἶον ἐστιν"만을 간신히 설명한다. 그 것은 무엇인가! 당신의 숨을 멈추게 하는 감탄ex-clamation. 당신의 말의 전개, 당신의 귀납법 혹은 연역법의 흐름을 갑자기 중단하는. 있는 그대로 재현될 수 없는 **존재의 생략**. 계사는 모든 "주체/주어" 로 하여금 특히 그것의 증명에 대해 **맹목적이게 한다**. 이러한 실명 상태에서, 이 눈짓의 **틈새**fente에서, 존재는 빛을 발한다. 자신의 속 성들의 소유권에 대한 "주체/주어"의 요구가 그 빛을 덮는다. 계사 는 결코 완전히 적절해지지 않는 속성들에 관한 모든 증명을 결국 삭제한다. 그 총합이 무궁무진할 속성들을 우리가 무한히 열거한 다고 하더라도. 검산 작업, 즉 그 실행들의 총체가 그 실행을 현실 화하도록 밀어붙이는 것에 상당하지 않는, 그런 검산 작업을 우리 가 무한정 반복한다 하더라도. (그) 존재는 자기와의 관계의 단순 성을 중단하고, 현전을 변질시킨다. (그) 존재는 모든 재현들로부 터, 모든 술어로부터 "주체/주어"를 분리한다. 환영들의 스크린— 플라톤의 역전되고 퇴행된rétroversée **휘스테라**—위에 "주체/주어"를 투사하거나 혹은 그가 실체entité로, 고유한 이름으로 구성되기 전 에 그의 뒤에 있던 것에게 돌려보낸다. 단지 신만이 모든 결정을 거 부하며, 그의 뒤에는 아무것도 없다. 즉, 그보다 더 뒤에 있는 건 아무엇도 없다. 모든 현존에 대한 계사의 외삽. 사실상 모든 존재하는 것에 대한. 어느 날 수태된conçu〔모든 존재하는 것에 대한〕.

수태conception의 순간과 관련된 의식의 이 지체는 사실 결코 회복되지 않는다. 그리고 광경들visions을 포함한 기억을 소환함으로써 회피되지도 않는다. 아직 비춰보지도, 측정하지도 않은, 반사되지 않은 시선의 눈부신 직관들. 그것은 또한 (재)생산의 신비에 대해서는 유아 상태인 로고스, 임신 과정을 아직 알지 못하는 로고스의 오만함으로도 일컬어진다. (재)생산의 신비는, 그가 고려하기를 원하지 않은 양막, 자궁, 어머니와 같은 "기체"를 **둘러싸고** 가둘 것이다. 그는 자족하기를 주장하는 것이다. 혹은 그의 아버지의 도움만을 받기를, 그의 법에만 빚지기를[28]. 아버지가 자신의 의지를 각인하고, 진리의 씨앗들을 뿌리는 수용기는 말의 현재에서 **그렇게** 지시되지는 않는다. 우리는 담론 진행의 각 단계를 명백하게 가리킬 수 없다. 언표를 실행하면서 그것을 명명하는 것은 없다. 그러나 그것은 언표의 형성, 변형들을 뒷받침한다. 어떤 고유한 의미도, 고유한 이름도, 고유한 기표도 법을 포함한 어떤 담론, 어떤 텍스트의 **모태**를 말하지 않는다. 그것〔담론, 텍스트〕이 서술하는 것에는 (재)생산의 이러한 필요성이 결여되어 있다. 어머니의 은폐, 생성(의) 장소의 은폐는 그것의 비재현non-représentation, 심지어 그것의 부인(거부)으로써 아버지에게 부여된 절대적인 존재를 뒷받침한다. 아버지는 어떤 것에도 토대를 두지 않으며, 모든 시초에서 벗어나 있다. 어머니를 삭제하고 난 다음에, 두 심연 ― 무/존재 ― 사이에서 언어

---

28 이것은 단지 법만의 아이가 되기를 원하는 소크라테스도 마찬가지다.

가 발전하고, 모든 형태가 구성된다. 어머니 안에 형상화된 모든 "존재자들"과 그 속성들을 열거하면서. 이는 아버지와 연결시키기 위함이다. 그의 욕망, 그의 법에 맞추어서.

│ 어머니는 다행히 기억이 없을 것이다 │

어머니는 다행히 기억하지 못할 것이다. 그녀는 아버지의 새로운 흔적들empreintes에 대해 항상 순결한데vierge, 그 흔적들이 만들어지는 동시에 잊어버리기 때문이다. 불안정하고 일관성 없으며 변덕스럽고 불충실한 그녀는 자기 안에 모든 존재들을 받아들이는 데에 역시 적합하다. 흔적들을 보존하지 않는다. 기억도 없다. 그녀 자체는 상figure도 없고, 얼굴visage도 없으며, 고유한 형상forme도 없다. 그렇지 않다면 그녀에게 들어오는 어떤 존재들을 "자기 자신의 모습aspect으로" "잘못 복제함으로써" "혼란스럽게 만들기 때문이다"²⁹. 따라서 그녀는 아무것도 아니면서, 모든 것의 성질을 띤다. "불은 그녀 안에서 불타는 부분이 매번 나타나는 방식이다. 젖은 부분은 물로 나타난다. 흙과 공기는, 그 본질들essences의 모방물을 그녀가 받아들이는 한, 그렇게 나타난다."³⁰ 엄밀히 말하면, 그녀가 모방한다고 말할 수 없다. 왜냐하면 이것은 어떤 의도, 어떤 기획, 어떤 최소한의 의식을 가정하는 것일 테니까. 그녀(는) 순수한 미메티즘

---

29 『티마이오스』, 50e.
30 『티마이오스』, 51a-b.

〔의태, 모방〕mimétisme(이다). 물론 이것은 열등한 종들의 행동이게 마련이다. 가지적인 것에 관해서라면, 그녀는 거기에 "아주 혼란스러운 방식으로" 참여하며, 또한 "포착되기 어려운"[31] 방식으로 참여한다. 본질들의 정의에 필요한 그녀의 기능 때문에 그녀는 자신과 관련해서는 어떤 정의도 가질 수 없다. 그녀는 어떤 정해진 외관apparence도 갖지 않을 것이다. 따라서 비가시적이다. 아버지처럼? 가시적인 것의 기원은 재현되지 않는다. 그녀는 현전의 동일시를 넘어선 잉여en excès이다. 그러나 어머니의 "피안au-delà"은 아버지의 "피안"과 겨룰 수 없다. 우선권의 갈등, 권위의 위기를 피하려면 둘을 분리하는 게 중요하다. 질서가 유지되려면 아버지의 힘이 어머니의 힘을 대체해야 한다. 그러나 "현전"을 초과하는 이 두 잉여들 각각의 질서에 대해서는 우리는 거의 토론하지 않을 것이다. 결정은 이미 이루어졌고, 여기에서는 문제가 되지 않아야 하는 듯 보인다. 그것은 이미 다른 데서 결정된다. 이 결정을 부지불식간에 또는 고의로 알려주는 "다른" 장면에서 말이다[32].

│ 존재하는 모든 것의 원천-거울 │

마찬가지로, **어머니와 반사적인 것의 관계**는 제기되지 않아야 한다

---

31 『티마이오스』, 51a.
32 Cf. 도시의 여성의 기능에 관한 모든 언표들 그리고 여성이 공적인 삶에 참여하기 위해 자신의 "젠더"의 특수성을 포기해야 할 필요성에 관한 모든 언표들. 예를 들면 『국가』, 5권.

고 이미 결정된 듯 보인다. 그런데 거울은 바로, 기억 없이, 어떤 흔적들이나 자국들에 대한 기억 없이, 그것 앞에 나타나는 것의 이미지를 재현하는 것이다. 마찬가지로, 사람들은 거울이 자신의 고유한 본성에 기인하는 변형 없이, 모든 상들을 반사하도록 "그것을 평평하게 하고, 가능한 한 매끈하게 만드는 데"[33]에 신경을 썼다. 그리고 가지적인 것에 대해 말하자면, 거울은 이 과정에서 모든 특수한 특징화를 피하면서 오직 정의하는 기능만을 갖는다. 거울은 어쩌면 "감각적인 존재자"로서, 그리고 심지어 "가지적인 존재자"로서 지칭될 수 있다. 그러나 그것이 모든 "존재자"에 대해 참된 것처럼 보이는 것la vrai-semblance을 만들어내는 한 그렇지 않다.

모든 것은 이미 유사성에 의해 시작된다는 것, 이것이야말로 아버지가 받아들이지 않는 것이다—자신을 위해서도, 자기 말을 위해서도. 그는 자신이 자기와 영원히 동일하기를 원하기 때문이다. 아버지는 (자신의) 절대적 거울이기를, 그 자신을 (자신에게) 무한(정)하게 반사하기를 더 원한다. **존재하는 모든 것의 척도로서**comme-étalon 존재하기를. 언제나 왜곡시킬 수 있는, 변형시킬 수 있는 환상mirage 속에서의 변질에 대한 두려움 때문에? 그러나 그는 여전히 (자신의) 원천이기를 바란다. **대문자 존재는 거울인가? 혹은 원천인가?** 사변적 아포리아다. "주체/주어"—존재—는 이미 거울반사spécularisation의 원천-자원re-source이 **되었다**devenu. 이상異常이 없는 한, 술어들, 속사들은 "주체/주어"에 대한 소속 관계를 증명한다. 계사—'이다/있다est'—는 반사 작용을 재작동시킨다. 만약 담론

---

33 『티마이오스』, 50e.

의 "주체/주어"가 아버지라면, 그는 모든 반사/사변화의 원천-자원 re-source이 된다. 중요한 것은 그가 어느 날 그렇게 **되었는지**est devenu 알지 못한다는 것이다. 존재하기(를 시작하기) 위해서는 **계사적접속 사**가 필요했다는 것도. 당신은 사실상 대문자 아버지가 나타나는 것을, 생명으로, 존재로 도래하는 것을 결코 보지 못할 것이다. 대문자 아버지는 영원히 순수한 사변이다. 이는 물론, 여전히 필멸의 육체의 눈에서 벗어난다. 단순한 시민들의 시선들에서 벗어나, 공적자금부를 다스리는 조화harmonie. 〔시민들이〕 그를 보게 되면, 그에게 계좌들을 요구하거나, 경우에 따라서는 그의 재산의 일부, 그의 선Bien의 일부를 회수하려고 들 것이다. 가치를, 자본을 분할하려 들 것이다. 적어도 자원ressources의, 반사/사변화의 **두 종류**genres로 분배하려 들 것이다. 〔그렇게 되면〕 로고스는 더 이상 그에게 단순히 그의 의지들만을 번역하는 수단이 아닐 것이다. 그의 속성들을 하나의 전체Tout로 세우고 정의하고 모으는 수단이. 대문자 진리는 **일의적**이고 보편적인 성격을 잃을 것이다. 예를 들면 그것은 **양분될** 수 있을 것이다. 그것은 적어도 그런 식의 구조를 뒷받침하는 **역, 이면**을 가질 것이다. 어쨌든, 여전히 숨겨져 있는 또 다른 면face을. 또 다른 초점을? 또 다른 거울을? 사람들은 정확히 보기 위해서 어디를 바라볼지, 어디를 향해 (영혼의) 눈을 돌릴지 알 수 없을 것이다. 그리고 미치게 될 것이다. 따라서―그가 지혜 가운데 말씀하시기를―빛은 그에게만 배타적으로 남겨지는 게 낫다. 선하신 그는 빛을 나누어줄 것이다. 땅을, 시선을, 영혼을 비춤으로써. 은혜로운 그의 뜻대로, 따뜻하게 하고 비옥하게 만들 것이다. 그러나 〔땅,

시선, 영혼의〕일부는 어둠 속에 남겨둘 것이다. 그것들에 밤을, 꿈들을, 환상들을, 시뮬라크르들을 넘겨주면서.

따라서 자신의 고유한 자리에 있는 태양은 그림자가 없다. 빛에 대한 저항 때문에 그림자들을 낳는 것은 지상의 "존재자들"이다. 여전히 겁에 질린 혹은 잘 알지 못하는 시선은, 눈멀게 되기에 정면으로 바라볼 수 없는 태양의 "현전"을 그림자들에서 인식할 것이다. 그리고 태양 빛은 자신을 바라보지 못하도록 자신의 광경에서 시선을 돌려, 빛의 원천과 관계가 덜한 **더 어두운 복제물들** 쪽으로 보내는 것일 수 있다. 결국 그럼에도 태양은 역시 그것들의 기원이다. 마찬가지로 달 속에/달에 의해 자신이 반사되게 하는 원인이며, 자연—자신을 지배하는 천체보다 덜 빛나는—인 땅과 바다의 표면에 있는 자기 산물들의 원인이다. 따라서 그림자들, 반영들, 이미지들의 원인이다. 전능 앞에서 "존재자들"과 시선의 무능(들).

그리고 아무것도 그것의 원리를 피해 가서는 안 되기 때문에, 태양은 또한 시뮬라크르들의 원인이기도 하다. 아버지의 자식들은 동굴로 떨어진다. 유사-어머니 속으로의 재추락. 그 안에서는, (대문자 아버지의 유일한 법의) 척도mesure를 잊을 위험을 무릅쓰고 가는 것이 금지된다. 기억의 자국들이 혼란스러워지지 않고, 무엇이 진실과 거짓, 선과 악, 미와 추 등등인지 알 수 없게 되지 않으려면 말이다. 무엇이 삶인지, 무엇이 탄생인지. 무엇이 존재인지. 그때부터 의견들은 확실하지 않고, 혼란스럽고, 가변적이게 된다. 그것은 유동적이고, 뚜렷하지 않은 그림자들, 즉 환상들이다. 대문자 진리의 유혹, 변조는 점점 더 사생아 같은 재현들로 증식한다. 확실히, 연출된 무대는 이미 원래의 장소를 변형했다. 그리고 그 "아들"은 기교라는 은폐물을 덮어쓰고서야 그곳에 침투할 수 있다. 그의 힘은 이미 조작됐고, 그의 표장들은 페티시화됐다. 인간은 장막 뒤에서 은밀히, 선입견을 가지고 가면을 쓴 채로 어머니 안으로 들어간다. 그리고 그는 어머니의 심연에, 모형이 된, 상으로 세워진, 미라가 된 곧추섬érection을 전시한다. 그러지 않으면 그는 다시 사로잡힐 수 있다. 이 경우에 그는 마비되고, 사슬에 매이고, 매혹되어 동굴의 배경 위에 있는 그림자를 관조한다. 마술사들이 그들의/그의 이미지로 제작한 "작은 상들figurines"의 그림자를. 제작자의 창조에 대한 솜씨 좋은 모방들을. 그를 매혹하는 투사들을 관조한다. 원인과의 관계에서, 대문자 원인의 창조 과정에서 **방향이 바뀌었기 때문에**. 따라서 도착되었기per-verties 때문에. 그리고 이렇게 재현에 각인된 도착per-version을—우리가 그저 돌아볼 수만 있다면—해석하도록 내주었기 때문에.

| **이러한 투사에 대한 분석은 결코 이루어지지 않(았)을 것이다** |

그런데 도착perversion이 항상 이미 일어났다는 것을 누가 알고 있는가? 예를 들면, **휘스테라**가 이미 역전되었다는 것을. 그리고 소크라테스가 교육적 목적을 위해 책략으로서 —"신화적" 우연에 의해서인 것처럼—그것을 이용한다고 해도 그는 자신의 게임에 사로잡히고 만다.

이 게임에 말이다. **투사에 대한 분석은 결코 이루어지지 않(았)을 것이다.** 마술로써 **반사의 역전**inversion을 망각케 하는 투사는 결코 그것의 가치대로 평가되지 않을 것이다. 대문자 존재, 대문자 진리, 대문자 선, 그리고 대문자 아버지의 힘은 방향전환의 어떤 가능성도 허용하지 않는다. 그것들은 영속되고, 영원히 **정직함**rectitude으로 나타난다. 역도, 이면도 없이. 그리고 수용기, 즉 생성devenir의 장소는 아무것도 기억하지 않는다. 그렇지 않으면, 그것은 반사/사변화 속에서 생겨나는, 그리고 모든 자국, 모든 흔적, 모든 형상—관념적인 것이라 해도—의 재생산 속에서 생겨나는 환원 불가능한 역전을—아마도?—증언할 것이다. 이데아의 각인 과정의 몰이해에 의해, 항상 이미 그것을 반사했던 거울의 재은폐에 의해, 이데아의 생성에 대한 망각이 요구된다. 아버지에 의한 "아들"의 출산, 로고스의 발생은 역전 덕분이라는 것을 사람들이—절대로—알아서는 안 된다. 또한 어머니가 바로 역전이 생성되는 장소라는 사실도. 어머니가 그 역전을 가능하게 하고, 실현될 수 있게 만들며, 자신의 "무의식"으로/"무의식" 안에서 그 역전을 뒷받침한다는 것도. 어머니는, 다행히, 기억이 없을 것이다. 어머니는 모든 (새로운) 기투들pro-jets에 따르고, 모든 (새로운) 투사들에 눈이 멀어 있다. 그것들〔기투들과 투사들〕의 증식을 돕는 스크린-기반인 것이다.

그러나 아버지의 제국은 "아들"이, 어머니에게서 어떤 만족감complaisance을, 심지어 자기만족을 찾는 것을 금지한다. 만약 "아들"이 이러한 종류의 케라에 이른다면, 즉 태곳적부터 "아들"을 수태한conçu 아버지 단독의 이미지와 일치하기를 추구하는 것과 달리 자신의 재산bien을 취하는 데에 이른다면, 그는 "광기"에 빠질 것이다. 비이성의 깊은 심연에 영원히 갇힌 수인. 분명히 볼 수도, 이동할 수도, 걸을 수도 없고, 심지어 서 있을 수도 없다. "아들"로 하여금 이데아들의 기억 작업으로부터 이탈시키기 위해 그/그것들의/그것의 형태를 속임으로써 그런 실행들을 하도록 유혹했을 그, 그들에 관해 말하자면—무대 작동을 보장하는 배경으로만 있는 그녀에 대해서는 말하지도 말자—, 그들은 도시Cité에서 추방됐을 것이다. 법 집행에 대한 그들의 경멸 혹은 그들의 무지 때문에 공적으로 비난받았을 것이다. 왜냐하면 이 교육자에게 아이의 "육체"를 무시하는 것은—당신은 확실히 이미 이해했는데—문제가 되지 않기 때문이다. 그러나 아이와 육체의 관계가 미Beau에, 선Bien에 도움이 되는 것은 중요하다. 그들이 대문자 아버지를 향한 상승을 목적—텔로스τέλος—으로 삼아야 한다는 것도. 이것은, 그들이 모성의 영향권을 어떤 방식으로든 다시 불러일으키는 장소로 자주 드나드는 것을 금한다. 필멸의 탄생에 대한 꿈이 전적으로 축출되지 않았기 때문이다. 너무나 물질적이고 너무나 비형상적이어서, 얼룩, 흠, 점—(영혼의) 눈의 맹점—없이 관념적인 유형들을 재생산할 수 없는 "유모", 모태로 퇴행하고자 하는 욕망. 휘스테라 안에서 수태는 단지 얼룩 없는 무구한im-maculée 것이 아니다. 그것은 여전히 감각적인 시선에게, 감각적인 영혼을 매혹하는 수많은 환상들을 낳고, 철학 교사—사실, 소년성애자—는 그것들로부터 아이를 해방한다. 교사는 이 표층gangue으로부터 아이를 낳는다. 그 위에 서서 발로 그

564

것을 짓이길(억압할) 자연 같은 표층으로부터. 게다가 그의 뒤쪽을 명백히 차지함으로써, 이전에 있었던 것을 향한 역행, 회귀에 대한 모든 향수를 아이에게 차단한다. 다른 길에서 방황하지 않으려면, 진행 순서가 현재 엄격하게 준수되어야 한다. 그런데 이 순간은 이성의 도래를 위해서는 매우 중요하다.

파이데이아의 완성

| 여전히 감각적인 기관의 실패 |

"모든 (그의) 시련들 이후에" 인간이 "태양이라는 주제에 대한 그의 생각들을 **짜맞출**—**쉴로기조이토**ʿσυλλογίζοιτο, 즉 논리적 방식으로 연결할—수 있는" 시간이 실제로 왔다. "그리하여, 계절과 해들을 생성하는 것이 바로 태양이고, 그 이후 관조되는 장소에 있는 **가시적인** 모든 것 — '자연의 빛' 덕분에 발견된 '세계'는 말할 것도 없이 —을 지배하는 것도 바로 태양이며, (그러나) 어떤 면에서는 동굴의 수인들이 그들 앞에 있는 **모든것**—유혹으로 그들을 매혹하고 사슬에 매어둔 모든 것 —의 **원인** 역시 태양이라고 **판단할**—결론 내릴—수 있는" 시간이 실제로 도래했다.[34] 그래서 단지 그림자 혹은 반영만을 뒤에 남긴 후, **그가 결론을 내릴 것임**은 명백하다—"명시적

---

34 인용문 중 삽입구는 『국가』에 없는 것이고, 이리가레가 추가한 것이다.(옮긴이)

manifeste"(**델론**δῆλον)이든 아니든.

그가 모든 꿈, 모든 환상, 모든 시뮬라크르를 유치하다고 비난한 후. 그가 그것들〔모든 꿈, 모든 환상, 모든 시뮬라크르〕을 결정적으로 정산한 후. "그림자들"도 "반영들"도 더는 그에게 고려받을 권리droit가 없어지고, 더는 그에게 얻을 신용crédit이 없어지는 게 낫다. 그가 그것들〔그림자들, 반영들〕의 존재의 담보를 제거하는 게 낫다. 이는 **노에시스**〔진리의 인식, 지성의 인식 기능〕νόησις로의 전환conversion의 순간으로 해석된다. 그때부터 그는 무엇이 진리인지를 통찰력으로써 단언할 수 있다. 그의 시력은 점진적으로 그의 (유일한) 원리 Principe를 관조하는 데에 적합해진다. 빛은 너무나 유기체적인 안막에게는 참을 수 없는 것이다. 게다가 그 시각은 항상 동굴 같은 눈 구멍에 의해 제한된다. 또한 암실 안에서 일어나는 일이다. 게다가 광선들을 빗나가게 하여, 영사막에 반사되고 역전된 그 궤적들을 방해하고 굴절시키는 판유리들의 작용에 따른다. 빛은 다소 크거나 작게 열린 구멍을 통해 투입되면서 이미 제한되고 한정된다. 그 진입immixtion은 때때로 눈꺼풀인(눈꺼풀의) 박막의 개입으로 인해 실행이 불가능해지기까지 했을 것이다. 게다가, 일부는 헛되이 방출되었을 것이다. 즉, 대문자 아버지의 (그럼에도 불구하고) 영원한 씨들을 재생산할 수 없는 맹점의 불모성. 그의 전능함이 그의 본질과 무관한 어떤 제한도 겪지 않음에도 불구하고 그것에 대해 실행되는 모든 굴욕적인 조정들.

따라서 감각적인 것 ─ 여전히 감각적인 모든 기관 ─ 은 그 특수성에 따라 헬리오가미héliogamie, 즉 태양과의 결합에 부적합하다. 최소한 가장 고양된 부분인 영혼에게 그것은 다르게 진행될 것이다. 영혼 단독으로는 신성-문법적hiéro-grammatique 기능을 보장하는 성격을 띨 것이다. 관념-문법적idéo-grammatique 기능을. 더불어, 진정한 본질로 영혼을 복원할 상기의 작업이 있다. 가사자가 시간 속에서 생각할 수 있는 모든 것보다 더 이전의, 더 완전하고, 더 완벽한 것 외에 과거에 대한 기억은 없다. 영혼은 육체 안으로의 재추락 이전의 존재, 즉 대문자 존재에 대한 증명으로 이끌린다. 대문자 존재는 결코 그렇게 육화되지s'incarne 않는다. 그러므로 그것은 엄밀한 의미에서 자기의 그림자들도, 반영들도, 이미지들도 없다. 물질적 형상을 지속적으로 취하는 누군가에게나, 무엇에나 (자기의) 복제물들을 남기는 것이다. 대문자 존재는 비탄생non naître의 비축물réserve이다. 누군가의, 무언가의 완전성은 특수한 상을 취한 적 없으며, 경험적 모태 속에서 탄생되지 않았다. **통일성, 전체성, 실체는 어떤 결합을 피한다(피하는 것이다).** 그것은 모든 결합들을 **대체한다**고 주장하지만, 그것으로 말하자면, 어떤 열거할 수 있는 관계(들)와 공통점이 전혀 없(었)을 것이다. 등록된 관계와. 계사의 완벽성은 연결 관계들liaisons의 방식들, 시간들, 경로들에 도전한다. 수태/개념작용들conceptions의 방식들, 시간들, 경로들에. "주체/주어"와 그것의 "속성(들)"의 관계들을 역전시키고, "기원"의 이 역전, 후경rétrovesrion 속에 시노그라피를 다시 봉쇄함으로써. 남근적 시노그라피를.

| 세미나의 훌륭한 작동 |

지금 철학자가 권유받는 것은 바로 시초의 삭제이다. 적어도 그가 가장 높은 상승 단계에 도달하기를 원한다면 말이다. 그러나 비록 그것이 영혼의 우월한 부분에만 부여된다 해도, 인간은 위험, 특히 재추락(들) 없이는 이러한 곧추세움érection에 이르지 못한다. 새로운 감각의 동요들 없이는. 어떤 육체들에 대한 매혹의 재발, 시뮬라크르들, 페티시들에 대한 성향의 재발 없이는. 따라서 그에게 지성의 순수성을 다시 은폐하고 그를 반대 방향들로 흔드는 꿈들, 환상들의 재발 없이는. 〔그 환상 속에서는〕 진실과 거짓, 선과 악 등등을, 실제인 것과 참인 듯 보이는 것을 확실히 구별하지 못하게 된다. 물질적으로 지각할 수 있는 인상들의 유일한 존재로 회의하며 돌아가기까지 모든 것을 의심하게 된다. 쾌락뿐만 아니라 고통의 자국들은 더 환한 빛을 향한 전진에 진입한 이에게 항상 선명하게 나타난다. 과도한 매혹. 병리적인 황홀. 지금 자신의 조직을 지배하는 것과, 즉 대문자 아버지의 담론과 균형이 맞지 않는 "존재자들"에 대한 끌림에 의해 생기는 영혼의 조화 속 불균형(들).

따라서 그는 이미 자신의 뒤에 남겨두었던 것을 향해 단순히 몸을 돌릴 수 없다. 비록 그는 무엇이 문제l'en jeu가 되는지를 정확히 안 적 없었음에도 불구하고. 불타고 있는 것l'en feu도. 비록 그가 스승의 신념에 의해 너무 이르게 풀려나 끌어내졌음에도 불구하고. 그는, 가끔 자신의 권력을 야간 남용하는 철학 교수의 권위에 의해,

자신도 모르게 유혹받았다. 교수는 자신의 강의의 기획을 보장하기 위해서, 기하학적 광학 속에서 이성의 길들에 계속 표지를 세우기 위해서, 자신이 필요로 하는 것을 아이에게서 — 유년기에서 — 되찾는 것이다. 진리의 씨들을 거기에 뿌리기 위해 아이의 수용적인 "영혼", 아직 손대지 않은 모태를 이용함으로써. 언제나 처녀지인 이 땅의 생명력, 교수의 세미나[씨 뿌리기]séminaire의 생식력을 열 배로 만드는 그 생명력에 의해 그 발아와 성장이 보장되는 진리의 씨들을. 게다가 젊음의 신용créance으로 미화되고 이상화된 반향을 그에게 돌려보내는 그 생명력에 의해. 서로에 대한 매혹, 사랑 — 그러나 이 "공유partage"의 상황에 대해 질문하고, 각 "주체"가 타자의 "속성들"을 분유participation하는 가운데, 이 작용이 상정하는 반전 속에서 잃는 것과 얻는 것을 계산해야 할 것이다 — 은 끊임없이 증가하고 고양된다. 그것은 연장자에게 영감을 주어, 자기 앞에 있는 청년의 "육체"를 더 멀리 밀어내도록 한다. 반사되지 않은 눈부심을 향한, 되돌아올 수 없는 이송으로. 청년은 여기에 참여하는데, 관조하고 관찰하여, 거기에서 자신의 선/재화bien를 (재)발견한다. 그것은 물론 그의 교육에 사용되는 주이상스인데, 이것이 아버지의 권리들과 속성들의 전시에 있어서 그에게 더 앞으로 나아가도록 허용해주는 한, 동의된 주이상스다. 그는 이에 대해 말하지 않을 것이나, 그의 행위들, 행위로의 이행들 — 설령 그것이 의혹의 그림자일지라도 이성적인 원인을 벗어나는 — 속에서 아버지의 권리들과 속성들이 (재)생산되기 위해서는 역전을 필요로 한다는 사실을 지각없이 보여줄 것이다.

따라서 "아버지의 이미지"는, 자기로부터 나온, 아들의 "영혼" 속에서 재발견될 것이다. 그것은 기껏해야 "아들"의 항상 여전히 **어린아이 같은 무의식** 속에서 나타날 것이다. 그렇지 않으면, 아들은—그역시도—그 이미지가 반사하는 투사와 역전에 빚지고 있으며 또그것을 거부하고 있음을 알 것이다. 아들은 이미 "아버지"가 (자기의) 부재 속에 자기 모습을 비춰보(지 않)기 위해 그〔아들〕 안에서복제되는 것임을 알았을 것이다. 그가 인식하지 못하는 그러나/그리고 동일한 과정의 반복을 무한정하게 규정하는, 의식의 **맹점**을재은폐하기. 태초부터 자기 바깥으로 끌어당기는 것이 빛나고 있는 그곳으로 (다시) 가려는 욕망. 선조의 환상mirage과의 동일시—엄밀히는 불가능한—를 통한 (자기의) 재전유의 꿈.

이는 우리가 결코 뒤로 되돌아가지 않기를 요구한다. 이러한 "상승ascension" 여정을 완수하기 전에, **적어도 한 번 한 바퀴 돌기 전에 결코땅으로 내려가지 않도록**, 무엇보다 땅속으로 들어가지 않도록 요구한다. 여전히 자신이 **뒤에** 투사하는 그림자를 모르는 "태양"을 향해 멈추지 않고 행진하도록. 상승을 계속 밀어붙이기 위해서는 (자기의) 복제물double을 무시해야 한다. **역방향으로** 다시 가로지르는,다시 올라가는 **길의** 여전히 **물질적인 연장에** 그것〔복제물〕을 남겨둠으로써. 이 전진을 돕는 교사에게 유리하도록 아마도 그것을 버려둠(?)으로써. 다소 멀어졌다 가까워졌다 하면서 경로를 따르고, 경우에 따라 발걸음의 방향을 비끼기도 하는 교사에게 유리하도록 말이다. 또한 자신의 성찰들réflexions을 보여주기 위해 이 발걸음의, 이 방식의 반향을 유의하면서도, "지망생"이 다가가면서 자율적인 모든 관찰, 환기, 형상화를 포기하도록 유도하는 교사에게. 이는 철학에 있어서 유일하게 공인된 개념작용conception의 순수성에 도달하기 위한 필수 불가결한 조건이다. 따라서 그는 자신의 "시험"을 계속한다. 이러한 시험의 성공은 그를 둘러싸고 있는 모든 것을 그가 보지 못함으로써 담보된다. 궤도에서 벗어난 시선이 향하는 곳은 바로 아버지의 욕망이다. 아버지의 욕망에 대하여 이 시선은 어떤 한정된 재현도 갖지 않으며, 갖지 않을 것이다. 그것은 결코 그런 식으로 나타나지 않는다. 적합하고 철저한 형상부여in-formation에서 벗어나 있기 때문이다. 그것은 존재의 비축이며, (자기의) 모든 재생산을 넘어서는 것이다. 틀림없이 아버지는 자신의 자식, 즉 태양 Soleil을 대표로 임명한다. 그리고 성공하고자 한다면 태양의 광채에 내기를 걸어야 할 것이다. 그것은 시각이 작동하지 않게 하고, 이론적인 무능함을 야기한다. 그래도 태양은 빛나야 할 것이고, 밤이 아니어야 할 것이다. 그리고 사실, 태양 빛은 증명에 있어서 오직 한 단계일 따름이다. 우리는 거기에 머물러 있을 수 없고, 역시 감각적인 인상들, 역시 가시적이고, 여전히 "표면적인" 신용으로 끝날 수 없다. 그러므로, 상승을 어떻게 계속할 것인가? 새로운 발전 목표에 어떻게 도달할 것인가?

아무런 증거가 주어지지 않았기 때문에 아이가 보지 못하는 것, 그것은 바로 아이가 "아들"이 되기를, "아들"이기를 요구받는다는 것이다. 이는 "아버지"에게 그 자신의 이미지를 돌려주기를 요구하는 것이나 마찬가지다. 그런데 누가 아버지(인가)? 어디에 아버지 (가 있는가)? 대문자 아버지이다/대문자 아버지가 있다. 순수한 반 사/사변화. 이는 결코 간단히 재현되지 않는다. 그리고 누군가— 예를 들면, 교사—가 아버지의 기능을 차지한다면, 그것을 찬탈 한다면, 이는 그가 철학의 "세계에" 아들을 진입시키기 위해 스스 로 준거이기를, 보증이기를 바라는 한에서만일 것이다. 그는, 그 자신은, **이러한** 인식〔함께-태어남〕con-naissance에 부여된 보증에 다 름 아니다. 그런데 "아버지"는 그의 권한 위임의 **공식화의 모든 특수성** 에 저항한다. 그가 재현(들)의 경제와, 재현을 실행 가능하게 만들 고 영속시키는 것과 어떤 관계에 있든 간에. 사실, 우리가 단순히 반쯤 엿보지entr'apercevra 못할—동굴처럼 열지antr'ouvrira 못할—심 연 위에 재현을 수립하는 것과 그가 어떤 관계에 있든 간에. 수태 conception의 신비와 그것이 (재)생산되는 자궁hystère을 무한—아버 지인 이데아(존재의 이데아인 아버지(아버지의 존재의 이데아))— 으로 투사하기. 눈을 순수한 빛에 고정함으로써 본래적인 것을 향 한 실명cécité을 물리쳐야 한다. 더 이상 거기에서 (아무것도) 보지 못할 정도까지—**다시 뚫린(다시 발견된) 그림자**—, 여전히 감각적인 막 membrane의 힘을 지나쳐 통과하고, 영혼의 시선을 재발견하기에 이 르기까지. **아-레테이아**. 관념적인 탈자태ex-stase에 대한 상기, 본질 (들)의 직관은 "아들"을 그의 바깥으로, 대문자 아버지의 이름(들) 으로 (다시) 데려간다. 그의 역사의, 여전히 경험적인, 모든 시초 이 전으로. 더 진실한 것의 주이상스. 그것〔더 진실한 것〕은 관념-논리 적〔이데올로기적〕Idéo-logiques 투시들을 위해 스크린-기반을 결국 다시 비춘다. 즉, 영혼은 너무 자연스러운 물질적 탄생으로 어두워졌던 것이다.

| 무구한 수태 |

그런데 그때부터 어머니는 어떻게 되는가? 어머니는 (재)생산이 된다/(재)생산의 생성이 된다. 점진적으로 "고양되고" 회복되고 정련된다. 역전으로써 이상화된다. 즉, 수태는 영원할 뿐만 아니라, 그것 안에서/그것에 의해서 죽음 자체가 삶을 낳을 것이다.

가족 수당의 독점. 또한 시각적(시각적인 것의) 독점. 그때부터 생물학적bio-logique 세포를 지니는 것은 오직 아버지에게만 속한다. 아버지는 결정적인 재탄생에 이르기까지 자기가 하는 말로 아이들을 먹인다nourrit. 그가 지금 자신의 의지들을 새기는 장소, 즉 (아들의) 영혼에 대해 말하자면, 그것은 그의 가장 고양된 부분 안에 있는, 아버지의 이미지를 위한 모태, 자기 동일성의 영속성의 보증에 다름 아니다. 틀림없이 그는 적어도 여전히 지상의 이 삶, 여전히 감각적인 이 삶 동안 존속하기 위해 육화incarnation의 이 잔여를 필요로 한다. 그러나 모든 것을 거울(들)로 변형하는 대타자를 향한/대타자의 회귀(방향전환)는 그의 존재Être의 절대적인 투명성을 보증하는 것이다. 그의 아이들은 지복 속에서 무한(정)하게 그를/자신들을 관조할 것이다. 결국 이미지들 없는, 정해진 재현들 없는, 하나의 반영의 그림자 없는 반사/사변화는 여전히 어떤 육체의 개입을 상정한다. 또한 시점들로부터, 방어적인 경계들로부터, 너무 자연스러운 기관들에 의해 요구된, 원칙의 제한들로부터 해방된 빛의 발산. **깊이가 포함된** 시각장 전체는 방출된 빛에 의해 마찬가지로 범람할 것이고, 그것의 전능 속에 마찬가지로 잠길 것이다. 변형도, 변화도 없고, 상실도 없으며, 실명도, 어떤 종류의 혼란도 없다. **탈분열적**ex-schize **불멸성 속에서 (아버지와 아들의) 시각과 시선의 극단적인 혼란**.

유일한 선Bien의 원천을 다시 기억하는 것을 무시하는 이들이 있다면, 그들은 "세상에" 남겨질 것이고, 땅에 버려질 것이며, 그림자들의 운명인 변화avatars의 포로가 될 것이다. 아마도, 그들의 꿈과 환상이 다시 그들을 끌어당기고 붙잡고 있는 어떤 어두운 구멍 속에 매장될 것이다.

우리는 아직 완전히 그 단계에 있지 않다. "시간"이 우리가 진실과 거짓, 선과 악 등에 대해서 선택하도록, 결정하도록 재촉한다고 해도. 삶의 의미에 대해서 결정하도록 재촉한다고 해도. 이것인가? 다른 것인가? 수태의 기원에 대해서. 어떤 기원인가? 교사의 지시를 좀 더 신뢰해야 한다. 그는 점점 더 위험해지는, 아이의 발걸음을 따라가서는, 아이가 뒤돌아서지 못하도록, **그가 태양을 향해 한 걸음 디딜 때마다 땅에 남기는 그림자가 길어지는 것**을 보지 못하도록 막는다. 그의 시선에 빛이 비추어짐에 따라, 그의 육체라는 스크린이 길에 투사하는 맹점이 커지기 때문이다. 뒤에 남겨진 어둠은 스승의 계산에 맡겨진다. 그는, 이 형상 아래에서, 그의 인식론적 평가로 "존재자"의 물질적 불투명성의 개입을 다시 고려한다. 증명을 통해 대문자 존재의 무한한 질서에 이르기 위해서 그가 행하는 여전히 기하학적인〔땅을 측량하는〕géo-métriques — 담보하는hypothèques — 가설들hypothèses. 대문자 존재는 종국에 가서는 그것의 본질에 대한 모든 비례적 평가에 저항한다. 그것은 엄밀한 의미에서 속성을 부여할 수 없는 조화다. 그것은 모든 담론성을 넘어서며, 이제부터 그것의 실행은 철학 수업의 몫이 될 것이다.

│ 관념적인 주이상스의 사후작용 │

그러나 거기, 태양의 **파이데이아**〔교육〕παιδεία 안에서는, 즉 여전히 우주-논리적이고, 여전히 "물질적인physique" 이러한 예비 교육 안에서는, 교육자는 거의 말을 하지 않는다. 그의 요청은, 그것이 아무리 긴급하다 해도, 추론을 내세우기보다는 자기 앞에 있는 청년을 눈부신 황홀함 속으로 밀어낸다. 여기에서 주이상스는 여전히 허용되지만, 그것은 대문자 진리의 명령들에 굴복하고 종속되는 과정 중에 있다. 진리는 그것이 지배하는 상들과 타협하지 않는다. 그리고 만약 시노그라피가 여기에서 용인된다면, 심지어 대문자 진리를 말하는 데 실패하는 담론을 대체하는 것으로 규정된다면, 그것은 영혼 속에 관념적인 형상들의 각인이 재생산되기 위해서이다. 이것은 주이상스의 사후작용(들)으로서, 이는 시각장의 한계들을 **프쉬케**〔영혼〕 속에 재표시함으로써 시선을 소진시켜버릴 것이다. 본질(들)의 직관을 제한하는 검은 얼룩들을. 결정적인 방식으로 한계 지어진 빛. 그것은 각 "존재자"에게 있어, 시력을, 즉 에이도스[형상]를 극단적으로 포화시키기도 하고 고갈시키기도 하기 때문이다. "자연의" 시각은 절정에 이르러 관통되고trans-perce, 다시 가로질러지고, 역전된다. 축arbre은 그 속성들의 "감각적인" 다른 관찰들, 다른 경험들을 소환하고 상기시킴으로써 가사자 인간이 그의 상승에 대해 가질 수 있는 시각의 시선을, 시각의 기억을 더는 알려주지 않을 것이다. 동일하고 다르며, 때로는 모순되는 관찰들, 경험들을. 그러나 빛의 양, 형상의 크기에 대해 틈을 조절하는, 눈의 격막을 찢는 전능한 곧추섬érection의 폭력적인 함축성prégnance은 모든 시선의 **뒤에** 그리고 **이면에**, 영혼의 투사 스크린 위에, **관념적** 형태학의 소진되지 않는 배치를 새긴다. "축" 전체에 비추어볼 때 **남근적** 압인estampage은 그 패러다임과 관계있는 발현manifestation의 기능만을 갖는다. "축"의 경우에도, 그리고 여전히 지각할 수 있는 perceptible "존재자" 전체의 경우에도 마찬가지다. 기억 속에 올바르게 쓰인ortho-graphié 원형의 다소 적합한 복제물(들)일 뿐이다.

"가지적인 것들"로 말하자면, 그것들의 (재)각인이 부성적 로고스를 각인하는 힘에 더 직접적으로 기인한다 해도, 그것은 **빛**의 과도한 생산, 눈을 소진시키는 그 과도함으로 인한 이 실명을 감수하라고 요구한다. 대문자 태양의 광휘, 즉 대문자 아버지의 자식이 개입médiation하면 **시각적 감각**이 상실된다. 눈부신 광선들, 대문자 진리의 신성한 씨의 투사 이미지들은 여전히 경험적인 아이의 시선을 무화시킨다. 자기 영역의 **연장**의 그림자를 **뒤에** 새기면서 말이다. 이는 그가 "아들"인 한, 세나가 가사자인 한, 불가피하게 제한된다. 또한 이것은 그가 (그의) "어머니"를, "생성의 장소"를 여전히 닮아 있다는 말이 된다. 우주는 모든 힘을, 제작자의 모든 생성적 잠재성을 가질 수는 없다. 따라서 "가지적인 것들"에 대한 상기는 여전히 물질적이고 모태적인 수태 앞으로 다시 데려간다. 그것은 "사람〔남자〕들hommes끼리" 조정해야 할 문제이다. 사람〔남자〕들끼리라고? 정말인가? 그렇다면 어머니는 어디에 있는가? 어머니는 그것이 생산되는, 재생산되는 **곳**에 있다. 눈이 과잉 활성화되면서 ─특히 그것ça이 모방을 통해 빛도 발하기 때문에─ **소진되는** 그리고 **소비되는** 눈의 **막-스크린** 속에 있다. 대문자 아버지(의 대문자 태양)의 타오르는 불에 의해 타오르고 삼켜지며 크게 열린, "아들"의 **황홀한 시선** 속에 있다. 빛의 투사의 확산하는 힘을 **제한하는** 이 **원**, 이 **고리** 속에 있다. **시점** 안에 도입된, 삽입된 각각의 빛의 힘을 제한하는. 그뿐만 아니라 넘치는 시각 영역의 공간, 사이를, 실명이라는 한계에 이르기까지 뒤집어엎는 무한한 다중성, 무한히 증식하는 재생의 힘을 제한하는. 일어날 수 있는 일은 말할 것도 없이, 당장은 증명을 피하는 총합sommation인 이 황홀경의 **이면에도** 있다.

따라서 아직 감각적인 인상이 지금 다시 가로지르고 재표시하는 이 **죽음** 속에 있다. 빛, 크기, 힘에 대한 "아버지"의 독점은 그의 지나친 권력으로 수용기(들)를 손상시키고, 이 수용기(들)는 "아버지"의 이데아들을 정의하기 위해 이데아들의 빛을 덮는 그림자의 가장자리만을 남긴다. 그러나 그 이데아들이 불멸의 반사/사변화를 위해 뒤돌려지면, 이 수용기(들)는 그것들을 되살릴 것이다.

| 유년기의 끝 |

따라서 (그의) 어머니의 아이는 너무나 물질적인 막들을, 너무나 육체적인 유산들héritages을 벗겨내는 중이다. 쇠퇴에, 죽음에 종속된 것들을. 그리고 만약 밝아진 그의 시선이 더 낮고 더 어두운 매력들을 이미 찾아낸다면, 그 시선은 너무나 세속적인 광경들을 정화해야만 할 뿐만 아니라, 그토록 유한한 기관을 신뢰하기를 포기해야만 한다. 눈부신 태양이 실행시키는 피안으로 이행해야 한다. 빛의 주입과 그 풍부함을 규제하는 것을 **돌파하면서** 그리고 **떼어내면서**écartant, 스스로가 생산되는 장소를 **불태우면서**. 이러한 강간 안에서, 시각과 시선의 이러한 소진과 소멸 안에서, 영혼이, "영혼의 시선"이 소환된다. 영원한 관념들에 대한 상기의 장소, 본질들의 직접적인 영상이 재발견되는 곳. 따라서 비춰지고 비춰주는 장소, 불변의 윤곽들을 지닌 관념적인 형상들이 점철된ocellé 곳이 소환된다. 시점들은 완벽한 올바름 속에서 최종적으로 결정될 것이다. 각 사물의 자기 동일성을 할당하고, 존재의 변화들avatars을 피하는 자신의 본성을 고정하는 대문자 존재에 의해서/대문자 존재에 대해서. 영혼, **반사 스크린**은 무한한 수의 눈들을 비춘다. 즉, 신을. 이제부터 눈꺼풀은 자연적인 기반이 결여되고, 그것들의 "선bien"은 유일한 대문자 아버지의 권위에 의해 결정될 것이다. 대문자 아버지는 결국 "점tache"—안상반점ocelle(의) 단안—의 격막-틈을 조정할 것이다. 모든 이데아(들)를 **프쉬케**의 반사 스크린 위에 모방하면서. 그뿐만 아니라, 대문자 아버지는 그것들이 조화로운 관계들—

영혼(의) 다면체 구―을 보장할 것이다. 다수의 완벽한 (자기) 지식을 반사하기 위해 창작자처럼 스스로 돌기 시작하면서. 이런 식으로 빛의 파편화된 광채들을 지고의 타오르는 불 속에 결합시키면서. 대문자 아버지의 대문자 선, 즉 **노에시스**[진리의 인식]νόησις에 대한 사랑[에로스].

그런데 대문자 아버지는 지금 어디에 있는가? "에로스는 부모가 없고", 모든 신들 가운데 가장 오래된 신[35]이지만, "신들 가운데 가장 젊다"[36]. 따라서 "아들"은 사랑의 관조를 통해 (자기의) 기원을 자기 안으로 흡수하는 것인가? 그들은 다음과 같이 말한다. "그녀"에게 에로스는 모든 것을 아는 자, 특히 유혹의 책략들을 아는 자의 아이이자, 모든 것을 모르는 자, 즉 가난[페니아]의 아이일 것이다. 사랑받는 자와 사랑하는 자의 아이로, 그녀의 욕망에 따라 수태됐다[37]. 그러나 "그녀"는 예비 교육에 초대받지 못했다. 그럼에도, 그녀를 잘 살펴보면, 그녀를 배제하는 것과 그녀를 필요로 하는 것을 아마도 관념적인 형상의 **지름**과 **둘레** 속에서, 신적인 힘을 반사하는 (이러한) **거울들** 속에서, 영혼이라는 이 **반사경** 속에서 발견할 것이다. 에로스 혹은 노에시스적 인식의 생성의 장소(들) 속에서 발견할 것이다. 결국 질료로 진입하는 변질을 피하고, 더 근본적으로는 모든 변질의 정수인 모든 타자성과 무관한 계사의 탈자태(들)ex-stase(s) 속에서. 왜냐하면 이 마지막 지점에서, 대문자 아버지는 아들의 변화에 더는 영향을 미치지affecter 않을 것이고, 더는

35 『향연』, 178b.
36 『향연』, 195b.
37 『향연』, 203b-c.

계속 영향을 미치지 않을 것이다. 그의 안에 그의 이데아들, 그의 로고스의 각인을 상기하는 것은 **파이데이아**를 완성한다. 이제부터 그는 불멸한다im-mortel. 틀림없이 그는 가상으로는 존재하기(존재)를 (재)시작했다. 이는—주장되기를—어머니 안에 수태되기 전에 그가 항상 이미 (그렇게) 존재하기 때문에만 가능하다. 대문자 아버지는 태어나기를 영원히 거부했기에 영원하다. 이 때문에 그의 존재는 예로부터 언제나 영속적으로 그 자신과 동일하다. 그의 선, 그의 진리, 그의 미가 그렇다. 그의 로고스도. 무한(정)하게 완결된다(정의된다). 불변하며 한결같게.

철학 안에서의 삶

| 언제나 동일한 것 |

그러므로 그런 속성들에 참여하는 것은 발전의 한 단계terme를
표시한다. 다른 세계(의 광경) 속으로의 이동. 이 세계에서는 전
진, **진보**가 멈춘다. 아직 가로질러야 할 교차점을 대신했던 **방법조차
도** 절정에서 사라진다. **통로**─경부, 협로, 관, 상승의 ─가 더는 없
다. 안과 밖, 밖과 안 사이의 통로가. 아래와 위 사이의. **아르케**〔기원〕
ἀρχή와 **텔로스**〔목적〕τέλος 사이의. 본질 직관이 어떤 길 혹은 경로의
중개, 개입, 매개뿐만 아니라 **격막**의 틈의 필요성을 해소하고, **장막**
의 통로를 부정(거부)한다. 이러한 본질 직관은 **노에시스**의 간접성
속에서 전적으로plénière 생성된다. 그것은 지연도, 조정도 없고, 주
이상스 경제를 지연시키고 평가하는 "기관organe"도 없다. 전능한
빛 속에서 스스로 유지될 것이기 때문이다. 반사적인 (것의) 내투

사intro-jection에 대한 환상, 그것의 황홀감. 언제나 절대적으로 동일한 시점들로 뒤덮여 있는, 대문자 아버지의 시선의 영역, 그 우주적 궤도, 그 안에서의 지각할 수 없는 회전의 현기증. 아버지의 시선의 관념적인 형태는 모든 변화, 모든 변질 혹은 변경―예를 들면 시각 혹은 방향/의미sens의―을 배제한다. 따라서 그것은 아버지의 로고스에 완벽하게 일치하기를, 그의 말을 소유하기를/그의 말에 적응하기를 가능케 한다.

당장 현존을 피할 수만 있다면, 절대지의 완성에 적응하고 그것을 있는 그대로 받아들일 수 있다면 말이다. 이 절대지는 모든 독특성을 반사적인 것의 외삽된 작용 속에 뒤섞는다. 그때부터 반영들의 특수성spécificité, 즉 거울반사 장치, 사변적 기계장치의 특수성을 인식하지 못하게 된다. 이런 식으로, 결정들, 갈등들, 그리고 "예를 들면" 역사적인 수정들, 즉 개작refonte의 위험들을 피한다. 따라서 대문자 아버지의 "담론"에 순응하는 것은 아들에게는 "그의" 이미지, "그의" 반사, "그의" 삶―쓰기bio-graphie의 생성을 포기하는 것으로 귀착된다. 데미우르고스가 항상 이미 그 효과를 계산한 거울들과 동일시함(거울들에 동화됨)으로써. 각각―이데아의 고정된 원형―뿐만 아니라, 건축적 구조architectonique―(대문자 아버지의) 대문자 선을 향해 상승하는 위계의 효과까지. 따라서 관념―논리[이데올로기]idéo-logie의 어휘와 통사는, 영혼이, 영혼의 시선이 올바른 방향으로 돌려진 이상, 그것들의 올바름을 통해 결정적으로 정의된다. 이는 물론 "육체" 선체의 선환을 요구한다. 즉, 신이 영상

에 대한 육체의 결정적이고 유보 없는 복종을. **텔로스**는 결국 **프쉬케**

속에 재각인된다. **프쉬케**는 새로운 역전을 통해 한 번 더 외부/내부

의 대립들을 뒤틀면서 "질료"를 다시 에워쌀 것이다ré-enveloppera.

"내부"는 "외부"를 비가시적이지만 뚫고 들어갈 수 없는 장막으로 다

시 둘러싸게recirconvenir 된다. 플라톤의 **휘스테라**, 형이상학적인(형

이상학의)(de la)méta-physique 폐쇄-외피clôture-enveloppe. 동일자의 방

향으로, 항상 원으로 움직이는 것. 그것에 **역으로** 회전하는 "다른

원"의 궤도l'écliptique는 차이들 혹은 분쟁들을 상기시키게 된다[38].

그러나 우주의 광학적 경제에 리듬을 부여하기 위해 필요한 "그림

자들", "시간"을 측정하기 위해 필요한 "그림자들"은 항상 그것의 조

화로운 회전을 방해할 위험이 있다. 이 "다른 것"의 운동들은 다행

히도 신성한 무오류의 예지에 맞추어 동일성의 구 **내부에서만** 일어날

것이다. 그것의 궤도 내로 제한된 채[39]로 말이다. 충돌들은 단지 부

수적으로만 **간접적인 방식으로** 이루어지며, (단지) 대문자 동일자의

자기 동일성의/자기 동일성에 의한 포위encerclement를 나타내고 확

인하는 데에(만) 쓰인다. 대문자 동일자, 대문자 존재. 이는 무엇보

다도 철학적 광학에 대한 충실성 때문에 쉽게 축에서 벗어나지 못

할 것이다.

---

38 『티마이오스』, 36c.
39 『티마이오스』, 44b-c.

| 자폐적 완전성 |

사실, 철학적 광학은 대문자 아버지의 이미지의 온전성을 유지하기 위해, 우주에서 아버지와 가장 유사한 것으로부터 모든 감각 기능을 제거한다. 감각은 변질을 일으키기 때문이다. 물론 아버지는 그것에게 모든 상들 가운데 가장 완벽한 형상, 그 자신과 가장 유사한 **구의** 형상을 부여하며, 마지막 마무리로 외부 윤곽을 매끈하게 다듬는다[40]. 또한 그것[아버지와 가장 유사한 것]은 뒤집힌 거울이다. 따라서 아무것도 잃을 수 없고, 바깥으로부터 아무것도 받을 수 없다. 왜냐하면 그것 바깥에는 아무것도 존재하지 않기 때문이며, 그것이 피행위자이자 행위자가 되는 모든 것이 그 자체에 의해 실현되는 것은 그 자체의 내부에서이기 때문이다. 영원으로부터 온 자─하느님 아버지─에 의해서, 선의로 그리고 "욕망envie" 없이 부여된 자족성. 그 자족성을 부여받은 자는 이렇게 존재하기를 열망한다. "자신의 우월함 덕분에 다른 아무것도 필요로 하지 않고 자기와 자기의 결합으로 존재할 수 있는 유일한 단독자 외에 아무것도 아닌 자, 자기 자신에 대한 앎과 우정의 대상으로서 매우 만족하는 자!"[41] 그의 이데아들의 관조 때문이 아니라면, **눈이먼.** 그의 영혼의 조화로운 회전들을 듣기 위해서가 아니라면, **귀가먼.** 그의 영혼은 어떤 목소리의 협력, 도움도 없이 이제 자기 자신하고만 이야기를 나눈다[42]. 이제 "담화" 없이, "대화" 없이 가능한 사유. 영

40 『티마이오스』, 33b-d.
41 『티마이오스』, 34a-b.
42 『소피스트』, 263e.

혼이 "자기 자신에게 질문을 하고 자기 자신에게 대답을 하는"[43] **자기논리적**auto-logique **침묵**. 게다가 그는 "자신이 유출한 것에서 뽑아낸 양분을 자신에게 제공한다"[44]. **손도 없고, 발도 없는데,** 이는 동일한 장소에 머물면서 동일한 지점들을 무한(정)하게 다시 통과하면서 항상 스스로 회전하기를 요구하는, 지성과 성찰의 운동에 부적합한 기관들이기 때문이다[45]. 여전히 어떤 "낯선 것"을 **건드리지 않도록 주의한다**. 그리고 그의 내부가 아닌 다른 곳에서 그를 끌어당기는 쪽을 향해 나아갈 수 없도록 **다리가 없다**. 자족하는 자의 완전성, 신들을 가장 영예롭게 할 수 있는 산 자의 본성을 입었다고 불리는 영혼들에게 지워지는 운명.

| 열등한 종과 성genre 으로부터 돌아선 사랑 |

이러한 우월한 조건은 나중에 남자viril라고 불리게 될 성에 귀속된 것이다[46]. 그래도 그는 그의 인간 분신으로부터, 즉 그의 여성 복제로부터 벗어나서 철학적 비상을 통해 하늘을 향해 도약하고, 실재하는 존재를 지닌 유일한 이것, 즉 이데아들을 향해 머리를 들어야만 한다. 그는 아래의 사물들, 지상의 현실들을 걱정하지 않는다. 감각들에 대한 욕구는 비이성과 불의를 야기하며, 그를 신에 대

---

43 『테아이테토스』, 190a.
44 『티마이오스』, 33c.
45 『티마이오스』, 34a.
46 『티마이오스』, 41e, 42a.

한 사랑에서 더 멀리 떨어진 **또 다른 성으로** 다시 떨어지게 할 위험이 있기 때문이다. 다시 태어났을 때 여성의 육체 안에서, 혹은 심지어 짐승의 육체 안에서 자신을 발견할 위험이. 땅으로 가장 가까이 끌어당겨지고, 바다에 가장 깊이 빠진 것은 무지와 "어리석음bêtise"에 대한 벌로 가장 경멸스러운 운명을 겪는 것이다. 그로 인해 가장 낮은 거처로 자신의 현존을 옮겨놓아야만 하는 것이다[47]. 깃털을 잃은(잃었을) 남자의 영혼의 재추락re-chute, 가장 열등한 깊은 곳, 가장 어둡고 비천하게 만드는 깊은 곳으로의 재추락[48]. 물론 지혜 Sagesse에 매혹되지 않아서 혹은 철학 교육이 결여돼서다. 왜냐하면 철학자의 사유만이 진정으로 날개가 달려 있기 때문이다. 이 때문에 대중은 "정신이 나갔다"고 비난하지만 말이다. 반면에 제정신이 아닌 그, 틀림없이 착란에 빠져 자제력을 잃은 그는 오히려 "신에게 사로잡힌possédé" 것이다.

이 "신"은 그에게는 종종 **젊은 소년**의 얼굴, 절대적인 미의 존재에 있어서 가장 적합한 반영을 취할 것이다. 명백하게도, 철학에서 절대적인 미는 그렇게 정의돼 있다. 우리는 결코 동일성의 추구에서 벗어나지 못한다. 따라서 사랑은 자신과 가장 유사한 것과 연결되고자 노력할 것이다. 그는 현자sage에 가장 가까운 자와 결합될 것이다. 혹은 가장 가깝고 싶은 자, 즉 더 젊고, 더 아름답고, 더 "사랑스러운mignon" 그의 타자와. 어떤 의미에서는 그의 "아들"과? 이러

---

47 『티마이오스』, 90e, 91, 92.
48 『파이드로스』, 246d.

한 성향은 사랑받는 자를 사랑하는 자와 가능한 한 가장 똑같이 만드는 것을 목표로 한다. 그리하여 연인들이 "그들 자신들과의, 결국에는 그들이 숭배하는 신과의 전적인 유사성으로 이끌리도록"[49] 말이다. 사실, 사랑은 사랑받는 자 안에서 감각할 수 없을 정도로 서서히 불붙여진다. 왜냐하면 그의 눈이 자신도 모르는 사이에 매혹됐을 것이기 때문이다. "사랑하는 자 안에서 그가 바라보는 것은 거울 안에서처럼 그 자신임"[50]을 짐작하지 못하고서. 이렇게 그는 사랑에 빠져 있다. 그런데 무엇과 사랑에 빠지는가? 그의 이미지와? 그것은 진실로, 사랑을 잃는déchoir 것이다. 복제된 자기를 관조하고 경탄하는 것은 살아 있는 인간들의 특권이 아니다. 그들이 남자들이라 해도 마찬가지다. 그들이 그렇게 관조할 수 있는 것은 언제나 대문자 선, 대문자 아버지의 매개를 통해서다. 그리고 "미소년 mignon"을 사랑에 빠지게 만드는 것은, 그의 이미지가 형상화되는 **연장자의 시선**이다. 즉 자신에게/그에게 결핍되어 있는, 그리고 그 자신에 대한 사랑 속에서 자신을/그를 동등한 자égal로 구성하고자 하는 **빛이 비춰진**éclairé **아버지의 시점**이다.

의식을 그런 것으로, 즉 자기 동일성으로 수립하는 것과 관련한 의식의 현기증. 그리고 거기서는 신조차도 (자기) 지식을 뒷받침하기 위해서 대문자 우주—물론, 원운동으로 살아 움직이는—를 (스스로) 창조할 필요가 있었다. 자신과 비슷한 자식들을, 그들에

---

49 『파이드로스』, 253c.
50 『파이드로스』, 255d.

게서 자신을 비춰보기 위해 관대하게 (스스로) 재생산하는 대문자 존재는 자기로부터 벗어난다. 그들은 잘 완결되고, 잘 닦이고, 잘 돌려졌으나(선회됐으나), 눈이 없다. **시선은 항상 대문자 아버지의 특권 apanage으로 남아 있다.** 모든 것이 (그렇게) 존재하게 되는 것은 그의 시선 속에서다. 이는 "아들"에 대해서도, 그의 사랑에 대해서도 마찬가지다. 그리고 만약 욕망의 절정이 "아버지"와 "아들", "현자"와 그의 "미소년"이 동등하게 서로 사랑하는 것이라면, 즉 (자기에 대한) 인식이 실패하는 **조준점**을 서로(에게) 부여하는 것이라면, 그들은 이 황홀경을 위해 다른 세계 속으로 보내질 것이다. 이데아들을 함께 관조하기 위해 다시 깃털이 달린 날개로써 천상의 궁륭 너머로 이동하게 될 것이다. 이데아들의 실재성réalité —"실제로, 색깔도 없고 형상도 없으며 만질 수도 없는"[51] —은 눈짓, 즉 모든 빛의 원천으로 하여금 궤도〔안와〕를 벗어나기를 요구한다. 관념적인 것은, 그것이 사랑할 만한 것이라 해도, 가사자들로부터 벗어난다. 왜냐하면 만약 연인들 각자가 타자 안에서 진실로 자신을 볼 수 있다면, 이데아들의 영원한 본질은 거기에서, 가상apparence을 추구하는 것, 출현l'apparaître의 전유를 너무나 명백히 추구하는 것으로 환원될 위험이 있을 것이기 때문이다. 이는 대문자 아버지가 원하지 않는 것인데, 탈존ex-sistance의 필연성을 잃고 싶지 않기 때문이다. 살아 있는 존재자가 그가 계속해서 변화를 겪는 곳인 환경 —사랑의 환경을 포함하여 —의 바깥으로 돌출하는 것은 탈자태ex-stase에 의해서만 실현된다. 신 안에서의 탈자태. 각자는 자기로부터 벗

---

51 『파이드로스』, 247c.

어남으로써만 자신의 존재의 순수성에 점진적으로 이른다. 그리고 무엇보다도 "우리가 걸치고 다니는, 그리고 껍데기 속 조개처럼 우리가 그 안에 갇힌, 육체라고 부르는 이 무덤!"[52] 으로부터 벗어남으로써만.

따라서 사랑받는 자는 그가 신성한 빛으로 반사함으로써만 사랑받을 것이다. **남성은 여성 혹은 어떤 다른 짐승보다 더 충실한 거울인 것이다.** 불멸자들과 비교하자면, 여성 혹은 짐승은 훨씬 더 멀어진 발생들에 해당한다. 그리고 심지어 엄밀히 말해서 어떤 인척 관계도 없다. 이들은, 두 번째 혹은 세 번째 삶 후에, 무지와 미덕의 결여로 인해 그러한 타락이 마땅한 남자들에게서 태어나기 때문이다. 따라서 그들은 이렇게 데미우르고스의 섭리에 이질적이다. 선의의 창조주가 그Lui와의 차이로 인해 은총을 잃은 산 자들의 존재를 결정했다고 생각될 수 없기 때문이다. 가사자들의 생식procréations은 이러하다. 그리고 이들의 욕망은 "본성"에 상응하여 그리고 "본성"에 따라 무엇보다도 자식을 낳기 위해 교미하는 것이리라. 이들에게 "존재자들"의 위계에서 거슬러 올라가는 유일한 수단은, 그것이 이들의 힘 안에 있는 한, 어리석음과 이들 감각의 혼란스러운 격렬함을 지성과 이성으로 변형시키는 것이리라. 이런 식으로 첫 번째 상태, 즉 남성들로 다시 되기redevenir를 희망하면서.

---

52 『파이드로스』, 250c.

| 불멸자들의 특권 |

그러므로 살아 있는 남성이 자신의 원형이 대문자 아버지라고/
대문자 아버지 안에 있다고 기억하면서도 자기 이미지를 사랑하며
추구하는 것을 멀리하는 것은 선하지도 옳지도 않다. 그리고 열등
한 종이나 성으로부터 그는 자신의 향성을, 그리고 무엇보다도 시
선을 돌릴 것이다. 시각은 그에게 주어진 아주 귀중한 재능이며, 누
군가 그것을 조금이라도 안으로 향하게 한다면(뒤집는다면) 그것
은 영혼의 기관과 가장 유사할 것이다. 그는 자신을 그의 "육체" 안
에서 가능한 한 높이 위치시킬 것이다. 왜냐하면 신이 첫 번째 탄생
때 인간들 각자에게 선물한 이 영靈/démon이 사는 곳은 몸의 꼭대기
이기 때문이다. "머리가 뿌리와 같은" "천상의 식물"로, 그는 하늘
에 매달려 있는데, 그곳에서부터 신성한 원리가 그에게로 오며, 그
는 기원을 향한 반복되는 인력attraction 덕분에 몸 전체를 세우고 있
다[53]. 육체는 모든 종류의 역전들을 겪을 것이다. 예를 들어, 이 우
뚝 솟은 곧추세움의 운동에 따르지 않는다면 몸은 다시 땅에 내려
앉을 것이다. 그런데 이러한 유형의 지상에서의 운동은 어리석음의
정도에 따라 두 발 혹은 네 발이 주어진 여자들과 짐승들에게 맡겨
져야 한다. 두 발 혹은 네 발은 **수직** 상승과 **원형** 회전이라는 더 고상
한 이동 양식을 대신하는 받침대들이다[54]. **원형** 회전은 하늘의 궁륭
그 자체가 **관통되었을**transpercée 때, 어떤 식으로든 여전히 물질적이

---

53 『티마이오스』, 90a.
54 『티마이오스』, 91d-92a.

고 모태적인 이러한 외피가 **침범되었을**outrée 때, 일어났던 일에 대한 상기에 의해 **수직** 상승의 진행을 뒷받침할 것이다. 어떤 피곤함도, 고통도 없이 이 최후의 내벽 양쪽을 오가는 불멸자들의 숭고한 운명. 그들은 그들의 "영혼"에 그렇게도 완벽한 가벼움을 부여하는 날개 깃털을 위한 먹거리를 찾으러 진리의 무한한 들판으로 간다[55].

| 욕망의 지식 |

다른 살아 있는 것들로 말하자면 — 이것은 적어도 수컷들에게는 진실이다 — 높이를 획득하고자 하는 열렬한 욕망에 사로잡힌 그들은 천상의 칸막이벽 너머로 자신들의 "머리"를 밀어내고자 시도하나, 머리를 들어 올렸다가 다시 처박고 만다. 그러나 그들을 이끄는 폭력적인 동요는 이러한 관통의 혼란 속에서 그들이 가닿을 수 없는 어떤 실재들réalités을 엿보도록 해준다. 아직 평온하게 상승을 추구할 수 없는 그들은 오히려 무질서로 실려 간다. 휩쓸린다. 서로 짓밟고, 떠밀고, 각자 앞지르려고 애쓰면서. 그 결과, 극심한 소요, 싸움, 노고가 일어난다. 또한, 어떤 이들은 이 돌파trouée로부터 불구가 되어 돌아오고, 다른 많은 이들은 깃털을 잃거나 혹은 적어도 망가뜨리며, 피로에 지친 모두가 실재를 관조하는 데에 입문하지 못한 채 다시 내려오는 게 사실이다[56]. 그때부터 많은 자들이 낙심

---

55 『파이드로스』, 248b-c.
56 『파이드로스』, 248a-b.

하여, 시뮬라크르와 환상들로 만족할 것이나, **자신들의 지식**을 완벽하게 한 후에 "최후의 시험"[57]에 이르게 될 가장 뛰어난 자들은 그렇지 않다. 따라서 그들은 독특하고 감각적인 사물들에 대해 더 이상 자신들의 지식을 행사하지 못할 것이다. 왜냐하면 감각적인 사물들의 지식은 이제 "생성devenir", 즉 대상의 변화에 따른 인식들에 종속돼 있기 때문이다. 그리고 가장 뛰어난 자들은 일시적으로 존재être라고 부르는 것과 이러한 종류의 모든 복제물들에 적절한 본질[58]을 여전히 혼동할 위험이 있다. 본질이란 불변하는 유일한 것으로서, 꾸준하게 관심을 유지할 가치가 있는데, 왜냐하면 그것은 인간으로 하여금 감각들의 무질서한 운동 속에 다시 떨어지지 않고 상승을 계속하도록 해주기 때문이다. X개의 발을 지닌 동물들의 그런 감각들은 제어되지 않는 방식으로 끊임없이 돌출한다. 이는 끊임없이 그들을 땅의 표면에 묶어놓고, 땅의 깊은 곳으로 혹은 바다의 깊은 곳으로 퇴행하도록 만든다. 바다는 땅을 잃어버리고, 게다가 사지를 잃어버리는 데까지 이르는 토대이다. 어떤 기층assise도 없이, 동일한 지점들로 돌아갈 수 있는 확실한 수단도 없이 여기저기 움직이는. 방향을 잡을 수 있게 하며 결코 무한히 떠돌지 않게 해주는 마지막 지리적 지표들을 그들이 전혀 망각하지 않기라도 한다면.

이데아들의 상기 작업을 무시한 자의 슬픈 운명, 이로부터 가사

---

57 『파이드로스』, 247b.
58 『파이드로스』, 247d-e.

자는 항상 위협받는다. 그의 영혼의 다양성과, 그를 둘러싸고 있는 살아 있는 것들의 똑같이 불순한 성질 때문이다. 그러므로 이 영혼에 관해서는 그의 **가장 높은** 부분, 즉 목이라는 지협-경계에 의해 성마르고, 정념에 사로잡힌 부분과 분리된 머리 안에 있는 불멸의 부분에서 자기를 유지하도록 노력하는 것이 그의 행복에 필수 불가결하다. 신성한 원리가 모든 오점으로부터, 그의 본질에 부적당한 모든 혼합으로부터 보호되기 위해서. 게다가 그의 조건은 그가 완벽하려면 영혼의 필멸성을 공유할 것을 요구한다. 영혼에 관해서라면, 그것은 **가장 고양된** 반쪽, 즉 남자들의 거처와 여자들의 거처를 나누는 것과 유사한 **칸막이벽**에 의해 아랫배bas-ventre 안에 위치한 가장 동물적인 부분과 격리된 채 격막 위에 있는 것과 동일하게 남아 있다[59].

영혼의 이 중간 기능은 그것이 악의 생성devenir과 같이 선의 생성에 관계되는 한 필수 불가결하다. 그것은 하나의 "존재자"—창조되었고, 절대적인 지성intelligibilité의 모델에 일치할 수 없는—에게 있는, 선과 악 사이의 혼합된 장소다. 그럼에도 불구하고 영혼은 열등한 구역들로 전락하지 않기 위해 그 모델에 다가가도록 노력해야 한다. 그리고 특히 그의 "중개하는" 영혼의 비축된 열기, 불을 신성한 빛을 추구하기 위해 써야 한다. 이러한 불꽃들이 없다면 어떤 **다이몬**[신, 신령]δαίμων이라도 아무것도 할 수 없다. 그리고 무엇보다도, 그가 욕망하는 것, 즉 대문자 형상들을 인식하고 그것들을 모

59 『티마이오스』, 69d-e, 70a.

방하는 것에 전혀 도달할 수 없다. 물론 대문자 형상들은 영상들 visions로, 불타지 않고 비추는 조명들illuminations로 변형되어야 할 것이다. 그리고 여기에 이르기 위해서는—그리고 육체라는 이 "도구"를 유익하게 활용하기 위해서는[60]—이승에서는 미Beauté를 가장 잘 반영하는 **아름다운 소년들**에게 먼저 눈길을 던지는 것이 좋다. 그러나 곧 현자는 오히려 오직 그들의 지성에서만 그의 선[좋음]을 찾으려 하는데, 심지어는 그들의/그의 외피, "우리 각자를 따라다니며" 그의 모델의 불완전한déficiente 모작에 불과한 "외관semblant"을 무시하기까지 한다[61]. 틀림없이 이미지는 어떤 완벽함을 실현할 수 있다. 그리고 "만약 **한 인간에게 있는** 영혼의 아름다운 성질이, 이 성질에 일치하고 어울리는 특징들traits을 지닌 외관extérieur과 만나, 둘이 동일한 모델에 따르고 있다면, 그것을 볼 수 있는 이에게는 가장 아름다운 광경이 아닌가?"[62] 그렇다면 이탈의 위험이 없는 사랑이 자유롭게 펼쳐질 수 있다. 그것은 관념적인 것의 관조에 불을 붙인다. 동일성의 관조에. 그러나 이러한 만남은 희귀하다. 모든 탈마법désenchantement, 모든 탈환상désillusion을 경계하기 위해서는 무엇보다도 올바른 지식을 보장하는 것에 직접 연결되는 것이 낫다. 자기 자신(동일자로서 자기)에 대한 인식, 자기 동일성의 추구에.

---

60 『파이돈』, 99b.
61 『법률』, 7권, 959b.
62 『국가』, 3권, 402d.

| 시선의 모든 영역으로 확장되고
스스로 자기 자신을 사변하는 코레^{κόρη} |

정말로 서로 사랑하는 사람들만이 몇 번이고 되풀이하여 동일
자를 재발견하고자 초조해한다. 그리고 그러기 위해서, 그들이 몸
을 돌려야만 하고, 그들의 탐색을 이끌어야 하는 곳은, 인간의 혹
은 어떤 대상의 다른 부분을 향해서가 아니라, 그들이 (자신들을)
보는 바로 그것, 즉 **영상**^{vision}**의 거울**을 향해서다. 여기에서 그들은,
타자의 동일한 시선 속에, 즉 동일한 하나의 눈짓으로 그들의 시각
과 그들 자신들을 볼 수 있는 바로 그 시선 속에 자신을 비추어볼
수 있다[63]. 그러나 눈동자의 (자기 자신의) 이 이미지는 항상 **코레**
[눈동자]^{κόρη}에 종속돼 있다. 그것은 또한 **어린소녀**, 젊은 **처녀**, 심지
어 **인형**을 의미한다. 따라서 대문자 전체에 대해 지식을 얻고자 하
는 이를 만족시킬 수 없는 축소된 이미지다. 그리고 이 **코레**가 (그에
게) 재현해주는, 인간의 이 복제물에 과도하게 주의를 집중해서는
안 된다. 너무나 제한되어 있는 반사/사변화는, 전형적이기는 하지
만, 이런 식으로 검토됐을 때 여전히 너무나 모태적인 하나의 기관
과만 관계가 있다. 그런 기반에만 기대는 (자기의) 반사^{réflexion}는
가장 중요한 것, 즉 영혼의 시선을 잊을 위험이 있을 것이다. 이러
한 환상 속에/환상에 의해 가려지면^{voilé}, (그것의) 가상들의 독점
적인 매력에 굴복하지 않기 위해서는, 눈꺼풀이라는 장막을 내려
그것에 대해 눈을 감을 줄 알아야 한다. 젊은 소년의 시선이 문제일

---

63 『알키비아데스』, 132d-e, 133a.

지라도… 그의 눈 속에서 당신을 매혹하는 것을 남용하는 것은 너무 덜 충실한, 너무 덜 **얼어붙은** 거울들 속에서 명석한 이성을 때때로 어둡게 만든다. 그리고 오히려 이미 올바른 방향으로 교육받고 잘 형성된confirmé 영혼, 예를 들면 철학자의 영혼에게 자기 인식의 보증을 요구해야 한다. 그리고 더 특수하게는 사유 자체(동일자의 사유)의 자리, 가장 적합한 (자기) 지식의 자리인 영혼의 이 지점에서 요구해야 한다. 그러면 눈동자는 시선 속에서 동일자를 보기 위해, 자기 자신을 보기 위해 자신을 맞춰야 하는 시각vision의 이 지점인가? 따라서 여전히 감각적인 이러한 식별을 넘어서서, 사람들은 자기 자신과 가장 똑같은 영혼의 부분에게 자신의 선bien을 요구한다. 가장 훌륭한 것을 (자신에게) 반사하는 부분에게, 즉 가장 신성한 부분에게. 왜냐하면 신성한 원리에 따를 때에라야 영혼이 이러한 자기 동일성을 재발견할 수 있기 때문이다. 즉, 영원부터, 자기의 전적인 투명성 속에서 무한(정)하게 자신을 인식하는 자의 속성들을 공유할 때에 그것이 가능한 것이다. 이미 자신의 이미지가(자신의 이미지에 따라) 된 모든 자들보다 더 맑고, 더 순수하며, 더 빛나는 거울**64**. 시선의 전 영역으로 확장되고 **자기 자신을 반사하는 눈동자** —**코레**κόρη—**같은** 거울, 어떤 반영으로도 변하지 않는 거울. 그 자체의 빈 곳, 사람들이 그것을 통해 비추어보는 이 **구멍** (외에는) 아무것도 반사하지 않는 거울. 그것은 물론 더 이상 (구멍) **하나**가 아니다. 그렇지 않으면 때로는 더 크게 되고, 때로는 더 작게 되는 위험이 있을 것이다. 영원히 매우 높은 신, 모든 것을 보되 동시에 보며,

---

64 『알키비아데스』, 133b-c.

높은 곳으로부터 우주를 굽어보는 신의 시선으로서는 불가능한 변화devenir다. 그의 시선은 사람들이 볼 수 없는 시점perspective이며, 소실점을 계산할 수도, 상상할 수도 없는 시점이다. 모든 수직적인 것들의 수렴으로부터 무한정하게 멀어지는 꼭대기. 모든 지평선을 넘어서는 최고의 곧추섬érection으로, 아무리 날카롭고 예리한 시선이라도 그것의 입사각을 계산하는 것은 항상 불가능할 것이다. 가시적인 것의 세계 속에 사로잡힌 시선은 시점들의 총체성과 그 조화로운 조직을 포괄할circonvenir 수 없기 때문이다.

신성한 시각vision만이 부채passif 없이 어떤 불투명성도 남아 있지 않은 채로 전체Tout를 에워싼다. 아무것도 그에 저항하지 못하는 빛은 모든 한계들을 뛰어넘고, 장막전체를 가로지르며, 어디나 뚫고 들어가고, 어떤 일탈déviation도 없다. 올바름에 있어서 자기 자신과 언제나 동일하다. 어떤 거울에 의해서도 굴절되지 않는데, 왜냐하면 모든 것 중에서 빛은 항상 (자신을) 가장 큰 힘을 가진 것으로(것처럼) 인식하기 때문이다. 자신을 실제로 가장 빛나는 것으로(것처럼) 관조함으로써[65]. 모든 그림자와 무관한 선Bien은 태양 그 자체가 절정에 달한 것이며, 어떤 별도 그것의 통찰clairvoyance을 눈부시게 하지 못할 것이다. 그것은 별들의 궤도의 구 바깥으로 넘쳐흐르면서 자기 영역의 공간 안에서 선회하는 전체Tout를 둘러싸기 때문이다. 어떤 기관도, 심지어 어떤 본질도 제한하지 않는 시선. 어떤 맹점도 없이, 시선 그 자체가 망각을 표상할 것이다. 왜냐하면 신은

65 『국가』, 7권, 518c.

그 순간에 이전에도 앞으로도 (그 자신일) 모든 것이기 때문이다. 변화devenir의 이 시제들은 앞도 뒤도 없고, 전도 후도 아닌 그의 현전을 분석하기에 적절하지 않다. 대문자 존재보다 더 멀리 물러난 존재는 없고, 대문자 존재 자신을 겨냥할 맞은편도 없다. 모든 것은 이미 그Lui이다(그 안에 있다). **아르케이자 텔로스**. 그리고 만약 그가 (자신에게) 빛의 씨, 진리의 씨들을 투사한다면, 그것은 넘치는 선의 때문이다. 이러한 분출은 그에게 필요 없는 것이다. 아마도 그Lui와 닮은 모든 것(전체)을 욕망하는, 선을 보충해야 할 필요성이 있는 경우를 제외하면 말이다. 어디에나 뿌려진 종자들로 우주가 넘쳐흐르지만, 어떤 상실도 겪지 않으며, 풍부함의 증가도 찾아볼 수 없다. 언제나 그 자신과 동등한, 매우 높고 전능한, 주권의 절대 모델. 그가 열등한 상태로 재추락하지 않으려면 모방이 중요하다.

따라서 그의 "존재être" 속에 있는 모든 "존재자étant"는 신을 모방하고자, 다소 잘 모사하고자 노력할 수 있을 뿐이다. 그 어떤 완벽함에도 근거를 두고 있지 않기 때문이다. 대문자 우주 전체는 본질상 신적인 투사들에 부합한다. 신의 섭리를 벗어나는 외부는, 혹은 심지어 뒤쪽은 없다. **천상의 시선에 둘러싸인** 모든 것은 순환적으로 움직인다. 즉, 다가올 이후는 이전과, 미래는 과거와, 전방은 후방과 조화로운 회전 속에서 뒤섞일 것이다. 이 운동의 자족성은 항상 어떤 신적인 원리가 작동한다는 기호이다. 자율적이고 자동적인 향성, 전능의 표지. 그것은 주권적 경제를(주권적 경제로부터) 우회할 수 있는, 거기외 다른 곳에 존속하는 모든 원인을 맞은편에서 여전히 (스스로) 빼앗을 수 있는 모든 것을 **그 순환의 즉자 안에** 흡수한다. 그것은 끝없이 그 축 주위를 돌고, 그 내부가 항상 미래 혹은 과거의 **맞은편(들)**으로 구성되는 궤도를 그린다. 결코 고려되지 envisagé 않고, 재현되지 않고, 재현될 수 없는 것은 오히려 그것이 **쫓겨난**rejeté 이 구의 **외부에** 있다. 대문자 전체(의) 장막–외피를 일종의 직장直腸처럼 뚫고 들어가는, 유일하게 신적인 광선들에만 실현 가능한 **무대의 뒤에** 있다. 그리고 여전히 감각적인 그것은 정면으로 마주한 대문자 선의 영상vision을 견딜 수 없을 뿐만 아니라 자신의 등 뒤도 마찬가지로 알지 못한다.

신적인 인식

| 신에게만 보장된 뒷면 |

모방은 고양되고 세련되지만, 불가피하게도 동일성의 시노그라피 안에 머무른다. 따라서 마술사들, 교육자들, 철학 교수들, 데미우르고스 혹은 하느님 아버지는 항상 후위에 있다. 이들은 유일하게 사물의 뒷면derrière을 바라보는 어떤 시점을 갖는다. 이는 그들이 유일하게 관련이 있다고(관심을 갖는다고) 주장하는 **명증성안에서** 거부된다. 동굴, 그림, 영혼의 표면, 즉 무엇보다도 뒤집어서는 안 되는, 재현을 위한 스크린들 위에 그 명증성을 투사함으로써 말이다. 후경은 바라보는 것이 금지돼 있을 뿐만 아니라, 이면revers을 표면endroit으로 뒤집어서 **올바른 방향으로 그것을 관조하게 해주는** 듯 생각되는 발전의, 과정의 순환 속에 가려져 있다. 영원히 비가시적인 신이 그로부터 떠나는 만화경저 착시. 신은 모든 존재자가 살아 있는 동안 볼 수 있는 모든 것 **뒤에** 숨겨져 있다. 신은 모든 시선 으로부터 숨겨져 있으나, 무한히 멀리서, 앞에서, 위에서 목적론적 인 미, 목적론적인 선으로서 직관에 주어지는 토대다. 가사자가 실 재, 진리를 이해하고, 무엇보다도 증명하는 것은 너무나 어려운 일 이다. 그런데 실재, 진리는 구속력force de lois이 있어, 신의 이미지에 따라 형상화된 우주의 올바른 질서를 규제한다. 실재하는 모든 것 은 신Lui과 닮아 있다. 신에게서 멀어진 것은 땅, 바다의 심연에 — 적어도 한동안은—버려질 것이다. 따라서 신은 단지 그의 이데아 들의 현전 내에만 있다. 이는 신이 남성과 여성 각자 안에서 똑같이 자신을 인식한다는 말이 아니다. 남성과 여성 각자가 어떤 비율titre 에 따른 그의 반영이라는 사실은 자기실현 등급degrés에서의 위계 를, 혈통과 가계 등급에서의 위계를 배제하지 않는다. 복잡한 관계 망 속에서 남성과 여성 각자의 정확한 형상을 정의하기 위해 세대 générations가 교차된다. "장기" 말은 게임의 올바른 진행을 위해 결 정적으로 정해진, 그에 맞는 유일한 자리에 "왕Roi"에 의해 놓인다. 왜냐하면 신은 그들을 바라보는 자리에서 결코 움직이지 않을 것 이기 때문이다[66]. 아무것도 더 이상 움직일 수 없는, 모든 영원의 전 체를 포용하는 고귀함.

---

[66] 『법률』, 10권, 903d-e.

| 신적인 신비 |

그러나—적어도 살아 있는 동안에는—항상 동일한 자리에 있는, 신의 이러한 복제물들은 또한 항상 대문자 우주의 **설계도**plan 속에서 **옳은방향에**à l'endroit 있음을 아직 확인해야 하는 것이 아닌가? 그리고 이면이 없다는 것도? 창작자의 기획들이 역전될 수 없다는 것도? 그렇지 않으면, 그가 그의 이미지에 따라 창조하는 것이 또 다른 면face을 갖는 것처럼 보일 위험이 있을 것이다. 어쩌면 뒷면을 갖는 것처럼? 이것은 신의 비밀로 남아야 한다. 우리가 조금이라도 그에 대해 아는 한, 신은 오직 앞에서만 (재)생산되고, (자신을) 투사한다. 게다가 신은 신중하게도 그의 "반영들"이 위아래가 거꾸로 되지 않도록 요구한다. 신이 자신의 모습을 거꾸로 보고, 그리하여 오른쪽과 왼쪽의 위치에 관한 불변하는 인식을 잃는다면 극심한 혼란이 일 것이다. 세계의 올바른 운행에 필수 불가결한, "예를 들면" 동일자와 타자의 구별과 종속 관계에 필수 불가결한 (그의) 기하학적인 지표들 속에서 길을 잃는다면 말이다. 동일자가 항상 똑같은 방향으로, 따라서 올바른 방향으로 움직이는 반면에, 타자는 그림자를 만들며 이러한 엄밀함을 위반한다는 것을 떠올려봐도 소용없다. 그런데 이러한 "올바른" 혹은 "잘못된" 방향들은 (특히) 데미우르고스의 오른쪽과 왼쪽에 종속된다[67]. 그리고 그것들이 혼동되거나, 심지어 뒤바뀐다면…

그러나 그런 일들이 일어난 적이 없는지 누가 알겠는가? 만약 반

---

67 『티마이오스』, 36c, 43e, 44a.

사/사변화가 역전에서 기인한다는 것을 신이 알지 못한다면? 재현들의 투사 메커니즘을 아직 모른다면? 자신의 시점에 대한 분석 없이 단 하나의 시선의 영역 안에 사로잡힌 채, 그 시점이 공중에서 표면으로 비스듬히 투사하는 것일지라도, 그럼에도 불구하고 문제의 표면들의 **구로서의** 성질에 따르지 않는 **평면화**planification 효과들에 종속돼 있다면? 그리고 만약 신이 이 표면들 위에 거듭 되풀이해 그려진다면, 이 표면들은 그를 비추어야 하고, 어쨌든 어디엔가 그의 이미지가 형상화되는 거울이 개입되어야만 한다. 이것은 신이 원하지 않는 일이다. 그의 힘의 역전에 대한 두려움 때문인가? 다른 시선 안에서의/다른 시선에 의한 변질에 대한 두려움? 거울들의 놀이의 변화devenir에 종속된 대문자 존재의 예측할 수 없는, 셀 수 없을 정도로 많은 변형들에 대한 두려움?

그 자신과 동일하게 자신을 유지하기 위해서 그는 여전히 **두 개의 거울**을 이용할 수 있다. 두 번째 거울은 첫 번째 거울이 돌려보내는 이미지를 원위치에 놓는다. 그것은 그렇게 전유된, 타자의 눈에 따른 형상부여를 대체한다. 그러면 신적인 재현은 **이중의 거울작용, 사변의 중복**을 겪을까? 복제물의 복제물은 신의 영속성 안에/영속성에 의해 내포될 것이다. 신의 단일성, 단순성, 자족성 속에서 말이다. 탈분열적인ex-schize. 어떤 논의도 결코 반박할 수 없는. 왜냐하면 타자의 —**관념적인**— 시각은 이미 동일자의 정의 속에 개입돼 있기 때문이다. 자신의 반사의 부동성을 확실히 하기 위해, 신은 자신을 그 자신으로(동일자로서 그로) 두 번 가장할 것이다. (그의)

실재성은 시뮬라크르의 시뮬라크르인가? 이미 "거울 안에" "존재하는" 첫 번째 재생산. 그러나 완전히 전환시키는[왜곡하는]per-vertissant 이 놀이로부터 쾌락과 영광을 끌어내는 화가나 시인과는 반대로, 신의 질서는 사물들이 **올바른 방향으로** 다시 놓이기를 바란다. 환상mirage을 **반복함으로써**, 이미지를 도치시키는 작용을 일신함으로써. 이렇게 반사의 담보hypothèque를, 적어도 절대적인 것Absolu 속으로 고양시킴으로써. 유일하게 그만이 이 신비의 열쇠를 간직함으로써. 즉, 그의 얼어붙은 자궁에서 그는 실제로 그 자신과 똑같은 그 자신을 낳는다. 자신을 두 번 복제함으로써. 적어도 두 번. 동일성의 두 반영들이 함께 대문자 존재 그 자체를 낳는 원초적 장면의 탈자태ex-stase. 결국 관념적인 계사는 모든 생성의 변화들에서 벗어나지만 무한(정)하게 다중적이다. 왜냐하면 일단 두 초점들의 입사각, 즉 광선들이 결합되는 수렴점들의 입사각이 발견되면, 일단 (동일한 것과) 때로는 동일하고 때로는 다르게 자신의 존재의 두 면을 모으고 합치는 **반사적 결혼**hymen이 실현되면, 신은 무한정하게 그 자신[그-동일자]Lui-Même의 생식을 반복할 수 있기 때문이다. 전체로부터 어떤 것도 분리될 수 없는 가운데 모든 양상들로 자신을 수태함으로써. 자신의 모든 속성들을 포함해 자신을 속속들이 알기 위해, 어떤 변화에도 종속되지 않고 어떤 방식으로도 움직여서는 안 되는 동일자 위에 있는 여러 다른 조준점들. 그가 이런 식으로 투사하는 구의 중심에서 그 자신과 계속 동일한 동안, 교묘하게 계산된 이 장치로 하여금 그의 주위를 돌게 만드는 것으로 충분할 것이다. 거울로 된 그의 울타리로.

이렇게 대문자 아버지의 속성들로 분석될 수 있는 이 반사경의 실현은, 어떤 자리를 차지하며 **코라**〔공간〕χώρα 안에 살고 있는, 여전히 물질적인 "존재자"의 경우에만 문제가 된다. 이는 어디에나 내존하고in-sister 어디에나 현존하는 신의 경우가 아니다. 보통은 **그림자**가 있는 곳에서 첫 번째 거울을 참조하는 **두 번째 거울** 속에 자신을 반사하는, 신적인 빛의 편재성. 그리고 무한정하게… 반사하는, 광선들이 손실도, 무용한 화재incendie도 없이 증식하고 집결되는 구를 묘사하는. 왜냐하면 신의 시선 속에서 계산되지 않는 한, 광선들은 단 하나의 렌즈의 초점에 집중되지 않기 때문이다. 통찰의 경제는 결코 단 하나의 반사에 맡겨지지 않고, 시점들을 배가함으로써 그의 전지全知의 전체 속에서 시점들을 만든다. 너무나 눈에 띄는 각각의 윤곽이 전체의 균형과 조화 속에서 어둠을 만들지 않으면서.

따라서 신은 하나의 가상으로(가상 속에) 구체화되지 않기 위해 자신의 영상들visions 가운데 어떤 것도 특권화하지 않는다. 다른 것을 배제하고 하나를 선택하기를 거부하는, 하나의 일부에, 하나의 부분에, 탈존ex-sistance에 우위를 부여하기를 거부하는 그는 언제나 그리고 즉시 모든 공통가능성들co-possibles의 통일이다. 그리고 대타자의 원리가 여기에서 자기 동일성의 정의 속에 포함될 때, 동일자의 유일한 원인에 종속될 때, 어떤 변질도 상상될 수 없다. 그 결과, (복제물의) **그림자**—뿐만 아니라 외관, 환상, 견해, 즉 실제로 존재하는 것에 대한 불확실성 —가 나타날 수 있는 곳에 **두 번째 거울반사**가 반사각을 수정하고 바로잡는다. 따라서 재현으로서 (그것의) 유사물들analogues만이 있을 것이다. 그러나 그것은 생각할 수 있는 모든 각도, 비율의 엄밀한 측정에 따라 그 총체성에 관련될 수 있는 모든 각도 아래에서다. 게다가 그 진행progression은 기하학적이고, 급속도로 무한으로 향한다. 신의 눈, 가지성intelligibilité의 모델, 어떤 가사자도 (자기) 지식의 완벽함에 있어서 따라잡을 수 없는, 자기에 대한 철저한 인식의 모델.

그러나 상대적으로 감각적인 표지들이 가사자에게 주어지는바, 이는 이러한 신적인 과학에서 작용하는 관계들을 해석하기 위함이다[68]. 따라서 데미우르고스는 오직 "살아 있는 절대"를 향해 바라봄으로써 대문자 우주를 창조하며, 따라서 거울들의 **복제**에 주의한다. 그리고 또한, 세계의 이 **회전하는** 구 안에서는 **두 개의 원**이 — 두 번째 원이 첫 번째 원과 **날카로운** 각도를 형성하며 — 동일자와 타자의 궤도를 그린다. 이는 (둥근) 머리 안에 자리 잡은 인간의 우월한 영혼의 경우에도 마찬가지다. 이중성은 측정 도구로서 필요하며, 그것의 패러다임 — 적어도 만들어진 — 은 빛과 "그림자"의 관계에 의해 리듬이 붙여진 시간이다. 마찬가지로, 본질적으로 존재하는 모든 것은 신의 이미지를 공유하며, 이 다소 적합한 "복제물들"은 대문자 아버지에 의해 조화로운 전체로 조직된다고 한다. 즉, 기하학적인 비율의 법칙들에 따르는 전체로 말이다. 이때 그 계산은 존재하는 것의 총합과 관계들을 철저히 고찰하는 것이다. 따라서 대문자 우주는 모든 살아 있는 것들을 예외 없이 **둘러싼다**. 그리고 **부**

---

[68] 예를 들어, 『티마이오스』를 참조하라.

동의 중심을 통과하는 축을 중심으로 선회하면서 **자기 자신을 중심으로** 움직인다. "가지적인" 모델의 "감각적인" 이미지에게, 눈은 그 이미지에 대한 가장 귀중한 이해compréhension의 기관이다. 물론 눈은, **순환하는 표면의 모든 지점들로부터** 비춰보는 영혼의 시선으로 바뀌도록 올바른 방향으로 돌려져야 한다. 담론의 각 진행progrès에서, 논증의 각 단계에서 우리는 특권화된 시각적 구조의 형상화를 재발견한다.

| 이 힘pouvoir은 가사자들이 모방할 수 없다 |

따라서 세대, 가계의 모든 단계들은 신적 이성의 기능을 재표시할 것이다. 가사자들은 존재들의 위계를 거슬러 올라가야 하고, 영원성은 아니더라도 적어도 지복의 불멸성에 도달하기 위해 그것을 모방해야 할 것이다. 문제는 그들의 물질적 탄생으로 인해 가사자들이 광선을 **투과하지 못하게** 되고, 전적인 투명성, 반투명성에 어울리지 않게 된다는 점이다. 그들의 윤곽은 **장애물**일 뿐이기에, 장면 속에서 항상 **그림자를** 만들 뿐인 것이다. 게다가 **코라** 속으로 재추락하면서 그들은 적어도 이 삶 속에서는 항상 어떤 장소 안에, 어떤 "육체" 안에 강제로 머물러야 한다. 그들은 관념적인 거울반사 장치의 **중심점**으로 환원될 수 없다. 따라서 이 "질료", 그들의 질료(들)는 자기 이미지의 완벽한 선회 속으로 흔들림le bougé을 초래할 것이다. 수태는 아직 무구하지 않은 것이다.

이것이 전부가 아니다. 인간의 영혼 그 자체는 아버지였던 제작자로부터 받은 교육을 잊을 것이다. 또한 **결합**―불멸자와 가사자―의 효과는 무엇이 그 영혼을 통일로 데려갈 수 있는지를 올바르게 식별할 수 없을 것이다. 진실과 거짓, 실재와 가장, 즉 동일자와 타자가 무엇인지에 대해 확신이 없을 것이다. 누구에게, 무엇에 자신의 존재에 대한 책임이 있는지 그리고 그 존재를 바칠지 알지 못하고, 이 사실에 대해 이쪽저쪽으로 흔들릴 것이다. (그) 둘 사이의 격차와 관계, 중개, **메탁쉬**[사이]μεταξύ에서 긍정적인 것과 부정적인 것이 마주하며 맞서고 가끔 뒤섞인다. 원인에 대한 욕구besoins 때문에, 위엄 있는 객관성의 증거를 이렇게 잃은 계사copula를 차례로 또는 이따금 함께 동원하면서. 여전히 현존하는 존재자들, 어머니의, "땅의 아들들"은 결국 술어를 모두 면제받은 대문자 존재에 참여할 수 없다. 존재자들은 성장에 종속되는데, 그것은 그들의 속성들을 크게 변화시키기 때문에 그들은 자신들이 어디에 있는지(속하는지) 결코 정확히 알지 못한다. 변화devenir로의/변화에의 경향이 있기 때문에. 이미 대문자 아버지(의 로고스)에 소속돼 있고 그와 닮아 있으나, 그뿐만 아니라 "공동체 내에" 섞여 살고 있다. 이는 어떤 불순함을 가정한다. 신적인 완벽한 자족 안에서는 그들의 다원주의의 원형을 찾아볼 수 없다.

│ 그렇다면 어떻게 그들은 그들의 힘puissance을 측정할 수 있는가? │

그들이 유일하게 스스로를 측정하는 데 쓰는 이 거울—신—이 그들에게는 무한히 외삽되는 것이고, 이는 반사를 어렵게 만든다는 사실 역시 말해야만 한다. 그들은 그 요구들을—그리고 어떤 가정의 뒷받침 없이—직관할 수 있을 뿐이다. 그들은 마지막 출현이 그들의 올바름rectitude의 효과를 확인하게 할지를 결코 확신하지 못한다. 그들의 올바름은 멈추지 않는 상승을 보증한다. 항상 진행 중인 발전—동일한(동일자의) 남근적 전능에 일치하지는 못하더라도—을 보증한다. 뒤로 물러서서 모든 차원을 열고, 그 모든 차원들과 그것들을 초과하는 과도함들까지 포함하는 시선을 만족시키지는 못하더라도, 그것을 따라잡고자 애쓰면서 말이다. **대타자의 눈동자의 깊은 곳으로 아직 반사되지 않은 미래예지pro-tension[69]가 빠져든다.** 그렇다면 어떻게 그것을 복제할까? 어떻게 "실재 내에서" 그것을 측정하고, 그것을 제어할까? 왜냐하면 그것은 결코 결정적으로 정해지지 않기 때문이다. 그것의 관념적인 형상의 정의를 할 수 없기 때문이다. **동일자들의 타자들과 그것을 비교하는 일만 남은 것인가?** 그러나 "아버지"의 심판arbitrage이 아니라면, 이 반사/사변화를

---

69 protension은 사전에 없는 말이다. 참조할 만한 가장 유사한 단어는 현상학의 개념어인 미래예지 또는 예지로 번역하는 protention인데, 이는 과거와 미래, 이전과 이후를 의식하는 시간의식의 활동 중 하나로서 의식이 '도래하고 있는 것'을 기다림을 가리킨다. 이 대목을 생성변화를 겪는 가사자들이 항상 자기 동일적인 신을 모델로 삼을 때 발생하는 시차에 관한 언급으로 보고, 미래예지로 번역하고자 한다.(옮긴이)

어디에 맡기겠는가? 따라서 최선의 경우에 가장 큰 것과 가장 작은 것, 가장 나이 든 자와 가장 젊은 자, 현자와 그가 사랑하는 소년의 관계를 복제하게 된다. 그러나 그때부터 그 변이들에 있어서 비율이 여전히 고려된다.

타자들과 타자들, 타자와 타자의 관계는, 그것을 감히 시도하는 자기 자신(동일자로서의 자기)을 상실할 위험이 있다. 왜냐하면 그 관계라는 것은 역전의 가능성을 배제하지 않기 때문이다. 요컨대 타자는 동일성의 속성들의 **이면, 부정**이며, 자기 동일성의 통일성을 **넘어선다.** 자기 한계들을, 즉 자기 긍정의 영역 바깥에 남겨둔 것을 위협하면서 말이다. 바깥, 뒷면, 역은 결정적으로 둘러싸일cernable(s) 수 없다. 왜냐하면 "그 자신"이 대문자 동일자로서인 신의 완벽한 개념에 이르지 못하기 때문이다. 따라서 무한(정)한 이타성, 아직-존재가-아닌-것들의 다중성에서 그는 자신의 숭고한 형상을 세우는 데 필요한 양분을 얻을 것이다. 지성의 시선으로 뚫고 들어갈 수 없는, 여전히 어두운 저장고réserve에서. 어떤 고유한 의미에도 부적절한 질료로, 그 위에 항상 계속 (자신에 대해) 사유할 수 있으나, 이는 **다른 동일자** 혹은 **동일한 모델**에 적용되는 비율을 계산함으로써 가능하다. 무한(정)하게 커지지 그리고/또는 작아지지 않으려면 말이다. 기형, 무정형. 제한 없는. 왜냐하면 **이 타자는 원리를 결여하고 있고,** 어떤 토대fondement 없이 움직이기 때문이다. 불안정하고, 게다가 본래 일관성이 없다. 그리고 만약 그것을 어떤 법칙들에 조금씩 종속시키고, 어떤 명제들에 따르게 할 수 있다 해도, 무엇보다도 그 자체의 규칙들을 정하도록 요구하거나, 결정적 방식으로 확립된 운동들, 크기들, 속도들, 수치들 등으로 해소될 수 있기를 바라서는 안 된다. 그것은 기억이 없다. (왜냐하면) 그리고 말(들)이 없(기 때문이)다. 최소한의 추론도 불가하다. 알다시피 비논리적이다. 때로는 소리를 내지만, 일치된 표현도 없고, 소리들 사이에 일관성 있는 관계도 없으며, 발성들émissions에 있어서 일관된 맥락도 없다(여기에서는 "관념들" 혹은 심지어 "의견들"에 대해 말하는 것은 무용하다). 따라서 최선의 경우에 리듬과 화음에 연결된 청각적 "감각들"만을 (재)생산한다. 요컨대 이것은 음악이지만, 물론 의미가 담겨 있지 않다. 그리고 이러한 협화음도 이전에 동일성의 산술에 따른다는 조건하에서만 일어날 것이다. 이러한 조건은 대문자 우주인 신의 이미지 안에서만 실제로 실현된다. 나머지는 참을 수 없이 귀에 거슬리는 유아적 발음, 재잘거림, 수다일 뿐으로, 인간은 그로부터 큰 이익을 얻지 못할 것이다.

│ 그들의 동류들을 통해서가 아니라면 │

따라서 인간은 자신을, 너무 멀리 있어서 시선에서 벗어나 있는 거울, 즉 신과 무한히 다른 타자(의) 심연 사이에 있는 자로서 인식해야만 한다. 그것은 **조준점들을 보지 못하는** 경우, 즉 우리가 그 조준점의 입사각들, 수렴점들과 공통 초점(들), 탈존ex-sistence의 결정적 이유들을 알지 못하거나 인식하지 못하는 경우를 제외하면, 비할 바 없는 분리이며 해체이다. 이는 인간을 커다란 곤경에 빠뜨린다. 인간은 오른쪽과 왼쪽, 위와 아래, 앞과 그리고⋯⋯? 등등에서 자신의 존재를 재발견하고자 애쓰기 때문이다. 그는 그가 보는 것의 실재, 그가 자신을 보는 것의 실재에 대해서 불안해한다. 어디에서나 완전함이 결여된 환상을 추구하고, 방황의 결과 **그의 동류를(동류에 대해) 사변하기 위해** 자신의 영혼으로 마침내 돌아간다. 그때부터 타자는 그의 구별된 형상의 불변성을 주기적으로 가려버림으로써 자기soi의 이 애정 어린 전유에 그림자를 드리우는 것으로 나타난다. 유혹, 방향전환은 여전히 무질서한an-archiques 것이고, 사실 몇 번이고 되풀이해 교육해야 하는 것이다. 동일성의 반복에서 이 "흐름flux"은 정반대로 작용하며, 거기에서 모든 종류의 변형들, 전위들, 전이들을 야기한다는 것을 떠올려야만 한다. 당신이 어디에 있는지 곧 더는 알지 못하도록 만드는 작용들을. 반면에 단순히 반복 자체(동일자의 반복)를 고수하는 게 중요하다. 이때 그 반복은 동류le semblable의 이미지를 재현의 근거로 그리고 사변의 모델로 간주할 수 있다. 그 모델은 바로, 아주 예전부터 언제까지라도, 최소한의 변질도 겪지 않았고, 또 겪지 않을 신이다.

따라서 이데아들로 다시 오르기 위해 따라야 할 질서는 동일성을 고수하는 것이리라. 그 동일성이 **동류** 속에서 구체화되는 것이든 **동일성의 순환**의 반복 속에서 표상될 수 없는, 수로 세어지는 것이든 간에 말이다. 그러나 이 두 개의 운동은 신의 내부에서 얽혀 있다. 거기에서는 부동의 중심 주위를 회전하는 것을 자기 자신(동일자로서의 자기)의 이미지의 전적인 생산—모든 재현들의 모태—

과 구별할 수 없다. 그리고 이 두 개의 운동은 육체 속으로 다시 떨어진 이에게는 서로 다를 뿐만 아니라 상충하기까지divergents 한다. 따라서 인간이 〔다른〕 인간의 눈이라는 이 거울 안을 볼 때, 그는 그것의 이면을 알지 못한다. 즉, 그 뒷면(과) 동일하게 그리고 다르게 명증성을 피하는 **동일자의 타자**의 시점을. 그리고 만약 자기에 대한 이미지가 방향을 바꾸고, 심지어 인간이 자신의 영혼 안에서 알아보는 복제double와 반대로 거꾸로 갈 수 있다면, 그것은 **프시케** 안에 각인된 형상들이, 만약 누군가 거기에 (자신을) 비춘다면, 신의 순수한 진리인 반면에, 신의 이 타자는 항상 더 혹은 덜 훌륭한 복사본이기 때문이다. 그러므로 영혼이 재현하는 **복제의 방향변화(역전)**는 대문자 아버지의 **올바른** 시각에 의해 규정된다. 이러한 복제는, 대문자 아버지의 말에 따르는 한, 자기 동일성에 도달할 수 있다. 언어 안에서 작용하는 반복의 자동성automatisme은 거기에서 멈추고, 그렇게 (훌륭한) 모방의 영속성을 보장한다. 그렇지 않으면 너무나 감각적인 지각들에 따라 무한히 움직일 것이다. 담론 안에서 작용하는 반작용에 따라 때로는 표면에서, 때로는 이면에서—가지적인 것 내에서조차—생겨나리라고 생각될 수 있는 모방은 예전부터 언제까지나 **모든 언표의 사후작용**을 알고 그것을 내포하는 신, 게다가 그 원천인 신과는 전혀 다른 것이다. 신은 **텔로스** 그리고/또는 **아르케**로서, 각 발화자를 "진실로" 그의 로고스의 유일한 "주어/주체"로 만든다.

대문자 아버지는 적어도 이론상
모든 것의 표면과 이면을 알고 있다

따라서 "대문자 아버지"는 가사자에게 접근 가능한 자기 이미지의 **이면**을 독점할 뿐만 아니라, 그것을 동원할 것이다. 신에게는 결국 그의 실재하는 얼굴인 이면을. **인간은** 이러한 (그의) 재현의 (자기를 향한) **전환**torsion을 알 수 없다. 이는 예를 들어 다음과 같이 말하는 것이다. 즉, 그의 선Bien에 대한 결정은 인간에게 속하지 않으며, 그의 선의 목적은 인간에게 비가시적이고 침투할 수 없는 것이라고 확언하는 것이다. 그리고 예비 교육은 인간으로 하여금 수많은 반회전에 입문시켰지만, 결코 사물들의 표면과 이면을 **동시에**conjointement 보는 것에 이르게 하지는 못한다고 단언하는 것이다. 최선의 경우, 그가 지금 몸을 돌린 쪽은 이전에 그가 관조한 것보다 "더" 진실하고, "더 많은" 존재를 지녔다는 것, 시선의 "더 거대한" 올바름—**오르토테론**ὀρθότερον—속에 있었다는 것이 그에게 증명됐다. 그러나 앞과 뒤의 동시출현comparution은 결코 일어난 적 없었다. 그것은 논증을, 게다가 스승의 결정적인 논거를 거친다. "아이"는 항상 사이에 놓인 자신의 육체—**회전하나 뚫을 수 없는 장막**—로 앞뒤 시각에 장애물이 되기 때문이다. **가장 감각적인 것**과 **가장 가지적인 것** 사이의 해체, 분리, 분해는 시선에 결코 함께 제시되지 않는다. 시각의 장은 뒤집혀야 할 것이지만, 또한 그것의 초점l'enjeu을, 불꽃l'en feu을 (불꽃은 아니더라도 초점을) 동시에 측정하기 위해서는 시각의 장이 유지되어야 할 것이다. 그러나 이것은 인간의 육체에 내손하는insister 자에게는 가능하지 않을 것이다. "타자들"은 심지어 눈도 없을 것이다. 질료의 어두운 밤. 신의 통찰력은 (자신의) 반사의 그림자, 막이 아니라면 모든 그림자, 모든 막과 무관하다. 그러나 끝에서 끝까지 가지적인 신의 통찰력은 감각가능성sensibilité과 관념적인 관계, 혹은 심지어 사변적인 관계를 맺을 것이다. 선Bien의 빛나는 직관 속에서 명백한 신의 통찰력은, 그리고 틀림없이 더 엄밀히 말하자면, 대문자 우주의 운동들을 지배하는 조화로운 비율에 대한 고찰 속에서 명백한 신의 통찰력은 그것을 가장 잘 반사하는 것, 그것과 가장 유사한 것, 즉 우월한 영혼의 시선으로서가 아니라면 결코 자신을 드러내지 않을 것이다. 게다가 일탈이 없지 않고, "악mal"이 없지 않은데, 이 우월한 영혼은 항상, 신적인 환상의 영속성을 변질시키는 다양한 감각들, 의견들, 환상들에 의해 교란될 위험이 있기 때문이다.

그렇다면 사물들과 완전히 이론적인 관계를 맺고 있음에도 불구하고, 어떻게 신은 사물들의 **감각적인** 얼굴을 아는가? 신은 대문자 원리로서만 현존existence과 관계를 맺고 있고, 신의 말은 이 대문자 우주의 삶을 전혀 공유하지 않으면서 그것의 논리적이고 기하학적인 질서를 떠받칠 것인데 말이다. 모든 것(전체le Tout)은 신과 닮아 있으나, 거기에는 상호성이 전혀 없다. **모든 것은 신을 모방하지만, 신은 아무것도 모방하지 않는다.** 그의 고정된 이데아들 속에 결정적으로 정의된 순수한 대문자 진리, 그리고 아무것도, 누구도 움직이지 못하고, 심지어 변화시키거나 굴절시키지 못하는 순수한 대문자 진리.

그의 반사의 불변성은, 개입된 모든 반론들ob-jections을 미리 해결했을 것이다. 누구에게든지 아무것도 묻지 않고서 말이다. 영원부터 언제까지나 모든 것에 대해 옳기 때문에. 이는 공유될 수 없고, (신Lui으로서가 아니라면) 심지어 복제될 수도 없다. 지식이, 허구가, 무지가 어디에 있는지 더는 확실히 알지 못하게 될 수 있기 때문이다[70]. 지혜가, 착란이, 어리석음이 어디에 있는지도. 왜냐하면 결정을 내려야 하기 때문이다. 그러므로 대문자 아버지만이 유일하게 절대적으로 모든 것을 알 것이다. 그러나 이 지식은 모든 것이 그의 이미지에 따라 만들어진다는 사실에 종속될 것이다. 마침내 그는 그 자신Lui Même만을 (재)인식할 것이다. 이것은 다시 말해서 **그의 투사영역의 조직**이다. 그리고 "세계"가 올바른 방향으로 계속 돌기 위해서는 "타자들"이 "고유한" 성질들을 내투사하고 그에 동일시되어야 할 것이다. 이는 그들을 그들 자신으로부터, 적어도 그들 "영혼들"의 성마르고 정념적인 부분들—점진적으로 (훌륭한) 모방에 순응해야 하는—로부터 단절시킴으로써 동일하게 만든다. 물질적이고 모태적인, 따라서 히스테리적인 소속에 여전히 상호 연결돼 있는 모방에서 벗어나지는 못하나, 대문자 아버지의 욕망에 결국 매끄러운 표면들을 제공하기 위해 구부러지고 비틀리면서 말이다. 아버지의 욕망과 자신을 동일시하고, 그에 동화되기 위해. 불멸성의 보증. 수태 이전의 그들을 기억하기 위해 (자신을) 잊으면서. 물론 이는 결코 단순히 이해(감각)되지 않는다. 존재의 "재현"/현전의 부재. **실명**aveuglement은 시작부터 끝까지 이어지는 이 노선을 방해

---

70 『파르메니데스』, 133 이하.

한다. 이러한 소실 속에서 이 노선은 자신에게로 되돌아가기 시작할 것이다. 즉, 앞, 이후는 여기에서 뒤, 이전과 혼동된다. 마치 (그것의) 회전들의 반복—방향전환이 아니라, 신의 시점 안에서 축에서 벗어난 황홀경—외에는 아무것도 일어나지 않은 듯이. 신은 영혼 속에 지각할 수 없이 투사된, 내투사된 중심이며, 그 주위를 이제 (스스로) 돌아야 한다. 그러나 두 경로의 가능한 교차 장소들은 전면적인 실명의 대상이다. 여기에는 가설hypothèse조차 결여돼 있을 것이다.

| 철학자에게 죽음의 의미 |

따라서 아버지의 "얼굴"은 결코 아들에게 명백하게 나타나지 않으며, 그의 선의 탁월함은 결코 완전히 증명될 수 있는 것으로 밝혀지지 않는다. 사실, 그것은 적어도 재현될 수 있는 어떤 **표면**에도, 인간이 생각할 수 있는 어떤 **평면**에도 있지 않다. 인간은 항상 그에 대한 신의 기획의 **아래쪽**에 머무른다. 적어도, 죽음이라는 **뚫고 들어갈 수 없는 장막**에 의해 "타자"와 분리된 열등한 삶 속에 있다. 확실히, 어떤 가사자도 죽음이 일어나는 순간에, 죽음이 그를 가로지르는 순간에 그것을 바라보지 못할 것이다. "다른 존재로의 진입"이, 그의 "내면성"을 구성하면서도 그의 시점의 영역 바깥에 머무르는 재현의 **이면**을 전유하고자 하는 욕망에 부합하는지 아닌지를 계속 모르는 채로. 신의 비밀로 **남아 있는** 것(신의 비밀의 **나머지**) 속으로의 돌파. 이는 동일한 역사의 반복을 보장한다. 전복도, 역전하는 회전도 없이. 여기에서는 언제나 **존재해왔던** 것이 존재할 수 있을 것의 **이면**envers으로서 나타날 것이고, 존재할 것 같은 것으로 가장된 **그림자**로, 혹은 사물들에 대한 가능한 관점, 실재에 대한 가능한 해석으로서—결국 명증성을 피하고 항상 뒤에 있어서 모든 비교를 경계하며—나타날 것이다. 타자의, 타자들의 시선을 배제함으로써, 이 외삽된 시점은 자신의 운동을 포함해 세계를 고정된 제국으로 (스스로) 조직하고 (스스로) 투사한다. 불변하는 방식으로 제정된 법들의 정식화, 대문자 아버지의 로고스. 결코 (그의) 원인이 무엇인지/원인인 것에 대해 질문하지 않는 그는 존재하는 모든 것의 토대를 그의 절대 지식에서 일방적으로 요구한다. 그의 절대 지식은 어떤 변화도 없이 영원히 모든 것을 고찰할 것이다. 처음부터 "존재자들"의 모든 열거들, 비율들, 관계들, 즉 "존재자들"과 그 관계들의 **변화**devenir 자체 사이에서 일어날 수 있는 모든 계산 작용들을 포괄한다. "근본적으로" 계사적인copulatives 관계들을. "존재자들"의 원인들, 목적들, 그리고 사후작용을. 그것들의 양태들을?

연결되지 않은 사이:
감각적인 것과 가지적인 것 사이의 분열

| 아버지와 어머니 사이 관계들의 결함^{défaut} |

신의 진리에 관한 사유에 도달하는 것은 땅, 어머니가 표상하는 감각적인 이 세계와 인간을 여전히 연결하는 모든 것을 인간이 **자신의 뒤에** 남겨둔 후에야 비로소 가능할 것이다. 따라서 또한 이러한 사유는 뒤쪽에서 이해될 것인가? 이러한 이중의 후퇴는 단지 신 안에서만 해결될 것이다. 모든 것을 바라보는 신은 또한 모든 것의 시작에 있기 때문이다. 우리가 착각하지 않도록 어머니에 대해서 말하자면, **그녀는 결코 눈이 없을 것이고**, 시선이, 영혼이 없을 것이다. 의식이, 기억이 없을 것이다. 언어도. 그리고 만약 그녀에게 다시 들어가기 위해서, 그녀를 향해 몸을 돌린다면, 우리가 직면할 것은 그녀의 시점이 아니다. 오히려 거기에서 지표(지표인 아버지)rel(-l)père 전체를 잃을 위험이 있을 것이다. 명석한 이성이 어두운 구멍에 침몰

620

할 위험이 있을 것이다. 그의 실명을 통해 동일성의 반복을 저지할, 그리고 자기 동일성을 넘어설 **타자의 타자**의 재출현. 자기 동일성은 존재하기 시작했다는 "환상을 품는" 것—어머니(의) 뒷면derrière—을 거부하기 때문에, 사실은 대문자 아버지의 시선 속에서 재탄생한다. 복제는 가지적인 존재를(가지적인 것 안에서의 존재를) 수태하는conçoit 것이다—여전히 너무나 무정형인 첫 단계의 고착에서 기인하는 흔들림도, 움직임도 없이.

그러나 **언어의 분절**articulation**의** 어떤 **결합**은 신의 눈과 어머니(일 듯한) 뒷면 사이의 계사적 아포리아들을 상기시킨다. 그것은 **가지적인 것과 감각적인 것 사이의 받아들일 수 없는 분열**인바, 그 두 가지는 결코 동일한 쪽에 속해 있지 않으리라. 재현의 동일한 쪽에. 우선권은, 자신은 타자에게 보이지 않고, 타자에게 재인식되지 않으면서 타자를 본다고 가정되는 "얼굴face"로 귀착된다. 신의 (자기) 지식의 완벽함은 결코 물질적이고 모태적인 시초들, 가사자들의 영혼에 대한 맹점들을 공유한 적이 없었을 것이고, 그에 뒤섞인 적도 없었을 것이다. 정말로 그런 적이 없었을까? 심지어 뒤쪽(에 의한) 시선으로도? 그렇다면 어떻게 가장 진실한 로고스가 그것들[시초들, 맹점들]을 심지어 몰래 은유화하고자 시도하는 배치들configurations 속에서 움직일 것인가? 가상의 부적합한 성질에서 벗어나고, 물론 무한히 멀리 앞으로 투사된, 관념적인 형상들과 관계들 속에서 "본질적인 것"을 되찾고자 애쓰면서 말이다. 따라서 "어머니"는 수태 이후 존재가 (다시) 붙잡혀 있는 **원들, 윤곽들, 구들, 외피들, 울타리들** 속에서 다시 꿰뚫린다(다시 발견된다). 이데아들일 뿐만 아니라 우주

Univers, 게다가 전체Tout이자 일자Un 속에서. 그리고 그것들의 이미지들, 따라서 영혼에서. 동굴 혹은 태내의 형상(들)을 갖는 거처들, 산 자는 여기에서 가장 뒤로 물러나고 숨겨진 곳에서 때로는 정지하고 때로는 운동할 것이다. 가장 비밀스럽고 뚫고 들어갈 수 없는, 탄생의 장소로의 퇴행. 마지막 막membrane 뒤에 있는 장소로. 즉, 시선의 삽입intromission을 포함한 모든 삽입에 저항하는 장막, 그리고 "다른" 삶을 위해서만 스스로 열리게 될 장막 뒤에 있는 장소로. 대문자 아버지가 자신의 진리의 씨앗들을 유폐하기를 요구하는 **고리들**. 자신의 기체에 인색하고 자기 환상을 질투하는 대문자 아버지. 처녀이면서도, 신의 빛의 씨들을 품고 있는, 이데아를 속박하는 **고리들**. 이 세계 안에서, 적어도 "현실 내에서" 도달할 수 없는, 무구한 수태. 대문자 아버지의 로고스의 특권.

| 일방적인 통로 |

그러나 **길하나**가 당신을 그곳으로 데려가고자 하리라. 그것은 철학적 **파이데이아**[교육]παιδεία다. 그 길은 가파르고 험하며, 함정으로 가득하기 때문에 아이는 어려움 없이는 지나지 못할 것이고, 누군가—남성인 어떤 스승—가 끌어당기지 않으면, 누군가가 "햇빛"을 향해, "자연의 빛"을 향해 항상 더 앞으로 밀지 않으면, 감히 통과하지 못할 것이다. 그의 저항들, 향수들, 옛 "거처"를 향한 회귀 욕망들에도 불구하고. 그의 고통, 실명, 현기증에도 불구하고. 이 전진cheminement은 태양의 눈부심과 신 안에서의 탈자태ex-stase 속에서 정점에 달한다. 그러나 하나의 **단절**coupure이 두 개의 "세계관", 두 개의 재현 양식들을 가른다. 안과 밖 사이뿐만 아니라, 밖과 안 사이에서도 결핍되어 ─ 상실되어? ─ 있는 이행. 일자에서 타자로의 접근과 멀어짐, 일자에 대한 타자의 접근과 멀어짐은 본질적으로 다른 삶으로 보내지는 것이다. 전진progression은, 다른 쪽으로 들어가기/다른 쪽에서 나오기를 기다리면서, 존재의 한계에서 쇠약해지고, 죽음의 경계에서 끝난다. 다른 쪽에서는 전진 ─ **코레인**χωρεῖν ─ 이 더는 없을 것이다. 지나가야 할 영역étendue은 이 우주로 한정된다. 그런데 그것을 넘어서기 위해서는, 지나치기 위해서는, 살아 있는 동안에도 뛰어오르지 못할 **도약**, 죽음 이후에도 ─ 어쨌든 동일자로서는 ─ 다시 가로지르지 못할 **도약**만이 남아 있다. 그리고 만약 사람들이 불멸성의 형상을 취하는, 이 문턱의 승화를 당신에게 약속한다면, 그것은 당신의 "육체"를 "영혼"으로 변형하는trans-former 데 대한 보상으로서다. 그리고 육체를 승화시킨다면, 그것은 허공들airs, 유령들에 불과할 것이다. 환상들인가? 관념들인가? 그때부터 아무것도 그것을 멈추지 못한다. 어쨌든 분할, 분리, 게다가 대립은 아니다. 이것은 오히려 영혼에게 육체를 부여하는 것이 되리라. 따라서 "타자"가 없다면, 영혼은 동류의 복제의 장소, 동일성의 기억의 장소로서 구성되어야 할까? 타자가 없다면, **프쉬케**의 "내부"의 심부repli/"내부"로의 후퇴repli가 인간에게 필요할까? 신은 영혼이 필요할까? 그러나 영혼 안에서 가장 순수하고, 가장 신성하고, 가장 가지적인 원리가 불순한 것, 지상의 것, 삼삭식인 깃과 구별되려면, 그 둘은 재현되어야 하고, "협부들"과 "격막들"에 의해서 가능한 한 확실히 분리되어야 한다. 남자들에게 할당된 "부분들"이 여자들에게 한정된 "방들"과 복도들, 벽들 등에 의해서 분리되는 것처럼[71].

그러나 한쪽에서 다른 쪽으로 이어지는 **통로는 방향으로 말하자면 일방적이지 않다**. 만약 남성이 자신의 온전성을 유지하기 위해서 규방gynécée을, "배의 아래 부위들"을 뚫고 들어가지 않는다 해도, (그의) 이론의 일관성을 위해서는, 그가 (영혼의) 시선으로써 문제의 그곳에 있는 혹은 있지 않는 형상들formes을 직감함으로써 그 지형configuration을 인식하는 것이 중요하다. 그러므로 그는 자기 지식, 자기 동일성을 확고히 하고, 경우에 따라서는 그릇된 유혹들, 그곳에서 (재)생산되는 것의 무질서한 운동들에 질서를 부여해보기 위해서만 그곳에 "다시 들어간다". 여성들은 결코 동일성의 가장 숭고한 순환들에, 가지적인 것의 정상들에 — 남성의 본질의 위엄까지 고양되지 않는 한 — 접근하지 못할 것이다. 이것은 여성들이 더 고양될 때 — **당연히 남성을 닮아 있을 때** — 를 열망하지 않는다는 뜻이 아니다. 여성들은 느껴진 감각들을 주고받는 데에 종종 만족하고, 몽상들을 공유하며, 기껏해야 도시에서 일어나는 일에 관한 의견들을 내비치거나 단순히 떠도는 의견들을 전달할 뿐, 어떤 관념 — 이데아 — 이 실제로 그녀들에게 부합하든지 혹은 그녀들이 남성들의 관념(들)을 다소 잘 모방하든지 간에 관념(들)을 실현시킬 수가

---

71 『티마이오스』, 69e, 70a.

없다. 로고스에 의해 주어진 이름들의 가치를―그 이름들이 아무리 실제로 특수하다고 해도―모르는 그녀들은 그 이름들의 정의를, 재현을, 타자들과 그리고 대문자 전체와 이렇게 유지된 관계들을 (재)인식하지 못할 것이다. 그러므로 그녀들은 **제한mesure이 없을** 것이다. 왜냐하면 한계들이 없고, 결정적으로 정해지고 전체와 관계될 수 있는 비율들이 없기 때문이다. **고유한 형상도 없다.** 그렇다면 어떻게 한 영혼 안에서 동류(들)에 대한 사랑―기원과의 관계의 영속성에 대한 다른 식의 보증―에 빠질 수 있었을까? 동일성의 재현과 동일자의 영원 회귀를 향한 이 과정, 이 발전은 여성들의 운명이 아닐 것이다. 다시 한번 말하자면, 그녀들이 더 나은 삶을 갖기 위해 남성이 되기를 선택함으로써 그들의 열등한 조건을 포기하지 않는다면―이는 1만 년이 걸릴 테지만―말이다.

따라서 영혼이 일자와 타자, 동일한 것과 다른 것 등등의 사이를 중개한다는 것이, 영혼이 그 둘에 동일한 방식으로 참여한다는 뜻은 아니다. 그 둘 사이의 **길**이 통행 가능한지조차 확실하지 않다. 비록 영혼이 이러한 연결의 장소가 되기를 바라지만 말이다. 왜냐하면 "감각적인 것"은 결코 "전형type"의 완벽성까지, 그 형태의 관념적 성질까지 오르지 못할 것이기 때문이다. 점점 더 정확하게 모방하고자 시도함에도 불구하고 말이다. 그리고 모델 자체(동일자의 모델)에 관해서 말하자면, 그것은 결코, 정념과 시뮬라크르가 자리 잡고 있는 열등한 거처를 향해 퇴행하지 않을 것이다. 이성 혹은 도시의 정부가 그것을 요구하지 않는 한 말이다. 그러나 그때부터 다른 쪽의 회귀는 (대문자 아버지의) **질서**에 따를 것이며, 이러한 위반 작용의 회피esquive를 은폐할 것이다.

| 전형의 속성들을 강제로 공유하기 |

또한, 감각적인 것이 가지적인 것을 향해 — 다시 말하자면, "아랫배"가 "머리"를 향해 — 상승하는 것은 모델로서 정의된 "전형"의 속성들을 공유하는 것을 목적으로 한다. 이때의 전형이란, 불안정한 다양성으로 타자를 항상 위협하는 **결함**infirmité을 피하기 위해, 감각적인 것이 계속해서 거기에 자신을 일치시키고자 시도해야 하는 관념적 거울, 거기에 자신을 비춰보는 데 적절한 유일한 거울이다. 그리고 가장 완벽한 이미지는 전형을 가장 정확하게 모방하는 이미지, 즉 전형이 자신을 가장 잘 인식할 수 있는 이미지일 것이다. 말하자면, 그것은 변함없이 탁월하며, 모든 질료로부터 벗어난 형상의 반영일 것이다. 이성Raison에 의해 빛나는 전형의 시선은 타자의 무언극의 완벽함의 정도, 가지적인 것의 규준들에 부합하는 능력 혹은 히스테릭한 경련들과 뒤틀림들로의 타락이 결정되는 장소일 것이다. 따라서 지식으로 들어가기 위해서, 감각적인 것은 동일성의 형상의 반사/사변화에 순응하고 조절되어야 한다. 이것이 유일한 길이다. 비록 이 길이 점진적이며 단계별로 되어 있다 해도, 그에 대한 접근은 배타적이다. 이는 또한, 타자인(타자의) 수용기에 그것의 형상이 각인되자마자 그 효과로서 재생산하는 재현들, 환상들, 감각들의 다양성은 유일하게 전형에만 관련될 수 있다는 뜻이다. 말하자면, 그곳에 내존in-siste하자마자 유일하게 전형만이 코라에서 일어난 일의 다양성을 사변한다spécule는 뜻이다. 따라서 모든 것이 전형에 귀속된다. 그것이 야기하는 것의 형상부여in-formation, 변형trans-formation, 탈형상화dé-formation 등등으로서 말이다. 전형은 (그것의) 모든 반사/사변화의 원천이다. 반사적인 것의 기원―?―이다. 전형이 (재)생산되는 장소는 그것이 종속된 흔적들에 따름으로써만 어떤 아름다움, 선함, 지성으로 고양될 수 있을 것이다. 따라서 이는 항상 전형의 자기실현 이하로 그것들을 덜 훌륭하게 복제함으로써만 가능할 것이다. 그리고 사실, 그 장소는 이 "관념적인" 형태의 수동적인 전유에 의해서만 어떤 상에, 어떤 가상에 도달할 것이다.

│ 인식되지 않는 근친상간과 실현 불가능한 근친상간 │

나머지는 끝없이 미확정적이다. 우리는 우월한 전형을 향해 몸을 돌림으로써 생성devenir의 한정되지 않은 외연으로부터, "어머니"의 무정형의 연장으로부터 그 나머지를 벗어나게 하고자 항상 시도할 수 있을 것이다. 그러나 수태/개념작용conception의 명확성을 위해서는 한 번에 하나의 전형에만 투자되어야 하는 것이 중요하다. 이는, 그것들이 모두 대문자 아버지와의 관계에 의해 언제나 위계적으로 질서 잡힌다는 것, 그리고 이 절대적인 모델을 주구하면서 우리가 그의 모든 후손들로 인도하는 길들을 거슬러 올라간다는 것을 배제하지 않는다. 그러나 우리가 가계도의 단계들 속에서 신의 척도로까지 더 거슬러 올라갈수록, 관계들을 정립하기가 더 어려워진다. 그것이 멀리서 행사되며, 중개를 필요로 하기 때문이다. "영혼들"의 매개를. 왜냐하면 대문자 선에 가장 가까운 자손들은 높은 곳에서부터 그들이 타락할 위험이 있는 세계로 더는 내려가지 않기 때문이다. 그들은 유사성, 계보의 서열, 가계 내의 근접성에 따라 오히려 그들끼리 모인다. 논리적인, 심지어 계사적이고 조화로운 관계들을 맺고, 역사가 없는 사변적 창조들을 얻음으로써. 그 패러다임은 대문자 아버지와 아들의 것, 자기 자신으로서의 대문자 아버지, 즉 아들의 것이다. 결합과 발생의 형상은 그것이 담론의 질서 속에 도래할 수 있는 것의 유일하게 가능한 모델인 만큼 모방되어야 할 것이다. **본질(들)에 의한/본질(들)을 위한 근친상간적 부성의 담론의 질서.** 그리고 우리가 "감각적인 것" 혹은 질료 혹은 어머니, 심지어 "타자"라고 부르는 것은 그/그녀[72]가 이 "우주"에서 어떤 얼굴을 갖고자 원한다면 이 질서에 순응해야만 할 것이다. 그녀는 그녀를 왜곡하는 가장travestis하에서만 알 수 있고, 인식할 수 있기 때문이다. 그녀에게 결코 고유하지 않은 형상들, 그럼에도 (자기) 지식 속에 약간이나마 들어가기 위해 모방해야 하는 형상들을 빌려야 하기 때문이다. 이는 틀림없이 사후에 그녀에게 상흔을 남길 것이다. 그녀의 유혹의 힘이 **기만적인** 가상들apparences에 기인한다는 사실 때문이다. 그녀는 그녀의 존재 양식들과, 그녀가 다른 존재자들과 맺

72 이후 '그녀'로만 지칭된다.(옮긴이)

고 있는 관계들 속에 있는 전형들의 실제 속성들과 이런 식으로 경쟁하기를 요구했다는 이유로 비난받을 것이다. 한편 로고스는 개념작용/수태conception의 순수성을 유지하기 위해서 그녀를 자신의 말의 진리 속에 이런 식으로 은폐한다. 로고스의 말에 따르면, 우리는 그녀가 비축물 속에 무엇을 숨기고 있는지 더는 알 수 없고, 대문자 이성의 척도mesure가 부인하는 힘의 모든 욕망들, 착란들을 그녀에게 투사할 수 있다. 따라서 그녀는, 이미 은폐되고 상실되었지만, 그녀를 그녀 바깥에 놓는 담론적 전시parades 속에 분명히 나타나고 고양되며, 남자들끼리의 웅변적 논쟁들에 관념적으로 제공된다. **나머지는,** 그것은 땅 아래에 파묻히고, 모든 것이 그림자와 망각일 뿐인 어두운 동굴들 속으로 떨어진다. 그리고 그곳은 언젠가는 돌아가야 할 곳이다. 그런데 어떤 길로?

바깥과 안, 높은 곳과 낮은 곳, 가지적인 것과 감각적인 것 등등 사이의 망각된 통로로. "아버지"와 "어머니" 사이의 망각된 통로. 관계들의 이 결함을 보충하기 위해 생산된 중개물들이 어떻든 간에, 그것들은 항상 이미 한쪽(일자)에, 동일자에게 종속돼 있다. 영원부터 그들을 야기해왔을 원리에. 대문자 아버지의 말(들)에. 그리고 대문자 아버지의 이 "세계"에 대한 통치권이, 어떤 산 자도 그의 지배를 벗어나지 못하며 그의 대문자 선을 공유하는 것만을 열망하는 그런 것이라면 ―이는 진리로 오르기 위한 유일한 길, 유일한 방법, 즉 "훌륭한" 미메시스를 내포하는 것인데 ―, 이전에 뒤에 남겨졌던 것으로 되돌아가기 위해서 이제부터 어떤 접근 방법이 이용될 수 있겠는가? 어머니를 향한 발걸음은 가로막혀 있다. **근친상간은** 거기에서 **금지된다.** 무엇을 하든지 간에. 그리고 엄밀히 말하자면 그것은 **불가능하다.** (그에 대해) 무엇을 말하든지 간에. 왜냐하면 "그녀"는 아버지의 투사된 재현들을 위해/재현들에 의해 항상 이미 변형되기 때문이다. 그의 이미지들의 복제를 위한 모태. 틀림없이 항상 약간 잡종인hybrides 이미지들. 이데아의 빛으로 그 이미지들을 환원시킴으로써 삭제해야 할, 또 다른 유/젠더genre의 유일한 흔적들. 순수한, 단순한, 나눌 수 없는 등등의 형상인 이데아. **나머지는,** 질료의 눈멀고 침묵하는 불투명성뿐. 그렇다면 어떻게 다시 거기로 내려갈 것인가? 더 적절한 위치로, 도시를 포함한 더 올바른 상황으로 그녀를 데려가려면, 어떻게 행동해야 할 것인가? 어떻게 그녀를 받아들일 것인가? 기억의 완벽함 속에서 우리가 상기하는 어떤 가능한 소통도 더는 없다. 서구의 광학적 은유의 여명기에 재봉인된 **망각의 망각.**

그녀 자신은 (자신에 대해서) 아무것도 알지 못한다. 그리고 (자신에 대해서) 아무것도 떠올리지 못한다. 현자의 자기논리적 auto-logiques 사변들의 받침대인 그녀는 어둠 속에서 산다. 그녀도 모르는 사이에/그녀의 무지에 의해 뒷받침하게 된 재현의 장면인 (장면의) 뒤에서. 그녀는 빛을 내며 나타나지 않는다. 그녀가 빛나게 된다면, 빛은 더 이상 동일성에 속하지 않게 될 것이기 때문이다. 현행 경제 전체를 다시 산정해야 할 것이다. 그리고 만약 가상apparence의 삶을 그녀에게 허용한다 해도, 그것은 오히려 어두운 종류genre의 삶일 것이다. 지하의 그림자 극장, 모든 것을 비추고 비옥케 하는 항성의 달그림자. 사이에 놓인 그녀의 "육체", 여전히 무정형인 연장으로 "그녀"가 방해물이 되지 않을 때, 남성이 그의 "영혼"을 그 자신 안에 가져오는 자기복제에 대한 더 흐릿한 복제. 철학자의 사변에의 권유에 여전히 저항하는 처녀성은 사실 개념작용conception의 순수성을 위해 요구된다. 반사를 **과장하고 속이지** 않으려면, 사람들이 가로지르지도, 관통하지도 않은 매끄러운 표면이 요구되는 것이다.

그러므로 바깥과 안 사이의 **길**은 관념적 규정에 의해 금지된다. 길은 틀림없이 양쪽으로 다르게 복제되지만, 둘 사이의 이동은 더 이상 보장되지 않는다. 그렇다면 어떻게 동굴, 공동, 땅속으로 돌아갈 수 있을 것인가? 뒤에 남겨진 것의 어둠을 다시 꿰뚫음으로써(다시 발견함으로써)? 어머니에 대한 망각을 다시 드러냄rouvrir으로써?

아버지의 이름으로 회귀하기

| 어머니를 향한 퇴행의 불가능성 |

"자네는 뭐라 하겠는가? 그가 처음의 거처와 그곳에서 통용됐던 지식과 그와 마찬가지로 사슬에 매인 동료들을 회상하면서, 실현된 변화에 스스로에게 만족하는 한편, 다른 이들을 동정하리라고 믿지 않나?"[73] 당신은 뭐라 하겠는가? 그가 "처음의 거처"와 "그곳에서 통용됐던 지식"을 기억할 수 있으리라고 믿는가? 로고스가 환상들, 유령들, 환영들의 재출현을 위한 공간을 마련하는가? 그리고 심지어 유아의 말더듬기와 옹알이의 소생을 위한 공간도? 아니면 로고스의 일관성이 그것들을 명명하고, 심지어 ─ 예를 들면, 잘못된 복제물들로 ─ 내포함으로써, 진리 가치에서 몰아내기를 요구하는가? 단호한 결정들은 그 정의들에서 약간 너무 넘치는

---

73 『국가』, 516c.

expansives 실재들을 쫓아내고, 그것들을 이렇게 고유하게 틀 지워서, 선행하는 것들로 하여금 벗어나지 않도록 만든다. 선행하는 것들과의 관계는 재구축될 수 있을 뿐이며, 항상 이미 하강하는 변증법 속에서 들어 올려질 수 있을 따름이다. 꿈인(꿈의) 장소는 이렇게 돌이킬 수 없이 분절된méta-mérisé 토포스에 스며든 재현들이 차지한다. 모든 유용한 목적을 위해 그 장소가 이성의 언어에 의해 다시 덮였다는 사실은 **역시** 진리이기도 한 꿈으로 겨우 해석되기 시작한다. 틀림없이 **다른종류/젠더**의 진리이기도 한 꿈으로. 그러나 변화devenir의 방황 위에 새겨진 이 진리, 여전히 물질적인 모태 위에 새겨진 이 진리는 오직 신의 소유 내에서만 계속해서 약간 배회한다divaguer. 꿈의 공간은 남아 있지만, 무한하게 멀리, 앞으로 투사된다. 우리가 로고스의 과잉/로고스에의 광신에 이르게 되는 것은 더 이상 어머니에게로 돌아감으로써가 아니라, 대문자 아버지의 탈존을 믿음으로써이다. 환상들은 "어머니의 육체"로부터 쫓겨나고, 무한한 외부의 세계로 돌려보내진다. 다른 세계, 너머의 세계로. 신 안에서의, 지고至高 안에서의 꿈의 탈자태. 그렇다면 아무리 작더라도 그 의미를 직관한 이가 "다른 이들을 동정하리라고" 어떻게 "믿지" 않겠는가? **목적론적인**téléo-logique **투사**의 열광적인 이동들을 여전히 모르는, 다른 이들을. 투사가 폐쇄clôture를 가정하지 않는다는 뜻이 아님에도 불구하고, 이러한 투사는 결국 재현들 자체를 넘어선다. 따라서 동굴의 궤도는 자신의 울타리 바깥에 둔 것, 즉 **휘스테라 프로테라**[앞에 있는/원초적인 모태]ὑστέρα πρότερα를 영상으로en cinématographie 만들어냈다. 언어에 대한 또 나른 과도함. 그러나 담론의 논리에 따르는 이 두 "항들termes"은 관계들 속으로 (더 이상) 들어갈 수 없다. 친족 관계 — 즉, 여기에서는 유비 — 의 전체 체계는 둘의 인접을 실현 불가능하게 만든다. **지배적인 은유의 경제는 둘의 결합을 떼어놓는다.** 그리고 "어머니"와 "아버지"의 유사성에 덧붙여진 이 잉여들은 더 이상 서로 짝지어질 수 없다. 왜냐하면 그 잉여들은 그것들을 대체 가능하게 만드는, 따라서 심지어 과도함에 있어서도 독점적이게 만드는 동일성의 계보를 이미 따르기 때문이다.

물론 동일한 방식으로는 아니다. "사슬"의 아래와 위에서. **등급의 극단적 차이는** 동일성의 표준치étalonnage에 따른다. 그러나 형상에 관해서라면, 최고의 모델이 전능함 가운데 세워지기 위해서는, 타자의 형상 부재 속에서 소멸되지 않도록 대문자 선을 (되)찾아올 필요가 있었다. 그러므로 반사의 동굴로서의 타자에게는 돌아갈 수 없다. 왜냐하면 **여전히 자기반사적인 이 오목한 동굴은 이제 대문자 존재의, 대문자 아버지의 속성을 구성하기** 때문이다. 어떤 변화도 없이 스스로 그 자신과 무한정하게 교합하는 대문자 존재의 속성을. 그리고 지혜 속에서 그러한 선Bien을 공유하는 데 이르는 자는 "실현된 변화에 스스로에게 만족"할 수 있을 뿐이다. 그러므로 홀로, 따로, 자신의 새로운 힘을 즐길 수 있을 따름이다. 그를 "처음의 거처"에서 풀려나게 하고, 거기에 수인으로 잡혀 있기에, 그가 이제는 위에서 "동정심"을 가지고 바라보는 "동료들"과 그를 구별 지어줄 그의 새로운 지식savoir — 자신을 소유하기s'avoir? — 을 즐길 수만 있다. 여전히 지하의 정념에 사로잡혀 있는 자, 철학자에 따르면 태양의 신적인 관조 속에서 지양할relevé 환상들에 사로잡혀 있는 자에 대한 그의 연민의 시선. 빛들에 대한 확신에 찬 나머지, 뒤쪽으로의 퇴행에 대한 향수 없이 무감정한 신적인 관조. 회귀는 진리la Vérité의 이름으로만 가능할 것이다.

│ 철학자는 경쟁을 피할 것이다 │

"그런데 이전의 거처에서, 지나가는 사물들을 가장 예리한 눈으로 분간하고, 게다가 그 사물들 중에서 어느 것이 먼저 나타나고 어느 것이 뒤에 나타나며 어느 것이 함께 나타나는 습관이 있는지 잘 기억해두었다가, 장차 나타날 가능성이 가장 높은 사물들을 이런 식으로 예측할 수 있는 자에게 어떤 명예와 찬사가 집중되는 관습이 있다면, 자네는 그가 이 수인들을 부러워하거나 그들 중에서 가장 존경받고 가장 유력한 이들과 경쟁하고 싶어 하리라고 생각하는가? 아니면 예전의 환상들로 돌아와서 저 아래에서 살듯이 살기보다는 오히려 '재산도 없는 이방인에게 품삯이나 받고 일하고' 그 어떤 것이라도 견디기를 선호하지 않겠는가?"[74]

자연의 빛의 명증성으로부터 그를 돌려놓았던 그림자들의 매력에 사로잡혀 그토록 오랫동안 수인으로 있었던 동굴 안에서는 지나가는 사물들을 가장 잘 구별하는 자에게, 각각의 사물을 어떤

---

74 『국가』, 7권, 516c-d.(옮긴이)

다른 사물과 혼동하지 않도록 조심하고, 따라서 그의 앞에 매일 등장하는 사물들의 행렬을 단일체로 환원하지 않으면서 각 투사의 특이성을 가장 잘 분간하는 자에게 어떤 명예나 찬사가 약속될 것이다. 그러므로, 게다가, 습관적으로 먼저 도착하는 사물들을, 뒤따라서만 나타나는 사물들을, 또한 함께 지나갈 수 있는 사물들을 기억할 수 있는 자에게, 그리하여 십중팔구 나타날 사물을 예측할 수 있는 자에게 약속될 것이다. 따라서 그의 앞에 제시되는 것을 분석하는 것에 관한 한 가장 재능이 있어서, 그 차이점들을 포함해 "사물들"을 가장 잘 바라보며 가장 충실하게 기억하는 인간에게 찬사가 약속될 것이다.

그러나 어떤 "사물들"과 어떤 "기억"이 여기에서 문제가 되는가? 〔이는〕 의심할 바 없이 철학자가 제기하는 반박이다. 이것은 그가 이런 일에 연루되지 않기 위해, 철학자가 아마도 별로 재능이 없을 이런 종류의 경쟁에서 겨루지 않기 위해 제기하는 것이다. 왜냐하면, "사물들"에 대해서라면, 알다시피 그는 그 본질을 결정적으로 인식하고자 하며, 실존, 즉 진리의 더 혹은 덜 훌륭한 복사본에 관해서는 교육적인 경우 외에는 거의 신경 쓰지 않기 때문이다. 이렇게 격찬된 기억mémoire은 철학자에게 유일하게 중요한 이 상기réminiscence를 방해할 위험이 있다. 사실, 매일 생기는 일, 밤이 오면 일어나는 일은 그에게는 별로 중요하지 않다. 그것은 여전히 어둠에 종속돼 있는 것이지, 영원히 빛나는 것이 아니기 때문이다. 너무나 지상의 것인 빛, 따라서 역시 필멸하는 빛이다. 철학자가 주의를 기울이는 것은 이것이 아니라, 가려진 적 없는 등불, 그에게 완벽한 투사를 보장해주는 빛이다. 너무나 물질적인 우연성을 피하는, 숭고한 이익을 보장해주는 빛. 따라서 그는 여전히 일상적인 실재들의 이 변화devenir를 경멸하며 눈길조차 던지지 않는다. 그리고 만약 당신이 아침에, 정오에, 저녁에 (그에게) 무슨 일이 일어나는지 묻는다 해도, 그는 대답해줄 수 없다. 그는 그런 일에 개의치 않으며, 그에게 대답하기를 요청하는 세속적인 삶 너머에 위치하면서 더 이상 그에게 영향을 미치지 않는 "사물들"을 지향하기 때문이다. 당신이 그에게 질문하는 것은 "그림자들"에 관해서다. 그리고 만약 그림자들이 어둠의 시기에 진리 이상의 지표들이 될 수 있다 해도, 그는 그것들을 분석하느라 시간을 끌지 않을 것이다. 자기만족이 그의 **프쉬케**를 무익하게 차지할 것이다. 그뿐만 아니라 시뮬라크르들을 식별하는identifier 것은 쉬운 일이 아니다! 어쨌든 다른 한쪽과 비교해 한쪽을 식별하는 것은… 그것을 감행하려면, 그것에 성공하리라고 믿으려면, 게다가 사물의 영상을 제어하기를 원한다면, "아이" 혹은 "광인"이 되어야 한다. 현자를 더 이상 붙잡고 있지 못하는 순진한 이들의 환상 속에서가 아니라면, 질서란 오직 혼돈이나 일탈에서 기인할 수 있는 우주, 모델(들)이 없는 우주의 무분별한 창작자들이 되어야 한다.

게다가 한 가지 이상의 이유가 있다. 왜냐하면, 사실은, **"사물들"의 인접성은 그에게 별로 중요하지 않기** 때문이다. 지금 여기에서 어떤 것이 다른 어떤 것의 뒤를 잇는다면, 그것이 가까운 곳에, 그것도 아주 가까이 있다면, 그로 인해 눈이 파열된다 해도, 그는 아마노 ㄱ

것에 대해 농담할 것이기 때문이다. 그러나 이러한 근접성은 그가 추구하는 것이 아니다. 그는 "전형들"과 그 계통 관계에 집중하기 위해서 오히려 근접성에서 벗어날 것이다. 그리고 그가 그런 만남을 평가하거나 평가하지 않거나 하기 위해서는 계보généalogie — 결국 대문자 아버지의 — 를 거쳐야 할 것이다. 모든 관계의 가치valeur는 그에게 이 유일한 값어치에 따라 평가된다. 나머지는 너무나 짧게 지속하기 때문에 그것에 어떤 의미를 부여하자면 웃음거리가 되는 환상fantaisie이다. 그리고 철학자는 무가치함을, 적어도 그가 그렇게 판단하는 것을 별로 즐기지 않는다. 그리고 그가 아무리 아이러니 다루기를 좋아한다 해도, 그는 자신을 희생하여 웃음을 과장하는 것이다. 따라서 관계를 성립시키기 전에 그는 그 형상들의 일치를, 전유되든 안 되든 결국 적절한 성질들을 길게 숙고할 것이다. 이는 느슨하게 (자신을) 하나로 연결하는 것과는 거리가 멀다. 이 접촉[애무]은 너무 큰 영향을 우연성에 남긴다. 혹은 꿈에? 환상들에? 항상 약간 마술적이고 신비스러운 유혹에? 동굴의 시공간 속에서 여전히 통용될 마술? 태내의 시공간 속에서? 이미지들의 증식을 위해 그것이 항상 이미 역전되는데도 불구하고, 여전히 모성적인 궤도. 매일 다시 시작하는 이 영화에 주의를 집중할 만한 가치가 있을까? 시퀀스들을 관찰하고 엄격하게 자르는 데에, 시퀀스들의 연속을 기억하는 데에, 시퀀스들을 예측하는 데에 이른다면, 그런 만큼 그 반복으로부터 벗어나게 될까? 동일한 장면들이 그다음 날 재생산되지 않을까? 기억은 심지어 바로 이 반복retour에 대해 스스로 기대하고 있으며, 여기서 기억에 중요한 것은 월등함일 것이다. 그리고 이는 상기를 막는다.

│ 반복의 두 가지 양식: 고유한 것과 가까운 것 │

반복의 두 가지 양식이 "시간"을 두고 다툰다. 재개/무한, 회귀/영원. 둘의 반목은 **동일한역사**의 위반을 잠시 잊게 해준다. 역사는 그런 담보들hypothèques에 의거해 연장되고, 그런 이분법들의 대립을 계속 감당한다. 순간적으로 그 연관(들)의 효과를 연기할 뿐만 아니라, 그 결합(들)의 사후작용들도 미룸으로써. 측정 가능한 지상의 시간 chronométrie은 대문자 아버지의 영원한 다른 곳으로 사라져야 했으리라. 어머니의 한밤mi-nuit은 대문자 아버지의 한낮midi에 의해 무한정하게 가려질 것이다. 그러나 여기에서 태양이라는 항성은 여전히 바다에 다시 떨어질 위험이 너무 클 것이다. 빛의 이 심연을 홀로 지키도록 맡겨졌기에. 가려지지 않는 빛을 보장하려면 또 다른 횃불이 필요하다. 대문자 아버지의 힘은 황혼의 불확실성을, 밤의 고동의 운율을, 간헐적인 불길을 피해야 한다. 그리고 우리가 태양이 아침에, 그다음 정오에, 마침내 저녁까지 거기에 있다는 사실을 기억한다고 해도, 이것이 다시 밤이 닥치는 것을 막지는 못한다. 이렇게 태양이 봄에, 또 여름에, 그다음 가을에 있다고 해도, 그것이 겨울의 회귀를 막을 수는 없다. 눈에 여전히 추위를 간직하고 있는 철학자가 두려워하는, 얼어붙은 불 꺼짐extinction. 그러므로 철학자는 그림자를 증오한다. 그림자는 그에게 약한 시력을 떠오르게 하며, 그/그녀가 "영혼"으로, 즉 타오르는 광경들이 전환되는(역전되는) 스크린 안으로 도피하고자 하는 자신의 욕구를 떠오르게 하기 때문이다. 따라서 각자에게는—사람들이 단언하기를—그에게 결핍된 것에 대한 욕구가 있다. 그러니 맞은편의 정면을 잘 바라보고자 하는 현자의 갈망은 그렇게 하지 못하는 그의 무능함을 인정하는 것이다. 그의 영원한 한낮은 대문자 아버지의 통찰에 대한 맹목적인 의탁abandon을 시인하는 것이다. 대문자 아버지의 편재는 모든 그림자를, 그것이 의심의 그림자일지라도, 해소하는 것이기 때문이다. 우주는 이 대타자의 눈에 의해 끝에서 끝까지 비춰질 것이다.

그래도 우주에 [누군가가] 존재해야 한다. 이것은 여전히 지하에 머무르며, 빛을 통과시키기 어려운 울타리 안에서 사슬에 매여 있는 자의 경우는 아니다. 거의 마술적인 불빛이 투사들을, 물론 그림자들의 투사들을 제공하는 암실. 영혼이 차지할 장소, 그러나 그것의 열등한 부분, 가장 어두운 부분만 복제할 장소. 그것을 변형하고 왜곡하지 않으면 간직할 수 없는 매력으로 사로잡는, 매혹적이나 유동적인 감각들의 초점들. 이데아의 엄밀함에 도달하지 못하고 여기저기 전달되는, 별로 신뢰할 수 없는 의견들.

그런 광경들의 묘사와 기억작용에 몰두하는 자는 확실히 미덕이 있고, 그가 보상받는 것은 정당하다. 그런데 어떤 자격으로? 그리고 만약 모든 이가 이 게임에 붙잡혀 있다면, 어떤 위험이 도시에 초래될 것인가? 약간 더 유익한 일들로부터 벗어나게 하는 **프쉬케**-분석 안에 끝없이 머무른다면. 더 객관적인 실재들로부터 주의를 돌리게 하는 이 유령들, 시뮬라크르들, 환상들에 신경 쓰고 있다면. 그들을 유혹하는 "사물들"로부터 돌아서서 조치를 취할 수 없기 때문에 마술의 매력하에 있음을 의식조차 하지 않는다면. 그러니까 앞에서, 맞은편에서 지각할 수 있는 "사물들"로부터 말이다.

뒤쪽derrière**은 명증성**évidence**을 영원히 피하는 법이다.** 반회전을 하더라도, 그것은 여전히 더 멀리, 뒤로 물러설 것이다. 포착할 수 없는, 비가시적인 것. 뒤쪽—바깥, 즉 타자—에 대해서는 무지한 채로, 울타리 안enceinte에 갇힌 쓰라림. 어떤 길을 택할지 알지 못하고서 그곳으로 돌아가려는 향수를 간직한 채로. 사이 통로는 잊었다. 이제부터 모든 오해가, 모든 방황이 가능해진다. 주이상스와 고통이 증식한다. 그런데 어떻게 "올바른 것"을 발견할 것인가? 이미지들이 지금 행진하는 이 스크린의 울타리를 어떻게 다시 가로지를 것인가? 어떤 재현도 없이 길(들)을 뒤에 남기고서, 항상 이미지들이 앞에 (재)투사되는 스크린의 울타리를. 만약 누군가—어떤 남성—가 그곳으로 이끌지 않는다면, 인간이 더 이상 (재)통과하지 못할 스크린의. 이것은 오직 **다른 이동**transfert**에 매료된 다른 종류/젠더의** 담론에 따르는 자만이 그곳으로 돌아갈 수 있다는 뜻이다. 그러한 담론의 은유들로써 길을 이동할 수 있지만, 이는 그 길을 뛰어넘음으로써 가능하다는 것이다. **인접성은 유추 속에서 상실되는데,** 유추에 의해 재현으로 둘러싸이면서 일방통행 속에 그대로 굳어져 있기 때문이다. 그리고 감각적인 것은 항상 어떤 접촉contact뿐만 아니라 그것의 단절을, 어떤 탄생뿐만 아니라 그것의 죽음을 소환한다(떠올리게 한다). 따라서 감각적인 것은 이미지들, "복제물들"의 계보 속에서 그 시기들époques의 교대를 중단시킨다. 복제물들과 모델의 근접성은, 이름의 형상의 속성(이름과 형상의 속성)을 따르기보다, 세대의 시간을 뛰어넘는다. 수태conception의 참된 기원의 유사성 관계들은 과오를 범하지 않을 것을 보장한다. 이 관계들은 불멸의 기억을 약속한다. 왜냐하면 이 관계들은 이미 "삶"을 반사/사변화하는 반복 ─ 재탄생 ─ 으로 둘러쌌기 때문이다. 이렇게 생은 영원토록 얼어붙는다.

달리 말하자면, 인간[남성]은 여기에서 "모성적 물"에서 나가지 않는다. 그러나 거기에 이르는 길을 얼어붙게 만듦으로써, 그는 자신을 비춰보고 이 장막 속에 자신을 재생산한다. 처녀막hymen은, 그가 대문자 우주를 나누는 것처럼 반사하는 표면들로 그의 영혼을 나눌 것이다. 자기 동일성 영속화의 추구는, 동일자로서의 자신을 더 이상 거기에서 반복해서 발견하지 못하리라는 두려움으로, 모든 접촉을 얼어붙게 하고, 모든 관통을 마비시킨다. 그 결과, 그들의 용어상의 은유는 그들을 둘러싸고, 그들을 감싸고, 그들을 항상 더 멀리 떨어뜨린다. 유추와 다름없는 연상작용associations으로써 그들을 "야기하는" 것으로부터 말이다. "통로"는 결국 이성의 자기 동일성이었을(자기 동일성이 되었을) 것이고, 회귀는 동일성의 단순한 반복일 것이다. 이 반복은 가치 있는 형상들로 평가되는 것이 불변함을 보증하는 열거이다. 과거에도 미래에도 만기일은 도래하지 않을 것이다. 물론 모든 변화를 경계하는, 이상 자체(동일성의 이상)에 도달한다면 말이다. 마침내 홀로. 어떤 다른 것의 뒷받침 없이 그의 존재에 꼭 들어맞는. 그 자신에게만 근접하여 반복하는 그의 존재에. 그런데 이러한 최고의 자기 전유는 어떤 시공간 위로 상승하는가? 질료도, 어머니도 없는 (자기의) 재생산은. 원칙적으로 신용에 의존하는 "죽음"을 면할 수 있는 대문자 아버지의 사변이라는 **황금**의 신기루. 그가 결코 본 적 없는 것과의 유사성에 전적으로 의존하는. **따라서** 그 자신과의 유사성에 의존하는 것인가? 로고스가 그 자신(동일자로서의 그)에 대해서 증명하는 것과의 유사성에? 언표작용과 (그것의) 원인인 것의 일치 관계는 어떤 대가를 치르더라도 계속되는 것이 중요하다.

| 땅으로 되돌려지기보다는 아버지를 대신해서 땅을 경작하는 것이 낫다: 은유/환유 |

따라서 "의견들에 자신을 내맡기고 동굴의 남자들 식으로 살기"보다 "재산도 없는 이방인에게 품삯이나 받고 일하는" 게 훨씬 더 낫다. 어떤 대가의 보장도 없이 땅을 경작하는 것이 이성의 특권을 잃는 것보다 더 나을 것이다. "땅"을 개간하는ouvrir et retourner 것이, 비록 집주인이 이 일에 대해 대가를 지불하지 않는다 하더라도, 그의 신비로/신비에 의해 사슬에 매인 자들을 따라다니는 환상에 종속돼 있는 것보다 훨씬 더 가치 있다. 순수한 형상들에 의해 권위를 갖는 아버지를 대신해 (소위) 모성적인 장소를 이용하는 것은 모태적 탄생의, 심지어 상상적인 울타리 안에 갇힌 아들의 수감와는 비교되지 않을 만큼 명예롭다. 항상 이 동굴로 그를 다시 부르는 유치한 몽상들에 여전히 사로잡혀 있는 아들. 그는 이 동굴 밖으로 나갈 수 없을 것이다. 그 동굴의 유일한 매력은 거기에서 직접적으로 느끼는 감각들이다. 〔그는〕 틀림없이 감각들을 구별하고, 환기하며, 게다가 수많은 방식들로 그려내는 기술에 있어서 매우 능숙할 것이다. 그러나 그 때문에 이성의 명령들에 대해 "무감각하다". 철학자는 경쟁하는 것을 별로 좋아하지 않기 때문에 이런 운명을 부러워하지 않는다. 정말인가? 그럼에도 불구하고 그는 더 선망할 만한 존재 양식으로서 **땅의 노동**을 선택한다. 기이한 운명이다. 땅으로 돌아가지retourner 않기 위해서 땅을 갈다니retourner? 이미 동굴이라는 이 궁지impasse를 복제하는 것인가? 열고, 다시 닫고(가두고), 옮기는(뒤엎는) 일을 단번에? 아버지의 이익을 위한 자본의 이전으로? 아버지는, 자원이 부족하다면, 그의 힘을 증명하기 위해 적어도 "아들들"을 얻을 것이다. 그의 권위의 담보들, 그의 집의 부의 상징들을. 이를 통해 그가 전유한 공간의 이용이 잉여 자본을 가져다주기를 기대하면서 말이다. 그리고 여기에서는 가장에게 매수되는 데에, 심지어 그의 노예가 되는 데에 어떤 수치심도 없다. 왜냐하면 "땅을 경작하는 것"이야말로 이미 **그처럼** 행동하는 것이기 때문이다. (가치들의) 등급의 다른 단계에서, 유추의 다른 서열에서. 그러나 아버지의 속성들의 **모방**은 지금부터 획득된다. 그리고 이는 오직 그의 로고스의 승리다. 심지어 노동에 관한 한, 로고스는 은유들로써 대가를 치를지 모른다. **주인에 대한 유사성의 잉여가치** plus-value는 "땅"과의 근접성의 "공포"를 보상할 것이다. 이 관계의 비용을 상쇄할 것이다. 따라서 틀림없이 현자는 어머니를 묻어 흙을 덮으려고 여전히 애쓰는 것을 정당화하기 위해 논증할 것이다. 그는 전유된 문화로 여전히 쉽게 경작될 수 있는 토지의 개간, 여전히 (그의) 고유한 이름들의 처녀지들의 개간에 있어서 점진적으로 금지를 (다시) 내세운다. 의미 있는 말들을 아직 하지 못하는 모태들에의 불법 침입과 씨 뿌리기. 만약 그가 내려가 그의 지식으로 가득 채운다면, 어떤 새로운 관념이 아마도 다시 발아할 수 있을 수용기들.

그런데 이것은 대문자 아버지가 대문자 우주 전체를 이미 독점하고 있음을 잊는 것이다. 그리고 이러한 땅을 개간하는 자에게서 (그의 진리들을) 반복함으로써 되살리는 건 최선의 경우 그 진리들의 각인이다. 따라서 인간은 자신의 작업의 대가로 기만당한다. 왜냐하면 그는 전능한 남근의 다소 효과적인 대역일 뿐이기 때문이다. 그럼에도 불구하고 그는 사실 이 상태에 순응하며, 죽음에 이르기까지 그러한 제국을 영속화하려 한다. 중요한 것은 역사는 계속된다는 것이다. 말하자면 (그의) 동일한 담론은, 유일하게 가치 있는 형상들의 대리인 혹은 계승자의 자격으로, 설령 그것이 두 번째 자리라 해도, 그를 인정해주는 것이다. 재료^{étoffe}만을 제공해주는 "타자"와의 공유^{partage} 없이. 진리(들)로, 점점 더 추상적인 재료만을.

| 거세의 위협 |

그러나 아들―그리고 대립하는 자―이 아버지를 복제하면서 또한 필연적으로 재현할 수밖에 없는 이 환영, 이 그림자가 남겨진 곳은 다시 땅이다. 모태 속에 매장되고 쇠퇴하여 보이지 않게 된 이 그림자. **게다가 어머니-질료는 반사/사변화의 찌꺼기를 은폐한다.** 투사를 위한 스크린, 공포와 혐오감 없이는 더 이상 동굴-입구를 열지 antr'ouvrira 못할 매끄러운 표면, 그것이 은폐하고 차단하는 환상들의 고통. 모든 재현이 형상화되는 거울을 미친 듯이 통과하기. 아버지의 법에 부여된 신용으로 우회해 그것을 통과함으로써 가능해지는 "훌륭한" 자기복제들. 이는 사변적인 평면을 정의하고, 따라서 죽음을 쫓아낼 것이다. **거세의 위협**을―적어도 한 번은 분명하게―이해하라. 거세의 불안, 공포는 어머니의 배 속에만 마련된 것이리라. 어머니의 배로 돌아가는 것은 생각할 수 없는 일이다. 아버지의 이름으로가 아니라면.

"여성"의 주이상스

| 재현에 재투자하는 죽은 동굴 |

재현의 두 양식들이 시간을 찢는다. 하나는 사건의 반복에 — 심지어 자기도 모르게 — 각인되며, 결코 이 "감옥"에서 나오지 않는다. 영원히 비가시적인, 그것의 출현의 기획은 **개념작용의 이 맹점** 안에/위에 줄지어 나타나는 "시뮬라크르들"의 증식에 대해 배경막으로 사용된다. 그림자들의 (재)등장에 따라 흐르는(무너지는) 불안정한 확신들 — 유령 같은 현전들, 부정확한 기억들, 예측될 수 있는 대상들이 없는 기대들 — 만이 생성되는 그림자들의 극장. 투사의 원천이 이동할 때, 지평-한계가 변형될 때, 유혹들이 사이에 놓일 때, 그에 따라 움직이는 언제나 유동적인 흐름flux. 따라서 결정될 수 없는 흐름이지만, 이는 무한하지는 않다. 심지어 우리는 다소 마술적인 방식으로, 그 과정, 즉 동굴 장면의 기술적 복제를 통해 틀을 조정할 수 있을 것이다. 이때 인간은, 그가 수인인 이상, 조치를 취하거나 시공간을 평가할 수 없다. 인간은 궁륭 안에/궁륭에 의해 가로막혀 있으며, (그에게) 시간을 보내게 하는 광경들에 의해 깊은 인상을 받는다impressionné. [시간의] 이 경과는 어렵사리 간격을 정할 수 있는 반복적 운율들에 의해서가 아니라면, 정확히 계산되지 않는다. 어쨌든 시퀀스들을 구별하고, 그 결합들을 기억하며, 그 회귀를 예상할 수 있는 자는 확실히 그러한 성과에 대해 축하받을 만하다. 그런데 그는 어떤 시간에 대해 이렇게 분석할 것인가? 그리고 단순히 기계적인 반복으로서가 아니라면, 심지어 어떻게 이 분석이 가능할 것인가? 인간은 오직 하나의 시간만을 아는데 말이다. 어떤 시점을 가능케 하는 계층화stratification 없이 (지금 여기에서) 빠르게 흘러가는 시간만을. 틀림없이 동굴 안에서 마술사들과 그들의 마술이 뒤로 물러서서 불과 동굴의 배경 사이에 개입하면 그 장champ에 "깊이"가 마련될 것이다. 그러나 그들이 부재할 때에는? 흐름dérive이 중단되면서 탈존하게 될까ex-sisterait? 지금 존재하는 것, 지금 존재하지 않는 것에 관해 어떤 결정이 가능할까? 어제 존재했던 것, 어제 존재하지 않았던 것에 관해서? 등등. 사슬에 매인 자들의 동일한 자세란, 문제를 중단시킴으로써 이렇게 문제를 해결할 수 있다고 가장하는 연출자의 책략, 소피스트적 술수라고 이미 가정되었다. 이것은 또 다른 시간을 정의해야 할 필요성에 따라 실제로 불가피한 것이다. 왜냐하면 이 재현에서 아들의 영혼이 아직 아버지의 말들 속에 (자신을) 반사하지 않고, 각인inscription의 근거는 여전히 바깥에 있으며, 거기에 나타나는 것은 이미 인공적

648

으로 제작된 대상들의 채색된 복제물에 불과하기 때문이다. 그러나 피안으로의 이행passage을 이끄는 것이 죽음의 목적이다.

진짜 죽음인가? 그러나 이 끝없는(확정할 수 없는) 행렬 속 어디에 죽음이 있을까? 그리고 스승의 지시가 없다면, 누가 죽음에 관심을 갖겠는가? 심지어 이 "아이들"이 죽음을 가리키는 말을 쓰는지도, 죽음이 나타나는 꿈을 소유하는지도 확실하지 않다. 그리고 현재 지나가는(일어나는) 일은 이 "아이들"에게 어떤 종말도 나타내지 않고, 오히려 다음 날 돌아올 것을 약속한다. 당신에게 불멸에 대해 말하는 철학 스승의 말이 아니라면, 이 "아이들" 가운데 누가 그런 결말에 사로잡히겠는가? 그의 꿈속에서는 모든 것이 항상 다시 시작되는데 말이다. 그러므로 [철학의 스승은] 죽음의 사자使者다. 그런데 어떤 죽음인가? 시초의 죽음? "질료"의? 어머니의? (죽음의) 재현 속에서만 삶을 인식하는 어머니의? (죽음의) 반사/사변화 속에서? 셀 수 있는 용어(들)로 하자면, 죽음의 반복 속에서? 물론, 이 모두는 이전에 존재했던 것의 불확정성에 대해서 불가능한 것인가? "예를 들면" 수태/개념작용conception은 진리로의 재탄생 속에서만 "고유한" 의미를 발견할 것이다. 진리는 개연성[참되게 보임]의 의혹을 피하기 위해 탄생 이전의 시간 속에 위치할 것이다. 가상들을 피하는 영원성은 재생산의 내존성in-sistance을 다시 닫는다(가둔다). 이것은, 호칭 문제를 차치하면, 항상 **삼위일체**인 대문자 존재에 있어서 **이중반복**을 요구한다. **일자**는 **적어도 두 번** 자신을 (거기에) 비춰볼 때만 **일자**이다. 그러나 이 둘은 명백하게 단순히 합계가 되지 않는다. 각 반사/사변화는, 주체 자체(동일자로서 주체)를 이렇게 떼려야 뗄 수 없게 구성하는 속성들을 **회전**시킬 때까지, 재현의 속성들을 변화시킨다. 주체는 탄생 전에 완벽한 자기동일성으로 항상 존재했을 것이다.

뒤에 오는 것, 후에 오는 것의 우선권 싸움. 이후의 것은, 그것과 투사의 관계 및 그 결정의 사후작용을, 시초의 정의définition의 재표시를 은폐하기 위해 더 이전의 것으로 돌려보내진다. 기원origine은 모든 시간을 그것의 발생으로 가장된 불변성 속에, 즉 현전 속에 이렇게 중단시킨다. 분열도 없고 죽음도 없다. 이 두 죽음과 그 둘 사이와 그들의 죽은 공동(죽음의 공동)은 어떤 신적인 사변의 맹목에 빠지게 되는데, 거기서 존재의 자기복제의 문제는 명증성에서 벗어난다. 이는 마술사들, 제작자들의 속임수들의 경우가 아니다. 이들은 신적인 기획들을 볼 수 있게 만들고 개념작용conception 자체 속에 나타나게 함으로써 그 기획들을 타락시키기 때문이다.

인간의 속성들이 죽음의 복제 속에 이미 상으로 세워져 불멸화된 한에서만 나타나는 동굴 극장. 죽음에 대한 가능한 모든 참조는—단지 돌아설 수만 있다면—처음부터 **형상의**formelle 게임에 속해 있다. 유혹자의 힘은 항상 이미 **형태학적인 시체화**에 사로잡혀 있다. 그 결과, 그것은 재현에 사용되는 첫 번째 스크린 "위에" 추락할 위험 없이 세워진다. 이 스크린은 뛰어넘을 수 없는 문턱 너머로 "산 자"의 모형화된 복제물만을 지나가게 할 것이다. "산 자"는 후퇴recul하는 위치에서 뒤쪽에 비가시적인 상태로 있다. 동굴 배경으로 뚫고 들어갈 수 없게 방해하는 벽-장막을 죽음으로써 넘어서는 이 **대상-기호**와 비교할 때, 즉 진리를 볼 수 있다면, 그를 진짜로en vérité 재현하는 이 "페티시"와 비교할 때 말이다. 진짜로, 이것은 반사/사변화의 흔적을 식별할 수 없다는 뜻이다. 그 조상彫像의 크기는 작품을 뒷받침하는 역전을 은폐하기 위해 지불해야 할 대가이기 때문이다. 따라서 유혹 속에서 작동하는 이 첫 번째 시간은 보이지 않을 것이다. 이 협잡꾼의 힘이 쇠약해지지 않고 재탄생한다는 것은 평가를 모면한다. 게다가 마술사 자신은 자기의 시선을 그로부터 보호한다. 장막은 또한 눈꺼풀이기도 하다. 눈은 그가 매혹된 어떤 죽음의 모형도 바라보지 않는다. 그리고 재현에 재투자하는 투사 스크린―죽은 공동―의 도움이 없다면, 재현은 아마도 불발에 그칠 것이다. 따라서 그 마력의 가공élaboration 속에 굳어진 채 너무 빨리 고갈되는 매력charme을 보충하는 것은 동굴의 몫이다. 투사는 어떤 유동성을, 여전히 감각적인 어떤 이동성을, 변화인(변화의) 어떤 가상을 여기에 재부여할 것이다. 너무나 정확한 이미지 속에서 이렇게 죽는 이의(것의) 유령들이 증식할 것이다. 이 죽은(죽음의) 반사경의 자식들이.

| 신의 놀랄 만큼 고독한 쾌락 |

허구의 두 양식은 현전의 시간을 찢는다. 그러나 그것(들)은 결국 항상 동일한 것으로 돌아온다. 그리고 이 분열―여기에서는 사실 **모방된**―의 목표는 땅으로부터, 어머니로부터 (재)생산의 시공간으로서의 기능을 빼앗는 것이다. 그리하여 동굴의 투사를 무한으로 돌려보내는 것이다. 다른 영원한 곳으로. 대문자 아버지의 **아이온**〔시간, 영원〕aἰών은 끊임없이, 그림자 없이 재현을 영속화할 것이다. 동일자의 역전에서 각인과 가역성을 떠올리게 하는 스크린은 시선에서 가로채진 것이며, 가치 있는 자기복제의 영속성의 대가prix인 치명적인 비용·coût과 치명적인 타격은 대문자 아버지의 관념적으로 고갈되지 않는 대문자 선에 의해 보증된다. 아들의 뒤에 있는 동굴이, 타자가 이제부터 접근로가 얼어붙어버릴 무덤 속에 갇히고 묻힌다 해도 상관없다. 그의 속성들 가운데 하나/일자가 전능함을 전유하고, 이러한 작용에서 역시 동일자와 관계되는 **분신**double을 소환하지 않고서도, 아이가 신과―이상적인 자아와―동일한 자신에 대해 "환상을 품을" 수 있다면 말이다.

중단된 주석박의 광채. 신은 동일한 것은(동일한 것 외에는) 아무것도 비춰보지 않는다. 순수한 거울(의) 존재. 여기에서 반사는 반영이 없고, 복제의 명백한 효과도 없으며, 자기 동일성에 관한 의혹의 그림자도 없고, 무언가 일어났다는 흔적도 없다. 자기 자신으로서의 존재의 시작을 증거하는 근거도 없다. 동굴의 불안한 밤에, 매 순간 거울의 (소위) 무구한 현재로 고양되는 이의(것의) 잔존하는 유령들을 상기함으로써, 이 반사/사변화에서의 죽음을 기억하는, 여전히 물질적인 모태도 없다. 동굴은 화가들과 시인들이 탐색하고 이용하는 것이며, 그들은 그것을 상실할 때에는 반복의 형상화에―**히스테릭한 미메시스**에―만족한다. 이것은 훌륭한 시민들이 하는 일이 아니며, 진실로 그들을 가르쳐야 할 의무가 있는 자, 즉 이데아들에만 관심을 갖는 철학자가 하는 일도 아니다. 사변들은 그 안에 반사의 과거에 대한 모든 환기를 흡수했다. 내부를 바라보기 위해 우리는 더 이상 반사하는 공동들의 입구를 열지 않을 것이다. 왜냐하면 그 안의 광경에 대한 모든 가능한 이미지는 형상화가 되면서 이미 막혔기 때문이다. 그리고 그 형상화의 절정에서 주석박이 입혀지기 때문이다. 또한 시력의 상실은 이 반사 궤도 안에서 방향이 바뀐다(뒤집힌다). 대문자 아버지만이 홀로, 보충하는 혹은 추가되는 빛의 형상으로 여전히 개입할 것이다. 왜냐하면 그의 눈은 즉시 그리고 영원히 전체^{Tout}를 보기 때문이다. 그리고 그 반구 안에 완벽하게 고정된 각인의 전형적인 빛은 눈을 압도하고, 타오르게 하거나 눈부시게 하며, 막을 침입하거나 소진시키는 어떤 위험도 그에게 보여주지 않는다. 관념적 본질의 막을. 기껏해야 그는 그 자신(동일자로서 그)에 대한 부분적 설명만을 찾는 데에 ─ 신이 여전히 그럴 수 있다면 ─ 실망하고 불만족스러워할 것이다. 따라서 그는 모든 것을 동시에 사변해야 할 것이다. 그러나 모든 것이 이미 그의 안에 있기 때문에, 그는 절대적인 자족 속에서 특별한 무언가를 필요로 하지도, 욕망하지도 않는다. 자신의 원 안에서/위에서 무한정하게 회전하면서, 그는 항상 다시 제한되는 이 한계 안에서, 그의 신비를 훔치지(욕보이지) 않으면서 얼음 속에서 불타오르는 결합^{hymen}을 해소할 것이다. 히스테리 환자의 수태/개념작용은 여전히 **부성적인** 것으로서 오직 동일성^{Même}의 유일한 원천으로 인정된 신과의 교합의 환상들 속에서만 불타오를 것이다. 무한한 수의 단안^{單眼}들로 불타는 동일성은 신적인 환상의 통일성으로 재구성된다. 눈, 성sexe, 반사경, "영혼"—이것들이 개입, 삽입되면 이 놀랄 만큼 고독한 쾌락은 타락할 것인데—에 의해 변질되는 간격écart이 없는 통일성으로. 하느님-아버지, 그-동일자는, 모든 (여성) "타자"를 제외하고, 히스테릭한 주이상스의 아래에 놓인 것들을 항상 인식할 것이다. 그의 진리의 씨앗들은 그가 자신을 위해 남겨둔 비할 바 없는 쾌락을 보충하기 위해 생산될 것이다. 가장 극단적인 쾌락이 은밀하게 제공되기에, 어떤 다른 타자가 존재하기(존재하지 않기) 시작하기 전에 스스로 자기 자신을 모방하기에, 로고스는 불변한다. 자식은 틀림없이 자신의 형상 속에서 자신의 아버지-낳아준 자를 재현할 것이다. 그러나 그는, 이러한 재생산에 의한 자기Soi의 퇴락의 대가로, 그들이 어떤 점에서 서로 닮았는지의 문제를 다시 제기한다. 〔그렇다면〕 여성-어머니는? 〔그녀는〕 이미지들의 증식을 위한 수용기〔로서〕, 그 안에서 아버지와 아들은 한 번의 눈짓으로 모델 자체(동일자의 모델)에 대한 정확성을 측정할 수 있다. 다시 고유성propriété을, 이 개념작용의 베일을 찢음으로써 말이다. 모든 이들의 이익, 즉 도시의 올바른 질서의 이익에 있어서 그 문제의 종지부를 찍기 위해 대문자 아버지는 이 비밀을 어떤 신문訊問도 받지 않는 법의 권위로 감싸서 숨길 것이다. 이러한 권력의 증거에 대해 설명을 요구하는 것은 적절치 않다. 그리고 그것은 언제나 동일한 것만을 몇 번이고 반복할 것이다. 이러한 최고 주권의/주권 안에서의 모순이 불가능한, 절대적인 자기 동일성만을.

방법, 길, 통로, 경부, 갈라진 틈fente은 모두 확실히 대문자 아버지가 자신의 권위를 확인하는 데 쓸모 있을 것이다. 그러나 이 절대적인 통일체에서, 어떻게 이것들을 다시 관통할(다시 발견할) 것인가? 그의 영광의 원적 문제[76] 안에서, 어떻게? **휘스테라의 힘** puissance을 그 정사각형 안에 포함하는 힘. 그의 위대한 **통약불가능성**incommensurabilité에 **의한/통약불가능성**으로의 **이동**을 즐김으로써. **대각선**은 그것의 전체 수를 추산하는 것이 불가능하다는 점에서, 온전하거나 통합되어 있지 못한 **격막**의 과도함을 대신할 것이다. 장막의 비스듬한 선은 이러한 **복제**를 통해 큰 것과 작은 것을 분할하고 이것들의 최초의 이항관계를 결정한다. 여전히 물질적인 매트릭스〔모태〕의 대각선 혹은 지름은 무한으로의 진행 혹은 퇴행을―절단의 사후작용의 효과에 의해―멈추고, 그것을 두 번째 면의 정의와 대립시킬 것이다. 대칭은 인위적인 방법으로, **역전시키는 투사에 의해** 첫 번째 면을 그렇게 조직했을 것이다. 즉, 동일한 정사각형의 절반으로 말이다. 기하학적 구성은 **근**의 난관을 제거할 것이다. 그 근

---

75 이 절은 특히 『티마이오스』와 관련된다. 『티마이오스』는 우주의 생성과 제작에 관한 대화편으로서, 핵심은 우주가 지성에 의해서 제작되었으며, 따라서 지성에 의해 파악할 수 있다는 것이다. 특히 우주 제작의 원리는 수학적이고 기하학적인 것으로 설명된다.(옮긴이)

76 원적 문제는 고대 그리스의 아낙사고라스가 처음 제출한 것으로 알려진 해결하기 어려운 수학적 문제로서, 주어진 원과 면적이 동일한 정사각형을 그리는 방법을 구하는 문제이다. 이하의 내용은 원의 면적을 구하기 위해 무한히 많은 빗금을 그어 다각형을 만드는 작업 또는 적분과 관련된다. 말하자면 대각선은 원의 총체성에 닿기 위한 수단이다.(옮긴이)

은 무한과 공유하는 척도를 결여하고 있어서—근을 구하거나 그것을 거듭제곱할 때—우리가 계산해낼 수 없는 것이다. 아마 가상적일 이등분선을 그어놓음으로써, 복제는 하나의 **동등 관계**로 환원할 수 있도록 작용했을 것이다. 그러나 우리가 도형을 그리자마자, 이 분할이 생성하는 **역전된** 그림자, 혹은 심지어 **그것의 거울 속 이미지**가 나타날 것이다. **휘스테라의 딜레마—플라톤은 내부에서 그것을 모방한다.** 즉, 마법사의 공간/죄수의 공간—는 재현 불가능한 **휘스테라프로테라**를 통해 그 통약불가능성을 제거한다. 또한 거기로 돌아가는 길, 즉 동굴의 입구를 규정하는 격막도 제거한다. 따라서 수들의 유사성을 확립하는 기획들은 사유 속으로 고양되어야 한다. 땅 위의 설계(구상)로 지나치게 규제받지 않으면서 말이다. 땅, 즉 어머니.

따라서 타자의 혼란스럽고 변화하는 다양성은 가지적인 관계들의 체계 속에 해소되기 시작한다. 그리고 속인들의 계산과 반대되는 철학자의 산술은 문제가 되는 **각 통일체의 동질성**을 처음부터 확립함으로써 큰 것과 작은 것을 구별할 것이다. 사적인 삶과 공적인 삶에 필요한 계산은 정신으로 하여금 진정한 전환에 의해—더 크게 혹은 더 작게—변화하는 생성의 영역 위로 올라가기를 요구한다. 수들 그 자체에 내재적인 용어로만 관계들을 고려하면서 말이다. 그러나 우리가 있는 이 지점에서, 여전히 기하학적인 진행 혹은 퇴행은 상호적이지 않은 방식으로 **위계적으로 질서가 잡히는 것**만이 가능하다. 그리고 분석의 원리들인 이데아들을 향한 상승은 여전히 가시적인 것, 여전히 감각적인 것이 이데아의 상기로 이끌었다는 점이 똑같이 참이라는 사실을 함축하지 않는다. 여기에서 그 토대는 결국 가설을 가치 있는 결과들로 결정하는 것을 함축한다. 비록 그 토대를 확립하기 위해서는 가설을 거쳐야만 했지만 말이다. 선조와 후손은 똑같은 특권을 누리지 않는다. 아들은 두 번째이며, 일종의 연역된 것이다. 비록 아버지에게로, 그를 야기하는 자에게로 다시 올라가게 하는 이가 바로 아들일지라도. "예를 들면 말이다." 그러나 아버지와 아들은, 적어도 우리가 가지적인 것의 순수성에 오르게 되면, **통일체의 형상**과 관계가 있다. 이는 "감각적인 것" — 모성적인 것, 여성적인 것 — 의 경우가 아니다. 감각적인 것의 변화의 다양성, 불연속성이 **하나의** 모델로 환원될 수 없기 때문이다. **노에시스**νόησις의 세계로부터, 그리고 이데아들의 끊어지지 않은 사슬로부터 타락한 것(들)이므로. 그것(들) 사이에 생기는 **빈 공간**은 관념적인 상들의 근본 원리가 된다. 이에 대해서는 "선"의 점들 사이 간격들도 마찬가지다. 이러한 점들은 비례 계산에 따라 우리가 방법론적으로 그리고 연속적으로 **파이데이아**[교육]로 추진된 전진으로 귀착시킨 것인데, 초월적인 것에서의 **마지막** — 비가설적인 — **도약**을 제외하고서다. 철학자의 자율성은 불가분한 것, 비이성적인 것의 여전히 **기하학적인 재현**이라는 이러한 중개에서 과학적 확신을 찾았다. 이론은 기술적 충전과 궤도를 벗어난 이상 속에서 이론 구축의 "중심"에 감각적인 공백을 뚫고 들어가지 못한 채로 놔두었다.

그러나 공백은 자신의 다양한 간격écart, 자기의 운동의 무한 속에서 제한되어야 할 것이다. 이러한 제한은 빈 공간이 가져오는 모순들을 해결하는 것이며, 일자의 (재)표시에 의해 공백을 하나의 제한된 수, 즉 **일자**에 목적성으로서의 의미를 부여하는 수에 고정시키는 것이다. 따라서 **일자**는 이항관계의 본질을 표현할, 진행과 퇴행의 이중 운동을 고정할 수 있는 권력을 가질 것이다. 이 이중 운동을 현재의 매 순간 **정체**stase에, 정지station에 고정하는 힘을. 따라서 2의 더 커지는 변화, 4—혹은 2의 제곱—의 더 작아지는 변화 사이에 있는 균형 **지점**은 일자Un의 안정화 작용으로 획득된다. 그 결과 일자는 첫 번째 삼위일체를 낳는다. 그러나 일자의 효력은 동등한 것들, 즉 둘—이는 **결정된** 첫 번째 이항관계의 원형이다—에 따라, 제한 없는 이 무한소나 무한대를 지향할 위험이 있는 것, 즉 악을 조정했을 것이다.

그러므로 분신double에게 할당되는 기능은 **양가적**이다. 분신은 확실히 불확정성으로 인해 복제하는 것이 되며, 따라서 일련의 숫자들을 낳기 때문에 모태적인 것이 되지만, 그럼에도 소수들이 영원히 불변하도록 보장할 수 없다. 소수들은 그 자체로 동등성égalité으로 정의되기 위해서는 일자un를 필요로 한다는 점에서 어떤 면으로는 항상 홀수다. 분신은 무한정하게 복제하지만, 만약 일자—대문자 일자—가 매 순간 그 기한의 효력을 부과하지 않는다면 그 복제는 무질서할 것이다. 일자가 이렇게 산출하는 동등성 안에 이항관계 속에서 작동하는 더 큰 것과 더 작은 것을 그리고 그 격차들을 포섭하기 위해, 일자는 무한히 부풀어 오른다. 그러나 **동일성**, 즉 이데아인(이데아의) 일자로서다. 모든 진행, 퇴행, 그리고 그 사이에 비어 있는 간격들을 불멸의 크기 속에 해소했을 외연. 그렇다면 지금부터 영원까지 이 모든 본질들, 이 힘들을 내포하고, 우선권—이 본질들, 이 힘들을 그와 같이 야기하고, 그것들의 결합을 통제하는 —을 통해 그 본질들과 힘들을 넘어서는 자에 대해서 무엇이라 하겠는가? 훌륭하신 하느님-아버지(하느님-아버지의 선).

따라서 무엇에 가장 엄밀하게 이상idéale의 가치를 할당할 것인가? **일자**에게? 혹은 **사분자**四分子/tétrade에게? 2의 제곱carré에게? 어려운 질문인가? 혹은 순진한 질문인가? 사각형carré은 두 개의 **절반들** 혹은 이등변삼각형의 **동등성**을 규제하는 대각선에 의해서만 그렇게 정의된다. **대칭축**을 중심으로 한 번 회전하면 하나는 다른 하나 위로, 하나는 다른 하나 안으로 —무한정하게—접힐 수 있다. 대칭축은 길이가 다양할 수 있으나, 중요한 것은 그것은 어떤 **지점**에서도 분할되지 않으며, 그것이 재현하는 **통일성 속에서 꿰뚫릴 수 없**다는 것이다. 이는 둘 중 하나로(두 쪽들 중 한쪽으로) 다소의 수, 힘, 연장을 **이동** 가능케 할 것이다. 선, 면, 부피는 하나의 법칙을 따라야 하는데, 그것은 적어도 모든 형상의 패러다임인 것으로, 반쪽들로의 생성의 법칙이다. 기하학이 고려할 수 없고 고려하기를 원치 않는, 지각할 수 없는 "빈 공간"은 이렇게 모든 "육체"에서 제거될 것이다. 그리고 가지적인 것으로 교대됨으로써 정신은 관념적 수태/개념작용으로 이끌릴 것이다.

분리하고 나누고 쪼개는 것은 타자를, "여성적인 것 을 피해야만 한다. 그렇지 않으면 수학과 변증법이 자신들이 어디에 있는지 알지 못하게 되기 때문이다. 차이들, 즉 대문자 동일성과 관계가 없기 때문에 둘로 나눌 수 없는 차이들 속에서 길을 잃고서. 거리두기의 ─시공간의─열린 틈, 그것은 동일성에게는 이질적인 것으로서, 동일성에 의해 로고스 그 자체의 작용에서는 동등할 수 없는 것으로 나타나게 될 것을 향해서, 자신의 가장자리들[입술들]을 언제나 다시 닫아야 한다. 범주적으로 뚜렷이 구분되는─예를 들면, 더한 혹은 덜한─차이들에서조차 로고스의 척도mesure는, 한정된 형상들과 그것들의 연쇄들 바깥에, 그 차이들이 자신의 (재)생산을 확보하는 곳인 비어 있는 이 무(빈 공간의 이 무)의 무언가를 남겨놓았을 것이다. 침묵하는 순결한[처녀의]virginale 표면, 그것이 지나가는(일어나는) 곳을 더 이상 상기하지 못하는 기억. 그리고 동일한 것이 그렇게 생겨나는 스크린을 다시 꿰뚫지 않고 언제나 동일한 것만을 반복하고 반사하는 기억.

장막paraphragme─대각선, 지름, 혹은 심지어 반사/사변화를 위해 인위적으로 제작된 **격막**diaphragme─은 "다른" 쪽의 과도함인(과도함에의) 접근을 차단하고 금지한다. 하느님-아버지의 권력이 틀림없이 증가될 텐데, 그의 전지성은 관념적인 수들을 잘 알기 때문이다. 그러나 어머니와 여성은 그렇지 않은데, 그들의 쾌락의 맹목성 때문에 그렇게 금지돼 있기 때문이다. 무한히 계산하는 이 항성의 그림자 속에 잠겨 있기에. 불가분한 것에 관대한 그 힘은 자신의 지식으로 이 맹점을 눈부시게 할 것이다. 이 맹점에서 인간은 아마도 측정하기 어려운 타자와의 관계에 대해 다시 질문할 수 있을 것이다.

빈 공간 (의) 틈을 가리는 이상의 무한

두 종류의 실명이 척도의 초과의 무한이 지닌 신비를 놓고 경쟁한다. 그리고 개념작용에 있어서 그것의 잉여를 놓고도. 그러나 진리와의, 따라서 고유성과의 관계의 정당성을 주장할 수 있는 실명이 우세할 것이다. 뚫고 들어가자마자 끝없이 변형되는 것에 눈길을 던지기보다는 오히려 당신으로 하여금 진리와 **동등한 것**이 되게 할 수 있는 전능성에 매혹되는 것이 낫다. 끝없이 변형되는 것은 당신을 그것의 거울/얼음 속에서 타자로 끊임없이 변형시키고, 그것의 불 속에서 태워버리며, 그것의 흐름 속에 익사시킨다. 어떤 자본도 어디에서도 보장되지 못한 채로 말이다. 자본이 너무 **높이** 자리해 있어서 우리는 더 이상 그것을 볼 수 없다는 것, 너무 축적되어 있어서 그것을/자신을 비추어보려고 시도하기 위해서는 **베일**로 자신을/그것을 논리적으로 다시 덮어야 한다는 것, 그 전유가 너무 **비틀려**retorse 있어서 사선으로 된 광선의 소실점에서 사라지는 눈길이 그 힘의 상승을 거의 추산해볼 수 없다는 것, 이 모두는 타자 안의/타자에 의한 순간적인 소진dilapidation의 불확실한 위험보다 덜 중요하다. 따라서 타자는 자신의 무덤 속에 유폐되어야 한다. 그리고 여기에서는 모든 것이 분유에 의해 변화하기 때문에, 아마도 신은 항상 (그의) 잉여excès를 향해 반쯤 열린 이 격막을 모방할 것이다—자신과 관련해서는 아무것도, 즉 빈 공간도 "모방하지" 않으면서도. 그러나 이 모방이 참된 것처럼 보이기 위해서는, 신은 그것을 장막으로 변화시킬 것이다. 사방에서 그를 둘러싸는 신비, 그의 원의 계산할 수 없는 대각선들 혹은 지름들, 그의 관념적인 울타리 안에 진리의 씨앗들을 간직하고 있는 형상들-관념들… 이는 그에게 남은 것이 하나도 없다는 뜻이 아니다. 무한하고 나눌 수 없는 것, 대타자로부터 온 어떤 것이 있다. 그리고 이 대타자는 주이상스의 깊이를 알 수 없는 틈으로 쉽게 돌아가지 못한다. 아주 희귀하고 거의 예측할 수 없는 방식으로 탈자태에서가 아니라면. 혹은—사람들이 당신에게 단언하기를—"다른" 삶에서. 다른 "세계".

그런데 어떻게 거기에 이르는가? 거기로 되돌아가는가? 돌아서는가? 왜냐하면 (영혼의) 시각에서 **다른**길의 문제를 다시 재개할 수 있는 이 맹점이 아버지의 지식에 의해 은폐되거나 눈이 부셔 잘 볼 수 없게 되기 때문이다. 그리고 태양의 매혹에서 벗어난 눈이 "어둠에 의해 무뎌질offusqué" 수 있을 뿐이기 때문이다. 인간은 이 선Bien의 광채 속에, 이 존재Être의 순수성 속에, 절대Absolu의 이 환상 속에 (자신을) 투사한 덕분에 눈멀게 되기 때문이다. 따라서 그가 과거의 동굴 속으로 "다시 내려가서 그의 예전 자리를 다시 차지한다면", 그는 아무것도 보지 못할 것이다. "그리고 다시 그림자들을 판단해야 한다면, (…) 그는 웃음거리가 되지 않을까? 너무 높이 올라가더니 시력만 잃고 온 것이 아닌가?"[77]

---

77 『국가』, 7권, 516e, 517a.(옮긴이)

| "타자"에 대한 시력 상실 |

두 종류의 실명이 수태/개념작용의 독점권을 두고 다툰다. 왜냐하면 틀림없이 그것의 신용créance, 그것의 무조건적인 확실성, 이성Raison에 대한 그것의 정념에 있어서 진리Vérité의 광학은 항상 여전히 가사자의 시선으로 가려지거나 혹은 파괴된다. 그 결과로, 아버지의 법으로 전환되기 **이전**의 것에 대해 그는 더는 아무것도 볼 수 없다. 그리고 현재의 명증성들과 관련해 낯설고 다른, 바깥의 모든 것은 그에게 더 이상 나타나지 않는다. 그는 그것에 대해서 더 이상 아무것도 지각하지 않는다. 그것이 이렇게 눈멀게 된 것에 대한 고통, 그리고 (그의) 신적인 인식들, 관념적인 투사들의 스크린 **뒤에서** 일어나는 일을 더는 식별하거나 상상하거나 느낄 수 없게 된 것에 대한 고통—아마도? 때때로?—을 제외하면 말이다. (그의) 신적인 인식들, 관념적인 투사들은 전능한 가지성을 향한 상승에 의해 땅, 어머니, 모든 (여성) 타자와의 관계들을 끊는다. 그러므로 그는 그의 "영혼"의 폐쇄된 원, 동류의 재현의 극장, 그 자신 외에는 아무것도 알아보지 못하는 신의 현기증 안에서 홀로 있다. 그리고 **만약 사람들이 (여성) 타자와 동일시해야 한다면**, 그가 거기서 아주 잘 보지 못하리라고, 혹은 더 이상—아주 잘—보지 못하리라고 누구에게 자백하겠는가? 그가 다루는 사물과 사람을 평가하고 감정할 수 있기 위해 조금 기다려야 한다고도. 이렇게 그의 앞에 있는 것을 보는 데에 익숙해질 시간이 필요한가? 혹은 이 "대상"이 그의 시점에 들어오게 하는 시간이?

그런데 만약 그가 판단하도록 요구받은 것이 "그림자"뿐이라면? 어떻게 그는 그렇게 할 수 있을까? 그림자가 나타내는 이 복제는 지금 그를 **모방하는** 모든 것에 의해 뒷받침된다. 헤아릴 수 없는 한계에 이르기까지 그의 지평선을 가득 채우는 그에 대한 거울반사들 spécularisations에 의해서 말이다. 분신들로 가득한 그의 분신인 그의 "우주" 역시도. 동일자Même의 재생산에 다소 근접한 분신들. 다소 적합한 분신들. 아주 분명하게 전시된 반사하는 반영들? 그 패러다임이 결코 가시적이지 않다는 점을 제외하고서 말이다. 집중된 빛은 다른 쪽 광경에 대해 스크린을 만드는 **그림자의 구멍**을 통해 시선에 형상을 부여한다. 이상idéal은 항상 탐사 영역을 제한하는 원 **뒤에** 있다. 거울 뒤에? 역전inversion을 은폐하면서?

그러나 역전은 항상 이미 일어났다. 동굴의 미광 속에서는 그림자들의 투사를 돕기 위해 횃불이 거기 있어야만 하는 반면에, 이제 빛을 제공하는 것은 밤―적어도 가사자에게―이다. 모든 것이 거꾸로 (다시) 놓이는가? 그렇다면 표면은 어디인가? 그리고 이면은? 언제나 남아 있는 것은 뒤쪽의 퇴행이다. 그러나 그것은 현재 무한히 멀리 앞으로 보내진다. 그리고 위쪽으로. 하늘 너머로. 따라서 유년기로 퇴행하기 위해, 그가 이전에 머물렀던 동굴로 다시 내려가기 위해 돌아서게 된 철학자는 사물들을 바라보는 방식에 있어서 혼란스러워한다. 그리고 그는 그의 시선으로써―뒤집히고, 역전되고, 뒤돌아 보이는―구를 다시 가로지르기 위해 "꽤 긴 시간"을 필요로 할 것이다. 이제부터 앞에 무엇이 놓일까? 위에는? 그리고 뒤에는? 아래에는? 어떻게 **휘스테론**[뒤에 있는 것, 나중의 것] ὕστερον과 **휘스테라**[자궁]ὑστέρα를 뒤집고, 다시 꿰뚫을까(다시 발견 할까)? 재현의 장면은 거기에 발을 들여놓자마자 항상 이미 머리를 돌리도록 하고, 머리를 아래로 하고 걷게 했을 것이다. 대칭축들— 하나의 축?—을 중심으로 사방으로 회전하게 만들면서. 누구도 이 러한 반향-경제écho-nomie에의 진입에 필요한 인공물에 대해서 한 마디도 하지 않으면서. 모방에 있어서는 진실로 말해질 수 있는 것 이 아무것도 없다. 그리고 그것의 재현의 결핍에 따른 망각은 철학 자를 비웃게 할 것이다. 철학자는 신적인 소유에 사로잡혀서 여전 히 필멸의(가사자의) 시선의 종자가 유산되도록—**디에프사르메노스 헤케이 타 암마타**[그가 눈을 망가뜨린 채로 돌아왔다]διεφθαρμένος ἤχει τά ἄμματα—부추기기 때문이다. 그는 타자들을 여전히 사로잡고 있는 인간적 정념에서 벗어나 있다. 그러나 투사 스크린—그는 이것이 가로놓여 있다는 사실을 더 이상 지각조차 하지 못한다—이 모든 것으로부터 그를 분리시켜서, 그는 사방에서 그를 매혹하는 관조 들 안에서 헤매고 있다.

그리고 그가 여전히 위계질서에 의해, 선조의, 아버지의 특권에 의해 보호받아서 도시의 법을, 심지어 학계의 법을 제정할 수 있다 해도, 사슬에서 풀려난 아이들로 가득한 감옥으로의 "하강"에 똑 같은 성공이 뒤따른다고 확신할 수는 없다. 가령 "누군가가 그들을 풀어주고, 바깥 공기를 약간 마시게 하려고 시도했다"고 상상해보

라. 즉 이전의 감금 상태에 대한 조치, 움직일 수 없게 하는 규범들에 대한 조치, 언제나 동일한 자리에 머무르도록 규정하고, 항상 약간 마술사 같은 스승들의 형식적인 마력의 매혹 속에서 움직일 수 없도록 억제하고, 스승들의 투사된 이미지들 혹은 이미 그들이 재현하는 상의 투사된 이미지들이 지나가는 그림의 앞면에 집중하도록 유지하는 규범들에 대한 조치를… 이런 식으로 매일매일, 유년기 때부터. 아이들과 같은 이들은 그들이 아직 나간 적 없으며 결코 인정한 적도 없는, 여전히 모성적인 울타리enceinte와 이 극장의 혼동으로 마비돼 있다. 말을 할 줄도, 무엇을 말할지도 알지 못하기에 침묵을 지키며, 그들에게 보여주는 모든 것을 진리들로 여기고 있다. 이것은 모든 다른 사물의 존재를 배제한 것이다. 유혹하는 목소리의 반향으로 증명될 것인 만큼 더욱더 그렇다.

| 사슬에서 풀려난 아이들의 복수 |

그러므로 누군가가, 이번에는 단순히 교육적인 목적들이 아니라 오히려 다른 정치적인 목적들에 의해 혹은 기분 전환하고자 하는 도착적인 욕망에 의해 움직이는 누군가가 사슬에서 풀려난 이 "수인들"을 자극한다고 상상해보라. 반면에 항상 약간 관념성들idéalités 속에서 헤매는 철학자가 방금 와서 그들 사이에, 자신의 예전 자리에 앉았다고 상상해보라. "만약 그들이 그들의 손으로 그를 잡을 수 있다면, 그리고 그를 죽일 수 있다면, 그를 죽일 것"이라고 생각하지 않는가?─"그들은 그를 확실히 죽이겠지요, 그가 말했네."**78**

　이제 알아야 하는 것은, 그들이 손으로 잡은 것이 아직 죽지 않았는지 여부다. 즉, 모형화된 계사의 빈곤한 현존이 말이다. 그리고 이런 몸과 몸의 드잡이 속에서 그들이 찢어지는 것 외의 다른 일이 일어날 것인지 여부다. 여전히 어머니와의 아주 오래된 관계를 상기시키는 피가 그들의 상처들로부터 흐르게 함으로써. 이미 일어났을 살해를 반복함으로써. 이 행동에서 플라톤이 이미 쓴 것, 소크라테스가 이미 이야기한 것을 다시 모방함으로써. "그들은 그를 확실히 죽이겠지요." 그것은 매우 오래전에─확실히 신화의 조건법으로─그들의 기억 속에 각인되었다.

78 『국가』, 7권, 517a.(옮긴이)

주석이나 인용 부호 형식으로 된 정확한 참고문헌은 종종 배제되었을 것이다. 이론적 작업에서 모든 체계를 뒷받침하며 말하기를 거부하는 외부로서의 기능과, 모든 근거가 제공되는, (여전히) 침묵하는 모성적 토대의 기능을 동시에 맡고 있는 총칭으로서의/하나의 여성은 이론에 의해 코드화된 방식에 연관될 필요가 없다. 이렇게, 다시, "주체"의 상상적인 것 ─ 그것의 남성적 내포 속에서 ─ 과 "여성적인 것"의 상상적인 것(일 것)을 혼동하는 이론에 의해서 말이다. 그러므로 남성이든 여성이든, 죽어 있든 살아 있든, 각자가 그의 욕망, 그의 쾌락에 따라, 심지어 대문자의 패러디로 자기 자신(동일자로서의 자기)을 알아보게 하자. 그러나 거기에서 발견되는 저항으로 불편한 왜곡이 생긴다면, 환원될 수 없는 것이라면, 그렇다면 아마도? 성들의 차이라는 어떤 것이 언어 안에서도 일어날 것이다.

역자 후기

　뤼스 이리가레 연구자에게 『반사경』 번역은 숙원 사업이자 가장 피하고 싶은 작업일 것이다. 이 책을 프랑스어로 혼자 읽기 위해서도 엄청난 철학적 배경지식과 깊이 있는 프랑스어 이해가 필요한데, 번역은 오죽하겠는가. 이 책은 독자에게나 역자에게나 엄청난 곤경을 안겨주지만, 그 곤경의 원인은 또한 읽는 즐거움과 매력의 요인이기도 하다. 글쓰기의 전략, 즉 저자의 주장을 책의 구조와 문장의 특징 자체가 구현하고 있다는 데서 번역의 곤란함이 발생한다. 그래서 오역뿐 아니라 매끄러운 의역 역시 글의 장점과 주장을 해칠 가능성을 품는다. 그런 이유로 번역이 진행되고 문장이 다듬어질수록 역자의 마음에 확신이 서기보다는 오히려 두려움이 커졌다는 것을 고백하며, 책을 이해하는 데 도움이 될 법한 몇 가지 안내와 번역의 원칙을 알려두는 것으로 역자 후기를 대신하고자 한다.

책의 주제와 구조

이 책을 기다려온 독자들 중 상당수는 이 글을 읽으면 '성차 différence sexuelle'가 도대체 무엇인지 설명해놓은 대목이 있을 것이라고, 그러면 그것을 이해하게 되리라고 기대할 것이다. 안타깝게도 혹은 놀랍게도 이리가레는 이 책에서 성차 개념을 정의하거나 설명하지 않는다. 이 책의 목표가 서양철학을 비판하는 것이지, 정합적인 하나의 사유 체계를 수립하는 것이 아니라는 점이 그 이유 중 하나라고 할 수 있다. 이리가레는 스스로 자신의 학문적 여정을 세 시기로 구별한다. 첫 번째 단계는 '비판의 시기'로서 서양철학의 남근중심성, 관념성을 비판하는 데 초점을 맞춘다. 두 번째 단계는 '여성 주체성의 정의'에 목표를 두고, 마지막 시기인 세 번째 단계에는 '여성과 남성의 상호주체적인 윤리적 관계의 구축'에 관심을 기울인다. 『반사경』은 첫 번째 시기에 속하는 저서로서, 이미 죽은 철학자들을 지면으로 불러들여 쏟아내는 세밀하고 날카로우면서 거친 비판으로 가득 차 있다. 이리가레는 비판 대상이 사실을 잘못 봤다거나 현실을 이해하지 못한다거나 논증에 논리적 결함이 있음을 보여주는 게 아니라, 비판의 대상이 된 텍스트들이 스스로 모순을 가질 수밖에 없는 근본적이고 구조적인 이유가 있음을 드러내려고 한다. 이리가레는 도발적이면서 섬세한 질문들, 한 철학자의 다양한 텍스트의 세심한 인용을 통해 텍스트가, 저자가 그것을 자백하게 한다.

엄밀히 말해 『반사경』은 인간의 기원을 주제로 삼으며, 이 기원에 대한 표상, 주체가 기원에 대해 맺는 관계에 대한 표상의 문제를 다루는 형이상학의 지평 위에 있다. 인간은 어떻게 시작되는가? 인간 존재의 시초commencement는 무엇인가? 이 형이상학적 질문의 가장 단순하고 가장 명백한 답은 우리가 어머니에게서 태어난다는 것, 우리를 생성하는 것은 어머니라는 것, 인간의 시초는 모성적인 것의 생성적 힘에 기인한다는 것이다. 이리가레가 남성 철학자들의 글에서 밝혀내고자 한 것은 바로 여성적인 것과 인간의 기원으로서의 모성적인 것의 생성적 힘의 전유, 성차의 은폐, 그리고 그 전유와 은폐의 망각이다. 기원의 문제와 성차는 어떻게 연결되는가?

이리가레는 우리가 어떤 성을 가지고 태어나는 존재이며, 성들 사이에 어떤 차이가 있다는 것을 전제로 하여, 그 차이가 철학의 역사 전체에서 어떻게 무시되거나 제거되어왔는지, 또한 남성을 위해 전유되어왔는지를 검토한다. 그런데 이때 성차는 각 성이 가진 특징들, 상보적이고 대칭적인 특징들의 차이가 아니라 기원에 대한 관계의 차이다. 성차는 우리가 이데아나 절대정신으로부터 태어나지 않으며 어머니의 육체로부터 태어난다는 사실, 우리가 타자와의 관계를 떠나서 인간 존재와 인간의 정신, 지식에 대해 말할 수 없다면 가장 최초의 타자라서 가장 중요하기도 한 타자는 바로 어머니라는 사실과 관련된다. 어머니와 같은 성에 속하는 사람이 이 기원에 대해 맺는 관계와 다른 성에 속하는 사람이 맺는 관계가 다르며, 이 차이가 타자와 관계 맺고 세계를 이해하는 방식에 비대칭적인 차이를 낳는다. 『반사경』에서 이리가레는 이 성차의 구축에 관한 설명을 철학의 아버지들에 대한 비판 속에 숨겨놓았기 때문에,

독자는 매우 적극적으로 그 파편들을 그러모아 퍼즐을 맞추어야 한다.

이 책은 제목처럼 조직되어 있다. 반사경, 즉 오목거울은 자신이 비추는 대상의 위아래를 뒤집어 상을 맺는다. 이 책은 철학사를 훑지만, 플라톤이 아니라 프로이트(1부)에서 시작하여 서양 형이상학의 시초인 플라톤(3부)에게로 거슬러 올라간다. (거슬러 내려가는 것인가?) 우리는 똑같이 자궁을 의미하는 말에서 유래한 히스테리에서 휘스테라로 옮겨 갈 것이다. 프로이트의 이론에서 여성은 히스테리 환자가 되지 않을 방도가 없고, 플라톤의 가르침에서 우리를 낳는 자궁은 동굴처럼 우리를 미몽에 빠지게 하는 무지의 세계 혹은 무의 세계의 표상이다. 2부는 다시 시간 순서대로 진행된다. 플라톤, 아리스토텔레스, 플로티노스를 거쳐, 데카르트, 칸트, 헤겔까지. 그리고 2부의 마지막 장이자 이 책의 한가운데에 있는 '경계를 한정할 수 없는 부피'는 오목거울의 정중앙 초점처럼 이 책의 관점을 이루는 여성(들)의 목소리로 이루어져 있다.

그러나 이 책을 순서대로 읽을 필요는 없다. 『반사경』의 각 부와 2부의 각 장은 서로 독립적이기도 하기 때문에, 가장 친숙한 대목부터 읽기 시작해도 무방하다. 이리가레는 자신이 다루는 각 사상가들이 서로에게 어떤 영향을 주고받았는지, 서로 어떻게 대립하고 또는 동의하는지 고찰하지 않는다. 오히려 서로 대립하거나 비판하거나 극복 또는 전복하는 이들에게 공통으로 나타나는 성차의 망각, 은폐, 모성적 힘의 전유의 흔적들을 보여준다. 이 책은 무척 난해하기 때문에 처음부터 순서대로 읽기보다는 독자가 가장 쉽게 접근할 수 있는 부분에서 시작하는 것이 더 도움이 될 것이다.

번역의 변과 도움이 될 만한 부표들

이 책을 읽다 보면 의미를 파악하기 어려운 길고 긴 시를 읽고 있는 것 같은 느낌이 들 수 있다. 아주 넓고 깊은 심해에 떨어진 듯한 느낌을 받을 수도 있다. 독자의 어려움을 조금이나마 덜기 위해 독해에 도움이 될 만한 부표를 몇 개 띄워두려고 한다.

이 책을 어떻게 읽어야 하는가? 많은 이리가레 전문가들이 지적하듯이, 우리는 이 책을, 그리고 대부분의 이리가레의 저서를 그녀가 철학자라는 점, 특히 형이상학자라는 데에 초점을 두고 읽어야 한다. 거기에 덧붙여 그녀가 철학자이자 동시에 정신분석학자라는 점을 고려해야 한다. 이 말은 이리가레의 사유를 이해하기 위해서는 철학적 배경지식과 정신분석학에 대한 기초적 이해가 필수적이라는 의미다. 하지만 그보다 중요한 것은 『반사경』이 페미니즘의 계보가 아니라 철학의 계보를 다루는 책이라는 것을 기억하는 것이다. 달리 말하자면 『반사경』은 페미니스트 정신분석학자가 새로 쓰는 철학사이다. 더 구체적으로 이 책은 철학 중에서도 형이상학적 질문을 주제로 삼으며, 남성 언어를 똑바로 구사할 수 없는 여성 히스테리 환자가 불완전한 문장들로 남성 철학자들에게 질문을 던지고 말을 거는 문학적 스타일을 구사하는, 철학사에 대한 정신분석학적 비평서이다. 이리가레가 '페미니스트'라는 섬에서 이 넥스트를 페미니즘 저작이라는 틀에 가두면 읽기가 더 어려워질 것이다. 바로 그런 이유에서, 책이 출간되고 십수 년간 이리가레에게 '본질주의자'라는 낙인이 찍히고, 이 책의 진정한 학문적 의미와 가치를 발견하기 위해 긴 시간이 필요했다.

이 텍스트를 번역하고 읽기가 어려운 가장 중요한 이유는 바로 글쓰기 방식이다. 이리가레는 개념어들과 여러 표현들의 어원과 접두사를 활용해 의미를 재구성하고, 괄호에 넣은 전치사를 통해 한 문장 안에 두 가지 의미를 담으며, 동사가 가진 다양한 의미들을 다채롭게 활용한다. 이를 통해 전통적인 철학의 개념어들 아래 숨어 있는 근본적인 의미들을 꺼내어 철학이 배제하면서도 자원으로 삼아온 것, 즉 여성적인 것과 모성적인 것, 여성과 어머니가 수면 위로, 아니 지면 위로 떠오르게 한다. 가령 conception은 철학에서 '개념작용'이나 '개념'을 의미하지만, 가장 기본적인 의미는 무언가를 품는 작용이다. 생각을 품을 수도 있지만 우리가 생각하기 위해서는 먼저 존재해야 하고 존재하기 위해서는 먼저 어머니의 배 속에서 품어져야 한다. 즉, conception은 '수태'를 의미한다. 이리가레는 conception의 '수태'의 의미와 '개념작용'의 의미를 함께 사용함으로써, 남성철학의 개념작용이 어머니의 수태라는 인간의 기원에서 그 생성적 힘을 수탈하여 관념적인 세계의 관념적 기원을 제작해냈음을 드러낸다. 남성철학은 여성적인 것과 모성적인 것의 (재)생산 기능과 생성 능력을 대체하여 남성 자신의 생성 능력으로 삼을 관념적으로 제작된 세계를 수립함으로써, 기원을 이중화하고 배가한다redoubler는 것이다.

프랑스어 발음과 동음이의어들을 이용한 언어유희, 한 단어가 지닌 일반적 의미와 성적인 맥락에서의 의미를 동시에 사용하면서 주는 쾌감과 재미를, 그리고 그로부터 어떤 힌트를 얻게 되는 상징질서의 남성적 특성에 대한 발견을 한국어로 옮기는 것은 대체로 불가능했다. 가령 érection이라는 단어는 건설, 건립, 발기 등의 뜻을 갖는데, 이리가레는 이를 남성적 상상계와 상징질서의 형태학적 특성을 설명하는 단어로 사용한다. 말하자면 남성 성기의 발기된, 꼿꼿하게 서 있는 형태를 중심으로 한 신체 이미지와 그와 긴밀히 연관된 욕망의 경제, 이로부터 발원하는 수직적 초월에 따라 구성된 상징질서를 나타내는 단어인 것이다. 필자는 처음 이 단어를 접했을 때부터 그것을 '곧추섬'이나 '곧추세움'이라고 번역하는 것이 가장 적절할 것이라고 생각했다. 그것이 꼿꼿이 서 있음을 의미하면서 발기와 같은 생물학적 사실뿐 아니라 은유적이고 상징적인 상황을 지시하는 단어로도 사용되고, 나아가 '곧추'라는 부분의 한국어 발음이 음경이나 (그것의 권력을 강조하는 페티시적 대상으로서의) 남근을 (속된 표현이지만) 지시하는 '고추'와 동일하기 때문에 이를 연상시킬 수 있다고 생각했기 때문이다. 그러나 실제로 학술적인 텍스트를 번역할 때 이것을 번역어로 선택하는 것이 문제가 없을지에 대해서는 여전히 의문이 남는다. 그러나 『반사경』이 파문을 일으킨 텍스트인 만큼 번역어의 선택 역시 더러는 과감해야 한다고 생각한다.

이처럼 이리가레가 사용하는 언어유희는 단순한 놀이가 아니라, 학문 분야에서 사용하는 전문용어를 낯설게 만들어 자신의 주장을 드러내는 언어로 재구성하는 작업이다. 그러나 대부분의 경우 이러한 작업은 프랑스어 단어의 동음이의어, 한 단어가 가진 여러 뜻과 은유적 의미, 세속적이거나 대중적인 의미와 전문용어로서의 의미, 라틴어와 헬라어에서 온 어원 등을 활용하기 때문에, 언어적 뿌리가 완전히 다른 한국어로 이를 그대로 살리는 것은 불가능할 수밖에 없다. 따라서 프랑스어를 읽을 수 있는 독자라면 가능하면 프랑스어 원문을 비교해가며 읽어보는 것을 추천하고 싶다.

곤란함의 두 번째 이유는 사실 역자의 역량 부족으로 인한 어려움에 더 가깝다. 이리가레가 비평 대상으로 삼는 수많은 철학자의 텍스트들은 그 양도 많지만 종류도 다양하다. 이리가레가 명시적으로 비판 대상으로 소환하는 플라톤, 아리스토텔레스, 플로티노스, 데카르트, 칸트, 헤겔, 프로이트, 거명하지는 않지만 뒤에 숨겨놓은 하이데거와 라캉, 데리다 등 철학의 '아버지'들을 역자들이 모두 꿰뚫고 있지 못한다. 특히 그 비판의 방식이 우리에게 익숙한 논리적 반박이 아니라, 남성 언어를 겨우겨우 흉내 내고 있는 여성 히스테리 환자의 목소리를 통해서 구성되며, 어떤 주장을 위한 논증이 아니라 죽은 철학자들의 텍스트를 대화 상황으로 끌어들이는 질문들을 통해 구성되기 때문에 맥락을 파악하는 것이 무엇보다 어려웠다. 게다가 비판 대상인 텍스트가 그 철학자의 주저가 아닌 경우도 많다. 예컨대 데카르트의『굴절광학』이나 아리스토텔레스의『동물발생학』은 철학전공자라도 데카르트, 아리스토텔레스 전문가가 아닌 이상 읽어볼 일이 거의 없다. '거울/얼음으로 된 어머니'라는 장에서 인용하고 있는 플로티노스의『엔네아데스』일부는 한국어 발췌 번역본에 실려 있지 않으며 국내에서는 연구도 거의 이루어지지 않은 영역이다. 이런 부분들은 참고할 만한 번역서나 선행 연구가 부족하여, 우리의 번역이 제대로 된 것인지를 비교 검토하기 어려웠던 점에 대해 독자의 양해를 구하고 싶다.

역시나 역자들의 역량 부족으로 인해 프랑스어 문장을 한국어에 적합하게 의역하지 못한 부분이 많다. 너무 심한 번역투 문장, 우리말로는 이해되지 않는 프랑스어식 표현 등이 그대로 남아 있는 문장이 상당히 많다. 이로 인해 많은 독자들이 책을 금방 덮어버릴 수도 있고 원문을 읽는 것이 낫겠다고 생각할 수도 있으며, 독자 자신의 무지나 문해력을 탓할 수도 있겠다. 한글로 적혀 있으나 한국어 사용자가 이해할 수 없는 문장들이 독자를 헤매게 하고 낙담하게 할 것을 생각하니 벌써 간담이 서늘하다. 그렇지만 이 책의 독특한 문체, 남성적 담론에서 배제되어 있는 여성의 불완전한 언어를 너무 매끄럽게 다듬는 것에 대해 주저했다는 것 역시 변명으로 추가해야 하겠다.

우리는 이 번역서의 주요 독자층이 철학에 아주 친숙하지는 않지만 페미니즘 이론을 공부하는 사람들일 것이라고 생각한다. 그런 독자가 좀 더 쉽게 접근할 수 있게 하기 위해, 철학 전공자가 아닌 독자가 읽었을 때 맥락을 꿰기 힘들겠다고 생각되는 부분들 중 역자의 힘이 닿는 곳에는 역주를 달았다. 사실 역주를 최소화했는데, 물론 가장 큰 이유는 역자들의 역량이 거기까지여서이지만, 또한 가지 이유는 이 책의 문학적 특성을 해치지 않을까 하는 걱정 때문이나. 사실 인용된 글들을 추적히여 힘께 읽으면서, 이리기 뢰외 문장이 갖는 의미와 뉘앙스를 조금씩 이해하게 될 때, 때로 감탄하고 때로 속 시원한 웃음을 터뜨리는 순간을 만나는 것도 이 책이 주는 즐거움 중 하나다. 역주를 너무 많이 달아놓는 것은 이 저작의 의도와 어긋날 수 있기 때문에(이 책 마지막 부분에 그 이유가 설명되어 있다), 해석이 담긴 역주는 가능하면 달지 않았다. 역주는 주로 이리가레가 분명하게 출처를 표시하지 않은 문헌, 번역상 그 문헌의 한국어 번역을 참조할 필요가 있을 경우, 그리고 번역어를 선택한 이유를 설명할 필요가 있을 경우, 프랑스어의 특징을 설명해야 하는 경우, 마지막으로 개념어에 대한 설명이 필요한 경우에 달았다.

번역을 처음 제안받았던 순간부터 한숨이 나오고 막막해졌지만, 불문학 전공자인 심하은 선생님과 이리가레 전공자인 필자가 힘을 모으면 좀 낫지 않을까 하는 생각에서 시작할 수 있었다. 두툼한 책을 처음부터 끝까지 초벌 번역 해주시고 수정과 교정 작업 과정에서 여러 귀찮은 일들을 맡아주신 심하은 선생님께 감사드린다. 잘 팔리지 않을 것이고 미숙한 번역 때문에 뒷말을 듣게 될 결말이 뻔한 책을 과감히 선택하고 출간을 먼저 제안해주신 채세진 대표님께 감사를 전한다. 번역이 막힌 여러 부분들을 독일어판과 프랑스어판을 비교하며 검토해준 신승원 선생님, 이리가레의 철학에 대한 논문을 준비하는 와중에 책 전체를 읽으며 의견을 전달해준 서울대 대학원의 용아영 선생님, 고대철학과 관련된 번역과 헬라어 번역을 검토해준 서울시립대 박사과정 정민규 선생님께 감사의 마음을 전하고 싶다. 더불어 번역에 더 집중할 수 있도록 지지해주신 차건희 지도교수님, 여성철학 연구를 지속할 수 있도록 힘이 되어 주시는 이현재 교수님께도 감사를 전한다.

이 국역본이 최소한 우리말로 된 이리가레 연구를 풍부하게 하기 위해, 연구자들의 시간과 노고를 덜어줄 수 있는 역할을 한다면 그것으로 만족할 수 있을 것이다. 이 책의 번역은 아직 끝나지 않은 것이나 다름없다. 역자들의 책임과 고민은 계속되겠지만, 독자 여러분의 비평을 정리하여 언젠가 더 나은 번역본을 낼 수 있기를 고대한다.

—역자를 대표하여 황주영 씀

반사경: 타자인 여성에 대하여

1판 1쇄 발행 2021년 12월 31일
1판 2쇄 발행 2024년 3월 1일

지은이 뤼스 이리가레
옮긴이 심하은·황주영
펴낸이 채세진
디자인 김서영

펴낸곳 꿈꾼문고
등록 2017년 2월 24일·제353-251002017000049호
팩스 (032) 465-0238
전자우편 kumkunbooks@naver.com
블로그 blog.naver.com/kumkunbooks **페이스북** /kumkunbks **트위터** @kumkunbooks

ISBN 979-11-90144-13-1 (04100)
　　　 979-11-961736-8-5 (세트)